Joachim Hohl und Günter Reisbeck (Hg.)
Individuum Lebenswelt Gesellschaft

Profile
Hrsg. von Arno Bammé, Heinz Hülsmann und Günter Reisbeck

Joachim Hohl und Günter Reisbeck (Hg.)

Individuum Lebenswelt Gesellschaft

Texte zu Sozialpsychologie und Soziologie

Heiner Keupp zum 50. Geburtstag

Profil

Anschrift der Herausgeber:
Dr. Joachim Hohl, Dr. Günter Reisbeck
Institut für Psychologie, Sozialpsychologie
Universität München
Leopoldstraße 13
D-80802 München

Die Deutsche Bibliothek - CIP-Einheitsaufnahme

Individuum, Lebenswelt, Gesellschaft : Texte zu Sozialpsychologie und Soziologie ; Heiner Keupp zum 50. Geburtstag / Joachim Hohl und Günter Reisbeck (Hg.). - München ; Wien : Profil, 1993
  (Profile)
  ISBN 3-89019-334-X
NE: Hohl, Joachim (Hrsg.); Keupp, Heiner: Festschrift

© 1993 Profil Verlag GmbH München Wien
Gesamtherstellung: WB-Druck D-87669 Rieden
Redaktionsassistenz: Rainer Schmitt
Printed in Germany
ISBN 3-89019-334-X

Inhalt

Vorwort
9

Subpolitik
Der Machtzerfall der Institutionen
Ulrich Beck
11

Das ethische Minimum der Demokratie
Helmut Dubiel
27

Die Moderne frißt ihre Kinder
Postmoderne Reflexionen über die Umweltkrise
Manfred Cramer
31

Das Fremde
Ein verdrängtes Problem der Moderne
Wolfgang Bonß
43

Gleiches Blut
Symbiose und Gewalt in Hitlers 'Mein Kampf'
Gudrun Brockhaus
55

Zur Sozialpsychologie der Fotografie
Joachim Hohl
73

Heinrich und Ulrich
Einige poetisch-hermeneutische Hinweise
zur Individualisierung in der Geschichte der Moderne
Elmar J. Koenen
89

Der Witz und seine soziale Organisation
Stephan Wolff
107

Psychoanalyse und Akademische Psychologie
Zwei feindliche Schwestern?
Wolfgang Mertens
127

Riskante Chancen
Das Subjekt im Zeitalter der Gentechnologie
Elisabeth Beck-Gernsheim
143

Zum Wandel jugendlicher Ablösungskonflikte
Sigrun Anselm
161

Entgrenzte Lebenszeit
Gedanken zum Diskurs über Alter
Christel Schachtner
173

Lebenswelt von Frauen
Am Beispiel von Nur-Hausfrauen und Auch-Hausfrauen
Anke Ochel
183

Auf der Suche nach der schwulen Identität
Oder: Ich sehe was, was Du nicht siehst!
Christopher Knoll und Günter Reisbeck
199

Die Identität des Laienhelfers
Wolfgang Schmidbauer
211

Über die selbstlaufende Identität des Langstreckenläufers
Der Marathonlauf als Identitätsattraktor
Heinrich Berger und Winfried Kaiphas
225

Halbe Chancen - Doppelte Risiken
Eine diskurstheoretische Fallanalyse
Rita Seitz, Wolfgang Kraus, Wolfgang Buchholz, Wolfgang Gmür, Renate Höfer und Florian Straus
241

Sehnsucht nach Heimat
Selbstverortung und Identität
Beate Mitzscherlich
261

Zur Gestaltbarkeit von Lebenswelten
Diskursanalyse in Technik, Stadtentwicklung und Gesundheitsförderung
Heiner Legewie
271

Zum Zusammenhang von Sozialer Kompetenz und Sozialer Unterstützung
Eine Meta-Analyse
Bernd Röhrle und Gert Sommer
295

Subjektive und soziale Konstruktion von Gesundheit
Toni Faltermaier
313

HIV-Infektion bei iv Drogenabhängigen
Bewältigungsanforderungen, lebensweltliche Hintergründe, Coping- und Betreuungsverläufe
Ein Werkstattbericht aus der psychosozialen Praxisforschung
Irmtraud Beerlage und Dieter Kleiber
333

Wenn Frauen Hilfe brauchen
Identitätskrisen bei HIV-positiven Frauen im Spiegel der Beratung
Elisabeth Guggenberger und Michael Ermann
367

Die Autorinnen und Autoren
377

Vorwort

Am 16. Juni 1993 wird unser Freund, Kollege und Lehrer Heiner Keupp fünfzig Jahre alt - Anlaß für uns, ihn mit diesem Sammelband zu ehren.
Als seine Studenten - damals, in den 7oer Jahren - später dann als seine Doktoranden und Kollegen haben wir von ihm gelernt, daß eine Sozialpsychologie, die diesen Namen verdient, sich nicht aufs Experimentieren im Labor beschränken darf, daß sie es nicht primär mit Versuchspersonen zu tun hat, sondern mit Menschen und daß deren konkretes Leben mit seinen Höhen und Tiefen ihr eigentlicher Gegenstand ist. Dieses Leben findet statt in einer Gesellschaft, die von diesen Menschen hervorgebracht wird, und von der sie doch zugleich bis ins Innerste hinein geprägt werden: von ihren Strukturen und Institutionen, ihrer je spezifischen Verteilung von Armut und Reichtum, von Macht und Ohnmacht, von ihrer Differenzierung nach Schichten, Subkulturen und Geschlechtern. Deshalb ist "die Gesellschaft" nichts, was man beiseite lassen könnte, wenn man Sozialpsychologie treibt.
Heiner Keupp hat viele der Themen auf die Tagesordnung gesetzt, die für unseren wissenschaftlichen Weg bedeutsam wurden. Wir erinnern uns: Er war es, der uns in den 70er Jahren mit der in den USA laufenden Diskussion um Normalität und Abweichung bekannt machte; als einer der ersten hat er die "Labeling"-Perspektive propagiert und damit einen neuen theoretischen Blick auf das Problem der Devianz ermöglicht; seine darauf basierende Auseinandersetzung mit dem "Medizinischen Modell" der Psychopathologie hat der sozialwissenschaftlichen Kritik an der Psychiatrie entscheidende Argumente geliefert; maßgeblich war er an der Etablierung der Netzwerkforschung und der Gemeindepsychologie beteiligt, und schließlich verdankt ihm die bundesdeutsche Psychiatrie-Reform wichtige Impulse. In letzter Zeit beschäftigt er sich besonders mit Fragen der Identitätsbildung unter den Bedingungen einer sich immer weiter individualsierenden Gesellschaft.
Die Zusammenstellung dieses Bandes hat uns zunächst einigermaßen Kopfzerbrechen bereitet: wie all' die verschiedenen Kollegen und Kolleginnen Heiners mit ihren unterschiedlichen Interessen und Arbeitsgebieten thematisch unter einen Hut bringen? Da wir niemanden ausgrenzen wollten, mußten wir unsere ursprünglichen Titelvorgaben laufend revidieren, denn immer wieder erwiesen sie sich als zu eng, um die thematische Breite der eingesandten Beiträge angemessen zu repräsentieren. Am Ende fiel dann der Hut, unter den das alles zu bringen war, ziemlich groß aus:

"Individuum, Lebenswelt, Gesellschaft" - ein Titel, der nicht viel weniger umgreift als die gesamte Sozialwissenschaft und der zugegebenermaßen kaum konkreter ist als die sprichwörtliche "Allgemeine Theorie von Allem". So haben wir uns entschlossen, aus der Not eine Tugend zu machen und die Fülle der unterschiedlichen Themen zum eigentlichen Vorzug dieses Sammelbandes zu erklären. Das thematische Spektrum reicht von der Frage nach der aktuellen Form des Generationenkonflikts über die sozialen Probleme der Gentechnologie bis hin zum Wandel von Institutionen in der Postmoderne; die Identität des Laienhelfers wird ebenso untersucht wie die des Marathonläufers; es findet sich eine Textanalyse von Hitlers "Mein Kampf" und eine Studie zur sozialen Organisation des Witzes, Berichte aus der psychosozialen Praxis wechseln ab mit theoretischen Gesellschaftsdiagnosen - kurzum, die Leser erwartet ein bunter Strauß aktueller Themen aus den weiten Gebieten von Psychologie und Soziologie. Der Titel "Individuum, Lebenswelt, Gesellschaft" gibt drei Schwerpunkte an, um die sich die vorgestellten Themen gruppieren lassen und er steckt zugleich den Rahmen ab, in dem sich Heiner Keupps wissenschaftliche Tätigkeit bewegt; viele der folgenden Beiträge entstammen Arbeitsgebieten, die auch die seinen sind, zu anderen ließe sich mühelos eine Verbindung knüpfen.

Wir sprechen nicht nur für uns, sondern für alle hier versammelten Autoren und Autorinnen, wenn wir uns mit diesem Band bei Heiner Keupp bedanken wollen - für die vielen theoretischen und praktischen Anregungen, die er uns gab, für die Förderung und Ermutigung bei der Arbeit an unseren Projekten, für seine geduldige Unterstützung in schwierigen Zeiten, für sein Zuhörenkönnen und sein Abwartenkönnen, für seine Freundschaft.

Die Themenstellung sowie die Auswahl der Autorinnen und Autoren dieses Bandes haben wir, die Herausgeber, allein zu verantworten - einige, die wir zur Mitarbeit einluden, haben mit Bedauern abgesagt, andere haben wir mit Absicht nicht gefragt und wieder andere haben wir einfach vergessen. Diese bitten wir, uns das nachzusehen - in zehn Jahren ist Heiner 60 und da wird Gelegenheit sein, Versäumtes nachzuholen und Nichtversäumtes besser zu machen.

Zum Schluß noch eine Anmerkung: Bei der Planung dieses Bandes, bei der Auswahl und Gestaltung der Beiträge haben wir darauf geachtet, daß das fertige Produkt am Ende auch für Leser interessant sein sollte, die nicht in einer persönlichen oder wissenschaftlichen Beziehung zu Heiner Keupp stehen. Wir hoffen, daß dies uns gelungen ist.

München, im Mai 1993 *Joachim Hohl*
Günter Reisbeck

Subpolitik
Der Machtzerfall der Institutionen [1]

Ulrich Beck

I.

Der nationalstaatliche Begriff des Politischen kennt und zieht klare Grenzen zwischen Politik und Nicht-Politik. Politik existiert und regiert - wie vorgeschrieben und ausgeschildert - im "politischen System", also im Parlament, in den Ministerien usw. Außerhalb etikettierter Politik - also in der Wirtschaft, Wissenschaft, in den technischen Labors, in der Privatsphäre - geschieht viel, wird gestritten, gefeilscht, übers Ohr gehauen, man trennt, vereinigt, liebt und betrügt sich und andere, aber das eben gerade *nicht* nach den Regeln der Politik, also ohne Mandat, ohne Parteiapparat, ohne Zustimmungsabhängigkeit. Auch wenn die politischen Handlungsspielräume im politischen System schrumpfen, wird hier und nur hier nach dem Politischen gefahndet - von Politikern und Politikwissenschaftlern. Sollte sich aus irgendwelchen Gründen herausstellen, daß hier niemand die Macht in der Hand hält, daß auch die machthabensten Machthaber das Machthaben nur noch simulieren, dann diagnostiziert man "Unregierbarkeit" und regiert nach diesem Muster weiter. Doch warum kann und soll eigentlich das Politische nur im politischen System beheimatet sein, stattfinden? Wer sagt, daß es *nur* in den Formen und Begriffen der Regierungs-, Parlaments- und Parteienpolitik möglich und wirklich wird? Vielleicht verschwindet das Politische im und aus dem politischen System und taucht - verändert und verallgemeinert - als *"Sub(system)politik"*[2] in allen anderen gesellschaftlichen Bereichen in erst noch zu begreifender, zu erschließender Form neu auf? Dies ist die These: In allen Handlungsfeldern - Technik, Medizin, Recht, Arbeitsorganisation - brechen unter dem Druck veränderter Herausforderungen und Grundüberzeugungen *alternative Handlungsmöglichkeiten* auf. Der alte, in die sozialen Systeme eingebaute industrielle Konsens trifft im Generationswechsel auf neue andersartige - ökologische, feministische usw. - Grundüberzeugungen. Die Technokratie endet mit den Alternativen, die im technisch-ökonomischen Prozeß aufbrechen und diesen polarisieren. Soweit und sobald diese Alternativen professionell und profitabel werden, Berufe spalten, Karrie-

---

[1] Der hier vorliegende Text ist ein Teilargument, das in meinem Buch "Jenseits von Rechts und Links oder Die Erfindung des Politischen" ausgearbeitet wird; das Buch erscheint voraussichtlich Anfang 1993 im Suhrkamp Verlag.

[2] Siehe dazu U. Beck, 1986, S. 300 ff.

ren begründen, Märkte, vielleicht sogar Weltmärkte erschließen, auf diese Weise auch den Machtblock der Wirtschaft auseinanderdividieren und damit zwischen und innerhalb von Institutionen, Parteien, Interessenverbänden, Öffentlichkeiten aller Art neuartige Konflikte und Koalitionen ermöglichen und erzwingen, zerschellt das Bild von der handlungsenthobenen Selbstreferenzialität sozialer Systeme. Diese selbst werden gestaltbar. Wie die sozialen Klassen, so verblassen auch die sozialen Systeme im Zuge reflexiver Modernisierung. Sie werden in ihrem Bestand entscheidungsabhängig, legitimationsabhängig, veränderbar. Alternative Handlungsmöglichkeiten also sind die Klinge, über die die individuumsunabhängigen Systeme springen. Das ist keineswegs normativ, keineswegs als Drohung, sondern diagnostisch, also ganz und gar wertfrei, sogar mit einem ehrlichen Bedauern über so viel Untergang gemeint.

Das Politische, soweit es sich friedlich verhält, friedlich gehalten werden kann, vollzieht sich im nationalstaatlichen Demokratieverständnis der einfachen Moderne ausschließlich als ein *regelgeleiteter Ringkampf der Parteien um die Futtertröge und Steuerungshebel der Macht* - mit den Zielen: Wirtschaftswachstum, Vollbeschäftigung, soziale Sicherheit. Regierungswechsel im Sinne von Personalwechsel, Parteienwechsel, das ist, so vollzieht, verwirklicht sich Demokratie. Politik aber im Sinne von Umbau des Regierungssystems, Regierungstransformation,
Selbstauflösung der Regierung nach unten und nach oben, indem z.B. Entscheidungskompetenzen einerseits an die Verbände, andererseits an globale Akteure delegiert werden - niemals! Anders gesagt: Politik im nationalstaatlichen Gefüge und Regelsystem ist kein Aufbruch in ein neues Land des Politischen, des Weltpolitischen, der Weltrisikogesellschaft, sondern eine Einlösung und Sicherung der demokratischen und wirtschaftlichen Spielregeln der Nationalstaaten. Das Politische wird als regelgeleitete, regelumsetzende, nicht aber regel*verändernde*, gar Regeln *erfindende* Politik verstanden und betrieben, als Variation in der Ausführung, nicht etwa als *Politik der Politik*. Auch wenn niemand aus tiefstem Herzen sagen kann, er oder sie glaube, daß der Umbau von einer nationalen Selbstzerstörungs-Wirtschaft zu einer globalen und demokratischen Weltzivilisation gelingt, so wird doch sehr schnell darüber Einigkeit zu erzielen sein, daß es mit den vorhandenen, veralteten Institutionen auf keinen Fall gelingt. Wenn man aber davor nicht länger die Augen verschließen will, dann muß man den Rahmen der Status-Quo-Politik in den Zielpunkten - Wirtschaftswachstum, Vollbeschäftigung und soziale Sicherheit - verlassen, diesen jedenfalls öffnen, erweitern, umdenken und umkomponieren. Dabei ist man aber schon bei der *Erfindung des Politischen*.
Kant hatte an der Wende ins 19. Jahrhundert die Frage gestellt: Wie ist Erkenntnis möglich? Heute, zwei Jahrhunderte später, lautet die parallele

Frage: *Wie ist politische Gestaltung möglich?* Es ist kein Zufall, daß damit die Summenfrage gestellt ist, die Kunst und Politik verbindet.

Jenseits von Natur, Gott, Altären, Wahrheit, Kausalität, Ich, Es und Überich beginnt - die "Kunst des Lebens", wie der späte Foucault dies nannte, oder wie wir heute sagen können: die Kunst der Selbstgestaltung, die Erfindung des Politischen als universeller Grundbedingung menschlicher Existenz. Das ist ganz zweifellos kein Hoffnungzeitalter, kein Paradies, das sich hier auftut. Denn hier drohen auch Verhängnisse völlig neuen Ausmaßes, Verhängnisse und Neurosen übrigens, die nicht mit dem Untergang - das wäre ja etwas: Schluß, Aus, Ende! - zusammenfallen, sondern mit dem Nichtuntergang, der uns bevorsteht.

II.

Vorbei sind die Zeiten, da mit den Extremalternativen entweder System oder Individuum viel Kredit und Beifall zu gewinnen waren. Heute läuft alles auf ein Mischverhältnis beider Standpunkte hinaus, und die Kontroversen entzünden sich daran, wo warum die Prioritäten liegen und wie die Fragen der Gegenperspektive in der eigenen Argumentation auftauchen oder unterdrückt werden. Niemand leugnet, daß Autofahren etwas anderes ist als Kirschkuchenessen im Cafe oder Geldabheben bei der Bank, und daß das Benehmen der Individuen vor und hinter dem Bankschalter vorgezeichnet ist und durch die einzelnen Individuen zwar unterschiedlich ausgefüllt, aber nur schwer umgestaltet werden kann. Wer vom Supermarkt in die U-Bahn, in das Büro, in die eigene Woghnung wechselt, paßt sein Verhalten den jeweils geltenden Regeln, Möglichkeiten, Ausdrucksformen, Inszenierungen an. Überall zeigt sich dieselbe Umkehrung, die das individualistische Selbstbewußtsein der Moderne in sein Gegenteil verkehrt und so auf die Berechtigung und Realität "sozialer Systeme" verweist. Zugespitzt: Nicht wir sprechen die Sprache, die Sprache spricht uns. Die Grammatik des Sozialen - der Wirtschaft, der Wissenschaft, der Familie etc. gibt die Äußerungs- und Darstellungsformen vor, die der einzelne ausführt, ausfüllt, nicht ohne sich vor sich selbst und anderen als Schöpfer darzustellen, wo er und sie Kopisten waren. "Institutionen können keinen eigenen Verstand haben", sagt Mary Douglas (1991). Institutionen *sind* das Individuelle, das den Individuen als Eigenes, Erfundenes, erscheint. "Fragen Sie jemand, was er ißt, und er wird Ihnen so antworten, wie er denkt, daß Sie denken, was er essen sollte." (124)

"Um zu erfahren, wie wir den Klassifizierungszwängen unserer Institutionen widerstehen können, möchten wir vielleicht einmal herausfinden versuchen, ob wir keine unabhängige Klassifikation zustande bringen. Aber leider werden uns alle Klassifikationen, in denen wir denken, fertig geliefert, zusammen mit unserem sozialen Leben. Wenn wir über die Gesellschaft nachdenken, benutzen wir die Kategorien, die wir als Mitglieder der Gesellschaft verwenden, wenn wir miteinander über uns selbst sprechen." Egal, auf welcher Ebene der Gesellschaft wir uns bewegen, immer stehen soziale Klassifikationen zur Verfügung, das ist bereits zu viel gesagt: bilden den Hintergrund, den Horizont, in dem wir uns selbst und die anderen sehen und bewerten. Greifen wir die häusliche Welt heraus und denken an "die Rollen von Kindern und Erwachsenen, Männern und Frauen". Schon "reproduzieren wir ganz automatisch das gewohnte Autoritätsschema und die übliche Arbeitsteilung in der Familie, aber was wir da reproduzieren, ist ganz verschieden, wenn ein Inder oder ein Amerikaner es tut... Wir könnten auch mit den am wenigsten in die soziale Organisation integrierten Rollen beginnen, zum Beispiel mit Landstreichern, und uns dann von der Peripherie her immer mehr dem Zentrum des Einflusses nähern. Oder wir beginnen bei den Neugeborenen und bewegen uns dann durch die Altersstruktur nach oben. In jedem Fall übernehmen wir die Kategorien, die unsere Verwaltungen benutzen, um Steuern festzusetzen, um Volkszählungen durchzuführen und den Bedarf an Schulen oder Gefängnissen abzuschätzen. Unser Denken bewegt sich immer schon in eingefahrenen Gleisen. Wie solten wir jemals uns selbst in der Gesellschaft denken, ohne dabei auf die in unserenen Institutionen niedergelegten Klassifikationen zurückzugreifen? Für die Sozialwissenschaften gilt das sogar in besonderem Maße: Ihr professioneller Gegenstandsbereich ist in administrative Kategorien gegossen". In den juristischen und administrativen Kontrollkategorien "sind die Menschen nach Fähigkeitsniveau klassifiziert, und das Denken ist eingeteilt in Rationales, Krankes, Kriminelles und krankhaft Kriminelles. Die Arbeit des Klassifizierens, die man für uns bereits erledigt hat, wird ausgeführt als Dienstleistung für institutionalisierte Berufe". Doch die Institutionen bringen nicht nur Etikettierungen hervor, "die Etikettierungen stablisieren (auch) den Strom des sozialen Leben und schaffen zum Teil erst die Realität, auf die sie sich beziehen. ... 'Menschen durch Etikettierungen machen' - so nannte Hacking diesen Prozeß... 'die unerhörte Vermehrung der Etkettierungen während des 19. Jahrhunderts dürfte weit mehr Menschenarten hervorgebracht haben, als die Welt bis dahin jemals gesehen hatte'. ... Mit derselben Geschwindigkeit, mit der neue (bis dahin unbekannte) medizinische, kriminalwissenschaftliche, sexualwissenschaftliche und moralische Kategorien erfunden wurden, traten spontan und in Massen neue Arten von Menschen hervor, um die Etiketten aufzunehmen und sich entsprechend zu verhalten. Die Empfänglichkeit für neue Etiketten spricht für eine außerordentliche Bereitschaft, sich einzuordnen und das eigene Ich umdefinieren zu lassen. Hier haben wir es nicht mit einer Namensgebung zu tun, ... vielmehr verhalten die neuen Menschen sich ganz anders, als sie es jemals getan haben." (S. 162-165)

"Der Gedanke will Tat, das Wort will Fleisch werden", schreibt Heinrich Heine. "Die Welt ist die Signatur des Wortes. Dies merkt euch, ihr stolzen Männer der Tat. Ihr seid nichts als unbewußte Handlanger der Gedankenmänner, die oft in demütigster Stille euch all euer Tun aufs Bestimmteste vorgezeichnet haben". (Heine, 1981, S. 95f).

Klassifikationen gleich Institutionen: Hier haben wir es mit einer Grundprämisse funktionalistischer Soziologie zu tun. Soziales muß aus Sozialem - nicht aus Individuellem - erklärt werden, lautet die klassische Formel, in der Emile Durkheim diese "Soziologische Methode" gefaßt hat. Doch es ist die Frage, ob diese Binde- und Prägekraft des Sozialen nicht genau dem widerspricht, was die Soziologie als Kern der Moderne erkannt und herausgestrichen hat: Pluralisierung, Individualisierung, Konstruktion, Entscheidbarkeit, Reflexion und Diskursivität. In einer Theorie reflexiver Moderne muß nach den Großgruppenkategorien: Stammeskultur, Stände, Klassen, auch die Kategorie, die mit der Moderne entstanden ist: der Begriff des sozialen Systems, den Prinzipien der Moderne selbst unterworfen werden. Wir wollen dies durch eine Wende der Fragestellung versuchen, in der gleichsam die moderne Metaphysik handlungsenthobener, subjektloser Systeme noch einmal auf ihre sozialen Entstehens- und Verfallsbedingungen befragt wird. Die subjektorientierte Gegenfrage lautet: Unter welchen Bedingungen erzeugen *Individuen* mit ihrem Denken und Handeln die sozialen Wirklichkeiten scheinbar individuen*un*abhängiger Systeme? Und umgekehrt: Unter welchen Bedingungen wird die Übermacht und Überwirklichkeit sozialer Systeme *fiktiv*, weil die Konsensformen und -formeln fehlen oder versagen, die die Subjektüberhobenheit der Systeme begründet haben? M.a.W., die Frage: wie Systeme Systeme ermöglichen, wird ersetzt durch die Frage, wie *Individuen* System*fiktionen* erzeugen. Die Vermutung lautet: Die Verselbständigung sozialer Systeme setzt das *Einverständnis* in dieser Verselbständigung voraus, mehr noch: Die Produktion und Reproduktion der Individuum*un*abhängigkeit von Systemen geschieht im und durch das Denken und Handeln der *Individuen*. Es wird die Frage nach der Selbstreferentialität der Systeme ersetzt durch die Frage nach der *Kulturabhängigkeit* selbstreferentieller Systemwirklichkeiten und Systemfiktionen.

III.

Systembildung ist Machtbildung - ohne Gewaltmittel. Die damit verbundenen Fragen tauchten solange nicht auf, wie selbstverständliches Einverständnis in Systembildungen kulturell verfügbar, genauer: *am Arbeitsmarkt "kaufbar" ist* - als (religiös fundiertes) Leistungsbewußtsein (Calvinismus, protestantische Ethik, Berufsorientierung, Berufsstolz, Aufstiegsmotivation, Joborientierung und dergleichen mehr). Max Weber und Karl

Marx haben zwei verschiedenartige Argumentationsfiguren ausgearbeitet, wie diese Erzeugung und Nutzung von kulturellen Selbstverständlichkeiten für die Verselbständigung von Bürokratien, Organisationen, Industriebetrieben, oder eben des Kapitalismus insgesamt sichergestellt werden können. Webers berühmte Studie "Die protestantische Ethik und der Geist des Kapitalismus" schlägt in diesem Sinne den Bogen von bestimmten religiösen Dogmen, nämlich der innerweltlichen Askese des Calvinismus, zum Berufsethos, zur Umgestaltung der Welt nach den Maximen der Berechenbarkeit und des wirtschaftlichen Gewinns. Die "methodische Lebensführung", die Selbstaufopferung, die Selbstversachlichung wird zum lebendigen Bauelement individuumsabhängiger Systeme. Diese haben ihren Grund in einem bestimmten religiösen Selbst- und Weltbild: Die technische Umwandlung der Welt, die Anhäufung von Reichtümern wird zum direkten Weg, um die unergründliche Gnade Gottes zu erringen und zu erreichen.

Bei Marx dagegen ist die Konsensform, die der Verselbständigung der Kapitalverwertung entspricht, nicht mehr nur oder primär von vorkapitalistischen Traditionen und religiösen Überlieferungen abhängig. Vielmehr bringt der Kaptalismus in Gestalt des Arbeitsmarktes selbst Orientierungsmuster hervor, die eine (relative, scheinbare) Individuumsunabhängigkeit der Industriebetriebe ermöglichen: Die *Lohnarbeit* zwingt den einzelnen dazu, zu sich selbst und seinen Fähigkeiten ein doppeltes, gespaltenes Verhältnis zu entwickeln. Einerseits muß er sein Können funkeln lassen, um die Abnehmer am Arbeitsmarkt zu einem für ihn möglichst preisgünstigen Verkauf seiner "Ware Arbeitskraft" zu verführen, andererseits muß er aus demselben Grunde gegenüber den Inhalten, dem Nutzen und den Folgen seiner Arbeitskraft und Arbeit gleichgültig werden. Genau diese erzwungene, erlernte Gleichgültigkeit stellt aber die Konsensform in beliebige Zwecke bereit und dar, deren andere Seite die unbefragte Macht "selbstreferentieller Systembildung" ist. Um dies zu erläutern, muß man nun allerdings über Marx hinausgehen: Am Arbeitsmarkt werden also nicht nur Fähigkeiten und Fertigkeiten, sondern auch *das Einverständnis in die Gestaltung menschlicher Arbeitsprozesse gehandelt und erworben*, damit aber der Stoff, aus dem individuumsunabhängige Organisationen "gebaut", "baubar" werden. Der Arbeitsvertrag ist auch ein Zustimmungsvertrag nach dem Muster: ich, Unternehmer, bezahle Dich und kümmere mich nicht darum, was Du mit Deinem Geld in Deiner Freizeit machst, wenn Du Dich nicht darum kümmerst, was ich mit Deiner Arbeitskraft in der von mir bezahlten Arbeitszeit anstelle, in die Welt setze. Der Arbeitsvertrag ist ein *Machtvertrag;* durch ihn wird der Arbeitende, der Arbeitskraftbesitzer und -verkäufer von den Inhalten und Nutzen seiner Arbeit freigekauft und auf die Freizeit verwiesen, um seine "privaten" Bedürfnisse, Wünsche, Hoffnungen und Ängste zu befriedigen und zu besänftigen. Die Umsetzung seines Arbeitsvermögens selbst dagegen tritt er an den Käufer und Organisator der Arbeit ab. Die Einwilligung in diesen Tausch kann einerseits durch Existenznot - Arbeitslosigkeit - des Lohnabhängigen erzwungen und erzeugt werden; andererseits stumpft auch das System der hierarchischen und zerstückelten Industriearbeiten den Arbeiter gegen die Inhalte und Folgen seiner Arbeit ab. M.a.W., die kulturelle Gleichgültigkeitsform, aus der selbstreferentielle Systeme gemacht sind, wird *in diesen selbst miterzeugt und immer wieder eingeschliffen*. Der Arbeiter in einer Marmeladenfabrik muß kein Liebhaber von Marmelade sein, formuliert burschikos Niklas Luhmann. Macht, die funktioniert, verschwindet aus dem Bewußtsein.

Systembildung ist Machtbildung im Aggregatzustand des selbstverständlichen Einverständnisses, der Selbsterneuerung des Einverständnisses nach den Gesetzen von Angebot und Nachfrage, Kündigung und Einstellung, materieller Existenzsicherung und Rollenvollzug im Betrieb. "Selbstreferentielle Systeme" beruhen also auf *gekaufter* Zustimmung, sind lohnabhängige oder erwerbstätige Organisationen. Die Gleichgültigkeit der Arbeitenden gegenüber den Produkten, Folgen und Nebenfolgen ihrer Arbeit ist die andere Seite der Macht, die die Individuen zu einer Umwelt der Systeme unter anderen werden, genauer: als solche erscheinen läßt. In dem Maße, in dem diese Gleichgültigkeit (aus welchen Gründen auch immer) aufgehoben und durch inhaltliche Ansprüche an die Arbeit ersetzt wird, beginnt die Macht fragwürdig zu werden, zu verfallen. Das Management kann nicht mehr mit automatischer Zustimmung rechnen. Es muß umgekehrt mit seinen Entscheidungen immer auch zugleich Zustimmung *erzeugen*. Sicher, man kann versetzen, entlassen, befördern usw. Wo aber die Wahrscheinlichkeit wächst, auf diese Weise keinen neuen Blankoscheck auf Zustimmung "rekrutieren" zu können, beginnt der Machtzerfall.

Unter der Oberfläche des Arbeitsvertrages entsteht eine Art Balance von formellen und informellen Machtelementen; und diese Balance verschiebt sich mit abnehmender Gleichgültigkeit und zunehmender Zustimmungsabhängigkeit ins Informelle. Die Macht der inhaltlichen Ansprüche an die Arbeit ist sich ihrer Macht meist nicht bewußt, weil sie individuell, individualisiert, sozusagen in den Anspruch selbst verliebt und nicht etwa strategisch vorgebracht wird. Die noch ohnmächtige Macht der inhaltlich anspruchsvoller werdenden Arbeitskraft-Anbieter wird aber der Gegenseite, den Abnehmern, als Machtverfall, als Machtvakuum bewußt und Gegenstand von Beschwörungsaktivitäten aller Art: Wirtschaftsethik, Betriebskultur, corporate identity.

In einer Erwerbsgesellschaft, in der jeder, jede zur materiellen Sicherung der Existenz zur vertraglichen Verausgabung der eigenen Arbeitskraft gezwungen ist, entsteht und erneuert sich mit der Berufsqualifikation, Berufsorientierung, Berufsausübung, Berufsidentität auch das Systemgefüge der Macht in einem prinzipiellen Sinne. Man kann geradezu sagen: *Erwerbs- und Joborientierung und relative Systemautonomie sind die zwei Seiten ein und derselben Medaille.* In dem Maße aber, in dem das Muß der Erwerbsarbeit durch soziale Sicherung, Arbeitsrecht, hohe Ausbildung, Doppelverdienertum etc. gelockert wird, zerfällt mit der Gleichgültigkeit die Autonomie, der autonome Dispositionsraum "selbstreferentieller Systeme".

Alles, was in die Moderne hineinreicht und von ihr begünstigt oder erzwungen wird, macht Institutionen zustimmungsabhängiger. Das fängt beim allgemeinen Wahlrecht an, setzt sich über die Expansion des Ausbildungswesens ebenso fort wie durch die Errungenschaften sozialer und rechtlicher Sicherung und findet nicht zuletzt auch in der zunehmenden Wissenschaftsabhängigkeit aller Tatbestände und Entscheidungen seinen Ausdruck. Wenn dies alles eine Lockerung des Arbeits-Muß und der Verfügbarkeit von Alternativen (der Versorgung, der Arbeit, der Identität) zur Folge hat, dann haben wir es mit einer latenten Demokratisierung betrieblichen Handelns zu tun, anders gesagt: mit einem Machtverfall, einer *Erosion* der Institutionen. Wobei diese mit der Zustimmungsunsicherheit wachsende Ohnmacht der Institutionen ihrerseits *latent* bleiben kann, solange niemand sie offen herausfordert.

Die Ökologiefrage, die das Bewußtsein der im Betrieb Handelnden erreicht und verändert hat, stellt die *Machtfrage im Betrieb neu*, weil die traditionale Industriepolitik selbstzerstörerisch nicht nur nach außen, sondern nach innen, in den Betrieb hineinwirkt: Sie zersetzt die fraglose Zustimmung, die die hierarchische Verselbständigung bürokratischer Entscheidungsorganisationen überhaupt erst ermöglicht hat. Die Frage, in wel- chem Sinne von "Zustimmung" hier überhaupt die Rede ist, läßt sich eingrenzen. So kann sehr wohl eine hohe allgemeine Zustimmung zu den demokratischen Institutionen des westlichen Gesellschaftssystems einhergehen mit einem Zustimmungsentzug in konkreten Fragen, wie an dem hohen Potential von Nicht- und Protestwählern in allen Industriestaaten deutlich wird. Ja, sogar die Zustimmung zu den demokratischen Grundprinzipien und zum Charakter der Institutionen kann geradezu umgekehrt den Zustimmungsentzug im konkreten Fall *begründen*. Hätte man in der alten DDR nach der allgemeinen Zustimmung zum Sozialismus gefragt, wäre das Ergebnis wahrscheinlich wenig alarmierend gewesen, obwohl wenige Monate später der allgemeine Zustimmungsentzug das Machtsystem wie ein Kartenhaus zusammenbrechen ließ.

Die theoretische Setzung "selbstreferentieller Systeme" muß also umgekehrt werden, will sie nicht geradenwegs zu einer spätmodernen Metaphysik werden. Nicht die Systeme reproduzieren sich selbst, sondern die Individuen erzeugen mit ihren Verhaltensmustern der Gleichgültigkeit Verfügungsmöglichkeiten, die als "Selbstreferentialität" von Systemen *erscheinen* - auf Widerruf. Wenn Zustimmung nicht mehr einfach erkauft werden kann, sondern von Einsicht, Umsicht, Zielen, Nebenfolgen, Spaß, Kitzel, Gründen, Gesprächen, Anerkennung, Identität, Kooperation und dergleichen mehr abhängig gemacht, sozusagen auf Probe gewährt und vergeben wird, dann verliert die Systemautonomie ihre tragenden Zustimmungssäulen, und es geschieht zweierlei: Systembildung wird als Machtbildung *erkennbar*. Und der Machtverfall eröffnet *subpolitische Handlungsspielräume*.

IV.

Das Fortwirken einer Institution gründet sich auf ihrer gesellschaftlichen Anerkennung als "permanenter" Lösung eines "permanenten" Problems. Akteure, die institutionalisierte Aktionen vollziehen müssen, müssen daher systematisch mit dem institutionalisierten Sinn bekannt gemacht werden. Dies kann einerseits in einem entsprechenden Erziehungsprozeß - Ausbildung, Kompetenzerwerb und Anwendung der entsprechenden Fähigkeiten im Arbeitsprozeß - geschehen. Andererseits ist aber auch ein Grundkonsens über die Mittel und Ziele notwendig, mit denen diese "Lösungen" produziert und reproduziert werden können. Dies genau leistet das Expertenwissen und Expertenkönnen.

Beruht so die Stabilität "verselbständigter" Systeme, Institutionen und Organisationen wesentlich auf der Konstanz und Eindeutigkeit der Expertenrationalität, so läßt sich diese Bedingung auch umdrehen: *Die Machtfrage in den Institutionen stellt sich, wenn rivalisierende Expertengruppen sich gegeneinander verselbständigen, miteinander inhaltlich rivalisieren, aufeinander treffen.* "Der Zusammenstoß alternativer symbolischer Sinnwelten wirft automatisch die Machtfrage auf, an welcher der konkurrierenden Wirklichkeitsbestimmungen die Gesellschaft 'hängen bleiben' wird ... Welche gewinnen wird, hängt von der Macht, nicht vom theoretischen Genie ihrer Legitimatoren ab." (Berger/Luckmann, 1969, S. 116f). Eine wesentliche Rolle spielt dabei sicherlich auch die Frage, inwieweit die aufbrechenden Alternativen zufällig, moralisch oder *systematisch*, also in der Fortentwicklung der "Sachrationalität" der Expertengruppe selbst bedingt sind. M.a.W.: Wenn die Profession - die Entdecker, Hüter und Erzeuger des Neuen (neuer Erkenntnisse, Krankheiten, Medikamente usw.) - sich aufspalten und gegensätzliche, gegeneinander gerichtete Wahrheiten und Wirklichkeiten erzeugen, dann und genau in dem Maße zerbrechen die Fiktionen oder Konstruktionen individuumunabhängiger Systeme.

Dies war und schien bisher undenkbar oder wenigstens keine reale Bedrohung. Drei Bedingungen haben dies geändert: der Übergang von der einfachen zur reflexiven Verwissenschaftlichung, die ökologische Frage und das Eindringen feministischer Orientierungen und Erwartungen in die verschiedenen Professionen und beruflichen Handlungsfelder.

Dort, wo die Wissenschaften und Expertendisziplinen im Wechselverhältnis ihre Grundlagen, Folgen, Fehler aufgreifen und ausleuchten, geschieht mit der Expertenrationalität genau das, was sich in der einfachen Verwissenschaftlichung an der Laienrationalität vollzogen hat: Diese wird in ihren Mängeln erkennbar, fragwürdig, gestaltbar und umgestaltbar. Die ökologische Frage dringt in alle Berufsfelder vor und beginnt hier, sich in inhaltlichen Kontroversen über Methoden, Orientierungen, Berechnungsverfahren, Zielsetzungen, Normen, Entwürfe, Routinen etc. zu konkretisieren und zu manifestieren. Jedenfalls wird die Existenz von ökologischen Spaltungen in den Berufsgruppen und Expertenzirkeln zu einem wesentlichen Indikator und Gradmesser für die Stabilität, mit der die Institutionen der klassischen Industriegesellschaft sich und andere über den Zweifel an ihrer Macht hinwegzutäuschen vermögen. Dasselbe gilt in anderer Weise für die feministische Wissenschafts- und Professionskritik, wenn sie sich nicht mit der Anklage des beruflichen Ausschlusses von Frauen begnügt, sondern den Kern: die beruflich monopolisierte Rationalität und Praxis kritisiert und mit innerprofessionellem Scharfsinn und Methodik die Fachkompetenz neu und anders definiert und komponiert; dies nicht nur individuell, sondern im Verbund und organisiert.

Auf diese Weise geht ein Ideal zu Bruch: Experten können - so wird allgemein vermutet - Meinungsverschiedenheiten mit den Mitteln ihrer Methodik und ihrer wissenschaftlich-technischen Normen lösen. Wenn man nur lange genug forscht, schweigen die Gegenargumente, herrscht Eindeutigkeit und Einigkeit. Das genaue Gegenteil könnte eintreten: Forschung, die weiter-, diffiziler fragt, ihre eigenen Voraussetzungen einschließt, alle Einwände aufgreift, sich zu eigen macht, diese Art reflexiver Forschung löst ihre Eindeutigkeits- und Monopolansprüche auf und erhöht beides zugleich: Begründungsabhängigkeit *und* Unsicherheit aller Argumente und Argumentationen.

V.

Die "Selbstreferentialität" industriegesellschaftlicher Teilsysteme ist gerade nicht nur von diesen selbst abhängig, sondern von den *kooperativen Strukturen und Abhängigkeiten zwischen den Teilsystemen*. Die industriellen, betrieblichen Akteure müssen sich auf eine prinzipielle Modernisierungskonformität der sie begleitenden und kontrollierenden Instanzen der Verwaltung, des Rechts, der Öffentlichkeit, der Kommunen, der Bürgerorganisationen verlassen. Konflikte sind möglich, müssen aber in dafür ausgezeichneten Arenen und Verfahren berechenbar geschlichtet werden können. Diese Verläßlichkeit schließt die soziale Akzeptanz von Verwaltungsakten und Gerichtsurteilen ein; auch daß in den kontrollierenden Verwaltungen Personen nachrücken, die die Spielräume im Spannungsfeld gegensätzlicher Werte und rechtlicher Interpretationsmöglichkeiten im Sinne eben einer grundsätzlichen Priorität für kalkulierbare, unaufhaltsame eigendynamische Modernisierung auslegen.

In all diesen Punkten ist der zwischensystemische Modernisierungskonsens gefährdet. Am Beispiel der ökologischen Frage verdeutlicht: Der Einbruch der Ökologie in die Ökonomie öffnet die Ökonomie für die Politik. Industrie und Wirtschaft werden zu einer *politischen* Unternehmung in dem Sinne, daß die Gestaltung des Unternehmens selbst - seine Organisations-, Personalpolitik, Produktpalette und Produktionsentwicklung, großtechnische Investitionen und Organisationsgestaltungen - nicht mehr hinter verschlossenen Türen als Sach- und Systemzwänge exekutiert werden können. Diese werden vielmehr von Alternativen umstellt und durchgesetzt, wodurch andere Erwartungen, Akteure und Aufmerksamkeiten, Konsumentenmitsprachen in die ehemals allein und daher "unpolitisch" regierenden Managementzirkel hineinwirken. Der unpolitische Bourgeois des sozialstaatlich regulierten Spätkapitalismus wird zum *politischen* Bourgeois, der *in* seiner wirtschaftlichen Sphäre nach den Maßstäben legitimationsbedürftiger Politik "regieren" muß. Dabei ist der politische Bourgeois nicht zu verwechseln mit dem Citoyen, auch nicht mit einem wirtschaftlichen Citoyen. Diese neue Art einer *offenen* Industriepolitik bleibt nämlich von den Verfahren und Mechanismen des politischen Systems sehr wohl unterscheidbar: Der Unternehmer, Manager wird nicht gewählter Repräsentant; nach wie vor entscheiden die neutralen Indikatoren Lohn und Gewinn über Beteiligungen und Erfolge von Produkten und Organisation, aber *das inhaltliche "Wie" wird politisch kontrovers, mitbestimmbar, zustimmungsfähig, zustimmungspflichtig.* Vertrauen wird zentral, wird zum "Vertrauens-Kapital", das gerade im Weiterspielen des alten industriellen Drehbuchs verspielt werden kann. Daher die "neue Heiligkeit" der Wirtschaft: ökologische Moral, Ethik, Verantwortung, ganz- und glanzseitig, werbewirksam verkündigt. "Reflexive" Modernisierung wird zur *diskursiven* Modernisierung. Die "Diskursgesellschaft" (Jürgen Habermas) verändert die Rahmenbedingungen wirtschaftlich-technischen Handelns, erzwingt nicht nur einen anderen "Verkehrsstil", andere Selbstdarstellungsformen und -foren; sie entwertet auch bisheriges Organisations- und Strategiewissen und erzwingt neue innerbetriebliche Handlungs- und Legitimationsformen.

Die Politisierung, die ökologische und technische Gefahren in die Industrie hineinträgt, hat zwei Seiten: Zum einen wird industriell betriebliches Handeln öffentlichkeitsabhängig und diskursiv; zum anderen wachsen die Einflußchancen externer Gruppen, damit aber auch die der Verwaltung und die der parlamentarisch-staatlichen Politik. Die alte "unpolitische" Großkoalition zwischen Verwaltung, Staat, Wirtschaft, Technik und Wissenschaft trägt nicht mehr. Sie zerfällt unter der öffentlichen Anklage der "in Kauf genommenen" Gefährdung. Wohlfahrts- und Gefährdungssteigerung bedingen sich wechselseitig. In dem Maße, in dem dies (öffentlich) bewußt wird, sitzen die Verteidiger der Sicherheit nicht mehr in demselben Boot mit den Planern und Erzeugern des wirtschaftlichen Reichtums. Die Koalition aus Technik und Ökonomie wird brüchig, weil die Technik zwar Produktivität steigert, zugleich aber die Legitimität aufs Spiel setzt. Die Rechtsordnung stiftet keinen sozialen Frieden mehr, weil sie mit den Gefahren allgemeine Benachteiligungen sanktioniert und legitimiert.

Anders gesagt: Die Ohnmacht offizieller Politik gegenüber dem industriellen Block ist die Ohnmacht gegenüber dem *klassischen* setting. Diese kann in einer *Politik der Politik*, die ihre eigenen Einflußchancen im Schmieden ökologischer Bündnisse entfaltet und entwickelt, überwunden werden: Die Öffentlichkeit wird in ihrer Doppelfunktion als Konsument und Gewissen zu einem Dauerzwangsbeichtvater einer sündigen Wirtschaft. Was bislang nur auf dem Papier stand und von niemandem ernstgenommen wurde - Kontrolle, Sicherheit, Schutz der Bürger und der Umwelt vor den zerstörerischen Folgen des Wirtschaftswachstums - wird plötzlich zu Hebeln, über die Staat, Öffentlichkeit, Bürgergruppen, Verwaltung ihre politischen Interventionen in die Festungen der Wirtschaft im Namen eines neuen ökologischen Kreuzrittertums planen und ausführen können. Verlierer *erzeugen* Gewinner. In dem Maße, in dem die Industrie öffentlich ihre ökologische Unschuld verliert, bauen andere Wirtschaftszweige darauf ihre "grünende" Existenz auf. Eine Wirtschaft, die ökologisch lernfähig wird, spaltet sich. Diese Spaltung wiederum erlaubt die Herstellung der Lernfähigkeit mit politischen Mitteln. Wie die Duodezfürsten von Päpsten und Kaisern gegeneinander ausgespielt wurden (und diese von jenen), so eröffnet die Verteilung von Gewinnern und Verlierern ein politisches Spiel mit Branchen, Unternehmen, Steuern und Kontrollen, gewürzt und zubereitet mit "wissenschaftlichen Risikoanalysen", die den schwarzen Ursachen-Peter dahin und dorthin stecken, verstecken und schieben. Dieses mit der Politik selbst entstehende, zu entwickelnde "Spiel" erlaubt es, Koalitionen des Pro und Kontra zu schmieden und gegeneinander auszuspielen zum Zwecke der Repolitisierung der Politik. Mit anderen Worten: Es ist möglich, einer ökologischen Politik strategischen Nachhilfeunterricht zu geben in Gestalt eines - ironisch formuliert - *klei-*

nen Handbuchs des ökologischen Machiavellismus. Erst dieser nimmt der Formel vom "ökologischen Umbau der Industriegesellschaft" das Flair des Technisch-Naiven und stattet sie mit politischen Bedeutungen und einer Handlungsmacht aus, die beim Übergang von der ökologischen Moral zur ökologischen Politik notwendig werden.

VI.

Der Einwand liegt nahe, daß das alles Spekulationen sind, die von den harten Maximen des marktwirtschaftlichen Erfolgs beiseite geschoben werden. Handelt es sich doch - so werden viele sagen, hoffen - um flüchtige Meinungen, Zustimmungen, die einmal entzogen, dann wieder gewährt werden, deren Fahnen aber weitgehend im Wind des wirtschaftlichen Klimas flattern. Eine saftige Wirtschaftskrise (so bedauerlich sie im einzelnen sein mag) kombiniert mit einer an die Substanz und das Selbstbewußtsein der Bevölkerung gehenden Massenarbeitslosigkeit vertreibt diese Gespenster und läßt wie Phönix aus der Asche die alten Richtsätze klassischer industrieller Modernisierung in neuem Glanze erscheinen.

Dieser Einwand mag unter bestimmten, frühen Bedingungen ökologischer Kritik treffen, immer weniger aber dann, wenn die Wirtschaft von Erfolgen und Gefahren, die sie in die Welt gesetzt hat, selbst *profitiert.* Entstehen Branchen, die auf der Anerkennung und Beseitigung der Gefahren ihre Existenz und ihre Märkte aufbauen, dann sind auch die wirtschaftlichen Machtzentralen in Rechtgläubige und Reformisten, Reformatoren, Umweltprotestanten, ökologische Konvertiten etc. gespalten. Setzt sich die Einsicht durch, daß ökologische Lösungen, ökologische Kompetenz und Intelligenz in allen Feldern der Gesellschaft nicht nur wertkonform, auch marktkonform, sogar langfristig weltmarktkonform ist, entstehen und verbreiten sich die Gräben zwischen Verlierern und Gewinnern im ökologischen Wettlauf des (wirtschaftlichen) Überlebens. Ökologie wird zum Hit, zum Selbstläufer - wenigstens als ökologische Kosmetik, Verpackung. Der Widerstand der einen Hälfte der Wirtschaft, der Gesellschaft oder der Nationen und Kulturkreise trifft auf eine große Koalition der alarmierten Öffentlichkeit, der Ökoprofiteure und Ökokarrieristen in Industrie, Verwaltung, Wissenschaft und Politik. Das aber heißt: kaufbare Blankozustimmung wird knapp, Alternativen brechen auf, Kooperation wird unsicher, Koalitionen, die wiederum polarisieren, müssen geschmiedet, durchgestanden und ausgefochten werden. Dies genau *beschleunigt* den Zirkel des Machtverfalls der Institutionen.

Systematisch gesprochen: Ökologische Gefährdungen konstituieren ein Konfliktfeld - es gibt immer Verlierer, aber es gibt auch immer Gewinner; Verursacher-Interessen, Betroffenen-Interessen und Helfer-Interessen stehen sich gegenüber. Gleichzeitig entsteht mit der Gefahr und ihrer allgemeinen Wahrnehmung ein hochlegitimes Interesse an ihrer Abwehr und Beseitigung. Die ökologische Krise, erzeugt, züchtet ein kulturelles Rot-Kreuz-Bewußtsein. Sie verwandelt Alltägliches, Nichtiges, Belangloses in Mutproben, in denen Heldentum bewiesen werden kann. Ökologische Gefahren, weit davon entfernt, eine allgemeine Sinnlosigkeit und Sinnleere der Moderne zu verschärfen und zu bestärken, erschaffen einen *inhaltlichen Sinnhorizont des Vermeidens, Abwehrens, Helfens,* ein mit der Größe der Gefahr sich verschärfendes moralisches Klima und Milieu, in dem die dramatischen Rollen von *Heroen* und *Schurken* eine neue alltägliche Bedeutung bekommen. Es entstehen Sisyphus-Legenden. Selbst der negative Fatalismus - es geht nichts mehr, alles ist zu spät - ist letztlich nur eine Variante davon. Genau dies ist der Hintergrund, vor dem Kassandra zum Beruf, zur Karriere werden kann.

Die ökologische Frage, die Wahrnehmung der Welt im Koordinatensystem ökologisch-industrieller Selbstgefährdung läßt Moral, Religion, Fundamentalismus, Aussichtslosigkeit, Tragik, Selbstmord, Tod - verflochten immer mit dem Gegenteil: Rettung, Hilfe - zu einem Universaldrama werden. Der Wirtschaft steht es frei, in diesem Realtheater, in diesem Dauerdrama, in dieser alltäglichen Groteske, Gruselkomödie entweder die Rolle des Schurken, des Giftmischers zu übernehmen, oder aber in die des Helden und Helfers zu schlüpfen und diese öffentlich zu zelebrieren. Die kulturellen Bühnen der ökologischen Frage modernisieren die Archaik: Hier gibt es Drachen und Drachentöter, Odysseen, Götter und Dämonen, nur daß diese jetzt mit verteilten Rollen in allen Handlungsfeldern - in der Politik, im Recht, in der Verwaltung, nicht zuletzt gerade auch in der Wirtschaft gespielt, verteilt, zugewiesen und abgewiesen werden. Mit der ökologischen Frage schafft sich eine postmoderne, abgeschlaffte, gesättigte, sinnleere, fatalistische Gänseleber-Kultur eine herkulinische Aufgabe, die alle überall anstachelt und die Wirtschaft in "Untergangster" oder "Robin Woods" spaltet. Systematisch lassen sich - mit Volker von Prittwitz - zwei Konstellationen im ökologischen Konflikt unterscheiden: die erste Konstellation ist die einer *Blockade,* hier stehen sich Verursacherindustrien und Betroffenengruppen exklusiv und spektakulär gegenüber. Bewegung gerät in diese Konfrontationskonstellation erst in einer zweiten Konstellation, in der (a) *Helferinteressen erwachen,* und (b) die *Verschweigerkoalition zwischen Verursachern und Verlierern brüchig wird.* Dies geschieht in dem Maße, in dem Teile der Wirtschaft, aber auch der professionellen Intelligenz (Techniker, Forscher, Rechtsanwälte, Richter) in die Retter- und Helferrolle schlüpfen, also die ökologische Frage als Markt- und Machtkonstruktion, Markt- und Machtexpansion entdeckt wird. Dies wiederum setzt voraus, daß die Industriegesellschaft zu einer Industriegesellschaft des schlechten Gewissens wird, sich mehr und mehr als Risikogesellschaft versteht und anklagt. Denn nur so können Helfer- und Bewältigungsindustrien und -karrieren sich und ihre Heroik, die motiviert und Gewinne abkassiert, entfalten. Dies setzt die Abkehr von der bloßen Kritik und den Übergang zur *Belagerung des Bestehenden durch Alternativen* voraus. Die ökologische Frage muß kleingearbeitet werden in andere Fragen: Technik, Entwicklung, Produktionsgestaltung, Produktpolitik, Ernährungsweise, Lebensstile, Rechtsnormen, Organisations- und Verwaltungsformen usw. Erst eine Gesellschaft, die aus der Lethargie und dem Pessimismus der Konfrontationskonstellation aufwacht und die ökologische Frage als ein *Himmelsgeschenk der universellen Selbstreformation einer bislang fatalistischen Industriemoderne* begreift, kann das Potential der Helfer- und Heroenrollen ausschöpfen und aus ihnen den Schwung gewinnen, um daraus nicht nur ökologische Kosmetik im großen Stil zu betreiben, sondern tatsächlich Zukunftsfähigkeit zu sichern.

Auch auf internationaler Ebene ist die Aktivierung der "Schutzengelindustrien" (der Ausbau des Entsorgungssektors) eine wichtige Erklärungsvariable für expansive Umweltpolitik. "Der Prozeß der umweltpolitischen Internationalisierung erklärt sich ... aus der Wirkung von Helfer-, ja Verursacherinteressen: Länder, in denen sich ein bestimmter Standard des Umweltschutzes entwickelt hat, sind daran interessiert, diesen Standard zu internationalisieren. Dies zum einen deshalb, weil sich im internationalen Vergleich kurzfristige Kostennachteile gegenüber anderen Ländern ergeben können (Verursacherinteresse), zum anderen weil sich durch eine Verallgemeinerung *ihres* Standards und der damit verbundenen qualitativen Anforderung (wie Nachfrage nach Technik, Ersatzteilen, sonstigen Leistungen etc.) neue Chancen auf Warenabsatz, Gewinnsteigerung, wachsendes Renommee etc. für sie ergeben (Helferinteresse)." (von Prittwitz, 1991) M.a.W.: Die Bedingungen des Machtzerfalls, die oben skizziert wurden - das Ende des Ost-West-Gegensatzes, gestiegenes Selbstbewußtsein der Arbeitenden, inhaltliche Alternativen in professionellen Handlungsfeldern, zwischensystematische Koalitionen - werden aktiviert, beschleunigt, durch die Spaltung in den Institutionen von Wirtschaft, Professionen und Politik. Die Mühlen geraten in Bewegung, nicht gegen die Wirtschaft, sondern *weil* die Wirtschaft auch davon profitiert.

Alles zusammen genommen bedeutet: Ökologie hebt die Neutralität, die sachliche Politiklosigkeit der ökonomischen Sphäre auf. Diese spaltet sich in ihrem Sündertum, wird spaltbar - bis in das Management, bis in die Persönlichkeit, die Identität der Personen auf allen Handlungsebenen hinein. Diese Spaltung und Spaltbarkeit in Sündige und von Sünde Freigesprochene erlaubt einen "politischen Ablaßhandel", gibt der Politik die Machtinstrumente "päpstlicher Recht- und Unrechtsprechung", der öffentlichen Zurschaustellung und Selbstkasteiung der industriellen Großsünder, ja selbst die öffentlichen Folterinstrumente einer "ökologischen Inquisition" zurück. Davor schrecken die meisten Politiker in ihrer öffentlichkeitskonformen Gutigkeit zurück. Sie allein zur Erzwingung von Freiwilligkeit aus dem politischen Instrumentenkasten zu ziehen, dazu scheint den professionellen Gegen-den-Strom-Schwimmern der Umweltpolitik das politische Charisma und der politische Realismus zu fehlen.

VII.

"Denn meiner Meinung nach fängt die Geschichte des Menschen heute erst an, seine Gefährdung, seine Tragödie. Bisher standen noch Altäre der Heiligen und die Flügel der Erzengel hinter ihm. Aus Kelchen und Taufbecken rann es über seine Schwächen und Wunden. Jetzt beginnt die Serie der großen unlöslichen Verhängnisse seiner selbst ..." (Gottfried Benn) Die Naturgeschichte geht zu Ende, aber die geschichtliche Geschichte fängt überhaupt erst an. Geschichte, Gesellschaft oder wie das große schwammige Gesamttier genannt werden mag, wird überhaupt erst eine Geschichte der Menschen. Denn die Moderne hat nicht nur die "Altäre der Heiligen" und die "Flügel der Erzengel" verloren, auch das Nicht-Ich der Natur und das Über-Ich der Institutionen löst sich in Entscheidung auf. Überall schimmert das Schwächste in seiner Ratlosigkeit hervor: das Individuum, von dem noch Adorno mit abwehrender Wehmut sagte: "Mitten unter den standardisierten und verwalteten Menscheneinheiten west das Individuum fort. Es steht sogar unter Schutz und gewinnt Monopolwert. Aber es ist in Wahrheit bloß noch die Funktion seiner Einzigartigkeit, ein Ausstellungsstück wie die Mißgeburten, welche einstmals von Kindern bestaunt und belacht wurden. Da es keine selbständige ökonomische Existenz mehr führt, gerät sein Charakter in Widerspruch mit seiner objektiven gesellschaftlichen Rolle. Gerade um dieses Widerspruchs willen wird es im Naturschutzpark gehegt, in mühseliger Kontemplation genossen". (Adorno, 1951, S. 251f)

Literatur
Adorno, T. W. (1951). Minima Moralia, Frankfurt
Beck, U. (1986). Risikogesellschaft - Auf dem Weg in eine andere Moderne, Frankfurt/M: Suhrkamp
Berger, P.L. und Luckmann, T. (1969). Die gesellschaftliche Konstruktion der Wirklichkeit, Frankfurt/M.: Suhrkamp
Douglas, M. (1991). Wie Institutionen denken, Frankfurt/M: Suhrkamp
Heine, H. (1981). Zur Geschichte der Religion und der Philosophie in Deutschland, In Gesammelte Werke, 5.Band, Berlin und Weimar
Prittwitz, V.v. (1991). Das Katastrophenparadox, Opladen

Das ethische Minimum der Demokratie

Helmut Dubiel

*I*n Italien mästet sich die politische Klasse durch Schmiergelder, deren Summe inzwischen der Höhe der Staatsverschuldung entspricht. Auch in Deutschland wird Korruption ein Dauerthema. Zugleich beteiligen sich Kinder und Jugendliche an fremdenfeindlichen Pogromen. Ein von zwei Kindern verübter bestialischer Mord traumatisiert die Öffentlichkeit in England. Ein von Reagan und Bush angeführter Steuerstreik der oberen Mittelklasse hinterlässt viele öffentliche Einrichtungen in den USA - die Schulen, die Massenverkehrsmittel und Gesundheitsdienste - in einem Zustand unübersehbarer Verelendung. Immer wenn liberale Journalisten und Kommentatoren solche Ereignisse analysieren, bedienen sie sich neuerdings einer Denkfigur, die wir früher nur von der konservativen Kulturkritik kannten. Die westlichen Gesellschaften, so meinen sie, litten an einer galoppierenden Auszehrung konsensstiftender, gemeinschaftsbezogener Werte. Es käme darauf an, diese Schwindsucht zum Stillstand zu bringen und neue Gemeinschaftswerte an die Stelle der erodierten zu setzen. Wenn nun Religion und überkommene Tradition in dieser Leistung zunehmend versagen, so meinte jüngst Gräfin Dönhoff in der ZEIT, sei die Politik gefordert. Die öffentliche Klage über die Schwindsucht der Werte und der vielstimmige Ruf nach der Stiftung neuer ist von eigentümlicher Naivität. Wenn öffentliche Mittel knapp werden, kann der Staat Kredit aufnehmen. Wenn die öffentliche Moral knapp wird, ist das schwierig. Werte sind ein eigentümlicher Stoff. Sie lassen sich weder stehlen, noch übertragen, noch kreditieren. Und Lebenssinn und Gemeinschaftsverpflichtungen lassen sich auch nicht administrativ verordnen. Außerdem ist die selbstverständliche Annahme verblüffend, früher hätte es an Sinn und verpflichtenden Traditionen keinen Mangel gegeben. War die vor 50 Jahren betriebene industrielle Massenvernichtung von Menschen nicht auch die Folge einer Erosion von Werten ganz anderen Ausmaßes? Und wie sähe es, gesetzt den Fall, das Projekt einer Restauration von Sinn und Pflicht sei überhaupt irgendwie realistisch, nachher mit dem Recht des Individuums aus, seinem Recht auf Kritik, Dissidenz und Differenz? Und wie sollte balanciert werden zwischen der Pluralität von Wertorientierungen und der Verpflichtungszumutung einzelner, staatlich designierter Werte? Der moderne Staat hält die Gesellschaft zusammen mittels seiner administrativen, verteilenden und politisch-steuernden Leistungen. Wer jetzt wieder einer sinnhaften oder wertbezogenen Integration des modernen Staates das Wort redet, muß schon sehr genau angeben, was er meint. Von einer solch sinnhaften Integration kann man bestenfalls historisch sprechen. Die Rede wäre dann von traditionalen Gesellschaften, in denen alle politischen Handlungen eingebunden waren in ein religiöses Weltdeutungssystem. Und schlimmstenfalls könnte von sinnhafter Integration die Rede sein in bezug auf totalitäre Staaten. Totalitär sind sie eben deshalb, weil sie auch noch die sinnhaften Bedingungen ihrer Existenz in herrschaftliche Regie zu nehmen versuchen. Von jenem historischen Fall unterscheidet sich der moderne Staat durch das explosionsartige Wachstum jener sozialtechnischen Mittel, mittels derer er steuernd und reglementierend auf die Gesellschaft einwirkt sowie durch eine tiefgreifende Säkularisierung und Pluralisierung legitimierender Weltbilder. Und von dem Projekt des totalitären Staates unterscheidet sich der liberale eben durch die Anerkennung des Umstandes, daß er über die Bedingungen seiner sinnhaften und ethischen Stabilisierung nicht verfügt und verfügen darf. Die Stabilität liberaler Demokratien zehrt von ethischen Beständen, die sie innerhalb ihres gewaltenteiligen Regelwerks selbst nicht hervorbringen kann. Sie sind darin der Industrie vergleichbar, die im Zuge ihrer Expansion fossile Ressourcen verbrennt, ohne sie selbst ersetzen zu können.

In der zeitgenössischen politischen Philosophie gibt es einen hartnäckigen Streit zwischen den sogenannten "Liberalen" und den "Kommunitaristen" über das Minimum an ethisch integrierenden Überzeugungen, das auch im modernen Staat unverzichtbar sein soll. Nach "liberalistischer" Ansicht erhalten sich moderne Gesellschaften einzig durch den moralisch neutralen, vom Staat gesetzten Rechtszwang und durch die individuellen Nutzenkalküle ihrer Bürger. Werte werden hier, wenn überhaupt, nur in Anspruch genommen, um den Prozeß privater Nutzenverfolgung zu zivilisieren. Nach Ansicht der "Kommunitaristen" hingegen kann sich der moderne Rechtsstaat auf die ihm eigene institutionelle und rechtliche Mechanik des Konfliktausgleichs allein nicht verlassen. Er bleibt - so die Argumentation - auf einen Grundbestand an vorpolitischen, "gemeinschaftlichen" Wertorientierungen angewiesen, um die Bürger auf die Legitimität der formalen Prozeduren auch noch einmal material zu verpflichten. Es ist nun interessant zu sehen, daß sich alle Philosophen, die sich in diesem Streit engagieren, auf das Schicksal der westlichen Demokratien beziehen. Sie alle teilen - natürlich in vielfältigen Variationen - jene eingangs schon angesprochene und als naiv gescholtene Krisenwahrnehmung. Den Bürgern der westlichen Demokratien sei nämlich das notwendige Bewußtsein der politischen Minimalprinzipien, Konsensbestände und republikanischen Grundorientierungen abhanden gekommen. Und gegenwärtige wie zukünftige Symptome der Anomie, der Gesetzeslosigkeit seien nur abzuwenden, wenn jene integrativen Wertbestände philosophisch erinnert, politisch kultiviert und institutionell festgehalten würden. Fast alle Teilnehmer an dieser Debatte beziehen sich in der einen oder der anderen Weise auf einen berühmten Gedanken Tocquevilles, der so offen formuliert war, daß Liberale wie Kommunitäre an ihn anknüpfen konnten und der zugleich genau das Problem bezeichnet, um das es geht. Tocqueville war bekanntlich in seinem vor anderthalb Jahrhunderten geschriebenen Reisebericht über Nordamerika fasziniert von einer Gesellschaftsform, die zwar die Rechte des Individuums respektiert, aber die potentiell zerstörerischen Folgen des Individualismus durch spezifische, in der Familie, in der Gemeinde, in der kommunalen Demokratie verankerte Traditionen neutralisiert. Die Zukunft der amerikanischen Demokratie verknüpfte er unmittelbar mit der Lebensfähigkeit jener letztlich religiösen, den modernen Individualismus zügelnden und individualisierenden Traditionen. Von ihnen erwartet Tocqueville sowohl eine Vereinheitlichung der politischen Willensbildung, also eine Begrenzung des politischen Streits als auch eine Begrenzung menschlicher Anmaßung, also einer schärferen Markierung der Materien, die überhaupt Gegenstand staatlich-politischer Disposition sein sollen.

Nun zeigt sich die Eigenart der politischen Kultur westlicher Demokratien gerade am Gegenteil dessen, was Tocqueville seinerzeit an Nordamerika faszinierte. Denn diese sind gekennzeichnet durch eine umfassende und irreversible Auflösung jener Traditionen, die die gemeinschaftliche Integration sozusagen hinter dem Rücken der Bürger garantierten. Während die Gesellschaften, die Tocqueville im Auge hatte, in bezug auf die Rechtfertigung ihrer privaten und öffentlichen Lebensformen noch im voraus feststehende Antworten besassen, begründen sich demokratisch organisierte Gesellschaften in einer institutionalisierten Infragestellung ihrer selbst.

Das in unseren Tagen vollzogene Ende ideologischer Systemkonkurrenz, das einen großen Teil unseres Jahrhunderts überschattet hat, bietet entgegen allen Hoffnungen keine Chance der Vermehrung von Konsensus. Es war gerade die trügerische und potentiell totalitäre Hoffnung auf eine durch revolutionäre Gewalt auf ewig befriedbare Gesellschaft, die die Kombattanten jener heißen und kalten Kriege auf ihre langen Märsche trieb. Im nachtotalitären Zeitalter, in das wir eingetreten sind, ist die öffentlich anerkannte Zerissenheit sinnhafter Netzwerke zur eigentlichen Qualität des politischen Lebens geworden. Die Vielfältigkeit moderner Lebensformen und der Relativität der eigenen kulturellen Existenz ist heute nicht nur Reflexionsgegenstand postmoderner Intelligenz, sondern - durch die Medien, durch Massentourismus und Migration - eine aufdringliche Alltagserfahrung geworden. Jeder Versuch, die unbestreitbaren Desintegrationstendenzen der westlichen Demokratien durch eine "Kultur der

Kohärenz" (Robert Bellah) bannen zu wollen, würde das Problem nur verschärfen. In den weitgehend säkularisierten, kulturell modernisierten Einwanderungsgesellschaften, in denen wir heute leben, kann der Zusammenhalt der Bürger nicht mehr über Ähnlichkeiten des religiösen Bekenntnisses, ethnischer Merkmale oder nationaler Traditionen organisiert werden. Aus dem unmittelbaren Lebenszusammenhang ist uns die Erfahrung vertraut, daß die einzig zuverlässigen Stützen des sozialen Zusammenhangs solche sind, die sich im Zuge ausgehaltener Differenzen und durchgestandener Konflikte erst gebildet haben. Eine solche "Kultur des Konflikts" (Marcel Gauchet) bezeichnet auch die Integrationsweise moderner Demokratien. Diese Erfahrung lag schon in der Wiege der modernen Demokratie. Es waren besonders die Kämpfe der Arbeiterbewegung, die - selbst wenn sich ihre intellektuellen Avantgarden vom Traum einer endgültigen Befriedung der Gesellschaft leiten ließen - dazu beitrugen, das demokratische System zur Bühne der Inszenierung fundamentaler Konflikte werden zu lassen. Gerade weil die Arbeiterbewegung in das politische Spektrum der bürgerlichen Gesellschaft die Dimension des fundamentalen Konfliktes eingeführt hat, wurde sie zum Pionier eines modernen Verständnisses von Demokratie, das keine traditional verankerte Gemeinwohlvorstellung mehr voraussetzt.

Es ist ein gerade in Deutschland verbreitetes Mißverständnis, daß eine über die Gestaltung der Arbeitswelt, der Ausländerpolitik, der Umweltpolitik und der Geschlechterfrage zutiefst zerstrittene Gesellschaft sich immer schon im Vorhof des Bürgerkriegs befindet. Als demokratische erhält sich unsere Gesellschaft eben nicht dadurch, daß alle konfligierenden Gruppen ihre Interessen einem imaginären Wertekonsens opfern. Vielmehr bildet sie das sie zusammenhaltende werthafte Band erst im Prozeß solcher Konfrontationen aus. Wenn die Rede von einer kollektiven Identität demokratischer Gesellschaften überhaupt Sinn macht, dann ist der in zivilen Formen ausgetragene Konflikt das Medium, in dem sich diese Identität, dieses Bewußtsein eines gemeinsam geteilten politischen Raumes herausbildet.

Die Moderne frißt ihre Kinder
Postmoderne Reflexionen über die Umweltkrise[1]

Manfred Cramer

I. Vorbemerkung

Dieser Artikel verfolgt mehrere Ziele. Er ist gegen die Apathie und Resignation geschrieben, die sich beim Nachdenken über die Umweltkrise einstellen kann. So verständlich der Einsatz solcher Distanzierungsmittel gegenüber dieser Bedrohung auch sein mag, so fatal ist solch eine Ignoranz gegenüber dieser mundanen Krise, die buchstäblich 'unter die Haut' geht, weil sie unsere psychische und physische Existenz bedroht. Mit diesem Artikel möchte ich auch verdeutlichen, daß entsprechende Appelle ihre Zeit gehabt haben. Die Zeit der Mahnung ("es ist fünf vor Zwölf) ist vorbei. Vorbei ist auch die Zeit der kollektiven Umweltbetroffenheit, die sich über einige Jahre hinweg in der Umweltszenerie kultiviert hat. "Die" Umweltbewegung gibt es nicht mehr. Sie hat sich, wie alle "Neuen Sozialen Bewegungen", nicht nur ihrer Aufbruchstimmung entledigt. Sie hat auch ihre Form verloren, innerhalb derer sich noch vor wenigen Jahren Millionen Westdeutscher zu den verschiedensten, zumeist symbolischen und rituellen Aktivitäten motivierte.

Man würde aber das Kind mit dem Bad ausschütten, wollte man aus dieser Bilanz folgern, daß "Umwelt kein Thema mehr ist". Dieser Einschätzung, etwa von einigen VerlegerInnen, von VerbandsfunktionärInnen oder von UmweltaktivistInnen ist nur soweit zu folgen, wie sie ihre verlorengegangene Form, also die institutionelle Organisierung individueller Bezüge auf die Umweltkrise beschreibt. Gleichwohl ist auf der Basis vieler Beobachtungen und Untersuchungen zu konstatieren, daß die Umweltbewegung ihre besondere Rolle verloren hat[2]. Sie hat sich verallgemeinert und unterliegt damit der sog. 'Dekonstruktionstendenz', die sich in allen gesell-

---

[1] Überarbeitete Thesen zur Tagung "Profil 1993 - Soziale Umbrüche. Begegnungen und Innovation" des Fachbereiches Sozialwesen der Fachhochschule München im Januar 1993. Die hier vorgestellten Thesen habe ich gemeinsam mit Thomas Jahn (Institut für sozial-ökologische Forschung, Frankfurt) erarbeitet. Eine weitere Überarbeitung erfolgte für das Kolloquium "Postmoderne Herausforderungen" (2. Kongreß der Neuen Gesellschaft für Psychologie - Berlin 16. Februar 1993). Die hier vorgestellten Thesen haben Heiner Keupp und ich erarbeitet.
[2] Siehe hierzu das Mai/Juni - Heft 1993 der Zeitschrift *Politische Ökologie*. Diese Ausgabe behandelt unter der Überschrift *Wohin aber wie? Positionen und Perspektiven der Umweltbewegung* die "Verunsicherung der Umweltbewegung".

schaftlichen Teilbereichen manifestiert. Als sinnfälligster Ausdruck dieser Tendenz kann die nachlassende Identifikation mit Institutionen, wie zum Beispiel der erodierten Friedensbewegung, gesehen werden.

In der herkömmlichen Auffassung von der modernen Gesellschaft organisieren sich Institutionen um die Probleme der Individuen. Institutionen verwalten, kontrollieren und lösen Probleme. Mit dieser Zielsetzung entwickelte sich der psychosoziale Sektor zu einem großen, gesellschaftlich organisierten und insgesamt akzeptierten Teilbereich. Neue Probleme (zuletzt z.B. AIDS) organisieren sich über Protest-, Betroffenen- und Alternativbewegungen in neuen Institutionen. In diesem Entwicklungsprozeß wird den 'Bewegungen' eine 'Modernisierungsfunktion' zugesprochen. Ist dieses Ziel, die Etablierung neuer Institutionen, erreicht, brennen solche Bewegungen gewöhnlich aus, wobei sich ihre Restbestände häufig 'fundamentalisieren'. Diese weitgehend formalisierte Abfolge im gesellschaftlichen Modernisierungsprozeß (Problem - Bewegung - Institutionalisierung) hat sich, um es im postmodernen Jargon zu sagen, 'verflüssigt'; Bewegungen können leicht ausbrennen, ohne daß es zu institutionellen Lösungen kommt. Diese 'Deinstitutionalisierung' kann resignativ stimmen, soweit im traditionellen Gesellschaftsbild der modernen Gesellschaft nach den AkteurInnen und deren Institutionen gesucht wird, die etwa die fürchterlichen Atomkraftwerke stillegen oder etwas gegenüber dem Horror der fortwährenden Ozonschichtausdünnung unternehmen[3]. In diesem Kontext entfaltet sich der paradoxe Charakter der Modernisierung[4] auch sinnfällig. Diese Paradoxien, die meines Wissens zuerst Beck[5] herausgearbeitet hatte, sorgen dafür, daß der Fortschritt gewissermaßen auf der Stelle tritt; oder, um es mit einem Bild von Beck zu sagen: Ein Charakteristikum der

---

[3] Auch im Sommer 1993 werden Millionen Menschen unter der Versalzung ihrer Schleimhäute aufgrund des zunehmenden photochemischen Smogs zu leiden haben. Entsprechend dem uns hierfür angebotenen Begriff ('Ozonkonzentration') wird man sich weiterhin politisch streiten, ob "180" oder "120" der Wert sei, der 'Ozonalarm' auslösen solle. Und die entsprechende amtliche Institution (in München das 'Ozontelefon' beim Gesundheitsreferat) wird weiterhin "atemwegsgeschädigten Personen", Kindern und schwangeren Frauen raten, vorsichtig zu atmen. Und, je nach Wetter und Haltung der SchulleiterInnen werden vermutlich, wie im Sommer 1992, an vielen Schulen die "Bundesjugendspiele" abgesagt oder in Hallen verlegt. Es wird wohl auch wieder zu symbolischen Verkehrsblockaden und den entsprechenden Staus kommen. Und entsprechend werden vermutlich wieder die PR-Abteilungen der Automobilindustrie reagieren; zu erinnern wäre an eine große Anzeigenkampagne von BMW, die sich 1991 mit der Behauptung lächerlich machte, daß die Benutzung ihrer Gerätschaft ("mit Kat") einen aktiven Beitrag gegenüber der sog. Ozonkonzentration darstelle.

[4] Siehe hierzu die eindruckvolle Analyse von Loo, & Reijen (1992).

[5] Siehe (Beck, 1985). Siehe auch seine jüngste Arbeit (Beck, 1993). Er arbeitet hier aus einer vergleichbaren Bewertung der jetzigen Situation der Umweltbewegung andere Folgerungen heraus.

Risikogesellschaft ist, daß die linke Hand etwas aufbaut, was die rechte Hand gleichzeitig wieder zerstört.
Zurück zu einer weiteren, hintergründigen Zielvorstellung dieses Artikels: Ich stelle mir die jetzige Zeit als eine Art Zwischenzeit mit enormen sozialen Wandlungsprozessen und Umbrüchen vor. Aufgrund der Dynamik dieser Entwicklung, vor allem aber aufgrund der sich entfaltenden Umweltkrise, macht es wenig Sinn, der gesellschaftlichen Formierung der traditionellen Fortschrittsgesellschaft nachzutrauern. In dieser Periode macht es auch wenig Sinn, die als postmodernistisch beschriebenen Tendenzen, den traditionellen Fortschrittsgedanken im Hinterkopf, prinzipiell zu kritisieren; warum den Ast absägen, auf dem man sitzt? Alternativ versuche ich, der Dekonstruktionstendenz zukunftsorientierte Elemente abzugewinnen. Ich gehe davon aus, daß in den psychischen und physischen Auswirkungen der Umweltkrise die Paradoxien der Risikogesellschaft virulent werden. Damit erhöht sich potientiell die Bereitschaft zur Etablierung stabilerer Lebensweisen. Bildlich gesagt: Die Versalzung unserer Schleimhäute (aufgrund des erhöhten photochemischen Smogs wegen des substantiell gestiegenen Verkehrsaufkommens) trägt stärker als der Protest zur Dekonstruktion des "Mythos Auto" bei. Dieser Gedanke spricht nicht gegen Protestaktionen, die es auch weiterhin geben wird. Er relativiert aber die Trauer über den Verlust "der" genuinen Umweltbewegung. Damit bin ich bei einer letzten Zielvorstellung dieses Artikels, der auf den Erfahrungen der AkteurInnen beruht, die in Westdeutschland das psychosoziale Reformgrogramm der 70er Jahre mitentwickelt haben. Ich frage, ob der damalige 'Kampf um die Zukunft' nicht vergleichbare Voraussetzungen wie die heutige Problemstellung hat[6].

II. Vom Interaktionismus zur Postmoderne

Das breite Interesse der psychosozialen Zunft an dem US-amerikanischen 'Interaktionismus'[7] der 70er Jahre basierte auf Denkmustern, die in dem

---

[6] Siehe hierzu eine vergleichbare These aus dem einleitenden Kapitel von S. Lash & J. Friedman (1992) zu ihrem interessanten Reader. In einer biografischen Argumentation wird gezeigt, daß viele heutige 'postmodernistische' Psychologen damals zum psychosozialen Reformprogramm beigetragen haben und sich nach wie vor diesen Positionen verpflichtet sehen.

[7] Ein großer Teil der zweiten Nachkriegsgeneration amerikanischer Soziologen verabschiedete sich in den 60er Jahren von der 'funktionalistischen Orientierung', die bis dahin den Mainstream der US-Soziologie organisierte. Sie basierte auf einer 'ordentlichen Infrastruktur' (Gouldner, 1974), deren zerbrechliche Hintergrundannahmen zum Ende der eisigen Nachkriegszeit problematisiert wurden. Die neue Generation begann, sich für den "sozialen Austausch von Gratifikationen" zu interessieren. Nicht mehr die Funktion einer Gesellschaft (oder eines gesellschaftlichen Subsystems), sondern die Herstellung sozialer Strukturen, Ordnungen und Verfahren, also das interaktionistische Gefüge der Menschen standen nun im Mittelpunkt des Interesses (Gouldner,

diskursiven 'Kampf um die Zukunft'[8] der 90er Jahre zum Tragen kommen. Diese These wendet sich gegen die populäre Meinung[9], wonach die Kristallisationspunkte der sozialwissenschaftlichen Diskussion der 70er und 90er Jahre, wenn überhaupt, dann schlechterdings antagonistische Beziehungen miteinander hätten. Häufig dienen entsprechende Schwarzweißbilder von den guten (weil fortschrittlichen) 70er Jahren und den schlechten (weil rückschrittlichen) 90er Jahren als Begründung für die verbreitete sozialwissenschaftliche Wartehaltung gegenüber den heutigen Zeiterscheinungen. Auch gegen diese Abstinenz ist dieser Artikel geschrieben. Meine These lautet: Löst man sich von der nostalgischen Unterstellung über die 'fortschrittlichen' 70er und die 'restaurierenden' 90er Jahre, kann man vorwegnehmende Charakteristika in dem damaligen 'Kampf um die Zukunft' erkennen: Mit den interaktionistischen Modellen, Verfahren und Methoden entwickelten sich praxisorientierte, alternative Reformprogramme, die bis heute von Bedeutung sind. Sie boten zunächst humanistische Alternativen zu polizeistaatlichen Maßnahmen gegenüber jugendlicher Deliquenz an. Später kamen u.a. die (heute noch besser bekannten) Alternativen gegenüber einer versteinerten und unmenschlichen psychiatrischen Praxis hinzu. Im Slang der Postmoderne würde man heute sagen: Der Interaktionismus verflüssigte eine versteinerte und intolerante Praxis. Parallel dazu dekonstruierte er die hierarchisierten Menschenbilder und theoretischen Reflexionen[10] von Psychiatrie, Sozialarbeit und Psychologie. Diese Dekonstruktionen waren erfolgreich. Von den damals geläufigen bom-

---

1974, 446f). 'Freiheit, Gleichheit und Wohlfahrt' (anstatt 'Ordnung') wurden zu Schlüsselbegriffen von Soziologen, die den aufkommenden Sozialstaat als Gleichstellungsmittel propagierten. Diese optimistische Tendenz manifestierte sich 1964 in Westdeutschland u.a. im neuen 'Bundessozialhilfegesetz' und der 'psychosozialen Reform' der 70er Jahre (die sich an die 'Mental Health - Bewegungen in den USA anlehnte).

[8] In besonderer Weise hat sich der 'Kampf um die Zukunft' unter dem Arbeitstitel 'Postmoderne' organisiert. Siehe hierzu den älteren Schlüsseltext von P. Kemper (1988).

[9] Zugespitzt beinhaltet diese Haltung etwa folgendes Urteil: Die vielen theoretischen und praktischen Spielarten des 'Interaktionismus' waren genuin 'fortschrittlich'. Sie waren in allen westlichen Ländern ein wichtiger Ausdruck des sozialpolitischen Reformprogramms der 70er Jahre. An diesem Programm ist festzuhalten gegenüber der postmodernistischen Zerfaserung, dem kulthaften, unvernünftigen, beliebigen Tanz auf dem Vulkan. Dieses Urteil, dem Text- und Sachkunde nicht gerade zuzusprechen ist, hält sich so hartnäckig, daß viele AutorInnen einführender Textbücher zur Postmoderne sich bemüßigt sehen, gegen solche Unterstellungen mit mittlerweile standardisiert wirkenden Argumenten anzuschreiben.

[10] Entsprechend war auch die Dekonstruktion formaler Theorien breit angelegt. In ihrem Mittelpunkt stand der Behaviorismus. Tiere und Menschen werden heute nicht mehr als Organismen gesehen, die behaupteten Reiz-Reaktions-Mechanismen unterliegen. Menschen werden aber auch nicht mehr als bloßes Konglomerat aus in der frühen Kindheit induzierten Reagenzien gesehen.

bastisch-formalen Theoriegebäuden ist nicht viel übrig geblieben. Im Ertrag lernten die helfenden Zünfte unter dem Einfluß des Interaktionismus, daß ihre Praxis ohne Rückgriffe auf abstrakte, apriorische Modellannahmen und ohne Rückgriffe auf abstrakte Begrifflichkeiten von Staat und Gesellschaft besser möglich ist[11]. Mit der Akzeptanz solcher Dekonstruktionen und den ihnen entsprechenden neuen Erfahrungen wurde es ziemlich still um die Zauberwörter (wie z.B. 'Labeling-Approach'), die den 'Interaktionismus' groß gemacht hatten. Parallel gewann die 'reflexive' Denkweise an Bedeutung. Diese, an einige Positionen des 'Interaktionismus' anküpfende Denkweise orientiert sich heute an der Sozialökologie.

III. Zwei Erfahrungen der Spätmoderne

Zum Ende der 'Reformphase' relativierten sich viele bisher als sicher geglaubte Positionen. Erfahrungen von unsicherer, ambivalenter und ambiger Qualität wurden diskutiert. Und in einem Suchprozeß fand die avantgardistische Diskussion von KünstlerInnen, ArchitektInnen und PhilosophInnen in den USA sozialwissenschaftliches Interesse[12]. Etwa so kann man den Prozeß skizzieren, in dem sich das Bedürfnis nach Neubewertung von Erfahrungen zum Nährboden für den jetzt beginnenden 'Kampf um die Zukunft'[13] entwickelt hat. Zwei solcher Erfahrungen sind hier zu nen- nen:

---

[11] Der nachhaltig vom 'Interaktionismus' beeinflußte Modernisierungsprozeß des psychosozialen Bereiches war Ende der 70er Jahre weitgehend abgeschlossen. Dies meint freilich nicht, daß dieser Prozeß zu einer umfassenden Reform des psychosozialen Bereiches führte. Dies meint zunächst nur, daß eine umfassende Modernisierung vorstellbar wurde. Siehe hierzu unseren abschließenden 'Umbauvorschlag' (M. Cramer, H. Keupp, B. Röhrle, & W. Stark, 1986). Hier haben wir noch immer in etwa gültige *Leitlinien für den psychosozialen Bereich*, wie wir damals unser Gesamtwerk ein wenig pathetisch titulierten, formuliert. Heute ist es Allgemeingut, von einer gemeindenahen, ausdifferenzierten, selbstbestimmten, reflexiven, bedürfnisnahen psychosozialen Praxis zu reden.

[12] Diese Datierung ist deswegen interessant, weil zu oft gesagt wird, daß sie "in Frankreich" von den sog. 'Poststrukturalisten' herbeigeführt wurde. Mit dieser Attribuierung wird der 'Kampf um die Zukunft' als eine philosophieinterne Debatte marginalisiert.

[13] In diesem Prozeß hat sich der undeutliche Arbeitstitel 'Postmoderne' durchgesetzt. Dieser Term wird nicht zufällig gerne mißverstanden (siehe Fußnote 8). Zum Beispiel wird in der postmodernen Diskussion (ähnlich wie in der 'Kritischen Theorie') die auf Planung abgerichtete, instrumentalisierte Vernunft von ihrem hohen Roß heruntergeredet (dekonstruiert). Verschiedene AutorInnen haben herausgearbeitet, daß vernünftige Planung als Instrument eines allumfassenden, kollektiven Fortschritts der Gattung derart viele Paradoxien beinhaltet, daß der Glaube an den 'Fortschritt' als Mythos zu beschreiben ist. Wie aber soll ein inniges Paradox zwischen Vernunft und Mythos aufgelöst werden? Wegen der Schmerzen, die der notwendige Abschied von einem Mythos immer bedeutet, wird die ÜberbringerIn der Nachricht ('die PostmodernistIn') zu gerne geschmäht. Denn jeder Mythos, auch der Mythos Fortschrittlichkeit, reguliert Machtbeziehungen, z.B. in und zwischen Institutionen. Kann sich ein Mythos nicht

Erste Erfahrung: Selbstzentrierung unter dem Mythos von Fortschrittlichkeit: Die Diskussionen innerhalb der 'Reformphase' (wie die Modernisierung des psychosozialen Sektors damals benannt wurde) zentrierte sich auf eine für heutige Verhältnisse fremde Art und Weise auf sich selbst. Im damaligen *common sense* war Fortschrittlichkeit angesagt. Man war sich sicher, daß die selbstreferente 'Reformphase' im psychosozialen Bereich mit vergleichbaren Entwicklungen in allen anderen relevanten gesellschaftlichen Institutionen korrespondierte. Entsprechend war sich auch die Reform 'vor Ort' sicher, daß sie Teil eines gesellschaftlichen Gesamtprojektes war. Diese Sicherheit ist längst verflogen. Nur eine naive Person würde heute noch mit der linken Hand etwas 'reformieren' wollen, ohne sehen zu wollen, was mit der rechten Hand gerade noch so alles bewerkstelligt wird.

Zweite Erfahrung: Reduktionismus unter dem Mythos von Fortschrittlichkeit: Die Hinterlassenschaft der vom 'Interaktionismus' geprägten Zeit ist, wie der 'Interaktionismus' selbst, von der weitgehend unsichtbaren Hinterlassenschaft des Behaviorismus geprägt, wonach die physikalische Umwelt zu vernachlässigen sei. Es wurde davon ausgegangen, daß die physikalische Umwelt einen minimalen oder vernachlässigbaren Einfluß auf die Empfindungen, Gedanken, das Verhalten, die Gesundheit und das Wohlbefinden einer Person hat. Entsprechend wurden in "umweltminimalistischer Manier", so der Umweltpsychologe David Stokols (1990), die Beziehungen zwischen physikalischer Umwelt, Gesundheit und Verhalten schlichtweg ignoriert. Diese Bewertung artikulierte die 'grüne Bewegung' der 80er Jahre in ihrer Kritik an der wachstumsorientierten industriellen Produktionsweise, an deren Offerten und an den Lebensstilen, die diese Produktionsweise ermöglicht.

Die über solche Erfahrungen[14] motivierte Diskussion um eine eventuelle Postmoderne beeindruckt wegen ihrer Nähe zur sozialen Wirklichkeit und

---

mehr reproduzieren, so ist dies schlecht für die Legitimation, z.B. einer Institution. So gesehen macht es Sinn für die vielen Institutionen, die sich über 'Fortschritt' legitimieren, den Term 'Postmoderne' argwöhnisch zu handhaben. Diese allgemeine Regel gilt besonders für die postmoderne Diskussion, weil sie (im relativen Unterschied zum 'Interaktionismus') Mythen explizit als sogenannte 'Metaerzählungen' kritisiert, verflacht und dekonstruiert. Entsprechend schlechte Erfahrungen mußten die ApologetInnen des 'New Age' machen, soweit sie sich ausgerechnet unter Berufung auf die 'Postmoderne' ganz neue Einflußsphären und Machtbeziehungen im Zeitalter ihres Wassermanns herbeireden wollten.

[14] Zu Ende gedacht beinhalten diese beiden heute geläufigen Erfahrungen auch eine substantielle Kritik an der 'Reformphase'. Damit sind nicht die vielen Modernisierungselemente, wohl aber deren Würdigung in einem "gesellschaftlichen Gesamtrahmen" diskreditiert. Es ist für sich selbst gut, etwa eine optimale, nicht stigmatisierende Nachsorge Menschen anzubieten, die unter psychotischen Episoden leiden. Eine 'gesellschaftsverändernde Funktion' hat die Etablierung solch eines Angebotes aber sicherlich nicht. Daß uns entsprechende "Funktionsbestimmungen" in der Reformphase

ihrer entsprechend angelegten Empirie (erste Erfahrung). Komplexer angelegt und ungleich schwieriger zu handhaben ist die zweite Erfahrung, auch innerhalb der postmodernen Diskussion. Zwar nehmen viele AutorInnen diese Erfahrung erfolgreich als dekonstruktives Arbeitsmittel[15] (z.B. gegenüber den plumper werdenden Offerten der industriellen Produktionsweise). Ihre weitergehende Verarbeitung stellt jedoch ein ungelöstes Problem dar. Einige AutorInnen versuchen dies mit einem erneuten Rückgriff auf Adorno. Aber soll man wirklich glauben, daß z.B. Atomkraftwerke dem Regelwerk einer negativen Dialektik gehorchen? Dies mag sein. Aber gilt dies auch für die ruinierte Ozonschicht? Sicherlich nicht. Folglich erscheinen AutorInnen, die solche Beispiele thematisieren, ökologische Modelle attraktiv. Aber sollen wir wirklich glauben, daß wir in Systemen leben, daß ein Indianer im tropischen Regenwald Brasiliens einen Hurrican in Florida verursachen kann, nur weil er eine Pfeife raucht? Hat die Systemtheorie nicht schon in den 60er Jahren ihre Zeit gehabt? Gegenüber solchen einfachen Rückgriffen auf tradierte Modelle könnte man versuchen, die 'zugrundeliegenden' Schwierigkeiten besser herauszuarbeiten. Solch einen empirienahen Ansatz werde ich nun skizzieren.

IV. Reflexive Verhältnisse im spätmodernen Umbruch

Die postmoderne Diskussion setzt an der spätmodernen Umbruchsituation an. In dieser Situation zentrieren sich viele (offene) Fragen auf die Beziehungen zwischen 'äußerer Natur' und 'innerer Natur'. Zur ihrer Diagnose gehört, daß die über lange Zeit stabilen Verhältnisse zwischen dem Modernisierungsprozeß und seiner Gegenbewegung reflexiv werden: Der Modernisierungsprozeß wurde seit seinen Anfängen von einer Gegenbewegung begleitet, die sich gegen den Zentralbereich dieses Prozesses, die wachstumsorientierte industrielle Produktionsweise, ihre Offerten und die angekoppelten Lebenstile richtete. Die Gegenbewegung wuchs mit den Problemen, die die industrielle Produktionsweise und ihre Folgen in der 'äußeren Natur' anrichteten, um sich in der Spätmoderne zu partikularisieren und zu verallgemeinern. Ihre Ursprünge sind in der "fortschritts-

---

wie selbstverständlich von der Hand gingen, spricht für die Introjektion der uns vermittelten Symbole des Mythos Fortschritt.
[15] Siehe aus dieser Sicht den Bestseller von D. Meadows, D. Meadows & J. Randers (1992). Die Anlage vieler solcher Arbeiten wirkt standardisiert. Zunächst wird ein dem Umweltminimalismus geschuldetes Paradox dekonstruiert. Im zweiten Schritt werden, gewöhnlich auf hohem Abstraktionsniveau, moralische Forderungen aufgestellt (z.B. Dürr, 1993: "Wir müssen das rechtliche Dürfen der Individuen einschränken"). Verhaftet in solchen Imaginationen konstruiert dann (das abstrakt leicht entstehende) 'Projekt Weltrettung' mundane Umbaupläne. Diese in der Regel psychosozial blinden, naturalistischen Rezepte aus den Küchenkabinetten der Weltretter, sollen dann über den 'Hurra-Moralismus' "der" Ökologiebewegung (Beck, 1993) "den Entscheidungsträgern" bzw. "dem Menschen" nahegebracht werden.

feindlichen", also der antimodernistischen Protestbewegung gegenüber der industriellen Produktionsweise zu finden. Aus den USA kommend, fand sie gerade in Westdeutschland einen fruchtbaren Nährboden. Sie amalgierte in den 70er Jahren mit der 'alternativen', antikapitalistisch getönten Umweltbe- wegung. In den sog. 'Neuen Sozialen Bewegungen' wurde ihr emotionalisierter 'Betroffenheitsdiskurs' kultiviert. Sie hat verschiedene, uns sehr geläufige Symbole gegenüber der Destabilierung der 'äußeren Natur' entwickelt, die unsere Haltungen und Selbstkonzepte durchdrungen haben. Um die collagierten Symbole einer 'strahlenden Zukunft', dem 'sterbenden Baum', den 'vergifteten Böden', der 'benzolhaltigen Luft', der 'chemisierten Nahrung' organisierte sich die größte Protest- und Alternativbewegung der Nachkriegsgeschichte, deren Symbolismus von wachsender naturwissenschaftlicher Alternativexpertise untermauert wurde. Die alternative Kultur problematisierte viele Risiken des Modernisierungsprozesses und bot einen jeweilig alternativen Modernisierungsentwurf an. Sie intendierte, kognitive, emotionale und handlungsorientierte Momente im Vertrauen auf eine andere, eine bessere und vernünftigere Modernisierung zu synthetisieren. Mit ihrem Anspruch auf Authentizität und mit ihrem Selbstverständnis, Vorreiter der gesellschaftlichen Modernisierung zu sein, sozialisierte sie im engagierten Pathos der 'allerletzten Chance der Menschheit' ein umfassendes, zukunftsorientiertes Selbsterhaltungsprojekt in Form sozialer Neudefinierungsprozesse, die bis hin zu rigiden und totalitären Lebensentwürfen ausformuliert wurden.

V. Was kommt nach der Dekonstruktion der 'Neuen Sozialen Bewegungen'?

Seit 1986, dem Jahr des Reaktorunfalls von Tschernobyl, destrukturierten sich die 'Neuen Sozialen Bewegungen' und sind mittlerweile als Kollektiv von der Bildfläche verschwunden[16]. Das große Anliegen der 'Neuen Sozialen Bewegungen', einen neuen, angesichts der Umweltkrise stimmigen Lebensentwurf, zu entwickeln, zu praktizieren und als zukunftsorientiertes

---

[16] Noch vor dem Zusammenbruch der 'realsozialistischen Staaten' betraf diese Entwicklung zunächst die Friedensbewegung. Dies faßte der 'Insider' Th. Leif 1989 auf der Basis seiner empirischen Untersuchung wie folgt zusammen: "Die Fragen, Forderungen und Vorschläge der Friedensbewegung sind weitgehend unbeantwortet, ungelöst und unbewältigt" (...), gleichwohl ist "die Friedensbewegung zum bloßen geschichtlichen Faktor abgesunken". Ähnlich urteilt D. Rucht 1993 in seiner neuen empirischen Untersuchung zur Umweltbewegung: Es "ist keine Tendenz zur organisatorischen Homogenisierung der Ökologiebewegung erkennbar". Stattdessen haben verschiedene Entwicklungen "zu einer weiteren Diversikation und Fragmentierung (...) und zu einer ohnehin immer diffuser erscheinenden Gesamtbewegung" geführt (...). Schon heute ist somit zweifelhaft, ob die Rede von *einer* Ökologiebewegung noch Sinn macht, ob damit auf der Ebene faktischer Gemeinsamkeiten wie subjektiver Zurechnung überhaupt eine kollektive Identität gestiftet werden kann".

Selbsterhaltungsprojekt durchzusetzen, hat seine AdressatInnen verloren. Geblieben sind die ihrer sozialen Matrix entkleideten, pluralisierten Sorgen und Ängste über die "Lage der Natur". Diese Entwicklung hält sich an die Dekonstruktionsregeln, wie sie in der Diskussion über die Postmoderne beschrieben werden: Die Sorgen und Ängste über den "Niedergang der Natur" haben den Niedergang ihrer Träger, die Ghettos der 'Neuen Sozialen Bewegungen' überlebt. Sie werden in offen zu Tage tretender Ambiguität von pluralisierter Orientierungslosigkeit und dem Bedürfnis nach Orientierung zum ambivalent individualisierten Allgemeingut, das auch in Umweltgruppen schwer zu sozialisieren ist.

Damit ist ein Ergebnis meiner Untersuchung (Cramer, 1992) zusammengefaßt: Zur Zeit werten wir 337 qualitative Interviews mit Personen[17] aus, die sich in verschiedenen Lebenswelten 'freiwillig' oder unfreiwillig, intentional oder reaktiv mit der Umweltkrise auseinandersetzten. Alle Personen wurden zu denselben Rahmenthemen und ihrer jeweilig spezifischen 'Verinnerlichung' (Wahrnehmung, Erfahrungen, Interpretation und Lernen), 'Verarbeitung' (Motivation, Kognition, Emotion, Streß und Selbstkonzept) und 'Veräußerung' (Coping und Handlung) befragt. Meine bisherige Analyse bestätigt das allgemeine psychologische Wissen, wonach verbale Äußerungen zu 'Verinnerlichung', 'Verarbeitung' und 'Veräußerung' oft nur in zufälligen Zusammenhängen stehen.

Nur bei wenigen InterviewpartnerInnen lassen sich Haltungen gegenüber der Umweltkrise und umweltbezogene Verhaltensweisen in linearen Beziehungen darstellen. Abstrakter gesagt: Das die Moderne, so N. Elias, kennzeichnende Auseinanderfallen von Vernunfts-, Wissens-, Emotions- und Verhaltenshaushalt reproduziert sich auf individueller Ebene, zum Beispiel unter verschiedenen praktischen (zweckorientierten) vs. emotionalen Bedingungen Es kann praktisch sein, an einer Hauptverkehrsstraße zu wohnen und sich an die dortigen Luftbedingungen und den Straßenlärm zu "gewöhnen". Dies muß jedoch nicht bedeuten, daß man sich auch "emotional gewöhnt". Jede Vollbremsung eines Lastwagens kann z.B. bedeuten, einen Wutausbruch gegenüber "diesem rücksichtslosen Fahrer" zu entwickeln. Wenig spektakulär ist auch das Ergebnis, wonach dem 'Habitus' einer Person eine sehr große Bedeutung zukommt. Eine Mutter mit atemwegsgeschädigten Kindern, die eine hohe Kontrollbereitschaft über

---

[17] Gruppen von DiplomandInnen unseres Fachbereiches befragten zwischen 1988 - 1993: Studenten verschiedener Fachbereiche, verschiedene Gruppen deutscher "Umweltflüchtlinge" in Neuseeland, AnwohnerInnen von hochfrequentierten Straßen, Umweltgruppen in München und im Westallgäu, "Biobauern", Kinder und Jugendliche, Personen, die in einer toxikologischen Klinik als "umweltvergiftet" vorstellig werden, MitarbeiterInnen psychosozialer Einrichtungen in luftbelasteten Regionen und Personen, die "ökologisch bewußt" leben. Die Ergebnisse dieser Arbeit werden 1994 vorliegen.

ihre Umweltbedingungen deutlich macht, wird mit anderen emotionalen Verarbeitungsmodi auf eine Umweltbelastung reagieren, als eine entsprechende Mutter, die sich ihren Umweltbedingungen anpaßt.

Mit der mühevollen Individualisierung korrespondiert die oberflächliche Vergesellschaftung eines Flickenteppichs an Symbolen und Ritualen zur Umweltkrise, die sich von den "Lösungsvorschlägen" der 'Neuen Sozialen Bewegungen' emanzipiert haben und als mahnende Ruinen gegenüber unseren Lebensstilen wirken. Unter diesem Flickenteppich wirkt ein überraschend großes Spektrum an neuen, ungeordneten, oft schwer zu besprechenden 'wilden' Leiden, Befürchtungen und Ängsten. Sie stehen häufig im paradoxen Kontrast zur Anpassungsbereitschaft und Leidensfähigkeit vieler unserer InterviewpartnerInnen. Ihr oftmals sehr konkretes, in der Regel privatisiertes Leiden an verschiedenen Auswirkungen der Umweltkrise motiviert sie zu weitergehenden 'Verarbeitungen' spezifischer Paradoxien der Risikogesellschaft[18]. Hier findet die im sozialen Raum sichtbare 'Dekonstruktionstendenz' ihre psychische Entsprechung. Dieser Tendenz (und weniger den vielen konstruktiven "Weltrettern", die vernünftige Lösungen immer schon in der Tasche haben) ordne ich die Bereitschaft zu, zur Etablierung stabilerer Lebensweisen potentiell beizutragen. Aber das ist Zukunftsmusik. In unserer von Umbrüchen gekennzeichneten Spätmoderne erscheint das Verhältnis zur destabilisierten 'äußeren Natur' unaufhebbar widersprüchlich, trostlos und erstarrt. Es sorgt für das 'anything goes' der industriellen Produktionsweise, für den fortschreitenden 'Niedergang der Natur'. Solch eine Melancholie, so Hartmut Böhme (1988) in seiner polemischen, "unvornehmen Apokalypse von unten" verführt zur *"Ästhetik der Erhabenheit, die in den anthropogenen Katastrophenszenarien unserer Tage wirkt"*. Sie verführt, *"der Angst vor dem Ende dadurch zu entkommen, daß man es macht"*. Am letzten Ende ist dann *"kein erhabeneres Kunstwerk denkbar als eine verlassene, stumme Erde"*.

V. Wie es weitergehen könnte

Gegenüber solch einer melancholischen Globalimagination, die das "Raumschiff Erde" vom "Störfaktor Mensch" befreit sieht, empfehlen PostmodernistInnen, nicht mehr in großen Dimensionen wie der von einem "global village", ihrer Natur, und ihren Gesellschaften zu denken, zu fühlen und zu handeln. Überhaupt sollte man großen Ideen (Meta-

---

[18] Eindrucksvoll wird dies in dem Teilprojekt über 'Biobauern' deutlich (Vgl. Cramer, 1992). Sie stellten in der Regel auf 'biologische' Produktionsweisen um, nachdem sie mit Kontaktallergien auf die Handhabung von Chemikalien reagierten. Entsprechend reagierte die Mehrzahl der befragten deutschen MigrantInnen nach Neuseeland. Zentrale Motive zur Migration waren konkrete körperliche und psychische Leiden aufgrund der Umweltkrise. Abstrakte Vorstellungen (z.B. Neuseeland ist eine Art 'Arche-Noah') können biografische Entscheidungen kaum begründen.

Erzählungen) besser mißtrauen. Und gerade die großen Rettungsphantasien diskreditieren sich oft von selbst. Zu häufig hantieren sie (wie etwa Rudolf Bahro) mit sozialen Konstruktionen, die für eine vornehme Idee ("im Namen der Natur") das "Raumschiff Erde" diktatorisch durchstylen. Aber wie weit trägt die postmoderne Empfehlung des Kleinkochens, des pluralisierten Nebeneinanders der unzähligen kleinen Gegensätze und Widersprüche angesichts der Sorgen und Ängste um den Niedergang der Natur im Konzert mit den vielen uns angebotenen, lebensweltlich bedeutsamen weit- und tiefreichenden psychosozialen Umbrüchen?

Das unaufhebbar reflexiv gewordene Verhältnis zwischen 'äußerer Natur', 'innerer Natur' und 'Risikogesellschaft' stimuliert die Frage nach körperlicher und psychischer Gesundheit. Und es hinterläßt einen ziemlich faden Eindruck, sucht man nach übergreifenden, etwa nach sozialen Kontexten, die die nicht einlösbaren Ansprüche der Moderne auf ein besseres, widerspruchsfreies und gesünderes Leben deklinieren könnten. Demgegenüber wirkt die postmodern formulierte Realerfahrung geradezu erfrischend. Die ihr eigene Selbstreflexion kann mehr meinen als das Verhaftetsein in bloßen doppelsinnigen, widerspruchsvollen und ambivalenten Lebensstilen und oberflächlichen Denkweisen. Sie kann auch etwas bewirken, beispielsweise die weitere Dekonstruktion der Symbole und theoretischen Vorgaben, die umweltminimalistische Modernisierungen zu Lasten der 'äußeren Natur' begünstigen. Sie kann in ihren 'toleranten Collagen'[19] den Blick öffnen für die reflexiv gewordenen, komplexen Zusammenhänge, die in den bedeutungsschweren Generaltheorien zur "Zukunftsrettung" der Einfachheit halber ignoriert wurden. Darin liegt die Chance der postmodernen Realerfahrung im Kontrast zu dem blinden Vertrauen in die Offerten der Risikogesellschaft. Deren psychische Verarbeitung und deren lebensweltlichen Konsequenzen werden uns in jedem Fall noch lange beschäftigen.

Damit bin ich wieder am Anfang dieses Artikels angelangt: In den 60er Jahren erschien es oft unvorstellbar, daß die eiskalte, restaurative Nachkriegsphase überhaupt überwindbar sei. Meine analogisierende Frage wäre: Leben wir in einer vergleichbaren Situation? Könnte es nicht sein, daß der heutige "Kampf um die Zukunft" ähnliche Grundmuster aufweist wie der damalige? Die Dekonstruktion, Verflachung und tolerante Ironisierung problematischer Positionen der Spätmoderne kann dazu beitragen, daß sich stabilere Verhältnisse entwickeln.

---

[19] Solche Collagen wenden sich gegen das Dogma "Make no little plans" der Modernisten des letzten Jahrhunderts. Sie ermöglichen eine "re-attaching" (Neuzuordnung und Neubewertung des Wissens) und dienen "interpretative communities" als "powerful stimulus" zum Weiterdenken über mögliche Gestaltungen und Lösungen, gerade auch für psychosoziale Fragen und Probleme. Die Offerten der verschiedenen Collagierungs-Methoden werden in der grundlegenden Arbeit von Harvey (1990) anhand vieler Beispiele kritisch diskutiert.

Literatur

Beck, U. (1985). Von der Vergänglichkeit der Industriegesellschaft. In Thomas Schmid (Hrsg.), Das pfeifende Schwein. Über die weitergehenden Interessen der Linken (S. 85 - 114). Berlin: Wagenbach.

Beck, U. (1993). Abschied von der Abstraktionsidylle. Die Umweltbewegung in der Risikogesellschaft. Politische Ökologie, Nr. 31, 20-24.

Böhme, H. (1988). Natur und Subjekt. Versuche zur Geschichte der Verdrängung. Frankfurt: Suhrkamp.

Cramer, M. (Hrsg.) (1992). Unser Doppelleben: Neue Studien zur Umweltbetroffenheit. In Manfred Cramer (Hrsg.), Unser Doppelleben. Neue Studien zur Umweltbetroffenheit. München: Fachhochschule München.

Cramer, M., Keupp, H., Röhrle, B., Stark W. . (1986). Psychiatrischer und psychosozialer Umbau. DGSP Rundbrief, 34, 42 - 45.

Dürr, H.P. (1993). Nicht in alten Kategorien verharren. Plädoyer für eine ökologische Grundrechtsschranke. Politische Ökologie, 31, 8-10.

Gouldner, A. W. (1974). Die westliche Soziologie in der Krise (Bd. 2). Reinbek bei Hamburg: Rowohlt.

Harvey, D. (1990). The Condition of Postmodernity. Cambridge: Basil Blackwell.

Kemper, P. (Hg.). (1988). "Postmoderne" oder der Kampf um die Zukunft. Frankfurt: Fischer Taschenbuch.

Lash, S. & Friedman, J. (ed.). (1992). Modernity and Identity. Oxford: Blackwell.

Leif, T. (1989). Entscheidungsstrukturen in der westdeutschen Friedensbewegung. Leviathan, 17, 540-560.

Leif, Th. (1989). Friedensbewegung als professionelle Bewegung. Aus Politik und Zeitgeschichte, 26, 28 - 40.

Loo, v., d., H. & Reijen, v., W. (1992). Modernisierung. München: dtv.

Meadows, D., Meadows, D. & Randers, J. (1992). Die neuen Grenzen des Wachstums. Die Lage der Menschheit: Bedrohung und Zukunftschancen. Stuttgart: Deutsche Verlagsanstalt.

Rucht, D. (1993). Eine institutionalisierte Bewegung. Entwicklung und Struktur von Naturschutzverbänden und Ökologiebewegung. Politische Ökologie, 31, 36-37.

Stokols, D. (1990). Instrumental and Spiritual Views of People-Environment-Relations. American Psychologist, 45, 641-646.

Der Fremde
Ein verdrängtes Problem der Moderne

Wolfgang Bonß

Drei Jahre nach dem Zusammenbruch der DDR sind nicht nur die viel zitierten "Kosten der Einheit" unübersehbar. Ebensowenig zu übersehen ist, wie sehr die gesellschaftstheoretische Reflexion vor 1989 durch den Ost-West-Gegensatz gekennzeichnet war. Die Stichworte der achtziger Jahre wie "Wertewandel" (Klages/Kmieciak 1979), "Risikogesellschaft" (Beck 1986) oder "Patchworkidentität" (Keupp 1988) klingen heute fast schon wie Etikettierungen aus einer vergangenen Zeit. Denn sie waren aus einer westlichen Wachstums- und Umstrukturierungsperspektive heraus entwickelt, die nicht unbedingt überholt, wohl aber einseitig erscheint. So wurde vor 1989 kaum gesehen, daß die Entwicklungsmöglichkeiten des Westens in mancher Hinsicht auf der Abschottung durch den bzw. gegenüber dem Osten beruhten. Nach dem Zusammenbruch des "eisernen Vorhangs" hingegen sind die Ausgangsbedingungen verändert; es werden Reaktionen sichtbar, die viele kaum noch für möglich gehalten haben, und es stellt sich die Frage, in welche Richtung sich die gesellschaftliche Identität des »neuen« Deutschland entwickelt. Auf diese Frage eine Antwort zu geben, ist riskant. Denn wie die einschlägigen Sammelbände (z.B. Joas & Kohli, 1993) zeigen, sind die vorliegenden Analysen durch die laufenden Ereignisse oft genug überholt wurden. Eine in diesem Sinne unterschätzte Entwicklung ist beispielsweise die massiv gestiegene Fremdenfeindlichkeit, deren Bedeutung für die gesellschaftliche Identitätsbildung bislang kaum befriedigend geklärt ist. Dies ist insofern kaum erstaunlich, als sich Soziologie und Sozialpsychologie bis in die jüngste Zeit hinein mit dem Problem des Fremden höchst selten beschäftigt haben. Am ehesten wird man hier noch bei der Psychoanalyse fündig, da hier Xenophobie schon immer Thema war.[1] Die Soziologie hingegen scheint mit dem Stichwort des »Fremden« grundsätzliche Schwierigkeiten zu haben. So sind die meisten Konzepte zur Beschreibung von Vergesellschaftungsprozessen gleichsam »innenpolitisch« akzentuiert; sie argumentieren mehr vom (oft autopoetisch begriffenen) »System« als von der »Umwelt« her und richten ihre Aufmerksamkeit mit Vorliebe auf die gesellschaftliche Binnendif-

---

[1] vgl. z.B. Kristeva (1988) oder die Beiträge von Bohleber, Heim und Erdheim in der Zeitschrift Psyche (8/1992)

ferenzierung. Demgegenüber bleiben die Formen der »Außenabgrenzung« einzelner Gesellschaftssysteme in der Regel unthematisiert und erscheinen in der (b)innenpolitischen Optik auch kaum als Problem.

Hinzu kommt ein zweites Moment, das sich am ehesten an dem berühmten "Exkurs über den Fremden" von Georg Simmel (1908, 764-771) verdeutlichen läßt. Nach Simmel ist der Fremde nicht "der Wandernde, der heute kommt und morgen geht, sondern .. der, der heute kommt und morgen bleibt - sozusagen der potentiell Wandernde, der ... die Gelöstheit des Kommens und Gehens nicht ganz überwunden hat" (ebd., 764). Der Fremde zeichnet sich dadurch aus, daß er weder drinnen noch draußen ist; er ist nicht Feind und auch nicht Freund, sondern "die Beziehung zu ihm ist Nicht-Beziehung, er ist ... zugleich *nah* und *fern*" (ebd., 770). Charakteristisch für den Fremden ist somit, daß er sich nicht eindeutig zuordnen läßt. Fremde sind vielmehr ambivalent, weil "prinzipiell 'Unentschiedene'" (Bauman 1991, 29), und als solche können sie sich für eine bestimmte Position "innerhalb" oder "außerhalb" auch nur um den Preis einer Aufgabe des Fremdenstatus entscheiden. Daß das Fremde im Unterschied zu Feind und Freund einen prinzipiell ambivalenten Status hat, bestätigen auch anthropologische und (ethno)psychoanalytische Untersuchungen. So betont Erdheim (1984, 1992) nachdrücklich die auch in der Etymologie nachweisbare[2] *Doppelstruktur* des Fremden zwischen Angst und Verlockung. Einerseits bedroht es die vertraute Ordnung, andererseits verweist es auf ein mögliches Anderssein jenseits der vertrauten Ordnung. Es ist also Herausforderung und Bedrohung gleichermaßen, und genau dies verleiht ihm eine entscheidende Bedeutung für die gesellschaftliche Entwicklung. Denn das Eigene kann sich nur in der Auseinandersetzung mit einem Anderen verändern, das sowohl Bedrohung als auch Herausforderung ist.[3] Auf der anderen Seite ist die Ambivalenz des Fremden genau sein Problem. So tendieren insbesondere moderne Gesellschaften dazu, derartige Ambivalenzen auszublenden bzw. zu vernichten. Dies betont Zygmunt Bauman, wenn er schreibt: "Es gibt kaum eine regelwidrigere Anomalie als die des Fremden. Er steht zwischen Freund und Feind, Ordnung und Chaos, Innen und Außen. Er steht für die Treulosigkeit der Freunde, für die Verschlagenheit der Feinde, für die Fehlbarkeit der Ordnung, die Durchlässigkeit im Inneren" (Bauman 1991, 31). Daß genau diese Doppelstruktur in den soziologischen und sozialphilosophischen Überlegungen meist systema-

---

[2] Fremd deutet einerseits auf "von fern, weit her" (= *der* Fremde), andererseits auf "fort, vorwärts, weg" (= *die* Fremde). Zu den etymologischen Aspekten vgl. zusammenfassend Shimada (1991, 29f.).

[3] Vgl. hierzu auch Ohle (1978), der die These vertritt, "dass jedes Ich nur durch ein ständiges Neuerschliessen unbekannter Räume überhaupt existieren kann (ebd., 20). Sofern das Ich somit konstitutiv auf das Fremde angewiesen ist, stellt sich für Ohle letztlich "das Fremde (als) der Motor für gesellschaftliche Entwicklung" (ebd., 81) dar.

tisch verfehlt wird, hat freilich Tradition. Dies zeigt ein Blick auf die frühbürgerlichen Theorien des Gesellschaftsvertrags von Hobbes bis Locke, die eindeutig (b)innenpolitisch konstruiert sind. Das Konzept des Leviathan bei Hobbes beispielsweise reflektiert an keiner Stelle auf die Grenzziehung zwischen "innen" und "außen". Die These, daß der Mensch des Menschen Wolf sei, ist vielmehr intern gedacht. So wird der Gesellschaftsvertrag dem Modell nach zwischen Gleichen geschlossen und bezieht sich im wesentlichen auf eine Regulierung ihres Verhältnisses untereinander. Das Thema des Anderen bleibt demgegenüber nachgeordnet; wenn überhaupt, so tritt der Andere unter der Perspektive zusätzlicher externer Bedrohungen in den Blick, also als eindeutiger Feind und nicht als ambivalenter Fremder.

Eine andere Variante und zugleich die nächste Stufe der strukturellen Ausblendung des Fremden repräsentieren rund ein Jahrhundert später die subjektphilosophischen Entwürfe der »emphatischen« Aufklärung mit ihrem Konzept einer universellen Vernunft. Daß in diesem in Deutschland von Thomasius/Wolff vorbereiteten und am klarsten von Kant ausformulierten Konzept für das Problem des Fremden kein Platz ist, ergibt sich im wesentlichen aus zwei Momenten. Zum einen gilt die Konstitutionsvernunft als gattungsbezogene für alle, sodaß es für die Konstitutionsvernunft letztlich nur ein Eigenes gibt. Zum anderen verweist die Anwendung der Konstitutionsvernunft der Idee nach auf eindeutige, klare Problemlösungen. Vernunft in diesem Sinne ist weder partikular noch ambivalent, sondern universell und eindeutig. Sie zu realisieren, bedeutet nicht nur eine Zurückdrängung des Unvernünftigen, sondern läuft auf eine prinzipielle Beseitigung des Fremden und Uneindeutigen hinaus, für das es in aufgeklärten Gesellschaften keinen Platz mehr gibt.[4]

Die Überwindung des Unvernünftigen durch die Vernunft und die Verdrängung des Fremden durch das Eigene ist eine in der Aufklärung angelegte und bis heute wirksame Idee, die freilich eher in ihrer negativen bzw. desillusionierten Variante überlebt hat. Dies zeigt ein anderes Konzept, nämlich das der *Entfremdung* - ein Stichwort, das in der Philosophie erst Ende des 18. Jahrhunderts neu auftaucht. Der Übergang zum Konzept der Entfremdung, wie er bei Humboldt, Fichte und Hegel zu beobachten ist, erscheint in mehrfacher Hinsicht interessant. Er verweist zum einen auf die Krise der »emphatischen« Aufklärung, die nach 1789 zunehmend zu einer Reflexion der »Kosten« der vernunftbezogenen Welt gezwungen wird.[5] Zum anderen läßt sich hieran auch studieren, in welcher »subjekt-

---

[4] vgl. hierzu kritisch weiterführend auch die Anmerkungen zu Kant bei Bauman (1992, 38ff.); anders argumentiert demgegenüber Kristeva (1988, 139ff.), die zumindest für die Aufklärung in Frankreich eine stärker dialektisch akzentuierte Reflexion des Fremden unterstellt.

[5] vgl. hierzu u.a. Ritter (1965, insbes. 45ff.), der am Beispiel Hegels die nach 1789 zu

zentrierten« Form das Fremde in der gesellschaftlichen Selbstreflexion wahrgenommen und zugleich verdrängt wird. Allgemein erscheint Entfremdung als "die Tätigkeit des Fremdmachens ..., durch die eine Person bzw. eine Sache aus dem Konnex der Nähe, des Eigenen, Heimischen, Gemeinschaftlichen, Vertrauten oder Gewohnten herausgenommen und einem .. anders ausgerichteten Zusammenhang zugeordnet wird" (Ritz 1972, 509). Diese Definition läßt eine negativ akzentuierte Fremdheitswahrnehmung erkennen, die ausschließlich vom Subjekt her gedacht ist. Das Fremde kommt nicht von »außen«, sondern von »innen«. Es ist dementsprechend kein unbekanntes Anderes, das es zu entdecken gilt, sondern ein abgespaltenes Eigenes, das (re-)integriert werden muß. Fremdheit entsteht unter dieser Perspektive durch einen Prozeß der Entäußerung, der zur Entzweiung führt. Zwar erscheint diese Entzweiung insofern unausweichlich, als die ursprüngliche Einheit des (Gattungs-)Subjekts nicht bruchlos aufrecht erhalten werden kann. Aber das Ziel seiner Entwicklung ist eine Aufhebung der Entfremdung, die es im dialektischen Entwicklungsgang zu realisieren gilt. Ihre gesellschaftskritische Zuspitzung und materialistische Wendung erfuhr diese subjektphilosophische Konzeption bei Marx, der das Problem des Fremden nur noch im Kontext der Entfremdung kennt und die Entwicklung der Moderne als radikale (Selbst-)Entfremdung beschreibt.[6] Der Andere als Fremder und das Fremde als eine unbekannte, andere Welt - dies ist für Marx im Kapitalismus kaum noch denkbar. Denn die Durchsetzung der kapitalistischen Produktionsweise führt zum "Verdampfen" aller ständischen Traditionen und zur Durchsetzung einer neuen Einheitlichkeit (vgl. Marx & Engels 1848, 465). In dem Maße, wie alles zur Ware wird bzw. gemacht werden kann, scheint alles vergleichbar, beherrschbar, bekannt und eindeutig zu sein oder zu werden, und das Fremde verschwindet. Auf der anderen Seite bedeutet die kapitalistische Produktionsweise aber auch eine systematische Entfremdung der Produzenten von den Produkten ihrer Arbeit. Denn diese sind für sie kein Gebrauchs- sondern ein Tauschwert, der stets äußerlich bleibt - ein Faktum, das Proletariat und Bourgeoisie zwar unterschiedlich trifft, aber grundsätzlich prekär ist und nur durch eine Aufhebung der kapitalistischen Gesellschaft überwunden werden kann.

In der Marxschen Argumentationsstrategie wird eine Ausblendung und gleichzeitige Umdefinition des Fremden sichtbar, die auch für die danach entstehenden »soziologischen« Diskurse im engeren Sinne[7] kennzeichnend

---

Tage tretende "Entzweiung" zwischen Vergangenheit und Zukunft sowie Wirklichkeit und Vernunft exemplarisch herausarbeitet.

[6] Als knappe, aber präzise Darstellung der Grundlinien des Marxschen Entfremdungskonzepts vgl. Bell (1962); als ergänzender Überblick ferner Gottschalch (1984, 53ff.); weit umfassender und anders akzentuiert hingegen Treptow (1978).

[7] Hierzu sind jene Autoren zu rechnen, die sich, wie Durkheim, Tönnies oder Weber,

ist. Exemplarisch sei auf Max Weber hingewiesen, der unter dem Stichwort der "okzidentalen Rationalisierung" trotz anderer inhaltlicher Akzente ein durchaus ähnliches Szenario gesellschaftlicher Entwicklung entfaltete. Für Weber, bei dem der Fremde idealtypisch in der Gestalt des "Wilden" (vgl. Weber 1913, 150; 1919, 317) auftaucht, bedeutet die okzidentale Rationalisierung die Durchsetzung eines einheitlichen Prinzips, um die Welt zu begreifen. Gemeint ist hiermit das Prinzip der Kalkulierbarkeit, also der Glaube, "daß man .. alle Dinge - im Prinzip - durch Berechnung beherrschen könne" (Weber 1919, 317). Allerdings verweist dieser alles Fremde vereinnahmende und zugleich vernichtende Glaube "*nicht (auf) ei-ne zunehmende allgemeine Kenntnis der Lebensbedingungen, unter denen man steht.*" (Weber 1919, 317). Im Gegenteil - und dies einnert an das Stichwort der "Entfremdung": "Der 'Wilde' weiß von den ökonomischen und sozialen Bedingungen seiner eigenen Existenz unendlich viel mehr als der im üblichen Sinn 'Zivilisierte'" (Weber 1913, 150), der zwar die Natur effektiver zu beherrschen vermag, aber um den Preis einer für Weber unaufhebbaren (Selbst-)Entfremdung.

Von dieser Darstellung unterscheiden sich spätere Autoren hauptsächlich dadurch, daß sie nicht mehr unbedingt vom "Wilden" reden und mit dem Verzicht auf diese ideologiebehaftete Projektionsfigur zugleich dem Aspekt der (Selbst-)Entfremdung weniger Gewicht zumessen. Dieser wirkt zwar latent durchaus weiter, aber wichtiger ist die explizite oder implizite These einer zunehmenden Irrelevanz der Fremdenproblematik aufgrund von Rationalisierung und Ausdifferenzierung von Wertsphären. So stellt Hartmut Esser (1988, 239) nach einem Rückblick auf die einschlägigen Konzepte fest: "Bis in die jüngsten Versionen hinein bedeutet Modernisierung immer *funktionale* Differenzierung, bedeutet dann ferner die Überwindung, das Verschwinden, die Irrelevanz ständischer und damit auch ethnischer Vergemeinschaftungen." Dies gilt für so unterschiedliche Ansätze wie Parsons (1937), Riesman (1950), Habermas (1981) oder Luhmann (1980, 1981, 1989). So divergierend ihre Beschreibungen der gesellschaftlichen Entwicklungsdynamik auch sein mögen - sie treffen sich in einer bestimmten Einschätzung des Fremden. Abgrenzungen jenseits der funktionalen Differenzierungen, wie etwa der Rekurs auf ethnische Konstruktionen, werden nämlich stets als vorübergehende, retardierende oder regressive Erscheinung wahrgenommen.[8] Solche Konstruktionen

---

mit Grundprinzipien sozialer Organisation beschäftigen und verschiedene Muster sozialer Strukturierung (mechanische vs. organische Solidarität, Gemeinschaft vs. Gesellschaft etc.) zu analysieren versuchen.

[8] Wie Kreckel (1989, 163f.) anmerkt, wird diese Perspektive übrigens auch von Esser geteilt (vgl. Esser 1988, 246f.) - eine Position, die zumindest insofern irritierend ist, als er hierdurch die zuvor formulierte Kritik der theoriestrategisch bedingten Ausblendung des Fremden in den konventionellen Modernisierungstheorien zurücknimmt bzw.

mögen zwar in empirischer Hinsicht eine Rolle spielen, aber dies kann nach Auffassung der Modernisierungstheorien nicht darüber hinwegtäuschen, daß sie langfristig nicht überlebensfähig sind. Sofern funktionale Differenzierung und Vereinheitlichung qua rationaler Kalkulation irreversibel sind, entsteht vielmehr "als Resultat einer langen Evolution ein umfassendes Weltgesellschaftssystem" (Luhmann 1990, 716), dem Unbekanntes nicht fremd ist, gerade weil es Fremdes kaum noch kennt.

Angesichts des Zusammenbruchs des Ost-West-Gegensatzes hat die These von der "Weltgesellschaft" erheblich an Zustimmung gewonnen, und zwar ungeachtet aller gegenläufigen Tendenzen in Gestalt diverser Fundamentalismen.[9] Auch wenn das "Weltgesellschaftssystem" angesichts der Entwicklungsunterschiede zwischen "erster" und "dritter" Welt kaum als homogenes Gebilde gelten kann, so wird gleichwohl eine Vereinheitlichung der den Interessengegensätzen zugrunde liegenden Prinzipien und Problemlagen konstatiert, die ihre Ursache in einer wachsenden Vernetzung der funktional differenzierten Systeme hat. Denn mit der Durchsetzung des Weltmarktes "schrumpft" die Welt und wird gleichsam zum Dorf. Immer mehr Ereignisse haben immer weitreichendere Auswirkungen, scheinbar unverrückbare Grenzen brechen sang- und klanglos zusammen, die Möglichkeit, sich von den Anderen abzuschotten, wird zusehends geringer, und sofern potentiell alles miteinander vernetzt ist, scheint das Ende des Fremden in greifbare Nähe gerückt zu sein. Diese Überzeugung ist auch für die Theorie der "Risikogesellschaft" (Beck 1986) charakteristisch, die als pointierte Variante der These von der "Weltgesellschaft" auf eine neue Lesart zur Verdrängung des Fremden verweist. Nach Beck sind Risikogesellschaften ein Resultat der "Modernisierung der Moderne". Sie bezeichnen eine neue Etappe der industriegesellschaftlichen Entwicklung, die sich dadurch auszeichnet, daß die Probleme der Risikoverteilung wichtiger werden als die der Reichtumsverteilung. Zwar sind die durch die Reichtumsverteilung konstituierten klassenspezifischen Ungleichheiten nach wie vor wirksam; aber sie werden durch die ganz anders gelagerten, weil weitgehend klassenunspezifisch gestreuten Risikoverteilungen überlagert bzw. unterlaufen. Beck`s paradigmatisches Beispiel hierfür ist die Katastrophe von Tschernobyl, die ihn zu einer explizite Absage an die Kategorie des "Anderen" und die hiermit gesetzten Ausgrenzungen veranlaßt. Denn die der ungleichen Reichtumsverteilung geschuldeten Konflikte sind mit denen der Risikoverteilung nicht vergleichbar. Oder in seinen eigenen Worten: *"Not läßt sich ausgrenzen, die Gefahren des Atomzeitalters nicht mehr"* (Beck 1986, 7). Von ihnen sind alle

---

unterläuft.
[9] Daß Fundamentalismus und Moderne nicht unbedingt eine Gegensatz sind, hat zuletzt u.a. Helmut Dubiel (1992) gezeigt, vgl. ergänzend auch Tibi (1993).

betroffen, und genau dies "ist das *Ende der 'anderen', das Ende all unser hochgezüchteter Distanzierungsmöglichkeiten*" (ebd.).

Mit dieser These knüpft Beck an Marx und Weber an, setzt aber zugleich andere Akzente. Für Marx wie für Weber war das Ende des Anderen in den Prinzipien der kapitalistischen Vergesellschaftung angelegt, die es ermöglichen, alles Fremde qua rationaler Kalkulation vergleichbar zu machen und damit zu "ent-fremden"[10]. Zwar hat die Durchsetzung dieser Prinzipien eine universelle (Weber) bzw. klassenspezifische (Marx) (Selbst-)Entfremdung zur Folge. Auf der anderen Seite macht sie den Weg frei für eine potentielle Steigerung der Naturbeherrschung, die als ebenso unaufhaltsam wie unbegrenzt begriffen wird. An genau diesem Punkt zeichnet Beck freilich ein anderes Bild. Denn aus dem Blickwinkel der durchgesetzten Moderne erscheint die Steigerung der Naturbeherrschung keineswegs so linear und unproblematisch wie von Marx oder Weber unterstellt. Stattdessen treten die negierten bzw. externalisierten Folgeprobleme in den Vordergrund, die zu einer anderen Konzeption vom Ende des Anderen zwingen. Daß die von Marx bis Weber formulierte Variante vorschnell war, zeigt die Tatsache, daß bestimmte Kosten, etwa im Bereich der Ökologie, externalisiert werden. Denn Externalisierungen verweisen stets auf die implizite oder explizite Konstruktion eines Anderen, das in diesem Fall selbst verdrängt wird. So gesehen wird der Kategorie des Anderen auch erst der Boden entzogen, wenn die Externalisierung nicht mehr funktioniert und der Glaube an die Berechenbarkeit der Welt brüchig wird - ein Entwicklungsstadium, das nach Beck mit dem Übergang zur Risikogesellschaft definitiv erreicht ist.

Allerdings ist diese Argumentation noch unvollständig. Denn sofern Beck eine definitive Abschaffung des Anderen behauptet, wiederholt er zunächst nur die Kernthese der Moderne, die seit jeher entweder ein Verschwinden des Fremden postuliert oder die Ambivalenz des Fremden in die Eindeutigkeit des Feindes umdefiniert. Zwar ist es richtig, daß unter den Bedingungen der durchgesetzten Moderne zahlreiche eingeschliffene Abgrenzungen nicht mehr funktionieren. Aber dies bedeutet keineswegs, daß die Kategorie des Anderen per se bedeutungslos wird. Wenn überhaupt, so wird das Andere in einer bestimmten Form unbrauchbar, nämlich als klar definiertes Gegenüber bzw. eindeutiger Feind. Denn in der Risikogesellschaft schwindet die Eindeutigkeit und Berechenbarkeit. Was sich stattdessen abzeichnet, ist ein "Ende der Eindeutigkeit" (Bauman 1992), das letztlich ein offensives Bekenntnis zur Unsicherheit und Uneindeutigkeit erfordert. So gesehen verweist die Dialektik der Moderni-

---

[10] Zum durchaus überzeugenden, aber kaum aufgegriffenen Begriffsvorschlag der "Ent-fremdung", die als das genaue Gegenteil des Fremdmachens eine grundlegende Strategie der Konstitution und Aneignung von Wirklichkeit bezeichnet, vgl. Ohle (1978, 50ff; insbes. 55f.).

sierung auch weniger auf eine Abschaffung des Anderen, als auf seine Umdefinition. Was sich abzeichnet, ist vielmehr eine Rückkehr des Ambivalenten, Uneindeutigen und damit des Fremden. Oder anders ausgedrückt: In dem Maße, wie sich die "Weltgesellschaft" als Risikogesellschaft realisiert, wird deutlich, daß sich das Fremde entgegen allen Versuchen nicht verdrängen bzw. abschaffen läßt, sondern zurückkehrt und in den Mittelpunkt drängt.

Nimmt man diesen Gedanken ernst, dann erscheint der Zusammenhang von Moderne und Fremde in neuem Licht. Wenn nämlich die entwickelte Moderne ein Vergesellschaftungszusammenhang ist, der grundsätzlich durch Unsicherheit, Ambivalenz und Fremdheit gekennzeichnet ist, dann läßt er sich auch nur weiterentwickeln, wenn diese Momente als strukturierende akzeptiert werden. An die Stelle der dominierenden Ideen von Sicherheit, Eindeutigkeit und Aufhebung von Entfremdung muß das Bekenntnis zu Unsicherheit, Ambivalenz und Fremdheit treten. Der erste Punkt, nämlich der Perspektivenwechsel von Sicherheit zu Unsicherheit, ist aus der Risikodiskussion eine bereits vertraute Forderung (vgl. Bonß 1993). Anders hingegen sieht es mit dem Bekenntnis zu Fremdheit und Entfremdung aus. Hier wirkt die von Fichte vorbereitete und breitenwirksam vor allem von Marx reformulierte Vorstellung von der Aufhebung der Entfremdung im »Reich der Freiheit« noch weitgehend ungebrochen. Zwar ist diese Vision keineswegs unkritisiert geblieben.[11] Aber die Gegenthese, daß Freiheit bzw. Emanzipation *ohne* ein gewisses Maß an Entfremdung "nicht zu haben ist" (Gottschalch 1984, 51), wurde kaum offensiv vertreten und weiterentwickelt. Stattdessen blieb das romantische Ideal des (wieder) "Bei-sich-selbst-Seins" vorherrschend, dessen aktuelle Reformulierung sich in Stichworten wie »Nähe«, »Unmittelbarkeit«, »Bauch« oder auch »Entdifferenzierung« andeutet.

Sofern die Idee der differenzlosen Aufhebung von Entfremdung selbst auf eine Ausgrenzung des Anderen hinausläuft, verhindert sie nicht nur eine angemessene Auseinandersetzung mit dem Fremden, sondern führt auch zu einem falschen Verständnis der Identität des Eigenen. Das Eigene entwickelt seine Identität stets in Auseinandersetzung mit dem fremden Anderen - ein seit der Hegel'schen Beschreibung der Dialektik von Herr und Knecht (Hegel 1807, 150ff.) bekannter Sachverhalt, der sich unter den Bedingungen der unsicheren und uneindeutigen Risikovergesellschaftung weiter zuspitzt. Unter dieser Voraussetzung können nur noch höchst individualisierte Indentitäten auf Zeit bzw. genauer: sich zeitlich, sozial und sachlich verändernde "Patchworkidentitäten" (Keupp 1988) herausge-

---

[11] Vgl. speziell zur Marx'schen Entfremdungstheorie aus unterschiedlichen Perspektiven einerseits Gehlen (1952) und andererseits Gottschalch (1984, 51ff), die vor allem die unterschwellig heilsgeschichtlichen bzw. romantischen Konnotationen hervorheben.

bildet werden; die Auseinandersetzung mit und Abarbeitung an dem Fremden wird daher zur Daueraufgabe. Denn "da ein neues gemeinschaftsstiftendes Band fehlt ... sind wir das erste Mal in der Geschichte dazu gezwungen, mit anderen, von uns gänzlich Verschiedenen zu leben ... ohne daß irgendein unsere Besonderheiten umschließendes Ganzes dies transzendieren könnte" (Kristeva 1988, 213).

Wer in dieser Situation nach wie vor die Maximen der Sicherheit, Eindeutigkeit und Nicht-Entfremdung als Orientierungsmarken postuliert, verfehlt nicht nur den Problemstand der modernisierten Moderne. Er liefert auch keine Ansatzpunkte zur Überwindung des Fremdenhasses, sondern trägt eher dazu bei, ihn zu perpetuieren.[12] Überwinden läßt sich der Fremdenhaß nur dann, wenn zweierlei akzeptiert wird: Zunächst die prinzipielle Ambivalenz des Fremden, das eine »störende Herausforderung« ist. Entgegen den moralisierenden Untertönen jener, die zwischen sich und dem Fremden keine systematische Differenz sehen, ist ein Widerwillen gegenüber dieser »störenden Herausforderung« durchaus naheliegend; aber die fremde Existenz muß als "gleich-gültig" (Radtke 1991) gelten und darf als Herausforderung weder negiert noch vernichtet werden. Darüber hinaus muß die Permanenz und wachsende Bedeutung dieser Herausforderung anerkannt werden. Denn mit der Durchsetzung der Weltgesellschaft als Risikogesellschaft ist "eine paradoxe Gemeinschaft .. im Entstehen, eine Gemeinschaft von Fremden, die einander in dem Maße akzeptieren, wie sie sich selbst als Fremde erkennen" (Kristeva 1988, 213). Notwendig ist, mit anderen Worten, ein Perspektivenwechsel. An die Stelle des Eigenen muß das Fremde als verdrängtes Problem der Moderne ins Zentrum rükken. Denn nur wenn ein Bewußtsein der Differenz entsteht und wir uns alle als Fremde anerkennen, kann Fremdheit als Problem verschwinden oder besser gesagt: prinzipiell handhabbar werden - eine Erwartung, die freilich in diesem Jahrtausend nicht mehr erfüllt werden dürfte.

Literatur

Bauman, Z. (1991). Moderne und Ambivalenz. In: U. Bielefeld (Ed.), Das Eigene und das Fremde. Neuer Rassismus in der alten Welt? (pp. 23 - 50). Hamburg: Junius.

Bauman, Z. (1992). Moderne und Ambivalenz. Das Ende der Eindeutigkeit. Hamburg: Junius.

Beck, U. (1986). Risikogesellschaft. Auf dem Weg in eine andere Moderne. Frankfurt: Suhrkamp.

Bell, D. (1962). Die Diskussion über die Entfremdung. In: L. Labedz (Ed.), Der Revisionismus (pp. 295 - 323). Köln & Berlin: Kiepenheuer & Wittsch 1965.

---

[12] Wie sich an den Debatten zum Asylproblem und an den Reaktionen auf die diversen Pogrome zeigt, trifft diese Feststellung auch für den offiziellen politischen Umgang mit dem Fremdenproblem zu, der sehr stark an den Maximen der Eindeutigkeit und Sicherheit orientiert ist.

Bonß, W. (1993). Unsicherheit als soziologisches Problem. Oder: Was heißt "kritische" Risikoforschung? Mittelweg 36, Februar/März 1993, 15 - 34.

Dubiel, H. (1992). Der Fundamentalismus der Moderne. Merkur, 522/523, 747 - 763.

Erdheim, M. (1984). "Fremd ist der, der heute kommt und morgen bleibt". In: A. Bayaz & M. Damolin & H. Ernst (Ed.), Integration. Anpassung an die Deutschen? (pp. 11 - 26). Weinheim/Basel: Beltz.

Erdheim, M. (1992a). Das Eigene und das Fremde. Über ethnische Identität. Psyche, 46/8, 730 - 744.

Erdheim, M. (1992b). Fremdeln. Kulturelle Unverträglichkeit und Anziehung. Kursbuch 107, 19 - 32.

Esser, H. (1988). Ethnische Differenzierung und moderne Gesellschaft. Zeitschrift für Soziologie, 17, 235 - 248.

Gottschalch, W. (1984). Aufrechter Gang und Entfremdung. Pamphlet über Autonomie. Berlin: Wagenbach.

Habermas, J. (1981). Theorie des kommunikativen Handelns. 2 Bände. Frankfurt: Suhrkamp.

Hegel, G. W. F. (1807). Phänomenologie des Geistes. Frankfurt: Suhrkamp 1970.

Joas, H. & Kohli, M. (Eds.). (1993). Der Zusammenbruch der DDR. Soziologische Analysen. Frankfurt: Suhrkamp.

Keupp, H. (1988). Riskante Chancen. Das Subjekt zwischen Psychokultur und Selbstorganisation. München: Asanger.

Klages, H. & Kmieciak, P. (Eds.). (1979). Wertwandel und gesellschaftlicher Wandel. Frankfurt: Campus.

Kreckel, R. (1989). Ethnische Differenzierung und moderne Gesellschaft - Kritische Anmerkungen zu Hartmut Essers Aufsatz. Zeitschrift für Soziologie, 18, 162 - 167.

Kristeva, J. (1988). Fremde sind wir uns selbst. Frankfurt: Suhrkamp 1990.

Luhmann, N. (1980). Gesellschaftsstruktur und Semantik. Studien zur Wissenssoziologie der modernen Gesellschaft. Band 1. Frankfurt: Suhrkamp.

Luhmann, N. (1981). Gesellschaftsstruktur und Semantik. Studien zur Wissenssoziologie der modernen Gesellschaft. Band 2. Frankfurt: Suhrkamp.

Luhmann, N. (1989). Gesellschaftsstruktur und Semantik. Studien zur Wissenssoziologie der modernen Gesellschaft. Band 3. Frankfurt: Suhrkamp.

Luhmann, N. (1990). Die Wissenschaft von der Gesellschaft. Frankfurt: Suhrkamp.

Marx, K. & Engels, F. (1848). Das kommunistische Manifest. Marx/Engels Werke. Berlin (DDR): Dietz, Bd. 4, 547ff.

Ohle, K. (1978). Das Ich und das Andere. Grundzüge einer Soziologie des Fremden. Stuttgart / New York: Gustav Fischer.

Parsons, T. (1937). The Structure of Social Action: A Study in Social theory with special Reference to a Group of Recent European Writers. New York: Free Press 1949.

Radtke, F. O. (1991). Lob der Gleich-Gültigkeit. Die Konstruktion des Fremden im Diskurs des Multikulturalismus. In: U. Bielefeld (Ed.), Das Eigene und das Fremde. Neuer Rassismus in der alten Welt? (pp. 79 - 96). Hamburg: Junius.

Riesman, D. (1950). Die einsame Masse. Mit einer Einführung von Helmut Schelsky. Reinbek: Rowohlt 1958.

Ritter, J. (1965). Hegel und die französische Revolution. Frankfurt: Suhrkamp.

Ritz, E. (1972). Entfremdung. In: J. Ritter (Ed.), Historisches Wörterbuch der Philosophie (Vol. 2, pp. 509 - 525). Basel / Stuttgart: Schwabe & Co.

Shimada, S. (1991). Grenzgänge - Fremdgänge. Ein Beitrag zum Kulturvergleich am Beispiel Japan und Europa. Diss. phil. : Erlangen.

Simmel, G. (1908). Soziologie. Untersuchungen über die Formen der Vergesellschaftung. Ed. v. Otthein Rammstedt. Frankfurt: Suhrkamp 1992.

Tibi, B. (1993). Bedroht uns der Islam? DER SPIEGEL, 47, Nr. 5, 126f.
Treptow, E. (1978). Die Entfremdungstheorie bei Karl Marx. München: Uni Druck.
Weber, M. (1913). Über einige Kategorien der verstehenden Soziologie. In: Winkelmann, J. (Ed.), Max Weber - Soziologie, weltgeschichtliche Analysen, Politik (pp. 97 - 150). Stuttgart 1968: Kröner.
Weber, M. (1919). Vom inneren Beruf zur Wissenschaft. In: Winkelmann, J. (Ed.), Max Weber - Soziologie, weltgeschichtliche Analysen, Politik (pp. 311 - 340). Stuttgart 1968: Kröner.

Gleiches Blut
Symbiose und Gewalt in Hitlers 'Mein Kampf'

Gudrun Brockhaus

*E*ine erneute Beschäftigung mit Hitlers 'Mein Kampf' läßt eine Wiederholung des Immergleichen befürchten. Der Mangel an Originalität scheint aber sekundär verglichen mit der Problematik, durch eine intensive Textausdeutung die Person Hitlers aufzuwerten und seine überragende Größe zu bestätigen. Eine psychologische Analyse der ersten Sätze von 'Mein Kampf', wie sie hier versucht werden soll, gerät zusätzlich in die Gefahr, den Blick auf den Nationalsozialismus auf die Person Hitler zu verengen mit der Folge einer personalisierenden und psychologisierenden Geschichtsdeutung (Zur Problematik psychoanalytischer Hitler-Deutungen vgl. Brockhaus 1992).

Im Unterschied zu psychologischen Arbeiten, die die Diagnose von Hitlers Psychopathologie zum Ziel haben, soll es bei der Analyse des autobiographischen Beginns von 'Mein Kampf' nicht um Belege für Hitlers psychische Gestörtheit gehen. Sie geht vielmehr davon aus, daß Hitler und seine Äußerungen nicht so viele Menschen hätte bewegen können, wenn sie sich nicht darin hätten wiederfinden können.

Joachim Fest stellt in seiner Hitler-Biographie als wesentliche Bedingung für Hitlers Erfolg heraus: "Nicht die dämonischen, sondern die exemplarischen, gleichsam 'normalen' Eigenschaften haben seinen Weg vor allem ermöglicht", seine Person erscheint als "der Vereinigungspunkt so vieler Sehnsüchte, Ängste und Ressentiments" (Fest 1987, S. 22). Auf diese Ebene von Sehnsüchten und Ängsten soll im folgenden die Aufmerksamkeit der Textanalyse gerichtet werden. Es geht um die implizite wie explizite Darstellung emotionaler Beziehungen im Text. Die Erforschung gerade der emotionalen Seite dieser Text-Muster ist wichtig, weil diese "private" Gefühls-Ebene in der politischen Ideologie und Herrschaft des Nationalsozialismus zentral gewesen ist. Der Faschismus hat nie auf ein bestimmtes politisches Programm mit Vorschlägen zur Reorganisation der Gesellschaft gesetzt, mit dem er Wähler und Wählerinnen argumentativ zu überzeugen gedachte, sondern das Erleben einer emotionalen Übereinstimmung gesucht. Nicht zufällig blieb das 25-Punkte Parteiprogramm von 1924 das einzige. Die politischen Vorstellungen der NSDAP waren diffus und ließen sich auch nicht konkretisieren, wurden nicht übersetzt in institutionelle Pragmatiken, erlaubten widersprechende Auslegungen. Diese Vieldeutigkeiten der NS-Ideologie entstanden zum einen aus der Unfähigkeit zu einer realitätsgerechten Politik, zum andern aus der bewußten Absicht, verschiedenste Fraktionen einzubinden. Sie entsprechen aber vor allem der Ästhetisierung und Depolitisierung des öffentlich-politischen Diskurses, in dem Erlebnisqualitäten das Argumentieren ersetzten oder zumindest in seiner Bedeutung erheblich reduzierten. Dazu ein paar Hinweise:

- Ernst Bloch zitiert einen Nazi-Spruch: "Man stirbt nicht für ein Programm, das man verstanden hat, man stirbt für ein Programm, das man liebt" (Bloch 1962, S. 65);
- Hitler sagt in 'Mein Kampf' über die Masse: "Ihre gefühlsmäßige Einstellung aber bedingt ihre außerordentliche Stabilität. Der Glaube ist schwerer zu erschüttern als das Wissen, Liebe unterliegt weniger dem Wechsel als Achtung, Haß ist dauerhafter als Abneigung." (Hitler 1938, S. 371);
- Sehr deutlich auch Carl Schmitt über den Begriff der Führung in der NS-Ideologie: "Unser Begriff ist eines vermittelnden Bildes oder eines repräsentierenden Vergleichs weder bedürftig noch fähig... Er ist ein Begriff unmittelbarer Gegenwart und realer Präsenz." (zit. n. Hofer 1982, S. 36).

Die Intensität eines unmittelbaren Erlebens, die Vehemenz einer leidenschaftlichen Gestik, wo - wie Bloch sagt - "die Phrase Blut getrunken hat" und die "abgematteten Ideologien ein fast rätselhaftes Feuer" (Bloch 1962, S. 162) gewinnen - diese Seite des Faschismus muß auch beachtet werden. Es fragt sich, welches Material uns Aufschluß geben kann über diese psychologische Dynamik in der Nazi-Ideologie. Ist 'Mein Kampf', welches der Mythos-Bildung dienen sollte, eine geeignete Textgrundlage für eine solche Analyse? Über Hitlers weltanschauliche Position - darin stimmen verschiedene Autoren überein - lassen sich aufgrund der beiden 1925 und 1926 erschienenen Bände von 'Mein Kampf' präzise Aussagen machen. Alle Grundzüge seiner späteren Politik sind dort niedergelegt (vgl. Jäckel 1986, Zentner 1974, Kershaw 1992, S. 33 ff). Viele haben angesichts der klaren Aussagen in 'Mein Kampf' über die Notwendigkeit von Eroberungskrieg und "Entfernung" der Juden darauf hingewiesen, wie unverständlich bzw. unglaubwürdig es ist, wenn reuige Hitler-Anhänger beteuern, sie hätten an seine Friedensbereitschaft und an die Mäßigung seines Antisemitismus geglaubt. Wie wir sehen werden, spricht Hitler bereits auf der Seite von 'Mein Kampf' von seinem Kriegswunsch. Dies entkräftet den Rechtfertigungsversuch, es habe eben niemand das Buch bis zu Ende gelesen, nicht einmal treue Hitler-Jünger und obere Nazi-Chargen, eine Behauptung, die angesichts des ausufernden, gewundenen Stils voller pseudoironischer Anspielungen, geschichtsphilosophischer Ergüsse und unendlicher Tiraden gegen Feinde durchaus stimmen mag. Natürlich läßt sich aber eine Analyse der Hitlerschen Weltanschauung nicht auf der Basis der Analyse des autobiographischen Beginns von 'Mein Kampf' erstellen. Das Wort "Jude" z.B. taucht in den ersten acht Sätzen, auf denen die folgende Textinterpretation basiert, nicht auf. Ebensowenig ist auf der Basis dieser wenigen Zeilen eine biographische Rekonstruktion möglich. Allerdings würde eine vergrößerte Textbasis die Quellen-Probleme nicht lösen: "Als Quelle ist 'Mein Kampf', was Hitlers autobiographische Passagen und die Schilderung der frühen Parteigeschichte der NSDAP betrifft, lückenhaft, irreführend, verschleiernd und verschweigend - eine positiv stilisierte Selbstdarstellung, die nur bedingt und mit Vorsicht zu gebrauchen ist." (Zentner 1974, S. 13) Legendenbildung und Propaganda sind erklärte Absichten von 'Mein Kampf'. Wenn es den InterpretInnen um historische Daten geht, die 'Mein Kampf' zu beschreiben vorgibt, kann der Text nicht für sich stehen. Taugt der Text eher als Grundlage für eine Analyse der inneren Welt Hilters, seiner Phantasien, Sehnsüchte und Ängste? Direkt sind diese im Text natürlich nicht angesprochen. Die Sogwirkung der Hitlerschen Reden ist von vielen Zuhörerinnen und Zuhörern eindringlich beschrieben worden. Dabei ist von den Inhalten nicht oder kaum die Rede (z.B. Goebbels in Theweleit 1977, Band 2, S. 140 ff, Riefenstahl 1990, S. 152 f). Für die "affektive Intensität und die fast magisch anmutenden Massenwirksamkeit" (Volmert 1989, S. 138) werden eher redebegleitende Faktoren verantwortlich gemacht, wie Lautstärke, Pausierung, Mimik, Körperhaltung und die Inszenierung der Rede als rituelles Geschehen. "In diesem szenischen Kontext ist auch die Sprache vielfach nur Dekor" (a.a.O.). Aus der Macht der sprachlosen Rituale läßt sich aber nicht auf Bedeutungslosigkeit und Austauschbarkeit der Worte schließen. Ganz im Gegenteil scheint es notwendig, in einer sozialpsychologischen Untersuchung neben der Form die Inhalte wichtig zu nehmen. Die politische Psychologie hat in den Untersuchungen zur Anfälligkeit für faschistische Ideologien das Auffinden innerpsychischer Funktionsmechanismen in den Mittelpunkt gestellt, die von den ideologischen Gehalten relativ unabhängig schienen. Merkmale der Autoritären Persönlichkeit wie Unterwerfungsbereitschaft gegenüber der Macht, mangelnde Flexibilität im Denken, Neigung zu Stereotypenbildung und Dogmatismus wurden in Nachfolgeuntersuchungen bei Kommunisten in ebenso deutlicher Ausprägung gefunden wie bei den Rechtsradikalen. Daß sich die Studien zur Autoritären Persönlichkeit so leicht zu einer Rechtfertigung der Totalitarismus-These verwenden ließ, liegt an dieser Dominanz der Form über den Inhalt. Die Frage, ob es spezifische emotionale und kognitive Muster gibt, die der faschistischen Ideologie affin sind, setzt deshalb zunächst eine genaue Beschreibung der psychologischen und politischen Gehalte von Nazi-Texten voraus. Vielleicht finden wir dann eher eine Antwort auf die Frage, warum Hitler trotz seines schlechten Stils die Erfolge als Redner zu seinem

Aufstieg zum 'Führer' verhalfen. Die Inszenierung allein erklärt das nicht. Es muß auch in den Worten selbst etwas liegen, was die Zuhörer berührt und ergriffen hat.

So weit es meine Vorbehalte erlauben, werde ich einen möglichst offenen Zugang zu dem Text versuchen. Ähnlich wie in der ersten Begegnung mit einem neuen Psychotherapie-Patienten oder beim Lesen eines klinischen Fallberichtes bemühe ich mich, möglichst unabhängig von meinem Vorwissen und meinen Vorurteile zu erleben, um nicht die Eier wiederzufinden, die ich vorher selbst versteckt habe. "Gleichschwebende Aufmerksamkeit" hat Freud dieses Paradox von Konzentration und Gleiten-Lassen genannt. Es geht um ein 'szenisches Verstehen' (Lorenzer 1986). Diese dem Theater entlehnte Metaphorik sucht den Zugang zum Text in einer Analogie zum Verstehen einer Theaterszene: Ich setze den Autor und mich als Rezipientin in eine Beziehung, frage, wie er sich und mich konstelliert; ich frage nach den Protagonisten und den Rollenmustern, nach dem dramaturgischen Aufbau der Szene. Welcher Konflikt treibt das Stück voran, welche Figur wird mir zur Identifikation angeboten, welche soll ich hassen... Voraussetzung für dieses szenische Verstehen ist, sich in das Gegenüber hineinzuversetzen, in einer partiellen Identifikation die Welt mit seinen Augen zu sehen, so zu empfinden wie er. Vielleicht erklärt die Notwendigkeit zu dieser engen Beziehung, die ich als Forscherin zu dem Autor Hitler eingehen muß, warum es so wenige Versuche gibt, sich der Täter-Seite des Nationalsozialismus auf diesem Wege zu nähern. Eberhard Jäckel stellt fest, daß emotionale Barrieren die Erkenntnisprozesse in der Hitler-Forschung beschränkt haben: "Wer von vornherein, sei es weil er nicht anders konnte oder nicht anders wollte, mit leidenschaftlicher Ablehnung und moralischer Entrüstung an den widrigen Gegenstand heranging, wer ständig abwertende Anführungszeichen um die Hitlerschen Begriffe setzte und sich in jeder Zeile distanzieren zu müssen meinte, der durfte nicht erwarten, daß er etwas verstand. Er durfte nicht einmal hoffen, dadurch dem Kampf gegen Hitler einen Dienst zu erweisen. Haß macht noch immer blind, und den Schaden trug in diesem Falle, im Falle einer wissenschaftlichen Debatte, nicht der Gehaßte, zumal seit er tot war, sondern der Hassende." (Jäckel 1986, S. 20)

An einer Vielzahl antifaschistischer Schriften läßt sich leider dieser Effekt beobachten: Der Haß und die daraus resultierende Fremdheit läßt den Nationalsozialismus und seine Anhänger in einer pauschalisierenden, häufig pathologisierenden Abwertung ungeschoren. Auf diesen gegenteiligen Effekt der eigenen antifaschistischen Anstrengungen hat Bloch schon in den 20er Jahren ironisch hingewiesen. Bloch beklagt damals - und dazu haben wir heute immer noch Anlaß -, wie die 'linken' Analytiker des Faschismus, z.B. Lukacs und Kautsky in "weichem Hochmut" (1962, S. 146) über die

Dummheiten und Widersprüchlichkeiten der Nazi-Ideologie lächelten, den intellektuellen Tiefstand und die öde Phraseologie der Nazis in einem Gestus überlegenen "wasserhellen" Aufgeklärtseins konstatierten. Diese Art der Analyse hat zwar, wie Bloch sagt, den "Vorteil, entschieden über ihren Gegenständen zu kreisen und ihnen nicht den kleinsten Finger zu reichen, doch sie bringt auch nichts nach Hause" (1962, S. 158/9).

Beispiel dafür sind auch die zwischen 1940 und 1945 an die "deutschen Hörer" (Mann 1977, S. 262 ff) gerichteten-Rundfunkreden Thomas Manns, in denen er alle Differenziertheiten seiner früheren Faschismusanalysen zugunsten von Abscheubekundungen aufgibt. Die Präzision und der Erkenntnisreichtum der frühen Arbeiten, die Einschätzung des Faschismus als "romantische Barbarei" (Mann 1921), als ästhetisierte Surrogatbildung verdanken sich ganz deutlich Manns eigener Faszination von Irrationalismus und Ästhetizismus, die ihm den Vergleich mit dem Künstlerselbstverständnis Hitlers 'Ein Bruder' (Mann 1977, S. 222 ff) ermöglicht haben. Der Aufsatz zählt nach wie vor zu dem Besten, was über Hitler geschrieben wurde. Jäckel versucht, sich aus dem von ihm selber klar aufgezeigten Dilemma der Hitlerforschung durch ein schlichtes 'Was nicht sein darf, das ist auch nicht' zu katapultieren: "Wenn freilich das Wort Goethes wahr ist, daß man nichts kennenlerne, als was man liebt, dann muß jede ernsthafte Hitler-Forschung aufgegeben werden. Doch soll und muß es nicht den Mittelweg nüchterner Analyse geben können..?" (Jäckel 1986, S. 21)

Für sein Anliegen - die Darstellung der Hitlerschen Weltanschauung - mag diese "leidenschaftslose" (a.a.O.) Forschung immerhin vorstellbar sein. Ist das Thema - wie hier - jedoch die subjektive Seite, lassen sich die Emotionen aus dem Erkenntnisvorgang nicht mehr eliminieren. Von den Schwierigkeiten, Empathie mit den Nazis aufzubringen und aufrechtzuerhalten, berichten Autoren, die sich eine tiefenhermeneutische Textanalyse vorgenommen haben, z.B. die Historikerin Margot Komann, die Briefe von Nationalsozialistinnen unter psychoanalytischen Gesichtspunkten analysierte: "Unter den dort (in den Texten der 'alten Kämpferinnen', G.B.) entfalteten weltanschaulichen Vorstellungen, der emotionalen Dynamik, dem spezifischen Jargon formierten sich die Irritationen unversehens zur Abwehr und blockierten eine produktive Auseinandersetzung mit den Inhalten der Texte. Bei mir drückte sich dieser Vorgang in einem Hang zur Entwertung und Verachtung dieser Frauen aus, der Distanzierung von ihnen, so daß ich kaum mehr Zugang zu den in den Texten ausgedrückten Wünschen und Konflikten fand." (Komann 1990, S. 151)

Klaus Theweleit, der mehr als 200 Romane, (Auto-)Biographien und Kriegsberichte von ehemaligen Freikorpssoldaten auf ihre emotionalen Muster hin untersuchte, kritisiert die Distanz, in der viele Faschismustheoretiker dem "faschistischen Material Interpretationen überstülpen"

(Theweleit 1977, S. 282). Dennoch sieht er auch an sich selbst die Neigung zur Entfernung von den Texten: "Ich wüßte nicht, wie jemand, der nicht ebenso fühlt und denkt und schreibt und handelt wie sie, sich merken kann, was in den Texten dieser Männer steht, vor allem deren Affekte." (Theweleit 1977, S. 283) Konzentrationsmängel, Langeweile, Abschweifen - solche Phänomene überwältigen viele ForscherInnen, die an NS-Material arbeiten. Die 782 Seiten der einbändigen Volksausgabe von 'Mein Kampf' einfach durchzulesen (was mir bei anderen Texten derselben Länge nicht schwerfällt), war mir nicht möglich. Durchhalteparolen verhinderten nicht wochenlange Unterbrechungen der Lektüre, Überblättern, Überfliegen, Auswahl bekannter Zitatstellen. Die Historikerin Claudia Koonz berichtet, wie sie nach langen Mühen endlich das heißersehnte Interview mit der ehemaligen Reichsfrauenführerin Scholtz-Klink führen kann und sich nach kurzer Zeit quälend langweilt, angeödet von den Leerformeln, die eine undurchdringliche Mauer bilden. Dieser Mangel an Zuwendung ist zum einen gewiß ein Resultat der psychischen Abwehr der ForscherInnen - Koonz spricht von Depression und Wut, die sich hinter ihrer Langeweile verbergen (Koonz 1988, S. XXVII ff), Komann verweist auf die "eigenen unbewußten Identifizierungen mit den durch den Nationalsozialismus angebotenen Imagines" (Komannn 1990, S. 151), die die Analyse wegen der moralischen Tabuisierung noch stärker blockieren als negative Affekte. Zum anderen wird die Irritation der Faschismusforscher durch spezifische Merkmale des Materials hervorgerufen.

Die Phrasenhaftigkeit, der umständliche, grammatikalisch oft inkorrekte Satzbau, die langatmigen Wiederholungen, das Pathos und die Unklarheit der Argumente, die Unfähigkeit zum Erzählen einer Geschichte teilt Hitler mit vielen NS-Autoren. Volmert verweist in einer Analyse von Hitler-Reden auf "so viele sprachliche Besonderheiten, daß eine Identifizierung des Genres 'faschistische Rhetorik' selbst an kleinen Textproben problemlos möglich ist" (Volmert 1989, S. 141). Fast jeder Satz könne als Paradigma für den sprachlichen Gestus der NS-Rhetorik stehen. Charakteristische Merkmale dieser Rhetorik sind nach Volmert u.a. die folgenden (Beispiele z.T. aus dem Beginn von 'Mein Kampf'):

*die inflationäre Verwendung von Adjektiven, die häufig durch expressiv starke Sekundär-Attribute (z.B. "geschichtlich unerhört große Zeit") in ihrer Wirkung gesteigert werden sollen;
*die Massierung von Superlativen auf engem Raum und die Ausschöpfung aller Mittel der Gradation;
*der Nominal-Stil, in dem Verben unbedeutend sind;
*graduierende, nuancierende Prädikatsadverbien (wie "manchmal", "meiner Meinung nach" etc.) sind selten;
*häufige rhetorische Wiederholungen ("nein, nein!");

* eine hohe Frequenz von Partizipialphrasen ("eine mit allen Mitteln durchzuführende Lebensaufgabe"), z.T. mit mehrfachen Expandierungen;
* die "zu syntaktischen Ungetümen geballten Ketten von Genitivattributen" (S. 153), oft mit mehreren Subordinationsgraden. Die beiden letztgenannten Merkmale lassen die Texte als "besonders künstliches, rhetorisch aufgeblähtes Gebilde" (S. 150) erscheinen, das nur mühevoll und nach mehrfachem Lesen verständlich wird. Diese Schachtelungen finden sich nach Volmerts Beobachtungen vor allem in Passagen, in denen es um besonders brisante Themen geht;
* üppiger Gebrauch von Archaismen ("als glückliche Bestimmung gilt es mir"),
* Metaphern, vor allem solcher, die abstrakte Gegebenheiten personifizieren ("Tränen des Krieges") oder in organischen Vorstellungen fassen ("gleiches Blut gehört in ein gemeinsames Reich").

Theweleit hat herausgearbeitet, daß dieser 'schlechte Stil' kein zufälliges Beiprodukt ist, welches unabhängig vom ideologischen Gehalt der Texte zu sehen ist, sondern ein wesentliches Charakteristikum einer typisch faschistischen Weltaneignung, die er als 'Entlebendigung' bezeichnet: die statuarische, vergegenständlichende Sprache sei ein Ausdruck der starren psychischen Panzerung, die die Bedrohung durch die Unkontrollierbarkeit affektiver Prozesse bannen soll.

Wir werden sehen, ob sich dieser Eindruck an dem kurzen Textausschnitt von Hitlers 'Mein Kampf' bestätigt. Der Text wird nach einer in 1938 erschienenen einbändigen Volksausgabe der 2 Bände (1. Band: Eine Abrechnung; 2. Band: Die nationalsozialistische Bewegung) zitiert. Nach Angaben von Zentner sind in den nach 1926 erschienen Ausgaben nahezu keine inhaltlichen Veränderungen, dagegen eine Fülle von kleinen stilistischen Korrekturen vorgenommen worden. Hitler hat 'Mein Kampf' diktiert, daher der typische Redestil (Zentner 1974, S. 10). Hitler selber habe seine literarischen Leistung kritisch beurteilt, aber "grundsätzlich daran festgehalten, einmal schriftlich fixierte Überzeugungen nicht mehr umzuformulieren" (Zentner 1974, S. 12).

Unter der Überschrift "Im Elternhaus" lautet der Text:

"Als glückliche Bestimmung gilt es mir heute, daß das Schicksal mir zum Geburtsort gerade Braunau am Inn zuwies. Liegt doch dieses Städtchen an der Grenze jener zwei deutschen Staaten, deren Wiedervereinigung mindestens uns Jüngeren als eine mit allen Mitteln durchzuführende Lebensaufgabe erscheint!

Deutschösterreich muß wieder zurück zum großen deutschen Mutterlande, und zwar nicht aus Gründen irgendwelcher wirtschaftlichen Erwägungen heraus. Nein, nein: Auch wenn diese Vereinigung, wirtschaftlich gedacht, gleichgültig, ja selbst wenn sie schädlich wäre, sie müßte dennoch stattfinden. Gleiches Blut gehört in ein gemeinsames Reich (dieser Satz gesperrt gedruckt). Das deutsche Volk besitzt so lange kein moralisches Recht zu kolonialpolitischer Tätigkeit, solange es nicht einmal seine eigenen Söhne in einen gemeinsamen Staat zu fassen vermag. Erst wenn des Reiches Grenze auch den letzten Deutschen umschließt, ohne mehr die Sicherheit seiner Ernährung bieten zu können, ersteht aus der Not des eigenen Volkes das moralische Recht zur Erwerbung fremden Grund und Bodens. Der Pflug ist dann das Schwert, und aus den Tränen des Krieges erwächst für die Nachwelt das tägliche Brot."

Bei der Textanalyse versuche ich zunächst, ähnlich wie im therapeutischen Dialog, mir über meinen ersten Eindruck klarzuwerden. Erst dann werde ich die Feinananalyse von Satz zu Satz beginnen, die im Unterschied zu der Hier-und-Jetzt-Situation der Therapie auf häufigem Wiederlesen basiert. Das wiederholte Lesen erlaubt eine Genauigkeit der Wahrnehmung, die etwas wieder ausgleicht von der Willkür, die jede Textinterpretation haben muß, weil ich mit dem Text nicht in einen Dialog über meine Deutungen treten kann. Die Deutungsprozeß knüpft an Irritationen an, die der Text in mir auslöst (z.B. unerwartete Wendungen gemessen an den formulierten Intentionen des Autors; Überraschungen über einen unerwarteten Fortgang der Argumentation; widersprüchliche Aussagen; plötzliche Wechsel in der Ausdrucksweise; ungewohnte Metaphern etc.).

Erster Eindruck
Der Text beeindruckt mich durch seine jähen Wechsel von der privaten zur politischen Ebene, von einer sentimentalen Ausdrucksweise (Städtchen, aus den Tränen wächst das Brot) zur Drohgebärde (mit allen Mitteln zu erreichende Aufgabe, die Vereinigung muß sein, selbst wenn sie schädlich ist, der Pflug ist dann das Schwert). Das Sprach- und Gestaltungsprinzip einer Märtyrer- bzw. Erlöserlegende ist immer wieder durchbrochen von anderen Motiven. Er hält mich so in Unruhe und taucht mich in Wechselbäder von Gefühlen. Andererseits wirkt die politische Suada statt der persönlichen Kindheitsgeschichte distanzierend, ich habe Mühe, bei der Sache zu bleiben, was ich aber mir zurechne und nicht dem Text. Plötzlich ist er beim Krieg, wie ist er dahingekommen, ich muß den Text nochmals lesen und verpasse auch beim zweiten Mal den Argumentationsgang. Schon nach den wenigen Sätzen bin ich in Rechthaberei gelandet, möchte dem Autor gern etwas nachweisen, ihn ins Unrecht setzen - ich bin, allen Vornahmen zum Trotz, auf der Ebene von Freund oder Feind, von Ausgrenzung, von Unruhe und Distanz zu mir selber.

Welche Beziehung stellt der Text zu mir her? Auch dies ist gegensätzlich. Zum einen bin ich die namenlose Leserin, der nicht "das Schicksal einen Geburtsort zugewiesen hat". Die Legendensprache stellt ein hierarchisches

Gefälle her. Zum anderen spricht er mich mit "uns Jüngeren" als potentiell Gleiche an - wer will schon alt und festgefahren sein? Der Text konstelliert zwei widersprüchliche Figuren: Der religiös überhöhte Übervater, zu dem ich nur anbetend aufschauen kann und der Bruder, mit dem ich in der Rebellentruppe Seite an Seite kämpfe.

Satz für Satz
"Als glückliche Bestimmung.gilt es mir heute, daß das Schicksal mir zum Geburtsort gerade Braunau am Inn zuwies."
Die Überschrift dieses 1. Kapitels "Im Elternhaus" weckt die Erwartung an den ersten Satz eines autobiographischen Textes: 'Als viertes Kind des Zollbeamten Alois Hitler und seiner Frau Klara wurde ich am 2o.4.1889 in Braunau am Inn geboren.' An Hitlers erstem Satz fällt demgegenüber der Mangel an Information auf. Von den biographischen Daten erfährt der Leser nur eines: den Geburtsort. Seine Stellung in der Geschwisterreihe, der Beruf des Vaters, die Namen beider Eltern, das Geburtsdatum fehlen. Diese Informationen würden Hitler positionieren, die Einordnung in ein soziales und historisches Gefüge erleichtern. Das übriggebliebene Datum, der Geburtsort, läßt keine Rückschlüsse auf Hitler als Person zu. Das Dunkel, in das er seine Herkunft taucht, entrückt ihn von vornherein der profanen Abstammungskausalität (Herkunft ist Zukunft). In Hitlers Satz scheinen die realen Eltern durch Mutter Fatum ersetzt. Seine Geburt ist eine glückliche Bestimmung, mit der das Schicksal etwas will. Sein Geburtsort ist von einer höheren Macht zugewiesen, wie Jesus nur in Bethlehem geboren werden konnte. "Heute" erscheint ihm diese Bestimmung so, im Unterschied oder gar Gegensatz zu einem früher, in dem seine Herkunft noch nicht messianisch zu deuten war. Das "heute" deutet einen Bruch mit dem früher an - war früher die eigene Herkunftsgeschichte mit Gefühlen von Scham und Minderwertigkeit verbunden? Ein Hinweis darauf wäre die starre idealisierte Stilisierung, die sich zudem in einer sprachlichen Auffälligkeit zeigt: In dem autobiographischen Beginn kommt das Wort "ich" nicht vor. Auch dadurch wird die Parallele zum von Gott auf die Erde gesandten Menschheitserlöser ermöglicht. Hitler macht sich als Individuum unkenntlich, tritt scheinbar bescheiden zurück, er ist nur der Gesandte (Trommler) einer höheren Macht. Gleichzeitig überhöht er sich zu dem vom Schicksal auserkorenen Glücksbringer. Entindividualisierend wirkt auch die antikisierende Sprache: "gilt es mir..". Diese Sprache macht aus dem autobiographischen Bericht eine Legende, die Zeit-, Raum- und soziale Grenzen überschreitet.
Hitler stellt sich in diesem ersten Satz außerhalb menschlicher Beschränkungen. Er ist als Schicksalsbote zu unbedeutend oder - anders gewendet

- zu bedeutend, als daß sein Ich Motive und Handlungen verantworten müßte oder könnte.

"Liegt doch dieses Städtchen an der Grenze jener zwei deutschen Staaten, deren Wiedervereinigung mindestens uns Jüngeren als eine mit allen Mitteln durchzuführende Lebensaufgabe erscheint!"
Dieser zweite Satz, in seiner Wichtigkeit noch unterstrichen durch das Ausrufungszeichen am Ende, ist von abrupten Gefühlsschwankungen geprägt. Es beginnt mit der trauten Idylle: Das "Städtchen" läßt deutsches Liedgut anklingen. Statt einer sachlichen Formulierung zur Beschreibung der Stadtgröße wie 'Kleinstadt' wählt Hitler den Diminutiv. Kleinstadt legt Assoziationen von Kleinbürgerlichkeit, Provinzialität, Enge nahe, zu Städtchen fallen einem Begriffe ein wie kindlich, treuherzig, niedlich, überschaubar, gemütlich, idyllisch. Dieses Städtchen liegt "an der Grenze jener zwei deutschen Staaten", eine merkwürdige Umschreibung des Sachverhalts. Braunau liegt in Österreich, eine Innbrücke verbindet es mit Simbach in Bayern. Soll die Formulierung die Zurechnung zu Österreich vermeiden? Möchte Hitler nicht eigentlich sagen, Braunau liege mitten in dem wiederzuvereinigenden Deutschland, das Ineinanderübergehen von Braunau und Simbach sei sozusagen ein Symbol für die Einheit? Stattdessen verweist nun die Formulierung Braunau an die Grenze, an den Rand - ist, wie in dem ersten Satz die Formulierung "heute", die sprachliche Auffälligkeit Indikator einer Fehlleistung, die auf verborgene Gefühle von Randständigkeit, Ausgegrenztsein verweist?
Erscheint die Städtchen-Idylle hier bereits brüchig, so bringt die zweite Satzhälfte einen massiven, jähen Wechsel des Tons. Die "Wiedervereinigung" ist eine Aufgabe für die Zukunft - etwas Zerbrochenes muß wieder zusammengefügt werden. Bevor wir noch wissen, warum die Vereinigung gewollt wird, warum sie so wichtig für ihn ist, wird sie nun zu einer "mit allen Mitteln durchzuführenden Lebensaufgabe" erklärt. Die Idylle kippt um in Gefahr und Bedrohung, die etwas unbedingtes, totales haben. Die Wiedervereinigung ergibt sich nicht naturwüchsig, selbstverständlich, es wächst nicht zusammen, was zusammengehört, sondern sie muß erzwungen werden, permanente Gewalt ist erforderlich. Harmonie und Gewalt gehören zusammen. Es muß gekämpft werden, selbst- und fremddestruktiv. Der Kampf ist umfassend und endlos, als sei das Ziel, die Vereinigung, Harmonie, Symbiose im Grunde unerreichbar. Wieder läßt die Wortwahl ("Lebensaufgabe") hinter der Fassade von auftrumpfender Großsprecherei Gefühle von Bedrohtsein und Verzweiflung anklingen. Es wird verständlicher, warum diese politische Agitationsschrift den Titel 'Mein Kampf' trägt - das Gute ist unerreichbar und nie perfekt.

Der ohnehin lange und durch die Partizip-Konstruktion schwer lesbare Satz enthält noch einen Zusatz, der den Kreis der Mitkämpfer einschränkt: "mindestens uns Jüngeren" erscheint die Wiedervereinigung als Lebensaufgabe. Die Jüngeren sind die Wissenden, die Hellsichtigen - vielleicht verkannt von der altersstarren bourgeoisen Elterngeneration. Die mit Jugendlichkeit assoziierten Merkmale von Frische, Zukunft, Rebellion, Erneuerung werden so vereinnahmt für das in der politischen Landschaft als konservativ oder reaktionär geltende Ziel. In den Kreis der jugendlichen visionären Kämpfer können sich die Leser in dem "uns" mit eingeschlossen fühlen. Während der erste Satz den zum Messias überhöhten Hitler in unerreichbare Ferne rückt, bietet mir der zweite ein Wir-Erleben, wenn ich mich in die Front der unbeugsamen kämpferischen Jugend einreihe.

"Deutschösterreich muß wieder zurück zum großen deutschen Mutterlande, und zwar nicht aus Gründen irgendwelcher wirtschaftlicher Erwägungen heraus."

Der nach dem Absatz folgende dritte Satz verläßt nun die persönliche Ebene - weder von "mir" (Hitler) noch von "uns" (die fiktive Gemeinschaft von Hitler und dem Leser) ist mehr die Rede. Er springt auf die Ebene politischer Großgebilde, die nun gedanklich wie auf einem Schachbrett verschoben werden.

Deutschösterreich - der Begriff stellt eine Hierarchie "jener zwei deutschen Staaten" her, grenzt gleichzeitig das nicht-deutsche Österreich aus. Gemeint ist also gar nicht die Wiedervereinigung zweier gleichberechtigter Staaten. Von dem eher kühlen politischen Vertragsgebilde Staat wendet sich dieser Satz ab und dem uns in ferne Märchen- und Kindheitsparadiese verweisenden "Mutterlande" zu - eine überraschende Wortwahl für den üblicherweise das 'Vaterland' liebenden 'Patrioten'. Sind wir nun nicht doch wieder im autobiographischen Kinderland? Nicht zwei Staaten vereinen sich, sondern das kleine löst sich in das große Mutterland hinein auf. Österreich führt eine falsche, nicht authentische, eine Schein-Existenz. Nur in der Wiederverschmelzung mit der großen Mutter kann es leben, nicht als eigenständige Identität. Die Formulierung unterstreicht die Vehemenz: Es "muß wieder" her, es "muß zurück". Hitler hat sich uns bisher nicht als Österreicher offenbart, als der verlorene, zu früh und lieblos in die Selbständigkeit gestoßene Sohn, der er dann wäre, stattdessen präsentiert er sich als der Schachgroßmeister, der die Länderfiguren verschiebt.

Der vorhergehende Satz hat die Notwendigkeit des totalen Kampfes für die Wiedervereinigung herausgestellt. Nun heißt es wieder: es muß sein. Die Gründe, die dann für die Wiedervereinigung genannt werden, werden zurückgewiesen. Offenbar gibt es falsche Gründe, das Notwendige zu wollen. Es reicht nicht, wenn unsere politische Forderung dieselbe ist. Die

"Gründe", "Erwägungen", "irgendwelche" sind dem unbedingten "muß" des ersten Satzteils kontrastiert. Die Wiedervereinigung soll nicht eine Angelegenheit der ratio, der intellektuellen Ursachensuche, des abwägenden Verstandes, des vorsichtigen Urteilens sein. Die Rationalität wird mit dem Zusatz "wirtschaftlich" in einen gemeinsamen Assoziationsraum gestellt: Die Suche nach vernünftigen Begründungen wird dem kaufmännischen Kalkül gleichgesetzt, dessen Kosten-Nutzen-Rechnungen nur der Profitoptimierung dienen und dafür alle Prinzipien verraten. "Irgendwelche wirtschaftlichen Erwägungen", die Abwertung dieser falschen Verwandtschaft ist klar, mit ihr möchte der Streiter für das "muß" nichts zu tun haben. Braucht das Muß der Wiedervereinigung keine Begründungen, oder verträgt es sie nicht? Gefährdet die Suche nach Gründen die Unbedingtheit?

"Nein, nein: Auch wenn diese Vereinigung, wirtschaftlich gedacht, gleichgültig, ja selbst wenn sie schädlich wäre, sie müßte dennoch stattfinden."
Auch der nächste Satz verharrt auf der Seite des Falschen, der Negation. Das gedoppelte "nein, nein" setzt ein emphatisches Stopzeichen, das wirkt wie der Trotz eines Kindes gegen die elterliche Vernunft: Auch wenn es mir nicht gut tut, auch wenn es mir schadet, ich muß es haben! Das Kind kann nur sein Nein gegen die elterliche Macht richten, sich nur negativ abgrenzen und noch nicht die eigenen Wünsche begründen und deren Realisierung planen. Das selbstschädigende Moment des Protestes zeigt, wie sehr es sich eigentlich ohnmächtig und ausgeliefert fühlt und das Eigene nur wahren kann, indem es Teile davon preisgibt. Der Eindruck des Paradoxen stellt sich bei Hitlers Formulierung auch her: Die Vereinigung muß sein, selbst wenn sie schädlich wäre. Immer noch haben wir von ihm keine positive Formulierung eines Motivs, keine Erklärung seines Vereinigungswunsches. Offenbar drängt das Negative, Gleichgültige, Schädigende so stark an, daß es die positive, die Wunsch-Seite zu überrennen droht und nur noch das "nein, nein" dagegengesetzt werden kann.

"Gleiches Blut gehört in ein gemeinsames Reich."
Der gesperrte Druck und die Kürze heben diesen Satz aus dem bisherigen Text heraus. Hier kommt nun eine Positiv-Aussage, die allerdings keinen argumentativen Gehalt hat, sondern eine apodiktische Feststellung ist. Der Sinn des Satzes verschließt sich dem nicht Eingeweihten - was ist "gleiches Blut", was heißt, "daß das Blut in ein Reich gehört"? So knapp und klar und entschieden dieser Satz im Unterschied zu den verschachtelten Konstruktionen der vorherigen daherkommt, so diffus und vieldeutig ausdeutbar erweist er sich. Blut, Reich - das himmlische Reich, durch das

Märtyrerblut gewonnen? Diese Begriffe eröffnen einen bedeutungsträchtigen Raum jenseits der Profanität von Verträgen zwischen Staaten - es geht um archaische, mythische Bereiche von Erlösung und Gewalt, die argumentativ nicht faßbar sind. Um so plastischer tritt der Gestus der Unbedingtheit hervor, mit der die Gleichheit beschworen wird. Muß die Geste so schneidig sein, um erneute Unsicherheit zu kaschieren? Warum heißt es: Das Gleiche gehört in das Gemeinsame? Reicht die innere Blut-Gleichheit nicht aus, muß sie durch eine äußere Form verstärkt und bestätigt werden? Warum muß Gleichheit in Gemeinsamkeit überführt werden - also der stärkere Ausdruck der Ähnlichkeit in einen schwächeren? Es verstärkt sich der Eindruck aus den vorherigen Sätzen: Gleichheit, Harmonie, Idylle, Gemeinsamkeit sind Zielvorstellungen von überragender Bedeutung - und gleichzeitig scheinen sie weit weg, gefährdet, verlangen nach dem Einsatz von Gewalt. Diese Sehnsucht und das Gefühl von massiver Bedrohung macht den inneren Zusammenhang zu dem Thema des nächsten Satzes verständlich:

"Das deutsche Volk besitzt so lange kein moralisches Recht zu kolonialpolitischer Tätigkeit, solange es nicht einmal seine eigenen Söhne in einen gemeinsamen Staat zu fassen vermag."
Der Übergang von der Blutgleichheit zur kolonialpolitischen Tätigkeit ist wiederum logisch nicht nachvollziehbar. Abrupt ist auch der erneute Wechsel von dem apodiktischen Aussagesatz zu den gewundenen Formulierungen dieses Satzes. Er enthält eine Mischung von Versprechungen und Entwertung: Durch die Eingliederung Österreichs erwirbt das deutsche große Mutterland das Recht zur Einverleibung weiterer Länder - aber bislang kann es ja nicht einmal das. Klar ist, daß die Herstellung des größeren Deutschland durch die Einverleibung Österreichs seinen Hunger auf weitere Länder nicht stillen wird. Kolonialistisch zu expandieren und sich anzugleichen scheint ein selbstverständliches, natürliches Bedürfnis, welches keines erklärenden Wortes bedarf. Der Zusammenhang dieses Themas mit den vorherigen stellt sich her, wenn man Hitlers Wortwahl betrachtet. Es geht um "seine eigenen Söhne", sie sollen in die Gemeinsamkeit gefaßt werden. Diese sprachliche Ausgrenzung und Einschränkung auf "seine eigenen Söhne" verweist auf Identifikationsvorgänge, in denen die politischen Sachverhalte mit familiären Motiven gleichgesetzt erscheinen. Hitler ist in der Sohnrolle gegenüber der elterlichen, bzw. mütterlichen Autorität ("Mutterlande"), an die er appelliert: Um"fasse" und halte mich, laß mich an Deiner Größe teilhaben, und die er im gleichen Atemzug depotenziert und bedroht, abwertet: Du schaffst es nicht einmal, mich zurückzuholen, Du bist schwach und unfähig. So schnell zeigen sich Risse in dem Bild des starken und großen Deutschland, das

lebensrettenden Halt und Sicherheit versprochen hatte. Destruktive Entwertung bedroht die Idealisierung: Das deutsche Volk ist nichts wert, wenn es mir nicht folgt. So fordern auch Kinder, die in ständiger Angst vor dem Verlust elterlicher Zuneigung leben, tyrannisch den unbedingten Gehorsam der Eltern. Nur absolute Kontrolle kann verhindern, daß die Eltern sich abwenden und dann die unerträgliche Angst des Kindes offenbar würde. Die Rollenumkehr - das tyrannische Kind, die gehorsamen Eltern - macht es möglich, die Illusion der kindlichen Macht und Autonomie aufrechtzuerhalten. Haß und Wut über diese Maskerade der eigenen Ohnmacht können nicht auf die Eltern gerichtet werden, von denen man sich in Wirklichkeit so abhängig fühlt, daß eine Trennung lebensbedrohlich wäre (s.o. die Wiedervereinigung als mit allen Mitteln durchzuführende Lebensaufgabe). Die Notwendigkeit zur Projektion dieser heftigen Haßgefühle läßt verständlicher werden, warum dieser sechste Satz aus der Wiedervereinigung das moralische Recht zur Wendung der Aggression nach außen herleitet.

"Erst wenn des Reiches Grenze auch den letzten Deutschen umschließt, ohne mehr die Sicherheit seiner Ernährung bieten zu können, ersteht aus der Not des eigenen Volkes das moralische Recht zur Erwerbung fremden Grund und Bodens:"

Dieser Satz nimmt einen erneuten Anlauf, das moralische Recht zur Aneignung fremder Länder zu begründen, offenbar wurde der erste Versuch als unzureichend empfunden. Die Überzeugungskraft des zweiten Satzes wird schon durch die äußere Form infragegestellt. Noch umständlicher formuliert, mit Genitivkonstruktionen, Einschüben und aneinandergereihten Nominativen überfrachtet, büßt er gegenüber dem vorhergehenden Satz nochmals an Klarheit und Verständlichkeit ein. Sicher ist die Entleerung der Formulierungen von Ausdruck (z.B. "kolonialpolitische Tätigkeit" für "imperialistischer Krieg") als Anzeichen der emotionalen Brisanz des Themas zu werten. Die Bedingungen für den Erwerb des moralischen Rechts auf fremdes Land werden verschärft: Der letzte Deutsche muß "heim ins Reich" gekehrt sein. Nun wird die vorher so begehrte Wiedervereinigung mit Gefängnis konnotiert, das Fassen des letzten Satzes wird zum Umschließen, der Wunsch nach Halt zum Gefühl von Druck, Enge, Atemnot. Das neue Argument für die kolonialistische Expansion bemüht das Bild vom "Volk ohne Raum" (Grimm 1926). Vorher die Klage, daß nicht einmal die eigenen Söhne hineindürfen, nun soll noch der letzte in Deutschlands Grenzen gepreßt werden. Jetzt kann die Sicherheit seiner Ernährung nicht mehr geboten werden, und die Not - endlich sind wir am Ziel der Argumentation - rechtfertigt den Expansionskrieg. Der Satzaufbau legt nahe, daß die Ernährungskrise den Stellenwert einer zusätzlichen

Legitimationshilfe hat: Die Not soll eintreten, damit Deutschland Krieg führen darf.

"Der Pflug ist dann das Schwert, und aus den Tränen des Krieges erwächst für die Nachwelt das tägliche Brot."
Nun wird der Satzbau klar und schlicht, die Satzmelodie fließt gleichmäßiger, an die Stelle verquälter Wortgetüme treten biblische Metaphern. Entspannung ist eingetreten, der Kampf vorüber. Eine Identität wird definiert - "der Pflug ist das Schwert" und ihre Fruchtbarkeit prognostiziert - "aus den Tränen erwächst Brot". Was allen Unsicherheiten der Suche nach Worten, nach Argumenten ein Ende setzt, ist die Vision des Krieges. Das Schwert ersetzt den Pflug, das alte Symbol für die menschliche Arbeit, die der Natur Nahrung abringt (vgl. dazu Ernst Jünger, für den "Der Arbeiter" ebenfalls der Krieger ist). Das Schwert verfügt über stärkere Fruchtbarkeitspotentiale als der Pflug: es läßt das Brot nicht nur für uns, sondern auch für die kommenden Generationen wachsen. Nicht der Pflug ermöglicht Leben, nur der Krieg. Der Krieg, durch die Formulierung (Tränen des Krieges) als Subjekt, als Träger dieser Fruchtbarkeit ausgewiesen, ist nicht nur der Vater aller Dinge, sondern auch die Mutter. Seine Frucht, der mannigfache Tod, gedeiht in dem Fruchtwasser des Leidens (den Tränen). Der Tod wird zur Metapher des Lebens.

Haben meine Einfälle trotz gegenteiliger Absicht wieder zu einer Reduktion des NS auf Familiengeschichte, zu einer Pathologisierung Hitlers geführt? Die Schilderung der Welt in organizistischen Metaphern, die Darstellung des Weltlaufs als Familiendrama, die Personalisierung sozialer Konflikte sind dem nationalsozialistischen Geschichtsverständnis inhärent. Die Radikalisierung dieser Ebene in der bisherigen Textanalyse ermöglicht aber noch kein Verständnis der sozialpsychologischen Vorgänge, die die Anziehungskraft des Hitlerschen Angebots ausmachen. In einem nächsten Schritt wäre zu fragen, wie spezifisch die hier aus Hitlers Text herausgelesenen emotionalen Muster sind. So abartig sie wirken mögen, so sehr stimmen sie mit den Befunden anderer Faschismusforscher überein, seien sie auf Hitler oder andere Personen bezogen. Alle psychologischen Untersuchungen über die Anfälligkeit für faschistisches Denken stellen ein Merkmal heraus, welches mit sehr frühen Phasen der psychischen Entwicklung zu tun hat: die Angst vor der Lebendigkeit, der Vielfalt, dem Andersartigen, dem Chaotischen und gleichzeitig die in eine Sexualisierung der Aggression gewendete Sehnsucht danach. Sei der Fokus auf der Angst vor dem Ichzerfall im Orgasmus (Wilhelm Reich); der Furcht vor der Freiheit und Nekrophilie (Erich Fromm); der sadomasochistischen Organisation der Autoritären Persönlichkeit (Adorno, Levinson, Frenkel-

Brunswik); der Bedrohung durch alles Lebendige (Klaus Theweleit) - alle AutorInnen beschreiben in ähnlicher Weise, wie der Nationalsozialismus durch Schaffung rigider Panzerungen die Angst vor dem Ich-Zerfall bannt und gleichzeitig ein kanalisiertes Ausleben sexualisierter Destruktivität und narzißtischer Größenphantasien ermöglicht.

Bei aller Ähnlichkeit führt die Textanalyse doch zu einer etwas anderen Betonung als sie die klassischen sozialpsychologisch-psychoanalytischen Studien zu Faschismus vornahmen. Diese zentrieren ihre Analyse um den Begriff der Autorität. Aus der mißlungenen Vaterbeziehung folge die süchtige (masochistische) Suche nach unbedingter Autorität und die (sadistische) Projektion der unterdrückten Haßgefühle auf Minoritäten. Hitler und die NS-Ideologie gelten hier als Erben des Vaters. Mit diesem Führer-Bild beginnt auch 'Mein Kampf'. Im ersten Satz stellt sich Hitler als religiös überhöhter Idealvater dar. Im folgenden bietet er jedoch, mit wesentlich stärkerem Affektausdruck, eine Identifikation mit dem um die elterliche Liebe betrogenen Sohn an, der nun hassen und kämpfen darf. Der Titel des Buches (mit dem besitzanzeigenden Pronomen) 'Mein Kampf', der Titel des 1. Bandes 'Eine Abrechnung' zeigen die Dominanz dieser Gewalt- und Rache-Phantasien. Das Führer- und Messias-Angebot ist das Deckblatt, welches das Mitagieren dieser destruktiven Impulse legitimiert und unsichtbar macht. Peter Buchka schreibt in einer Rezension über die Reden von Hitler und anderen Nazi-Größen:

"Es ist noch immer unglaublich, aber diese selbsternannten Volksführer haben ihr Volk immer nur angeschrieen. Ein abgrundtiefer Haß kommt dabei zum Ausdruck; ein Haß, der sich nachgerade zwangsläufig ein Objekt suchen mußte, um die verbalen Tiraden in psychische Vernichtung umwandeln zu können. Und fast genauso bezeichnend ist, wie sich diese blinde Wut dauernd selber beschwören muß, daß sie nicht hilflos ist." (Süddeutsche Zeitung 30.1.1993)

Das Volk läßt sich anschreien und beschimpfen, es liebt die, die es quälen - das ist nicht so unglaublich, wie Buchka meint. Die Qualität des fast physisch spürbaren Angriffs, die Hitlers Worte haben, setzt bei den Hörern und Lesern ähnliche Gefühle von Erleichterung frei, wie wir sie in Hitlers letztem Satz, als er endlich beim Krieg angekommen ist, gespürt haben. Selbst- und Fremddestruktion liegen sehr nahe beieinander, dienen beide der Entlastung von unerträglichem Druck. Ernst von Salomon, der im Unterschied zu Hitler und vielen anderen seine innere Gefühlslage klar beschreiben kann, schildert sein psychisches Zerbrechen, als er nach seiner Beteiligung an dem Rathenau-Mord im Gefängnis zu passivem Warten verurteilt ist: "...mochte ich in brüllendem Feuer liegen, mochte ich in unerträglicher Spannung, die Pistole in der Hand, bereit sein zu vernichten, den Gegner, die Welt und mich, ...es war da immer etwas, das stärker war als ich, das mich hinaus über den qualvollen Augenblick hob, das meinem Tun und Lassen Zweck und Ziel gab, einen Sinn, vielleicht einen schrecklichen, aber einen Sinn - dies hier, das hat keinen Sinn. Ich sitze und dulde. Dulden - das hat keinen Sinn." (v. Salomon 1928, S. 30/31) Theweleit zeigt an vielen Berichten der Soldaten, daß sie genau wie Hitler die Zusammengehörigkeit von Brot, Nahrung, Sicherheit und Krieg herstellen: Sie "schrien nach dem Feind" - so zitiert Theweleit den Freikorps-Autor Schauwecker - "wie Babies nach Nahrung; immer diese zerreißende Wut im Herzen, jetzt kommt sie, die Rache für alle erlittenen Hungerschmerzen...Entladung, die Ströme beginnen zu fließen auf dem Weg zur gegenseitigen Durchdringung mit dem Feind, dem intimen Vertrauten" (Theweleit 1977 Band 2, S. 212).

Eine sozialpsychologische Analyse ist nicht da zu Ende, wo sich zeigt, wie verbreitet die bei Hitler gefundenen Zusammenhänge von symbiotischer Sehnsucht und Gewalt sind. Sie sollte die Genese dieser emotionalen Muster nicht nur in der individuellen Geschichte, sondern auch im sozialen Umfeld suchen. Der Umgang mit Gefühlen, wie Hitler ihn in den untersuchten acht Sätzen zeigt, ähnelt dem Mechanismus der Spaltung (in gut und böse, in idealisierte und entwertete Menschen, in Größe- und Ohnmachts-Phantasie etc.), wie wir ihn von sog. Borderline-Patienten kennen. Borderline-Syndrome gelten als schwere psychische Störungen an der Grenze von Neurose und Psychose. Sollen wir annehmen, daß nicht nur Hitler, sondern potentiell alle Faschisten, alle, die sich haben mitreißen lassen, so krank waren? Sinnvoller scheint die Überlegung, daß wir alle in bestimmten Krisensituationen zu Spaltungsmechanismen greifen, um unserer Angst Herr zu werden. Dann bringen wir die psychische Energie nicht mehr auf, die das Ertragen von Ambivalenz-Spannungen erfordert, und wir kehren zu den Unbedingtheiten unserer Kindheit zurück. Die These wäre also, daß der Nationalsozialismus bzw. Hitler regressive Mechanismen zur Darstellung bringt, die den Menschen aufgrund der damaligen umfassenden gesellschaftlichen Krise nahelagen. Die Erosion der ökonomischen, sozialen, normativen und religiösen Identität war gerade in Deutschland nach dem 1. Weltkrieg gravierend und traf die Menschen unvorbereitet (vgl. Peukert 1987). Die daraus resultierende existentielle Verunsicherung forderte die psychischen Verarbeitungskapazitäten auf's äußerste. Wo und wie genau die psychosozialen Überforderungen zu regressiven Abwehrmechanismen führten, müßte in verschiedenen sozialen Milieus differenziert erforscht werden. Deutlich ist, daß der Erfolg Hitlers und der NSDAP auch damit zusammenhing, daß sie Entdifferenzierungsprozesse nicht nur selber ausgedrückt, sondern bei vielen gefördert und verstärkt haben. Das läßt sich etwa an dem plötzlichen Niveauabfall bei vielen Künstlern und Schriftstellern sehen, die 1933 das Heraufkommen des Dritten Reiches begrüßten (z.B. bei Gottfried Benn). Die autoritäre und doch leidenschaftliche, gleichzeitig Gehorsam, Mitgefühl und Emphase evozierende Geste, mit der Hitler nach seinem Publikum greift, erlaubt die Grenzüberschreitung sich und allen, die sich ergreifen lassen wollen.

Literatur

Bärsch, Claus-Ekkehard (1987). Erlösung und Vernichtung. Dr.phil. Joseph Goebbels. München: Klaus Boer

Bloch, Ernst (1935). Erbschaft dieser Zeit. Frankfurt: Suhrkamp 1985

Brockhaus, Gudrun (1992). Psychoanalytische Hitler-Deutungen. Luzifer-Amor. Zeitschrift zur Geschichte der Psychoanalyse, 5. Jahrgang, Heft 9, 8 - 24

Buchka, Peter (30./31.1. 1993). Schreien, schwören, schießen. In Süddeutsche Zeitung

Erikson, Erik H.(1942). Die Legende von Hitlers Kindheit. In Helmut Dahmer (Hg.), Analytische Sozialpsychologie, Bd. 1. Frankfurt: Suhrkamp 1980, S. 257 - 281

Fest, Joachim C. (1973). Hitler. Eine Biographie. Frankfurt/M, Berlin: Ullstein 1987

Fromm, Erich (1977). Anatomie der menschlichen Destruktivität. Reinbek: Rowohlt

Grimm, Hans (1926). Volk ohne Raum. München: Albert Langen

Hitler, Adolf (1925, 1926). Mein Kampf. Einbändige Volksausgabe. München: Eher 1938

Hofer, Walter (Hg.) (1977). Der Nationalsozialismus. Dokumente 1933 - 1945. Frankfurt: Fischer 1983

Jäckel, Eberhard (1986). Hitlers Weltanschauung. Stuttgart: Deutsche Verlagsanstalt

Jünger, Ernst (1932): Der Arbeiter. Herrschaft und Gestalt. Hamburg

Kershaw, Ian (1992). Hitlers Macht. Das Profil der NS-Herrschaft. München: Deutscher Taschenbuch Verlag

Komann, Margot (1990). "Wie ich Nationalsozialistin wurde". Eine kritisch feministische Lektüre der Theodore Abel-Akten. In Lerke Gravenhorst & Carmen Tatschmurat (Hg.), Töchterfragen. NS-Frauen-Geschichte (S.149 - 166). Freiburg: Kore

Koonz, Claudia (1988). Mothers in the Fatherland. Women, the Family and Nazi Politics. London: Methuen

Mann, Thomas (1977). Essays. Band 2 Politik. Frankfurt: Fischer

Lorenzer, Alfred (1986). Tiefenhermeneutische Kulturanalyse. In Hans-Dieter König et al.: Kultur-Analysen (S. 11 - 98). Frankfurt: Fischer

Riefenstahl, Leni (1987). Memoiren 1902 - 1945. München: Ullstein 1990

Salomon, Ernst von (1928). Schrei aus dem Käfig. In Hartmut Plaas (Hg.). Wir klagen an. Nationalisten in den Kerkern der Bourgeoisie (S. 26 - 37) Berlin: Vormarsch Verlag GmbH

Sternheim-Peters, Eva (1987). Die Zeit der großen Täuschungen. Bielefeld: AJZ

Theweleit, Klaus (1977). Männerphantasien. 1. Band.. Frankfurt/M: Roter Stern

Volmert, Johannes (1989). Politische Rhetorik des Nationalsozialismus. In Konrad Ehlich (Hg.). Sprache im Faschismus (S. 137 - 161). Frankfurt: Suhrkamp

Zentner, Christian (1974). Adolf Hitlers Mein Kampf. Eine kommentierte Auswahl. München: List

Zur Sozialpsychologie der Fotografie

Joachim Hohl

"In jüngster Zeit ist das Fotografieren ein ebenso weitverbreiteter Zeitvertreib geworden wie Sex oder Tanzen - was bedeutet, daß die Fotografie, wie jede Form von Massenkunst, von den meisten Leuten nicht als Kunst betrieben wird. Sie ist vornehmlich ein gesellschaftlicher Ritus, ein Abwehrmittel gegen Ängste und ein Instrument der Macht."

Susan Sontag

Paris, den 7. Januar 1839. Soeben hat Monsieur Arago, der berühmte Physiker, den erlauchten Mitgliedern der Akademie Francaise ein neues technisches Verfahren vorgestellt, welches es erlaubt, naturgetreue Abbilder von Menschen und Dingen anzufertigen und dauerhaft festzuhalten. Damit ist ein alter Menschheitstraum in Erfüllung gegangen, nämlich die Dinge so abzubilden, wie sie wirklich sind, und ohne dazu die besondere Ausbildung und Begabung des Künstlers zu haben. Zwar hatte es auch früher nicht gefehlt an klug erdachten Apparaten, wie etwa der Camera lucida, mit deren Hilfe jederman sich ein natürliches Bild von den Dingen machen konnte, aber noch niemandem war es gelungen, dieses Bild festzuhalten. Monsieur Daguerre war der erste, dem dies gelang: Er kombinierte das schon seit langem bekannte optische Prinzip der Camera obscura mit einem chemischen Verfahren, das auf der Lichtempfindlichkeit von Silbernitrat basierte und konnte so - in einem komplizierten technischen Prozeß, den zu beschreiben hier nicht der Ort ist (vgl. dazu Newhall, 1989, S.13 f) - naturgetreue Abbilder der Wirklichkeit anfertigen. Freilich hatten auch vor Daguerre schon andere versucht, lichtempfindliche Substanzen zur Herstellung solcher Bilder zu verwenden, sozusagen direkt mit Hilfe des Sonnenlichts zu "malen" (vgl. Newhall, S. 13). Aber erst Daguerre - der von Haus aus, und das war sicher kein Zufall, Bühnenmaler war - kam mit seinem Verfahren zu befriedigenden Ergebnissen; seine auf jodierten Silberplatten festgehaltenen Abbilder der Wirklichkeit ("Daguerreotypien") waren von einer Brillanz und einem Nuancenreichtum, über die noch wir heutigen Betrachter in Begeisterung geraten.
Auf die Nachricht von Daguerres Erfindung hatte das französische Publikum zunächst mit überschwenglichem Interesse reagiert - Spötter zeihen die Pariser geradezu einer "Daguerreotypomanie" (vgl. Castel, 1983, S. 235). Die anfängliche Begeisterung legt sich allerdings rasch, als sich

herausstellt, wie schwierig sich mit diesem Verfahren die Herstellung von Portraits gestaltet: Um halbwegs brauchbare Resultate zu erzielen, mußten die bedauernswerten Opfer solcher Aufnahmen etwa acht Minuten lang regungslos in grelles Sonnenlicht starren. Im Lauf von wenigen Jahren gelingt es jedoch, durch optische und chemische Verbesserungen die Lichtempfindlichkeit der Platten und Objektive enorm zu steigern und dadurch die Belichtungszeit drastisch zu verringern; so ist schon im Jahr 1841 eine Belichtungszeit von weniger als einer halben Minute erreicht. Damit sind die technischen Voraussetzungen für die Verbreitung der Portraitfotografie gegeben - und prompt beginnt der Boom der Fotografie. Allenthalben schießen Fotostudios aus dem Boden - zunächst in Paris, danach in rascher Folge überall auf dem Alten Kontinent, bald auch in Amerika[1]. Und in Scharen strömen die Bürger in diese Studios, um sich proträtieren zu lassen (Newhall,1989, S. 33).

Stellen wir die Frage nach den psycho-sozialen Ursachen dieser Entwicklung noch einen Moment zurück und wenden wir uns zunächst der weiteren technischen Entwicklung zu. Mit der Erfindung des Positiv/Negativ-Verfahrens und der Salzpapierkopie durch Fox Talbott (1841) ist die nächste Stufe der Entwicklung der Fotografie auf dem Wege zum Massenmedium erreicht, denn nun ist es möglich, Fotografien auf Papier abzuziehen und zugleich - über das Negativ - von jedem Foto eine praktisch unbegrenzte Zahl von Abzügen anzufertigen. Damit beginnt die stürmische Entwicklung der carte-de-visite-Fotografie; im Pariser Bürgertum der 5oer Jahre wird es üblich, bei gesellschaftlichen Anlässen anstelle der alten Visitenkarte ein "Visisitenfoto" des Gastes abzugeben. Mit der Papierkopie sinkt der Preis einer Fotografie auf den Bruchteil dessen, was noch wenige Jahre zuvor für eine Daguerreotypie - die ja immer ein Unikat war - zu bezahlen war. (Benjamin zufolge lag der Preis einer Daguerreotypie in Paris im Jahre 1839 bei etwa 25 Godfrank. Ihrem Preis entsprechend wurden diese Fotografien üblicherweise wie Schmuckstücke in wertvollen Etuis aufbewahrt.) Im Studio eines Disderi werden nun - um 1853 - pro Tag etwa 2oo Kunden bedient, und man schätzt die Zahl der hier angefertigten cartes-de-visite auf weit über 2000 pro Tag (vgl. Scheurer, 1987, S. 93)

Den nächsten wichtigen Entwicklungsschritt vollzieht die Fotografie in den 8oer Jahren mit der Erfindung der Handkamera und des Rollfilms durch Eastman. Bis dahin war der Fotograf auf mehr oder minder grobschlächtige Kameras und auf ein kompliziertes arbeitsaufwendiges Ent-

---

[1] Übrigens auch in den Metropolen der überseeischen Kolonien. Hier werden sie zu einem der Ursprungsorte für die Liaison von Fotografie und Exotismus, die dann im modernen Tourismus ihren Höhepunkt erreicht. (Vgl. B. Schneider, 1993)

wicklungsverfahren angewiesen gewesen. Daher war der adäquate Ort für die Fotografie das Studio. Zwar hatte es auch schon vor Eastmans Erfindung Fotografen gegeben, die ihre gesamte sperrige Ausrüstung auf Pferdefuhrwerke verluden, um vor Ort Landschafts-und Architekturaufnahmen zu machen[2]. Aber die technische Aufwendigkeit des Verfahrens zog der Einsetzbarkeit der Fotografie immer noch relativ enge Grenzen. Das ändert sich nun auf einen Schlag durch Eastmans Kamera, die so klein und handlich ist, daß man sie überall mit hinnehmen und so in fast jeder Situation fotografieren kann. Damit hat sich die Fotografie endgültig vom Studio gelöst, sie ist nun mobil und damit grenzenlos einsetzbar. Eastmans "Handkamera" enthielt einen Rollfilm mit ca. 100 Aufnahmen, der schon im Werk eingelegt wurde; war er voll, schickte man die Kamera mitsamt Film dorthin zurück. Im Werk wurde der Film entwickelt und die Kamera neu "geladen". Gemessen an der herkömmlichen Art des Fotografierens, bei welcher der Fotograf ja noch ein professioneller Handwerker sein mußte, versprach Eastmans Werbeslogan - "you press the button, we do the rest" - in der Tat nicht zuviel. Damit tritt die Fotografie in eine neue historische Phase ein, die zurecht als ihre "Industrialisierung" (Scheurer) bezeichnet wurde; und diese, also die standardisierte industrieförmige Produktion des gesamten fotografischen Prozesses, ermöglicht nun erst ihre wahrhaft massenhafte Verbreitung. Denn dadurch kommt es nicht nur zu einer weiteren Ökonomisierung des Verfahrens, sondern auch zu einer radikalen Dequalifikation der fotografischen Tätigkeit. So geht ein zweiter Wunschtraum des Bürgertums in Erfüllung: Hatte die Fotografie zunächst jedem Bürger den Besitz seines eigenen Portraits ermöglicht, so macht sie nun jederman zum Produzenten seiner eigenen Bilder. Dies ist der Beginn der modernen Amateurfotografie.

Die weitere technische Entwicklung der Fotografie ist rasch erzählt, sie läßt sich verstehen als Fortentwicklung jener strukturellen Momente, die bereits in Eastmans Erfindung angelegt sind - die Kameras werden in der Folge immer kleiner und leichter, sie werden noch einfacher zu bedienen, sie werden leistungsfähiger, und sie werden noch billiger. Dadurch gelingt es der Fotografie in den folgenden hundert Jahren, immer weitere Benutzerkreise zu erreichen, wie z.B. die Frauen, die ja bis weit in unser Jahrhundert hinein als Fotografen nicht in Erscheinung treten. Und während

---

[2] Von Moulin, einem französischen Fotografen, wird berichtet, die Fotoausrüstung, mit der er sich auf eine Reise durch Algerien begab, habe 3000 Kilogramm gewogen (Adam, 1989, S.5o). Und schon im Krimkrieg von 1855 hatte sich die Kriegsberichterstattung der Fotografien eines Fenton bedient - übrigens hier schon mit denselben verharmlosenden und schönfärberischen Resultaten, welche die Fotografie von da an immer lieferte, wenn sie sich im propagandistischen Dienste der Obrigkeit aufmachte, "die Wahrheit" zu dokumentieren.

noch bis vor 20 oder 30 Jahren die Anschaffung einer Kamera relativ teuer war und ihre erfolgreiche Benutzung ein zumindst minimales technisches Verständnis erforderte, was ihrer endgültigen Durchsetzung zunächst noch im Wege stand (vgl. Bourdieu, 1983), so weist der Zusatz "Junior" bei der Typenbezeichnung mancher Geräte der neuesten Generation darauf hin, daß die Fotografie mittlerweile schon in den Händen von Jugendlichen und Kindern angekommen zu sein scheint.

Die Geschichte der Fotografie bzw. der Fotokamera läßt sich also durch folgende Entwicklungen schlagwortartig kennzeichnen: Miniaturisierung, Ökonomisierung, Perfektionierung und Demokratisierung[3]. Aufgrund dieser technischen Entwicklung braucht der (Hobby-)Fotograf unserer Tage nicht einmal mehr über das Minimum an Funktionswissen bzgl. Filmempfindlichkeit, Blendenwahl, Tiefenschärfe etc. zu verfügen, das für die Handhabung der Kodaks unserer Großväter immerhin noch erforderlich war - die vollautomatische, programmgesteuerte Kompaktkamera von heute nimmt ihm auch dieses noch ab. Damit ist hundert Jahre nach Eastman sein Werbeslogan "You press the button...." vollends in Erfüllung gegangen[4]. Das zur Ausübung der Fotografie erforderliche Wissen unterliegt also einem historischen Prozeß fortlaufender Dequalifizierung: Von der künstlerischen Professionalität des Malers verläuft die Entwicklung

---

[3] Dies ist nichts für die Kamera spezifisches, wir finden ähnliche Prozesse bei ganz unterschiedlichen Produkten, die im Lauf ihrer Geschichte in den Sog der kapitalistisch-industriellen Produktionsweise geraten, etwa bei Uhren; auch hier verläuft die Entwicklung von grobschlächtigen, wenig effizienten Apparaten, zu deren Herstellung und Unterhalt ein großer Aufwand erforderlich ist, zu immer kleineren und leistungsfähigeren Geräten, deren Erwerb und Nutzung schließlich für jedermann selbstverständlich wird. Auf die soziale Konditionierung des Erlebens und auf die heimlichen Zwänge, die damit für die Nutzer verbunden sind, bin ich an anderer Stelle eingegangen (Hohl, 1990).

[4] Von der Industrie wird uns dies als Segen angepriesen, denn der Fotografierende könne sich nun, unbeschwert vom Zwang zu störenden technischen Verrichtungen, völlig auf die künstlerische Gestaltung des Motivs konzentrieren; vergleicht man jedoch die so erzielten Produkte mit den alten Fotos in unseren Familienalben so kommen einem Zweifel. Sicher ist die technische Qualität der Bilder oft besser geworden, aber die Motive haben sich wenig verändert: Onkel Herbert vor dem Vatikan, Kopenhagen vom Schiff aus, die Fischer am Strand beim Netzeflicken und - Sinnbild klischeehaften Naturerlebens und kunsthandwerklicher Tiefpunkt jedes Dia-Abends - der Sonnenuntergang am Meer. Sie alle sind uns treu geblieben, was sich geändert hat, sind lediglich die Orte - statt Petersdom jetzt Taj Mahal, statt Allgäuer Kühen nun Yaks in Tibet, und die Fischer, einst am Strand von Capri, sitzen nun an dem von Bali. Die Wahl des Motivs ist offenbar ebenso immun gegenüber den jeweiligen technischen Möglichkeiten wie seine künstlerische Gestaltung. Sie wird bestimmt von - meist unbewußten - Bedürfnissen und Sehnsüchten (s.u.), speist sich aus Archetypen touristischen Erlebens ("Sehenswürdigkeiten") oder wiederholt einfach die gängigen ästhetischen Klischees der Werbeprospekte.

zur handwerklichen Professionalität des Fotografen, von dieser zum (bloßen) Funktionswissen des Amateurfotografen und schließlich zum "Nicht-Wissen" der digitalisierten Automatikfotografie. (Hier allerdings zeichnet sich in letzter Zeit wieder eine gegenläufige Tendenz ab: hochgerüstete Spiegelreflexkameras der neuesten Generation erfordern aufgrund ihres ausgeprägten Funktionsüberhanges (s.u.) von ihren Benutzern ein so komplexes Bedienungswissen, daß diese sich oft überfordert sehen: "So manche der Tausende von Mark teuren Supergeräte bleiben unbenutzt, weil der Fotograf, zum Beispiel nach der Winterpause, nicht mehr mit seiner Kamera zurechtkommt." (Schöne, 1992, S.45)

In den letzten Jahren sind zunehmend Kameramodelle auf den Markt gekommen, die sich durch etwas auszeichnen, was ich als "Funktionsüberhang" bezeichnen möchte: Sie verfügen über eine technische Ausstattung, die in der alltäglichen Nutzung durch den Freizeitfotografen - der ja der wichtigste Käufer dieser Apparate ist - mit Sicherheit nie benötigt wird. Da werden hochkomplexe Programmvarianten angeboten, Doppelt- und Dreifach-Meßsysteme für Belichtung und Entfernung, oder - Krönung des Ganzen - eine Verschlußgeschwindigkeit von einer achttausendstel Sekunde.

Derartige technische Möglichkeiten mögen für professionelle Fotografen relevant sein, unser Freizeitfotograf wird sie nie brauchen - aber er kauft diesen Apparat. Warum? Das Versprechen, mit dem diese Kameras für sich werben, ist das der lückenlosen Sicherheit; mit einem solcherart ausgestatteten Apparat scheint keine Situation mehr denkbar, der man technisch nicht gewachsen wäre, die man nicht "in den Griff kriegen" könnte. Ob diese Situation tatsächlich je auftreten wird, spielt gar keine Rolle mehr. Das zeigt schon, daß es hier nicht um die Realität geht, sondern um ein bestimmtes psychisches Phantasma, nämlich das der technischen Omnipotenz: Der Apparat verspricht durch seine Perfektion die (fotografische) Beherrschbarkeit der Welt. Der psychische Gewinn für seinen Besitzer besteht mithin in der Befriedigung seines "Sekuritätsbedürfnisses" (Adorno) und in der (fiktiven) Allmacht, ähnlich wie "Superman", der Comic-Held, jeder denkbaren Situation gewachsen zu sein. Letztlich geht es hier also um einen phantasmatischen Nutzen, um die narzißtische Gratifikation, welche das Kommando über Funktionen ermöglicht, die man faktisch niemals braucht. Derartige Funktionsüberhänge finden wir wieder nicht nur bei Kameras; es scheint sich vielmehr um ein durchgängiges Prinzip der Produktentwicklung zu handeln, das dort ansetzt, wo die primären Gebrauchswertansprüche des Publikums befriedigt sind. Wir begegnen ihm z.B. auch wieder bei Uhren - ("Abweichung: 1 Sekunde in einer Million Jahren!"), aber auch bei HiFi-Geräten und natürlich - klassisches Beispiel - im Automobilbau. Hier hat das Vermarktungsprinzip des

Funktionsüberhanges in Gestalt immer weiter steigender PS-Zahlen und Höchstgeschwindigkeiten schon längst absurde Ausmaße angenommen. Nachdem der primäre Gebrauchswert - Transport von hier nach da in einer bestimmten Zeit - praktisch von allen Autos erfüllt wird, läßt sich die Attraktivität des Produkts Automobil nur steigern durch virtuelle Produktfunktionen: Wenn ich wollte, könnte ich mit diesem Auto 250 Km/h fahren (nur leider gibt es keine Straßen, auf denen dies möglich wäre...[5]

Ein weiteres kommt hinzu: Mit dem Besitz solcher Apparate ist auch ein Statusgewinn verbunden; dieser macht sich nun jedoch nicht mehr primär am Preis der Dinge fest, sondern eben an dem, was diese "leisten" (wenngleich natürlich der Preis und die technische Leistungsfähigkeit hoch korrelieren). Damit ergäbe sich u.U. eine neue Variante zur These Veblens von der conspicuous consumption: Vielleicht verschiebt sich im "späten Spätkapitalismus" - oder sollten wir lieber von "Postmoderne" sprechen? - die soziale Repräsentationsfunktion von der Darstellung blossen Reichtums auf die Präsentation effizenter Dinge. Wenn der Augenschein nicht trügt, sind Männer für solche Entwicklungen eher empfänglich als Frauen. Diese fragen offenbar stärker nach dem praktisch relevanten Gebrauchswert, also danach, ob sie den jeweiligen Apparat wirklich (ge-)brauchen können und sind daher für die Faszination durch Überschußfunktionen recht unempfindlich. Ob zur Erklärung dieses Unterschiedes das übliche Argument der weiblichen "Technikferne" ausreicht, oder ob wir tiefergehend annehmen müssen, daß ein prinzipiell labileres männliches Selbstwertgefühl zu seiner Stabilisierung nach derart "allmächtigen Apparten" verlangt, muß hier dahingestellt bleiben.

Um die psychosozialen Funktionen der Fotografie besser zu verstehen, wollen wir nun noch einmal in die Zeit ihrer Entstehung zurückkehren. Wie Peters (1979) gezeigt hat, ist sowohl für die Erfindung wie für die rasante Durchsetzung der Fotografie ihre geistige "Wahlverwandtschaft" mit dem durch Positivismus und Enzyklopädismus bestimmten Geist der Epoche ausschlaggebend. Die Fotografie empfiehlt sich den Zeitgenossen ja zunächst durch die Präzision und Naturtreue ihrer Abbilder - man rühmt an ihr, daß sie "am vollkommensten und ohne die Möglichkeit eines Irrtums" (Taine, zit. nach Peters, 1979, S.13) die Natur abbilde. (Die Einsicht, daß dies ein recht naives, idealisierendes Verständnis von Fotografie ist, bleibt dem kritischen Bewußtsein einer späteren Epoche vorbehalten.) Die Fotografie entspricht damit dem positivistischen Programm, das Bewußtsein auf das real Vorfindbare, auf das Belegbare, Zähl- und Meßbare

---

[5] Zum tiefenpsychologischen Verständnis dieses Phänomens, zu den narzißtischen Bedürfnissen und den unbewußten Omnipotenzphantasien, die sich in solchen Fahrzeugen und im Verhalten ihrer Nutzer ausdrücken, hat Haubl (1991) Erhellendes ausgeführt.

zu verpflichten. Um mit Wittgenstein zu sprechen - "alles, was der Fall ist", läßt sich fotografieren und umgekehrt ist alles, was sich fotografieren läßt, "der Fall". Daher ist es sicher kein Zufall, daß die Erfindung der Daguerreotypie genau in dieselbe Zeit fällt, in der Comte an seinem Hauptwerk arbeitet, dem "Déscours sur l'esprit positif" (1830-42). Mit ihrer zweiten Fähigkeit, nämlich die Dinge nicht nur genau, sondern auch schnell und ohne allzugroßen Aufwand abzubilden, kommt die Fotografie dem enzyklopädischen Bedürfnis der Zeit entgegen, die Realität möglichst lückenlos zu erfassen, sie zu katalogisieren und in ein System zu bringen. Außerdem gibt es natürlich auch eine Wahlverwandtschaft mit dem Geist des Kapitalismus; so fehlt in kaum einer der frühen Beschreibungen der Fotografie der Hinweis auf ihre Ökonomie, d.h. auf die mit der Zeitersparnis verbundene Preisgünstigkeit des Verfahrens.

Mit diesen "Wahlverwandtschaften" läßt sich die Verbreitung der Fotografie auf der gesellschaftlichen Ebene begründen. Was aber sind die Motive, welche den einzelnen Bürger ins Fotostudio treiben? Hierzu gilt es sich zunächst zu vergegenwärtigen, daß der Besitz von Portraits bis zur Erfindung der Fotografie ein Privileg der begüterten Stände, also vor allem des Adels war. Nur Reiche konnten sich den Luxus leisten, sich malen zu lassen. (Und der Besitz von Bildern war generell ein Statussymbol, vgl. Freund, 1989). Das heißt umgekehrt, daß die Portraitmalerei die gesellschaftliche Wichtigkeit desjenigen, der sich malen läßt, unterstreicht. Indem sie Portraits von sich anfertigen lassen, betonen die Mitglieder des Adels ihre gesellschaftliche und ihre individuelle Bedeutung. Und indem sie die Bilder ihrer Ahnen, zu Stammbäumen gruppiert, in Galerien ausstellen, versichern sie sich ihrer sozialen Identität. Dies ändert sich mit der Entwicklung der Portraitfotografie; nun kann jedermann, unabhängig von Klasse und Stand, Portraits von sich und den Seinen anfertigen lassen. Die narzißtische Gratifikation, die mit dem Fotografiertwerden immer verbunden ist - "Fotografie verleiht Bedeutung" (Sontag) - gewinnt hier eine gesellschaftliche und politische Dimension: in der Portraitfotografie versichert sich der Dritte Stand seiner neu errungenen gesellschaftlichen Bedeutung. Damit werden die typischen Inszenierungen der damaligen Studioaufnahmen verständlich: die schweren Brokatstoffe und Gobelins, die klassizistischen Säulen, die wuchtigen Sessel und die teuren Teppiche - all das hat Repräsentationsfunktion, es imitiert den Luxus einer aristokratischen Lebenswelt und soll so die Bedeutung der dargestellten Person unterstreichen[6].

---

[6] Manchmal dient als Kulisse auch exotisches Zubehör, Palmwedel, gemalte Berge, der Meeresstrand. Hier kündigt sich ein Motiv an, das für die weitere Entwicklung der Fotografie beherrschend werden wird, nämlich der Exotismus, die Sehnsucht nach der Ferne, die schließlich zur Fusion von Fotografie und Tourismus führen wird.

Und in getreuer Imitation des Adels legt nun auch der Bürger sich eine Ahnengalerie zu, bei deren Betrachtung und Präsentation er sich seiner Herkunft und damit seiner Identität versichert. Nur ist das keine Gemäldesammlung mehr, sondern eben ein Fotoalbum. Benjamin steht dieser Epoche noch so nahe, daß er sie nur karikieren kann: "An den frostigsten Stellen der Wohnung, auf Konsolen oder Gueridons im Besuchszimmer, fanden sie sich am liebsten: Lederschwarten mit abstoßenden Metallbeschlägen und den fingerdicken, goldumrandeten Blättern, auf denen närrisch drapierte Figuren - Onkel Alex und Tante Riekchen, Trudchen, wie sie noch klein war, Papa im ersten Semester - verteilt waren, und endlich, um die Schande voll zu machen, wir selbst: als Salontiroler, jodelnd den Hut gegen gepinselte Firnen schwingend, oder als adretter Matrose, Standbein und Spielbein, wie es sich gehört, gegen einen polierten Pfosten gelehnt." (Benjamin, 1977, S. 54)

Wenn wir oben gesagt haben, die Fotografie sei ihrem Wesen nach ein demokratisches Medium, so gilt das für ihre Anfänge in der Daguerreotypie nur mit Einschränkungen. Noch war das Verfahren so aufwendig, waren seine Produkte so teuer, daß weite Kreise der bürgerlichen Gesellschaft von seiner Nutzung ausgeschlossen blieben. Insofern war der Besitz des eigenen Bildes mit einem doppelten Bedeutungsgewinn verbunden: zu dem phantasmatischen, den das Protraitiert-Werden verlieh, trat der materielle, den der Besitz der teuren Daguerreotypien darstellte. Diesen kam also eine doppelte Statusfunktion zu. Als Teil des bürgerlichen Lebenszusammenhanges dienten sie damit auch der Abgrenzung "nach unten", zum Kleinbürgertum und zum Proletariat.

Fragen wir nun genauer nach den psychischen Prozessen, die im Zusammenhang mit der Fotografie von Bedeutung sind, so erhalten wir Anregungen sowohl von der Zivilisationstheorie Norbert Elias` wie von der freudschen Psychoanalyse.

Tiefenpsychologisch betrachtet spielen beim Fotografieren mindestens fünf Motivkomplexe eine Rolle - wir finden orale und anale Impulse ebenso wie aggressive, sexuelle bzw. voyeristische und narzißtische. All diese Impulse werden natürlich - überflüssig zu sagen - im Akt des Fotografierens nicht in ihrer primär triebhaften Form befriedigt, sondern in sublimierter Form: Sie lösen sich aus der Beziehung zum materialen Objekt des Begehrens und werden quasi ins Symbolhafte verschoben.

Das fundamentalste Motiv des Fotografierens ist oral-kaptativer Art. Hier geht es um den ontogenetisch frühen Beziehungsmodus des Sich-Einverleibens, der letztlich in der Nahrungsaufnahme des Säuglings gründet. In sublimierter Form äußert er sich in dem Wunsch, das Gesehene haben zu wollen - die Sprache bringt das noch zum Ausdruck, wenn wir sagen, wir wollen "Augenblicke festhalten", "Erinnerungen aufbewahren", "Motive einfangen" etc.

Das oral-kaptative Motiv fehlt bei keinem Fotografen, und es ist wohl auch jedem bewußt:

"Ich sehe etwas, was mich interessiert, ich sehe Landschaften (...) Sonnenuntergänge usw. Dann möchte ich das eigentlich speichern und mit heimnehmen (...) Ich möchte das immer wieder vor meinem Auge abrufen können, wenn ich in der Stimmung bin." (J.Schneider, 1992, Interview mit Herrn L.)

Vom oralen Impuls des Sich-Einverleibens ist es nur ein kleiner Schritt zu dem Wunsch des Behalten-Wollens, der aus jenem Motivkomplex stammt, den Freud den "analen" nannte. Eng verwandt mit dem Bedürfnis des Behaltens, Nicht-mehr-Hergebens ist das des Sammelns. Auch für solche Bedürfnisse bietet die Fotografie sich an; in manchen Fällen treibt sie Leute, die dafür aufgrund ihrer Persönlichkeitsstruktur anfällig sind, geradezu in die Sammelwut: Da darf dann keine "Sehenswürdigkeit" ungeknipst bleiben, da muß eine möglichst lückenlose Dokumentation der ganzen Reise angelegt werden etc. (Neuere technische Entwicklungen des Kamerabaues, die es erlauben, das Datum gleich mit auf dem Bild festzuhalten, kommen solchen Wünschen entgegen.) Versuche, die archaische Angst vor einer als fremd, unberechenbar und daher bedrohlich erlebten Welt durch magische oder rituelle Verrichtungen zu bannen, haben ebenfalls im analen Bereich ihre entwicklungspsychologischen Wurzeln. Auch hier schafft die Fotografie Abhilfe: Indem sie das potentiell bedrohliche Objekt auf ein touristisches Motiv reduziert, bannt sie die Angst vor dem Fremden. (Hierin liegt vermutlich eines der Motive für das andauernde Bedürfnis zu fotografieren, das viele bei Reisen in fremde Länder befällt.) Gerade auf Reisen kommt es so manchmal zu einer Verselbständigung des Fotografierens, die durchaus zwanghaften Charakter trägt - und gegen die sich manche, so auch der Verfasser, nur dadurch wirksam schützen können, daß sie die Kamera gleich ganz zu Hause lassen.

Für das Fotografieren von Angehörigen bestimmter Natonalitäten bietet Sontag eine interessante Erklärung an: Vor allem Touristen aus Industrienationen, in denen eine rigide Arbeitsmoral herrscht, neigen offenbar dazu, im Urlaub süchtig-zwanghaft zu fotografieren - allen voran die Japaner. Denn das Fotografieren - das Suchen von Motiven, das Hantieren mit Kameras etc. - bietet eine Beschäftigungsmöglichkeit, welche die Leere füllt, die der plötzliche Entzug der Berufsarbeit im Urlaub mit sich bringt. "Es ist schon 'ne Urlaubsbeschäftigung. Wir Männer, wir haben da wirklich eine Art Arbeit. Es vertreibt 'n bißchen die Langeweile auch, im Urlaub. Man hat dann eine Aufgabe und sagt, die möcht' ich jetzt besonders gut machen. Das ist es. Da hat man immer zu tun. Habe ich jetzt den richtigen Blickwinkel, oder ist's Licht richtig, oder geht die Person richtig drauf. Die verschleierten Frauen da...oder was. Das ist schon 'ne Aufgabe, die man erfüllt. Da ist es nicht langweilig, da gehst du nicht nur durch die Straßen spazieren." (B. Schneider, 1992, Interview mit Herrn F.)

Indem es berufliche Alltagszwänge wiederholt, wird das Fotografieren zur Quasi-Arbeit, zu einer selbstauferlegten Beschäftigungstherapie, welche die mit der vielen plötzlich verfügbaren Freizeit verbundene Desorientierung, die Langeweile und den horror vacui bannen soll (Sontag, 1980, S.16). Mit den Worten von Herrn F.: "Ohne Kamera steht man blöd rum und hat nichts zu tun." (a.a.O.)

Die enge Verbindung von Fotografie und Aggression ist in der Literatur schon so ausführlich dargestellt worden (Koenig, 1992), daß wir uns hier kurz fassen können. Sie kommt in der "Gewaltmetaphorik der Fotosprache" (Koenig) ebenso zum Ausdruck ("Schnappschuß", "Motivjagd" etc.) wie in der Verwendung der Fotografie zu militärischen Zwecken oder in den aggressiven Phantasien von Fotografen (vgl. Koenig). Am sinnfälligsten und ganz materiell äußert sie sich in bestimmten Produkten des Kamerabaues, etwa wenn die Kamera mit Tele-Objektiv auf einen Gewehrschaft montiert wird; oder in dem "fotografischen Revolver", den Enjalbert schon 1882 konstruierte. Von der tiefen Verwandtschaft zwischen Blicken und Aggression weiß auch die Alltagssprache: Da gibt es den "bösen Blick", den Blick, der "durchbohrt", die Blicke, die "töten könnten" etc. Tiefenpsychologisch liegt dem der oben angesprochene Zusammenhang zwischen Sehen und Sich-Bemächtigen zugrunde, der ontogenetisch - und wohl auch phylogenetisch - den vorausgehenden von Greifen und Sich-Bemächtigen ablöst. Empirische Belege für das aggressive Moment beim Fotografieren lassen sich auch im eigenen Erleben finden, etwa in dem Ärger, den man verspürt, wenn man gegen seinen Willen fotografiert wird. Wie Spitzing (1985) an zahlreichen Bildbeispielen belegt, lassen sich viele mimische und gestische Reaktionen, die den Fotografierten selbst oft gar nicht bewußt waren, als Gegenaggressionen gegen einen fotografischen Akt interpretieren, der unbewußt als eindringend-aggressiv erlebt wird. (Entsprechends gilt wohl auch für die sexuell-voyeuristische Komponente, die an den Scham-und Peinlichkeitsgefühlen der Objekte ablesbar ist.)

Auch über die Verbindung von Fotografie und Sexualität brauchen wir nicht viele Worte zu verlieren. Schon Freud hatte mit dem Begriff der "Schaulust" auf die Verbindung von Sehen und sexueller Lust hingewiesen. Im Voyeurismus hat sich dieser Zusammenhang zu einem eigenständigen sexuellen Erlebnismuster verselbständigt.

Beim Fotografieren lassen sich voyeuristische Impulse auch angesichts nicht-erotischer Motive befriedigen; denn jede Art der Grenzüberschreitung ist mit Angst-Lust verbunden - und jedes heimliche Fotografieren stellt eine Überschreitung von Intimitätsschranken dar. Der Genuß, der sich dabei einstellt, läßt sich verstehen als Abkömmling von voyeuristischen Impulsen, als sublimierte Form der Befriedigung jener infantilen Schaulust.

"(...) Fotojagd: so Lady Di so oben ohne fotografieren, ganz heimlich und nackt. Eine Supersache!" (B. Schneider, 1992, Interview mit Herrn F.) Und die damit verbundene Angst vor dem Ertappt-Werden fügt dem ganzen noch das wohlige Prickeln hinzu und steigert so die voyeuristische Lust.

Vielleicht nicht ganz so offensichtlich ist das narzißtische Moment in der Fotografie. Schon in der symbolischen Aneignung des Objekts, die jeder fotografische Akt darstellt, wird sublimierte manipulative Macht über den Gegenstand ausgeübt, werden also Omnipotenzbedürfnisse befriedigt. Dies läßt sich steigern, wenn es darum geht, das Objekt zu überlisten, heimlich von einem begehrten Motiv ein Foto zu "schießen". Da stellt sich dann ein Triumphgefühl ein, ein momentanes Gefühl der Überlegenheit, das identisch ist mit dem Triumph des Jägers, der nach langer Pirsch seine Beute zur Strecke bringt. Sontag variierend könnten wir also sagen: "Fotografie verleiht Macht." Andere Quellen narzißtischer Befriedigung liegen im künstlerischen Gebrauch der Fotografie; diese tritt ja auch mit dem Anspruch auf, Kunst zu sein und ermöglicht so jedem Fotografierenden, sich als Künstler zu fühlen[7]. Aber auch die passive Seite des Fotografierens liefert narzißtische Bestätigung. Diese läßt sich verstehen als die Kehrseite des aggressiven Eindringens, von dem oben die Rede war. Wir erinnern uns an Sontags Formulierung "Fotografie verleiht Bedeutung", d.h. wer fotografiert wird, kann sich wichtig fühlen, zumindest dem Fotografen ist er ja das Bild wert. Neben der sozial-historischen Dimension dieses Zusammenhangs (s.o.), müssen wir hier nun, die individuell-psychologische sehen: Kohut spricht vom "Glanz im Auge der Mutter", mit dem diese den Säugling anblickt. In diesem Blick fühlt sich das Kind angenommen und in seiner Existenz bestätigt; der Blick der Mutter verleiht ihm Bedeutung, er sagt ihm, daß es gut und wichtig ist.

Fragen wir nun danach, was die Zivilisationstheorie zu unserem Verständnis der Fotografie beitragen kann, so gilt es zunächst, sich die zunehmende Dominanz der Fernsinne im Prozeß der Zivilisation zu vergegenwärtigen: Nach Norbert Elias (1989) kommt es im Verlauf des Zivilisationsprozesses zu einer immer weitergehenden Verpönung spontaner Triebäußerungen. Dies geschieht dadurch, daß bestimmte Verhaltensweisen mit

---

[7] Die Debatte, ob die Fotografie nun Kunst sei oder nicht, ist fast so alt wie die Fotografie selbst. (Vgl. hierzu Freund, 1989, S. 82 ff).

Scham- und Peinlichkeitsgefühlen besetzt und aus der Öffentlichkeit des Alltagslebens verbannt werden - sei es, daß sie hinter die Kulissen des privaten Lebens verlegt werden, sei es, daß sie an spezialisierte Berufsgruppen delegiert werden. Im Selbsterleben der Individuen schlägt sich diese Ausgrenzung als sozio-psychische Barriere nieder - jeder sitzt abgetrennt vom anderen wie eine leibnizsche Monade hinter der Mauer seiner Scham- und Peinlichkeitsaffekte (vgl. hierzu Hohl, 1991). Und dies wiederum äussert sich auf der Ebene der Sinneswahrnehmung in einem gewissen Bedeutungsverlust der Nah-Sinne - Riechen, Tasten, Schmecken - zugunsten der Fern-Sinne - Sehen und Hören. Denn diese sind ja, anders als die Nah-Sinne, nicht auf den direkten physischen Kontakt mit dem Gegenstand der Wahrnehmung angewiesen. (Die Mutter, die ihrem Dreijährigen vor dem Regal im Supermarkt beibringt: "nicht anfassen - nur anschauen!" arbeitet an der Herstellung dieser Dominanz.) Ob es im Lauf der Jahrhunderte tatsächlich zu einer Verkümmerung der Nah-Sinne kommt oder nicht, mag dahingestellt bleiben; hier interessiert lediglich eine weitere Wahlverwandtschaft der Fotografie, nämlich die mit dem Zivilistionsprozeß. Unter diesem Aspekt besteht ihre spezifische Eigentümlichkeit in der Paradoxie distanzierter Nähe, die sie ermöglicht: Während sie einerseits eine intensive, nahe Beziehung zwischen Subjekt und Objekt herstellt, erfordert sie andererseits eine Distanz, welche das tatsächliche Ergreifen des Objeks ausschließt. Vom Fotografierenden verlangt sie damit ein hohes Maß an Selbstkontrolle, an selbstdisziplinierendem Umgang mit Bedürfnissen und Triebimpulsen (s.u.). Nirgendwo wird dieser Zusammenhang deutlicher erfahrbar als in der Aktfotografie.

"Es war wichtig, daß man sich als Mann dabei eisern unter Kontrolle hatte während der Fotografie. Ich war zwar charmant und liebenswürdig, aber innerlich hatte ich eine eiserne Disziplin, d.h. ich war fast wie ein Roboter, ich habe mir gesagt, eine Frau darf während des Fotografierens nie das Gefühl haben, daß ich sie lüstern oder geschlechtsbezogen anschaue." (J. Schneider, 1992, Interview mit Herrn L.)

Indem die Fotografie den unmittelbaren, physischen Kontakt mit dem Objekt ersetzt durch einen distanzierten visuellen, bringt sie den Zivilisationsprozeß auf der Ebene der Sinne ebenso zum Ausdruck, wie sie ihn durch Stärkung des betrachtenden Bezuges zur Welt weiter vorantreibt.

Nun hat das Fotografieren jedoch nicht nur einen zivilisierenden Effekt, indem es einen quasi körper- und kontkatlosen Objektbezug fördert, sondern es wirkt unter bestimmten Bedingungen auch wieder de-zivilisierend. Ein Beispiel hierfür bietet etwa die dreiste Distanzlosigkeit, mit der sich fotografierende Touristen im Urlaub ihren Objekten zu nähern pflegen. Das Fotografieren scheint geradezu zum Eindringen in den Intimitätsbereich des anderen, d.h. zum Überschreiten von Scham- und Peinlichkeitsgrenzen zu motivieren, die man ohne Kamera einhalten würde. So habe ich auf Bali Touristen beobachtet, die sich bei einer Leichenverbrennung zwischen die Anghörigen des Verstorbenen auf den noch nicht entzündeten Scheiterhaufen drängten, um aus nächster Entfernung den Leichnam im offenen Sarg zu fotografieren. Wie ist dieser dezivilisierende Effekt zu erklären? Ich glaube, er hat zunächst mit der psychologischen Funktion der Kamera zu tun; diese schiebt sich im Akt des Fotografierens zwischen Subjekt und Objekt und schafft so Distanz. Der Blick durch den Sucher verändert die Welt - der Andere wird vom Subjekt zum Motiv, d.h. wir erleben ihn jetzt weniger als Mensch, der bestimmte Gefühle in uns auslöst, denn als Objekt, dem unser fotografisches Interesse gilt. Es kommt also zu einer weitgehenden Ent-Emotionalisierung des Objektbezuges. Damit läßt sich auch verstehen, daß sich Leute manchmal fotografierend in gefährliche Situationen begeben, die sie ohne Kamera nie aufsuchen würden[8]. Eine weitere Erklärung liegt in der sozialen Rolle des Fotografen. Diese ist ja eigentlich eine Un-Rolle: Wer fotografiert, handelt nicht - und wer handelt, fotografiert nicht. Der Fotografierende stellt sich außerhalb des gerade ablaufenden Interaktionsgeschehens, er ist derjenige, der, indem er es beobachtet und festhält, nicht dazugehört; er hat sozusagen eine "exzentrische Position". Oft wird er ja auch von den Akteuren ostentativ ignoriert - man tut so, als würde man nicht merken, daß man fotografiert wird. Daran ändert sich auch dann nichts, wenn der Fotograf aktiv ins Geschehen eingreift; auch als Arrangeur einer Szene bleibt er dieser äußerlich. Sein Eingriff ("bißchen mehr nach rechts!") führt allerdings dazu, daß die ursprüngliche Szene sich ändert - das Lächeln gefriert, die Geste erstarrt. Mit anderen Worten: Die Fotografie zerstört ihr Motiv, die spontane Szene geht verloren und auf dem Bild erscheint eine Pseudo-Szene, die Pose. Indem der Fotografierende nicht dazugehört, gelten für ihn auch die aktuell wirksamen Regeln der Interaktion nicht: Er hat die Narrenfreiheit des Chronisten. (An diesem Sachverhalt entzündet sich das immer wieder diskutierte moralische Dilemma des Pressefotografen - "darf er" die verletzten, sterbenden Opfer fotografieren oder "muß er" Ihnen helfen?)

---

[8] Ähnlichen Prozesen von Wahrnehmungstransformation beggnen wir auch in anderen Bereichen, etwa bei chirurgischen Operationen, wo der nackte Körper des Patienten abgedeckt wird bis auf das Organ, an dem der Operateur arbeitet; oder in der Kriegstechnologie, wo statt menschlicher Ziele in der Realität nur noch Bilder auf Fernsehschirmen erscheinen. Die latente Funktion solcher Prozesse besteht darin, die Beziehung zum Anderen von störenden Gefühlen frei zu halten, um ihn desto effizienter be-arbeiten zu können, sei es als Patienten, als Feind oder als Motiv.

Die nicht aufhebbare Ent-Emotionalisierung der fotografischen Subjekt-Objekt-Beziehung führt zu einem Paradoxon, das mit dem Gebrauch der Fotografie unlösbar verknüpft erscheint: Sie verspricht, unseren "Erfahrungshunger" (Scheurer) zu stillen, indem sie uns die Macht verleiht, den erlebten Augenblick festzuhalten, also Intensität zu konservieren. Genau das aber schwächt unsere Erfahrungsmöglichkeit - denn indem wir fotografieren, erleben wir nicht (s.o.). Das Erleben verschiebt sich zunehmend von der realen Situation auf ein späteres Betrachten ihrer Abbilder - Fotografieren wird zum Erleben aus zweiter Hand. Dadurch steigt der Erfahrungshunger - und um ihn zu stillen wird mehr fotografiert: "Eine Erfahrung zu machen wird schließlich identisch damit, ein Foto zu machen." (Sontag, 1980, S. 30)

Indem sie das "Verweile doch..." möglich zu machen scheint, ist es das Versprechen der Fotografie, die Zeit zu überwinden. In unseren Fotos versuchen wir, unsere Geschichte und damit unsere Identität festzuhalten und sie gegen die Zeit, letztlich gegen den Tod zu verteidigen. Das haben Disdéris cartes-de-visite, unsere Fotos vom letzten Sommer und das Paßbild auf der "identity card" gemeinsam: Sie sollen sagen, wer wir sind und wer wir waren. Und sie sollen uns Sicherheit geben, indem sie helfen, unsere Identität gegen die Vergänglichkeit zu schützen. Die Wehmut, die uns beim Betrachten alter Fotos befällt, zeigt, daß dieser Versuch gelungen und gescheitert zugleich ist: Im Bild sind die Erinnerungen tatsächlich gegen die Zeit, das Vergessen, geschützt - aber der Blick darauf läßt uns die Vergänglichkeit erst recht spüren. Es bleibt die Trauer darüber, daß wir nicht mehr die Kinder sind, die uns aus den alten Bildern entgegenlachen.

Literatur

Adam, H. C. (1989). Auslöser. Frühe Expeditionen mit der Kamera. GEO, Nr.1o, 36-62

Benjamin, W. (1977). Das Kunstwerk im Zeitalter seiner technischen Reproduzierbarkeit. Drei Studien zur Kunstsoziologie. Frankfurt: Suhrkamp

Bourdieu, P., Boltanski, L., Castel, R., Chamboredon, J.-C., Lagneau, G., Schnapper, D. (1983). Eine illegitime Kunst. Die sozialen Gebrauchsweisen der Fotgrafie. Frankfurt: Suhrkamp

Castel, R. (1983). Bilder und Phantasiebilder. In P. Bourdieu et alii, Eine illegitime Kunst. Die sozialen Gebrauchsweisen der Fotografie (S. 235-266). Frankfurt: Suhrkamp

Elias, N. (1989). Über den Prozeß der Zivilisation. Soziogenetische und psychogenetische Untersuchungen. 2 Bände. Frankfurt: Suhrkamp

Freund, G. (1989). Fotografie und Gesellschaft. Reinbek: Rowohlt

Haubl, R. (1991). Zivile Mobilmachung. Zur Psycho(patho)logie des Automobilmißbrauchs. psychosozial, 47, Nr.3, 73-85

Hohl, J. (199o). Kleinerer Versuch über die Digitalzeit. In F. v. Auer, K. Geißler & H. Schauer (Hg.), Auf der Suche nach der gewonnenen Zeit. Band 2. (S.56-69). Mössingen-Thalheim: Thalheimer Verlag

Hohl, J. (1991). Die Zivilisationstheorie von Norbert Elias. München (unveröffentlichtes Manuskript)

Kleinspehn, T. (1989). Der flüchtige Blick. Sehen und Identität in der Kultur der Neuzeit. Reinbek: Rowohlt

Koenig, T. (1992). Wenn Blicke töten. Laden, Zielen, Schießen - über das kriegerische Vokabular der Fotografie. Die Zeit, Nr.17, 64

Newhall, B. (1989). Geschichte der Fotografie. München: Schirmer/Mosel

Peters, U. (1979). Stilgeschichte der Fotografie in Deutschland 1839 - 19oo. Köln: DuMont Buchverlag

Scheurer, H. J. (1987). Zur Kultur-und Mediengeschichte der Fotografie. Die Industrialisierung des Blicks. Köln: DuMont Buchverlag

Schöne, B. (1992). Die Wünsche des Fotografen erraten. Moderne Kameras mit viel Automatik erfordern das Erlernen zahlreicher Details. Süddeutsche Zeitung, Nr.291, 45

Schneider, B. (1992): Interviews mit Fotografen. München (unveröffentlichtes Manuskript)

Schneider, B. (1993). Die Ansichtskarte. In J. Kagelmann, H. Hahn (Hg.), Handbuch zur Tourismuspsychologie. München: Quintessenz Verlag

Schneider, H.-J. (1991). Interview mit einem Fotografen. München (unveröffentlichte Seminararbeit)

Sontag, S. (1991). Über Fotografie. Frankfurt: Fischer

Spitzing, G. (1985). Fotopsychologie. Die subjektive Seite des Objektivs. Weinheim und Basel: Beltz Verlag

Heinrich und Ulrich
Einige poetisch-hermeneutische Hinweise zur Individualisierung in der Geschichte der Moderne

Elmar J. Koenen

0.

Die Leute sind irritiert. Sie trauen dem Frieden nicht, der so unvermittelt ausbricht wie die Kriege, die ihn unterbrechen. Was sie schwarz auf weiß in der Zeitung lesen, nehmen sie nicht mehr (für) wahr. Mit politischen Angeboten können sie schon seit längerem nichts mehr rechtes anfangen (und linkes schon gar nicht). Für die deutsche Einheit sind sie ebensowenig zu begeistern wie für die europäische. In die Kirche gehen sie nun ähnlich selten wie zur Wahl. Sie heiraten zwar wieder massenhaft, glauben aber nicht an die Ehe. Vom Arzt kommend, gehen sie gleich zu einem Gegenexperten, zum Heilpraktiker, Astrologen oder Therapeuten. Als Krieg erleben sie die enervierenden Durchsetzungsversuche bei den Konkurrenzen um Titel, Stellen und Status, um Krippen- und Studienplätze.

Die spannungsreichen Symptome dieser ganz normalen Desorientierung werden etwas übersichtlicher, wenn man sie mit dem *uneingestandenen Scheitern der gesellschaftlichen Moderne*[1] *an ihrer Durchsetzung*[2] und *dem Scheitern der Individuen an ihrer erfolgreichen Individualisierung in der gesellschaftlichen Moderne*[3] in Verbindung bringt.

---

[1] Noch vor jeder Diskussion der hier eingeschlossenen Behauptung beruht eine verbreitete Fassung des Modernebegriffs (Bauman, Beck, Giddens, Habermas, Lash, Wellmer) auf zumindest einer hochproblematischen Voraussetzung: Sie unterstellt die Moderne als (kollektives) sei es gesellschaftliches, kulturelles oder politisches *Projekt*. In dieser Sicht kann sie dann als 'unvollendet', 'halbiert' oder eben auch als 'gescheitert' erscheinen. Diese Voraussetzung, die v.a. für die gesellschaftliche Moderne nicht leicht zu begründen ist, teilt die traditionelle soziologische Modernisierungstheorie nicht (Eisenstadt, Zapf). Dort geht es v.a. um makrostrukturelle Differenzierungsprozesse, die Herausbildung von funktionalen Vernetzungen, Hierarchien und Strukturen, schließlich - allerdings bei wieder anderen Autoren - um involutive, entropische und dekonstruktive Prozesse. Als solche scheinen sie 'hinter dem Rücken' der Beteiligten abzulaufen, erzeugen Resultate und Effekte, und lassen 'Moderne als Nebenfolge' erscheinen. Das legt method(olog)isch rein rekonstruktive Verfahren nahe, während Moderne als Projekt v.a. auch unter intentionalen Gesichtspunkten zu analysieren wäre.

[2] vgl. dazu z.B. Jean Baudrillard mit seiner Arbeit 'Amerika'; dort rekonstruiert er die Phänomene in den heutigen USA als Folgen einer vollendeten bürgerlichen Revolution (München 1987).

[3] vgl. dazu die instruktiven generationsübergreifenden Familienstudien von Bruno Hildenbrand und seiner Arbeitsgruppe; zuletzt: Liselotte Bieback-Diel, Karl Freidrich

Gesellschaftliche Moderne, das war der Plan gewesen für den eindeutigen, selbstgesteuerten Weg der Individuen hinaus aus der unproduktiven Unmündigkeit ins Freie einer Vita activa.

Historisch wirklich geworden ist dieses Programm allein in der spezifischen Verknüpfung von unternehmerischer Freiheit und reformbürokratischem Nationalstaat: also zum einen als Versuch einer technisch vermittelten Freisetzung der Produktivkräfte der äußeren und inneren Naturen in gesellschaftlichem Maßstab; zum anderen als Versuch, diesen Prozeß der Freisetzung vor allem auch der subjektiven Produktivkräfte bürokratisch steuern und politisch kontrollieren zu können. Versuche, deren Scheitern seit einigen Jahren an den offenbar gewordenen ökologischen und psychosozialen Kosten ablesbar ist.

Aber wohin weist heute die gesellschaftliche Entwicklung? Wo ist vorne an einer solchen Gesellschaft? Was ist aus den vergesellschafteten Individuen geworden? Oder haben die gegenwärtig dominanten gesellschaftlichen Prozesse solche Fragen längst obsolet werden lassen? Zumindest sind sie, nach Lage der sozialwissenschaftlichen Diskussionen, offenbar nicht mehr im direkten Zugriff zu beantworten. Eine direkte Konfrontation verirrt sich im Labyrinth der einschlägigen, zwar überstrapazierten aber kaum ersetzbaren Begrifflichkeiten[4] genauso wie im Dschungel von Empirien, die keine hypothetische Verallgemeinerung mehr definitiv ausschließen können.

Nehmen wir z.B. die sozialwissenschaftliche Diskussion um die 'Individualisierung': Sie ähnelt einem schwebenden Verfahren: darin unvermittelt einzugreifen weckt berechtigte Vorbehalte, der Ausgang soll anscheinend offen und unentschieden bleiben, an - auch unbegründeten - Vorurteilen und Vorlieben kann weiterhin festgehalten werden.

Erklärungsbedürftige Einigkeit herrscht denn auch nur über die hohe Bedeutung des Themas. Kaum zu entscheiden, was größer ist: die bemerkenswerte Attraktivität des Themas oder die Konfusion bezüglich seiner begrifflichen Fassung, seiner Dimensionen und Konsequenzen. Die Chiffre 'I' paßt fast überall und doch nie ganz genau. Was wollen wir denn benen-

---

Bohler, Bruno Hildenbrand und Helmut Oberle, Der soziale Wandel auf dem Lande - seine Bewältigung und Formen des Scheiterns, in: Soziale Welt, Jg. 44 (1993), Heft 1.

[4] Mustert man die gesellschaftstheoretisch motivierten Diskussionen der letzten Jahre, z.B. über die wiederentdeckte Moderne, die schillernde 'Selbst-'Kultur des Reflexiven, die vielfach und geradezu zwanghaft verabschiedete 'Postmoderne', die mit erklärungsbedürftigem Erfolg wiederaufgelegte 'Individualisierung' oder auch nur den Evergreen 'Gesellschaft' - von den inflationierten 'Lebens-'Varianten gar nicht zu reden - dann fällt eines auf: die AutorInnen können, aus welchen Gründen auch immer, offenbar nicht vermeiden, ihre Konzepte zu überfordern. Implizit oder explizit wird noch die harmloseste Wortkombination, die offensichtlichste Klassikeranleihe mit dem Anspruch überlastet, den Grundbegriff für einen kompletten handgestrickten gesellschaftstheoretischen Ansatz abzugeben.

nen, wenn wir die Chiffre 'I' verwenden? Wirklich das Unteilbare? Oder meinen wir gerade die Form 'Person'? Paßt 'Selbst' nicht besser? Oder vielleicht doch 'Subjekt'? Und wie wäre es mit 'Ich'?

Offenbar interferiert das 'I'-Konzept semantisch mit so vielen selbst schwer belasteten, überdeterminierten und unscharfen Begriffen, daß man seine eindeutige, klare Abgrenzung nicht erwarten kann. Der semantische Raum um den Referenzpol 'I' scheint gleichsam überfüllt, so daß man geneigt ist, zumindest den wissenschaftlichen Gebrauch solcher Konzepte zu stornieren. So wundert es auch kaum, daß die verschiedenen Wortmeldungen zum Thema meist nicht besonders wissenschaftlich klingen.

Die einen beargwöhnen die 'I'-Debatte als klug kalkuliertes 'remake' derer, die sich beharrlich weigern, nochmal genauer bei Nietzsche[5] und bei Simmel[6] nachzulesen. Andere sehen eine verantwortungsarme Begriffsstrategie, die auf die Dauer die Kernsubstanz jeglicher Sozialwissenschaft zersetzt, welche, auf Verallgemeinerungsfähigkeit angewiesen, mit bloß noch individuell Besonderten nichts anzufangen weiß. Wieder andere warnen vor vermeintlich fatalen politischen Konsequenzen; entweder halten sie eine zur Ansammlung von Individuen gewordene Bevölkerung für unregierbar, sorgen sich, gewerkschaftlich orientiert, um ihre Organisierbarkeit oder wie jeder soziologische Klassiker, der auf sich hält, um die Zukunft der 'Solidarität' oder anderen gesellschaftlichen Kitt. Einige sehen die Individuen nach ihrer Auswanderung aus der Gesellschaft wieder in das institutionelle Gefüge zurückkehren und prognostizieren eine folgenreiche subversive Repolitisierung. Und ganz furchtsame und verschreckte Bewahrer, Warner und Bedenkenträger finden durch die jüngsten Ausbrüche gesellschaftlicher Gewalt nur ihre uralten Befürchtungen bestätigt; für sie galt massenhafte Individuierung immer schon als Fehlentwicklung, die die sachlichen und moralischen Möglichkeiten jeder Gesellschaft überfordern muß.

In ein solches Feld von ungeklärten Voraussetzungen, unkontrollierten Verallgemeinerungen, Kurzschlüssen und Halbwahrheiten läßt sich unmittelbar nicht mehr sinnvoll eingreifen.

Ich möchte daher hinter jenes praktisch wie theoretisch überdeterminierte Verhältnis von Moderne und Individuum zurückgehen und zwei bereits historisch gewordene literarische Quellen heranziehen um Bilder davon zu gewinnen, wie jenes Verhältnis sich konstituierte und wie es sich später weiterentwickelte.

---

[5] Friedrich Nietzsche, Menschliches, Allzumenschliches, 2 Bde., Chemnitz, 1878/79, Teil I, Nr.23,

[6] Georg Simmel, Die Ausdehnung der Gruppe und die Ausbildung der Individualität, (Originaltitel: 'Bemerkungen zu sozialethischen Problemen') in: Vierteljahresschrift für wissenschaftliche Philosophie 12, 1888, S. .32-49 und 'Individualismus', in: Marsyas I, 1917, S. 33 - 39

Die beiden Figuren, die ich versuche, unter modernisierungs- und individualisierungstheoretischen Gesichtspunkten zu beleuchten heißen Heinrich und Ulrich[7]; es sind die Protagonisten zweier berühmter deutscher Bildungs-bzw. Künstlerromane, 'Der grüne Heinrich' und Ulrich, 'Der Mann ohne Eigenschaften'.

1.
Gottfried Keller, der Autor des 'Grünen Heinrich' schreibt Anfang 1850 in einem Brief an seinen Verleger Eduard Vieweg zur ersten Fassung seines Romans, die 1854/55 erscheint. (1879/1880 gibt Keller die von ihm als allein gültige, nun als Ich- Erzählung umgearbeitete Fassung heraus): "... Mein Held ist ein talent- und lebensfroher junger Mensch, welcher, für alles Gute und Schöne schwärmend, in die Welt hinauszieht, um sich sein künftiges Lebensglück zu begründen. Er sieht alles mit offenen klaren Augen an und gerät als ein liebenswürdiger, lebensfroher Geselle unter allerlei Leute, schließt Freundschaften, welche seinem Charakterbilde zur Ergänzung dienen, und berechtigt zu großen Hoffnungen. Als aber die Zeit naht, wo er sich in ein festes, geregeltes Handeln, in praktische Tätigkeit und Selbstbeherrschung finden soll, da fehlt ihm dieses alles. Es bleibt bei den schönen Worten, einem abenteuerlichen Vegetieren, bei einem passiven ungeschickten Umhertreiben. Er bringt dadurch sich und seine Angehörigen in äußerstes Elend, während minder begabte, aber aufmerksame Naturen aus seiner Umgebung, welche *unter* ihm standen, reüssieren und ihm über den Kopf wachsen. Er gerät in die abenteuerlichste, traurigste Lage, abgeschnitten von aller Welt. Da wendet sich das Geschick plötzlich günstiger; er tritt in einen Kreis edler Menschen, erholt sich, erwirbt sich, gewarnt und gewitzigt, eine feste Haltung und betritt eine neue Lebensbahn, auf welcher ihm ein schönes Ziel winkt. So rafft er sich zusammen, eilt mit goldenen Hoffnungen in seine Heimat, um seine Mutter aufzusuchen, von welcher er seit geraumer Zeit nichts mehr gehört hat, so wenig als sie von ihm. Er stößt vor den Toren der Vaterstadt auf ihr Leichenbegängnis, mischt sich unter die Begleiter auf dem Kirchhof und hört mit an, wie der Pfarrer in seiner Leichenrede den Tod der verarmten und verlassenen Frau dem 'ungeratenen' in der Fremde weilenden Sohn beimißt.- Da er im Grunde ein ehrenhafter und nobler Charakter ist, so wird es ihm nun unmöglich, auf den Trümmern des von ihm zerstörten Familienlebens eine glückliche, einflußreiche Stellung im öffentlichen Leben einzunehmen. Das Band, das ihn nach rückwärts an die Menschheit knüpft, scheint ihm blutig und gewaltsam abgeschnitten, und er kann deswegen auch das lose halbe Ende desselben, das nach vorne führt, nicht in die Hände fassen, und dies

---

[7] Ähnlichkeiten mit lebenden Personen sind nicht beabsichtigt, aber kaum zu vermeiden.

führt auch seinen Tod herbei. ... - Ein Nebenzug in seinem Charakter ist eine gewisse aufgeklärte, rationelle Religiosität, eine nebulose Schwärmerei, welche darauf hinausläuft, daß in einem unberechtigten Vertrauen auf einen Gott, an den man nur halb glaubt, von demselben genialerweise die Lösung aller Wirren und ein vom Himmel fallendes Glück erwartet wird. Nach dieser Seite hin ist die Moral des Buches das Sprichwort: 'Hilf dir selbst, so hilft dir Gott!', und daß es gesünder sei, nichts zu hoffen und das Mögliche zu schaffen, als zu schwärmen und nichts zu tun..."[8]

Das ist ein kurzer Abriss des Inhalts jenes "traurigen kleinen Roman(s)", den Keller 1842, nach seinem gescheiterten Kunststudium in München, zu schreiben plant "über den tragischen Abbruch einer jungen Künstlerlaufbahn, an welcher Mutter und Sohn zugrunde gingen"[9]. Im folgenden Jahr notiert er zur Charakterisierung seines Verhältnisses zu jener Jugendgeschichte in sein Tagebuch: "... wenn ich einst aus mir selbst heraustreten und, als ein zweites Ich, mein ursprüngliches eignes Ich in seinem Herzkämmerlein aufstören und betrachten, wenn ich meine Jugendgeschichte schreiben wollte, so würde mir dies ... ziemlich gelingen"[10]

Man kann im besserwissenden Rückblick durchaus behaupten, daß Keller sich mit dieser Einschätzung in einigen Hinsichten getäuscht hat und daß er sich dessen auch z.T. bewußt wurde. Es ist nicht nur sein moderner, negativer Held, Heinrich Lee, den er - allerdings nur in der ersten Fassung des Romans, getreu dem autobiographischen Vorbild - scheitern läßt[11], es scheitert, zuvor, die historische Figur der Jugendgeschichte, der Kunststudent Gottfried Keller und - weitaus wichtiger und folgenreicher - der Erzähler Keller.[12] Er sieht sich der historisch neuen Schwierigkeit konfrontiert, am Rande (Zürich) grundlegender ökonomischer, politischer und sozialer Umwälzungen (deren Auswirkungen und Wahrnehmung sich der Realist Keller nicht entziehen konnte) eine nach wie vor individuell sinnstiftende Autobiographie zu rekonstruieren.[13] Als einer der ersten deutschsprachigen Erzähler steht Keller vor dem Problem der Darstellung einer Figur, die sich im Horizont der beginnenden gesellschaftlichen Moderne erstmals selbst bestimmen muß: "... und er fühlte sich durch einen klaren

---

[8] zit. nach: Grabert, W./Mulot, A., Geschichte der Deutschen Literatur, München, 1959, BS-Verlag, Sn. 333 f.
[9] Sämtliche Werke. Hrsg. v. Jonas Fränkel und Carl Helbling, Bd. 21. Erlenbach - Zürich 1947, S. 18
[10] a.a.O., S. 34
[11] In frühen Skizzen heißt es sogar: "... Er gibt sich mit dem vollsten Bewußtsein dieses Unglücks den Tod" (zit. bei Clemens Heselhaus: Nachwort in: Gottfried Keller, Der grüne Heinrich (Erste Fassung), München 1978, S. 795 f.
[12] Th. W. Adorno schreibt sinngemäß, daß die großen Kunstwerke diejenigen seien, die in ihren gefährdeten Momenten Glück gehabt hätten
[13] Die erste Fassung setzt sich z.B. mit den politischen Zeitströmungen des 'Jungen Deutschlands' auseinander, mit denen Heinrich sympathisiert.

notwendigen Verlauf der Dinge, durch die Erfüllung eines jeden Teilchens seiner Selbstbestimmung und Verschuldung an das ferne Elend gefesselt, während alle seine Gedanken mit tiefer Sehnsucht nach der Heimat zogen, wo er unaufhörlich das Bild seiner Mutter ... sah"[14] Aber für das moderne Projekt der individuellen Selbstbestimmung sind noch keine generalisierten und legitimierten Formen ausgebildet, fehlen noch fast alle Austausch- und Kommunikationsmedien, die den Widerspruch zwischen Anspruch und Zwang zur individuellen Selbstbestimmung mit den Mächten der Genealogie und der Herkunft vermitteln. Und noch ist jene Verbindung zwischen dem Gelingen einer bürgerlichen Existenz und dem gesellschaftlichen Aufstieg intakt, ein Zusammenhang, den der moderne individualisierte Arbeitsmarkt zum strategischen Einsatz von 'sozialem Kapital' (Bourdieu) ausdünnen wird: "Die Moral meines Buches ist: daß derjenige, dem es nicht gelingt, die Verhältnisse seiner Person und seiner Familie im Gleichgewicht zu erhalten, auch unbefähigt sei, im staatlichen Leben eine wirksame und ehrenhafte Stellung einzunehmen".[15] Oder an anderer Stelle, abstrakter und bündiger: "Er (Heinrich Lee, d. Verf.) hat keine Vergangenheit und verliert eben deswegen das Recht auf die Zukunft".[16]

Der Anspruch der modernen, individuellen Selbstbestimmung muß das Ende der Herrschaft der Vergangenheit über die Gegenwart (von der Marx spricht) und über die Zukunft fordern. Vor dem traditionellen Wertehorizont scheitert ein solcher Anspruch ebenso wie er im Kampf gegen die neuen gesellschaftlichen Übermächte unterliegt: Die Herrschaft der Vergangenheit über die Zukunft, die die Moderne immer abschütteln wollte, hat sich dagegen zunehmend verhärtet; sie wird abstrakter und übermächtiger; ihr Maß ist die unmäßige Masse von konstantem Kapital, dessen Vergangenheit die Gegenwart des variablen Kapitals, der lebendigen Arbeit der Individuen beherrscht.

Unter Schmerzen und Schuldgefühlen löst sich der grüne Heinrich aus der Herrschaft traditionaler Sozialformen; er sieht noch nicht das Risiko, das in dem Versuch liegt, den Selbstbestimmungsanspruch auf eine Unabhängigkeit wörtlich zu nehmen. Als Künstler - er ist, wie der Erzähler in seiner Jugend, Landschaftsmaler - hat er keine andere Wahl. Doch ahnt er nichts von den begrenzenden modernen Formen der von ihm angestrebten Selbstentfaltung.

Der Erzähler dagegen ist sich dieser Problematik bewußt: "Ich hatte die doppelte Tendenz: einesteils zu zeigen, wie wenig Garantien auch ein aufgeklärter und freier Staat, wie der Zürchersche, für die sichere Erziehung des einzelnen darbiete... und andernteils den psychischen Prozeß in einem

---

[14] Gottfried Keller, Der grüne Heinrich (Erste Fassung) München 1978, S. 649
[15] Gottfried Keller, Briefe, zit. nach: Wolfgang Kayser, Das sprachliche Kunstwerk, 10. Auflage, Bern/München 1964, S. 219
[16] zit. in: Clemens Heselhaus, op. cit., S. 795

reich angelegten Gemüte nachzuweisen, welches mit der sentimental-rationellen Religiosität des heutigen, aufgeklärten aber schwächeren Deismus in die Welt geht und an ihre notwendigen Erscheinungen den willkürlichen und phantastischen Maßstab jener wunderlichen Religiosität legt und darüber zugrunde geht"[17] Der Inhalt jener Religiosität ist an der oben zitierten Stelle bereits benannt: als Verknüpfung von "Selbstbestimmung und Verschul- dung". Die semantische Doppeldeutigkeit von 'Verschuldung' verweist auf eine neue Art der Selbstbestimmung, die nun die individuelle Verant-wortung für das ökonomische wie für das moralische Geschick übernehmen muß. Diese 'Doppelbelastung' stellt eine notwendige Bedingung des individuellen Scheiterns in der frühen Moderne dar.

Eine halbe Generation später, 1880, nach der 'Tendenzwende' der Reichsgründung, erscheint der 'grüne Heinrich' in veränderter Beleuchtung. Die Autobiographie, die der junge Mann mit der grünen Joppe, Sohn eines Steinmetzen und einer Pfarrerstochter, nun in der Ich-Form erzählt, ist zur Winner-Story geworden. Zwar fehlt auch hier der frühverstorbene Vater, verarmt die Mutter, an die er zeitlebens gebunden bleibt, scheitert seine Karriere als Maler, jedoch erscheinen alle Endgültigkeit und Tragik relativiert: Judith, eine Geliebte, kehrt nun zurück, der sterbenden Mutter kann er noch die Augen schließen und ein Graf kauft den Rest seiner Arbeiten zu einem Preis auf, der ihn auf Jahre hinaus aller materiellen Not enthebt. Diese Erfahrung stärkt aber nun nicht sein künstlerisches Motiv. Im Gegenteil: Er gibt die Malerei auf und wird Verwaltungsbeamter.

Auch die Sinnfragen und die erkenntniskritischen Probleme scheinen gelöst: Der Positivismus der in der Technikkultur aufblühenden industriellen Naturbeherrschung und der Historismus der reichsdeutschen Nationalität[18] verdrängen die letzten Reste der bürgerlich-revolutionären Subjektivität der 48er-Paulskirchen-Generation, mit der sich der Heinrich der Erstfassung noch versuchsweise identifiziert hatte. Auf halbem Weg zum politischen Subjekt kehrt er gleichsam um, bleibt zwar das "menschlich bewegte Subjekt"[19] der Erstfassung, das aber nun vom retuschierenden und rationalisierenden Ich-Erzähler (vgl. oben, S. 5: ".. als ein zweites Ich,") dominiert wird. Mit dem Kunst-Griff nach der *Form* gesteigerter Authentizität, der Ich-Erzählung, versucht er die Realität-Verluste, die die Rationali-

---

[17] Gottfried Keller, Briefe, zit. in: Wolfgang Kayser, op. cit., S. 218 f.
[18] Walter Benjamin über Keller in der V. geschichtsphilosophischen These: " 'Die Wahrheit wird uns nicht davonlaufen' - dieses Wort, das von Gottfried Keller stammt, bezeichnet im Geschichtsbild des Historismus genau die Stelle, an der es vom Historischen Materialismus durchschlagen wird", in: Schriften, Bd. 2, Frankfurt/M. 1955, S. 284-296, zit nach: Clemens Heselhaus, op. cit., S. 781
[19] "Gottfried Keller ließ allerdings den grünen Heinrich an der angeführten Stelle nicht als historisches Subjekt reflektieren, sondern noch als ein menschlich bewegtes Subjekt, das der 'Flüchtigkeit und Beschränktheit' des Lebens schmerzlich inne wurde." Clemens Heselhaus, in: op. cit., S. 780 f.

sierungen des 'positiven/positivistischen Denkens' erzwingen, zu kompensieren.

Darin kündigt sich eine Krise der autobiographischen Erzählung an, die einen Ebenenwechsel nahelegt: Wenig später wird es um die Rationalisierung der psychischen Innenräume gehen. Freuds erste Aufzeichnungen, Entwürfe und Briefe zur Psychoanalyse datieren aus dem Jahr 1887.[20]

Der naheliegende Griff nach der höchsten Form der Authentizität, der Versuch, selbst das eigene Ich auszusagen, löst das Problem der autobiographischen (Selbst-)Identifikation nicht mehr, macht es aber umso sichtbarer. Im Horizont der Moderne schneiden sich die von den in Bewegung geratenen Umwelten zurückgeworfenen Linien der Reflexion nicht mehr in einem Brennpunkt, einem Subjekt-Pol, einem Ich. Erst die - psychoanalytisch informierte bzw. psychotherapeutisch angeleitete - biographische Rückprojektion verspricht jene tiefenscharfen Bilder, die die schreckliche verdrängte Wahrheit der wirklichen Geschichte der je eigenen Individuierung zeigen sollen.[21]

Schon in ihren verspäteten deutschen Anfängen zeigt die (klein)bürgerliche Individuierung eine charakteristische Zwieschlächtigkeit von eigensinnigem Projekt und gesellschaftlichem Schicksal. Der grüne Heinrich macht offenbar, daß sie in beiden Hinsichten zum Scheitern disponiert ist: Es ist gerade die abstrakte Freiheit und Zufälligkeit seiner Berufswahl, die ihn in jene Abhängigkeiten und 'Verschuldung' geraten läßt, die dem Projekt individueller Selbstbestimmung diametral entgegenstehen.

Aber Individuierung als jener zwangsläufige Prozeß, in dem "ein Individuum alles neu erwerben, aneignen und sich einrichten muß"[22] will auch nicht gelingen: es findet keinen legitimen gesellschaftlichen Ort mehr. Herausgefallen aus den Ordnungen seiner Herkunft, eingeholt von der Erinnerung an die Verpflichtungen ihrer Sittlichkeit, ohne Recht auf Zukunft (vgl. oben, S. 7) und nach der verpaßten Chance, sich im rechten Augenblick 'dem Zug angeschlossen zu haben',[23] (be)endet (er) sein (bisheriges) Leben. (in der zweiten Fassung durch Anpassung an eine Verwaltungstätigkeit).

---

[20] Sigmund Freud, Aus den Anfängen der Psychoanalyse, London 1950
[21] vgl. dazu z.B. die Arbeiten von Alice Miller; für den vorliegenden Zusammenhang v.a. Adolf Muschg, dessen Keller-Biographie als psychoanalytischer Versuch angelegt ist. (Gottfried Keller, München, 1977)
[22] Gottfried Keller, Gesammelte Briefe, Bd. 1, S.398
[23] dieses Bild nimmt Kellers Überlegungen zur Rolle des Künstlers auf: "... und der Seher ist erst das ganze Leben des Gesehenen, und wenn er ein rechter Seher ist, so kommt der Augenblick, wo er sich dem Zug anschließt..." (Der grüne Heinrich (Erste Fassung), S. 391). Übrigens fällt hier eine unerwartete Parallele zur konstruktivistischen Beobachtungstheorie auf; auch dort werden Beobachter erster Ordnung zum konstitutiven Teil des Beobachteten.

2.

"Es war ein schöner Augusttag des Jahres 1913." ((in einer großen Stadt))
"Es soll ... auf den Namen kein besonderer Wert gelegt werden. Wie alle großen Städte bestand sie aus Unregelmäßigkeit, Wechsel, Vorgleiten, Nichtschritthalten, Zusammenstößen von Dingen und Angelegenheiten, bodenlosen Punkten der Stille dazwischen, aus Bahnen und Ungebahntem, aus einem großen rhythmischen Schlag und der ewigen Verstimmung und Verschiebung aller Rhythmen gegeneinander, und glich im ganzen einer kochenden Blase, die in einem Gefäß ruht, das aus dem dauerhaften Stoff von Häusern, Gesetzen, Verordnungen und geschichtlichen Überlieferungen besteht.
Die beiden Menschen, die darin eine breite, belebte Straße hinaufgingen, hatten natürlich garnicht diesen Eindruck. Sie gehörten ersichtlich einer bevorzugten Gesellschaftsschicht an, waren vornehm in Kleidung, Haltung und in der Art, wie sie miteinander sprachen, trugen die Anfangsbuchstaben ihrer Namen bedeutsam auf ihre Wäsche gestickt, und ebenso, das heißt nicht nach außen gekehrt, wohl aber in der feinen Unterwäsche ihres Bewußtseins, wußten sie, wer sie seien und daß sie sich in einer Haupt- und Residenzstadt auf ihrem Platz befanden."[24]

Ungefähr dreißig Jahre nach dem gescheiterten Individuierungsversuch des grünen Heinrich scheinen die Probleme gelöst: In den Metropolen hat sich eine neuartige, moderne Lebensform durchgesetzt, die dabei ist, als normal erlebt zu werden. Die Individuen sind, in systemtypischer Verteilung, 'auf ihrem (gesellschaftlichen) Platz': dort die überwiegende Mehrheit der Zwangsindividuierten, hier die privilegierte Minderheit derer, die ihre Individuierungen vielleicht nicht wirklich steuern können, aber doch über die Möglichkeiten verfügen, sie in ihrem Unterwäsche-Bewußtsein reflektieren und ausgestalten zu können. Zu letzteren gehören Ulrich, der Mann ohne Eigenschaften und Agathe, seine Schwester.

"Der Mann ohne Eigenschaften enthält ein wahres Labyrinth an Handlungen und Nebenhandlungen, seine wichtigsten Ereignisse können jedoch leicht zusammengefaßt werden. Ulrich, ein relativ wohlhabender und vielversprechender Mathematiker Anfang Dreißig (Nel mezzo del cammin di nostra vita...) entschließt sich, ein Jahr 'Urlaub vom Leben' zu nehmen, zu dem Zweck, sich mit einem vagen, aber allgemeinen Unbehagen angesichts seiner Lebensweise zu beschäftigen. Die gesamte Handlung des Romans spielt sich innerhalb eines Jahres zwischen den Sommern 1913 und 1914 zumeist in Wien ab. Während dieses Zeitraumes wird Ulrich in zwei öffentliche Angelegenheiten verwickelt. Bei der einen handelt es sich um eine großangelegte Unternehmung, die von der Regierung finanziell unterstützt wird, ihren Mittelpunkt aber im Salon von Diotima, der Gattin eines

---
[24] Robert Musil, Der Mann ohne Eigenschaften, Hamburg 1970 (1952), S.9 f.

hohen Regierungsbeamten, hat, einer 'einflußreichen Dame von unbeschreiblicher geistiger Anmut' (MoE S. 91). Dieses Unternehmen, das in Konkurrenz zu einem ähnlichen Unterfangen in Deutschland seinen Anfang genommen hat, hat sich zum Ziel gesetzt, den siebzigsten Jahrestag der Krönung Kaiser Franz-Josephs im Jahre 1918 durch eine Proklamation der wahren Bedeutung der Österreich-Ungarischen Monarchie zu feiern. Die andere Affäre ist der Prozeß gegen Moosbrugger, den wahnsinnigen Mörder einer Prostituierten, an dessen Schicksal Ulrich und einige seiner Freunde ein mysteriöses Interesse haben. Beide Angelegenheiten rücken in den späteren Stadien des Romans in den Hintergrund. Der Wendepunkt in Ulrichs Lebensjahr tritt mit dem Tod seines Vaters ein. Zur Beerdigung und zur Eröffnung des Nachlasses kehrt Ulrich in die Provinzstadt zurück, in der er aufgewachsen ist und an deren sein Vater Juraprofessor gewesen war. Dort begegnet er Agathe, seiner 'vergessenen Schwester', die er seit der Kindheit nicht mehr gesehen hat. Ulrich und Agathe, die sich entschlossen hat, ihren Gatten zu verlassen, kehren nach Wien zurück und führen einen gemeinsamen Haushalt, zu dem ausdrücklichen Zweck, gemeinsam den 'anderen Zustand' zu entdecken, der Ulrichs leidenschaftliches Ziel geworden ist. Was einschließlich des fragmentarischen Materials der posthumen Aufzeichnungen Musils im unvollendeten Roman noch folgt, handelt von der sich entwickelnden Beziehung zwischen Ulrich und Agathe".[25]

Die Bezüge dieses 'selbstreflexiven' Romans zur Individualisierungsthematik sind so vielschichtig und vieldeutig, daß ich hier nur auf einige der offensichtlichsten hinweisen kann.

Vielleicht ist es am wichtigsten, eine etwaige Vorstellung von der Figur Ulrich und seiner außeralltäglichen Existenzweise zu geben. Typisch für eine spätmoderne Individuierung (inwiefern man hier von 'Individuierung' sprechen kann, wird hier gerade fraglich) ist sie freilich nur als konsequent rationale, intellektuelle Spiegelung einer vergehenden gesellschaftlichen Kultur. Sie steht für jene selbstreflexive Haltung, die aus einer (fast) handlungsentlasteten Position am Rande das gesellschaftliche Geschehen teilnehmend bis teilnahmslos beobachtet und dessen motivierenden Gehalt reflexiv auflöst. Wie weit die Suche nach dem 'anderen Zustand' oder die intellektuell-erotische Beziehung Ulrichs zu seiner Schwester Agathe typische Züge enthält, sei hier zunächst dahingestellt.

Frithard Scholz hat v.a. die - hier verkürzt referierten - Züge des Manns ohne Eigenschaften herausgestellt:

---

[25] Peter L. Berger, Das Problem der mannigfaltigen Wirklichkeiten: Alfred Schütz und Robert Musil, in: Richard Grathoff/ Bernhard Waldenfels (Hrsg.), Sozialität und Intersubjektivität, München 1983

- das private Existieren dessen, der mit Anderen in Berührung kommen möchte, ohne sich auf sie einzulassen; das Unvermögen, in 'natürliche' Beziehungen zu anderen Menschen zu treten.
- die gleichmäßige Erreichbarkeit aller mögliche Eigenschaften, die ihm aber 'in einer sonderbaren Weise gleichgültig' (MoE S. 151) sind. '... daß man sich alles denken kann, daß man in jeder menschlichen Lage weiß, warum man sich nicht an sie (scil.: die fremden Eigenschaften, d. Verf.) zu binden braucht, und niemals weiß, wovon man sich bilden lassen möchte' (MoE, S. 265)
- Erhaltung des Selbst als Preisgabe des Selbst, d.h.
a) auf mögliches Handeln vorbereitet zu sein und zugleich zu verhindern, daß es dazu kommt.
b) eine Entgrenzung des Ich und eine De-Humanisierung des Lebensvollzugs
c) das Bewußtsein einer Depotenzierung des Ich durch das Äußere, das seinerseits auf ihn übergreift
d) das Eingeständnis der Fremdbestimmung des um seine Selbstbestimmung gekommenen Ich
e) die selbstinduzierte Subsumtion des sich im Innen ver-haltenden Ich unters Äußere, seine Austauschbarkeit [26]

"Der Geist der Zeit, 'deren Geist einem Warenmarkt gleicht' (MoE S. 407): der Geist der 'Gegewart', die einen 'Menschenschlag' wie Ulrich 'hervorgebracht' (MoE S. 64) hat; der Geist, der die Welt synthetisiert wie in einem Laborversuch und sie wieder auflöst um anderer Möglichkeiten willen, so daß unklar schillert (MoE S. 39 f.), ob sein Name der des Schöpfers oder des Teufels... ist; der Geist, der das menschliche Ich herabsetzt zum 'erkaltenden Tropfen' an den 'Wänden der Welt' (MoE S. 153) - das ist, unschwer zu erkennen, der Geist des Funktionalismus".[27]

Aber nicht nur der Geist des Funktionalismus und seine Luhmannsche Interpretation bieten sich als Vergleichsgesichtspunkte an: "Der 'Mann ohne Eigenschaften' ist zur gleichen Zeit der 'Möglichkeitsmensch' (MoE S. 1881). Er wird durch zwei ausgesprochen moderne Züge gekennzeichnet: eine Offenheit für alle möglichen Arten der Erfahrung und der Interpretation - und eine beständige hochgradig rationale Neigung zur Reflexion über die Welt und sich selbst. Somit erschafft Musil in seiner sorgfältigen literarischen Schilderung dieses Sachverhalts ein Paradigma der Modernität, das eine schlagende Ähnlichkeit mit einer Vielzahl nicht literarischer Konzeptualisierungen des modernen Menschen in sich trägt: so mit David Riesmans begrifflicher Fassung des 'außengeleiteten Charakters', mit

---

[26] Frithard Scholz, Leben im Konjunktiv oder Über die Schwierigkeit Ich zu sagen, in ders: Freiheit als Indifferenz. Alteuropäische Probleme mit der Systemtheorie Niklas Luhmanns, Frankfurt/M. 1982, Sn. 238 - 247
[27] ebenda und passim

Arnold Gehlens 'Subjektivierung' und Helmut Schelskys 'Dauerreflexion'".[28] Peter L. Berger bemerkt hier eine sehr soziologienahe Vorformulierung moderner 'Individualität'.
In den von ihm angesprochenen Bezügen ist Ulrichs Eigenschaftslosigkeit allerdings nicht direkt berührt. Sie verweist auf Motive aus der Mystik, die erstmals in der Frühromantik wieder aufgenommen werden. Mit ihnen haben sich sowohl Musil als auch sein literarisches Double, Ulrich lange beschäftigt: "Diese Eigenschaftslosigkeit hat mit dem modernen Freiheitskonzept eine wesentliche Gemeinsamkeit, die Schelling in seiner Erlanger Einleitungsvorlesung in folgende Formulie- rung gekleidet hat: der Urgrund, die Freiheit des Subjekts sei ein *'Durch alles durchgehen und nichts-seyn*, nämlich nicht so *seyn,* daß es nicht auch anderes seyn könnte' (SW I/9, S. 215), als ein 'schlechterdings Indefinibles'. Will man es dennoch darstellen, so will man ein Undarstellbares darstellen, und das läßt sich nur mit stilistischen Mitteln bewerkstelligen, die die Romantiker als Ironie bezeichnet haben:... Die romantische Ironie wäre so nicht nur eine Art Säkularisierung des mystischen 'âne eigenschaften', sondern auch eine Individualisierung desselben, sofern Individuum das ist, dem keine Wesensbestimmung angemessen ist."[29] Dieser Hinweis auf das Fehlen einer Wesensbestimmung würde sehr gut die herrschende Begriffsverwirrung im Bereich sozialwissenschaftlicher Individualisierungstheorien erklären können, er bleibt indes erläuterungsbedürftig.

3.
Kurzer Exkurs zur Geschichte des Begriffs 'Individualität'
(Die Darstellung folgt im Wesentlichen den Argumenten von Manfred Frank in seinen hier herangezogenen Arbeiten)

Nach Lage der einschlägigen philologischen Forschungen müssen wir heute davon ausgehen, daß das Problem und der Begriff der Individualität sowohl in der antiken griechischen als auch in der älteren jüdischen Tradition vorgezeichnet und kulturell reflektiert worden sind.
"Wenn Individualität im Bewußtsein eines Weltbildes auftaucht, so taucht sie auf als behaftet mit einem Makel oder einem Defekt. ... Im Griechischen scheint individuelles Verhalten ein aus dem *koinón*, der gemeinsamen Sache, ausscherendes, ein ideopragmatisches, ja in letzter Instanz ein *idiotisches* Verhalten gemeint zu haben (...). Ähnliches gilt...für weite Teile des frühen Mittelalters, wo Individualität vor allem als ein zu vermei-

---

[28] Peter L. Berger, op. cit., S. 246 f.
[29] Manfred Frank, Einleitung in Fragmente einer Schlussdiskussion, in: Manfred Frank/Anselm Haverkamp (Hrsg.), 'Individualität' = Poetik und Hermeneutik, Bd. XIII, München, 1988, Sn. 612 f.

dendes, abweichendes oder sündhaftes Verhalten oder Sein gedeutet ist. Dieser abschätzige Sinn von Individualität zieht sich weit über die Antike und das Mittelalter hinaus bis in die Wissenschaften und die bürgerliche Welt, bis hinein ins Motto über Sartres *La nausée*: 'Ce type n'a aucune valeur pour la societé, il n'est qu'un individu.' 'Bloß ein Individuum' - das ist die knappste Formel für die Gegenposition zur frühromantischen Rehabilitation (und Neudefinition) des Wesens von Individualität, ..."[30] (dazu weiter unten). Diese Abwertung hat vermutlich mit einer im Horizont der abendländischen Rationalität wohl zwangsläufigen Privilegierung des Allgemeinen vor dem Besonderen und dem Einzelnen zu tun.

Die antirationalistische Gegenposition, die 'Individualität' zu rehabilitieren sucht, formuliert eine Freiheit des individuellen Handelns, die die göttliche Vorsehung transzendiert. Danach ist ein Wesen dann frei, wenn es "die in seiner Natur angelegten Potenzen zur Aktualität entfaltet. Wenn Individualität ...als freier Entwurf von Möglichkeiten ohne vorherbestimmtes Wesen gedacht wird, kann ihm Identität...nicht mehr unproblematisch beigelegt werden..."[31]

Eine vermittelnde, bis heute gerade auch in der psychologischen und sozialwissenschaftlichen Literatur seit langem vorherrschende Position (z.B. Erikson, Habermas, Kohlberg, Krappmann, Nunner-Winkler) steht gleichsam zwischen den individuumskritischen und den apologetischen Traditionslinien. Hier wird Individualität als Ergebnis eines ontogenetischen Entwicklungsprozesses gedacht, der zu einem Gleichgewicht von personaler und sozialer Identität führen soll. Gelingende Individuierung bezeichnet hier eine Dialektik, in der die Selbstfindung aus der Abarbeitung an vorgegebenen gesellschaftlichen Verhältnissen resultieren soll. Allerdings verdeckt eine solche Formulierung, daß der Einzelne hier "doch aber niemals etwas anderes tun könnte, als Virtualitäten zu aktualisieren, die in der unveränderlichen göttlichen Ordnung (und ersatzweise in den Hegelschen oder Marxschen Teleologien, d.Verf.) schon angelegt waren und nur auf ihre Verwirklichung warten."[32]

Diese Position verstellt etwas den Blick auf ein grundlegendes, Struktur gewordenes Spannungsverhältnis der gesellschaftlichen Moderne, auf den im Begriff des 'gesellschaftlichen Individuums' geronnenen Widerspruch zwischen der Affirmation und der Kritik der Individuierung: die systemische Grundlage der gesellschaftlichen Moderne (als System der Bedürfnisse) besteht wesentlich in der produktiven Nutzung eben jener individuierten Seite der Subjekte, die es 'bloß als Individuum' erscheinen lassen. Dessen ausschließlich privates Interesse macht es für die Gesellschaft (als

---

[30] a.a.O., S. 611
[31] a.a.O., S. 612
[32] ebenda

'soziales System' im Sinne der Begriffstradition 'civitas' oder 'societas civilis') eigentlich völlig nutzlos. Die komplementäre Pointe besteht darin, daß es gerade die eigentlich antirationalistische, frühromantische Rehabilitation der Individualität ist, die in den systemisch verzerrten Formen der seis unternehmerisch-investiven, seis abhängig-produktiven Privatarbeiten zur Voraussetzung der Entfaltung der kapitalistischen Industriekultur wird.

Begriffsgeschichtlich hat es den Anschein, daß, nach der langen Tradition der Ächtung von Individualisierungsphänomenen, auf ihre programmatische Rehabilitierung in der Frühromantik innerhalb des eigenen semantischen Feldes nicht mit einem spezifischen Umarrangement reagiert worden ist. Stattdessen scheint eine Verschiebung zum Subjekt-Konzept stattgefunden zu haben. (Dafür fehlen mir allerdings eindeutige Belege).

Gesellschaftsgeschichtlich kommt es zu der erwähnten, nur scheinbar paradoxen Berührung zwischen der romantischen Vorstellung von den verborgenen Kräften der Psyche und der Programmierung der Entfaltung der politischen, ökonomischen und technischen Potenzen der Gesellschaft.[33]

4.

Der "Mann ohne Eigenschaften" knüpft an die radikale, nicht-identitätsorientierte Vorstellung von Individualität an.[34] Es geht *eben nicht* um einen dialektisch verstandenen Prozeß der Einpassung in einen Raum von vorgegebenen Möglichkeiten, sondern um eine unbedingte Unabhängigkeit, die das Handeln unvorhersehbar werden läßt, nicht-deduzierbar, weder aus Konstellationen, noch aus Kontinuitäten.[35] Diese Haltung verletzt bewußt das Geflecht relativer, reziproker Erwartungssicherheiten und damit die Grundlagen primärer Sozialität.

Nun kann man die Suche nach dem 'Anderen Zustand', den Ulrich und seine Schwester Agathe erreichen wollen, als spezifische Reaktion auf die in den eigenen Individualitäten vorgefundenen Entfremdung und Verding-

---

[33] Mary Shelley, Frankenstein oder der moderne Prometheus, 3 Bde., London 1818 (deutsch 1912); Peter Sloterdijk, Der Zauberbaum, Frankfurt/M., 1987

[34] Der historische Rückbezug "entfaltet seine explikative Kraft nur unter der Voraussetzung, daß man eine bestimmte theoretische Annahme über das Wesen von Individualität der historischen Erfahrung zur Bestätigung oder zur Falsifikation ausliefern kann, etwa die, wonach Individualität durch radikale Nicht-Identität ausgezeichnet sei. Nach meiner Einsicht taucht diese nicht über Identität vermittelte Vorstellung von Individualität etwa in der Frühromantik auf." Manfred Frank, op. cit., S. 609

[35] Der Kerngedanke der Neufassung des romantischen Individualitätskonzepts durch Friedrich Schlegel, Friedrich Schleiermacher und Wilhelm von Humboldt ist, "daß - im Unterschied zum Besonderen - das 'Einzelne' oder 'Individuelle' ein Element oder Teil bezeichnet, das vom Begriff des Ganzen aus niemals in einer logischen Kette von Ableitungen zu erreichen ist. Das Allgemeine wird individuell gedeutetes Allgemeines; sein Anspruch auf universelle Geltung bricht sich in der Unvordenklichkeit individueller Sinnbildung". Manfred Frank/Anselm Haverkamp, Ende des Individuums - Anfang des Individuums?, in: dies.(Hrsg.), op. cit., S. XIV.

lichung deuten.³⁶ Natürlich geht es auch hier um ein Projekt zur Aufhebung von Selbst-Entfremdung - hier aber gerade *nicht* durch künstlerische Tätigkeit und auch nicht als Aufhebung entwicklungsbedingter, illusorischer Hoffnungen. Hier setzt das wesentliche Geschehen an dem gesellschaftsgeschichtlich späten Punkt ein, wo der Bildungsroman schon zu Ende und der Künstlerroman bereits gescheitert ist: Der Protagonist, von dem wir nur den Vornamen erfahren, wird als erwachsen präsentiert, seine berufliche Existenz gilt als gesichert, das Begräbnis des Vaters³⁷ vermittelt die Begegnung mit Agathe, seiner 'vergessenen Schwester' und markiert damit einen wesentlichen Beginn (und nicht das Ende wie im 'grünen Heinrich'). Es beginnt der Versuch, in der intellektuell sublimierten, inzestuösen Einheit der Geschwister- und Geschlechtsdifferenz die individuellen Entfremdungen und Verdinglichungen zu überschreiten.³⁸ "Gleich einem Versuch, die Welt aus den Angeln zu heben, will er seine eigene Gespaltenheit über die Vereinigung mit der Schwester aufheben. Der Wunsch aber, sich nicht mehr von außen zu sehen, 'wie ein Ding', sondern wieder in einem ursprünglichen, paradiesischem Sinne 'menschlich' zu werden, gleicht in frappanter Weise Heinrich von Kleists Idee einer Wiedererreichung des Paradieses, wie er sie in seinem Aufsatz 'Über das Marionettentheater' entwickelt hat. Wird dort am Ende gefragt: '... müßten wir wieder von dem Baum der Erkenntnis essen, um in den Stand der Unschuld zurückzufallen?', so ist auch im Musilschen Gedankenexperiment mit der Übertretung des (Inzest-)Verbotes die Wiedergewinnung paradiesischer Einheit und ursprüngliche Unschuld anvisiert"³⁹

---

[36] "Wo deshalb vom 'Individuum', vom 'Charakter', von der 'Persönlichkeit' die Rede ist, ist immer zugleich die Rede von Entfremdungssymptomen, von der bestimmten und beschreibbaren Struktur einer regelhaften Organisation der Ich-Elemente. Die höchste Idealität Musilscher Figuren liegt regelmäßig in der Durchbrechung solcher streotyper Wiederholungsformen. Im Falle Ulrichs wird diese Idealität durch Reflexion eingeleitet. Seine Eigenschaftslosigkeit entspricht einer Restitutio in integrum der Subjektivität". Roger Willemsen: Robert Musil. Vom intellektuellen Eros, München/Zürich 1985, S. 85

[37] Die Mutter wird im gesamten Roman nur einmal, als früh verstorben, erwähnt. (Im 'grünen Heinrich' ist es der Vater, der als früh verstorben gilt).

[38] "Statt einer summa kennt sie (die Wirklichkeit des Seinesgleichen, d. Verf.) allenfalls eine Quersumme aus der Zweiheit der 'Schicksale' ('ein regsam-unwichtiges, das sich vollzieht, und ein reglos-wichtiges, das man nie erfährt', MoE S. 724), die Ulrich immer 'zwei Ulriche'(MoE S. 155) sein lassen und ihn hindern, mit sich selbst übereinzustimmen" Frithard Scholz, op. cit., S. 259.

In diesem Zusammenhang ist instruktiv, daß ein früher Titelentwurf für den Roman 'Die Zwillingsschwester' hieß.

[39] Ortrud Gutjahr, '... den Eingang ins Paradies finden' - Inzest als Motiv und Struktur im Roman Robert Musils und Ingeborg Bachmanns, in: Josef Strutz/Endre Kiss (Hrsg.) Genauigkeit und Seele. Zur Österreichischen Literatur seit dem Fin de siècle, München 1990, S. 144 f.

Daraus wird freilich nichts. Aus dem radikalisierten 'Möglichkeitssinn', dieser praktisch gewendeten Kontingenz, aus dem asketisch-religiösen 'Haben als hätte man nicht'[40], dem "aktiven Passivismus" (Scholz) resultiert keine verwandelte, 'menschlich' gewordene Gestalt, sondern allenfalls das bemerkenswerte Ideal eines 'exakten Lebens': "(Exaktes Leben) hieße also ungefähr soviel wie Schweigen, wo man nichts zu sagen hat, nur das Nötige tun, wo man nichts Besonderes zu bestellen hat, und was das Wichtigste ist, gefühllos bleiben, wo man nicht das unbeschreibliche Gefühl hat, die Arme auszubreiten und von einer Welle der Schöpfung gehoben zu werden. Man wird bemerken, daß damit der größere Teil unseres seelischen Lebens aufhören müßte, aber das wäre vielleicht auch kein so schmerzlicher Schaden"[41]

Der 'Möglichkeitsmensch' wird so wenig wirklich wie der 'Mann ohne Eigenschaften' unvollendet bleibt.[42] Nicht-Lebbarkeit und Nicht-Erzählbarkeit verweisen aufeinander. Die Erzählbarkeit einer Biographie scheint grundlegend an eine vorgestellte Einheit und Selbigkeit einer personalen Instanz gebunden, an die Unterstellung eines kontinuitätsstiftenden Bewußtseinsstroms, an ihr Individuum-Sein im Wortsinn radikaler Unteilbarkeit.

Wo diese Voraussetzung aufgegeben wird wie bei Nietzsche, der vom "Dividuum" spricht, bei Freud, der "gerade gegen das Verständnis von Individualität als *Unteilbarkeit* der Person sein Werk entfaltete"[43] und sie topologisch auseinanderlegt, oder eben bei Musil, dort beginnt eine unendliche Geschichte, eine "unendliche Analyse" (Freud), eine biographische Metaerzählung. Kurz vor dem Übergang zum unvollendet gebliebenen dritten Buch des 'Mann ohne Eigenschaften' bemerkt Ulrich, "daß er sein 'privates' Leben nicht mehr in Form einer biografisch erzählbaren Identität auffassen kann, sondern nur, gleichsam als selber 'öffentliches', wie es 'sich in einer unendlich verwobenen Fläche ausbreitet' (S. 650)"[44] Wie in anderer Weise bei Proust, Joyce, Johnson, Schmid oder Bernhard sind hier die Grenzen subjektorientierten biographischen Erzählens erreicht und überschritten.[45] Für das 'Dividuum', zerfallen in sein immer empfind-

---

[40] Musil bezieht sich auf diese Paulus-Stelle in einem Brief: vgl. Frithard Scholz, op.cit. S. 235
[41] nicht ausgewiesenes Zitat aus einer Literaturzeitschrift
[42] Daß der 'Mann ohne Eigenschaften', trotz der ca. vierundzwanzig Jahre, die Musil daran gearbeitet hat, Fragment bleiben mußte, kann kaum als historisch-biographischer Zufall gelten.
[43] Joachim Küchenhoff, Der Leib als Statthalter des Individuums, in: Manfred Frank/Anselm Haverkamp (Hrsg.), op. cit., S. 170
[44] Frithard Scholz, op. cit., S. 247
[45] "Ein Leben für sich gibt es heute nicht mehr, individuelle Existenzen interessieren nicht mehr. Die alte Erzähltechnik ist tot und nimmt den Leichnam des Individualismus mit sich ins Grab", Jean-Francois Peyret, Von jenen, die auszogen, den 'Mann oh-

licheres, selbstbeobachtendes Sensorium und die unüberschaubare Menge seiner diskontinuierlichen, heterogenen, zufälligen und widersprüchlichen Objektivierungen, ist Biographie zum unabschließbaren Projekt geworden.

5.

Im Rückblick erscheint der 'grüne Heinrich' bereits als der Anfang vom Ende des Individuums. Dagegen verdankt sich seine irritierende historische Verspätung im Geniekult des 19 Jahrhunderts und in den hochbürgerlichen Übervätern der Gründerzeit vielleicht der Suggestion des deutschen Sonderwegs zur Industrienation, genauer: der Integrationskraft des verspäteten deutschen Doppelprojekts, 'industrielle Naturbeherrschung' und 'Nationwerdung' ineins zu realisieren.

Der Mann ohne Eigenschaften blickt selbst schon auf das Ende des Individuums zurück.[46] Damit beginnt das unendliche Projekt der Selbstspaltungen und der Selbstabstraktionen. Im allgemein gewordenen 'time-out' des 'staatsbürgerlichen Privatismus', findet die Dekonstruktion des Individuums statt.[47]

Die Besonderheit des Manns ohne Eigenschaften besteht hier darin, daß er diesen Privatraum zu einem Labor macht, in dem er diesen Dekonstruktionsprozess experimentell inszeniert, quasi-wissenschaftlich beobachtet und reflexiv dokumentiert. Der Verzicht auf das Individuelle erfolgt ganz bewußt und ohne die übliche Befürchtung einer 'Nivellierung' in der Massengesellschaft. Er resultiert aus der Einsicht in die Logik des zweiphasigen Verlaufs der bürgerlichen Revolution. Analog dazu tendieren die ursprünglichen Motive der Individuierung, - v.a. Selbstbestimmung, Selbstbewußtsein und individueller Freiheitsanspruch - schließlich zu den Dezisionismen des 'Unternehmens' (in seiner mehrfachen Bedeutung), zur willkürlichen Setzung, zum voluntativen Eigensinn. Von diesem ganzen Universum an Eigenschaften, auf dem gleichwohl die spätmoderne Existenz der Systeme aufruht, will der 'Mann ohne Eigenschaften' abstrahieren, will er sich trennen. Übrig bleibt eine *Person*[48], die wie ein reines Medium fungiert. Die gesellschaftliche Prozesse gehen so spurlos durch sie hindurch,

---

ne Eigenschaften' zu verstehen. Zu Musils fragwürdiger Aktualität, in: Uwe Baur / Elisabeth Castex (Hrsg.), Robert Musil. Untersuchungen, Königstein/Ts., 1980
[46] "Der Individualismus geht zu Ende. Ulrich liegt nichts daran" Robert Musil, MoE, S. 1578
[47] vgl. zu den kulturellen und sozialhistorischen Voraussetzungen: Richard Sennett, Verfall und Ende des öffentlichen Lebens. Die Tyrannei der Intimität, Frankfurt/M., 1983
[48] Das gesellschaftliche Wirklichwerden der 'Person', ihr spätes historisches Erscheinen als Realabstraktion, die als bloß ideelle Abstraktion schon seit der Antike vorliegt, kann man sich analog der von Marx nachgezeichneten Entwicklung der Kategorie der 'abstrakten Arbeit' vorstellen., Karl Marx, Grundrisse der Kritik der politischen Ökonomie, Berlin, 1953, Sn. 24 f.

wie sie selbst bei ihrem "durch alles durchgehen und nichts-seyn" (Schelling, vgl. oben S. 100) keine Prägung erfährt noch Spuren hinterläßt. In dieser "Interpenetration" (Parsons, Luhmann) ist eine abstrakte gegenseitige Durchdringung gedacht, die sich vielleicht eher im Bild immatrieller, miteinander verwobener Stimmen vorstellen läßt. Diese verweisen zurück auf einen menschlichen aber hochabstrakten Ursprung (in seiner höchsten Steigerung im Gesang des Orpheus[49]) und auf *Personen*, die sie aufnehmen, verstärken und wiedergeben ('persona' bedeutet ursprünglich die Maske des Schauspielers im antiken Theater, deren technische Funktion in der Verstärkung seiner Stimme bestand).[50]

Person ist das allgemeinste, der minimale Bezugspunkt, der für soziale Integration und Kommunikation noch erreichbar ist.[51] Auch Sklaven galten in der Spätantike als Personen. Oder mit einem modernen Bild von Niklas Luhmann: "Man kann die Versuchung spüren, mal nicht man selbst zu sein, Urlaub zu machen, incognito zu reisen, an der Bar stories zu erzählen, die keiner prüfen kann; oder man kann schaudernd vor solchem Sich-selbst-Entkommen zurückschrecken. Personsein ermöglicht beides. ..."[52]

---

[49] vgl. dazu Klaus Theweleit, Das Buch der Könige. Orpheus und Euridice, 2. überarb. Aufl. Frankfurt/M. 1991

[50] Daß die Identifizierung von menschlichen Gattungswesen in der antiken Tradition v.a. über *akustisches* Ausdrucksverhalten in der theatralischen und dann in der forensischen Öffentlichkeit läuft, läßt andere, komplementäre und konkurrierende Stränge leicht vergessen; z.B. Levinas Hinweis auf den *physiognomischen* Ausdruck des Antlitz', Plessners Überlegungen zum *körperlichen* Ausdruck oder auch Süsskinds Phantasie zur *olfaktorischen* Identifizierung in seinem Roman 'Das Parfüm'.

[51] So auch Emil Durkheim: "Niemand bestreitet heute ((1893!)) mehr den verpflichtenden Charakter der Regel, die uns befiehlt, eine Person und immer mehr eine Person zu werden", Über die Teilung der Arbeit, Frankfurt/M, 1977, S. 445.

[52] Niklas Luhmann, Die Form 'Person', in Soziale Welt, Jg. 42 (1991), Heft 2, S. 175

Der Witz und seine soziale Organisation

Stephan Wolff

> *"Jorge fürchtete jenes zweite Buch des Aristoteles (über das Lachen, S.W.), weil es vielleicht wirklich lehrte, das Antlitz jeder Wahrheit zu entstellen, damit wir nicht zu Sklaven unserer Einbildungen werden. Vielleicht gibt es am Ende nur eins zu tun, wenn man die Menschen liebt: sie über die Wahrheit zum Lachen zu bringen,* **die Wahrheit zum Lachen bringen**, *denn die einzige Wahrheit heißt: lernen, sich von der krankhaften Leidenschaft für die Wahrheit zu befreien."*
> (Eco 1982, 624)

1. Vorbemerkung

Die erste Version dieses Textes wurde an einem schwülen Junitag des Jahres 1983 als Habilitationsvortrag an der Universität München gehalten. Neben dem Lehrkörper, der akademischen Öffentlichkeit und einer Reihe von Freunden erschien auch die Familie Keupp. Die Lustigkeit und unbefangene Art der Kinder hat mir damals sehr geholfen, die irritierende Situation zu normalisieren. Vielleicht habe ich mich davon sogar zu sehr animieren lassen: Jedenfalls waren einige (wenige) meiner Juroren später der Ansicht, ich hätte den Ernst meiner Lage nicht richtig begriffen und sei deshalb kein annehmbarer Adept der Wissenschaft. Nicht nur hätte ich mich mit einem oberflächen Thema befaßt; verübelt wurde mir auch, daß ich behauptet hatte, die Wirkung des Witzes - auch und gerade wenn es um seine potentielle "Schmutzigkeit" geht -, sei primär als Resultat der Interpretationsleistungen seiner Rezipienten zu verstehen. Der schlimmste faux pas aber sei gewesen, unmündigen Kindern Transkripte mit entsprechenden Witzerzählungen in die Hand gegeben zu haben. Gott Lob hat diese Episode weder meine wissenschaftliche noch die psychosoziale Identität der Keupp-Kinder nachhaltig zu schädigen vermocht. Indem ich den Keupps diesen Aufsatz widme, möchte ich mich weniger für meine damalige Frivolität entschuldigen, als vielmehr ihnen meinen späten Dank für die aufmunternden Blicke, das Lachen am richtigen Ort und für das letztendlich erfolgreiche Daumendrücken abstatten.

2. Einleitung

Wissenschaft wird im allgemeinen als eine eher "saure" Angelegenheit betrachtet. Dieser Ruf hängt auch der Soziologie an. Andererseits weisen manche Autoren den Soziologen die Rolle des gesellschaftlichen Narren zu. Folgt man etwa Ralf Dahrendorf, so haben Soziologen nicht nur die Funktion, sondern geradezu die Pflicht, sich die Narrenkappe aufzusetzen und "alles Unbezweifelte anzuzweifeln, über alles Selbstverständliche zu erstaunen, alle Autorität kritisch zu relativieren, und alle jene Fragen zu stellen, die sonst niemand zu stellen wagt." (1963, 9)

Erinnert man sich an die historisch belegte Abhängigkeit der Narren von ihren fürstlichen Herren, so läßt sich dieses Argument freilich auch kritisch *gegen* die Soziologie wenden. Wolfgang Lepenies (1969, 99) etwa tut dies, wenn er feststellt, daß sich die Soziologie als eine bürgerliche Wissenschaft in ihrer Narrenfunktion gefalle, indem sie nichts sein wolle als Soziologie - so wie der Narr nichts sein durfte als Narr, um sich die Gunst seines Herrn nicht zu verscherzen. Der Hof-Soziologe sei zum Nachfahren des Hof-Narren geworden.

Ein Körnchen Wahrheit steckt vermutlich in beiden Positionen. Narren sind nun einmal ambivalente Geschöpfe. Sicher ist jedenfalls, daß viele Soziologen zumindest implizit Humor *als Methode* nutzen. Allerdings finden wir Humor hier hauptsächlich in seiner weniger expressiven, man könnte auch sagen, in seiner hinterhältigen Variante als *Ironie* (vgl. Anderson/Sharrock 1983; Woolgar 1983). Die heuristische Strategie der Ironie beruht hierbei auf der spielerischen Desorganisation gesellschaftlicher Oberflächen. Typischerweise bemühen sich die soziologischen Ironiker nachzuweisen, daß im Alltagsverständnis selbstverständlich erscheinende Handlungen, Vorhaben und Annahmen bei genauerem - eben soziologischem - Hinsehen so ziemlich auf das Gegenteil von dem hinauslaufen, was alle und insbesondere, was die Beteiligten bislang meinten. Die Tradition der Sozialwissenschaften ist voll von derartigen *ironischen Kontrasten:* So werden die formalen Regeln einer Organisation den informellen Absprachen und Mauscheleien gegenübergestellt; die offizielle Handlungsziele mit den nicht-intentierten Nebenfolgen aufgerechnet; gerne spielt man auch dem Überbau gegen die materielle Basis aus (und umgekehrt) oder vergleicht die subjektiv vorgebrachten Beweggründe mit den vermeintlich objektiven Ursachen und unbewußten Triebfedern sozialen Handelns. Der Ironie als methodischer Strategie bedienen sich Symbolische Interaktionisten (wie Joseph Gusfield) und Systemtheoretiker (wie Parsons) gleichermaßen um ihre Aussagen "interessant" zu machen (vgl. zu einer entsprechenden Phänomenologie der Soziologie Davis 1971).

So fruchtbar und erhellend sie in vielen Fällen auch sein mag, so schwierig macht es diese ironische Strategie des "nichts anderes als", sich auf eine Vielzahl sozialer Phänomene und ihre interne Systematik ernsthaft einzulassen. Harold Garfinkel (1967: 88) hat auf die fatalen Konsequenzen dieses Vorgehens hingewiesen, die vor allem darin bestehen, daß die realen

gesellschaftlichen Akteure zu "judgemental dopes" erklärt werden, was es dann erlaubt, die
"courses of common-sense rationalities of judgement which involve the person's use of common-sense knowledge of social structures over the temporal 'succession' of here-and-now-situations are treated as epiphenomenal." (Garfinkel 1967, 68)
Die weitverbreitete Vorliebe für solche ironischen Kontraste dürfte einer der Hintergründe für die offensichtlichen Schwierigkeiten sein, die die Soziologie hat, sich solchen Phänomenen wie Humor, Witz und Lachen überhaupt zu nähern. Der Versuch, sich ironisch der Ironie zu nähern, ist ja auch ein recht ambitiöses Unterfangen mit zweifelhaftem Ausgang.
Ein Blick in die Geschichte der Soziologie zeigt bis auf wenige Ausnahmen eine ausgeprägte "Humorlosigkeit" des Faches. Außerdem ist dort, wo man sich mit sozialer Ordnung oder dem Gleichgewicht sozialer Systeme befaßt, und wo man von daher soziale Akteure primär unter dem Gesichtspunkt ihrer Regelbefolgung ernst- und wahrnimmt, für solch vermeindlich "unordentliche" und "unbeherrschte" Phänomene wenig Raum. Für die wenigen Soziologen, die sich zumindest bemühten, mehr (vom) Spaß zu verstehen, erwies sich die Erforschung von Humor zudem entweder als Faß ohne Boden, oder aber sie zeitigte ganz widersprüchliche Resulate (vgl. als Überblicke Fine 1983; ZijderveldI 1983). Humor, Witze und Lachen führen nämlich zu sozialer Harmonie, sind oft aber auch Anlaß für Konflikte; sie dienen der sozialen Kontrolle, eigenen sich andererseits ausgezeichnet zum Dampfablassen und zur verdeckten Kommunikation schwieriger Themen; sie verbessern die Atmosphäre und sie fungieren als Ausdruck und Instrument gesellschaftlicher Machtkämpfe und Abgrenzungsversuche (vgl. die klassischen Studien von Rose Coser (1960) und Joan Emerson (1969)).
Humor scheint ein vielfältig verwendbares soziales "Etwas" zu sein. Dieser Umstand hat viele Forscher zu der Überzeugung kommen lassen, Humor nur als "Funktion von" oder als "Ausdruck für" etwas anderes zu behandeln, wobei dieses "andere" je nach sozialem Kontext variieren kann. Diese Sackgasse weiterzugehen schiene mir in wahrsten Sinne des Wortes witz-los zu sein. Ich werde statt dessen versuchen, eine analytische Perspektive vorzuführen, die Humor, Witz und Lachen als *eigenständige Phänomene* zu untersuchen erlaubt, und zwar als Resultat des praktischen Handelns der jeweils Beteiligten. Nicht *warum* Witze erzählt werden, wieso Humor wichtig oder Lachen gesund ist, interessiert mich, sondern *wie* wir alle - mit mehr oder weniger Erfolg - es praktisch in unserem Reden und Tun zustande bringen, gekonnt humorvoll zu sein, wie wir Witze im Gesprächsverlauf einbringen und erzählen, und wie wir es anstellen, an den richtigen Stellen zu lachen bzw. dem Gegenüber taktvoll klarzumachen, daß dies nun wirklich ein schlechter Witz gewesen sei. Ich werde

mich zunächst dem *Witz* als der prominentesten Form des Humors-in-der-Praxis zuwenden; im darauf folgenden Abschnitt nutze ich die entwickelte Untersuchungsperspektive zu einer soziologischen Rekonstruktion des *Lachens*. In einem kurzen dritten Teil spreche ich schließlich noch einige grundsätzlichere Gesichtspunkte an, um die Reichweite einer derartigen, manchen vielleicht als müßig erscheinenden Beschäftigung mit solch "randständigen" Phänomenen anzudeuten.

Bei meinen konzeptuellen Höhenflügen und empirischen Tiefbohrungen werde ich mir folgenden Hinweis Noetzsches über das "Ernst-Nehmen" als Warnung und Richtschnur dienen lassen:

"Der Intellekt ist bei den allermeisten eine schwerfällige und finstere Maschine, welche übel in Gang zu bringen ist: sie nennen es, 'die Sache ernst nehmen', wenn sie mit dieser Maschine arbeiten und gut denken wollen - oh wie lästig muß ihnen das Gutdenken sein! Die liebliche Bestie Mensch verliert jedesmal, wie es scheint, die gute Laune, wenn sie gut denkt; sie wird 'ernst'. Und 'wo Lachen und Fröhlichkeit ist, da taugt das Denken nichts', so lautet das Vorurteil dieser ernsten Bestie gegen alle 'fröhliche Wissenschaft'. Wohlan, zeigen wir, daß das ein Vorurteil ist!". (Nietzsche 1959, 252)

3. Der Witz und seine situationssensible Realisierung

Wie die philosophische, psychologische und anthropologische Literatur übereinstimmend belegt, scheinen kulturübergreifend nur solche Aussagen als humorvoll empfunden zu werden, die sich durch ganz bestimmte *strukturelle Eigenschaften* auszeichnen. Kandidaten für Witzigkeit sind Aussagen (oder Handlungen; zu denken wäre an die Pantomime), in denen sich *Überscheidungen zweier Sinnsysteme bzw. Kontrastierungen verschiedener Sinninhalte und zwar in unmittelbarer Aufeinanderfolge* finden. Der Witz jongliert sozusagen mit Sinn-Stücken; er tut dies, indem er sie auf den Kopf stellt, verfremdet, indem er logische Ebenen auseinanderzieht oder Nebenbedeutungen ausbeutet, um nur einige der denkbaren Transformationsschritte zu nennen (vgl. Douglas 1968). Etwas poetischer drückt dies Jean Paul aus:

"Der Witz ist ein bloßes Spiel mit Ideen. Er ist der verkleidete Priester, der jedes Paar traut. Er traut die Paare am liebsten, deren Verbindung die Verwandten nicht dulden wollen". (zit. nach Freud 1970, 15)

Das damit umschriebene *Prinzip der Inkongruenz* von Sinninhalten scheint *das* zentrale Merkmal des Witzes zu sein. Zumindest treffen sich in dieser Festellung so unterschiedliche Autoritäten der Witzforschung wie Herbert Spencer, Sigmund Freud, Henri Bergson, Gregory Bateson und Mary Douglas. Die einfachste Form der Inkongruenzherstellung ist das *Spiel mit dem Doppelsinn* bzw. die Kontrastierung der übertragenen mit der wörtlichen Bedeutung. Freuds Buch "Der Witz und seine Beziehung zum Unbewußten" entnehme ich hierfür zwei Beispiele[1]:

---

[1] Da Witze streng genommen keine Erfinder haben, betrachte ich sie im folgenden als

Witz 1: Zwei Juden treffen in der Nähe eine Badehauses zusammen. "Hast Du genommen ein Bad", fragt der eine. "Wieso", fragt der andere dagegen, "fehlt eins?"

Witz 2: Der Unterschied zwischen ordentlichen und außerordentlichen Professoren besteht darin, daß die ordentlichen nichts Außerordentliches und die außerordentlichen nichts Ordentliches leisten.

Schon diese ersten Beispiele zeigen, daß die potentielle Witzigkeit *nicht auf der Bedeutung* einer Aussage beruht, sondern in der *Form der Verknüpfung ihrer Elemente* zu suchen ist. Offensichtlich lassen sich die Sinnelemente nicht in beliebiger Weise miteinander kombinieren. Die als witzig empfundene Inkongruenz hat eine ganz bestimmte *Richtung:* In der Witzform *kippt* der Sinn vom Gehobenen, Eindeutigen und Bedeutsamen zum Gewöhnlichen, Uneindeutigen und Trivialen hin *um*. Nur absteigende Inkongruenz ist potentiell witzig, aufsteigende dagegen führt zu Staunen, Verwunderung oder gar Unverständnis (s. dazu schon Bergson 1900). Dies läßt sich etwa an den folgenden Beispielen überprüfen:

Witz 3: Zwei Bauarbeiter stürzen aus dem 18. Stockwerk vom Gerüst. Zwischen dem 12. und 3. Stock sagt der eine zum anderen: "Schau doch nicht so komisch. Bis jetzt ist doch alles gut gegangen."

Witz 4: Es gibt nicht nur keinen Gott, sondern versuch mal am Wochenende einen Klempner zu kriegen.

Beide Witze "leben" von der absteigenden Inkongruenz, also dem Umkippen der Bedeutungsschwere von der Todesgefahr zum störungsfreien Flug bzw. vom nicht vorhandenen Gott zum unauftreibbaren Klempner. Beide Witze würden schlagartig ihre Witzigkeit einbüßen, wollte man die entsprechende Reihenfolge umgedrehen. Es gibt eine Vielzahl von Varianten der Umsetzung des Prinzips der absteigenden Inkongrenz. Ein sehr gängiges Format besteht aus *drei Gliedern*, wobei die Inkongruenz immer aus dem Unterschied der ersten zwei mit dem letzten Glied besteht.
Solche Dreizahlgeschichten sind vom Inhalt her oft Übertrumpfungswitze, während die Zweizahlgeschichten sich vor allem für paradoxe oder für solche Witze eignen, in denen zwei Seiten gegeneinander ausgespielt werden. Ich gehe unten auf die Systematik dreigliedriger Witzen an Hand eines Transkriptes einer Witzerzählung noch genauer eingehen; hier schon einmal ein kleines Beispiel:

---

gesellschaftliches Gemeineigentum und verzichte in der Regel auf die genaue Angabe meiner Fundorte.

Witz 5: In der Nazizeit beschließt die Führung, doch auch etwas zur Befriedung der religiösen Gruppen zu tun, und so baut man dem lieben Gott ein gewaltiges Denkmal. Bei der feierlichen Enthüllung werden von den Nazigrößen Kränze niedergelegt. Auf der Kranzschleife von Goebbels steht: "Der dritte Mann im Dritten Reich dem ersten Mann im ersten Reich!" Görings Schleife enthält die Aufschrift: "Von Hermann dem Herrgott!" Hitlers Widmung lautet: "Dem lieben Gott von seinem Führer!"

Von den sonstigen Möglichkeiten sei hier nur noch jene besonders raffinierte Variante erwähnt, die darin besteht, daß man das Inkongruenzprinzip scheinbar durchbricht, dem Kenner auf den zweiten Blick aber sehr wohl ermöglicht, eine Inkongruenz zu erkennen. Ein solcher *reflexiver Witz* spielt mit dem eigenen Format. Dazu folgendes Beispiel:

Witz 6: Treffen sich zwei Voyeure. Sagt der eine: "Was machst Du denn heute abend?". Sagt der andere: "Mal sehen".

Sein "Spiel mit Formen", wie es Mary Douglas genannt hat, treibt der Witz, ohne klar für die eine oder andere Seite Partei zu ergreifen. Weder läßt er das Gewohnte unangetastet, noch beharrt er allzu nachdrücklich auf der signalisierten Alternative. Seine subversive Kraft wird dadurch eingeschränkt, daß er uns nur für einen Moment täuschen kann - und, so wäre zu ergänzen, täuschen will. Die Sinnirritation muß kurz und vor allem reversibel sein, weil sonst schnell aus Spaß Ernst würde. Witzemacher geben deshalb keine allzu überzeugenden Tabubrecher ab. Narren, die es ernst zu meinen versuchen, enden gewöhnlich als tragische Helden.
Ich wende mich jetzt der Frage zu, wie Witz und Witzigkeit praktisch zustandekommen, d.h. wie sie von den Beteiligten im Gespräch vor Ort "in Szene gesetzt" werden. Die Systematik der Witzerzählung möchte ich an dem hier abgedruckten *Transkript* einer Witzerzählung demonstrieren.[2] Dort findet man die Wiedergabe eines Abschnitts aus einem therapeutischen Gruppengespräch: Beteiligt sind drei 16-17jährige Jungen (Josef, Ernst, Hans) und ein erwachsener Therapeut (Gunther), der aber nur an zwei Stellen kurz in das Gespräch eingreift. Im Verlaufe dieser Episode erzählt Josef einen "schmutzigen Witz". Daß ich gerade dieses Beispiel ausgewählt habe, hängt weniger mit einer etwaigen Neigung zu Anzüglichkeiten meinerseits zusammen, sondern eher damit, daß sich an diesem Fall die interaktionstechnischen Probleme der Witzerzählung und die

---

[2] Das Transkript stellt eine deutsche Übertragung eines Beispiels dar, das Harvey Sacks (1975; 1978) für seine Rekonstruktion der technischen Aspekte schmutziger Witze benutzt hat und das in der Witzforschung mittlerweile schon den Rang eines "Klassikers" einnimmt (vgl. Mulkay 1988). Ich habe auch sonst sehr viel von den Sacks'schen Arbeiten - nicht zu diesem Thema - profitiert.

methodischen Mittel, die den Beteiligten zu deren Bewältigung zur Verfügung stehen, besonders gut demonstrieren lassen.

Zu den verwendeten Zeichen: Eckige Klammern bedeuten, daß sich die beiden damit verbundenen Äußerungen überlappen (11-12); die runden Klammern zeigen nicht genau identifizierbare Äußerungen an (24,29); Betontes ist unterstrichen; laut Gesprochenes großgeschrieben. Die in Klammern gesetzten Zahlen schließlich beziehen sich auf Pausenlängen in Sekunden.

```
1   Josef:  Kennt ihr den schon? - meine Schwester hat mir das gestern abend
2           erzählt
3   Ernst:  Wegen mir brauchts das nicht. Aber wenn du unbedingt willst.
4           (0.7)
5   Hans:   Warum hat der Elephant rote Augen. Damit er sich besser im
6           Kirschbaum verstecken kann. Das hat sie ihm erzählt.
7   Josef:  Naa. Damit's mich umhaut hat sie gesagt ah,
8           (0.8)
9   Josef:  Es warn da mal drei Mädchen und sie hatten gerade geheiratet?
10  Ernst:  hhhh-hhh
11  Hans:   ⌈heh heh heh
12  Josef:  ⌊Und ah,
13          ⌈(sie waren)
14  Ernst:  ⌊Moment. Fang nochmal an heh
15  Josef:  Es warn also mal diese drei Mädchen. Sie waren alle Schwestern
16          Und hatten gerade drei Brüder geheiratet.
17  Ernst:  Du solltest dich besser mal länger mit deiner Schwester
18          unterhalten.
19  Hans:   Wart mal heh!
20  Ernst:  Oh. Drei Brüder.
21  Josef:  Und ah, so,
22  Hans:   Die Brüder dieser Schwestern.
23  Josef:  Naa das waren andere, net, verschiedene Familien.
24  Ernst:  Jetzt kommen wir dem schon näher (glaub ich).
25  Josef:  Also-
26  Hans:   hhhhhah
27          (0.7)
28  Josef:  Ruhe.
29  Hans:   o( )o
30  Josef:  Also, erstmal war jene Nacht die Hochzeitsnacht und die Schwie-
31          germutter sagte "gut, ihr könnt ja die Nacht dableiben und dann
32          am Morgen auf Hochzeitsreise gehen. Diese erste Nacht, schleicht
33          die Mutter sich zur ersten Tür und hört "aaooo-ooo-ooo", hinter
34          der zweiten Tür "HHHOHHhhh", und bei der dritten Tür is gar
35          nix. Sie steht ungefähr fünfundzwanzig Minuten davor und wartet,
36          daß was passiert. Nix.
37          (1.0)
38  Josef:  Am nächsten Morgen fragt sie die erste Tochter "Warum hast du-
39          warum hast du UIIIhihi letzte Nach gemacht" und die Tochter
40          antwortet "Ja weils halt so gekitzelt hat, Mutti".
41          Das zweite Mädchen, "Warum hast du denn so geschrien".
42          "Oh. Mutti es tut so weh".
43          Dann kommt das dritte Mädchen her. "Warum hast du denn letzte
44          Nacht überhaupt nichts gesagt." "Ja mein, du hast mir doch ge-
45          sagt, daß man nicht mit vollem Mund spricht."
```

```
46              (1.3)
47 Josef:  hhhhick hick. hick.
48              (2.5)
49 Hans:   HA - HA - HA !
50 Josef:  heh - heh - heh - huh
51 Ernst:  Lange Leitung.
52 Hans:   Ich hab halt ein bisserl überlegen müssen, net?
53 Ernst:  Freilich
54              (1.0)
55 Ernst:  Hih, hei du meinst also, daß dich die tiefere versteckte Bedeutung
56         nicht einfach von den Socken haut, hei
57 Hans:   ⌐hhih
58 Gunter: ⌐Das ist ja sehr interessant.
59 Hans:   Was er zu sagen vorgehabt ist-ist ähm,
60 Ernst:  Das riecht nach Psychologie.
61 Josef:  Meine kleine Schwester wird halt älter.
62 Hans:   eh-hih-hih
63 Josef:  jihh hih-hih das ist es was ich sagen wollte
64 Gunter: Klingt auch so.
65 Josef:  Wenn sie mir schon mit zwölf Jahren erzählt-Ich hab nicht einmal
66         gewußt-
67 Ernst:  Woher weißt du daß sie nicht einfach etwas nachplappert ohne zu
68         wissen was es bedeutet.
69 Hans:   Hast du's dir von ihr erklären lassen, Josef?
70 Josef:  Ja bis in alle Einzelheiten,
71 Hans:   Okay Josef, gratuliere dir zu deiner aufgeklärten Schwester.
72 Josef:  Sie sagte mir, daß sie ein Hot Dog gegessen habe,
73              (3.0)
74 Ernst:  Was soll denn das nun heißen.
75 Hans:   Ja los. Erklärs uns. Erklär-
76 Josef:  ⌐ICH WEISS ECHT NICHT ich habs nur gesagt.
77 Hans:   ⌐Erklär alles was du weißt, Josef. Erklär alles.
```

Schon ein erster Blick auf dieses Beispiel zeigt, daß sich der Witz in der sozialen Realität wesentlich vom Witz in dem Witz-Anthologien unterscheidet. Über die in solchen Sammlungen abgedruckte Witzgeschichte (30-45) hinaus weist er einen *Vorspann* (1-29) und eine *Reaktionssequenz* (45-77) auf, die zusammengenommen viermal mehr Raum beanspruchen als der eigentliche Witz. Ein Witz, den jemand einfach so aus heiterem Himmel erzählt, verfehlt seine Wirkung; und einer, auf den keine Reaktion folgt, ist insbesondere für seinen Erzähler ein recht zweifelhaftes Vergnügen. Es gilt als "unmöglich", sich selbst einen Witz zu erzählen. Auch jemand, der über seinen Witz als erster und ohne den Spaß daran zu verlieren, alleine lacht, wenn andere schweigen, benimmt sich daneben. Solche Verhaltensweisen finden sich als Definitionsmerkmale asozial-pathologischer Handlungsweisen und veranlassen Psychiater zu sehr ernsten diagnostischen Erwägungen.

Insoweit sich die üblichen Versuche der Erklärung der Systematik von Witzen und ihrer Witzigkeit allein auf die Witzerzählung beziehen, gehen sie also an einem Gutteil der sozialen Realität des Phänomens vorbei. Jeder Witz benötigt einen *Witzrahmen*, um überhaupt als Kandidat für Witzigkeit auftreten zu können. Er sollte kunstvoll in den Situationsablauf eingebettet sein. Das Glücken dieser Einbettung hat sich der Erzähler, bevor er mit der eigentlichen Witzerzählung anfängt, von den Anwesenden bestätigen zu lassen.

Im Gegensatz zu Geschichten, die, will man sie zum Besten geben, recht genau zum bisherigen Gesprächsablauf passen müssen, lassen sich Witze relativ unabhängig vom Thema des bisherigen Gesprächs etablieren. Gleichwohl verlangt es doch einiges Geschick, um sich mit seinem Witzvorhaben in eine schnell hin und her wogende Konversation einzuklinken. Meist geschieht dies auf konventionelle Weise, indem man mit "kennt Ihr den schon ..?" einen Fuß in die (Gesprächs-)Tür zu stellen versucht (1). Gesprächsorganisatorisch gesehen werden für derartige Witz-Angebote gern Momente gewählt, an denen gerade ein Gesprächsgegenstand abgeschlossen wurde, an denen kurze Pausen auftreten oder wo gerade gelacht worden war. Das ist auch einer der Gründe, warum Witze oft in Serien daherkommen.

Obwohl das Witzangebot und seine Annahme bzw. Ablehnung grundsätzlich in zwei Zügen zu erledigen wären, finden wir in aller Regel - so auch hier - eine längere Abklär- und z.T. auch ausdrückliche Aushandlungsphase. Dafür gibt es systematische Gründe. Für die interaktive Durchführung einer Witzerzählung müssen nämlich bestimmte *Voraussetzungen* gegeben sein:

1. müssen sich alle Beteiligten zwei und nur zwei *aufeinander bezogenen Personenkategorien* zuordnen (nämlich Erzähler und Hörer), wobei die eine Kategorie nur eine Person enthalten darf (technisch spricht man von der Etablierung des Teilnehmerstatus)
2. sollte man davon ausgehen können, daß sich alle Beteiligten an die zu ihrer Kategorie *passenden Reaktionsweisen* halten (Hörer schweigen und lachen später gegebenenfalls; Erzähler erzählen und lachen eventuell mit);
3. muß bei den Beteiligten in etwa Klarheit über *Art, Inhalt und Dauer* der Witzerzählung bestehen; und schließlich
4. sollten beide Teilnehmergruppen davon ausgehen können, daß weder der Witz noch die Reaktion darauf ihnen persönlich zugerechnet werden. Hier geht es um das *Produktionsformat* des Witzes.

Diese vier strukturellen Voraussetzungen des Witzemachens müssen *in der Situation selbst* etabliert werden. Die gesprächsorganisatorische Funktion des Vorspanns besteht nun darin, eben dies zu gewährleisten. Der *Teilnehmerstatus* wird ganz am Anfang festgelegt, in unserem Beispiel geschieht dies in den ersten vier Zeilen. Allerdings ist hier der "per-

sönliche Anteil", also das *Produktionsformat* (4) noch umstritten, wird doch von Ernst eine gewisse persönliche Zurechnung ("wenn Du unbedingt willst") vorgenommen. Josef reduziert die Gefahren einer persönlichen Zurechnung ("gewollter Witz") dadurch, daß er in Zeile 7 noch einmal betont, der Witz stamme von seiner 12-jährigen Schwester. Zugleich kündigt er ihn als etwas an, mit dem sie ihn zu verblüffen versucht habe, signalisiert also eine gewisse Vorstellung über den zu erwartenden Inhalt, einen, der für ein *so junges* Mädchen ungewöhnlich sei. Zumal Hans in den Zeilen 5-6 die Möglichkeit eines harmlosen Kalauers schon ventiliert hatte, kann man von einer wenn auch indirekten Instruktion an die Hörer sprechen, den kommenden Witz wenn möglich als "anzüglich" zu hören.
Die Akzeptierung des Hörerstatus bzw. der Aufforderung, den Witz auf seine Anzüglichkeit hin zu hören, wird konversationstechnisch dadurch ausgedrückt, daß sich in der Pause nach Josef's Äußerung (8; ähnlich bei 27) niemand einschaltet und dieser so die Möglichkeit eingeräumt bekommt, seinem Teilnehmerstatus entsprechend mit der Witzerzählung zu beginnen. Die Anerkennung ihres Teilnehmerstatus durch die übrigen Beteiligten bedeutet mehr als die bloße Bereitschaft zuzuhören; Hörer-Sein beinhaltet nämlich auch die *Übernahme bestimmter interaktiver Aufgaben:*
- Hörer sollten den Erzählvorgang *ungestört* ablaufen lassen und wenn, dann nur bei unklaren Punkten nachfragen;
- sie sollten sich auf jenen Punkt *einrichten,* an dem sie auf die Witzerzählung - wie auch immer - zu reagieren haben (eben die Pointe); und schließlich
- sollten sie das, was kommt, *zunächst als Witz* und nicht als Indikator für seinen Erzähler oder dessen Charakter behandeln.

Man könnte auch davon sprechen, daß über derartige Einstiegssequenzen von den Beteiligten in gemeinsamer Arbeit die Grenze zwischen dem Ernst des "mundanen Denkens" (Pollner) und dem "humourous mode" (Mulkay) markiert wird. Jenseits der Grenze gelten andere Maßstäbe für Plausibilität und Kohärenz, sowie andere Erwartungen an die Reaktionen der Beteiligten. Gerade paradoxe Witze sind ein gutes Beispiel dafür, was sich in der speziellen Welt des Humors alles ereignen kann, ohne daß Sinnverlust die Folge wäre.[3]

---

[3] Mulkay spricht dem Humor in diesem Zusammenhang eine geradezu grundlagentheoretische Bedeutung zu: "It appears that ordinary social acivities depend overwhelmingly on a mode of discourse which is critically flawed, in the sense that is denies the multiplicity of social life and is consequently in constant need of repair (s. Garfinkel 1967). It is, I suggest, this discrepancy between the basic assumptions of the serious mode and the multiple realities of social life that makes the maintenance of mundane interaction such a demanding an skilful accomplishment ... One of the skills which we all acquire, to varying degrees, is that of employing humour to help deal with the

Nachdem die Klärungsphase vorbei (24) und noch eine kleinere Unruhe abgearbeitet ist (25-29), verläuft die eigentliche Erzählphase (30-45) völlig ungestört, obwohl Josef eine einsekündige Pause zwischen den beiden Teilen läßt (37). Eine derartige Pause wäre in jedem anderen Gespräch als Aufforderung zur Redezugübernahme durch einen der anderen Gesprächsteilnehmer empfunden bzw. so behandelt worden. Warum hier nicht? Die Antwort liegt in der methodischen, ja kunstvollen Art und Weise, in der Josef seiner Rolle als Erzähler nachkommt.

Das besondere, von den Beteiligten kooperativ zu lösende Problem besteht ja, um es salopp zu formulieren, darin, daß der eine genau dann lacht, wenn der andere mit seinem Witz zuende ist. Die zusätzliche, für den Witz typische Schwierigkeit dabei formuliert Theodor Lipps in folgendem Aphorismus: "Der Witz sagt, was er sagt, nicht immer in wenig, aber immer in *zu wenig* Worten." (zit. nach Freud 1970, 17) Deshalb sind die Hörer, wenn sie sich einmal auf das Witzangebot eingelassen haben, darauf angewiesen, die Erzählung gleichsam Satz für Satz auf ihre Reaktionsrelevanz, d.h. auf das Erreichen der Pointe zu überwachen.[4]

Seinen Part, nämlich dieses "Zu wenig" so zu gestalten, daß dieser Verständnistest nicht allzu schwierig wird, erfüllt Josef durch eine außerordentlich kunstvolle Gestaltung der Witzform. Seine Witzerzählung verbindet nämlich das *Format der Geschichte* mit dem *Format des Rätsels*. Des Rätsels Lösung und der Geschichte Ende fallen mit der Pointe des Witzes zusammen. Die Verwendung von *drei* Elementen hierfür ist typisch: Um ein Rätsel zu konstruieren sind drei Elemente sowohl notwendig wie hinreichend. Diese Ökonomie des Dreier-Formats wird in unzähligen Witzen (aber auch in anderen rhetorischen Redeformen) genutzt. Die Sequentialität ist bis in kleine Details ausgearbeitet, wobei jeweils die dritte Tochter *als Ausnahme* deutlich wird, liegt doch bei ihr im Gegensatz zu ihren Schwestern eine ganz andere Antwortgestaltung vor. Das Dreier-Format wird also mit einer Kontraststruktur kombiniert. Durch diese vielfache Ordnung des Materials wird u.a. sichergestellt, daß kein kompetenter Hörer auf den Gedanken kommen kann, die Laute der Hochzeitsnacht stammten zumindest in einem oder anderen Fall von den Ehemännern oder irgendeiner dritten Person.

Deutlich wird jetzt auch, warum bei der Pause zwischen den zwei Dreier-Sequenzen (37) keine Störung auftritt: Der über das Rätsel aufgespannte

---

problems of multiplicity and contradiction, incongruity and incoherence which are built into our organized patterns of social action and which persistently treate to disrupt the course of out serious social activities." (214).

[4] Ähnliches gilt für Zuhörer bei einer Rede, die etwaige Einsätze für Applaus oder andere Reaktionen nicht verpassen dürfen (vgl. Atkinson 1984). Die strukturelle Ähnlichkeit zwischen Lachen und Applaus betont Mulkay (1988).

Erwartungshorizont macht nämlich jedem klar, daß der Erzähler weiter "am Zug" ist. Im Gegensatz zu vielen anderen Witzen gibt es hier nach der ersten Dreiersequenz genausowenig zu lachen, wie es zwischen den verschiedenen Sätzen einer Symphonie nichts zu klatschen gibt. Obwohl die Antwort der dritten Tochter für sich genommen *zu wenig* war, hat der Erzähler eine Menge dafür getan, daß sowohl ein anzüglicher Hintersinn wie ihre Eigenschaft als Abschluß und Pointe des Witzes für alle erschließbar wird: Dazu gehören neben dem einführenden Hinweis auf die delikate Natur des Witzes (7), die eindeutigeren Anzüglichkeiten der ersten beiden Antworten, die Ähnliches im dritten Fall erwarten lassen. Auch den Beteiligten in der Szene scheint es nur um eine *bestimmte Sache* zu gehen. Keine Tochter erkundigt sich etwa, was denn die Mutter genau mit ihrer Frage gemeint habe. Was aber klar und plausibel für die Charaktere des Witzes ist, das sollte auch für die Hörer nachvollziehbar sein.

Im Ergebnis erweist sich der Witz als ein kunstvoll organisierter sozialer Sinncontainer. Mit ihm kann man oft mehr und Delikateres als im einfachen Gespräch ausdrücken, ohne dies gleich persönlich zugerechnet zu bekommen. So dürfte unter Jugendlichen, zumal unter 12jährigen, ein Gespräch oder eine Erzählung mit ähnlicher sexueller Thematik kaum denkbar oder doch wesentlich prekärer sein.

Daß es sich bei diesem Witz um das Thema "oraler Sex" handelt, ist eine Interpretation von mir als Leser, die der Interpretation anderer Leser des Sacks'schen Beispiels entspricht und vermutlich auch von den meisten Lesern *dieses* Textes geteilt wird. Was die Beteiligten "wirklich" im Sinn hatten, ist unentscheidbar, allerdings auch für das soziale Verständnis von Witzen grundsätzlich unerheblich. In diesem Sinne "verstehen" wir Witze nicht, sondern verständigen uns an Hand bestimmter konventionalisierter Merkmale darüber, was jeweils gemeint ist.[5]

Daß der Witz in diesem konkreten Fall dennoch "in die Hose" geht, ist wohl eher der Therapiesituation zu verdanken, wo es zum guten Ton gehört, mit Witzen pietätlos oder, was noch schlimmer ist, interpretierend umzugehen.

Generell kann man aber sagen, daß Witze den Hörer mehr als andere Kommunikationsformen zur Mitarbeit nötigen und dies insbesondere bei delikaten Themen. Zudem sind Witze "vogelfrei", sie kleben nicht an ihren Erzählern, wie das Geschichten tun. Jeder Hörer kann sie weitererzählen, weil ihre Erfinderin im Grunde die Gesellschaft selbst ist. Damit werden sie zu einem nicht zu überschätzenden gesellschaftlichen Ordnungs- und Kommunikationsmechanismus. Das zeigt sich an der Rasanz, mit der sie

---

[5] Auf den grundlegende Bedeutung der Unterscheidung von Verstehen und Verständigung hat neben Luhmann vor allem Alois Hahn (1989) hingewiesen.

sich herumsprechen ebenso wie an ihrer imensen Verbreitung über Zeiten und Kulturen. Es gibt hier Kontinuitäten, die bis in die Antike zurückreichen. Ein solcher Treppenwitz der Jahrtausende (erste literarische Fundstelle in der Polyphem-Geschichte der Odyssee), der in seiner zeitgerechten Transformation zugleich ein äußerst beliebter Kinderwitz in der Gegenwart ist, ist der folgende:

Witz 7: Drei Mietparteien, die Familien Doof, Keiner und Niemand wohnen in einem dreistöckigen Haus. Herr Doof unten, Herr Niemand in der Mitte und Herr Keiner ganz oben. Eines Tages setzt sich Herr Doof ans Fenster. Plötzlich, als Herr Doof aus dem Fenster sieht, fällt Herrn Niemand ein Blumentopf aus der Hand und Herrn Doof genau auf den Kopf. Auch Herr Keiner hat es gesehen. Doof verständigt sofort die Polizei und sagt: "Niemand hat mir den Blumentopf auf den Kopf geschmissen. Keiner hat's gesehen." Da fragt der Polizist am Telephon: "Sind sie doof?" "Ja, selbst am Apparat!".

Noch ein Wort zum *Schmutzigen* am Witz. An schmutzigen Witzen ist für den Soziologen und Konversationsanalytiker vor allem deren soziale Funktion und die Frage, wie das Schmutzigsein zustandekommt von Interesse. Zunächst zur *Funktion:* Was ist denn der rationale Kern der Institution des "schmutzigen Witzes", der seine zeit- und kulturübergreifende Beliebtheit erklären könnte? Wenn es beim schmutzigen Witz nur um die Verbreitung sexueller Informationen ginge, dann entstünde - so das Argument von Harvey Sacks (1978) - das Paradox, daß ein Witz mit zunehmender "Substanz" an sozialer Wirksamkeit verlöre. Je betonter die Obszönität, desto geringer ist sowohl seine Erzählbarkeit wie seine potentielle Witzigkeit. Ab einer gewissen Grenze der Eindeutigkeit kann keiner mehr über schmutzige Witze (mit)lachen.

Unser Beispiel macht darüberhinaus deutlich, daß der "schmutzige Witz" von seinem manifesten Inhalt allein nicht leben könnte. Im übrigen gilt für fast alle derartigen Witze, daß die in ihnen enthaltenen Informationen wenig, oft sogar gar nichts mit Sexualität zu tun haben. So kann durchaus der Witz von Josef's Schwester, wie sich in den Zeilen 65-77 zeigt, auch dann "verstanden" und belacht werden, wenn ihr ein möglicher sexueller Hintersinn verborgen geblieben ist. Auch bei Josef bleibt es ja unklar, *was* er eigentlich verstanden hat, d.h. wie er die Witzerzählung *von sich aus* mit Sinn aufgefüllt hat. Dasselbe gilt natürlich auch für Sie, die Sie den Witz gerade gelesen haben. Es ist also nicht eine ganz bestimmte Schmutzigkeit, sondern sozusagen die soziale Herstellung von "Schmutzigkeit an sich", mit der der Erzähler und seine Hörer zusammen beschäftigt sind. Die Schmutzigkeit ist damit kein Merkmal des Witzes selbst (oder ein Charaktermerkmal seines Erzählers oder gar von mir als Autor dieses Textes), sondern ein Resultat einer methodischen Kooperation von Erzähler und Hörer in der jeweiligen Gesprächssituation. Schmutzige Witze sind letztendlich ohne die "schmutzige Phantasie" ihrer jeweiligen Hörer nicht vorstellbar.

Sacks vermutet, daß die Obszönität selbst nur als eine Art "cover" für andere Informationen funktioniert. Die besondere Funktion des Obszönen beschränke sich darauf, die Verbreitung und Zirkulation anderer Informationen auf ganz bestimmte Gruppen und Situationen zu begrenzen. Typischerweise ist die Erzählbarkeit schmutziger Witze auf das eigene Geschlecht beschränkt. Wenn es aber nicht der sexuelle Inhalt ist, was ist es dann, das diesen Witz für 12-jährige Mädchen interessant und für 16-17-jährige Jungen eher langweilig macht? Sacks liefert hierfür ein bemerkenswertes Interpretationsangebot:

Zunächst fällt ihm auf, daß Männer in diesem Witz nicht vorkommen und auch die Mutter als einzige weibliche Erwachsene eine nur instrumentelle Rolle als Stichwortgeberin in der Witzerzählung spielt. Die Mädchen sind eindeutig die Protagonisten der Witzgeschichte und die, um deren gemeinsame Erfahrungen es geht. Sie sind es auch, die argumentativ das letzte Wort haben, indem sie der Mutter demonstrieren, wie souverän sie mit dem elterlichen Belehrungen umzugehen verstehen. Die Mädchen sind also die Erzähler, Protagonisten und die Sieger der Witzerzählung, nur sie haben dabei etwas zu lachen.

Gegen die Sacks'sche These, daß Witze keine spezifischen sexuellen Informationen weitertragen, hat sich Michael Mulkay (1988) gewandt. Zunächst weist er nach, daß es von diesem Witz auch eine männliche Version gibt, die sich nur durch eine andere semantische Umrahmung davon abhebt. Die offensichtliche Verbreitung dieses Witzes bei Jugendlichen beiderlei Geschlechts bei gleichzeitiger Begrenzung der normalen Hörerschaft auf die Gruppe der Gleichgeschlechtlichen verweist darauf, daß es gerade die Kombination von Restriktion und sexueller Information ist, die die Besonderheit der "rationalen Institution" (Sacks) des schmutzigen Witzes ausmacht.

Wenn man allerdings die analytische Perspektive ein wenig verschiebt, dann läßt sich der Sacks'schen These von der beschränkten Relevanz sexueller Inhalte für die Wirkung und Beliebtheit schmutziger Witze ein weiterer, tieferer Sinn abgewinnen. Deutlich wird dies insbesondere bei Erwachsenen-Witzen, bei denen der (Neuigkeits-)Wert der sexuellen Informationen tendenziell an Bedeutung verlieren dürfte. In den Vordergrund treten demgegenüber die Schilderungen verschiedener Variationen der Relation zwischen den Geschlechtern in einer (meist männlich-sexistischen) Weise, wie sie im normalen ernsten Gespräch nicht möglich ist. Nicht Sex, sondern "gender" ist also des eigentliche Thema dieser Witzform. Schmutzige Witze zu erzählen, ihnen zuzuhören und über sie zu lachen stellt eine wesentliche Form der gesellschaftlichen Reproduktion des Geschlechterverhältnisses, eine zentrale Form des "doing gender" (West/Zimmerman 1987) dar.

4. Das Lachen und andere Antworten auf Witze

In die soziale Maschinerie des Witzes sind genügend Mechanismen eingebaut, die ein "erfolgreiches Arbeiten" auch für den Fall gestatten, daß sich Erzähler und Hörer sehr weitgehend in ihrem Verständnis der jeweils gegebenen "Schmutzigkeit" unterscheiden. Dabei kommt dem naiven Hörer der Umstand zugute, daß er sein Verstehen relativ einfach "beweisen" kann, eben indem er lacht. Damit wären wir beim Thema "Lachen" angelangt. Mit dem Erreichen der Pointe schlägt dem Witz die Stunde: Die Reaktion der Hörer entscheidet, *ob* er einer ist und wenn, ein wie guter. Oder aber, wenn er keiner ist, was von dem Gesagten und dem Erzähler infolgedessen zu halten sei. Erfolgt Lachen von *allen* Hörern, dann ist der Witz beendet, die Witzmaschine fürs erste abgeschaltet und das Gespräch kann weitergehen.

Ich möchte zunächst den *Normalfall* behandeln. Das primäre interaktive Instrument der Anerkennung der Humorigkeit von Witzen in unserer Kultur ist bekanntlich das Lachen. Das heißt, Lachen ist keineswegs eine Antwort auf die "objektive Witzigkeit" oder "Güte" eines Witzes, sondern der Weg, um Humorigkeit als soziale Tatsache zu etablieren. Der Satz "Humor ist, wenn man trotzdem lacht" bringt diese konstitutive Funktion des Lachens auf den Punkt. Man stelle sich nur einmal vor, was angeheiterte Stammtischrunden alles lustig finden können.

Der Punkt, an dem Lachen normalerweise nach einer Witzerzählung einzusetzen hat, sozusagen der natürliche Ort des Lachens, liegt in einem sehr kurzen Zeitintervall von weniger als einer Sekunde nach deren Beendigung. Gerade bei gut durchorganisierten Witzen kann das Lachen schon in den letzten Worten der Erzählung einsetzen, wenn der "Sog" auf eine bestimmte Pointe hin überdeutlich geworden ist. Wenn aber der Hörer 1.3 Sekunden mit seiner Reaktion wartet, wie in unserem Beispiel (46), dann ist dies, wie die Reaktion von Josef belegt, schon eine merkwürdige und nicht einfach zu übergehende Verzögerung, von längeren Wartepausen, wie den 2.5 Sekunden unmittelbar danach (Zeile 48), ganz zu schweigen. Diese Sekunde nach der Beendigung der Witzgeschichte für Lachen zu verwenden, stellt sozusagen eine *gesellschaftliche Empfehlung* dar, der man natürlich auch zuwiderhandeln kann. Als andere Reaktionen bleiben grundsätzlich Schweigen oder Reden übrig, die aber auch nur bei methodischem Vorgehen und richtiger Plazierung ihre humorverhindernde Wirkung erfüllen können. Ich komme darauf zurück.

Bei der Analyse des Lachens sollte man sich zunächst vergegenwärtigen, daß unser Sprechsystem darauf ausgerichtet ist, Pausen und Schweigephasen zwischen Redezügen *auf ein Minimum* zu reduzieren (vgl. Sacks/Schegloff/Jefferson 1974). Das heißt auf der anderen Seite: Die Tatsache, *daß* solche Phänomene vorkommen und die Art, *wie* dies geschieht, dient den Beteiligten sowohl als Ausdrucksmittel wie als Verstehenshinweis. An der richtigen Stelle zu Lachen wird zum Zeichen, daß der oder die Betreffende den Witz verstanden hat. Unter dem Aspekt "Verständigungstest" ergibt sich - gerade bei als anzüglich hörbaren Witzen - nach der Pointe ein stillschweigender Wettbewerb zwischen den Hörern: Wer hat's als erster kappiert? Diese strukturelle Konstellation erhöht völlig unabhängig vom Witzinhalt die Wahrscheinlichkeit unmittelbar einsetzenden und fast gleichzeitigen Lachens als normale Reaktion auf die Pointe. In die soziale Organisation des Witzes sind Vorkehrungen eingebaut, die sein Glücken (und "Verstehen") wahrscheinlicher machen; es besteht offensichtlich eine gesellschaftliche Präferenz dafür, Witze, wenn sie denn auftauchen, auch witzig zu finden.

Andererseits kann dieser strukturelle Zusammenhang aber auch zur *Diskriminierung* bestimmter Hörergruppen dienen, die eigentlich *nicht lachen wollen*: etwa einzelne Frauen über sexistische Witze in einer Männergesellschaft. Hier wird der Witz zu einem interaktiven Machtinstrument: Zwischen der Unmöglichkeit, nicht zu reagieren, dem Vorwurf der Humorlosigkeit und den sozial unangenehmen Folgen demonstrativen Weggehens auf der einen, und ihren inhaltlichen Einwänden auf der anderen Seite geraten solche Personen in schwer lösbare Dilemmata. Angesichts der darin versteckte Nötigung zum Mitlachen ist das Erzählen von Witzen sicher eine der häufigsten Formen der sexuellen Belästigung. So kann es im Extremfall zu "humorvollen", in Sinn von erfolgreichen Witzen kommen, obwohl *jeder der Hörer* deren Inhalt völlig unmöglich findet. *Dieser* Aggressionsaspekt des Witzes seinen Hörern gegenüber wird gemeinhin unterschätzt. Opfer von Witzen sind nämlich nicht nur jene Gruppen, die im Witz selbst in diskriminierender Weise vorgeführt werden, wie Irre, Ostfriesen, Bauern oder Stotterer. Opfer sind auch die Hörer, die sich plötzlich mit einer Art Kurzintelligenztest konfrontiert sehen und die, ob sie wollen oder nicht, ihr Wissen über, aber auch ihre Einstellung zu bestimmten, oft sogar zu üblicherweise tabuisierten Lebensbereichen offenzulegen haben. Im Falle sexistischer Witze kommen Frauen damit sogar in eine doppelte Opferrolle.

Ich kann hier nicht weiter auf die technischen Feinheiten der sozialen Organisation des Lachens eingehen (vgl. dazu Jefferson 1979; 1984; 1985; Jefferson/Sacks/Schegloff 1987; Schenkein 1972), sondern beschränke mich darauf, einige elementare organisatorische Zusammenhänge vorzuführen.[6] Der erste und einfachste Fall ist, wie gesagt, das *freiwillige Lachen* am Ende einer Äußerung, d.h. unmittelbar an dem strukturell dafür vorgesehenen Ort. Der zweite Fall wäre eine *Einladung zum Lachen* durch den Sprecher mit Hilfe sogenannter *Lachpartikel* (47), denen sich dann der Hörer anschließt. Solche Einladungen können schon *während* der eigentlichen Witzerzählung, oder aber wie bei unserem Beispiel, *nach einer auf die Pointe folgende Pause* plaziert werden. Letzteres geschieht insbesondere dann, wenn man einen Witz im letzten Moment *zu retten versucht*.

Nicht nur das Lachen, sondern auch das *Nicht-Lachen bzw. die Lach-Verzögerung* sind gesprächstechnisch ausgeklügelt organisiert. Will ein Hörer *in keinem Falle* mitlachen, so hat er gleichsam Zusatzarbeit zu leisten. Er muß die durch die Pointe und durch die eventuelle Lachaufforderung etablierte *Lachzumutung* neutralisieren, um sich nicht daneben zu benehmen und als böswilliger "Witzkiller" dazustehen. Er könnte dies dadurch zu tun versuchen, daß er die mangelnde Witzigkeit des Witzes *ausdrücklich anspricht* und von sich aus eine Diskussion darüber eröffnet. Dabei riskiert er freilich, in die Rolle des humorlosen Spielverderbers zu geraten, wenn es ihm nicht gelingt dieser Rolle selbst - am besten durch eine witzige Bemerkung - zu entkommen (z.B.: "Herr Ober, zwei Gabeln zum Kitzeln"). Eine elegantere Variante besteht darin, sich die Sinninkongruenz des Witzes zunutze zu machen und sich nach einer Pause hinter der Pointe auf den thematischen Aspekt der Witzhandlung zu beziehen und darüber ein - ernstes - Gespräch anzufangen; etwa der Art: "Ja, die Kinder heutzutage beschäftigen sich doch früher als wir damals mit sexuellen Dingen". Das hat allerdings den Nachteil, sich ausdrücklich auf den ungeliebten oder peinlichen Inhalt, wenn auch nicht in Witzform, einlassen zu müssen.

In unserem Beispiel haben wir den Fall einer mißglückten Lacheinladung vor uns. Die Pause von 2.5 Sekunden (48) zeigt, daß Josefs Rettungsversuch seine Wirkung verfehlt hat. Keiner der Hörer ist aus der Ablehnungsfront ausgeschert. Was nun? Würde der Erzähler die anderen noch einmal zum Mit-Lachen einladen, wäre die Grenze der peinlichen Nötigung

---

[6] Bei den folgenden Darlegungen sollte man sich an das "Paradox des Lachens" erinnern, auf das Koestler (1966) aufmerksam gemacht hat. Obwohl Lachen gemeinhin als physiologisch/psychologischer Prozeß interpretiert wird, der eruptiv und ungesteuert (in neueren Arbeiten wird diesbezüglich gar die Chaostheorie bemüht) abläuft, betont Koestler, that "civilized laughter is rarely quite spontaneous." (1966: 30). Die soziale Kompetenz des Lachenden besteht offensichtlich darin, daß sein Lachen trotz aller es umgebenden Konventionen spontan und natürlich klingen läßt (Schenkein 1972). Ähnlich Mulkay :"Participants within a humorous mode are required not to seem to be controlling their own, or other people's, responses to humour. Humour is deemed to be successful only if it evokes what is taken to be a genuine, spontaneous reaction." (1988, 118).

erreicht. Der Erzähler ist also verurteilt passiv abzuwarten, was mit seinem Witz passiert. Andererseits wächst für die lachunwilligen Hörer der Druck, die lange Pause und ihre Ablehnung der Lacheinladung zu erläutern. Dies tut Hans interessanterweise durch ein Lachen (49), wenn auch durch ein besonderes: Sein nachäffendes Lachen ist technisch gesprochen eine multi-funktionale Äußerung. Damit lacht er nämlich nicht nur, sondern kommentiert auch gleichzeitig sein Lachen als ein "Pflichtlachen" und *entwertet* damit dessen potentiell witzbestätigende und humorkonstituierende Funktion. Wiewohl Josef noch einmal ein hilflos-dünnes Lachen nachschiebt (50), ist der Witz als "Witz" nicht mehr zu retten. Die anderen beiden sind nämlich schon dabei, sich und Josef zu erklären, was den Witz so wenig witzig machte. Ebenso reflexiv wie hinterhältig ist dabei das Anspielen auf den richtigen Zeitpunkt des Lachens, den man bei der gedanklichen Suche nach der "tieferen versteckten Bedeutung" leider verpaßt habe (51-58). Sogar der Therapeut beteiligt sich an der Demontage des Witzes und seines Erzählers (58) - meines Erachtens eine klare Verletzung des Enthaltsamkeitsgebotes.

Josef sieht sich angesichts dessen gezwungen, in eine Diskussion über den Witz, dessen Humorlosigkeit und seinen Anteil daran einzutreten. Er unternimmt den Versuch, wenigstens sich zu retten und das Flaue seines Witzes seiner Schwester in die Schuhe zu schieben. Vielleicht wäre ihm dies auch in einer anderen Gesprächssituation gelungen. In dem programmatisch humorlosen setting einer Gruppentherapie hat er aber kaum eine Chance zu vermeiden, daß der Witz und seine Hintergründigkeit ihm persönlich zugerechnet werden. Prompt findet er sich - statt in der Rolle des erfolgreichen Humoristen - in jener des Klienten der Gruppe wieder. Witze, so können wir lernen, sind sehr ernste und gefährliche Instrumente, die ähnlich wie Feuerwerkskörper bei unsachgemäßen Gebrauch nach hinten losgehen können.

5. Witz und Lachen als gesellschaftliches Handwerkszeug

Ich habe mich bemüht, einiges von der natürlichen Geordnetheit zu vermitteln, mit der in unserer Gesellschaft Witze erzählt und gegenenfalls belacht bzw. anderweitig kommentiert werden. Witz und Lachen sind aber nur zwei Elemente eines umfangreichen Repertoires an interaktivem und kommunikativem Handwerkszeug, dessen wir uns bei der Abwicklung unserer alltäglichen Angelegenheiten und bei der Bewältigung dort anstehender Handlungsprobleme bedienen können.

Zu diesem kulturellen Repertoire gehören u.a. auch jene Methoden, die die Verteilung von Redezügen in Gesprächen regeln; die das Erzählen von Geschichten steuern; die die Art und Weise anleiten, wie wir Fehler korrigieren, oder die uns nachlegen, wie wir Gespräche angemessen zu beginnen oder zu beenden haben. Dazu gehört aber auch die soziale Organisation des Blickens und die der Positionierung von Personen und ihren Körpern im sozialen Raum.

Alle diese interaktiven und kommunikativen Handwerkszeuge stehen jedem Beteiligten an irgendeiner Handlungssituation zur Verfügung, sind demnach grundsätzlich *kontextunabhängig*. Auf der anderen Seite müssen sie sensibel der jeweiligen Situation angepaßt werden. Ihre kompetente Verwendung setzt also voraus, daß sich die Beteiligten in ihrem Reden und Tun auf den Ort der jeweiligen Handlungsabfolge, auf die Geschichte der Beziehung zwischen sich und auf andere Aspekte der konkreten Situation erkennbar beziehen. Es ist die kontextunabhängige Struktur, die definiert, *wie* und *wo* Kontextsensitivität gezeigt werden kann: Wie wir sahen, kann die Humorigkeit eines Witzes schon allein dadurch torpediert werden kann, daß man an einer entscheidenden Stelle des Gesprächs einen Bruchteil einer Sekunde lang zu spät reagiert. Was "gute Witze" sind, läßt sich daher nicht abstrakt-theoretisch, sondern nur am Ort des Geschehens ausmachen.

Umgekehrt reproduzieren wir, indem wir und in der Art wie wir konkret unsere Witze und unser Lachen gestalten, gesellschaftliche Situationen und Beziehungen. So lacht man in einer Gerichtsverhandlung - wenn überhaupt - anders und über anderes als in einer Therapie, einer Prüfung oder wenn man mit seinen Kindern zusammen ist. Man könnte sogar die Faustregel formulieren: Sage mir wie und über was Du lachst und ich sage Dir wer und wo Du gerade bist! So gesehen verdient es der Humor als gesellschaftliches Grundphänomen von den Sozialwissenschaften ernster genommen zu werden als bisher.

Literatur

Anderson, D.C./Sharrock, W.W. (1983). Irony as a methodological theory. A sketch of four sociological variations. Poetics Today, 4, 565-579.

Atkinson, J.M. (1984). Our masters' voices: the language and body language of politics. London and New York: Methuen.

Bergson, H. (1900). Le rire. Paris.

Coser, R.L. (1960). Laughter among colleagues: a study of functions of humor among the staff of a mental hospital. Psychiatry, 23, 81-95.

Dahrendorf, R. (1963). Der Intellektuelle und die Gesellschaft. Über die soziale Funktion des Narren im 20. Jahrhundert. Die ZEIT Nr. 13, 9.

Davis, M. (1971). That's interesting: towards a phenomenology of sociology and a sociology of phenomenology. Philosophy of Social Science, 1, 309-344.

Douglas, M. (1968). The social control of cognition: some factors in joke perception. Man, 3, 361-376.

Eco, U. (1982). Der Name der Rose. Frankfurt am Main: Hanser.

Emerson, J.P. (1969). Negotiating the serious import of humor. Sociometry, 32, 169-181.

Fine, G.A. (1983). Sociological approaches to the study of humor. In P.E. McGhee, E. Sagarin (eds.): Handbook of humor research (pp 159-181). New York: Springer.

Freud, S. (1970, 1905). Der Witz und seine Beziehung zum Unbewußten. Studienausgabe Band 6 (Psychologisches Schriften) (S. 9-219). Frankfurt am Main: Fischer.

Garfinkel, H. (1967). Studies in ethnomethodology. Englewood Cliffs: Prentice Hall.

Hahn, A. (1989). Verständigung als Strategie. In M. Haller, H.-J. Hoffmann-Nowottny, W. Zapf (Hrsg.): Kultur und Gesellschaft (S. 346-359). Frankfurt am Main/New York.

Jefferson, G. (1979). A technique for inviting laughter and its subsequent acceptance / declination. In G. Psathas (ed.): Everyday language: studies in ethnomethodology (pp 79-96). New York: Irvington.

Jefferson, G. (1984). On the organization of laughter in talk about troubles. In J.M. Atkinson, J. Heritage (eds.): Structures of social action (pp. 346-369). Cambridge: Cambridge University Press.

Jefferson, G. (1985). An exercise in the transcription and analysis of laughter. In T. van Dijk (ed.): Handbook of discourse analysis. Vol. 3 (pp. 25-34). London: Academic Press.

Jefferson, G., Sacks, H. & Schegloff, E.. (1987). Notes on laughter in the pursuit of intimacy. In G. Button, J.R.E. Lee (eds.): Talk and social organisation (pp. 152-205). Clevedon, Philadelphia: Multilingual Matters LTD.

Koestler, A. (1966). The act of creation. London: Pan Books.

Lepenies, W. (1969). Melancholie und Gesellschaft. Frankfurt am Main: Suhrkamp.

Nietzsche, F. (1959). Die fröhliche Wissenschaft. München: Goldmann.

Sacks, H. (1975). An analysis of the course of a joke's telling in conversation. In R. Bauman, J. Sherzer (eds.): Explorations in the ethnography of speaking (pp. 337-352). Cambridge: Cambridge University Press.

Sacks, H. (1978). Some technical considerations of d dirty joke. In J.N. Schenkein (ed): Studies in the organization of conversational interaction (pp. 249-270). New York: Academic Press.

Sacks, H., Schegloff, E. & Jefferson, G. (1974). A simplest systematics for the organization of turn-taking in conversation. Language, 50, 7-55.

Schenkein, J.N. (1972). Towards an analysis of natural concersation and the sense of *Heheh*. Semiotica, 6, 344-377.

West, C., Zimmerman, D.H. (1987). Doing gender. Gender & Society, 1, 125-151.

Woolgar, S. (1983). Irony in the social study of science. In K.D. Knorr-Cetina, M. Mulkay (eds.): Science Observed (pp. 239-266). London u.a.: Sage.

Zijderveld, A.C. (1983). The sociology of humour and laughter. Current Sociology, 31, 1-103.

Psychoanalyse und Akademische Psychologie
Zwei feindliche Schwestern?

Wolfgang Mertens

*I*n einem Brief an Stefan Zweig am 7. Dezember 1929 schrieb Freud: "Man hat sich einfach nicht um mich gekümmert und das war gut. Was hätte ich mit einer Professur für Psychiatrie oder selbst für Psychoanalyse angefangen? Sie wäre nur störend oder unbrauchbar gewesen" (zit. nach Zweig, 1989, S. 149).

64 Jahre später läßt sich die Situation an den bundesdeutschen Hochschulen dahingehend charakterisieren, daß schätzungsweise 100 Psychoanalytiker eine Professorentätigkeit an den Hochschulen ausüben. Vor allem die "Denkschrift zur Lage der ärztlichen Psychotherapie und psychosomatischen Medizin" der Deutschen Forschungsgemeinschaft aus dem Jahr 1964 führte zur Gründung von Lehrstühlen oder Abteilungen für diese Fächer an den meisten medizinischen Fakultäten (vgl. Thomä & Kächele, 1983). Nur am Rande sei angemerkt, daß der selbe Wissenschaftsrat in seinen Empfehlungen zur klinischen Forschung an den Hochschulen vom 24. Januar 1986 zum Ausdruck gebracht hat, daß die betriebene Forschung nicht den Ansprüchen genügt, die man im Hinblick auf die Ausstattung und im internationalen Vergleich stellen müßte. Deshalb werde nun ein Abbau psychosomatischer und psychotherapeutischer Abteilungen erwogen, was Kommentatoren zu der Charakterisierung "eines kurzen Sommers der Psychoanalyse" (Becker, 1987) veranlaßt hat. Die meisten Lehrstühle oder Professuren sind in der Medizin untergebracht; an den Psychologischen Fakultäten gibt es derzeit nur fünf Professuren, d.h. die Psychoanalyse ist in der akademischen Psychologie so gut wie nicht vertreten.

Wenn ich für meine Person und damit für die Universität München spreche, so existierte in den 60er und 70er Jahren entsprechend der alten Rahmenstudienordnung immerhin noch die Tiefenpsychologie als Fach im zweiten Studienabschnitt. Die neue bayerische Rahmenstudienordnung, geltend ab Anfang der 80er Jahre, hat diese Regelung abgeschafft. Tiefenpsychologie kann im Rahmen von Fächern wie "Geschichte der Psychologie" noch Erwähnung finden, braucht aber nicht mehr als eigenes Fach gelehrt zu werden, geschweige denn als Prüfungsfach vertreten zu sein. Das entspricht der umgekehrten Entwicklung, wie wir sie seit den 70er Jahren in der Medizin kennen. Es ist in München der engagierten Intervention meiner Kollegen Heiner Keupp und Kurt Lukasczyk zu verdanken, daß bei der Anpassung der Studien- und Prüfungsordnung der Universität München an die bayerische Rahmenstudienordnung die Tiefenpsychologie als scheinpflichtiges Fach gerettet werden konnte, was auch die Existenz von Dozenten für dieses Fach erforderlich machte. Neben der Ausbildung in Tiefenpsychologie vertrete ich seitdem auch den Schwerpunkt Psychoanalyse im Studien- und Prüfungsfach der Klinischen Psychologie. Ich für meine Person habe mit dieser Konstruktion einen zufriedenstellenden Kompromiß gefunden, und die Psychologische Fakultät in München hat damit eine Vorbildfunktion für eine breitgefächerte Ausbildung in Klinischer Psychologie inne. Gleichwohl finde ich es bedauerlich, daß die Psychoanalyse, als eines der in der Krankenversorgung am häufigsten praktizierten, ältesten und anerkanntesten Therapieverfahren an den meisten deutschen psychologischen Fakultäten nicht gelehrt wird.

Ist der trennende Graben zwischen Psychoanalyse und akademischer Psychologie tatsächlich nur dem Umstand geschuldet, daß sich die Mehrzahl der Psychoanalytiker hinter die Doppeltüre ihrer Behandlungszimmer zurückgezogen und sich geweigert hat, empirische Forschung, wie sie etwa ab den 60er Jahren in der Psychologie im großen Maßstab wieder modern wurde, zu betreiben? Wäre die Psychoanalyse schon lange in die Psychologie eingemeindet, wenn sie sich zur empirischen Forschung bequemt hätte? Oder würde sie trotz ihrer empirischen Potenz immer noch draußen vor der Tür ihrer akademischen Schwester ausharren müssen? Aber kann denn die Psychoanalyse dies überhaupt wollen? Würde ihr durch diese Einbindung nicht weitgehend der kritische Stachel genommen werden, das Beunruhigende, das trotz aller Medizinalisierung und Therapeutisierung immer noch von ihr ausgeht? Könnte sie mit ihrem emanzipatorischem Potential überhaupt hoffähig werden? Und wenn der Gesellschaft tatsächlich so viel am Nachweis der Effektivität der psychoanalytischen Therapie und damit an Kosten-Nutzen-Relationen gelegen ist, wie immer wieder als drohende Ermahnung zu hören ist, müßte sie sich dann um die psychoanalytische Ausbildung und Forschung nicht viel mehr kümmern? Müßte sie dann nicht für wichtige Forschungsprojekte auch entsprechende Finanzierungshilfen bereitstellen, wenn sie schon die Ausbildung psychoanalytischer Therapeuten an private Institutionen abschiebt, deren Existenz und Fortbestand weitgehend vom ehrenamtlichen Engagement ihrer Mitglieder getragen wird, den Staat also bislang so gut wie keinen Pfennig kostet? Statt auf scheinheilige Weise zu beklagen, daß die Psychoanalyse keine nennenswerte Therapieforschung hervorgebracht habe, (was, wie wir später noch sehen werden, gar nicht stimmt) stünde es deshalb den offiziellen Vertretern der akademischen Psychologie besser zu Gesicht, wenn sie ihre eigene Ausgrenzungspolitik gegenüber der Psychoanalyse reflektieren würden. Ist es die Angst, daß die über weite Strecken steril und langweilig wirkende Universitätspsychologie bei einem Sich-Einlassen auf ihre attraktivere Schwester den Kürzeren ziehen könnte? Oder hat sich die Psychoanalyse, enttäuscht von dem ihr entgegengebrachten Unverständnis, ihrerseits in eine elitär wirkende Außenseiterposition gebracht, von der her kein Dialog mehr möglich zu sein scheint? Läge es an ihr, auf ihre akademische Schwester zuzugehen?

Wie dem auch immer sein mag, die Tatsache, daß die Psychoanalyse in der Bundesrepublik forschungsmäßig weitgehend den Medizinern überlassen wurde und die methodische Kompetenz psychologischer Wissenschaftler der Forschung in der Psychoanalyse nur marginal zur Verfügung steht, ist ein bedauerliches Faktum. Statt aber schuldbewußt nur von einer Bringschuld auszugehen, d.h. von dem Vorwurf, die Psychoanalyse habe bislang noch nicht den Nachweis ihrer Wissenschaftlichkeit und Effizienz erbracht und solle dies jetzt endlich tun, könnte man auch von der Hochschul-Psychologie und von ihrem offiziellem Verband verlangen, ihre Grundlagenforschung auch auf die Untersuchung der psychoanalytischen Praxis auszudehnen und damit endlich einen sinnvollen und relevanten Beitrag als moderne Psychologie zu liefern. Daß die bisherigen Forschungsmethoden in der Psychologie dafür allerdings weitgehend nicht in Frage kommen dürften, sondern zuvor im Verbund mit Psychoanalytikern eine neue Methodologie entwickelt werden müßte, liegt auf der Hand.

Weshalb haben sich bislang methodologisch reflektierte Psychoanalytiker gesträubt, sich an den naturwissenschaftlichen Forschungskanon der Universitäts-Psychologie bzw. der Sozialwissenschaften anzupassen? Und ist dies der Grund dafür, daß sich das Verhältnis von Psychoanalyse und Psychologie als eines von wechselseitiger Ignoranz und Arroganz bezeichnen läßt?

Die Argumente

Ich werde im folgenden überwiegend *methodologische* Problemstellungen skizzieren und diese in Form von Pro- und Contra-Argumenten darlegen.

Der Vorwurf der akademischen Psychologie an die Psychoanalytiker lautet:

Die Theorien, die ihr verwendet, mögen zwar heuristisch wertvoll und geistreich sein, aber es gibt in der Psychoanalyse fast so viele Theorien wie Köpfe. Jeder, der über etwas Kreativität verfügt, prägt neue Begrifflichkeiten oder stellt gar eine neue Theorie auf. Jeder von Euch fühlt sich wie ein kleiner Freud, dabei vergeßt Ihr, daß ihr auf den "Schultern von Riesen" steht. Es gibt viel zu wenig systematische Bezugnahmen der einzelnen Autoren untereinander, wie es dem kleinen Einmaleins des wissenschaftlichen Arbeitens entspricht, die verschiedenen Theorieansätze stehen trotz disparater Voraussetzungen in kunterbunter Reihenfolge nebeneinander, die Begrifflichkeiten sind vage, die Konzepte dehnbar, jeder versteht etwas anderes darunter. In Eurer Psychoanalyse ist viel Bluff, jemand, der rhetorisch begabt ist, kann einen Bestseller schreiben, egal, ob seine Auffassungen stimmen oder nicht. In vielem gleicht Ihr Märchenerzählern. Es fehlt also zunächst einmal das, was in jeder Wissenschaft selbstverständlich sein sollte, nämlich eine systematische Explikation der verschiedenen Begriffe und Hypothesen, die Gegenüberstellung alternativer Hypothesen und es fehlt zum zweiten vor allem die empirische Testung dieser Hypothesen. Die Berufung auf die Autorität Freuds kann kein Wahrheitskriterium sein, denn Freud hat mal dieses, mal jenes gesagt, und deshalb kann dieser Rekurs nicht die Wahrheit verbürgen. Eure Hinweise auf das Freudsche Junktim von Therapie und Forschung, also der Glaube, daß wenn Ihr therapiert, Ihr zugleich auch Forschung betreibt, ist - mit Euren psychoanalytischen Vokabeln ausgedrückt - eine bequeme Rationalisierung, nichts anderes als Drückebergerei vor der mühseligen, aber äusserst notwendigen Arbeit der empirischen Forschung. Diese Kärrnerarbeit überläßt Ihr getrost anderen, während ihr in geistigen Höhen schwebt und niemals überprüfbar ist, was Ihr überhaupt in Euren Therapien treibt.

Die Psychoanalyse antwortet auf diese Beschuldigung:
Es mag sein, daß Außenstehenden die Theorieentwicklung in der Psychoanalyse wie ein kreativer Wildwuchs vorkommt; aber der Fachmann kennt die einschlägigen Veröffentlichungen, in denen eine Klärung der theoretischen Voraussetzungen vorgenommen worden ist: beispielsweise die Arbeit von Hoffmann (1979) über persönlichkeitspsychologische Konzepte, von Wahl (1985) über Narzißmus, von Greenberg und Mitchell (1983) über objektbeziehungstheoretische Ansätze oder von Rothstein (1985) über verschiedene psychoanalytische Modellvorstellungen vom Psychischen und deren Beziehungen zur klinischen Arbeit und vieles andere mehr. Sicherlich gibt es manche sich auf den ersten Blick widersprechende Theorieansätze, aber in welcher Wissenschaft gibt es das nicht; und ist dies nicht gerade ein Zeichen dafür, daß sich eine Disziplin in einer lebendigen Weiterentwicklung, statt in einer monotheoretischen Erstarrung befindet? Die Berufung auf die Autorität Freuds kann in der Tat kein Wahrheitskriterium sein, und wenn man sich in der psychoanalytischen Theorielandschaft genauer umschaut, dann wird man feststellen, daß heutige Psychoanalytiker viele ursprüngliche Auffassungen Freuds mittlerweile revidiert, wenn nicht sogar völlig aufgegeben haben. Erinnert sei z.B. an die einseitige Sichtweise des Ödipuskomplexes, an die Ausklammerung der präödipalen Lebenszeit, an die weibliche Sexualität, an die Entstehung

des Über-Ichs und vieles andere mehr. Dennoch halten Psychoanalytiker nach wie vor an bestimmten essentials fest, wie z.B. an dem maßgeblichen Einfluß des Unbewußten auf unser bewußtes Erleben und Verhalten. Ob die Therapie als intraklinische Forschung betrachtet werden kann, oder ob sie durch extraklinische Forschung überhaupt erst in den Rang einer solchen versetzt wird, ist eine Frage, die man allerdings noch um einiges gründlicher diskutieren muß.

Betrachten wir zunächst einmal die zur empirischen Überprüfung psychoanalytischer Theoreme vor allem in amerikanischen Dissertationen durchgeführte Forschung. Diese ist meistens von Psychologen betrieben worden und hatte Themen, wie den Zusammenhang zwischen Gestilltwerden und oralen Charakterzügen, zwischen Sauberkeitserziehung und analem Charakter und anderes mehr zum Inhalt. Mit einem lachenden und mit einem weinenden Auge mußten wir erleben, daß viele Wenn-Dann-Hypothesen in diesen empirischen Arbeiten bestätigt wurden. Aber es war uns nicht behaglich zumute, weil wir angesichts der empirischen Zurechtstutzung komplexer Zusammenhänge oftmals Mühe hatten, unsere psychoanalytischen Auffassungen überhaupt noch wiederzuerkennen. Trotzdem kann ruhig erwähnt werden, daß die solcherart beforschte Psychoanalyse die empirisch am häufigsten untersuchte psychologische und sozialwissenschaftliche Disziplin ist. Die Möglichkeit dazu, hat Popper, der noch davon ausging, die Psychoanalyse sei nicht falsifizierbar, nicht recht gegeben. Aber die wesentliche Frage war ja, ob die Therapie als intraklinische Forschung ausreichend ist oder sich einer objektivierenden, empirischen Forschung unterziehen muß. Denn der Haupteinwand lautet ja wohl - wenn man Euren derzeitigen Kronzeugen, Adolf Grünbaum, heranzieht - daß unsere klinischen Daten epistemisch kontaminiert seien, d.h, wir selbst und unsere Patienten verifizieren das, was unseren eigenen theoretischen Voreingenommenheiten entspricht. Unsere psychoanalytischen Rekonstruktionen sind also nichts anderes als Geschichten und meistens sind es gemeinsam entworfene Fiktionen, deren Bestätigung von seiten des Patienten so beliebig wie nur etwas ist. Wissenschaft könne also nur stattfinden, wenn diese Subjektivität getilgt werde. Dazu sollen wir uns auf Eure empirischen Methoden besinnen. Lange Zeit galt Euch das Experiment als der Königsweg der Methoden. Die naturwissenschaftliche Forschung hat dabei Pate gestanden. Werfen wir deshalb einen kurzen Blick auf einige methodische und methodologische Besonderheiten Eurer ach so gerühmten empirischen Vorgehensweise:

* Diese Forschung läßt sich weitgehend am Schreibtisch betreiben. Man braucht mit den Menschen, die man beforscht, nicht unmittelbar in Kontakt zu treten; ja ein solcher Kontakt kann sogar oft unerwünscht sein,

weil er im Sinne von Versuchsleiter-Erwartungen die Ergebnisse beeinflussen könnte.
* Man kann die eigentliche Forschungsarbeit deshalb auch an andere Mitarbeiter (Assistenten) delegieren, um sich im sozialen Rückzug auf den Forschungs-"gegenstand" konzentrieren zu können.
* Es ist relativ unwichtig, welche konkreten Probleme die Menschen, die man beforschen will, haben. Die Auswahl der Forschungsgegenstände geht einzig und allein vom Forscher aus und folgt häufig bestimmten modischen Trends.
* Ebenso ist es unwichtig, wie die Menschen als Versuchspersonen bestimmte psychische Sachverhalte selbst definieren und benennen würden: Die Operationalisierung der Konzepte am Schreibtisch des Wissenschaftlers schafft eine vorgängige Formalisierung, die von vornherein festlegt, was unter Intelligenz, Leistungsmotivation, Stress u.a.m. zu verstehen ist.
* Es ist unwichtig bzw. störend, wenn die zu untersuchenden Personen Gefühle oder Erwartungen gegenüber dem Versuchsleiter empfinden; diese sollen deshalb auch nicht berücksichtigt werden.
* Um zu verhindern, daß Gefühle und Erwartungen einzelner Personen die Objektivität der Erhebung zu stark beeinträchtigen, müssen ganze Gruppen von Personen beforscht werden, weil sich dann die nicht gänzlich zu tilgenden störenden Gefühle gegenseitig aufheben.
* Um zu verhindern, daß die Versuchspersonen den wahren Forschungszweck erfahren, müssen sie - zumindest im Laboratoriumsexperiment - hinter's Licht geführt werden! Erst nachträglich werden sie vom Versuchsleiter aufgeklärt.
* Häufig kennt auch der Versuchsleiter nicht die wirkliche Hypothese des Forschers! Zwei unaufgeklärte, bzw. getäuschte Personen stehen sich gegenüber, wobei die eine ein reiz-reaktionsanaloges Verhalten auf den experimentellen Stimulus, aber nicht auf den übrigen Kontext äußern soll, was dann als Datum verrechnet werden kann.
* Die Zeitdauer des Forschungskontaktes ist zu minimieren, weil die Gefahr einer Datenkontamination mit der Länge des Kontaktes anwächst, und weil möglichst viele Versuchspersonen beforscht werden sollen.
* Das, was eine Versuchsperson wirklich denkt, was sie möglicherweise verschweigt, was sie äußern würde, wenn sie mehr Vertrauen zu der gesamten Forschungssituation hätte, aufgrund welcher Erfahrungen und lebensgeschichtlichen Ereignisse sie zu bestimmten Einstellungen gelangt ist, interessiert nicht, weil es nur eine unnötige Komplikation des Forschungsablaufes mit sich bringen würde. Statt dessen sind mathematische und statistische Verfahren von höchstem Interesse!
* Der positivistische Forscher muß sich ein stetes Mißtrauen bewahren: Er kann nämlich nie sicher gehen, ob die Versuchspersonen z.B. im Inter-

view lügen, lediglich sozial erwünschte Antworten geben oder eine soziale Reaktanz aufweisen. Kontrollmaßnahmen, wie z.B. Lügenskalen oder die Einkalkulierung von Compliance sind deshalb zu berücksichtigen.

Das ist eine saubere, geräuschlose, kontrollierbare, ordnungspolitisch unverdächtige Forschungshaltung, die höchste akademische Ehren verspricht!

Die Frage ist nun in der Tat nicht so sehr, ob wir Psychoanalytiker uns diesem Forschungsparadigma, diesem szientistischen Credo, unterwerfen wollen, sondern ob wir es überhaupt können. Ob wir es mit unserem genuin psychoanalytischen Anspruch der Datenerhebung für sinnvoll halten, diese "Entsubjektivierung" vorzunehmen. Zwar ist es noch gar nicht allzu lange her, daß Freud mit einer experimentalanalogen Therapieanordnung begann (zumindest auf dem Papier), nämlich mit der des Analytikers als objektivem Projektionsschirm, aber spätestens seit den 50er Jahren hat sich in der Psychoanalyse doch die Auffassung durchgesetzt, daß die Subjektivität des Analytikers (d.h. seine Affektivität, seine bewußten und unbewußten Phantasien, kurzum seine Gegenübertragung) das Erleben des Analysanden mitkonstituiert. Und das, was im positivistisch-psychologischen Forschungsparadigma als auszuschaltende Fehlerquelle zu betrachten ist, weil hierdurch die Daten verunreinigt werden, gilt im psychoanalytischen Paradigma als wichtige, vielleicht sogar als die wichtigste Erkenntnismöglichkeit. Das maximale Zulassenkönnen der Subjektivität bei optimaler Reflexion dieser Subjektivität ist deshalb das oberste Ziel psychoanalytischer Methodologie. Und natürlich sind auch die einzelnen methodischen Schritte dem positivistischen diametral entgegengesetzt: Der psychoanalytische Forscher hört zu, er lernt diejenigen Bedeutungen kennen, die Alltagshandelnde von ihren Gegenständen haben und zwängt diese nicht in ein szientistisches Korsett mit Hilfe vorgängiger Operationalisierung und Formalisierung. Er läßt seine "Studienobjekte" erzählen, wie diese ihre Welt sehen und lernt in einer großen akribischen und detaillierten Genauigkeit die Innenperspektive seines Analysanden kennen. Er geht davon aus, daß er dabei zur Übertragungsfigur wird, was ihm die einmalige Chance einräumt, über das Hier und Jetzt des Kontaktes hinauszugehen, und längst vergangene Beziehungserfahrungen und identitätskonstituierende Momente seines Analysanden kennenzulernen. Nicht die gruppenstatistische Nivellierung, sondern das Nachzeichnen einer höchst eigenen, unverwechselbaren Identität ist das psychoanalytische Anliegen. Diese läßt sich nicht von außen registrieren, messen und berechnen, sondern der Analytiker geht dazu auf psychische Tuchfühlung: Er läßt sich bei diesem ganzen Prozeß lieben und hassen, sehnsuchtsvoll herbeiwünschen und respektlos kritisieren, zärtlich ansabbern und lustvoll anpinkeln oder mit anderen Worten: Er hat keine Angst vor affektiver Ansteckung und Kontamination!

Meissner (1989) hat jüngst die erkenntnistheoretische Qualität und Sonderstellung psychoanalytischer Daten noch präziser zu bestimmen versucht und dabei *vier* Dimensionen herausgearbeitet, deren jeweilige Validierung unterschiedliche methodologische Vorgehensweisen und Wahrheitskriterien erforderlich macht.

Habt Ihr etwas Vergleichbares an methodologischer Reflexion anzubieten? Gewiß habt Ihr Euer Hempel-Oppenheim-Schema und Eure empirisch-nomothetische Wissenschaftsauffassung. Aber was hat Euch Eure Forschung bislang beschert? Ist dabei wirklich so viel heraus gekommen? Wie sieht denn die Situation in der modernen Psychologie aus? Ich glaube, daß man ohne Übertreibung sagen kann, daß es auch hier eine Vielzahl von Minitheorien gibt, die jede für sich oftmals empirisch überprüft worden ist- bis sie eines Tages fallengelassen wird, weil sich eine interessantere oder vielversprechendere Minitheorie ergibt, und nicht weil sie endgültig falsifiziert worden ist. Die Praxisrelevanz und die externe Validität dieser Theorien sind in den seltensten Fällen gegeben. Das, was sich unter kontrollierten Bedingungen im Labor realisieren läßt, ist nur in den wenigsten Fällen auf die Wirklichkeit übertragbar. Beziehr Ihr Universitäts-Psychologen Eure Legitimation nicht häufig aus der Erforschung von Trivialitäten, was ihr dann als Grundlagenforschung ausgebt, deren Mangel an Anwendungsrelevanz mit einem ungeheurem methodischen und statistischen Aufwand verbrämt wird? Mit den modernsten Maschinen ausgerüstet, mit x Monitoren an der Wand und an Großrechner angeschlossen, fühlt ihr Euch wie in einem physikalischen Forschungszentrum oder wie in einer Weltraumkapsel und meint auf diese Weise, am Ruhm der modernen Naturwissenschaft teilnehmen zu können (an dem mittlerweile aber auch immer mehr zu zweifeln ist).

Oder hat sich bei Euch doch schon etwas verändert? Gilt etwa das Laboratoriumsexperiment mittlerweile nicht mehr als der Königsweg der Methoden? Gelegentlich hört man ja, daß vereinzelt und zaghaft Methoden der qualitativen Sozialforschung Eingang in den Forschungsbetrieb gefunden haben sollen, auch wenn dies vorerst nur hinter vorgehaltener Hand zugegeben wird. Stimmt es übrigens, daß für viele von Euch qualitative Forschungsmethoden immer noch als weiblich gelten, weil hierbei eben die Vermengung mit eigener Subjektivität als vermeintliche Gefahr befürchtet wird?

Die psychologische Schwester erwidert:
Ihre Argumentation ist ein trefflicher Beweis für die Gefahren der Subjektivität. Ihre Polemik läßt erkennen, daß sie nicht dazu in der Lage sind,

sachlich und objektiv zu argumentieren. Ich möchte zunächst die gröbsten Irrtümer und Unterstellungen korrigieren und Sie dann über die Logik Ihres Forschungsgegenstandes aufklären. Der häufig vor allem von studentischer Seite und aus linken Kreisen zu hörende Vorwurf, die psychologischen Forschungsergebnisse besäßen keine externe oder ökologische Validität, übersieht den Unterschied zwischen Grundlagenforschung und angewandter Forschung. Die akademische Psychologie betreibt keine Ingenieurs-Psychologie. Wirklich große Forschung fragt nicht nach ihrer Anwendung. Nur wenn man von diesem Zwang zur sofortigen Anwendung befreit ist, kann wirklich kreative Forschung entstehen. Aus diesem Grund betrachten wir die verschiedenen Anwendungen psychologischer Erkenntnisse vor allem in der psychotherapeutisch-psychoanalytischen Praxis mit großer Skepsis, weil die Zeit dafür noch gar nicht reif ist. Deswegen warnen wir auf unseren Kongressen der Deutschen Gesellschaft für Psychologie auch regelmäßig vor einer Therapeutisierung der Psychologie und haben aus diesem Grund auch schon vorgeschlagen, wissenschaftliche Psychologie an den Hochschulen, und die sogenannte berufspraktisch orientierte Praxeologie irgendwo anders, aber nicht an den Hochschulen zu betreiben. Nun aber zu Ihrem methodologischen Verständnis:

Sie scheinen nicht realisiert zu haben, daß die Psychologen mit der Methodik des Labor-Experiments und Sie als Psychoanalytiker tatsächlich den gleichen Gegenstandsbereich vor sich haben: nämlich den Menschen in seiner Abhängigkeit von blinden, reizreaktiven Kräften, die nicht seiner bewußten Verfügung und Intentionalität unterstehen. Untersucht die Psychologie dabei das, was dem Menschen naturgesetzlich *widerfährt* und was sich dementsprechend auch nomologisch-empirisch abbilden läßt, so untersuchen Psychoanalytiker, wie das z.B. Euer Herr Jürgen Körner in seiner Schrift "Vom Erklären zum Verstehen in der Psychoanalyse" (1985) herausgearbeitet hat, das von unbewußten Motiven verursachte maschinenhafte Verhalten, das aufgrund des von Euch postulierten ominösen Wiederholungszwanges empirisch beobachtbare Gleichförmigkeiten in der Übertragung erzeugt. So weit sind also diese beiden methodologischen Auffassungen nicht auseinander. Bloß läßt sich eben in Eurer Versuchsanordnung, dem psychoanalytischen Setting, überhaupt nicht ausschalten, daß der Therapeut trotz der ihm verordneten Abstinenzhaltung seinen "Forschungsgegenstand", d.h. seinen Patienten, ständig beeinflußt. Es gibt mittlerweile unzählige Experimente aus der sozialpsychologischen Interaktions- und Kommunikationsforschung, aus denen hervorgeht, wie Therapeuten durch subtile Cues, z.B. durch verbale "Mhms" die Gesprächsinhalte ihrer Patienten systematisch steuern können, ohne daß die Therapeuten selbst davon etwas merken würden. Wir betrachten es deshalb als unumgänglich, daß Ihr Psychoanalytiker die wissenschaftliche

Redlichkeit aufbringt und Euer Tun einer wissenschaftlichen Kontrolle unterzieht. Meta-Analysen zum Therapieerfolg einzelner Therapierichtungen, die Ihnen vielleicht bekannt sein dürften, haben ja in den letzten Jahren gezeigt, daß nur die empirisch untersuchten und konsequent aus empirisch bestätigten Hypothesen abgeleiteten Therapieverfahren wie die Verhaltenstherapie über dem Durchschnitt liegende Therapieresultate aufzuweisen hat.

Nun muß ich Sie aber doch unterbrechen, ruft vehement die psychoanalytische Schwester:
Sie scheinen in puncto Psychotherapieforschung nicht auf dem Laufenden zu sein. Die von Ihnen erwähnten Meta-Analysen werden schon seit einigen Jahren heftig kritisiert. Denn wie in kritischen Nachuntersuchungen zu dieser Art von Studien herausgefunden wurde, sind diese von vornherein so angelegt, daß die Überlegenheit der Verhaltenstherapie dabei herauskommen muß. Die Großzahl der Studien waren sorgfältig kontrollierte verhaltenstherapeutische Kurzzeittherapien, von denen viele unter Laborbedingungen vorgenommen worden waren; die Erfolgskriterien waren auf die Symptombeseitigung konzentriert, was bekanntlich für Psychoanalytiker bei Kurzzeittherapien unter den Verdacht der Übertragungsheilung fällt! Die Ergebnisse dieser auf den ersten Blick nun endlich Objektivität verbürgenden Meta-Analysen sind also ganz eindeutig von den verwendeten Beurteilungskriterien und Auswertungsmethoden abhängig. Vergleichende Psychotherapieforschungen bzw. Meta-Analysen müßten - sofern sie überhaupt noch sinnvoll sind - um vieles sorgfältiger durchgeführt werden. Man sollte also, bevor man - wie übrigens auch Grünbaum (1988) - vorschnelle Schlüsse aus dieser Art von emprischen Untersuchungen zieht, sich der Voraussetzungen derartiger Studien vorab vergewissern.
Nach vier Jahrzehnten mitunter recht fragwürdiger empirischer Psychotherapieforschung unter Verwendung nomothetischer Forschungsdesigns auf gruppenstatistischer Basis wird nunmehr die Frage nicht mehr lauten, *ob* Psychotherapie wirkt, sondern *wie und warum sie wirkt*. Und deshalb muß sich auch die Psychotherapieforschung - und hier komme ich auf Ihre Unterscheidung zurück - von einer anwendungsorientierten zu einer Grundlagenwissenschaft entwickeln. Zu Ihrer Information: Schon anfangs der siebziger Jahre wurden in der BRD Verlaufsuntersuchungen von Psychoanalysen anhand von Tonbandaufzeichnungen von Thomä und Kächele initiiert. Das dabei entstehende gewaltige Textmaterial zwang bald darauf zum Einsatz computer-gestützter Textanalysen und führte schließlich zur Entstehung der sog. Ulmer Textbank, wo Anfang der 80er Jahre bereits 1200 Behandlungsstunden gespeichert waren. In Ulm ist auch in den letzten Jahren eine Arbeitsgruppe ins Leben gerufen worden, die sog.

"Psychotherapeutische Einzelfall-Prozeßforschung" (PEP) an der Kächele und Grawe beteiligt sind: Folgende Fragen sind für diese Gruppe forschungsanleitend: Was geschieht konkret in Psychotherapien? Welche Prozesse lassen sich dabei unterscheiden? Worin unterscheiden sich bestimmte Formen der Psychotherapie, jenseits verbaler Beteuerungen? Zur Zeit werden in einem großangelegten Methodenvergleich die Aussagekraft, Anwendbarkeit und Praktikabilität z.B. der folgenden Verfahren überprüft: Phänomenanalyse, objektive Hermeneutik, Deutungs-musteranalyse, Ordnung durch Fluktuation, Prozeß-Dialog-Analyse, strukturale Semantik, Gottschalk-Gleser-Verfahren, SASB (Structural Analysis of Social Behavior), zentraler Beziehungskonflikt und die Plananalyse.

Diese Bestandsaufnahme macht deutlich, daß die Experimentierphase innerhalb der Psychotherapieforschung abgeschlossen ist, und daß nun an einer konsequenten Einzelfallforschung gearbeitet werden wird, wobei der zu erwartende Aufwand nach Einschätzung von Fachleuten unsere Erwartungen weit übertreffen und immens sein wird (vgl. z.B. Tress, 1989).

Nun zu Ihrer Argumentation, daß das experimentelle Gegenstandsverständnis und dasjenige der Psychoanalyse starke Gemeinsamkeiten aufweisen: Dort die "Widerfahrnis"-Argumentation, hier das "Maschinenhafte" aufgrund des Wiederholungszwanges. Sie lassen dabei aber unerwähnt, daß die Psychoanalyse auch das *intentionale Handeln* des Analysanden thematisiert und darüberhinaus das *szenische Geschehen*. Dieses läßt sich dahingehend charakterisieren, daß der Analytiker als Forscher die Inszenierungen seines Analysanden nicht nur als Wiederholungen früherer Szenen begreift, sondern auch den aktualgenetischen Anteil der Szene, nämlich den Beitrag des Analytikers, in Analogie zum Tagesrest bei der Trauminterpretation, zu erfassen versucht. Das ist in der Tat eine anspruchsvolle methodologische Thematisierung, aber sie vermeidet eben den Fehler, den Sie in der Vergangenheit permanent begangen haben, nämlich den Menschen *ausschließlich* nur als durch kausale Zwänge bestimmt zu konzeptualisieren oder *ausschließlich* als intentionalen Akteur. Den szenischen Aspekt versuchten Sie mit Hilfe ausgeklügelter methodischer Tricks auszuschalten, wie Blindversuch, Doppelblindversuch, Täuschung etc. Alle Anzeichen sprechen aber dafür, daß sich das Szenische methodisch nicht totschlagen läßt, sondern durch die Hintertür doch wieder hereinkommt. So hat z.B. die Forschungsrichtung "Sozialpsychologie des Experiments" gezeigt, daß die angeblich nur auf den experimentellen Stimulus reagierenden Vpn unablässig nach irgendwelchen Hinweisreizen suchen, um sich selbst eine Hypothese über Sinn und Ziel des Experiments bilden zu können. Aber kommen wir auf die Psychoanalyse zurück: Hier wird versucht, all diese Facetten des Menschlichen, das Kausale, das Intentionale und das Szenische in einer einzigen Forschungssituation zu erfassen, wobei sich die Forschungs-Perspektive der Psychoanalyse vor allem auf unbewußte Phantasien und Erlebnisse richtet, die sich aus Konflikten ergeben. Sie hingegen neigen dazu, entweder das Intentionale völlig auszuklammern, so wie in Ihren klassischen Lerntheorien, oder den Menschen einseitig in den Rang eines intentionalen Akteurs zu versetzen (wie in den kognitiven Lerntheorien), wo Naturgesetzlichkeiten, der Einfluß unbewußter Faktoren keine Rolle mehr spielen. Das Szenische hat für Sie bislang nur den Stellenwert einer lästigen Störvariable. Deswegen bin ich der Auffassung, daß die Psychoanalyse den Menschen umfassender und angemessener abbildet als die akademische Psychologie, die bislang immer nur Teilstücke thematisiert hat. Diese Aufsplitterung wird zwar forschungslogisch gerechtfertigt, verfehlt aber nach unserer Meinung grundlegend das Wesen des Menschlichen. Es wäre deshalb gut, wenn Sie auch kritische Stimmen in Ihrem eigenen Fach, wie z.B. die Arbeiten von Groeben und Scheele (1977) oder von Herzog (1984) genauer zur Kenntnis nehmen würden.

Die Psychologie antwortet:
Nun haben Sie selbst eingeräumt, daß Psychotherapieforschung sinnvoll und notwendig ist. Würden Sie mir auch darin zustimmen, daß die Therapiesituation keine Forschung im eigentlichen Sinn darstellen kann? Und daß deshalb auch auf jeden Fall eine extraklinische Forschung notwendig ist, sowohl zur Erforschung klinischer und entwicklungspsychologischer Sachverhalte, als auch zur Erforschung dessen, was der Psychoanalytiker eigentlich in der Behandlungssituation macht. Denn wie kritische Kollegen aus Ihren eigenen Reihen ja selbst beschrieben haben, kann man aufgrund von Tonbandaufnahmen zeigen, welche große Diskrepanz zwischen dem angeblich und dem tatsächlich Geäußerten besteht. Schon nach kurzer Zeit treten hier erstaunliche Erinnerungslücken und- Fälschungen auf. Und wenn Sie den von Ihnen so häufig beschworenen interaktionellen oder szenischen Gesichtspunkt ernstnehmen, dann sieht sich ja ein Analytiker nicht nur mit der Aufgabe konfrontiert, die unbewußten Übertragungs-Inszenierungen seines Patienten zu erkennen, sondern ständig auch darüber zu reflektieren, welche Einflüsse und Rückwirkungen von ihm selbst auf den Patienten ausgehen. Meinen Sie nicht, daß Ihr Psychoanalytiker damit auch überfordert seid, es sei denn Ihr würdet Euch hinterher jede Stunde auf Tonband oder noch besser auf Video noch einmal vergegenwärtigen? Aber das macht natürlich den feinen Damen und Herren Psychoanalytikern wieder zu viel Arbeit. Ihr solltet deshalb schon in Euren Ausbildungs-Curricula die Therapieforschung fest verankern und den zukünftigen Psychoanalytiker auch auf eine Ethik des Forschens verpflichten. Was ist denn von Euren hehren Idealen übriggeblieben? Z.B. daß sich

der Analytiker alle fünf Jahre wieder einer erneuten Selbsterfahrung unterziehen soll, was wohl nur die wenigsten von Euch machen. Vielleicht solltet Ihr statt dessen lieber die Verpflichtung zur kontinuierlichen Forschung in Euer Berufsbild implementieren. Eure Ulmer Textbank in allen Ehren, aber das ist doch nur eine winzige Kontrollmöglichkeit angesichts von -zigtausend durchgeführten analytischen Psychotherapien, von denen kein Außenstehender genau weiß, ob da überhaupt eine Psychoanalyse durchgeführt wird oder nicht irgendeine Art selbst zusammengeschusterter Wald- und Wiesen-Psychotherapie stattfindet!

Darf ich Sie unterbrechen, wirft die Psychoanalyse ein.
Wir gehen als Psychoanalytiker davon aus, daß die psychoanalytische Situation und Forschungsmethode eine immens fruchtbare Erkenntnis über den Menschen ermöglichen. Wir sind dabei aber realistisch genug, zu sehen, daß wir mit unseren Methoden nur einen perspektivischen Ausschnitt erfassen. Wenn uns z.B. ein Patient einen Traum erzählt, dann interessiert uns, warum er ihn gerade jetzt erzählt, wie er ihn erzählt, welche unbewußten Sinnzusammenhänge im Traum aufscheinen und natürlich auch in welche interaktionellen Zusammenhänge sich die Traumfiguren des Patienten einfügen lassen. Wir interessieren uns aber nicht für die Physiologie des Traumes, für das Wach- und Schlafverhalten, für die REM-Phasen u.a.m. Wenn auch manche Psychoanalytiker selbst ihren eigenen Methoden mißtrauen und den Zwang verspüren, ihre Befunde mit Hilfe empirisch-nomothetischer Forschung endlich als wissenschaftlich ausweisen zu müssen, so mag dies im einzelnen Fall unterschiedliche Ursachen haben, wissenschaftstheoretisch aber läßt sich feststellen, daß hierbei von einer epistemischen Kontinuität und von dem Ideal einer Einheitswissenschaft ausgegangen wird, d.h. es gibt keine Unterschiede zwischen den einzelnen Erkenntnisebenen und es existiert nur eine einzige wissenschaftliche Vorgehensweise, die der empirisch-nomothetischen Forschung.
Im Unterschied zu dieser Auffassung, einem szientifischen Credo, ist aber davon auszugehen, daß die psychoanalytische Methodologie Erkenntnisse produziert, die für sich genommen wertvoll sind, und die auf dieser spezifischen Erkenntnisebene eine Annäherung an die Wahrheit mit sich bringen. Extraklinische Forschung, z.B. die Auswertung von Tonbandprotokollen, kann betrieben werden und durchaus als Bereicherung erlebt werden, aber man sollte nicht unreflektiert davon ausgehen, daß diese objektivierende Forschung nun allein die Wahrheit verbürgt oder a priori der Wahrheit näher kommt als die psychoanalytische Tiefenhermeneutik.
Wir müssen die Frage der methodologischen Vergleichbarkeit noch um einiges genauer stellen, als dies bislang geschehen ist. Viele neue Methoden sind ja in den letzten Jahrzehnten entstanden, die sich der Erforschung

psychoanalytischer Fragestellungen zugewandt haben (so z.B. die Mutter-Kind-Beobachtung, die katamnestische Befragung in Follow-Up-Untersuchungen, die klinisch-quantitative Forschung, sprachlinguistische Untersuchungen u.a.m.). Die Daten, die man aufgrund derartiger Untersuchungen erhält, handeln aber nie von unbewußten Prozessen, die sich aus psychischen Konflikten und aus der Beziehung mit dem Analytiker ergeben. Kann dann ein Vergleich überhaupt sinnvoll und zulässig sein? Wir müssen also darauf bestehen, daß der Wechsel von einer Erkenntnisebene zur anderen von Fall zu Fall eine genaue theoretische und methodologische Klärung erforderlich macht. Die Psychotherapieforschung hat nicht zuletzt durch die in den vergangenen Jahren immer stärker erfolgte Miteinbeziehung psychodynamisch orientierter Therapierichtungen mittlerweile ein Niveau erreicht, daß nun auch für die Psychoanalyse Anreiz genug besteht, sich noch stärker als früher mit Psychotherapieforschung - aber natürlich auch mit psychoanalyserelevanten Ergebnissen aus anderen Disziplinen, wie z.B. der Neuropsychophysiologie oder der Cognitive Science - zu beschäftigen.
Hinsichtlich Ihrer Curriculums-Anregungen kann ich Ihnen mitteilen, daß Psychoanalytiker selbst schon diese Idee verfolgen, Theorie und Praxis der Forschung viel stärker bereits in der Ausbildung zu verankern. Denn die Bereitschaft, sich mit extraklinischer Forschung zu beschäftigen, wächst tatsächlich auch durch die Geübtheit und Informiertheit im Umgang mit methodischen Fragen. Z.B. kennen nur wenige praktizierende Psychoanalytiker die hoch interessanten Forschungsarbeiten von Leuzinger-Bohleber (1987/1988) in Deutschland. Shevrin (1988) hat z.B. jüngst eine sehr sorgfältig geplante Studie zur Erforschung unbewußter Prozesse anhand psychodynamischer und elektrophysiologischer Methoden unternommen.

Ich breche an dieser Stelle das fiktive Gespräch ab und hoffe, ein wenig ausgeführt zu haben, aufgrund welcher Argumente eine doch ziemlich starke Grenzziehung zwischen akademischer Psychologie und Psychoanalyse zumindest in der Vergangenheit vorgenommen wurde. Viele Angriffe und Diskussionen, die ich erlebt habe, hatten tatsächlich die Thematik der empirischen Beforschbarkeit zum Inhalt. Man kann sich jetzt natürlich fragen, ob die Empirie nur ein Vorwand ist, hinter der sich ganz andere Motive verbergen. Denn wie ich deutlich zu machen versucht habe, liegt der Einschätzung, die Psychoanalyse hätte keine nennenswerte empirische Forschung aufzuweisen, ohnehin ein massiver Irrtum zugrunde. Im Bereich der Therapieforschung wird zukünftig die Psychoanalyse sogar eine Spitzenposition einnehmen, weil sie die zur Zeit elaboriertesten Beziehungsmodelle aufzuweisen hat, deren Einbeziehung für eine qualifizierte

Einzelfallforschung unbedingt notwendig ist. Ist es Neid, der sich hinter der Ablehnung verbirgt? Neid auf eine Theorie-Entwicklung, die es nun seit fast einhundert Jahren vermocht hat, eine einmalige theoretische Geschlossenheit trotz Pluralismus und trotz Abfallbewegungen herzustellen, und die sich weltweit zu einer ansehnlichen Wissenschaftsorganisation entwickelt hat? Ist es Neid darauf, daß sich in der Psychoanalyse das Heilen mit dem Forschen verbinden läßt, die Fremdanalyse mit der Selbstanalyse, daß wir nie fragen müssen, ob unsere Forschung für die Menschen auch nützlich ist? Daß wir uns nie den Vorwurf anzuhören brauchen, daß unsere Forschung lebensfremd ist und so gut wie nichts mit den wirklichen Bedürfnissen und Sorgen der Menschen zu tun hat, daß wir uns unsere Modelle und Theorien am Schreibtisch ausgedacht haben und sie mit distanzierten Methoden zu überprüfen versuchen? Daß wir eine geglückte Synthese von Begründungs-, Entdeckungs- und Anwendungs-Zusammenhang gefunden haben? Ist es vielleicht immer noch die Angst, daß man beim wirklichen Sich-Einlassen auf die Psychoanalyse entdecken muß, daß man sich über vieles bei sich selbst und bei anderen hinweg getäuscht hat? Und daß die Ent-täuschung der eigenen Größenphantasien den sozialen Tod bereiten könnte? Daß berufliche Rollen- und bürgerliche Normalitätsvorstellungen sich als mühsam zusammengehaltene Kompensationsleistungen herausstellen könnten? Ist es immer noch und immer wieder die Angst und die Scham vor der Beschäftigung mit der Psychosexualität, die z.B. in einem bekannten entwicklungspsychologischen Lehrbuch der Gegenwart mit hoher Auflage auf 800 Seiten keine Erwähnung findet? Ist es die Tatsache, daß es in der Psychoanalyse wie in keiner anderen wissenschaftlichen Disziplin so viele Frauen als hervorragende Klinikerinnen und Theoretikerinnen gibt (vgl. Chodorow, 1987), daß Verstehen und Empathie immer noch überwiegend als mütterlich-weibliche Fähigkeiten gelten? Welche individuellen, wissenschafts- und berufspolitischen Gründe es im einzelnen auch immer sein mögen, es wird auf jeden Fall wichtig sein, bei der Analyse dessen, was die Psychologie auf die Psychoanalyse überträgt, auch im Auge zu behalten, was die Psychoanalyse zu dieser Übertragungsbeziehung beisteuert, wie ihre Ausgrenzungs- und Rückzugsstrategien beschaffen waren und sind.

Literatur

Becker, H. (1987). Der kurze Sommer der Psychoanalyse. Anmerkungen zu einem aktuellen Streit. Psyche, 41, 254 - 262.

Greenberg, J. & Mitchell, S. (1983). Object relations in psychoanalytic theory. Cambridge, Mass.: Harvard University Press.

Groeben, N. & Scheele, B. (1977). Argumente für eine Psychologie des reflexiven Subjekts - Paradigmawechsl vom behavioralen zum epistemologischen Menschenbild. Darmstadt: Steinkopff.

Grünbaum, A. (1988). Die Grundlagen der Psychoanalyse. Eine philosophische Kritik. Stuttgart: Reclam.

Herzog, W. (1984). Modell und Theorie in der Psychologie. Göttingen: Hogrefe.

Hoffmann, S.O. (1979). Charakter und Neurose. Ansätze zu einer psychoanalytischen Charakterologie. Frankfurt/M.:Suhrkamp.

Körner, J. (1985). Vom Erklären zum Verstehen in der Psychoanalyse. Untersuchungen zur psychoanalytischen Methode. Göttingen: Vandenhoeck & Ruprecht.

Leuzinger-Bohleber, M. (1987). Veränderung kognitiver Prozesse in Psychoanalysen. Band 1: Eine hypothesengenerierende Einzelfallstudie. Ulm: PSZ-Verlag.

Leuzinger-Bohleber, M. (1989). Veränderung kognitiver Prozesse in Psychoanalysen. Band 2: Fünf aggregierte Einzelfallstudien. Ulm: PSZ-Verlag.

Meissner, W.W. (1989). A note on psychoanalytic facts. Psychoanalytic Inquiry, 9, 193 - 219.

Rothstein, A. (1985). Models of the mind. Their relationships to clinical work. Madison, Conn.: International Universities Press.

Shevrin, H. (1988). Unconscious conflict: A convergent psychodynamic and electrophysiological approach. In M.J. Horowitz (Ed.), Psychodynamics and cognition. (pp. 117 - 167). Cicago: University of Chicago Press.

Thomä, H. & Kächele, H.(1983). Bemerkungen zur Lage der psychoanalytischen Forschung in der BRD. In H. Häfner (Hg.), Forschung für die seelische Gesundheit (S. 159 - 173). Berlin: Springer.

Tress, W. (1989). Ein Blick auf die Konturen des Elefanten. Bericht von der 19. Jahrestagung der Society for Psychotherapy Research (SPR) in Santa Fé vom 14. - 18. Juni 1988. Zeitschrift für Psychosomatische Medizin und Psychoanalyse, 35, 175 - 186.

Wahl. H. (1985). Narzißmus? Stuttgart: Kohlhammer.

Zweig, S. (1989). Über Sigmund Freud. Porträt, Briefwechsel, Gedenkworte. Frankfurt: Fischer.

"Riskante Chancen"
Das Subjekt im Zeitalter der Gentechnologie

Elisabeth Beck-Gernsheim

1. Einleitung
Das Zerbrechen des Fortschrittskonsens

Naturwissenschaft und Technik wurden lange Zeit von einem selbstverständlichen Fortschrittsparadigma getragen, welches im Kern davon ausging, daß die Resultate des naturwissenschaftlich-technischen Handelns dem Wohl der Gesellschaft wie dem Wohl des einzelnen förderlich seien (durch Abwehr von Hunger und Krankheit, Produktivitätssteigerung, Wohlstandsmehrung usw.). Kennzeichnend war derart eine Harmonieannahme: Fortschritt der Naturwissenschaften war in diesem Verständnis gleichbedeutend mit Fortschritt für das Allgemeinwohl.

Dieser selbstverständliche Fortschrittskonsens ist in den letzten Jahren - zumindest in einigen Gruppen - brüchig geworden. In Politik wie in Öffenlichkeit, innerhalb wie zwischen den Wissenschaften, nicht zuletzt auch innerhalb der Naturwissenschaften selbst sind Kontroversen in Gang gekommen, von der Diskussion über die Zerstörung der äußeren Natur bis zur Diskussion um die immer weiterreichenden Eingriffe in die menschliche Natur. Was immer stärker in den Mittelpunkt rückt, ist die Frage nach der *Sozialverträglichkeit* der Resultate naturwissenschaftlich-technischen Handelns. Diese Frage gewinnt insbesondere deshalb an Brisanz, weil die Naturwissenschaften in rapidem Tempo voranschreiten, wobei gleichzeitig die Trennlinie zwischen Forschung und Anwendung immer mehr außer Kraft gesetzt wird. Dies bedeutet im Endeffekt, daß die Naturwissenschaften zu einer gesellschaftsverändernden Kraft ersten Ranges werden - und dies vielfach unter der Hand, ohne politisches Mandat, ohne Kontrolle durch Politik und Parteien (Beck, 1986, darin Kap. VIII). Während Gesetzesvorhaben parlamentarischen Debatten und Abstimmungen unterworfen werden, können technische Entwicklungen in vielen Normalisierungsschritten auf dem Weg von Forschung - Anwendung - massenhafter Nutzung durchgesetzt werden.

Mit der Frage nach der Sozialverträglichkeit, die jetzt aufkommt, verschiebt sich der Blickwinkel. Jetzt wird gezielt auch nach den sogenannten Nebenfolgen des Fortschritts gefragt, nach den Risiken und Gefahrenpotentialen, die darin enthalten sind. Dies gilt für viele Bereiche - nicht zuletzt für die Medizintechnologie und insbesondere auch für die Gentechnologie in ihrer Anwendung am Menschen. Ins Blickfeld rückt hier, daß die Gentechnologie nicht nur die technischen Mittel für technisch definierte Zwecke bereitstellt, sondern, viel weitreichender, ein neues Verhältnis des Menschen zu sich selbst und seiner Natur in Gang setzt. Damit werden notwendig Grundsatzfragen berührt, die eine neue Reflexion über den Sinn und Zweck solcher Eingriffe erfordern. Exemplarisch dargestellt wird diese Position bei Wolfgang van den Daele, der Mitglied der Enquete-Kommission "Gentechnologie" des Deutschen Bundestags war: "Strategische Bedeutung hat die Entscheidung für oder gegen die Anwendung der Gentechnologie in Wahrheit nicht auf der Ebene einzelner Politikfelder .... sondern auf der Ebene der Kultur insgesamt. Leben, bisher zumindest noch von Resten einer fast religiösen Unantastbarkeit umgeben, wird technisch verfügbar wie Kunststoff. Ist das angemessen? Ist eine Ethik, sind individuelle Wertungen angemessen, die eine solche Technisierung erlauben bzw. geradezu gebieten? ... Können und dürfen wir uns beliebig von den Grundlagen der biologischen Evolution 'emanzipieren'? ... Diese Fragen ... berühren den Sinn unseres Daseins und unseres Handelns; sie betreffen die Grundlagen unseres Denkens, unseres Verhältnisses zur Natur und unserer moralischen Institutionen" (Daele, 1987, S.42).

Zum Forschungsstand
Die hier skizzierten Fragen wecken hochgesteckte Erwartungen. An ihnen gemessen ist der bisherige Forschungsstand sehr bescheiden. Dies hat verschiedene Ursachen:
Die sozialwissenschaftliche Diskussion um die Genomanalyse ist ihrem Grundprinzip nach eine Technikfolgendiskussion, ist also ein Nach-Denken und Nach-Forschen in bezug auf das, was die naturwissenschaftliche Forschung und deren Anwendung jeweils in Gang setzt. Anders gesagt: Sozialwissenschaftler können die jeweils nächsten Schritte der naturwissenschaftlichen Forschung nicht voraussehen, aus dem Kaffeesatz ablesen oder in freier Phantasie erfinden. Erst wenn die Naturwissenschaften bestimmte Entwicklungsschritte tatsächlich gemacht haben (wie z.B. die Entzifferung der DNA-Struktur, den Einstieg in die prädiktive Medizin, weitere Möglichkeiten auf dem Gebiet der pränatalen Diagnose), können die Sozialwissenschaftler mit ihren Untersuchungen beginnen. Sie sind in diesem Sinne von den Vorgaben der Naturwissenschaften abhängig - was eine zeitliche Versetzung, ein zeitliches Hinterherhinken bedingt.
Dies führt direkt hinein in einen zweiten Punkt: Die Forschungskapazitäten sind höchst ungleich verteilt. Die naturwissenschaftliche Forschung auf dem Gebiet der Gentechnologie weist zum einen eine langjährige Forschungstradition auf; wird zum anderen (wegen ihrer offensichtlichen

wirtschaftlichen Möglichkeiten) als politische Priorität ersten Ranges gehandelt; und kann dementsprechend eine Infrastruktur mit enormen finanziellen und personellen Ressourcen aufweisen (mit großangelegten Instituten und Institutionen, international vernetzten Forschungsprogrammen, karriereverheißenden Laufbahnen). Die sozialwissenschaftliche Forschung über die Folgen der Gentechnologie dagegen steckt, wie eben beschrieben, noch in den Anfängen; wird von der offiziellen Politik wie von den großen Forschungsinstitutionen (Deutsche Forschungsgemeinschaft, Max-Planck-Institute usw.) mit Aufmerksamkeitsbeweisen nicht gerade überschüttet; ist also bislang noch sehr gering ausgestattet, gemessen etwa an Zahl und Umfang von Forschungsprojekten und Forschungsinstituten - so man überhaupt davon sprechen kann, daß sie eine Ausstattung aufweist. Die hier tätigen Forscher sind meist nicht Personen, die sich seit vielen Jahren mit Gentechnologie befassen, hauptamtlich und unterstützt durch einen Stab von Mitarbeitern, sondern sind von anderen Gebieten und im Rahmen anderer Interessen auf die Gentechnologie gestoßen. Sie sind in diesem Sinne nicht Spezialisten, sondern betreiben ihre Forschung auf diesem Gebiet eher "hobbyartig" als Ableger anderer Spezialisierungen (z.B. Medizinsoziologie, Wissenschaftsentwicklung, Familienforschung). Und dies ist auch kaum anders möglich in einer Situation, wo es keine Lehrstühle oder gar Institute gibt, welche eigens der Aufgabe gewidmet sind, die gesellschaftlichen und sozialen Folgen der Genomanalyse zu erforschen.

Diese Konstellation hat direkte Auswirkungen für den Status und Stellenwert der folgenden Aussagen. Beim gegenwärtigen Forschungsstand ist es nicht möglich, flächendeckend "die" gesellschaftlichen und sozialen Folgen der Genomanalyse zu beschreiben. Vielmehr soll es darum gehen, zunächst einige *Grundprinzipien sozialwissenschaftlicher Folgenabschätzung* zu benennen, die für den Kontext der Genomanalyse direkt relevant sind; vor diesem Hintergrund soll dann an exemplarischen Beispielen aufgezeigt werden, wie die Genomanalyse auf vielen Ebenen eine *Veränderung des Handlungsfeldes* einleitet. Dabei ist vorweg daran zu erinnern, daß der gesellschaftliche Raum prinzipiell offen ist, von vielerlei Rahmenbedingungen abhängig (z.B. von politischen Entscheidungen, gesetzlichen Regelungen, ökonomischen Anreizen). Von daher sind die zukünftigen Entwicklungslinien, die dargestellt werden, nicht im Sinne von Prognosen zu verstehen, sondern als *Szenarien;* d.h. sie zeigen diejenigen Trends auf, die unter den gegenwärtig absehbaren Voraussetzungen zu erwarten sind.

2. Einige Grundprinzipien sozialwissenschaftlicher Folgenabschätzung am Beispiel der Genomanalyse

Soziale Dynamik, Eigendynamik

Unbestritten ist, daß mit der Genomanalyse auf vielen Ebenen neue Handlungschancen und Problemlösungen eröffnet werden. So kann z.B. - wie vielfach betont - die gendiagnostische Information genutzt werden, um sich gegen genetisch bedingte Krankheitsanfälligkeiten zu schützen; um für Kinder mit entsprechenden Krankheitsdispositionen gezielt Förderungsmöglichkeiten anzubieten; oder um durch spezielle Beratung die Eltern auf die besonderen Anforderungen vorzubereiten, die sich angesichts eines behinderten oder kranken Kindes stellen.

Wo nun aber nach den Nebenfolgen des Fortschritts gefragt wird, da werden eben nicht mehr nur die direkt beabsichtigten Ziele und Zwecke zum Thema, sondern auch die *ungeplanten* Folgen, die Implikationen gesellschaftlicher, politischer, ökonomischer und psychischer Art. Das heißt, die Genomanalyse wird nicht mehr allein im Hinblick auf ihre immanent naturwissenschaftlichen Resultate betrachtet, sondern ins Blickfeld rückt hier der Kontext ihrer sozialen Anwendung und Durchsetzung mit der Eigendynamik, den Sachzwängen und Nebenfolgen, die darin enthalten sind. Es wird gefragt nach den Handlungsketten, die neu entstehen, sich vernetzen und wechselseitig verstärken. Denn dies hat die Geschichte der Technik vielfältig gezeigt: Techniken sind im sozialen Raum nie neutral, sondern wirken zurück auf die Entscheidungssituation, die Handlungsalternativen und die Beurteilungsmaßstäbe, verändern individuelle Erwartungen und Verhaltensweisen, soziale Werthaltungen und Standards. Sie setzen an vorhandenen Bedürfnissen an, treiben sie weiter voran und verändern sie unter der Hand, bis neue Bedürfnisse, Wünsche, Normen entstehen.

Schleichende Durchsetzung

Die Durchsetzung neuer Technologien erfolgt vielfach in kleinen und deshalb im einzelnen kaum merklichen Schritten, die jedoch systematisch aufeinander aufbauen und so die Entwicklung "scheibchenweise" immer weiter vorantreiben (Jonas, 1985; Daele, 1986, S.149-172). Wo der Prozeß so verläuft, wird an keinem einzelnen Punkt ein tiefgreifender Wandel, ein qualitativer Sprung sichtbar - und dennoch ist am Ende ein grundsätzlicher Wandel durchgesetzt worden. Was vor unseren Augen stattfindet, ohne daß wir es sehen, ist eine Revolution auf leisen Sohlen. Der Prozeß schreitet "auf hundert Pfaden und in tausend kleinen Schritten fort, überall voll von Unbekannten hinsichtlich der kritischen Schwellenwerte, also offenen Fragen, wie weit man hier oder dort gehen darf; nicht in dramatischen Entscheidungen, sondern in banaler Alltäglichkeit und durch Einsatz an sich unschuldiger, dem Leben förderlicher ... Mittel" (Jonas, 1985, S.11).

Differenz zwischen Absichten und Folgen
In naturwissenschaftlichen Darstellungen ist stets von "den" Zielen der Genomanalyse die Rede. Damit sind, schaut man genauer hin, selbstverständlich die offiziellen, sozial anerkannten, in einer Gesellschaft als legitim geltenden Ziele gemeint - in der Bundesrepublik also frühe Krankheitserkennung, Prävention, Therapie. (Dagegen würde hier niemand auf die Idee verfallen, die eugenische Verbesserung der Menschheit als Ziel in einen offiziellen Bericht zu schreiben). Solche Darstellungen sind freilich insofern verkürzt, als sie normativ bleiben und damit eine entscheidende Bedingung sozialer Realität ausblenden: Sie blenden aus, daß es in der Realität ganz verschiedene Gruppen sind, die mit der Entwicklung, Anwendung, Durchsetzung gendiagnostischer Verfahren zu tun haben - Forscher, Ärzte, Patienten, Unternehmer usw. -, und daß diese Gruppen oft ganz unterschiedliche Motive und Interessen, Hoffnungen und Erwartungen mit der Genomanalyse verbinden. Dabei mögen diese partikularen Motive mit den offiziellen, sozial legitimen Zielen der Genomanalyse vielfach vereinbar sein. An anderen Stellen aber können widerstreitende Interessenlagen, ja deutliche Interessenkonflikte entstehen. Deshalb wäre es ein erheblicher Fehlschluß, von den normativen Zielen direkt auf die Art der tatsächlichen Nutzung zu schließen. Eine wesentliche Aufgabe sozialwissenschaftlicher Folgenabschätzung besteht deshalb darin, immer wieder darauf hinzuweisen, daß zu unterscheiden ist zwischen Absichten und Folgen des Handelns; dies gilt für jegliches Handeln, und somit auch für das Handeln, das mit der Genom-alyse eröffnet wird. Das heißt konkret: Die Motive der Wissenschaftler und Forscher, der Ärzte und Berater, die im Bereich der Genomanalyse tätig sind, mögen im einzelnen völlig ehrenwert, respektabel, den Werten des Grundgesetzes verpflichtet sein. Was die sozial wissenschaftliche Folgenabschätzung interessiert, sind aber nicht die Absichten einzelner Personen, sondern das, "was dabei herauskommt": Die tatsächliche Nutzung im Rahmen von gesellschaftlichen, politischen, ökonomischen Bedingungen, im Zusammenspiel vielfältiger Interesseneinflüsse, Konkurrenzstrategien, Machtkonstellationen, im Widerstreit verschiedenster Gruppen und Institutionen (von Politik und Parteien bis zu Kirchen, Gewerkschaften, Verbänden).

Ein Blick auf die Realität
Für diejenigen, die im Bereich der Genomanalyse berufstätig sind, gilt das, was für andere Berufsgruppen auch gilt: Sie bringen in ihre berufliche Situation Eigeninteressen ein, die auf Sicherung ihres ökonomischen und so-

zialen Status gerichtet sind. Das heißt, auch Forscher und Ärzte tun ihre Arbeit nicht nur aus karitativen Motiven, um der Menschheit zu helfen und Leid abzuwenden. Sie wollen vielmehr auch ein Einkommen haben, ihre soziale Stellung sichern, vielleicht durch Aufstieg verbessern, vielleicht auch Karriere machen und wissenschaftliche Reputation gewinnen. Solche Motive sind selbstverständlich keine Spezialität derer, die im Feld der Genomanalyse tätig sind, sondern finden sich durchgängig in allen Berufsgruppen[1]. Doch entscheidend ist hier, daß es auch solche Motive sind - und nicht nur die normativ vorgegebenen -, die die Entwicklung und Nutzung der Genomanalyse mitbestimmen.

So mag z.B. die Indikation für gendiagnostische Analysen während der Schwangerschaft dort großzügiger gestellt werden, wo der Arzt selbst über entsprechende Laboreinrichtungen verfügt und daran verdient. Dies zeigt sich konkret im Bereich der Pranataldiagnostik, wo es vor allem die niedergelassenen Ärzte sind, die deutlich zur schrittweisen Ausweitung der Pränataldiagnostik beitragen. Im Rahmen der Schwangerschaftsvorsorge neigen die behandelnden Gynäkologen immer mehr zu einer extensiven Anwendung der entsprechenden Tests, wobei neben rechtlichen Regelungen offensichtlich auch ökonomische Interessen hereinspielen. "Der behandelnde Arzt kann die entsprechenden Tests abrechnen: einerseits die mit dem Testergebnis fällige Beratung, andererseits den Test selbst, sofern er ihn selbst durchführt" (Institut für System- und Technologie-Analysen, 1992. S.37 f). Und mit der Entwicklung von leicht handhabbaren Test-Kits können in Zukunft immer mehr Tests unmittelbar in der Praxis durchgeführt werden, was wiederum die Nutzungsspirale weiter vorantreiben dürfte.

Hinzukommt die Rechtssprechung, die ihrerseits eine Ausweitung diagnostischer Regelungen in Gang setzt. Nach geltendem Recht ist der Arzt nämlich verpflichtet, seine Patienten bzw. Patientinnen über die Möglichkeiten der genetischen Diagnostik aufzuklären. Da eine Unterlassung zu Schadensersatzklagen führen kann, will sich der Arzt verständlicherweise absichern. Aus der Aufklärung wiederum ergibt sich ein Werbeeffekt für die Durchführung der Diagnostik, weil im Kontext der paternalistisch geprägten Arzt-Patient-Beziehung schon der neutrale Hinweis auf eine Testmöglichkeit einer Empfehlung des Tests gleichkommt. Der Arzt wird auf diese Weise zum "'Propagandisten' einer extensiven Testpraxis" - und dies durchaus auch dann, wenn er einen solchen Effekt keineswegs anstrebt, ja vielleicht sogar ablehnt. Die Konsequenz lautet dennoch: "Angesichts exponentiell ansteigender Testmöglichkeiten erzeugen .. die niedergelasse-

---

[1] In der Berufsforschung heißt dies die "doppelte Zweck Struktur" beruflicher Arbeit. Siehe Beck, U. u.a., XXX, . darin Kap. VIII

nen Ärzte (insbesondere die Gynäkologen) einen 'captive market', durch den der Bedarf an pränataler DNA-Diagnostik ständig steigt" (ebd., S.28 und S.38).
Darüber hinaus ist in Zukunft mit einer Zunahme privater Institute zu rechnen, die gendiagnostische Leistungen anbieten, weil sich durch Vereinfachung und Verbilligung der molekulargenetischen Tests steigende Marktchancen für private Anbieter ergeben. In der Konsequenz ist eine Ausweitung der Nutzungsangebote nach kommerziellen Gesichtspunkten zu erwarten, z.B. auf der Basis gezielter Werbemethoden. Und nicht zuletzt könnte die Ausweitung dann auch in sozial sensible Bereiche vordringen, bislang geltende Tabus überrollen. Vor dem Hintergrund der historischen Belastung der deutschen Humangenetik und in Reaktion auf die zum Teil heftige öffentliche Diskussion hat sich die Humangenetik in der Bundesrepublik nämlich bestimmte ethisch motivierte Selbstbeschränkungen auferlegt (z.B. Verzicht auf bevölkerungspolitische Ziele, aber auch auf die Geschlechtsdiagnostik, sofern keine medizinische Indikation vorliegt). Genau solche Barrieren könnten dann fallen: "... privaten Laboratorien, die sich solchen Beschränkungen nicht unterwerfen, könnte dies die Chance eröffnen, die von humangenetischen Instituten nicht gedeckte Nachfrage zu befriedigen" (ebd., S.35).
Nun ist zweifellos richtig, daß die genannten Ausweitungstendenzen von Vertretern der deutschen Humangenetik gesehen, als problematisch gewertet und kritisch diskutiert werden. Genau dies freilich ist keine Widerlegung, vielmehr ein Beleg für die These einer Kluft zwischen Absichten und Folgen, zwischen Normen und Realität. Offensichtlich wird diese Kluft zunehmend spürbar - auch für einige der Ärzte und Forscher.

Heterogenität der Motive und Ziele
Für die gesellschaftliche Nutzung der Genomanalyse ist schließlich auch wichtig, daß die hier tätigen Forscher und Ärzte keine einheitliche Gruppe sind, sondern sehr heterogen in ihren Motiven, Einstellungen, Werthaltungen. Wie weit die Positionen auseinander gehen, zeigt sich insbesondere bei den Kontroversen, die sich an dem Stichwort "Eugenik" entzünden. Da gibt es, insbesondere in Deutschland, zahlreiche Wissenschaftler, die explizit und unmißverständlich jegliche eugenische Ausrichtung zurückweisen. Und es gibt, insbesondere im internationalen Raum, viele Wissenschaftler, die ebenso explizit und eindeutig für eugenische Zielsetzungen eintreten. Das heißt zunächst einmal, daß "die" Genomanalyse zu unterschiedlichen Zwecken eingesetzt werden kann. Und es heißt darüber hinaus: Es wäre ein Fehlschluß, von der Grundhaltung jener, die gegen Eugenik sich wenden, darauf zu schließen, daß die zukünftige Nutzung der Genomanalyse - im nationalen und erst recht im internationalen Raum - nur

in den von ihnen genannten und anerkannten Grenzen verläuft. Was für manche Wissenschaftler an Tabuschwellen rührt, mögen andere für gerade noch zulässig, für wünschenswert oder gar moralisch geboten halten - und entsprechend auch praktizieren.

Schließlich sind es auch die Klienten und Patienten selbst, die ihre je eigenen Interessen in die Genomanalyse einbringen. Auch hier wiederum können, wie die Erfahrung aus dem Bereich der pränatalen Diagnostik zeigt, Konstellationen entstehen, wo die Wünsche und Erwartungen der Klienten sich keineswegs an die normativen Vorgaben und damit auch Grenzen halten, die zum Selbstverständnis des ärztlichen Berufsstandes gehören. Wie die Humangenetikerin Traute Schroeder-Kurth schreibt: Immer wieder kommt es dazu, "daß aufgeklärte, gut unterrichtete Eltern Forderungen stellen und zu begründen wissen, die weit über das ärztlich Verantwortbare, ursprünglich Beabsichtigte hinausgehen. Da wir in unserer pluralistischen Gesellschaft daran gewöhnt sind, die unterschiedlichsten Begründungsebenen für Verhalten zu akzeptieren, darf es uns nicht wundern, wenn Eltern sich aus ganz anderen Gründen für einen Test des Ungeborenen entscheiden möchten, als ihre Berater ihnen zugestehen möchten". (Schroeder-Kurth, 1988, S.42)

Durchsetzung als multifaktorieller Prozeß
Anhand der bisherigen Beispiele dürfte schon sichtbar geworden sein, daß die Durchsetzung neuer Technologien nicht monokausal zu begreifen ist. Ob, wie und von wem eine neue Technik genutzt wird, hängt von vielen Bedingungen ab, insbesondere von kulturell und historisch verfestigten Werthaltungen, von sozial geltenden Normen und Leitbildern, von den Vorgaben des Rechtssystems und der Darstellung in Massenmedien und Werbung, vom Expertendiskurs in der Öffentlichkeit, nicht zuletzt auch von den zu erwartenden finanziellen Kosten bzw. Vorteilen.

Was das für den Bereich der Genomanalyse heißt, sei im folgenden am Beispiel der pränatalen Diagnostik gezeigt. Als wichtige Bedingungen, die die Art der Nutzung beeinflussen, können hier gelten:
* die aktuellen Leitwerte von "Gesundheit" und "verantworteter Elternschaft" (siehe unten);
* die Veränderung der Familienstrukturen (Kleinfamilie der Gegenwart, Beschränkung der Geburtenzahlen, zunehmende Erwerbstätigkeit der Frau): unter diesen Bedingungen wird die Annahme eines behinderten Kindes schwieriger, und umso mehr Gedanken und Wünsche kreisen um die Gesundheit des Kindes;
* die institutionellen Angebote zur Förderung und Betreuung behinderter Kinder: Je weniger solche Angebote es gibt und je ungenügender ihre

Ausstattung ist, desto mehr fühlen sich Familien überfordert mit der Aufgabe, ein behindertes Kind anzunehmen;
* Darstellungen in Massenmedien, aber z.T. auch Wissenschaft, die falsche Erwartungen wecken - als sei mithilfe der neuen Verfahren Krankheit vermeidbar, als könne die Gesundheit des Kindes garantiert werden;
* Diskussion um die Kostenexplosion im Gesundheitswesen: Die Prävention genetisch bedingter Krankheiten wird damit zu einem legitimen gesellschaftspolitischen Ziel;
* die Vorgaben der Rechtsordnung (z.B. Aufklärungspflicht des Arztes, Anerkennung des Rechtes auf Selbstbestimmung, Regelung des Schwangerschaftsabbruchs). Hier ist offensichtlich wichtig, inwiefern das Recht unter bestimmten Bedingungen Straffreiheit des Schwangerschaftsabbruchs zubilligt, also bei ungünstigem Diagnosebefund einen Abbruch erlaubt.

So ist die Genomanalyse sicher nicht "Schicksal": Sie diktiert nicht, ob und wie sie genutzt wird. Aber auf der anderen Seite bleibt diese Technik im gesellschaftlichen Raum auch nicht neutral: Sie gibt Handlungschancen im Umgang mit Gesundheit, Krankheit, Behinderung vor, die mit kulturellen Werthaltungen, geltenden Leitbildern, rechtlichen Regelungen usw. eine Verbindung eingehen, tritt damit in Konkurrenz zu bisher eingespielten Handlungsmustern, trägt möglicherweise zu deren Verdrängung bei (Weingart, 1989). In diesem Sinne ist Technik zu begreifen als spiralenförmiger Prozeß. "Technik erscheint als Produkt und Instrument gesellschaftlicher Bedarfslagen, Interessen und Konflikte; Technik ist Wirkung und Ursache zugleich. Sie entsteht auf einem bestimmten soziokulturellen Hintergrund und mit ihrer Anwendung verändert sie diesen zugleich" (Mettler-Meibom, 1990, S.61).

3. Die Veränderung des Handlungsfeldes
Kulturexport

Das Stichwort Eugenik hat bereits sichtbar gemacht, daß für die Nutzung der Gentechnologie kulturell und historisch bestimmte Werthaltungen eine zentrale Rolle spielen. Dies gilt nicht nur für die Forscher und Ärzte, sondern ebenso für die Abnehmer der Gentechnologie, ihre Klienten. Auch bei ihnen zeigt sich ein breites Spektrum an Erwartungen, Wünschen, Interessen, das wiederum auf kulturelle Hintergründe verweist. So ist z.B. für werdende Eltern in der Bundesrepublik die Gesundheit des Kindes ein vorrangiger Wert, während in anderen Ländern, wo männliche Nachkommen dringend gewünscht werden (z.B. Indien, Türkei), vor allem das Geschlecht des Kindes ein vorrangiger Wert ist. Entsprechend wird dort die Fruchtwasser-Untersuchung ganz gezielt zur Geschlechtsbestimmung genutzt. Was aber in manchen Ländern praktiziert wird, wird über Massenmedien usw. bald auch in anderen Ländern bekannt und mag dann auch dort neuen Erwartungshaltungen Auftrieb geben, die als Wünsche an die Ärzte herangetragen werden. Das aber heißt: Die sozialen Konsequenzen, die sich aus der Erforschung des menschlichen Genoms ergeben, können auch Ländergrenzen überspringen und in Kulturen mit anderen Wertsystemen importiert werden. Man mag dann versuchen, diese durch Verbote und gesetzliche Regelungen wiederum einzudämmen (was manchmal möglich sein mag, manchmal auch nicht). Aber zunächst einmal besteht als soziales Faktum, daß Erwartungshaltungen geweckt werden durch das Sichtbarwerden anderer Nutzungsformen in anderen Ländern und Kulturen - und daß diese neuen Erwartungen sich keineswegs selbstverständlich in dem Rahmen bewegen, den das Grundgesetz der Bundesrepublik vorsieht.

Sogwirkung, Inflation der Wünsche
Das Stichwort Kulturexport zeigt, wie mit der Anwendung der Gentechnologie neue Erwartungen und Wünsche entstehen können, die über den bis dahin selbstverständlichen Horizont hinausreichen. Auch dies ist kein Einzelfall, sondern aus der Geschichte der Technik vielfach bekannt. Oder wie Hans Jonas es nennt: "Appetit [wird] geweckt von der Möglichkeit" (Jonas, 1985, S.22).
Diese Entwicklung ist freilich nicht ein Ergebnis der Technik allein, sondern verweist ihrerseits zurück auf ein Grundmerkmal der modernen Gesellschaft: Ihre Bewegungsform ist die Emanzipation von überlieferten Lebensordnungen, und die Dynamik dieser Bewegung kennt kaum noch Unterbrechungen, kaum Stopregeln. Dabei geht diese Veränderungsmoral, diese "Verbesserungsmentalität" meist aus von der technischen Basis der Gesellschaft, und ihr Hauptangriffspunkt sind konkrete Sitten und Gebräuche, die sich auflösen und in den Hintergrund treten. Die moderne Gesellschaft löst vorgefundene Lebensformen auf, erfindet rastlos neue Technologien, Produkte, Produktionsverfahren und betritt auch die letzten Zonen einer unberührten Natur (Berger, 1986, S.90 f). Was dies heißt, wird anschaulich sichtbar im Umgang mit Elternschaft. Hier hat sich zur Gegenwart hin immer stärker die Norm der "verantworteten Elternschaft" durchgesetzt (Kaufmann, 1988. S.395): Von den Eltern wird erwartet, dem Nachwuchs optimale Startchancen zukommen zu lassen. Dies bedeutete zunächst, vor allem für eine gute Ausbildung des Kindes zu sorgen. In der Kombination der Angebote von Biologie, Genetik, Fortpflanzungstechnologie werden nun aber zunehmend neue Möglichkeiten eröffnet, die auch für eine Zukunft der Elternschaft neue Entwicklungen einleiten könnten. Eine gezielte "Konstruktion" von Elternschaft wird möglich, und zwar durch Eingriffe ins biologische Repertoire. Eröffnet wird, so Christa

Hoffmann-Riem, "eine menschliche Steuerung, die das Konzept von Elternschaft verändert: Entsprechend den technologischen Möglichkeiten dehnt sich elterliche Verantwortung für das entstehende Leben aus" (Hoffmann-Riem, 1988). Dieser Handlungs- und Verantwortungsdruck führt in eine sich selbst steigernde Spirale von Ansprüchen und Erwartungen hinein. Schon heute sehen sich die Ärzte in genetischen Beratungsstellen mit Wünschen nach einer Indikation für pränatale Diagnose konfrontiert, obwohl diese Diagnose - nach dem Katalog medizinisch definierter Risiken (z.B. Alter der Mutter) - keineswegs angezeigt ist. So wollen inzwischen auch von den jüngeren Frauen einige die Fruchtwasser-Untersuchung, die den älteren selbstverständlich angeboten wird (Schroeder-Kurth, 1989, S.203). Dies kann man interpretieren als irrationale Reaktion, als Ausdruck individueller Persönlichkeitsmerkmale, z.B. starke Neigung zur Angst. Eine solche Interpretation übersieht aber die *soziale Genese* solcher Erwartungen: Sie werden *durch das Angebot der Technik systematisch erzeugt*. Je mehr die pränatale Diagnose allgemein bekannt wird, für Risikogruppen auch empfohlen wird, was immer mit dem Hinweis auf mögliche Behinderungen verbunden ist, desto mehr rücken Behinderungen ins Bewußtsein - und zwar auch ins Bewußtsein derer, die nicht zu den betroffenen Risikogruppen gehören.

Freiwilligkeit oder Zwang
Nun wird immer wieder darauf verwiesen, daß die Anwendung gendiagnostischer Methoden strikt auf dem Prinzip der Freiwilligkeit beruhen soll: Niemand soll dazu gezwungen werden, sich solchen Tests zu unterziehen. Die Frage ist nur: Wie sieht diese Freiwilligkeit in der Praxis aus? Läßt sie sich auf Dauer erhalten, oder wird sie von den verschiedensten Seiten zunehmend unter Druck geraten? Das Beispiel der pränatalen Diagnose mag wiederum zeigen, wie die Entwicklung verlaufen kann. Auch hier ist es so, daß sich niemand dieser Information aussetzen muß, mit anderen Worten: Keine Frau wird zur pränatalen Diagnose gezwungen. Doch sind, wie eben gesagt, die Ärzte verpflichtet, Risikopatienten auf die Möglichkeit der pränatalen Diagnose hinzuweisen; und als Risikopatientinnen gelten z.B. alle Frauen, die älter als 34 Jahre sind. In einer solchen Aufklärung ist aber immer schon ein gewisser "Aufforderungscharakter" enthalten (Daele, 1985). Der Verlust des Nichtwissens ist nicht neutral, sondern ein soziales Faktum eigener Art. Oder anders gesagt, wissenschaftlich-technische Optionen verändern schon als solche das Handlungsfeld irreversibel. Sofern die Frau nicht ganz auf ärztliche Hilfe verzichtet, befindet sie sich in einem Zustand ständiger aufgedrängter Informiertheit. Und selbst wenn sie sich dann gegen die pränatale Diagnose entscheidet - konfrontiert ist sie in jedem Fall mit der Möglichkeit einer

solchen Diagnose, den möglichen Risiken für den Fötus und den Konsequenzen ihrer Entscheidung, so das Kind später behindert sein sollte.
Und was für die pränatale Diagnose gilt, gilt ähnlich auch für die anderen Anwendungsbereiche gendiagnostischer Methoden, z.B. im Feld der prädiktiven Medizin. Das Grundfaktum ist stets, daß die Information per se etwas sozial zwingendes hat. "In gewisser Hinsicht ist es unmöglich, neue Möglichkeiten nicht zur Kenntnis zu nehmen. Man mag selbst uninteressiert sein, aber die Lebensumstände verschieben sich trotzdem. Handlungen und Verantwortlichkeiten in der Gesellschaft werden im Lichte neuer Einsichten und neuer technischer Optionen reorganisiert. Die Möglichkeiten, genetische Risiken zu erkennen, zukünftige Krankheiten vorauszusagen oder behinderte Föten vorgeburtlich zu selegieren, sind irreversibel - und man muß mit ihnen rechnen, ob man will oder nicht" (Daele, 1989, S.222 f). Eine entscheidende Rolle spielt auch hier wiederum die ärztliche Aufklärungspflicht. Denn damit hat niemand, der überhaupt zum Arzt geht, die Chance, vor den sich entwickelnden neuen Möglichkeiten die Augen zu verschließen (ebd., S. 223).
Noch brisanter würde die Frage der Freiwilligkeit, wenn allgemeine Gentests angeboten würden im Sinne eines Bevölkerungs-Screening, d.h. nicht nur auf bestimmte Risikogruppen bezogen, sondern für den Normalbürger/die Normalbürgerin ohne spezielle Auffälligkeiten. Gerade dann wäre fraglich, ob sichergestellt werden kann, daß die Teilnahme auch wirklich freiwillig erfolgt. Der Humangenetiker Jörg Schmidtke analysiert diese Konstellation: "Ein leicht zu durchschauendes Verfahren könnte in einem Bonus/Malus-System bestehen, das von den Krankenkassen offeriert würde; die Aushöhlung des Prinzips der Freiwilligkeit wäre eklatant, und so etwas wäre gesetzlich zu regeln. Viel schwieriger ist die Beurteilung des Maßes an Freiwilligkeit oder Unfreiwilligkeit, das von der Art der Informationsgebung abhängt. Wenn es den Test gibt, dann wird jeder Frauenarzt seiner Patientin sagen können, daß es in hohem Maße unwahrscheinlich ist, daß sie und ihr Mann beide Genträger sind (0,25%), daß es also viel wahrscheinlicher sei, ein negatives und daher beruhigendes Ergebnis zu bekommen. Es ist unrealistisch anzunehmen, daß man einer solchen Suggestion widerstehen kann". Schmidtkes Schlußfolgerung lautet deshalb: Hier kann es "eine freiwillige Test-Teilnahme bestenfalls in einem juristischen Sinne geben, aber schon kaum mehr im Wortsinne" (Schmidtke, 1990, S.338).

Präventiver Zwang, präventive Mentalität
An diesen Beispielen wird sichtbar, wie auf vielen Ebenen ein sozialer Druck einsetzen kann, der nicht der Maßnahmen staatlicher Repression bedarf und am Ende doch einen Zwang zur Gesundheit etabliert. Und dies

insbesondere deshalb, weil Gesundheit in unserer Gesellschaft ein hochrangiger Wert ist, der seine Legitimität gewissermaßen in sich selbst trägt. "Gesundheit ölt Freiwilligkeit, macht sie gefügig für die 'Notwendigkeit' " (Beck, 1988, S.57). Die Rede von der Freiwilligkeit verkennt und verkürzt also das Verhältnis zwischen gesellschaftlichen Werten und neuen Technologien zu einem rein privaten Verhältnis, nimmt nicht zur Kenntnis, welche neuen Formen sozialen Drucks hier entstehen. "Zwänge werden sich heute eher auf indirekte und subtilere Weise etablieren. Sie drohen in Bereichen, in denen der Ausgleich zwischen den Freiheitsinteressen der Betroffenen und dem öffentlichen Interesse an Risikokontrolle noch nicht durch klare Wertungen vorentschieden ist und wo sie im Schutze allgemeiner präventiver Mentalität und unter dem Druck ihrer offenbaren Rationalität in die Gesellschaft gleichsam hineinkriechen können" (Daele, 1989, S.211).

Diese präventive Mentalität wird heute schon in dem neuen Umgang mit Schwangerschaft sichtbar, der sich etabliert, je mehr die medizinisch-technische Entwicklung Eingriffsmöglichkeiten anbietet (Furman-Seaborg, 1987). Heute kann man den Foetus untersuchen, seinen Zustand detailliert kontrollieren, im Frühstadium Schädigungen und Gefährdungen feststellen, ja Operationen im Mutterleib vornehmen. Diese Entwicklung führt in schwierige, wenn nicht unlösbare ethische Fragen und Abwägungsprobleme hinein. Je mehr das werdende Leben sichtbar und behandelbar wird, desto mehr wird die Selbstbestimmung der Frau massiven Beschränkungen unterworfen. Mit der Ausweitung der pränatalen Diagnose und der darin angelegten Konsequenz, der Pflicht zur Behandlung des Foetus, wird schrittweise das Recht der Frau aufgehoben, sich Routine-Behandlungen zu verweigern, die die hochtechnisch ausgerüsteten Ärzte anbieten. Eröffnet wird ein "Feld für präventive Zwänge, die im Ergebnis die Selbstbestimmung der Frau über ihre Lebensführung und ihren Körper beseitigen" (Daele, !988, S. 207).

Vorsorge als Gebot der individualisierten Gesellschaft
Diese präventive Mentalität gewinnt insbesondere deshalb an Durchsetzungschancen, weil sie sich paßgerecht einfügt in die biographischen Modelle, die die individualisierte Gesellschaft fordert und fördert. Hier muß der einzelne lernen, "sich selbst als Handlungszentrum, als Planungsbüro in bezug auf seinen eigenen Lebenslauf, seine Fähigkeiten, Orientierungen, Partnerschaften usw. zu begreifen" (Beck, 1986, S. 216 f). Idealtypisch wird das Ich hier zum Mittelpunkt eines komplizierten Koordinatensystems, das viele Dimensionen umfaßt - von Ausbildung und Stellenmarkt bis zu Krankenversicherung und Altersvorsorge -, das ständig aktualisiert und revidiert werden muß. Dabei wurden bisher vor allem die Anforde-

rungen des Arbeitsmarktes zu einer zentralen Achse der persönlichen Lebensplanung. Die Angebote der genetischen Diagnostik setzen an dieser Tendenz zur Rationalisierung der Lebensführung an und verlängern sie weiter: Es entsteht nun die Möglichkeit, auch die genetischen Informationen (etwa die Disposition zu Herzinfarkt oder Diabetes) als Bezugspunkte und Rahmendaten in die persönliche Lebensplanung aufzunehmen. Vorbeugende Schadensabwehr ist "Element des 'selfmanagement', das vom modernen individualisierten Menschen erwartet wird. Wenn methodische Lebensführung sich durchsetzt, von der Planung der Schullaufbahn ... bis zur Vorsorge für 'erfolgreiches Altern', dann muß die vorbeugende Sicherung der Gesundheit hohe Relevanz bekommen" (Daele, 1989, S.208). Die Dialektik der Aufklärung wird hier real: Aus dem Modell der Selbstverantwortlichkeit des Individuums kann der Selbstzwang entstehen, die Lebensführung unter das Diktat genetischer Informationen zu stellen. Aus der Autonomie wird die freie Bereitschaft zu einer Expertenabhängigkeit, die für immer mehr Details Handlungsimperative auswirft.

Genetische Bastelmentalität
Mit der immer weiterreichenden Analyse des menschlichen Genoms wächst dem Menschen zunehmend eine Schöpferrolle in bezug auf seine eigene Natur zu. Seine biologische Ausstattung wird entscheidungsoffen, wird planbar, machbar, korrigierbar. Damit stellt sich unabweisbar die Frage nach dem Bauplan: Was darf bleiben, so wie es ist? Was bedarf der Korrektur? Welche Defekte sind tolerierbar, welche nicht? Was soll verbessert werden und in welche Richtung? Mit solchen Fragen, die in der Logik der Genomanalyse angelegt sind, wird menschliches Leben zum Ausgangsmaterial für lenkende Eingriffe unterschiedlicher Art (Korrektur, Therapie, vorausschauende Planung, gegebenenfalls auch "Vermeidung" durch Schwangerschaftsabbruch). Solche Eingriffe können zweifellos Leiden aufheben oder zumindest mildern. Aber in vielen kleinen Schritten, die im einzelnen immer wieder plausibel erscheinen, bahnen sie auch den Weg für eine instrumentelle Vernunft, die aus sich heraus keine Grenzen mehr kennt. Eine genetische "Bastelmentalität" (Peter Gross) bahnt sich an. Dazu ein exemplarisches Beispiel:
Vor kurzem erschien in der Zeitschrift "Economist" ein Titel-Essay, dem Thema "Changing your genes" (The Economist, 1992, S.11 f) gewidmet. Als Einstiegssatz diente das berühmte Diktum von Freud, die Biologie sei unser Schicksal, und vor diesem Hintergrund wurde dann das Bild einer Zukunft entworfen, wo Freuds Satz nicht mehr gilt, weil die Menschen ihre Gene gezielt auswählen, abwählen, neu sortieren und kombinieren. Heute, so hieß es da, zielten die Therapien auf Gene, die bösartig sind. Aber morgen könne es um Gene gehen, die nicht nur aus einem schlecht

funktionierenden Körper einen gut funktionierenden machen, sondern aus dem gut funktionierenden einen noch besseren, noch schnelleren, noch stärkeren, noch schöneren. Danach wurden kursorisch ein paar ethische Einwände gestreift, um dann engagiert ein Plädoyer für die neuen Möglichkeiten anzustimmen. Wahlfreiheit über alles, für alles, auch für die Gene! Mit der genetischen Wahl bricht ein neues Zeitalter an! So der Grundton durchgängig, konsequent dann zum Schlußsatz hinführend: "With apologies to Freud, biology will be best when it is a matter of choice".

Hier soll nicht diskutiert werden, ob genetische Eingriffe der beschriebenen Art in absehbarer Zukunft technisch möglich sein werden. Hier interessiert vielmehr vor allem, welcher Gesundheitsbegriff in solchen Aussagen aufscheint und als wünschenswert ausgemalt wird. In solchen Bildern, wie sie bei Grundlagenforschern im internationalen Bereich häufig sich finden (z.B. Dulbecco und Chiaberge, 1991), kündigt nämlich ein epochaler Einschnitt sich an. Eine Expansion des Gesundheitsbegriffs wird eingeleitet, schleichend, gewissermaßen unter der Hand, aber in der Substanz radikal. Biologie, als genetische Grundausstattung verstanden, ist jetzt nicht mehr Schicksal, sondern Ausgangsmaterial. Der alte Gesundheitsbegriff erscheint allzu eng, allzu bescheiden, die Erwartungen werden nun höher gesteckt: Veränderung, Verbesserung, Optimierung heißt das Gebot. Natur ist nicht gänzlich passé, immer noch nötig, sie liefert das Rohmaterial. Mithilfe der Technik wird daraus ein Kunstwerk geformt: Aus dem alten Körper soll ein neuer entstehen, viel gesünder und besser. Die "Rationalisierung der Lebensführung" (Weber, 1986, S.113/115), die die Moderne kennzeichnet, die "Um-zu"- Mentalität (Sichtermann, 1981, S. 34 ff), die in immer mehr Lebensbereiche eindringt, sie wird jetzt direkt auf den Leib angewandt: "The body is becoming a phenomenon of choices and actions" (Giddens, 1991, S. 8).

4. Eine unaufhaltsame Entwicklung ?

Nach den bisherigen Überlegungen mag klar scheinen, wohin die Reise geht. Der Zug ist unaufhaltbar, die Richtung vorbestimmt, die letzten Hindernisse werden bald ausgeräumt sein.

Aber eine solche Diagnose wäre verkürzt. Technik ist nicht Schicksal, wie eingangs gesagt. Neben all den Tendenzen, die auf eine massive Ausweitung der Techniknutzung hinauslaufen, werden an einigen Punkten auch Gegentendenzen erkennbar. Ich möchte abschließend auf zwei solcher Gegentendenzen hinweisen, weil sie strategische Bereiche betreffen, zum einen die Akzeptanz in der Öffentlichkeit, zum anderen die Diskussion in der Profession der Humangenetik.

Erstens gibt es viele Symptome, die darauf hindeuten, daß die "Religion des technischen Fortschritts" (Schmitt, 1963, S.84) brüchig zu werden beginnt, zumindest in einigen Feldern und bei einigen Gruppen. Je mehr unsere Lebenswelt von Technik bestimmt wird, von unseren eigenen Eingriffen und Zugriffen, und je mehr deren Folgen also potentiell problematisch, ja bedrohlich wahrgenommen werden, desto mehr steigt, quasi im Gegenzug, auch ein neuer Leitwert auf: Natur. Der Naturbegriff wird zum Signal, das sich öffentlichkeitswirksam einsetzen läßt - und eingesetzt wird -, mit dem Kritik und Widerstand mobilisiert werden. Gerade die Gentechnologie bietet ein Lehrbeispiel dafür, wie eine Sensibilisierung gegenüber als "unnatürlich" gesehenen Eingriffen stattfindet, ja gezielt aufgebaut wird (Heins, 1992, S. 383-399).

Zweitens beginnt, wie oben schon angedeutet, auch innerhalb der Profession der deutschen Humangenetik allmählich eine Diskussion um die Entwicklungsperspektiven, die die Gentechnologie eröffnet. Thematisiert werden ethische Fragen und Konflikte, die den Wert des Lebens und die Würde des Menschen berühren. Gesucht wird nach Anwendungsregeln und den Maßstäben, auf die sie sich gründen. Als prominenter Vertreter dieser Richtung schreibt z.B. Helmut Baitsch: "Wir sehen uns drängender denn je konfrontiert mit der Frage. ... was unsere Fächer heute tun, was sie morgen tun werden, wie wir heute unser Handeln als Wissenschaftler legitimieren ... Forschung mit und am Menschen berührt die Würde des Menschen, da Grundlagenforschung alsbald zur Anwendung führt ... Ich wünsche mir und meinem Fach, daß die unabdingbare Achtung vor der personalen Würde des Mitmenschen das Kernstück dieses neuen Paradigmas (in der Humangenetik) sein wird" (Baitsch, 1990, S. 182).

Während die Gentechnologie in anderen Ländern vielfach fraglos akzeptiert wird, gibt es in Deutschland ein weitaus breiteres Spektrum der Standpunkte, Blickwinkel, Wertungen. Es wird greifbar an der Zahl der Gremien, Kommissionen, Tagungen, die zur Biotechnik eingesetzt werden, meßbar auch an der emotionalen Brisanz, mit der die Debatten geführt werden. Vielleicht hat all dies nur eine Alibifunktion, vielleicht zeigen sich hier die letzten Zuckungen einer vormodernen Lebensform und Kultur. Vielleicht aber auch nicht. Vielleicht breitet auch ein Bewußtsein dessen sich aus, daß die Gestaltbarkeit, die die Moderne eröffnet, immer ein Doppelgesicht hat, im Bereich der Gentechnologie wie in anderen Feldern auch - daß die Chancen, die sie zweifellos bietet, stets "riskante Chancen" (Keupp, 1988) darstellen.

Literatur

Baitsch, H. (1990). Naturwissenschaften und Politik am Beispiel des Faches Anthropologie während des Dritten Reiches. In Imagines humanae. Festschrift aus Anlaß der Emeritierung von Prof.Dr.Dr. Helmut Baitsch. Schriftenreihe der Universität Ulm, Band 3. Ulm: Universitätsverlag.

Beck, U. (1988). Gegengifte. Die organisierte Unverantwortlichkeit. Frankfurt: Suhrkamp.

Beck, U., Brater, M. & Daheim, H. Soziologie der Arbeit und der Berufe. Reinbek: Rowohlt

Beck, U. (1986). Risikogesellschaft. Auf dem Weg in eine andere Moderne. Frankfurt: Suhrkamp.

Beck-Gernsheim, E. (1992). Familie und Individualisierung. Manuskript

Berger, J. (1986). Gibt es ein nachmodernes Gesellschaftsstadium? In: Ders. (Hg.). Die Moderne - Kontinuitäten - und Zäsuren. Soziale Welt, Sonderband 4. Göttingen: Schwartz. S.90 f

Daele, W. v. d. (1985). Mensch nach Maß? Ethische Probleme der Genmanipulation und Gentherapie. München: Beck

Daele, W. v. d. (1986).Technische Dynamik und gesellschaftliche Moral. Zur soziologischen Bedeutung der Gentechnologie. Soziale Welt, 37, 149-172

Daele, W. v. d. (1987). Politische Steuerung, faule Kompromisse, Zivilisationskritik. Zu den Funktionen der Enquetekommission "Gentechnologie" des deutschen Bundestages. Forum Wissenschaft, S.40-45

Daele, W. v. d. (1988). Der Fötus als Subjekt und die Autonomie der Frau. Wissenschaftlich-technische Optionen und soziale Kontrollen in der Schwangerschaft. In Uta Gerhardt / Yvonne Schütze (Hg.), Frauen Situation. Frankfurt: Suhrkamp, S.189-215

Daele, W. v. d. (1989). Das zähe Leben des präventiven Zwangs. In Alexander Schuller & Nikolaus Heim (Hg.), Der codierte Leib. Zur Zukunft der genetischen Vergangenheit. Zürich und München: Artemis, S.205-227

Dulbecco, R. & Chiaberge, R. (1991). Konstrukteure des Lebens. Medizin und Ethik im Zeitalter der Gentechnologie. München: Piper

Furman-Seaborg, J. (1987). The Fetus as Patient, the Woman as Incubator. Referat auf dem "Third International Interdisciplinary Congress on Women", Dublin 1987, hektographiertes Manuskript

Giddens, A. (1991). Modernity and Self-Identity. Self and Society in the Late Modern Age. Cambridge: Polity Press, S.8

Heins, V. (1992). Gentechnik aus der Verbraucherperspektive. Soziale Welt, Heft 4, S.383-399

Hoffmann-Riem, C. (1988). Cháncen und Risiken technologisch erweiterten pränatalen Diagnostik. Eine qualitative Studie bei Klienten humangenetischer Beratungsstellen. Hektographiertes Manuskript, Hamburg

Institut für System- und Technologie-Analysen (1992). Perspektiven der Anwendung und Regelungsmöglichkeiten der Genomanalyse in den Bereichen Humangenetik, Versicherungen, Straf- und Zivilprozeß. Studie im Auftrag des Büros für Technikfolgenabschätzung des Deutschen Bundestages. Hektographiertes Manuskript, Bad Oeynhausen, S 37f

Joerges, B. (Hg.) (1988). Technik im Alltag. Frankfurt: Suhrkamp

Jonas, H. (1985). Technik, Medizin und Ethik. Zur Praxis des Prinzips Verantwortung. Frankfurt: Suhrkamp.

Kaufmann, F.X. (1988). Familie und Modernität. In Lüscher, K., Schultheis, F. & Wehrspaun, M. (Hg.) Die "postmoderne" Familie. Konstanz: Universitätsverlag

Keupp, H. (1988). Riskante Chancen. Das Subjekt zwischen Psychokultur und Selbstorganisation. Heidelberg: Asanger

Mettler-Meibom, B. (1990). Mit High-Tech zurück in eine autoritäre politische Kultur? In: Essener Hochschulblätter. Ausgewählte Reden im Studienjahr 1988/89. Essen, S.61

Schmidtke, J. (1990). Cystische Fibrose: Von den gesellschaftlichen Folgen der Forschung. In: Imagines humanae. Festschrift aus Anlaß der Emeritierung von Prof.Dr.Dr. Helmut Baitsch. Schriftenreihe der Universität Ulm, Band 3. Ulm: Universitätsverlag, S.338

Schmitt, C. (1963). Der Begriff des Politischen. Berlin

Schroeder-Kurth, T. (1988). Vorgeburtliche Diagnostik. In Diess./Stephan Wehowsky (Hg.), Das manipulierte Schicksal. Frankfurt: Schweitzer, S.29-45

Schroeder-Kurth, T. (1989). Indikationen für die genetische Familienberatung. Ethik in der Medizin, Heft 1, S.203

Sichtermann, B. (1981). Leben mit einem Neugeborenen. Frankfurt: Fischer

The Economist, 25. April 1992, S.11 f (ohne Autor)

Weber, M. (1986). Gesammelte Aufsätze zur Religionssoziologie I. Tübingen: Mohr, S.113 und S.115

Weingart, P. (Hg.) (1989). Technik als sozialer Prozeß. Frankfurt: Suhrkamp

Zoll, R. u.a. (1989). Nicht so wie unsere Eltern! Opladen

Zum Wandel jugendlicher Ablösungskonflikte

Sigrun Anselm

Wenn man über Ablösungen nachdenkt, über die Bedingungen ihres Mißlingens oder Gelingens, ganz gleich, ob es um die Ablösung der Kinder von ihren Eltern geht, um die Ablösung von einer schützenden Gemeinschaft oder etwa um diejenige, die die Bürger der ehemaligen DDR noch lange Zeit zu vollbringen haben, immer muß man die Frage stellen, wie die bisherigen personalen und sozialen Bindungen und Bezüge in der "Zeit danach" weiterwirken. Denn sie tun es, im negativen wie im positiven Sinne.

Bekanntlich lösen sich Kinder von guten Eltern leichter als von schlechten - dabei sei erst mal offen gelassen, was gut oder schlecht heißt. Bei Kindern ist es jedenfalls klar, daß sie sich lösen müssen, um selbständig, autonom und entscheidungsfähig zu werden. Damit sie das aber können, muß eine wichtige Bedingung erfüllt sein, die für unsere Gesellschaft etwas plakativ formuliert folgendermaßen aussieht: Das bürgerliche Autonomiemodell setzt ein hohes Maß an realisierter Gemeinsamkeit voraus, bevor sich die jüngere Generation von der älteren lösen und eigenen Zielen zuwenden kann. Diese Gemeinsamkeit setzt sich aus zwei Kriterien zusammen, die man als psychologische und soziale bezeichnen könnte, die also zum einen auf der Ebene der psychischen Struktur, des affektiven und intellektuellen Umgangs mit sich und dem anderen liegt; zum andern bedarf des eines kulturellen Raums, der Sprache und der Symbole. Sie sind das Tertium, das nötig ist, damit eine Autonomie möglich wird, die ihre Verbindung zur "persönlichen Vorzeit" (Freud) nicht verliert, d.h.: Das innere Band darf nicht zerreißen. Oder anders gesagt: Das Problem der Ablösung ist zugleich das Problem der Aneignung und auch des Widerstands für den Fall, daß dem Subjekt etwas abverlangt wird, das es sich nicht zu eigen machen kann.

Bekanntlich spielt der Begriff des Widerstands in der Psychoanalyse, aber auch in der Frankfurter Schule eine zentrale Rolle. Adorno wurde nicht müde, die Erziehung zum Widerstand als wichtigste Aufgabe der Pädagogik zu propagieren. Nicht der politische Widerstand ist gemeint, sondern die innere Widerstandsfähigkeit, die vor der Enteignung und Zerstörung des Subjektiven schützt. Bei Primo Levi habe ich ein sehr krasses Beispiel dafür gefunden, wie Ablösungen scheitern, wenn die sozialen Formen jeder Aneignung widerstreiten, aber auch kein innerer Widerstand möglich war und folglich jede eigene Subjektivität preisgegeben wurde. Nachdem er aus dem Lager befreit war, wurde Levi noch lange in der UdSSR umher getrieben. Irgendwo unterwegs trifft er auf ein paar deutsche Soldaten, die er wie folgt beschreibt: "Die Autorität, in deren Schemata sie gelebt, gearbeitet und gekämpft hatten, die ihnen Halt und Nahrung gewesen war, hatte ihnen ihren Stempel aufgeprägt. Diese braven Untertanen, die Vollstrecker jedweder Befehle, gehorsame Instrumente der Macht, hatten von dieser Macht auch nicht das kleinste für sich behalten." Offensichtlich hatte die Identifikation mit der Macht diesen Soldaten zu keinerlei Selbstmächtigkeit verholfen und ohne sie gelingt keine Ablösung.

Nicht zufällig wurde der Generationenkonflikt erst in der bürgerlichen Gesellschaft der Jahrhundertwende zu einem allgemeinen sozialen Problem. Thomas Mann beschreibt es in den Buddenbrooks. Für die bürgerliche Jugend seiner Zeit war es offensichtlich kein Lebensziel mehr, so wie der Vater zu werden - die Frauen wurden damals noch selten gefragt -, oder umgekehrt: Den Jugendlichen wurde klar, daß der Vater nicht war, was er in der Kindheit zu sein versprach: der Repräsentant eines gesellschaftlich Allgemeinen. Und selbst wenn er es wirklich war, ist diese Repräsentationsform des Allgemeinen in der nächsten Generation schon verloren gegangen. Hans Castorp aus dem "Zauberberg" hatte den ehrwürdigen Senator zum Großvater; für ihn selbst hätte es diese Rolle nicht mehr gegeben. Das bürgerliche Repräsentationsmodell warf für die Identitätsbildung der nächsten Generation zwei Probleme auf: Zum einen konnte es nie alle gesellschaftlichen Schichten auf sich verpflichten und stand immer auf schwankendem Grund, zum andern waren die einzelnen Repräsentanten meist durch ihren wirtschaftlichen Erfolg zu ihrer Rolle gekommen und damit höchst zweideutig legitimiert. Schon die Bildungsromane des 19. Jahrhunderts beschäftigte der Riß in der Biographie, den der Jugendliche, herkommend aus einer anspruchsvollen Bildungswelt, beim Eintritt in das Erwachsenenleben zu bewältigen hatte. Spätere Generationen wollten den Widerspruch zwischen idealer und realer bürgerlicher Welt nicht mehr hinnehmen, und sie propagierten einen umfassenden Generationenkonflikt. Kurzum: Der Generationenkonflikt ist zwar ein ubiquitäres Phänomen, die Pflichten von Söhnen und Töchtern waren in allen Gesellschaften streng geregelt und trieben zum Widerstand, am Ende aber nahmen Söhne und Töchter durch Jahrhunderte schließlich wieder die Positionen ihrer Väter und Mütter ein. Zugleich hat es niemanden je gewundert, daß soziale Umwälzungen von den Jungen ausgingen und getragen wurden; ein Karl Mohr kann nur ein junger Mann sein, aber daß soziale Konflikte in der Dimension des Generationenkonflikts ausgetragen werden, ist ein Phänomen des 20. Jahrhunderts.

Ich bin mir keineswegs sicher, ob das für heute noch gilt oder ob die Brüche heute nicht anders verlaufen; aber von der Jugendbewegung bis zur Studentenbewegung war es so. Jugendbewegung und Studentenbewegung, in vieler Hinsicht nicht zu vergleichen, hatten eine Gemeinsamkeit: Sie fühlten sich von der Elterngeneration verraten oder hinters Licht geführt. Doch sie begegneten dieser Erfahrung auf unterschiedliche Weise. Während die Jugendbewegung nach ihrem kurzen Freiheitsrausch in der wilden Natur die ohnmächtige Vätergeneration durch eine mächtigere ersetzen wollte - Hofmannsthal hat das mit viel Bewunderung beobachtet, das "in tausend Seelen der Nation vor sich gehende Ringen um den wahren Zwang und Sichversagen dem nicht genug zwingenden Zwang" -, hat die Studentenbewegung sich die Verstrickung mit der eigenen Elterngeneration zum Thema gemacht. Dabei ist sie auf ein Problem gestossen, das zumindest für Deutschland in diesem Jahrhundert eine fatale Bedeutung hat: Die Verstrickung in die eigene Vergangenheit wurde von Generation zu Generation weitergereicht. Was die alte BRD und ehemalige DDR, jede für sich und beide miteinander an gemeinsamer Vergangenheit zu bewältigen haben, fängt eigentlich in dem Moment an, als die Jugendbewegung der 20er Jahre begann, den jugendlichen Freiheitsdrang preiszugeben und ein totalitäres Machtgebilde anzustreben, dem alle widerstreitenden Ansprüche geopfert wurden. In den 40er Jahren hat Sartre in seinem grossen Widerstandsstück "Die Fliegen" vorgeführt, wie ein Schnitt in die sich endlos prolongierende Schuldverstrickung zu machen wäre. Politisch war es erst die Studentenbewegung 20 Jahre später, der es gelang, die Generationenverstrickung aufzubrechen. Ohne den existentialistischen Protest, der ihr vorausging, wäre das nicht denkbar gewesen. Wieweit es gereicht hat, wird sich in der Zukunft zeigen.

Wie aber kommt es vom familialen Genrationenkonflikt zum politischen und sozialen Konflikt? Um die Jahrhundertwende gelang es der aufsteigenden Mittelschicht kaum noch, den bürgerlichen Status zu erwerben, um dessentwillen sie die Mühen des Aufstiegs auf sich genommen hatte. Die Männer wurden nicht mehr zu Repräsentanten eines patriarchalisch geordneten Ganzen, und es blieb ihnen die blosse innerfamiliale Macht. Bis in meine Generation haben die Väter auf ihre Repräsentantenrolle gepocht, die sie gar nicht mehr hatten und die sie deshalb durch personale Autorität zu ersetzen versuchten. Die berühmten Beispiele aus der Vergangenheit sind bekannt: der von Freud beschriebene Fall Schreber, dessen Vater martialische Erziehungsgeräte erfand, die er bei der Erziehung seines Sohnes einsetzte; oder der Fall Otto Gross, dessen Vater ein berühmter und höchst erfinderischer Kriminologe war und der seinen Sohn mithilfe der deutschen Polizei in eine österreichische Psychiatrie einliefern liess, weil er dem väterlichen Anspruch nicht gerecht wurde. Um den unterschiedlichen Umgang der Väter mit ihrer familialen Machtposition deutlich zu machen, trennt Lacan zwischen dem Vater, der die "symbolische Ordnung" vertritt, und demjenigen, der beansprucht, die Ordnungsmacht selber zu sein.

Die Jugendbewegung hat wie keine Generation vor oder nach ihr den Machtkampf mit den Vätern gesucht. Beginnend um die Jahrhundertwende, zunächst literarisch, dann in der Wissenschaft, wurde der Generationenkonflikt als Autoritätskonflikt zum Thema gemacht. Generationenkonflikte, auch dort, wo sie den familialen Rahmen nicht überschreiten, haben immer mit widersprüchlichen Anforderungen der Eltern zu tun, und die innerliche Ablösung mißlingt, weil der elterliche Anspruch weder abgewiesen noch angeeignet werden konnte. Die bürgerlichen Eltern der Jahrhundertwende konnten ihren eigenen Anspruch an sich selbst nicht erfüllen und waren deshalb nicht in der Lage, ihren Kindern zu der Autonomie zu verhelfen, die zur Aneignung, ja schon zur Bildung eigener Wünsche nötig ist. Den Zwiespalt, in dem die Eltern lebten, haben sie an ihren Kindern agiert. Die Väter versuchten, ihren Kindern mit Macht einzubläuen, was sie selbst garnicht mehr verkörpern konnten. So blieben die Kinder einerseits im patriarchalischen Bannkreis gefangen, und beklagten doch an ihren Vätern den Mangel an Wahrhaftigkeit. Aber auch der Jugend gelang es nicht, sich ein soziales Terrain zu erobern und Kriterien für das eigene Handeln zu entwickeln. So suchte sie sich mächtigere Väter, denen sie in ihrem überhöhtem Vatergehorsam all das zuschrieb, was sie an ihren eigenen Vätern vermißt hatte. Kaum eine Jugendgeneration ist so kläglich an ihren Ablösungskonflikten gescheitert, wie die Jugendbewegung. Den verinnerlichten Imperativen der Väter ausgeliefert, konnte sie die Brüche nicht durcharbeiten und nichts Neues hervorbringen.

Ohne Zweifel blieb die Jugendbewegung in ihre Autoritätskonflikte verstrickt. Aber gerade die Unlösbarkeit dieses Konflikts in der Dimension der Vater-Beziehung macht evident, daß die sozialpsychologische Konfliktstruktur jener Zeit weit umfassender war. Die neuen Väter waren als Garanten einer neuen Gemeinschaft und einer historischen Kontinuität erkoren, weil der Zivilisationsraum seine identitätsstiftende Kraft zu verlieren schien. In der Realität wurden sie dann seine Zerstörer, denn das väterliche Bündnis funktionierte nicht mehr. Auf diese Verlusterfahrung reagierte nicht nur die Jugendbewegung; die Debatte um die verlorenen Ursprünge umkreiste den gleichen Erfahrungsgehalt. Paul Tillich hat damals von der zerbrochenen Beziehung zum Ursprung gesprochen. Was Tillich zum einen ontologisch, zum anderen sozialhistorisch formuliert, läßt sich auch in die Biographie der Subjekte übersetzen. Tillich erkannte die Gefahr, die aus dem Bruch der väterlichen Repräsentanz erwuchs. Ohne äusseren und inneren Halt waren die Subjekte ihren verinnerlichten Konflikten ausgeliefert. Was Tillich sowenig wie Freud sehen wollte, war die verdrängte Mutterbeziehung, die mit dem Bruch der väterlichen Instanz ihre Dynamik entfaltet. Repräsentationslos und mit den alten Ängsten besetzt, weil von keiner Gewissensmacht mehr zu bannen, trat sie als Gefühl des Verlusts ins Bewußtsein und machte eine bodenlose Angst. Den ungeheuren Antifeminismus der 20er Jahre, die damalige Männerbundfaszination, von der auch die bündische Jugend zehrte, muß man darauf zurückführen, daß der ganze Komplex des Mütterlich-Weiblichen seinen patriarchalischen Vor- und Überbau verloren hatte. Sicher muß man die Hoffnung auf die Neue Gemeinschaft von ihrer zerstörerischen Realisierung im Nationalsozialismus trennen, doch sie war von den Konflikten der sich auflösenden patriarchalischen Gesellschaft geprägt. So bleibt es für den heutigen Betrachter schwer zu erkennen, ob diese Hoffnung lediglich in männerbündischen Abwehrstrukturen gefangen blieb, oder ob sie selbst nur der blinde Ausdruck einer unlösbaren Verstrickung war: der eskapistische Versuch, ihr zu entkommen. Jedenfalls hat der Generationenkonflikt der Jugendbewegung gesellschaftliche Brüche ans Licht gebracht, die von der Jugend nicht zu überbrücken waren. Und noch die Tatsache, daß sich die Jugend der Illusion hingeben konnte, als Jugend die Gesellschaft erneuern zu können, ist Teil ihrer unreflektierten Verstrickung.

Die Jugendbewegung hat für Jahrzehnte das Paradigma des Generationenkonflikts geliefert. Als in den 60er Jahren die Studentenbewegung begann, waren die Interpretationsmuster schon parat; zumal die Studentenbewegung in ihrer Selbstinterpretation das Generationenthema mit dem Topos des Antiautoritären selbst herausgestellt hat. Doch mit dem isolierten Blick auf den Protest der Jugend hat mancher Interpret die historisch-gesellschaftlichen Rahmenbedingungen dieses Protests nicht wahrgenommen. Während die Väter um die Jahrhundertwende noch so tun konnten, als hätten sie ihren Kindern etwas zu vererben, haben unsere Eltern ihre zweideutige Erbschaft verleugnet, sie wollten von ihr selbst nichts mehr wissen. In den Debatten um die Studentenbewegung wurde von der Zunft der Psychoanalytiker insbesondere der Autoritätskonflikt der jüngeren Generation in den Vordergrund gestellt. Kaum einer hat sich Gedanken darüber gemacht, warum diese Studenten mit der älteren Generation so haderten, schließlich hatte das deutsche Wirtschaftswunder diesen jungen Leuten doch ein angenehmes Leben beschert. Sie wollten nicht sehen, daß der Riß durch die Biographien der Eltern ging, und die Kinder ihn wieder flicken sollten. Odo Marquard sprach der studentischen Jugend einen nachträglichen Ungehorsam zu, den die Kinder für ihre Eltern auf sich genommen hätten. In neuerer Zeit hat Reimut Reiche, selbst eine große Figur der Studentenbewegung und Anhänger einer "sexuellen Revolution", der Studentenbewegung vorgeworfen, nur im Koordinatensystem der Eltern agiert zu haben. An beidem ist sicher ein Funken Wahrheit, und fast muß es so sein, denn die verdrängten elterlichen Schuldgefühle sind schließlich eine schwere Hypothek für die nachwachsende Generation. Trotzdem ist es nur die halbe Wahrheit. Die Studentenbewegung hat sich auf die Konflikte ihrer Zeit eingelassen und ihre eigene Rolle darin wahrgenommen. Sie hat sich nicht der Illusion hingegeben, aus den Verstrickungen ihrer Gesellschaft entlassen zu sein. Gerade weil sie ihren Aufklärungsanspruch auch auf sich selbst gewendet hat, waren so viele mit ihr verbündet, die keineswegs alle ihre Intentionen geteilt haben.

In den 50er Jahren hatte Helmut Schelsky in seiner Arbeit über die von ihm als "skeptische Generation" bezeichnete Nachkriegsjugend die These vertreten, der Generationenkonflikt sei ausgestorben. Daß er die Halbstarkenkrawalle seiner Zeit nicht ernst genommen hatte, hat ihm niemand angekreidet, sie wurden von der damaligen Wissenschaft unter dem Etikett "Devianz" verhandelt. Doch die Studentenbewegung schien seine These zu widerlegen. Heute dagegen sieht es so aus, als ob Schelsky partiell recht behielte, insofern die Generationenspannung verschwindet. Zwar gibt es seit dem Ende der Studentenbewegung viele kleine Protestgruppen und jugendliche Subkulturen, die Punks, die Jugendreligionen, etc. Nie war man sich einig, inwieweit diese Gruppen hinreichend zu verstehen sind, wenn man sie unter dem Gesichtspunkt des Generationenkonflikts betrachtet. Seit einigen Jahren rebelliert die Jugend wieder, die Gewalt in den Schulen kann nicht mehr als Randphänomen abgetan werden, die rechtsextreme Gewalt schon garnicht, und nicht selten stammen die Täter aus gestörten Familien. Trotzdem wäre es verfehlt, die heutigen Jugendproteste als Generationenkonflikte zu deuten. Nicht nur die innerfamiliale Sozialisation, auch die Rolle der Familie für die Identitätsgewinnung der Jugendlichen hat sich gewandelt.

Untersuchungen zu Kriminalität, Devianz und Aggressivität bei Jugendlichen haben gezeigt, daß die Familie noch immer ausschlaggebend für die psychische Stabilität von Jugendlichen ist, während die Leitmotive und Lebensvorstellungen nicht mehr über die Eltern vermittelt, also nicht mehr in der Generationenfolge weitergereicht werden. "Nicht so wie unsere Eltern" gilt auch für den größten Teil derer als Selbstverständlichkeit, die sich in ihren Familien wohlfühlen. Im günstigen Falle lernen die Kinder heute durch das innerfamiliale Procedere mit Konflikten und Differenzen umzugehen; gelingt dies, dann haben sie einen Ort, der ihnen eine unbedingte Anerkennung und darüber Sicherheit gibt. Nur selten noch findet sich eine Kontinuität der Lebensentwürfe zwischen Eltern und Kindern: Umso wichtiger wird die Kontinuität im Rahmen der individuellen Biographie, besonders aber im psychischen Entwicklungsprozeß der Kinder.

Seit den 20er Jahren gehört die Frage nach der psychischen, mehr noch der psychohistorischen Kontinuität zu den zentralen Themen der Psychoanalyse. Damals wurde sie als Komplex der Überich-Bildung verhandelt, und von daher noch ganz an die Normenkonflikte zwischen Eltern und Kinder gebunden. Mittlerweile hat sich der Focus verschoben und die moderne Kinderpsychologie geht davon aus, daß schon die frühesten Symbolisierungen scheitern können. In dem Falle zerbricht die Beziehung zur "persönlichen Vorzeit"(Freud), die aber unabdingbar für die heute so zentrale Fähigkeit ist, mit den sozialen Erfordernissen reflexiv umgehen zu können. Soll es den Eltern jedoch gelingen, den Kindern eine symbolische Ebene zu eröffnen, dann müssen sie selbst an einer symbolischen Ordnung partizipieren, und es wird heute zunehmend fraglich, ob eine solche mit verbindlicher Kraft für das Ganze überhaupt noch existiert.

Nicht nur die Psychoanalyse, auch die Soziologie begann sich in den 20er Jahren mit der Frage zu beschäftigen, wie die normativen Strukturen und Lebensformen von Generation zu Generation weitergetragen werden, da offensichtlich die Ordnungsvorstellungen der Vorkriegszeit von der Jugend nicht mehr akzeptiert und nicht einmal mehr als Widerpart der eigenen Entwicklung wahrgenommen wurden. In seiner Abhandlung über das Generationenproblem führt Karl Mannheim den schönen Begriff "Lebensfond" ein, mit dem er die Kontinuität im sozialen Wandel glaubt, begreifen zu können. Mit diesem Begriff sind die selbstverständlichen kulturellen Muster gemeint, die, vor jeder Reflexion, sich dem Heranwachsenden einprägen und ihm den Blick in die Welt öffnen. Dieser Lebensfond, einerseits daher prägend, muß von den Subjekten doch immer erneut übersetzt werden können in die sich wandelnden Formen des sozialen Lebens. Zwar wird er individuell erworben durch Erfahrung, Erziehung und Familie, zugleich ist er das Medium einer Gesellschaft in einer bestimmten Epoche. Durch ihn sind die "Kindheitsmuster" hervorgebracht, die Koordinaten abgesteckt, innerhalb derer der Heranwachsende seine Aspirationen, seinen Ehrgeiz, seine Wünsche ansiedelt und formuliert. Bedenkt man die Zeit, in der Mannheim schreibt, dann drängt sich die Annahme auf, daß er dem konservativ-revolutionären Aufbruch der Jugend etwas entgegensetzen, die Kontinuität in der Generationenfolge betonen wollte. Nun gibt es ja in der Tat Wünsche und Ängste, die einem Zivilisationsraum gemeinsam sind, deshalb ist die Frage umso brisanter, was mit den Subjekten passiert, wenn diese Wünsche nicht mehr übersetzbar, nicht mehr in den konkreten Lebensformen aufgehoben sind, eine Frage, die Mannheim zur Nebensache machen wollte. Schon die bürgerliche Gesellschaft des 19. Jahrhunderts nahm den noch gänzlich patriarchalisch geprägten Kollektivitätsvorstellungen ihre gestaltende Kraft und bedurfte doch ihrer, weil sie keine neue Kollektivität hat hervorbringen können. Der "alte böse Bürgertraum von der Volksgemeinschaft der Unfreien und Ungleichen" (Adorno) siedelt in diesem Zwiespalt. Zwar läßt sich heute, angesichts zunehmender Individualisierungsprozesse keine Ideologie mehr denken, die auf kollektiven Einheitsvorstellungen beruht, aber die Gesellschaft, die diesen Traum gebar, lebt ja weiter, ohne daß noch irgendjemand ihr etwas entgegenzusetzen hätte, auch die Jugend nicht. Zwar träumt sie nicht mehr von der Volksgemeinschaft, aber was ist mit den kleinen Kultgemeinden, den Jugendreligionen? Sie wären uninteressant, da gerade in diesen Gruppen der funktionierende Mittelstand seine Blessuren pflegt und seine Seele reinigt, wenn sie nicht Indiz für eine soziale und kulturelle Armut wären, die auch keine Kulturgesellschaft und das, was unter diesem Titel firmiert, zu überwinden vermag. Wo der Lebensfond keine Gestalt gewinnt und die Konflikte sich verschärfen, stand in den letzten 150 Jahren immer der Nationalismus im Raum, der über alle partikularen Interessen hinweg "sich als einzigartiges Bindemittel einer atomisierten Gesellschaft" erwies (Hannah Arendt).

Immer war der deutsche Nationalismus ein zweischneidiges Phänomen, jetzt aber, da er nicht einmal auf die Geschichte setzen kann, wäre er völlig bodenlos, und die bange Frage stellt sich, ob er dennoch in größerem Umfang Platz greifen kann. Auf den ersten Blick kommt er derzeit aus der aufgelösten DDR, aber es bleibt offen, ob wir ihm in der alten BRD mit unseren Psychoclubs, Jugendreligionen und dem schon sehr zweifelhaften Sportfanatismus etwas entgegenzusetzen haben.

Was macht die Jugend heute für mystische Heilslehren und okkulte Praktiken jedweder Provenienz so empfänglich? In den 70er und 80er Jahren standen das New Age und die Gurus der amerikanischen West Coast im Zentrum einer gleichartigen Faszination. Sicher sind die pendelnden und dem Satanismus huldigenden Jugendlichen dem Nationalismus weniger zugänglich, doch auch sie greifen zu Gesellungs- und Lebensformen, die symptomatisch für eine allgemeinere Desintegration stehen.

Im bürgerlichen Mittelstand gibt es ein merkwürdiges Phänomen: die Verwissenschaftlichung der Alltagssprache und die Pädagogisierung selbst noch der innerfamilialen Erziehung. Nun stellen Begriffe wie Identifizierung, Verdrängung, Symptom und Komplex ein kritisches Vokabular dar, das sicher manchen Konflikt zu lösen hilft, aber die Notwendigkeit der Symbolisierung bleibt davon unberührt. Und zuweilen kann man sich des Verdachts nicht erwehren, als sei die wissenschaftliche Sprache der Ersatz dafür. Die Gründe liegen auf der Hand: Die Sprachfähigkeit nimmt zu, aber es gibt nur noch private Lösungen. Dort aber, wo Sprach- und Kommunikationsfähigkeit nicht zunehmen, bleiben die Subjekte in pathologischen Habitualisierungen gefangen, denn es gibt keine repräsentative Privatheit mehr. Betrachtet man etwa die Geschlechterrollen in der Familie, also die Arbeitsteilung zwischen Vater und Mutter: Für die herkömmliche Rollenzuteilung fehlt heute die soziale Legitimation. Mittlerweile gilt es zwar als gerechter, wenn die Eltern sich die häusliche Arbeit teilen, doch die Frage nach dem Geschlechterverhältnis findet in dieser Lösung noch keine Antwort, es wird selbst desymbolisiert und die Geschlechterspannung wird an anderen Orten nicht selten zerstörerisch agiert. Offensichtlich hat die zunehmende Individualisierung zur Begleiterscheinung, daß der Lebensfond sich psychologisiert. Wenn es vor diesem Hintergrund nicht gelingt, den Kindern ein hinreichendes Maß an Autonomie, Konfliktfähigkeit und Ambivalenztoleranz zu vermitteln, haben sie kaum noch die Möglichkeit, ihre Konflikte in sozialen Kategorien zu formulieren und im sozialen Feld auszutragen. Die Ganzheitsbegriffe eines Fritjoff Capra appellieren ja weniger an den kritischen Verstand, denn an Regressionsbedürfnisse.

Sicher kann man auch die heutigen Jugendprobleme unter dem Gesichtspunkt des Ablösungskonflikts begreifen, auf der Couch der Analytiker kommen die Familienkonflikte hinreichend zutage. Aber kann man diese Konflikte noch unter einem generalisierten Topos zusammenfassen, wie zuvor im Falle des Autoritätskonflikts. Aus der Psychoanalyse kommend, reussierte vor einigen Jahren der Narzißmusbegriff. Nicht mehr der Vater, sondern die frühe Mutterbeziehung sollte verantwortlich für das soziale Desinteresse der Jugend sein, wohlgemerkt der Mittelstandsjugend. Abgesehen von dem unlösbaren Streit über die Genese des Narzißmus hat der Erklärungsversuch ein Manko, das vielleicht eines der Realität selber ist: Die psychologische Erklärung berührt nicht die Verfaßtheit der Gesellschaft, die eine solche Psychologie möglich macht oder befördert. Der Autoritätsbegriff war ein sozialpsychologischer, er trug zur Bestimmung der familialen Dynamik wie zur Analyse der patriarchalisch verfaßten Gesellschaft bei. Schließlich war er, bevor er zum kritischen Begriff der Sozialpsychologie werden konnte, eine im Strukturgefüge der Gesellschaft verankerte soziale Kategorie. Eine solche Vermittlungskategorie zwischen Psychischem und Sozialem ist der Narzißmusbegriff nicht und vermutlich ist dies das Dilemma der Sache selbst, die er bezeichnet; Der Narzißt stößt die Realität von sich, soweit er sie nicht für sich fungibel machen kann, und das heißt, daß er keine Differenz wahrnehmen und ertragen und keine Vermittlung herstellen kann. Der narzißtischen Realitätsverleugnung korrespondiert die Psychologisierung des Lebensfonds, insofern sie die Übersetzung der frühen Symbole in soziale erschwert.

Nach Richard Sennett ist der Narzißmus eine moderne Gestalt der protestantischen Ethik, die Max Weber als "säkulares Ethos" interpretierte. Zwar hat die innerweltliche Askese ihre moralische Bedeutung verloren, doch die Aufwertung und Bestätigung des eigenen Selbst sei mehr den je an den Verzicht auf all die sinnlichen Bedürfnisse geknüpft, die das Subjekt verstricken und ihm sein Überlegenheitsgefühl nehmen. Da die gesellschaftliche Praxis die Subjekte faktisch in einen nie endenden Anpassungsprozeß verstrickt, glaubten diese allein in ihren Motiven, Wünschen und Vorstellungen, aber nie in der konkreten Handlung wirklich sie selbst zu sein. Indizien für die Stichhaltigkeit von Sennetts These ließen sich viele finden, besonders in der vielfältigen Psychokultur, aber auch die modernen Jugendreligionen zollen der Selbsterhöhung ihren Tribut. Weder kommentieren, noch kritisieren sie die eigene Gesellschaft in konstruktiver Absicht, vielmehr propagieren sie die falsche Befreiung durch abstrakte Negation. Die christliche Religion dagegen, die zu den Konstitutionsbedingungen dieser Gesellschaft gehört, hat daher oder hätte zumindest die Mittel, um die Mängel dieser Gesellschaft konkret zu benennen. Anders die Jugendreligionen, sie verzichten aus Prinzip darauf, die Ansprüche der Subjekte mit denen der Gesellschaft zu vermitteln, sie greifen nicht einmal dem Anspruch nach ein. Und das haben sie mit dem Narzißmus gemein, der jede Form der Partizipation preisgibt, um auf diese Art unberührbar, unkränkbar und unenttäuschbar zu sein.

Vor dem Hintergrund der sozialen Desymbolisierung, die im Narzißmus der Subjekte ihre Ergänzung findet, gibt es kein Terrain für Ablösungskonflikte mehr, aber wie lösen sich die Heranwachsenden? Zur Fähigkeit, sich zu lösen, gehört eine Hoffnung, ein Wunsch, eine Utopie, deren Quellen in der Kindheit liegen und die nur dann eine befreiende Kraft gewinnen, wenn sie objektiviert und in eine soziale Dimension übersetzt werden können. Und so, wie das Neue im Alten heranreift, jede Erneuerung dem Alten abgerungen ist, gilt umgekehrt, daß das Alte nach einem greift, wenn es nicht in den aktuellen Formen aufgehoben ist. Es greift nach einem durch unbewältigte Ängste und als Schuldgefühl. Aus den Debatten um den Nationalsozialismus wissen wir um die Macht des Schuldgefühls, aber das Thema stand schon vorher im Raum. Für Freud blieb die Herkunft des Schuldgefühls ein zeitlebens ungelöstes Problem. Jedenfalls glaubte er, wahrnehmen zu können, daß sich das Schuldgefühl radikalisiert und zu exorzistischen Lösungen treibt. Vom Schuldgefühl umgemünzt konnte die sich verstärkende Aggression gegen die Väter keine Befreiungsdynamik entfalten, weil jeder Protest und Befreiungsversuch vom Schuldgefühl wieder eingeholt wurde und erneute Unterwerfung erzwang. Aus dem Zirkel von Protest und Unterwerfung ist die Jugendbewegung nie herausgekommen. Wenn heute von verdrängten Schuldgefühlen oder, mit Mitscherlich, von der Unfähigkeit zu trauern die Rede ist, dann muß man immer bedenken, daß diese Unfähigkeit schon zu den Entstehungsbedingungen des Nationalsozialismus selber gehört. Kein Gerechtigkeitsmodell hat damals dem Lebensfond eine angemessene Gestalt geschaffen,

sondern der Nationalismus, der im Zweifelsfalle gegen die Gerechtigkeit die einheitsstiftende Funktion der Macht hervorkehrt.
Die Soziologie tendiert dazu, die aktuellen gesellschaftlichen Prozesse ohne den historischen Hintergrund zu betrachten. In seinem konkreten Verlauf aber schließt der Enttraditionalisierungsprozeß der letzten Jahrzehnte an die Traditionszerstörung durch den Nationalsozialismus an. Mag die Individualisierung von den Gesetzen des Marktes hervorgebracht werden - das, was die Individuen daraus machen und welche Konventionen ihnen zu Hilfe kommen, folgt anderen Gesetzen. In der Psychologie des Lebensfonds lebt die Vergangenheit weiter, mit seiner Psychologisierung gehen die Symbole verloren, in denen eine Gesellschaft ihr Selbstverständnis ausdrückt. Und es liegt die Annahme nahe, daß diesem "Modernisierungsprozeß" in der alten Bundesrepublik kaum Widerstand entgegengesetzt wurde, weil er die Subjekte in die Privatsphäre entläßt. Die Studentenbewegung hat den Versuch unternommen, den Wirkungen der Vergangenheit in der eigenen Zeit nachzuspüren. Die heutige Jugend will davon nichts mehr wissen, und doch hat sie Eltern, die den Nationalsozialismus zwar nicht erlebt haben, die aber unbewußt an den Abwehrstrukturen des Ganzen partizipieren. Heute wird es offensichtlich, daß es weder im Westen noch im Osten gelungen ist, eine Vergesellschaftungsform zu finden, die sich nicht hätte abschotten müssen gegen ihre eigenen Entstehungsbedingungen. Und das konnte nicht funktionieren. Nie ist man den Verdacht losgeworden, daß der Kampf gegen die DDR auch ein Kampf gegen den Zugriff der Vergangenheit war, und das hat sich ja nun bestätigt. Angesichts des Zusammenbruchs der DDR gab es so manche Rechtfertigungsdemonstration über den bundesrepublikanischen Nachkriegsweg, die hellhörig macht. Joachim Fest empfand eine "tiefe Genugtuung", aber wo bleibt die Trauer? Sozialismus hin oder her: Kann man im Anblick des Unglücks, das über die Menschen der DDR gekommen ist, Genugtuung empfinden? Alle diese Demonstrationen legen die Befürchtung nahe, daß die schlichte Vereinnahmung der DDR durch die BRD auch dem Ziel gedient hat, auf die eigene Geschichte keinen Makel fallen zu lassen.
Das alles führe ich nur an, um zu zeigen, wie dicht unter der Oberfläche die Probleme der Vergangenheit liegen. Als in der alten BRD der Antikommunismus seine einheitsstiftende Kraft eingebüßt hatte, kehrte die Vergangenheit in vielfältigen Formen ins Bewußtsein der Öffentlichkeit zurück. Ähnliches gilt für die DDR. Vermutlich wurde der innere Widerstand größer, als die bindende Kraft des "Antifaschismus" aufgebraucht war. Im Westen begannen die Politiker wieder vom Volk, von der Gemeinschaft, vom großen "Wir" zu sprechen. Kurzum, es gab neue und alte Einheitsbeschwörungen, und da fällt einem doch auf, daß auch die neuen Kultgemeinden von Einheitsbesschwörungen leben. Welche Brüche dieser

verbale Kitt aber kleben soll, tritt weniger denn je ins Bewußtsein, weil die moderne Gesellschaft ihre Herrschaftsstruktur in den geregelten Konkurrenzkampf aller gegen alle transformiert hat. Dadurch fehlt allenthalben das Lebenselement, der Lebensfond, der es erlauben würde, trotz Brechungen und durch diese hindurch ein Verhältnis zu sich selbst, zur eigenen Geschichte, eben zur persönlichen Vorzeit zu gewinnen, an sich selbst wie auch an dem anderen.

Meine Generation ist in dem Widerspruch aufgewachsen, einerseits den Antikommunismus der BRD abzulehnen, den real existierenden Sozialismus aber auch nicht zu akzeptieren. Für die junge Generation gibt es den Antikommunismus als Herausforderung nicht mehr, aber die Verdrängungen, die ihm zugrunde lagen, haben sie schon in der Muttermilch mitbekommen.

Entgrenzte Lebenszeit
Gedanken zum Diskurs über Alter

Christel Schachtner

Als ich Anfang der 80er Jahre begann, mich mit dem Thema Alter zu beschäftigen, war das Angebot an einschlägiger Fachliteratur begrenzt. Viele Aspekte des Alterns waren wissenschaftlich noch nicht erforscht. Das hat sich geändert. Studien und Reflexionen über das Alter türmen sich auf dem Büchermarkt, die Zahl an Workshops und Tagungen zu Fragen des Alters wächst von Jahr zu Jahr und schließlich ist das Alter ein viel beachtetes Thema in den Medien.
Der Diskurs über Alter ist eröffnet. Die Altersgruppe, auf die er sich bezieht, ist nicht exakt bestimmbar, denn die Grenze zum Alter hin ist dynamisch. Sie entsteht, sukzessive, unter dem Einfluß altersbedingter Ereignisse und Phänomene, die eine Zäsur von der Art bedeuten, die das Fortschreiten des Lebens betont. Der Altersdiskurs existiert nicht isoliert. Er steht in Bezug zur Debatte über Individualisierung. Der Begriff Individualisierung bezeichnet einen Prozeß, der sich im Übergang von der ständisch-feudalen Gesellschaft zur bürgerlichen Industriegesellschaft angebahnt und nach dem 2. Weltkrieg, insbesondere in den 60er Jahren, einen entscheidenden Schub erfahren hat (vgl. Beck-Gernsheim 1992, 4).
Es kennzeichnen den Individualisierungsprozeß drei Entwicklungsmerkmale (vgl. Beck 1986, 206):
1. Die Herauslösung des Individuums aus historisch gewachsenen Sozialformen, aus ökonomischen Versorgungsbezügen und normativen Bindungen. Die Zugehörigkeit zu Stand, Klasse, Schicht, Familie ist unwichtiger bzw. unbedeutend geworden. (Freisetzungsdimension)
2. Der Verlust an traditionellen Sicherheiten in Form von Normen, Werten, Verbindlichkeiten, womit die Basisselbstverständlichkeiten alltäglichen Handelns schwinden, Verunsicherungen entstehen, aber auch Wahlfreiheiten eröffnet werden. (Entzauberungsdimension)
3. Das Angebot neuartiger Lebensmodelle und Identitätsentwürfe als Angebote zu erneuter sozialer Einbindung, was das Risiko in sich birgt, die eröffneten Autonomiechancen durch Tendenzen zur Standardisierung wieder aufzuheben. (Kontroll- bzw. Reintegrationsdimension)
Der Freisetzung aus konventionellen Zusammenhängen korrespondiert die Zunahme individualisierter Existenzformen. Aus ihnen wächst der Zwang

zur Selbstorganisation. Der einzelne darf und muß lernen, sich selbst als Planungsbüro in bezug auf den eigenen Lebensverlauf, auf Lebensführung, Lebensziele und Leitbilder zu verstehen. Er darf und muß sich auf die Suche machen.

Chance und Zwang zur Individualisierung zeigen sich in allen Lebensphasen, das Alter ist davon nicht ausgenommen. Auch für die späten Jahre gilt, daß traditionelle Vorgaben an Einfluß verloren haben. Das Altersstereotyp, das alten Menschen eine vorsichtige, zurückgezogene Lebensweise nahelegt, stößt auf verminderte Anerkennung. Es basiert auf dem sogenannten Defizitmodell, welches das Altern als einen stetigen Prozeß zum Schlechteren hin behauptet, der im Interesse einer verlängerten Lebensspanne nach Ruhigstellung verlangt. Gegen das Defizitmodell formulierte die Gerontologie, die Lehre vom Altern, in den 70er Jahren die These, daß ein fortgeschrittenes Leben nicht schicksalhaft nur Abbau bedeutet, sondern durchaus von Aktivität, relativer Gesundheit und Lebensfreude gekennzeichnet sein kann (vgl. Lehr 1987, 2). Leben im Alter enthält dieser Auffassung zufolge Spielräume, es erscheint gestaltbar, eine auch alten Menschen selbst nicht unwillkommene Botschaft.

So fragen und suchen immer mehr Ältere nach neuen Lebens- und Wohnformen. Sie wollen nicht allein auf die herkömmliche Alternative Altenheim oder Familie verwiesen sein. Zu sehr fürchten sie hier wie dort um ihre Autonomie. Allerdings ist es auch so, daß die Familien nicht mehr selbstverständlich als Versorgungseinheit für ihre alt gewordenen Mitglieder zur Verfügung stehen. Das hängt zusammen mit den Suchbewegungen der Jungen, u.a. mit der Suche der jungen Frauen nach einem selbstbestimmten, ökonomisch unabhängigen Leben, eine Suche, die sich mit der herkömmlichen Frauenrolle, die lebenslanges Dasein für andere vorsieht, nicht verträgt.

Bisherige Lebensmodelle für das Alter sind im Zuge der Individualisierung also fragwürdig geworden. Orientierungspunkte sind verschwunden, Konstanten wurden zu Variablen. Entscheidungen sind gefordert. Der alternde Mensch ist darauf geworfen, sich zu fragen: Wie will ich alt werden? Wo und mit wem will ich leben? Wer will ich sein? Was muß ich für meine Wünsche tun? Wann muß ich beginnen, Weichen zu stellen? Um diese Fragen kreist der entstandene Diskurs über Alter.

Kaum in Gang gekommen, beginnt der Diskurs bereits ein neues Daseins- und Handlungsangebot für alte Menschen hervorzubringen. Es knüpft sich an den Begriff der "neuen Alten". Im Blickfeld sind die 55 - 75jährigen. Die Entdeckung der "neuen Alten" steht in Verbindung mit der Einführung der Vorruhestandsregelung Mitte der 80er Jahre, die es erlaubte, mit 59 Jahren in den Ruhestand zu treten. Die neuen Alten, auch 'Young Oldies' oder 'Top-Fifties' genannt, verkörpern, so läßt uns der Diskurs wissen, ein anderes Alter, ein Alter, das sich von sich selbst abwendet, um sich an der Jugend zu orientieren.

Als neuartiges Phänomen waren und sind die neuen Alten ein beliebtes Medienthema. Wie werden sie in den Medien entworfen? Auf seiner Titelseite verkündet das bundesdeutsche Wochenblatt 'Stern' 1989: Die neuen Alten - sie wollen genießen, sie wollen reisen, sie wollen kaufen. "Für alles sind diese neuen Alten empfänglich", wird der Geschäftsführer eines Reiseunternehmens in einer 'Spiegel' - Reportage zitiert, "nur nicht dafür, daß sie alt sind". Auf vielfältige Weise stellen sie laut 'Spiegel' ihre Lebenslust unter Beweis: "Sie kleiden sich zunehmend flotter und schicker." "Sie beleben die Sporthallen und Fitness-Studios." "Sie pflegen einen 'gelösten Umgang mit Sexualität'." "Sie sitzen in den Hörsälen der Universitäten." Sie wohnen "möglichst in der City (...), weil dort das Leben braust", kurz: Sie sind "immer gesünder, aktiv im Kopf wie im Bett, (bevölkern) im Lande die Hochschulen und auf dem Erdball die Hotels". "Es gibt keine Senioren mehr; wer möchte denn Senior sein?", erklärt eine Reiseunternehmerin dem/der Leser(in) und ein Berufskollege ergänzt: "Die haben einen Drang zum Leben, zur Jugend". Jugendlichkeit ist das Markenzeichen der neuen Alten, mit dem sie zur pressure-group geworden sind.

Die den neuen Alten zugeschriebene Jugendlichkeit führt in eine Bilderwelt, in ein Reich der Zeichen, der Farbe, der Bewegung, der Intensität. Jugendlichkeit läßt das Alter schillern und funkeln. Sie ist Chiffre für Attraktivität, Abenteuer, Gesundheit, Vitalität, Erfolg, Mobilität, für Optimismus, Leichtigkeit und Intensität. Die Bedeutungsgehalte sind bezogen auf Körper, Leistung, Lebensführung und Lebensgefühl. Jugendlichkeit hat nur vermittelt mit Jugend zu tun. Das Lebensgefühl von Jugendlichen ist, das dokumentieren neuere Jugendstudien, keineswegs so optimistisch und von leichter Art. Jungsein wird vielmehr ambivalent erlebt (vgl. Jugendwerk der Deutschen Shell 1985, 257); Ohnmacht und Fatalismus werden als bedeutsame Gefühlszustände heutiger Jugendlicher beschrieben (vgl. Zoll 1989, 220). Die Suizidversuchsrate unter 15-19jährigen Mädchen ist überdurchschnittlich hoch (vgl. Christe 1989, 41). Auch Gesundheit und Vitalität sind Jugendlichen ein nicht so selbstverständlich verfügbares Gut. Nicht wenige unter ihnen leiden an psychosomatischen Beschwerden (vgl. Engel/Hurrelmann 1989, 76). Zwischen Jugend und Jugendlichkeit muß daher unterschieden werden. Jugendlichkeit ist vor allem ein Wunschbild, das diejenigen, die nicht mehr jung sind, auf die Jugend richten, um sich mit ihm zu identifizieren. So wird Jugendlichkeit, ganz dem Individualisierungstrend folgend, zum Versprechen der Befreiung des alternden Menschen zu vielfältigen Optionen. Es liegt am einzelnen, was er aus sich macht. Das Jugendlichkeitsideal signalisiert: Leben ist

machbar. Körper, Aussehen, Beziehungsrealität sind nicht Schicksal, sondern veränderbare Größen, für deren Zustand ich verantwortlich bin. Das Problem kann nicht mehr sein, daß ich zuviel will, sondern allenfalls, daß ich zuwenig erreiche, daß ich immer noch nicht so bin, wie ich sein könnte (vgl. Ziehe 1991, 190).
Was machbar ist, ist zugleich unabgeschlossen. Jugendlichkeit suggeriert, ich bin noch nicht angekommen, ich bin unterwegs. Die Suchbewegungen sind auf Dauer gestellt. Das ganze Leben kann Jugend werden. Das Jugendlichkeitsideal schwebt über allen Lebensaltern, geheimnisvoll und verführerisch, aber auch fordernd. Wie es sich im Hinblick auf die ältere Generation konkretisiert und was es für sie bedeutet, will ich anhand ausgewählter Diskursfelder im folgenden noch genauer untersuchen.

Diskursfeld Altenhilfe
Das Altersstereotyp, das alten Menschen Disengagement empfiehlt, ist auch in der Altenhilfe überholt. Einer Analyse von Roland Schmidt und Peter Zeman zufolge will Altenhilfe ihr Klientel an neuen Lebensentwürfen orientieren. Sie verstehe sich durchwegs als Animations- und Erziehungsprogramm. Ihr Erziehungsziel sei ein Alter, das angefüllt ist mit Aktivität, Frohsinn und Geselligkeit (vgl. Schmidt/Zeman 1988, 276). Unerwünscht seien aus dieser Perspektive, die fast in allen Altenclubs anzutreffenden "selbstgenügsamen Tischgemeinschaften". Es handelt sich hierbei um eine Gruppe meist älterer Frauen, die sich täglich im Altenclub treffen, sich unterhalten, vielleicht Karten spielen, aber sich erfolgreich den Motivationsversuchen zu "sinnvoller" Aktivität entziehen (vgl. Schmidt / Zeman 1988, 284f). Diese Tischgemeinschaften werden als Rückzugsnischen angesehen, in denen es noch nicht gelungen ist, zur Teilnahme am organisierten Tun zu bewegen. Positives Leitbild ist der "aktive Senior". Für ihn ist Ruhestand ein Fremdwort; er ist aufgeschlossen für Neues, agil, vital, mobil, dynamisch.

Diskursfeld Gerontologie
Die geschilderte Praxis der Altenhilfe findet Unterstützung im gerontologischen Diskurs. Die Gerontologie stellte dem Defizitmodell das Kompetenzmodell gegenüber, das bis heute die gerontologische Forschung prägt und ihre erkenntnisleitenden Fragen bestimmt. Kompetenz und Aktivität gelten als vorrangige Entwicklungsziele für ein erfolgreiches Altern. Sie garantieren, so die Annahme, psychisches Wohlbefinden und Lebenszufriedenheit. Nach Ursula Lehr, einer prominenten Vertreterin des Kompetenzansatzes, beweisen ältere Menschen ihre Kompetenz, wenn sie ihren Alltag selbständig meistern, ihren Tagesablauf abwechslungsreich gestalten, viele Interessensgebiete haben, geistig aktiv und anregbar sind, sich

positiv auf Zukunft beziehen und außerhäusliche Kontakte und Aufgaben pflegen (vgl. Lehr 1988, 38). Kompetente Alltagsgestaltung, wie sie Lehr fordert und für realisierbar hält, kommt dem nahe, was mit dem Bild der neuen Alten propagiert wird und als jugendlich gilt.
Das Kompetenzmodell vernachlässigt erwartbare Problemsituationen im Alter. Pflegebedürftigkeit etwa ist für Ursula Lehr ein "in unserem Land (...) gezüchtetes überdimensional aufgeblasenes Gespenst" (Lehr 1987, 6) und sie fordert: "(...) der Begriff 'Pflegebedürftigkeit' gehört abgeschafft" (Lehr 1989, 23). Das Interesse der Gerontologie konzentriert sich aus der Perspektive des Kompetenzmodells auf jene Fähigkeiten und Verhaltensweisen, die die Nähe zur Jugend bewahren. "Alle bedürfnisorientierten Maßnahmen", so Ursula Lehr, "sollten darauf gerichtet sein, daß bei einem Altwerden an Jahren ein Jungbleiben von Körper - Seele - Geist gewährleistet ist" (Lehr 1987, 12).

Diskursfeld Werbung
Gegenstand meiner Betrachtung sind 294 Werbespots aus dem Vorabendprogramm des 2. Deutschen Fernsehens, aufgenommen vom 30.3. - 6.4.1992. In der Werbung geht es um die Inszenierung von Produkten und Diensten, die ihnen zugeordneten Personen und Lebensstile sind Beiwerk, doch darum nicht weniger wirksam, haben sie doch etwas Alltägliches, Selbstverständliches und damit den Charakter einer Norm. Ältere Frauen und Männer folgen in den analysierten Werbespots ausschließlich einer Norm. Sie sehen attraktiv und gepflegt aus, sind modisch und in heitere Farben gekleidet, wirken vital, rüstig, geistig und körperlich aktiv so wie dieser Mann am Reck, der erklärt: "Ja, ich bin 62, aber ich habe die Kraft von zwei Herzen." Die älteren Werbefiguren tragen keinerlei Zeichen von Alter, im Gegenteil: Sie sind mobil wie die Jungen. Sie sitzen im Flugzeug, im Intercity, in exclusiven Autos und auf schweren Motorrädern, sie durchqueren Hotelhallen, besuchen Empfänge oder springen mit dem Fallschirm über dem Garten der Geliebten ab. Es verbindet sie alle ein optimistisches und lustbetontes Lebensgefühl. Selbstverständlich meistern sie ihr Leben autonom und ohne fremde Hilfe. Altersschwächen kommen in den Werbespots so gut wie nicht vor; diese vermitteln vielmehr: Körper, Alter, Zukunft sind modellierbar und frei von unüberwindbaren Grenzen.

Die geschilderten Diskursfelder sind Kraftfelder, die ihre Kraft aus dem Spiel mit Argumenten, Bildern, Werten, Normen, Regeln, Interessen gewinnen. Sie stützen sich wechselseitig in der Propagierung von Jugendlichkeit als ideales Identitäts-, Handlungs- und Lebensstilkonzept im Alter. Doch ginge die Propaganda ins Leere, gäbe es nicht auch Übereinstimmung mit den Wünschen ihrer Adressaten. Was sie diesen bietet, dürfte verlockend sein: die Entgrenzung von Zeit, das Eintauchen in erinnerte Vergangenheit und die Teilhabe an einer endlosen, noch nicht festgelegten, uneingelösten Zukunft. Das Bild von Jugendlichkeit widerspricht dem traditionellen, den Mangel betonenden Altersbild, das von der Zukunft abschneidet, es markiert die späten Lebensjahre vielmehr als Möglichkeitsraum, der einlädt zu Individualisierungsversuchen jedweder Art.

Was Michel Foucault zum Diskurs über Sexualität gesagt hat, läßt sich weitgehend auf den Diskurs über Alter beziehen. Man hat das Alter, wie im 18. Jh. den Sex, aufgescheucht und in eine diskursive Existenz hineingetrieben (vgl. Foucault 1977, 46). Es ist Gegenstand öffentlicher Wahrnehmung und offener Diskussion geworden; es ist über-, nicht unterthematisiert. Ein ganzer Strang von Analysen, Statistiken, Klassifizierungen, Programmen, Wissen, Vorschlägen, Lebensrezepten hat das Alter besetzt und verhüllt. Das den Diskurs beherrschende Jugendlichkeitsideal suggeriert, daß es kein Alter mehr zu geben braucht, ja nicht einmal mehr ein Altern. Das Jugendliche expandiert in alle Lebensphasen und verdrängt das diesen Eigene und Besondere. Lebensalter definieren sich nicht mehr aus sich heraus "sondern als Variationen unterschiedlicher Grade des Jung-Seins" (Legnaro 1992). Jede(r) kann mehr oder weniger jung sein. Er muß es aber beweisen. Fitnesstrainings, Schönheitschirurgie und Konzepte lebenslangen Lernens unterstützen die Beweisführung. Der Diskurs erweist sich als Medium der Macht (vgl. Foucault 1977, 46). Nicht Gesetze transportieren die Macht, es ist auch keine Macht einer Gruppe über eine andere. Die Macht entfaltet sich in alltäglichen Gesten, Sympathien, Angeboten, Komplimenten, aber auch in Abneigungen, Zutrittsverboten, in Bildern auf Plakat- und Kinoleinwänden, in Gesundheitstips und in den Schaufenstern der Modehäuser als komplexe strategische Situation, die Jugendlichkeit zur allgegenwärtigen Norm erhebt. Überall sichtbar werdend, nötigt das Ideal dazu, sich ständig mit ihm zu vergleichen und gleichzuziehen. Der Diskurs erzeugt ein Zugriffsfeld für Modellierung und Disziplinierung. Daueraufmerksamkeit für sich selbst und Dauerarbeit an sich selbst sind gefordert. Angesichts der gestiegenen Bedeutung der Visualität in unserer Gesellschaft genügt es nicht, sich jung zu fühlen, es muß gezeigt werden. Es kommt darauf an, Zeichen zu setzen, Zeichen eines aufgehaltenen Lebens, während die Zeichen seines Fort-Schritts - seien es Schwächen oder Qualitäten wie Erfahrung, Nachdenklichkeit, Langsamkeit - zu verbergen, zu verschweigen, zu kaschieren sind. Jugendlichkeit als ein Daseinsmodell, das vielfältige Optionen zu eröffnen verspricht, untergräbt, da es ausgrenzt, Individualität. Es drängt zur Anpassung, befördert Standardisierung und kehrt sich so gegen den Trend, der es hervorgebracht hat.

Der Diskurs ist jedoch nicht nur Machtinstrument, er kann auch Widerstandspunkt werden (vgl. Foucault 1977, 122). Was durch ihn ans Licht geholt wird, kann die Macht unterminieren, indem es den Zweifel schürt. So zu sehen sind die Ergebnisse einer Marketinguntersuchung, die sich auf die Konsumbedürfnisse der neuen Alten richtete und statt dessen ergab, daß deren Konsum- und Freizeitverhalten weniger von Bedürfnissen getragen ist, als vielmehr von der Angst, "in dieser jugendlichen Welt aufgrund des Alters, fehlender körperlicher und intellektueller Jugendlichkeit nicht mehr dazuzugehören" (vgl. Institut für Strukturforschung und Marketingberatung 1989, 5). Die Angst als Motor für einen jugendorientierten Lebensstil läßt Zweifel an der Sinnhaftigkeit des Jugendlichkeitsideals aufkommen, dessen Macht wird zerbrechlich.

In kritischem Bezug zu diesem stehen auch die Befunde einer Repräsentativerhebung, die sich ebenfalls mit dem Lebensstil, den Wünschen und Bedürfnissen der heute 55-70jährigen befaßte (vgl. Infratest Sozialforschung/SINUS/Becker 1991). Es gibt, so wurde herausgefunden, unter den Älteren Abenteuerlust, es gibt den Wunsch nach Erlebnisvielfalt und Mobilität, doch stärker ausgeprägt ist der Wunsch sich zurückzuziehen, entpflichtet zu sein, in Ruhe gelassen zu werden. Der typische Alltag der Befragten sieht, diesem Wunsch folgend, so aus: Langes Frühstück, ausgedehntes Zeitunglesen, dann gemütliches Einkaufen, im Anschluß an das Mittagessen ein Mittagsschlaf, um danach ausgiebig Kaffee zu trinken. Diese ruhige, passive, aber genüßliche Alltagsgestaltung bildet einen Gegenpol zum jugendlichen Aktivitätsdrang. Andere Bedürfnisse werden erkennbar, die der Macht Legitimation entziehen.

Denselben Effekt haben die in der Studie ermittelten, an die Politik gerichteten Wünsche der Älteren. An erster Stelle, so wurde herausgefunden, stehen Wünsche nach mehr Altenheimplätzen, nach Ermöglichung häuslicher Pflege, nach menschenwürdigen Heimen, an zweiter nach mehr Rente, bezahlbaren Wohnungen, an dritter nach Verbleiben in der gewohnten Umgebung, nach Achtung. Die genannten Wünsche verweisen auf die Problemseiten des Alterns, die der Begriff Jugendlichkeit auszusparen trachtet. Sie entlarven dessen Einseitigkeit, lassen die ihm entspringenden Ansprüche und Versprechungen illusorisch erscheinen und schmälern so seine normierende Kraft Die geschilderten Widerstandspunkte machen auf Grenzen aufmerksam, die aus Verlusten resultieren, teils gesellschaftlich, teils biographisch, teils biologisch bedingt sind, wie der Verlust von Gesundheit, von Beweglichkeit, von finanziellen Ressourcen, von Aufgaben, von Kontakten, von Rollen, von Wertschätzung. Leopold Rosenmayr beschreibt das Altern als "eine naturhafte Veränderung des Lebendigen, die durch Verluste und Einschränkungen gekennzeichnet ist" (Rosenmayr 1989, 153). In den alltäglichen Verlusten kündigt sich schließlich auch die große und unabänderliche Grenze von Leben an: der Tod. Das Jugendlichkeitsideal ignoriert diesen so wie alle Grenzen. Es kultiviert die Illusion vom endlosen Fortgang.

Entzogene Grenz- und Verlusterfahrung verhindert Trauer. Trauer ist das 'Verschmerzen des Verlustes'. Wenn wir Verluste nicht verschmerzen, "bleibt der Schmerz eingedickt zurück und verstellt als seelischer Pfropfen den Zugang zu einer anderen Realität mit ihren neuen Möglichkeiten" (Geißler 1992, 128). Goethe schreibt in seinen Studien über Natur: "Leben ist ihre schönste Erfindung und der Tod ist ihr Kunstgriff, viel Leben zu haben." Den Verlust nicht wahrhaben zu wollen, "fördert das Festhalten am Gewesenen, die Bindung ans Vergangene, den Aufenthalt beim Verlassenen" (Geißler 1992, 124). Die Verluste, die mit dem Prozeß des Alterns einhergehen und zusammenspielen mit dem Verlust traditioneller Lebensformen und Orientierungen im Zuge des Individualisierungsprozesses, verlangen nach einem Daseinsmodell, das den Verlust als mögliche oder unvermeidbare Realität einbezieht. Erst die Anerkenntnis des Verlustes verhilft zu den aus gesellschaftlicher und individueller Sicht nötigen Neuanfängen. Den Tod anzuerkennen ist vielleicht das Wichtigste. Besonders im Wissen um ihn können Experimente, kann Individualität gewagt werden, weil er als endgültige Grenze dazu drängt, ohne Aufschub zu handeln. Der Tod bringt Orientierung ins Leben so wie der zu Ende gehende Tag, der dazu animiert, dies und jenes noch zu tun, anderes zu lassen, keine Zeit zu verlieren, Zweifel und Bedenken beiseite zu schieben, Kräfte zu bündeln.

Ohne Ende kein Anfang! Nicht das Versprechen auf Grenzenlosigkeit gibt der durch den Individualisierungsprozeß initiierten Suchbewegung ihre Richtung, sondern die Wahrnehmung von Grenzen, die herausfordert, diese zu überwinden, zu verschieben oder im Hinblick auf ihre unabänderliche Existenz neue Schwerpunkte zu setzen. Grenzerfahrung als Anstoß zu leben: Das Phantasma der Moderne, der Wunsch unsterblich zu sein, steht dagegen.

Literatur

Beck, U. (1986). Risikogesellschaft. Auf dem Weg in eine andere Moderne. Frankfurt/Main

Beck-Gernsheim, E. (1992). Familie und Individualisierung. Manuskript. München

Christe, Ch. (1989). Suizid im Alter. Dimensionen eines ignorierten Problems. Bielefeld

Engel, U./Hurrelmann, K. (1989). Psychosoziale Belastung im Jugendalter. Berlin / New York

Foucault, M. (1977). Sexualität und Wahrheit. Der Wille zum Wissen. Bd. 1. Frankfurt / Main

Geißler, K.A. (1992). Schlußsituationen. Die Suche nach dem guten Ende. Weinheim

Infratest Sozialforschung, SINUS, Becker, H. (1991). Die Älteren. Zur Lebenssituation der 55-bis 70jährigen. Düsseldorf

Institut für Strukturforschung und Marketingberatung GmbH (1989). Die jungen Alten. Homburg

Jugendwerk der Deutschen Shell (1985). Jugendliche 'Erwachsene' + 85. Bd. 4. Jugend in Selbstbildern. Opladen

Legnaro, A. (1992). Frankfurter Rundschau Nr. 195

Lehr, U. (1987). 30 Jahre Gerontologie. Rückblick und Ausblick. In: Kruge A., Lehr, U., Oswald, F., Rott, Ch. (Hg.) Gerontologie. Wissenschaftliche Erkenntnisse und Folgerungen für die Praxis. (S.1-17), Heidelberg

Lehr, U. (1988). So einsam sind sie nicht. Psychologie heute

Lehr, U. (1989). Kompetenz im Alter - Wunsch oder Wirklichkeit? In KDA (Hg.), "Aktive Alte" - "Junge Alte" - "Neue Alte" (S.22-26), Köln

Schöps, I. (1987). "Die haben einen Drang zum Leben!" Spiegel 40

Schmidt, R./Zeman, P. (1988). Die Alterskultur der Altenhilfe; Rückzugsnische, Aktivprogramm, neues Alter? In: Göckenjahn, G. & von Kondratowitz, H.J. (Hg.), Alter und Alltag (270-294) Frankfurt/Main

Stern vom 22.3.1989

Rosenmayr, L. (1989). Altern und Handeln. Eine Reflexion über die Zugänglichkeit von Freiheit im späteren Leben. In: Weymann, A. (Hg.), Handlungsspielräume (S.151-162), Stuttgart

Ziehe, Th. (1991). Zeit-Vergleiche. Jugend in kulturellen Modernisierungen. Weinheim

Zoll, R. u.a. (1989). Nicht so wie unsere Eltern! Opladen

Lebenswelt von Frauen am Beispiel von Nur-Hausfrauen und Auch-Hausfrauen

Anke Ochel

Die Wünsche und Ansprüche von Frauen an ihre individuellen und gesellschaftlichen Entfaltungsmöglichkeiten haben sich in den letzten zwei bis drei Jahrzehnten radikal gewandelt. Gegenüber der traditionellen Vorstellung früherer Frauengenerationen, sich ganz der Fürsorge für die Familie zu widmen, sind heute Schul- und Berufsausbildung sowie Erwerbstätigkeit neben dem Ziel einer eigenen Familie mit Kind(ern) fester Bestandteil weiblicher Lebensplanung geworden (Seidenspinner & Burger, 1982). Diese Entwürfe lassen sich jedoch - zumindest in der Form paralleler Teilhabe an beiden Hälften des Lebens - nach wie vor nur selten bruchlos realisieren. Im folgenden möchte ich zunächst aufzeigen, unter welchen Bedingungen Frauen im Erwerbsbereich arbeiten.

1. Frauen im Erwerbssystem: Veränderungen bei anhaltender Diskriminierung

Im Bereich des allgemeinbildenden Schulwesens haben Mädchen und Frauen die Chancen wahrgenommen, die sich im Zuge der Bildungsexpansion der sechziger und siebziger Jahre eröffneten und in Bezug auf Bildungsabschlüsse mit den Männern gleichgezogen. Dieser Trend zur Angleichung setzt sich jedoch nicht geradlinig fort, sondern bricht sich an den Realisierungschancen auf dem Erwerbsarbeitsmarkt mit seinen die Frauen nach wie vor diskriminierenden Strukturen.
Stellenangebote für Frauen zur beruflichen Bildung und zur Erwerbsarbeit beschränken sich auf ein enges Spektrum: Büroberufe, Verkauf, Sozial-, Erziehungs- und Gesundheitsberufe sowie Bereiche der verarbeitenden Industrie. Die Zukunft dieser Frauenarbeitsplätze ist in besonderem Maße gefährdet, zum einen, weil in ihnen noch "beträchtliche Rationalisierungsreserven" (Beck, 1986) stecken (Büro, Verkauf, Industrie), zum anderen, weil weite Bereiche extrem abhängig von ökonomischen Konjunkturen und politischen Entscheidungen sind (Zurückverlagerung von bezahlter Frauenerwerbsarbeit in unbezahlte Frauenfamilienarbeit in Sozial-, Erziehungs- und Gesundheitsberufen).

Zudem gilt unverändert in der Wirtschaft wie in allen anderen gesellschaftlichen Bereichen (z.B. Politik, Medien), daß der Frauenanteil rapide sinkt, je wichtiger und mächtiger eine berufliche Position ist. Entsprechend sind Frauen bei den niedrigen Einkommen überproportional vertreten. Selbst unter der Voraussetzung gleichen Alters, gleicher Schul- und Berufsausbildung und gleicher Wochenarbeitszeit werden Frauen schlechter entlohnt. Und Frauen tragen das eindeutig höhere Arbeitslosenrisiko gegenüber ihren männlichen Kollegen.

Ein aktuelles Lehrstück über die Frauendiskriminierung im Erwerbsarbeitsbereich ist die Arbeitsmarktentwicklung in der Ex-DDR: Frauen wird häufiger gekündigt, und sie werden seltener neu eingestellt. Folglich ist dort die Arbeitslosenquote bei Frauen mit 18,8% doppelt so hoch wie bei Männern, sind 63,6% aller Arbeitslosen Frauen ("Die Verliererinnen der deutschen Einheit", Süddeutsche Zeitung 21./22.11.1992). In der damaligen DDR waren vor der Wende 92% der Frauen im erwerbsfähigen Alter berufstätig (BRD: 56%), sie verdienten 42% des Einkommens der Haushalte. Die seither massenhafte Schließung von Kinderbetreuungseinrichtungen hat zum einen Frauenarbeitsplätze vernichtet und zum anderen Müttern die Grundlage für ihre außerhäusliche Arbeit entzogen. Dennoch weigern sich die Frauen, sich "zurück in die Küche" (die tageszeitung 5.5.1992) verweisen zu lassen und halten an ihrer Motivation zu beruflicher Arbeit fest. In den alten Bundesländern ist die Frauenerwerbsquote numerisch seit den sechziger Jahren etwa gleichgeblieben, der Anteil verheirateter Frauen und Mütter aber ist erheblich angestiegen. Um am Erwerbssystem möglichst lange teilhaben zu können, schieben junge Frauen den Zeitpunkt der Geburt ihres ersten Kindes hinaus, manche verzichten auf weitere Kinder (Urdze & Rerrich, 1981), manche verzichten ganz auf Kinder (Nave-Herz, 1992). V.a. jüngere, gut ausgebildete Mütter tendieren dazu, ihre berufliche Arbeit nur für die Dauer der Kleinkindphase zu unterbrechen. Wegen fehlender Plätze in Krippen, Kindergärten und Horten lassen sich diese Pläne aber oft nicht umsetzen. Besser Verdienende versuchen, auf private Lösungen wie Tagesmütter, Kinderfrauen usw. auszuweichen. Warum ist Familienarbeit für Frauen derart unattraktiv geworden, daß sie große Anstrengungen unternehmen, um ihr so schnell wie möglich wieder zu entkommen? Was erwartet Frauen am Arbeitsplatz Familie?

2. Frauen in der Familie:
Arbeitsplatz oder Ort des Glücks?

Familie hat im Zuge der historischen Entwicklung der Gesellschaft und ihrer Produktionsweisen hin zur kapitalistischen Industriegesellschaft ihren Charakter als gemeinsame Arbeitsstätte aller Familienmitglieder zu ihrer

Existenzsicherung verloren und ist zu einem Ort von Intimität und Emotionalität geworden. Die seither segregierten Bereiche Erwerbsarbeit und Familienarbeit bleiben gleichwohl wechselseitig voneinander abhängig und komplementär aufeinander bezogen (Ostner, 1978). Dennoch findet ihre Gleichgewichtigkeit keine Entsprechung in einer individuellen wie gesellschaftlichen Gleichbewertung: Während erstere klar als Arbeit anerkannt und entlohnt wird, erscheint die unbezahlte Haus- und Familienarbeit als selbstverständlicher Ausdruck weiblicher Fürsorge und Liebe. Hausarbeit wird hier inhaltlich als Einheit materieller und psychischer Versorgungsleistungen für die Familienangehörigen verstanden (Bock & Duden, 1977; Kontos & Walser, 1979). Materielle Versorgung meint die Hausarbeit im engeren Sinne: putzen, waschen, bügeln, einkaufen, kochen usw. Psychische Hausarbeit, auch Beziehungsarbeit genannt, umfaßt Arbeiten wie Umsorgen und Erziehen der Kinder, Schaffung eines emotionalen Klimas, in dem die Arbeitskraft sich regenerieren kann (trösten, zuhören, Rat geben ...), Aufbau und Pflege familiärer Beziehungen. Die beiden Aspekte von Hausarbeit bilden eine Einheit: Materielle Reproduktionsarbeit enthält immer auch einen Beziehungsaspekt, eine emotionale Mitteilung für die versorgte Person (das "Wie" der Arbeit). Psychische Versorgungsarbeit kann dagegen explizit - ohne materielles Vehikel - erfolgen (Liebe als Arbeit). Familiale Arbeit ist somit vermischtes Tun. Beide Aspekte von Hausarbeit folgen einer je eigenen Logik. Materielle Hausarbeit hat eine größere Affinität zur Erwerbsarbeit: Sie ist erlernbar (Kochkurse usw.), wird als körperliches Tun noch am ehesten als Arbeit wahrgenommen und fordert zunächst zu ökonomisch-rationeller Erledigung heraus. Letzteres kann allerdings aufgrund der mit ihr transportierten emotionalen Dimension und aufgrund von Legitimationsbedürfnissen durchkreuzt werden. Beziehungsarbeit dagegen wird nicht als Arbeit, sondern als Ausdruck von Zuneigung und Liebe verstanden. Hier geht es um die Fähigkeit, sich empathisch einzulassen, Zeit verlieren zu können, Fähigkeiten, die frau sich im gesamten weiblichen Sozialisationsprozeß quasi zur "Natur" gemacht hat. Vom Ge- bzw. Mißlingen dieser Versorgungsleistung ist die Hausfrau in besonderem Maße betroffen. Der Arbeitsalltag heutiger Hausfrauen hat sich gegenüber dem früherer Generationen enorm verändert: Noch vor wenigen Jahrzehnten war die Hausfrau vorrangig mit materieller Hausarbeit beschäftigt; viele dieser Arbeiten wurden außerhalb der eigenen vier Wände verrichtet (z.B. Waschen in der Waschküche). Der heutige Gerätepark privater Haushalte sowie die käuflichen Angebote des Konsumgütermarktes haben die Frauen von materieller Arbeit zwar entlastet, diese aber auch entleert und die Frauen voneinander isoliert. Im Mittelpunkt der modernen Kleinfamilie steht die durch veränderte gegenseitige Erwartungen emotional überfrachtete Partnerbeziehung und vor allem das

Kind und seine Erziehung. Veränderte Wohnumfeldbedingungen und erhöhte Anforderungen an Förderung und Bildung der Kinder fordern einen hohen Einsatz. Heutige Familienarbeit überfordert (emotional) und unterfordert (intellektuell) "Nur-Hausfrauen" zugleich, was nicht selten zur Lähmung all ihrer Initiative und Aktivität führt (Becker-Schmidt u.a., 1984). Zudem wird durch die beschriebene Entwicklung der Arbeitscharakter von Haus- und Familienarbeit zunehmend verschleiert. Zu den strukturellen Besonderheiten der Hausarbeit zählt, daß sie nicht bezahlt wird. Der "Lohn" liegt entweder in der direkt-verbalen Anerkennung durch die Familienmitglieder, zumeist erfolgt er aber indirekt: Im Wohlbefinden der Familie und in der Qualität der familialen Beziehungen, in der erfolgreichen Entwicklung der Kinder, zuweilen in der Mithilfe bei der Hausarbeit sowie in Formen der Selbstbelohnung. Die meisten Hausfrauen müssen allerdings mit einem ausgesprochenen Anerkennungsvakuum leben. Die Nichtbezahlung der Hausarbeit macht "Nur-Hausfrauen" ökonomisch abhängig vom erwerbstätigen Ehemann ("Bild"-Schlagzeile v. 16.4.1992: "Immer mehr Frauen bestürmen ihre Männer: Vati, bitte mehr Haushaltsgeld"). Ebenso leitet sich ihr Status von seiner beruflichen und gesellschaftlichen Position ab, denn Ganztagshausarbeit vermittelt keinen eigenständigen Status. Hausfrauenalltag kennt keine abgegrenzte Freizeit, die Arbeit ist tendenziell endlos und dehnbar, dabei oft genug ohne sichtbares Ergebnis, und sie läßt keine Distanz zu ihrem Produkt zu.

Diese Auflistung mutet wie ein Negativ-Katalog an. In der Tat nehmen sich die "Lichtseiten" der Familienarbeit demgegenüber eher bescheiden aus, wie auch meine empirische Untersuchung mit Hausfrauen ergab (Ochel, 1989). Da wird von den Hausfrauen zum einen der relative Freiraum genannt, den Arbeitsalltag zu organisieren und zu gestalten und zum anderen der Bereich Beziehungsarbeit, der bei allen Einschränkungen dennoch insgesamt positiv gewertet wird: Der Umgang mit geliebten Menschen - Mann und Kindern - und die Herstellung eines positiven familialen Klimas. Auf ihre Biographie und Lebensplanung bezogen gehen Frauen mit dem Rückzug in die Familie ein hohes Risiko ein. Der Wunsch nach einem beruflichen Wiedereinstieg z.B. nach der Kindererziehungsphase oder die Notwendigkeit dazu z.B. nach Scheidung oder Tod des Partners läßt sich für viele Frauen nur unter großen Schwierigkeiten realisieren.

3. Über die Arbeitsteilung zwischen Frauen und Männern

Haus- und Familienarbeit ist Frauenarbeit. Die Gründe dafür liegen nicht in der Natur der Frau, sondern in den gesellschaftlichen Machtverhältnissen (sprich Patriarchat), die Frauen in allen Bereichen marginalisieren. Die spezifisch weiblichen Fähigkeiten und Verhaltensweisen werden im Laufe der Sozialisation vermittelt bzw. angeeignet und sowohl über die berufliche Arbeit ("hausarbeitsnahe", dienende und assistierende Frauenberufe) wie insbesondere über die Familienarbeit stabilisiert. Bis in die vierziger Jahre waren die meisten Frauenberufe zölibatär angelegt (Beyer u.a., 1983), selbst das neue Familienrecht von 1957 zementierte noch einmal die Hausfrauenehe (und u.a. die familiale Vormachtstellung des Vaters in Erziehungsfragen). Diese gesetzlichen Vorgaben sind mit der Reform 1977 entfallen (§ 1356 BGB). Seither ist das Familienmanagement bezüglich der Fragen, wer in welchem Ausmaß mit Erwerbs- und/oder Familienarbeit zur gemeinsamen Existenzsicherung beiträgt, zumindest auf dem Papier zum Gegenstand von Aushandlungsprozessen geworden. Dieser Stand entspricht weitgehend der Bewußtseinslage von (v.a. jungen) Frauen und Männern. Die Einstellung zur Arbeitsteilung ist egalitärer geworden, hat sich von traditionellen hin zu eher partnerschaftlichen Vorstellungen gewandelt. Dieser "Rhetorik der Gleichheit" (Beck, 1986) sind jedoch bislang auf faktischer Ebene kaum spürbare Veränderungen gefolgt. Die reale Hausarbeitsfreiheit des Mannes, so zeigen diverse empirische Untersuchungen (z.B. Metz-Göckel & Müller, 1986; Nave-Herz, 1992; Sieverding, 1992), hat sich allgemein durch die veränderte Gesetzes- und Bewußtseinslage kaum einschränken lassen. Väter partizipieren zudem noch weniger an der Hausarbeit als Nicht-Väter (mit Ausnahme der ersten vierzehn Tage nach der Geburt eines Kindes; Notz, 1991). Erwerbstätige Mütter, vor allem wenn sie einer Teilzeitarbeit nachgehen, erhalten am wenigsten Unterstützung (mit Ausnahme von Schichtarbeiterinnen, deren Arbeitszeit von der des Mannes divergiert; Nave-Herz, 1992). Mütter mit kleinen Kindern sind von dem normativen Einstellungswandel der Männer allerdings auch ausgenommen: 80% der von Metz-Göckel & Müller (1986) befragten Männer plädierten für den Rückzug der Frauen aus dem öffentlich sichtbaren und entlohnten Teil der Frauenarbeit, wenn Kinder da sind. Nach einer kürzlich erstellten repräsentativen Studie in Nordrhein-Westfalen ist nur jeder 20. Mann bereit, beruflich zugunsten der Kindererziehung zurückzustecken. 1,3% der Väter von 1991 geborenen Kindern beanspruchten Erziehungsurlaub. Das ist selbst der Staatssekretärin im Bayerischen Sozialministerium Barbara Stamm zu wenig (Süddeutsche Zeitung 20.1.1993), und die österreichische Frauenministerin Johanna Dohnal geht sogar so weit, Zwangsarbeit für Männer im Haushalt zu fordern (Süddeutsche Zeitung 16./17.1.1993).

Frauen tragen allerdings durch ihr Verhalten zu diesen Umständen bei: So sind auch viele Frauen der Meinung, Kinder fielen vorrangig in ihre Zuständigkeit (Seidenspinner & Burger, 1982); so strengen sich erwerbstätige Mütter zu Hause besonders an, damit niemand unter ihrem beruflichen Engagement leiden muß (Becker-Schmidt u.a., 1984); so zementieren Frauen ihre Inferiorität, wenn sie sich Männer suchen, zu denen sie "aufblicken" können (Nave-Herz, 1992) usw. Quantitativ und qualitativ mangelnde Kinderbetreuungseinrichtungen, frauen- und familienfeindliche Strukturen des Erwerbsarbeitsmarktes sowie die beschriebene Verhaltensstarre der Männer lassen Frauen bei der Geburt eines Kindes kaum eine andere Alternative als die des Rückzugs in die Familie. Wie es Frauen damit geht, hatte ich in einer umfassenden Studie (Ochel, 1989) über die Alltagsbelastungen und Bewältigungsstrategien von Hausfrauen empirisch untersucht. Ich möchte nachfolgend einige Ergebnisse kurz skizzieren.

4. Hausfrauenarbeit - Eine empirische Untersuchung

Diese Untersuchung hatte das Anliegen, ein Stück Alltagsrealität von Hausfrauen in den Mittelpunkt zu rücken und damit Einblick zu geben in die spezifischen Anforderungen und Auswirkungen dieser gesellschaftlich notwendigen, aber privat ("im Schatten") erbrachten Form der Arbeit. Neben der Beschreibung des Hausarbeitsalltags mit seinen Aspekten materielle Hausarbeit, Beziehungsarbeit in der Ehe und Kindererziehung sowie der Praxis innerfamilialer Arbeitsteilung ging es mir darum, herauszufinden, welches Selbstverständnis die Frauen entwickelten, wie sie ihre Alltagsbelastungen bewältigen und welche Zukunft sie für sich auf dem Hintergrund ihrer spezifischen Biographie entwerfen. Um der Komplexität der Fragestellung Rechnung zu tragen und der sozialen Realität der befragten Frauen möglichst nahe zu kommen, erhob ich das Material in Form von offenen Tiefeninterviews, die sich an einem die Themen vorgebenden Leitfaden orientierten. Auf diese Weise hatten die Frauen Raum für die Darstellung ihrer Erfahrungen, ihrer Lebensgeschich- te und subjektiver Deutungsmuster und konnten über Widersprüche und Ambivalenzen reflektieren. Eine dergestalt intensive Herangehensweise bringt eine große empirische Materialfülle hervor. Aus forschungsökonomischen Gründen mußte daher die Zahl der befragten Frauen begrenzt werden (hier: auf 25). Die Ergebnisse können streng genommen nicht generalisiert werden, wohl aber illustrieren sie den theoretischen Wissensstand und haben eine gewisse Evidenz. Fast alle von mir befragten Frauen gaben ihre Erwerbsarbeit mit der Geburt eines Kindes auf. Unabhängig von der bis dahin praktizierten Teilung der Familienarbeit zwischen den Partnern (sie ging von partnerschaftlichen Ansätzen bis hin zu traditionellen Formen mit gelegentlicher Mithilfe des Mannes) und unabhängig davon, in welchem Umfang sie zuvor in der Berufswelt verankert waren, stellte sich damit eine traditionelle familiale Arbeitsteilung ein: Die Frauen wurden allein verantwortlich für Erziehungsarbeit und Beziehungspflege und für die materielle Hausarbeit und leisteten fortan den Löwenanteil der Arbeit in allen drei Bereichen. In den Gesprächen mit den Frauen wurde deutlich, daß sie ihrer Arbeit äußerst zwiespältig gegenüberstehen: Die Familienarbeit über-

und unterfordert sie zugleich. Materielle Hausarbeit betrachteten viele als hirnlose Routine, die sie geistig wenig beansprucht und ihre Entwicklung nicht fördert. In der Erziehungs- und Beziehungsarbeit dagegen fühlen sich viele Frauen emotional überfordert, indem sie ihnen abverlangt, immer für die Bedürfnisse der anderen parat zu sein, ohne selbst auf ein vergleichbar-verläßliches Auffangnetz zurückgreifen zu können. Zugleich ist es dieser Aspekt ihrer Arbeit, der sie herausfordert und mit dem sie sich identifizieren. Als besonders belastend empfinden die meisten Frauen ihre finanzielle Abhängigkeit vom erwerbtätigen Partner, die mangelnde Anerkennung, ja oftmals Geringschätzung ihrer Arbeit in der Familie und "draußen" in der Gesellschaft und ihre soziale Isolation. Hinzu kommt durch die Verschränkung von Familienarbeit und Familienleben die mangelnde Abgrenzungsmöglichkeit der Hausfrauen, also die Unmöglichkeit, sich gelegentlich aus dem Geschehen herauszuziehen und abzuschalten.

Der Stolz früherer Frauen-Mütter-Generationen, daß der berufliche Status des Mannes ihnen erlaube, nicht "arbeiten" zu müssen, ist nagendem Zweifel an dieser Lebensform gewichen. Unter den gegebenen gesellschaftlichen Bedingungen als Hausfrau zu leben und zu arbeiten hat Konsequenzen für das Selbstwertgefühl und das Selbstbewußtsein der Betroffenen. Hausfrauen befinden sich in der Defensive gegenüber anderen Formen weiblicher Lebensgestaltung, die Geringschätzung, die sie erfahren, setzt sie unter Rechtfertigungsdruck, bringt sie in Identitätsstreß. Im Zuge der Aufweichung normativer Vorgaben ist der Begriff "Hausfrau" zu einem Reizwort geworden, das negative Assoziationen weckt. So verwendeten auch die Frauen meiner Untersuchung viel Energie darauf, sich abzugrenzen, und zwar sowohl gegenüber Nicht-(Nur-)Hausfrauen als auch gegenüber den "anderen Hausfrauen" oder dem angenommenen Klischee von "der Hausfrau". Viele Frauen legten Wert auf die Feststellung, daß sie eigentlich keine "typische" Hausfrau oder keine "gute" Hausfrau seien. Selbst bei Frauen, die sich ausdrücklich zu einem Selbstbewußtsein als Hausfrau bekannten, zeigte sich bei näherem Hinsehen, daß sich dieses nicht aus der Familienarbeit entwickelt hatte, sondern letztlich noch vom früheren Beruf her gespeist wird. Am vergleichsweise lockersten konnten die Frauen, die ihre Hausfrauenzeit als begrenzte Phase geplant hatten, mit dem Begriff und ihren momentanen Lebensumständen umgehen. Auch ihr eigentliches Selbstbild liegt im Beruf verankert. Diese in das Selbstbild eingehenden subjektiven Bewertungen ihres Daseins sowie ihre persönlichen Perspektiven haben großen Einfluß darauf, wie Hausfrauen ihren Alltag bewältigen. Weibliches Normalverhalten mit seinen eher passiven Bewältigungsstrategien wird in der Hausfrauenarbeit mit all ihren Implikationen noch verstärkt. Ob allerdings die Versuche, ihre Lebenssituation angemessen zu verarbeiten, unzureichend werden, hängt daneben auch von objektiven Umständen ab (ökonomische Ressourcen, Alter der Frau, Dauer ihrer Hausfrauentätigkeit sowie Anzahl und Alter der Kinder). Je nachdem, in welcher Familienphase Hausfrauen gegenwärtig leben, sind sie spezifischen Belastungen ausgesetzt, mit denen sie sich auseinandersetzen müssen und die sich u.U. krisenhaft verdichten können.

Hausfrauen mit kleinen Kindern berichten häufig von psychophysischer Erschöpfung durch die Beanspruchung durch die Kinder und durch die Umstellung von Berufs- auf Familienarbeit. Der Ambivalenzkonflikt bzgl. ihres momentanen Hausfrauendaseins hingegen ist noch gering, zumal von außen kaum jemand die Notwendigkeit ihrer häuslichen Anwesenheit bezweifelt. Dies ändert sich, wenn auch das jüngste Kind in Kindergarten oder Schule untergebracht ist. Die Dauerbeanspruchung durch Kinderbetreuung und Hausarbeit verringert sich, über Kindergarten und Schule bieten sich Kontaktmöglichkeiten zu anderen Frauen, die Entfaltung persönlicher Interessen wird begrenzt wieder möglich. Ab jetzt fühlen sich jedoch viele Frauen unter dem Druck, entweder erwerbstätig zu werden oder ihr Noch-Hausfrausein rechtfertigen zu müssen. Schuldgefühle bis Depressionen, psychosomatische Symptome, Eßstörungen und Alkoholabusus sind nicht selten berichtete Symptome, die auch Ausdruck dieser Zerreißproben sind. Diese Familienphase bringt die Frage der weiteren Lebensplanung der Frauen auf und v.a. das Problem der konkreten Realisierungschancen.

Nach ihren Vorstellungen über ihre weitere Zukunft befragt, ließen sich die Frauen drei Gruppen zuordnen: Unter den jüngeren, vergleichsweise gut ausgebildeten Frauen fanden sich viele mit einer Doppelorientierung auf Familie und Beruf, die jedoch die gleichzeitige Teilhabe an beiden Bereichen nicht realisieren konnten. Sie definierten ihren gegenwärtigen Status als "Hausfrauen auf Zeit" und planten eine möglichst schnelle Rückkehr in den Beruf. Unter den älteren, langjährigen Hausfrauen waren viele ausschließlich familienorientiert. Sie betrachteten sich als "Hausfrauen auf Lebenszeit". Von den anderen Gruppen unterschieden sie sich u.a. darin, daß die Heirat ihnen einen teilweise erheblichen Statusgewinn gebracht hatte und darin, daß sie die Zukunft eher fatalistisch auf sich zukommen ließen. Die dritte Gruppe war mit ihrem gegenwärtigen Hausfrauendasein unzufrieden und von daher "auf der Suche" nach Alternativen. Sie wollten erwerbsarbeiten und die häusliche Arbeit umverteilen, machten aber hinsichtlich beider Ziele die Erfahrung, daß diese sich wohl, wenn überhaupt, nur unter großen Schwierigkeiten und persönlichen Abstrichen realisieren lassen werden.

Zehn Jahre nach diesen Gesprächen hat mich die Frage beschäftigt, was aus den befragten Frauen geworden ist, wie sie rückblickend ihre damalige

Situation bewerten und welche Schlußfolgerungen sie daraus gezogen haben.

5. Frauen nach dem Wiedereinstieg: Ergebnisse einer Gruppendiskussion

Von den 25 Teilnehmerinnen an den 1982 und 1983 durchgeführten Gesprächen über ihre Hausfrauenarbeit konnten 19 Frauen nach zehn Jahren noch ausfindig gemacht und zu einer Gruppendiskussion eingeladen werden. Thema der Runde war ein Rückblick auf die vergangenen zehn Jahre und ein Vergleich ihrer Lebenssituation damals als Nur-Hausfrauen mit heute als Nur- oder Auch-Hausfrauen.

Die zehn Frauen, die schließlich an der Diskussion teilnahmen, sind heute zwischen 45 und 56 Jahre alt, sie gehören also der mittleren Generation an. Zwei von ihnen sind geschieden, die übrigen acht verheiratet. Zwei Frauen leben inzwischen in der "nachelterlichen" Phase, bei drei weiteren kündigt sich diese an, nachdem einige ihrer erwachsenen Kinder das Haus bereits verlassen haben. Fünf Frauen leben noch mit allen ihren Kindern zusammen, die zwischen zwölf und 22 Jahren alt sind. Alle zehn Frauen hatten ihre Berufstätigkeit wegen der Geburt eines Kindes aufgegeben bzw. unterbrochen, heute sind sie alle wieder erwerbstätig, und zwar arbeiten drei Frauen ganztags und sieben teilzeit (Von den neun Frauen, die aus unterschiedlichen Gründen an dem Treffen nicht teilnahmen, stehen acht wieder im Berufsleben). Drei Frauen hatte ich seinerzeit bezüglich ihrer Zukunftsperspektiven den "berufsorientierten Hausfrauen" zugeordnet. Sie haben ihre Vorstellungen über die zeitliche Befristung ihrer "Nur-Hausfrauen"-Zeit und über ihre Rückkehr in den Beruf "plangemäß" eingelöst (Unterbrechungsdauer vier bis acht Jahre). Die übrigen sieben Frauen, unter ihnen von mir sowohl als "Frauen auf der Suche" als auch als "familienorientierte Hausfrauen" eingestufte, kehrten nach 13 bis 24 Jahren wieder ins Berufsleben zurück. Zwei von ihnen haben eine neue Ausbildung absolviert, den anderen gelang es, an ihren früheren Beruf wieder anzuknüpfen, teilweise nachdem sie ihre Kompetenzen in Kursen aufgefrischt bzw. erweitert hatten. Die Perspektive der familienorientierten Frauen hatte sich geändert, als ihre Kinder sich mit Ausbildungs- und Berufsplänen und ersten Partnerschaften auseinanderzusetzen begannen und damit deutlich ihre Ablösung signalisierten.

Am Arbeitsplatz haben viele Frauen nach Jahren erstmals wieder erfahren können, daß ihre Leistung wahrgenommen und anerkannt wird, zumindest in Form von Lohn. Das eigene Einkommen hat sie unabhängiger und selbstbewußter gemacht. So berichteten die Frauen, daß sie sich heute durchaus von ihrem Geld etwas Persönliches kaufen und eigene Wünsche nicht mehr "automatisch" hinter die der Familie zurückstellen. Dadurch entwickelten sie auch mehr Bewußtsein für ihre eigenen Bedürfnisse. Als eine ganz wesentliche positive Erfahrung bewerteten die meisten Frauen den Kontakt und Austausch mit KollegInnen, durch den sie sich letztlich auch gesellschaftlich wieder eingebunden fühlten. Am Arbeitsplatz sahen sie sich mit Erwartungen an ihre Person, ihr Verhalten und ihre Arbeitsleistung konfrontiert, die gegenüber der eingefahrenen Haltung der Familienmitglieder neu war und ihnen Möglichkeiten zur Kompetenzerweiterung und zur Selbstveränderung eröffnete. Besonders in der ersten Zeit nach ihrem Wiedereinstieg erlebten die Frauen die vorgegebene Zeitstruktur in der Arbeitswelt als entlastend, was auf dem Hintergrund endlos-dehnbarer Hausarbeitserfahrungen nachvollziehbar erscheint. Sie genossen es auch, mit der Berufsarbeit einen eigenen Erfahrungsbereich zu haben, den sie nicht automatisch mit der Familie teilen.

Zum Thema Doppelbelastung durch Berufs- und Familienarbeit berichteten die Diskussionsteilnehmerinnen, daß sie "erstaunlich" schnell gelernt hätten, ihre Ansprüche an die Haus- und Familienarbeit zu reduzieren, den Standard "herunterzufahren" und sich von gewissen Ritualen der Arbeitsvollzüge zu verabschieden. Dies hätten sie sich vor zehn Jahren aus der Perspektive der "Nur-Hausfrau" nur schwer vorstellen können. Allein durch die häufige Abwesenheit von zu Hause sei die Hausarbeit zunehmend aus dem Mittelpunkt ihrer Wahrnehmung geraten. Die Arbeit in Beruf und Familie ginge allerdings auf Kosten ihrer persönlichen Freizeit, so daß sie heute erheblich weniger Zeit hätten, Hobbys und Interessen nachzugehen. Einige Frauen hatten an die Aufnahme der beruflichen Tätigkeit auch die Hoffnung geknüpft, damit "endlich" einen Anspruch auf Veränderung der familialen Arbeitsteilung legitimieren zu können. Diesbezüglich hat sich aber durch ihre Berufstätigkeit an sich wenig verändert. Vor allem bei Halbtagsarbeit können sie kaum mit mehr Unterstützung rechnen. Bei den ganztags berufstätigen Frauen und denen, die teilzeit an ganzen Tagen arbeiten, ist die Bereitschaft zur Mithilfe etwas größer. Die Frauen berichteten aber von einem indirekten Effekt bezüglich der Arbeitsteilung: Indem sie selbst durch ihre außerhäusliche Tätigkeit selbstbewußter geworden sind, trauen sie sich jetzt, entsprechende Forderungen zu stellen und auf deren Einlösung zu beharren. Und dadurch ist das eingefahrene Gefüge selbstverständlicher Hausfrauenarbeit ins Wanken geraten. Durch die Notwendigkeit, sich am Arbeitsplatz auseinanderzusetzen, ist auch ihre Konfliktbereitschaft und -fähigkeit gewachsen. Eine Frau berichtete allerdings auch einen umgekehrten Zusammenhang: Das Durchstehen familiärer Auseinandersetzungen um ihre Position und um Arbeitsteilung hat sie gut auf die Konflikte in der Arbeitswelt vorbereitet. Der Zuwachs an Selbstbewußtsein und Selbstwertgefühl der Frauen und ihre Erfahrung, daß sie im beruflichen Bereich für voll genommen und respektiert werden, hat dazu geführt, daß sie auch in der Familie wieder mehr Achtung erfahren ("früher gehörte man zum Inventar").

In ihrem sozialen Umfeld wurde die Entscheidung zum beruflichen Wiedereinstieg unterschiedlich gewertet. Die Kinder reagierten überwiegend positiv auf die Aktivitätsentfaltung ihrer Mütter, wohl auch, weil es ihnen Aufmerksamkeit entzog und damit Freiraum verschaffte. Die Ehemänner verhielten sich dagegen neutral-abwartend bis skeptisch-ablehnend. Unterstützung bei ihren ersten Schritten ins Neuland Beruf erfuhren die wenigsten. So sind die Frauen heute zu Recht stolz, daß sie es geschafft haben, sich nach so vielen Jahren wieder in die Arbeitswelt integriert und auch das Gefüge der familiären Beziehungen in Bewegung gebracht zu haben. Es gab jedoch bei vielen auch Gefühle von Enttäuschung und Zorn, daß die Initiative zu solchen Veränderungen "immer" von Frauen ausgehe, daß der Kampf um ihre Anerkennung und Wertschätzung und um die Beteiligung der Männer an der Familienarbeit mühsam und langwierig sei und von ihnen permanent in Gang gehalten werden müsse. Sie wünschten sich sehr, daß ihre Männer das Hausfrauenbuch von mir lesen würden, damit sie von "kompetenter" Seite erfahren und damit endlich glauben müßten, was Hausarbeit eigentlich bedeute (und sie wünschten sich, daß ich ihre Männer dann empirisch untersuchen würde). Daran zeigt sich, wie schmerzlich und tiefgreifend die Verletzung durch Nichtanerkennung während der Hausfrauenzeit für diese Frauen war, daß sie noch bis heute trotz inzwischen veränderter Lebensumstände nachwirkt. Einige Frauen konstatierten, daß die Verhaltensstarre ihrer Männer in Sachen Familienarbeit sich bei ihren Söhnen fortsetze, selbst dann, wenn sie ihre Söhne und Töchter gleichermaßen zur Hausarbeit herangezogen hatten. So manche von ihnen hatte aus diesen persönlichen Erfahrungen heraus einen wahrhaft missionarischen Eifer entwickelt, mit dem sie versuchten, ihre Töchter und (potentiellen) Schwiegertöchter vor einem ähnlichen "Schicksal" wie dem ihren zu bewahren. In ihrem sonstigen sozialen Umfeld wurde die Entscheidung zum beruflichen Wiedereinstieg nicht so sehr angefeindet wie dies Müttern mit jüngeren Kindern widerfährt, die mit dem Vorwurf konfrontiert werden, egoistisch, konsumorientiert und ehrgeizig zu sein auf Kosten ihrer Kinder (s.a. Sommerkorn, 1988). Insofern waren die Frauen sowohl subjektiv als auch objektiv kaum noch einem Doppelrollenkonflikt ausgesetzt. Folglich äußerten sie eine hohe subjektive Zufriedenheit mit ihrer gegenwärtigen Lebenssituation (dies deckt sich auch mit den Ergebnissen anderer Untersuchungen, z.B. Papastefanou, 1992).

Der Rückblick auf ihre Zeit ausschließlichen Hausfrauendaseins veranlaßte die Frauen zu folgendem Fazit:

* Eine längere Berufstätigkeit vor der Kinderphase könnte Frauen helfen, ihr Selbstbild und ihre Identität stabiler zu verankern ("etwas zum Zehren haben") und eine Perspektive für die "Zeit danach" zu entwickeln.
* Jungen Müttern rieten die Frauen, sich auf die Phase ausschließlicher Familienarbeit im Bewußtsein ihrer zeitlichen Begrenztheit einzulassen.
* Die meisten Frauen äußerten, die Hausfrauenzeit wäre vielleicht besser zu bewältigen gewesen, wenn sie sich nicht so stark auf die Familie zurückgezogen hätten. So fanden sie es wichtig, in der Zeit
- den Kontakt zum beruflichen Bereich aufrechtzuerhalten (z.B. durch Weiterbildung, Urlaubsvertretung, Kontakt zu KollegInnen);
- überhaupt eigenständige soziale Kontakte zu pflegen;
- sich Freiräume für Interessen und Aktivitäten zu erhalten;
- sich gegen den Erwartungsdruck an Mütter und Hausfrauen zu wehren (NachbarInnen, Verwandte);
- Kontakt zu anderen Frauen in vergleichbarer Lage zu suchen, wie es heute z.B. in Mutter-Kind-Gruppen möglich ist;
- zu versuchen, die Phase mit kleinen Kindern bewußt zu genießen, neben der "Entdeckung Kind" auch neue Seiten an sich selbst zu entdecken, neben der Einschränkung auch die Bereicherung wahrzunehmen.

So könnten Familienfrauen sich vielleicht weiterhin als aktiv-planend und weniger als Opfer der Umstände fühlen, die Zeit der Familienarbeit als kreative Phase erleben und ein positives Selbstwertgefühl aufrechterhalten.

6. Schlußbetrachtung: Über die Vielfalt und die Stolpersteine modernen Frauenlebens

Die Normalbiographie früherer Frauengenerationen sah Erwerbstätigkeit i.d.R. nur für unverheiratete Frauen vor. Das Eingehen einer Ehe hatte meist den Rückzug der Frauen in die Privatsphäre zur Folge. Dies änderte sich nach dem 2. Weltkrieg insofern, als Frauen ihren Beruf nicht mehr mit der Heirat, sondern erst mit der Geburt des ersten Kindes aufgaben. Steigende Lebenserwartung und die zunehmende Planbarkeit der Kinderzahl und Geburtenfolge machten es in der Folgezeit möglich, daß Frauen sich nach der Familienphase erneut beruflich orientieren konnten (Drei-Phasen-Modell: Myrdal & Klein, 1971/1956; Weibliche Normalbiographie: Levy, 1977). Wie weit sich dies auch realisieren ließ, hing allerdings u.a. von objektiven Gegebenheiten ab (ökonomische Konjunkturen, Bildungs- und Ausbildungsstand der Frau, an Jugendlichkeit geknüpfte Frauenberufe ...). Heute melden v.a. junge, gut ausgebildete Frauen ihren Anspruch an, sowohl an Familienarbeit wie an Erwerbsarbeit teilhaben zu wollen. Diesen "Spagat" können Frauen jedoch nach wie vor kaum verwirklichen. So versuchen sie zumindest, die Zeit ausschließlichen Hausfrauendaseins auf eine möglichst kurze Zeitspanne zu reduzieren. Ca. 50% der erwerbstätigen Frauen scheiden mindestens einmal (vorübergehend) aus ihrem Beruf aus zugunsten der Familienarbeit (Gertner u.a., 1989).

Mit einer qualitativen Studie hatte ich solche Frauen, die sich ausschließlich der Familienarbeit widmeten, empirisch untersucht. Wie vorn beschrieben, litten die Frauen besonders unter Mangelerfahrungen (Anerkennung, Kontakt ...) und an der Vereinseitigung ihrer Entfaltungsmöglichkeiten. Mit einem Teil der Frauen wurde zehn Jahre später eine Gruppendiskussion durchgeführt. Der Wunsch nach (ökonomischer) Unabhängigkeit, Anerkennung, sozialem Kontakt und nach Abwechslung, Anregung und Selbstverwirklichung hatte sie alle wieder ins Erwerbsleben streben lassen.

Der Rückblick auf die Zeit ihres Hausfrauendaseins und der Vergleich mit ihrer heutigen Lebenssituation machte deutlich: Der Rückzug in die Familie war mit vielen Verlustereignissen verbunden (bis hin zum Verlust des Selbstwertgefühls, ja der Identität), trotz der positiv bewerteten Beziehungsarbeit an Kind(ern) und Mann. Demgegenüber waren die Frauen mit ihrer jetzigen Lebenssituation sehr zufrieden und berichteten von wesentlich verbessertem psychophysischen Wohlbefinden trotz der Belastung durch die Arbeit in Beruf und Familie. Mit ihren Erfahrungen im Erwerbssystem wuchs auch ihr Selbstbewußtsein wieder deutlich. Die meisten Frauen gerieten aufgrund des Alters ihrer Kinder zudem kaum in die Schußlinie der widersprüchlichen Kritik, der erwerbstätige Mütter mit kleinen Kindern ausgesetzt sind.

Normative Vorgaben über die weibliche Lebensgestaltung sind ins Wanken geraten, so daß Frauen heute prinzipiell ihre Biographie planen können und müssen: Sie können kinderlos leben oder ohne Mann, Kinder allein aufziehen oder unverheiratet mit einem Partner zusammenleben, als Mütter berufstätig bleiben usw. Die Entscheidung für eine Lebensform bringt Frauen allerdings auch in Rechtfertigungsdruck gegenüber denen, die anders leben oder anderen Orientierungen anhängen. Der Konflikt zwischen nach wie vor wirksamen Resttraditionen (wie: eine Mutter gehört zu ihren Kindern) und dem zeitgenössischen Ruf nach aktiveren weiblichen Verhaltensformen führt leicht zur Rigidisierung der jeweils mühsam aufgestellten Identitätsnormen mit der Folge, daß jede Infragestellung ängstlich abgewehrt wird. Dabei ist bei aller Freiheit die Entscheidung, wie frau ihr Leben gestalten will, dennoch keine ausschließlich persönliche, die im stillen Kämmerlein beschlossen wird, sondern eng verknüpft z.B. mit konkreten gesellschaftlichen Bedingungen. So ist der Wunsch vieler Frauen, Kinder zu haben und gleichzeitig am Erwerbsleben teilzunehmen, nach wie vor kaum realisierbar: Die gesellschaftlichen Einrichtungen zur Kinderbetreuung sind sowohl unter quantitativen wie qualitativen Aspekten absolut unzureichend. Arbeitgeber wie auch die Strukturen des Arbeitsmarktes haben sich als überwiegend frauen- und mütterfeindlich erwiesen. Und als besondere Bremse erweist sich (auch noch in neuesten Untersuchungen) die starre Haltung der dazugehörigen Väter, die sich nach wie vor an der Familienarbeit auf Kosten der Frauen vorbeimogeln. Das heißt: Trotz aller Freisetzung der Individuen (Beck, 1986) aus den normativen Zwängen der Gesellschaft scheint sich eine Tradition hartnäckig zu halten, nämlich die der geschlechtsspezifischen Arbeitsteilung. Sie holt die meisten Frauen spätestens mit der Geburt eines Kindes ein. Allerdings fügen sich Frauen nicht mehr klaglos in das ihnen zugedachte Schicksal. Die Teilhabe an qualifizierter Bildung und Ausbildung hat ihnen den Blick für ihre Diskriminierung geschärft, die zunehmend langjährigen Erfahrungen in der Erwerbsarbeit hat Frauen selbstbewußter gemacht, und durch ihren ökonomischen Beitrag beginnt sich die Machtverteilung in der Partnerschaft zu verändern. So wird ihnen der eklatante Widerspruch zwischen ihrer Gleichheitserwartung sowie der verbalen Aufgeschlossenheit moderner Männer einerseits und der realen traditionellen Frauenbenachteiligung in allen gesellschaftlichen Bereichen zunehmend bewußt.

Beschränkung der Kinderzahl, Verzicht auf Kinder und steigende Scheidungsbegehren von Frauen sind auch Ausdruck weiblichen Widerstands gegen diese starren sexistischen Verhältnisse. Die bereits erfolgten Veränderungen der weiblichen Lebensplanung und Biographie, ihre zunehmende Teilhabe an allen gesellschaftlichen Bereichen trotz der Widersprüche und gegen Widerstände verweisen darauf, daß sich diese Entwicklung auch unter schärfer werdenden ökonomischen Bedingungen wohl nicht mehr aufhalten oder gar zurückverweisen läßt.

Frauenleben heute ist vielfältiger geworden, aber auch anstrengender. Frauen sehen sich "multiplen Realitäten" (Keupp, 1988) gegenüber, die die überschaubaren Muster der Tradition abgelöst haben und ständiges flexibles Handeln in wechselnden Kontexten erfordern. Ich denke, auf diesen Veränderungsprozeß in der Gesellschaft sind Frauen gut vorbereitet, verlangten die - zumindest potentiellen - spezifischen Brüche in der weiblichen Biographie doch schon immer ein hohes Maß an Veränderungsbereitschaft. Anstrengend ist dies deshalb, weil frau bei den ständig notwendigen, individualisierten Entscheidungsprozessen nicht mehr auf gelebte Vorbilder zurückgreifen kann, weil wegen der zunehmend fehlenden Vorgaben aus den Gestaltungsmöglichkeiten auch ein Wahlzwang wird und folglich jede Entscheidung individuell begründbar sein muß. Die bislang von Frauen geleistete Beziehungsarbeit erhält im Zuge dieser Entwicklung eine besondere Bedeutung als "gesellschaftlich notwendige Verknüpfungsarbeit" (Keupp, 1988) der aus den gesellschaftlichen Strukturen herausgefallenen Individuen.

Literatur

Beck, U. (1986). Risikogesellschaft. Auf dem Weg in eine andere Moderne. Frankfurt: Suhrkamp.
Beck-Gernsheim, E. (1980). Das halbierte Leben. Männerwelt Beruf, Frauenwelt Familie. Frankfurt: Fischer.
Beck-Gernsheim, E. (1988). Die Kinderfrage. Frauen zwischen Kinderwunsch und Unabhängigkeit. München: Beck.
Becker-Schmidt, R., Knapp, G.A. & Schmidt, B. (1984). Eines ist zuwenig - beides zuviel. Erfahrungen von Arbeiterfrauen zwischen Familie und Beruf. Bonn: Neue Gesellschaft.
Bernold, M., Ellmeier, A., Hornung, E., Gehmacher, J., Ratzenböck, G. & Wirthensohn, B.(1990). Familie: Arbeitsplatz oder Ort des Glücks? Wien: Picus.
Berufliche Wiedereingliederung von Frauen (1989). Themenschwerpunkt. Frauenforschung 1 und 2.
Beyer, J., Lamott, F. & Meyer, B. (1983). Frauenhandlexikon. Stichworte zur Selbstbestimmung. München: Beck.
Bundesministerium für Jugend, Familie, Frauen und Gesundheit (Hg.) (1986). Frauen zwischen Familie und Beruf. Bearb. v. A.Hellmich. Schriftenreihe des BMJFFG, Bd. 184. Stuttgart: Kohlhammer.
Bock, G. & Duden, B. (1977). Arbeit aus Liebe - Liebe als Arbeit. Zur Entstehung der Hausarbeit im Kapitalismus. In Frauen und Wissenschaft. Beiträge zur Berliner Sommeruniversität für Frauen 1976, S. 118-199.
Brüderl, L. & Paetzold, B. (Hg.) (1992). Frauenleben zwischen Beruf und Familie. Psychosoziale Konsequenzen für Persönlichkeit und Gesundheit. München: Juventa.
Gertner, S. & Schiersmann, C. (1989). Wiedereinstieg als zweite Berufswahl - Strategien zur Bewältigung weiblicher Lebensplanung im Spannungsfeld zwischen Beruf und Familie. Frauenforschung, 1 und 2, S. 90 - 108.
Keupp, H. (1988). Riskante Chancen. Das Subjekt zwischen Psychokultur und Selbstorganisation. Sozialpsychologische Studien. Heidelberg: Asanger.
Keupp, H. & Rerrich, D. (Hg.) (1982). Psychosoziale Praxis - Gemeindepsychologische Perspektiven. Ein Handbuch in Schlüsselbegriffen. München: Urban & Schwarzenberg.
Kittler, G. (1980). Hausarbeit. Zur Geschichte einer "Naturressource". München: Frauenoffensive.
Kontos, S. & Walser, K. (1979). ... weil nur zählt, was Geld einbringt. Probleme der Hausfrauenarbeit. Gelnhausen: Burckhardhaus-Laetare.
Levy, R. (1977). Der Lebenslauf als Statusbiographie. Die weibliche Normalbiographie in makrosoziologischer Perspektive. Stuttgart: Enke.
Metz-Göckel, S. & Müller, U. (1986). Der Mann. Eine repräsentative Untersuchung über die Lebenssituation und das Frauenbild 20-50jähriger Männer. Weinheim: Beltz.
Meyer, S. (1982). Das Theater mit der Hausarbeit. Bürgerliche Repräsentation in der Familie der wilhelminischen Zeit. Frankfurt: Campus.
Mohr, G., Rummel, M. & Rückert, D. (Hg.) (1982). Frauen. Psychologische Beiträge zur Arbeits- und Lebenssituation. München: Urban & Schwarzenberg.

Myrdal, A. & Klein, V. (1971/1956). Die Doppelrolle der Frau in Familie und Beruf. Köln: Kiepenheuer & Witsch.
Nave-Herz, R. (Hg.) (1988). Wandel und Kontinuität der Familie in der Bundesrepublik Deutschland. Stuttgart: Enke
Nave-Herz, R. (1992). Frauen zwischen Tradition und Moderne. Bielefeld: Kleine.
Notz, G. (1991). "Du bist als Frau um einiges mehr gebunden als der Mann". Die Auswirkungen der Geburt des ersten Kindes auf die Lebens- und Arbeitsplanung von Müttern und Vätern. Bonn: Dietz.
Oakley, A. (1978). Soziologie der Hausarbeit. Frankfurt: Roter Stern.
Ochel, A. (1982). Hausarbeit- "Schattenarbeit". In H. Keupp & D. Rerrich (Hg.), Psychosoziale Praxis - Gemeindepsychologische Perspektiven. Ein Handbuch in Schlüsselbegriffen (S. 75-85). München: Urban & Schwarzenberg.
Ochel, A. (1989). Hausfrauenarbeit. Eine qualitative Studie über Alltagsbelastungen und Bewältigungsstrategien von Hausfrauen. München: Profil.
Ochel, A. (1992). Arbeitsplatz Familie: Selbstbild, Bewältigungsstrategien und Zukunftsperspektiven nichterwerbstätiger Hausfrauen. In L. Brüderl & B. Paetzold (Hg.), Frauenleben zwischen Beruf und Familie. Psychosoziale Konsequenzen für Persönlichkeit und Gesundheit (S. 171-187). München: Juventa.
Ostner, I. (1978). Beruf und Hausarbeit. Die Arbeit der Frau in unserer Gesellschaft. Frankfurt: Campus.
Papastefanou, C. (1992). Mütterliche Berufstätigkeit in der Übergangsphase zur "Nach-Elternschaft". In L. Brüderl & B. Paetzold (Hg.), Frauenleben zwischen Beruf und Familie (S. 210- 230). München: Juventa.
Seidenspinner, G. & Burger, A. (1982). Mädchen 1982. Hamburg: Brigitte/Deutsches Jugendinstitut.
Sichtermann, B. (1987). FrauenArbeit. Über wechselnde Tätigkeiten und die Ökonomie der Emanzipation. Berlin: Wagenbach.
Sieverding, M. (1992). Wenn das Kind einmal da ist ... Die Entwicklung traditionellen Rollenverhaltens bei Paaren mit ursprünglich egalitären Rollenvorstellungen. In L. Brüderl & B. Paetzold (Hg.), Frauenleben zwischen Beruf und Familie (S. 155-170). München: Juventa.
Sommerkorn, I. (1988). Die erwerbstätige Mutter in der Bundesrepublik: Einstellungs- und Problemveränderungen. In R. Nave-Herz (Hg.), Wandel und Kontinuität der Familie in der Bundesrepublik Deutschland (S. 115-144). Stuttgart: Enke.
Urdze, A. & Rerrich, M.S. (1981). Frauenalltag und Kinderwunsch. Motive von Müttern für oder gegen ein zweites Kind. Frankfurt: Campus.
Wolf-Graaf, A. (1981). Frauenarbeit im Abseits. Frauenbewegung und weibliches Arbeitsvermögen. München: Frauenoffensive.

Auf der Suche nach der schwulen Identität[1]
Oder: Ich sehe was, was Du nicht siehst!

Christopher Knoll und Günter Reisbeck

> *"Ich gebe meiner Seele bald dieses Gesicht, bald jenes, je nachdem, auf welche Seite ich mich wende ... keusch und geil ..."*
>
> *Montaigne*

Gedanken zum Thema schwule Identität

Sich mit Psychologie zu beschäftigen, bedeutet zunächst einmal eines: Begriffen, welche der Alltagssprache entstammen, oder die durch den wiederholten Gebrauch in die Alltagssprache eingesickert sind, eine klare Kontur zu geben und sie ständig neu zu definieren. Wie schwer haben es z.B. die Psychoanalytiker, wenn sie sich mit Nicht-Psychoanalytikern über "Sexualität", "Perversion", "Abwehr" oder "Unbewußtes" unterhalten, da viele Leute annehmen, durch Introspektion die Essenz dieser Begriffe aus ihrer eigenen Gefühlswelt extrahieren zu können. Ähnlich verhält es sich mit dem Begriff "Identität". Jeder weiß, was seine eigene Identität ist, nämlich "das, was ich halt bin". Man wäre jedoch nicht Psychologe, wenn man sich mit dem bloßen Vorhandensein von etwas begnügen würde, ohne Inhalt, Bandbreite, Genese und Auswirkung dieses "Etwas" auszuloten. In vielen Diskussionen mit schwulen Männern[2] über das Thema "schwule Identität" sind wir beileibe nicht nur auf Zustimmung der Mitdiskutanten gestoßen. Die Vorstellung, daß "das, was ich halt bin" über viele Personen hinweg einen gemeinsamen (und noch dazu "devianten") Nenner hat, ist eine gewisse Kränkung für die Individualität des Einzelnen. Zu groß ist die Angst, eben auf diesen gemeinsamen Nenner reduziert zu werden, was sich dann wie folgt anhört: "Ich bin doch nicht nur schwul", "ich häng' mir

---

[1] Dieser Text entstand im Arbeitszusammenhang des Projekts Soziale Netzwerke schwuler Männer im Zeichen von AIDS, das von 1992-1994 an der Universität München, Institut für Psychologie - Sozialpsychologie - unter Leitung von Heiner Keupp durchgeführt wird. Projektmitarbeiter sind Manfred Edinger, Matthias Junker, Christopher Knoll und Günter Reisbeck.

[2] Die folgenden Ausführungen beziehen sich auf schwule Männer. Ähnliches gilt teilweise sicher auch für lesbische Frauen, jedoch werden hier mangels Kompetenz der Autoren über diese Personengruppe keine Aussagen formuliert. Darauf, daß der Feminismus einen wichtigen Beitrag zum postmodernen Identitätsdiskurs liefert, sei hier nur verwiesen (vgl. z.B. Harding 1990 und Geiger 1993).

doch auch kein Schild 'schwul' um den Hals" u.ä. Gerade diese Reduktion auf etwas zunächst Deviantes - nämlich auf das Etikett "schwul" - ist ja auch der Kern der gesellschaftlichen Diskriminierung der Homosexualiät. Wird Homosexualität zudem - wie meist - verkürzt auf "Homosex", ist das Bild des allzeit bereiten, triebgesteuerten Schwulen perfekt.

Die in westlichen Gesellschaften immer bedeutsamer werdende Frage nach der sexuellen Identität - als Folge der steigenden Bedeutung und "Diskursivierung" der Sexualität (Foucault 1977) - wird im Regelfall als ein Aspekt der "Gesamtidentität" gesehen[3]. Bei Homosexuellen ist die Sache etwas komplizierter: Das deviante Etikett "homosexuell" ist - als einziges Unterscheidungskriterium zur Heterosexualität - in den Augen des Außenstehenden so beherrschend, daß die Sichtweise der Homosexualität als *ein* Aspekt der Identität aufgesogen wird von der Sichtweise, die homosexuelle Identität wäre die Gesamtidentität des Homosexuellen: seine Person *ist* seine sexuelle Orientierung. Der Homosexuelle ist definiert als rein sexuelles Wesen, es findet eine "pars-pro-toto"-Verallgemeinerung einer Einzel-Facette - Sexualität - auf Kosten des ansonsten fraglos akzeptierten Facettenreichtums menschlicher Identität statt. Die Tatsache, homosexuell zu sein, wird zum "Master-Status" (im Sinne Goffmans), der die Wahrnehmung und die Reaktion der Umwelt steuert (und als Folge davon auch das Verhalten und die Selbstwahrnehmung der homosexuellen Person). Diese Reduktion ist das Ergebnis eines historischen Entstehungsprozesses der "homosexuellen Spezies", wie er von Foucault im ersten Band seiner Geschichte der Sexualität (1977:58) dargestellt wird:

"Die neue Jagd auf die peripheren Sexualitäten führt zu einer Einkörperung der Perversionen und einer neuen Spezifizierung der Individuen. Die Sodomie - so wie die alten zivilen oder kanonischen Rechte sie kannten - war ein Typ von verbotener Handlung, deren Urheber nur als ihr Rechtssubjekt in Betracht kam. Der Homosexuelle des 19. Jahrhunderts ist zu einer Persönlichkeit geworden, die über eine Vergangenheit und eine Kinheit verfügt, einen Charakter, eine Lebensform, und die schließlich eine Morphologie mit indiskreter Anatomie und möglicherweise rätselhafter Physiologie besitzt. Nichts von alledem, was er ist, entrinnt seiner Sexualität. Sie ist überall in ihm präsent (...) Der Sodomit war ein Gestrauchelter, der Homosexuelle ist eine Spezies."

---

[3] Es ist wichtig hier anzumerken, daß sich die vorgestellten Definitionen und Ausführungen nur auf unseren westlichen Kulturkreis beziehen. Alle Versuche, ähnliche Homosexualitäts-Konzepte auf das Erleben und Verhalten von Menschen in anderen Kulturen zu übertragen, sind ein Produkt unserer geringen Geschlechtsambiguitäts-Toleranz. Die jeweilige Form der Identität ist immer ein dialektischer Prozeß zwischen dem Individuum und seiner Gesellschaft und kann daher nicht ohne weiteres auf andere Gesellschaftsformen übertragen werden.

Die sündige "Einzelhandlung" einer Person mutierte zur verwerflichen Gesamtpersönlichkeit mit den gesellschaftlichen Stationen Pönalisierung, Pathologisierung und Isolierung des Individuums. Der Homosexuelle wurde sexualisiert, mit Perversion durchdrungen und der Psychiatrie zur Behandlung anheimgegeben.

"Der Homosexuelle wurde zugleich mit seiner "Entdeckung" zur Persona non grata erklärt, was dadurch bewerkstelligt wurde, daß die ihm supponierten eigentümlichen Persönlichkeitszüge sich nicht mit den dogmatischen Vorstellungen bürgerlicher Wohlanständigkeit und psychischer Gesundheit vereinbaren ließen." (Dannecker 1989:337 f.)

Das "Homosexuelle" war nun keine Verhaltens-, sondern eine Personenbeschreibung, eine deviante Gesamtidentität. Die Folge war die Suche nach Kriterien, an welchen diese Personenbeschreibung schlüssig für eine ganze Gruppe von Individuen festgemacht werden konnte[4]. Eine entpathologisierte Version dieser Suche war das Konzept des "Dritten Geschlechts" (mit seinen Hauptvertretern K.H. Ulrichs und M. Hirschfeld), welches die Homosexuellen als eine - dank ihrer Natur - eigene Spezies mit jeweils gegengeschlechtlichem Verhaltensmuster (effeminierte Männer, virile Frauen) versteht. Bis zu den 60-er Jahren (und z.T. darüber hinaus) wurden die verschiedensten psychologischen und psychiatrischen Ansätze bemüht, um die Homosexualität und damit den Homosexuellen zu pathologisieren[5]. Erst in den letzten beiden Jahrzehnten verbreitete sich der wissenschaftliche Diskurs um die Homosexualität: Fragen nach der Ätiologie der Homosexualität wurden zurückgestellt zugunsten von Fragen nach den Lebensrealitäten homosexueller Männer. Man könnte sagen, der Homosexuelle wurde zum "Homosozialen". Entwicklungslinien, Interaktionsmuster, Kultur, Beziehungskonzepte und Identitätsformation homosexueller Männer standen nunmehr im Vordergrund wissenschaftlicher Betrachtung. Bestand bis zu diesem Punkt eine hohe definitorische Übereinstimmung der beiden Konzepte "sexuelle" und "homosexuelle" Identität[6], so findet nun eine stärkere Differenzierung der einzelnen Konzepte statt:

Sexuelle Identität ist somit ein Konzept. welches Orientierung in sozialdefinierten sexuellen Sphären anbietet; es ermöglicht, sich als sexuelles Wesen zu begreifen, und vermittelt - in unterschiedlichen Graden - Konstanz in sexuellen Beziehungserfahrungen.[7] Die Inhalte einer *homosexuel-*

---

[4] Daß männliche und weibliche Homosexuelle dabei in einen Topf geworfen wurden, ist typisch für die Sichtweise der Durchdringung der Personen mit einem möglichst noch zu bestimmenden "perversen Faktor", und machte den Wissenschaftlern die Suche nach diesen "ätiologischen" Kriterien nicht gerade einfacher.
[5] Eine Kritik des Pathologiekonzeptes bietet Matthias Junker (1988)
[6] Mit "Identität" ist hier - nach Mario Erdheim (1992:730) - *"eine psychische Struktur gemeint, die Orientierungshilfen anbietet, indem sie die Kategorien des Eigenen und des Fremden in ein Verhältnis zueinander bringt."*

len Identität beziehen sich sowohl auf sexuelle Selbstbilder (wie z.B. sexuelle Orientierung), wie auch auf nicht-sexuelle Bereiche sozialen Erlebens und Verhaltens, so zum Beispiel das Bewußtsein, einer Minderheit (der sozialen Kategorie "homosexuell") anzugehören. Ebenso ist eine *nicht-homosexuelle Identität* postulierbar. Sie findet sich meist bei Menschen vor ihrem "Coming Out", dem kognitiven und emotionalen Prozeß der Selbstfindung Homosexueller. Diese Menschen haben zwar einerseits homosexuelles Verlangen und geben diesem Verlangen auch nach, wollen sich aber nicht der Gruppe der Homosexuellen zurechnen, da sie deren vermeintliche Verhaltensdevianzen - über die für diese Personen die Gruppe der Homosexuellen definiert ist - bei sich nicht feststellen können. *Schwule Identität* schließlich ist gekennzeichnet durch ein Gefühl der Zugehörigkeit zu der "Gemeinschaft der Schwulen" - der sogenannten "Gay Community" - in kultureller und sozialer Hinsicht.

So problematisch die Verwendung des Begriffs "schwul" sein mag - für viele Menschen ist er noch mit negativen Assoziationen behaftet -, so wichtig ist es, ihn klar von dem stärker an der sexuellen Orientierung verhafteten Begriff "homosexuell" abzugrenzen, und diese beiden Begriffe nicht synonym zu gebrauchen. Das Wort "schwul" markiert - nach dem Sprachgebrauch der Schwulenbewegung - den identifikatorischen Zusammenschluß der Gruppe derjenigen Männer, die als homosexuell Empfindende den sozialen Kontakt zu Gleichgesinnten suchen, sich tragfähige Netzwerke aufbauen und der gesellschaftlichen Reduktion der Homosexualität auf ein Bündel kruder Vorurteile einiges an selbstbewußtem Lebensgefühl und schwuler Kultur entgegenzusetzen haben. Schwul sein ist damit letztlich immer eine Frage der Selbstdefinition, des bewußten Sich-Zugehörig-Fühlens zu dieser Gruppe von Männern.

Die postmoderne Identitätsdiskussion und die Schwulen[8]

Wenn man als schwuler Mann die Diskussion um die "Postmoderne" verfolgt, dann pendelt man zwischen "déjà vue" und "so what?". Der soziologische und sozialpsychologische Diskurs um die veränderten Bedingungen des Sozialen und des Psychischen in der "Postmoderne" läßt den schwulen Mann in die Situation geraten, in der ein Indianer sein muß, wenn die Weißen von der "Entdeckung" Amerikas sprechen. Denn viele Inhalte, die dieser Diskurs nun als Kennzeichen der postmodernen gesellschaftlichen und psychologischen Entwicklung konstatiert, gelten für die psychologische und soziale Situation schwuler Männer schon lange.

---

[7] Vergl. Steven Epstein (1991:827-828)
[8] Der folgende Abschnitt bezieht sich vor allem auf die Diskussion der Postmoderne, wie sie Heiner Keupp in zahlreichen Veröffentlichungen geleistet hat. Vgl. dazu Keupp, H. (1987, 1988, 1992a, b, c, 1993).

Merkmal der Postmoderne ist die "Desintegration der sozialen Lebenswelten", die mit einer gesteigerten Individualisierung der Gesellschaftsmitglieder einhergehe. Schwule Männer haben immer schon die Spaltung der sozialen Lebenswelten am eigene Leib äußerst schmerzhaft erlebt. In der Regel bedeutet das schwule Coming Out einen (mehr oder weniger) totalen Wechsel der Lebenswelten und einen Zwang zur Individualisierung, d.h. zum individuellen Arrangement mit den sozialen Gegebenheiten einer zumeist feindlich gesonnenen Gesellschaftsmehrheit und einer oft äußerst defizitär organisierten schwulen Subkultur. Das Herausfallen aus traditionellen Lebenswelten (als gängigstes Beispiel mag die Familie gelten; jeder Schwule entstammt einer Familie, er tritt aber in der Regel nicht - wie der Heterosexuelle - in eine neue Familie ein.) und der Zwang, eine eigene neue Lebenswelt zu konstituieren, macht für jeden Schwulen das Konzept einer einheitlichen Welt obsolet.

Der postmoderne Identitätsdiskurs konstatiert die mangelnde Verwurzelung der Individuen, die eine "Identitätsarbeit" (Cohen und Taylor) erforderlich macht, und zu "multiplen" (Thoits) oder "Patchwork-Identitäten" (Keupp), "Lebens-Collagen" (Gross) und "Puzzle-Lebensstrategien" (Horx) führt. Mit dem Zusammenbruch der großen Ideologie-Konzepte dieses Jahrhunderts (Marxismus, Nationalismus, Psychoanalyse oder Aerobic) ist auch die Identität "aus einem Guß" zu Bruch gegangen. In Zeiten des postmodernen "Identitätsvakuums" und des vermehrten Individualitätsstrebens wird die Notwendigkeit der aktiven Identitätsaneignung proklamiert, nach dem Motto: "Wir basteln uns was Eigenes". Dies ist nur insofern neu, als es nun seine Gültigkeit für die Mehrheit der Gesellschaft hat. Es hat jedoch seine Entsprechung in den individuellen Identitätsformationen von Angehörigen gesellschaftlich sanktionierter Minderheiten, wie z.B. von homosexuellen Männern und Frauen. Wir wollen hier also die Sichtweise einnehmen, daß die Identitätsentwicklung homosexueller Männer und Frauen (mit ihren sozialen Folgen wie der Ausbildung einer gut strukturierten Community) und u.U. anderer Minderheiten quasi Modellcharakter für die postmoderne Identität hat.

In aktuellen Diskussionen hat man auch schon den "Identitäts-Underdog" der 90-er Jahre dingfest gemacht, und ihn in unzähligen Variationen geradezu cinematografisch zementiert: Es ist der "WHM", der White Heterosexual Male, der in diversen "verhängnisvollen Affären" merkt, daß seinesgleichen nicht mehr en vogue ist. Seine Identitäts-Säulen "Weiß", "Hetero", "Männlich" waren nie wirklich in ihrer Gültigkeit bedroht, mittlerweile wirken sie jedoch merkwürdig fleisch- und konturlos und sind durch jahrhundertelanges Herumstehen an der Spitze der Gesellschaft schon leicht angestaubt. Diese nun einmal zu beklagende Spezies hat den geforderten "Übergang zum vielheitsfähigen Subjekt" mangels Einsicht oder drängender Notwendigkeit nicht geschafft. Dagegen war dieser Übergang vom schwulen Mann schon immer gefordert. Er ist gezwungen, ständig den Wechsel zwischen unterschiedlichen Formen der Interaktion im sozialen Raum zu praktizieren. Dies gilt um so mehr, je homophober das gesellschaftliche Umfeld ist.

"Bezogen auf das Identitätsthema bedeutet der postmoderne Diskurs, daß das hochbürgerliche Persönlichkeitsideal der "gut integrierten Persönlichkeit", das seinen Lebensentwurf und seine Lebenspraxis in eine "innere Stimmigkeit" zu bringen vermag - nichts anderes meint ja der Identitätsbegriff - zunehmend an lebbarem Realismus verliert." (Keupp, 1988:136)

Gerade die Frage der Suche nach einer inneren Stimmigkeit kennzeichnet die homosexuelle Identitätsformation. Hatten die Heterosexuellen wenigstens noch ein Persönlichkeitsideal, das zumindestens in Grundzügen mit ihrem Lebensentwurf übereinstimmte, so bot die Gesellschaft homosexuellen Männern und Frauen ein solches nie an: Alle dargebotenen Alternativen gesellschaftskonformer Lebensentwürfe hatten zumindestens eines gemeinsam: ihre durchgängige Heterosexualität. Unter diesen Voraussetzungen eine intrapsychische Stimmigkeit zu erreichen, bedeutete für Homosexuelle, entweder ihren Lebensentwurf und/oder ihre Lebenspraxis zu heterosexualisieren, oder die Vision der gesellschaftlichen Integration aufzugeben.

Die Ausgangspunkte der Identitätsarbeit nähern sich nun an: Sowohl bei homo- wie bei heterosexuellen Menschen muß das Gefühl der Entfremdung überwunden werden. Die tradierten kulturellen Werte sind nicht mehr in der Lage, ein Gefühl des Vertrauten und Eigenen zu schaffen. Die Folge ist die Entstehung verschiedenster "Subkulturen", deren Werte in Übereinstimmung mit den jeweiligen Lebensentwürfen stehen. Der Homosexuelle (der Fremde in der Gesellschaft, ebenso wie der Ausländer als "prototypischer" Fremde) kann sich Bereiche des Vertrauten nur schaffen, in dem er Nischen erobert, in denen seine Kultur lebt. Im gleichen Sinne wird nun auch das Leben der Heterosexuellen subkultureller, wobei es für jeden möglich ist, mehrere Nischen/Subkulturen zu besetzen (siehe das Konzept der multiplen Identitäten von Peggy Thoits).

Eine Erschwernis der Identitätsarbeit Homosexueller liegt darin, daß sie gegen moralische Vorbehalte kämpfen müssen, die immer noch gegen Homosexualität existieren. Dem steht jedoch auf der anderen Seite ein Vorteil gegenüber: Sie können in eine bestehende Community eintreten, von der sie annehmen können, daß diese ihre (sub-)kulturellen Werte teilt. Der Schwule lernt also schon recht früh, durch multiple Rollen-Engagements (an erster Stelle durch das Oszillieren zwischen der homo- und der heterosexuellen Rolle) seine Persönlichkeitsressourcen und seine existenzielle

Sicherheit zu erhöhen[9]. Beleg dafür mag die proportional niedrigere Suizid- rate bei Homosexuellen nach dem Coming Out im Vergleich zu einer altersgleichen heterosexuellen Stichprobe zu sein.

Zudem kommt der Homosexuelle nicht umhin, ambivalente Erfahrungen zu machen, die vorerst nicht auflösbar sind. Diese Ambivalenz auszuhalten bedarf es der Ausbildung einer hohen Spannungstoleranz. Michel Pollack stellte dazu die Hypothese auf, daß die Homosexuellen "... *mehr psychische Stabilität und eine größere Fähigkeit, mit den eigenen Widersprüchen umzugehen, besitzen, sobald sie einmal die Klippe des* coming out *umschifft haben."* (1984:67). Durch die Notwendigkeit, sich eine eigene - nämlich schwule - Identität zu "erarbeiten", werden Pseudo-Lösungen oft früher ausgeschlossen, und das Individuum ist eher in der Lage, einen Zustand innerpsychischer Synthese zu erreichen. Darin liegt eine Gemeinsamkeit wie auch ein Unterschied zu den Heterosexuellen: "Einerseits befinden die Heterosexuellen sich auf der 'Suche nach der verlorenen Identität' (Keupp), haben also ebenfalls keinen leicht nachlebbaren Identitätsentwurf zur Verfügung, sondern setzen aus verschiedenen Lebensstilen und Sinnelementen sich ihre eigene 'Patchwork-Identität' zusammen. Andererseits ist ihnen oft die Notwendigkeit konkreter Identitätsarbeit nicht klar, sondern sie verharren in einem Schwebezustand mit einer unklar konturierten Identität (ohne deren Verletzbarkeit so klar spüren zu können wie es z.B. die versteckt lebenden Homosexuellen spüren müssen). Die Homosexuellen, welche bereit sind, Identifikation mit anderen Schwulen und Teilhabe an deren Lebensstilen zuzulassen, können an einer wirklichen oder imaginierten identitätsstiftenden Gruppenzugehörigkeit partizipieren, welche in dieser Form und Klarheit Nicht-Schwulen oft nicht zur Verfügung steht." (Knoll, 1993:244)

Die sozialen Netzwerke schwuler Männer

Diese Individualisierungsprozesse bedürfen sozialer Räume, in denen sie existieren können. Die gesellschaftliche Folge dieser Prozesse ist die Ausbildung verschiedener Communities. Die postmoderne Diskussion betont die Bedeutung der sozialen Netzwerke für die Nutzung der "riskanten

---

[9] Hinzu kommt, daß eine Besonderheit des Prozesses der Individualisierung, wie er oben beschrieben wurde, gerade für Schwule besonders wichtig ist: die Modulierung einerseits durch die jeweiligen materiellen Ressourcen (die Wiederkehr der alten sozialen Frage in der Postmoderne) und andererseits durch die "neuen Zwänge" der Konsumgesellschaft und der von dieser fast vollständig absorbierten öffentlichen Sphäre (Medien, Werbung). Die für viele Schwule in den westlichen Ländern beobachtbare upward-mobility erbringt in Kombination mit dem Fehlen einer Familie in der Regel überdurchschnittliche materielle Ressourcen. Zum anderen dürften schwule Männer häufig den Idealen bestimmter Bereiche der Konsum- und Mediengesellschaft zu entsprechen versuchen, u.a. auch deshalb, weil in dieser Sphäre homophobe Tendenzen deutlich weniger vorhanden sind als in anderen gesellschaftlichen Strukturen.

Chancen", die sich aus der zunehmenden Individualisierung ergeben. Neue soziale Netze entstehen, die mitunter den Charakter von Notgemeinschaften tragen (vgl. die Selbsthilfebewegung). Für Schwule galt dies schon immer, denn im sozialen Netzwerk, dem sie entstammen (Familie, Nachbarschaft, heterosexueller Freundeskreis etc.) können sie in der Regel nicht (bzw. nicht ausschließlich) bleiben, wollen sie ihren Bedürfnissen als schwule Männer gerecht werden. So hängt dann auch die individuelle Ausprägung einer schwulen Identität von den lokalen und nationalen Gegebenheiten der schwulen Szene, der Gay Community ab. Sie ist und war (an vielen Orten der Welt und lange Zeit auch bei uns) eine wahre "Notgemeinschaft" mit Kennzeichen wie Verbergen nach außen, "geheimen" Symbolen, einer eigenen Sprache, etc.

"In sich wandelnden Kulturen drängen die Individuen aus dem tradierten Normen- und Rollensystem heraus und suchen nach neuen Möglichkeiten der Selbstverwirklichung und werden zunehmend zu 'Unternehmern' ihrer sozialen Beziehungen." (Keupp, 1988:99)

Schwule Männer wurden immer schon aus diesen tradierten Systemen herausgedrängt, waren also von jeher gezwungen, Unternehmer ihrer sozialen Beziehungen zu sein. Diese Beziehungen wuchsen nicht im Prozeß der gesellschaftlichen Sozialisation mit, sondern konnten erst nach einer Phase der Neuorientierung aufgebaut werden. Denn: Die *"...selbstorganisierten losen Zusammenschlüsse von Netzwerken (...) 'befriedigen das hochintensive Bedürfnis, zu etwas zu gehören'."* (Keupp, 1988:105)

Hier sind wir an eines der Haupthindernisse der schwulen Identitätsaneignung gestoßen: Sie ist abhängig von den individuell unterschiedlichen Möglichkeiten, Zugang zu den schwulen Netzwerken zu finden. Nicht jedem (schwulen Mann) ist es gegeben, homosozial zu sein, tragfähige Sozialkontakte zu entwickeln, sich ein Netzwerk aufzubauen, in dem er als schwuler Mann relativ geschützt leben kann. So wichtig rein sexuelle Kontakte auch sein mögen, den identifikatorischen Zusammenschluß mit anderen schwulen Männern ermöglichen sie nur teilweise. Nach zahlreichen Gesprächen mit schwulen Männern in ländlichen Regionen nehmen wir hypothetisch an, daß die Sexualität auf dem Land einen weitaus höheren Stellenwert im Leben schwuler Männer einnimmt als bei Männern mit Zugang zu einer größeren, urbanen Gay Community, da sie oft die einzige Möglichkeit darstellt, die Homosexualität zu leben. Die Sozialkontakte sind oft stark heterosexualisiert (d.h. im alltäglichen Umgang existieren fast nur heterosexuelle Sozialpartner), der Sex wird in verborgeneren Bereichen ausgelebt; dies oft - dem Bedürfniss nach Differenzierung wichtiger Lebensbereiche folgend - mit einer strengen Einteilung in guten Sex (mit gefühlsmäßiger Beteiligung) und schlechten Sex (nur mit körperlichem Einsatz). Hier sehen wir nun die Grenze der Modellhaftigkeit schwulen Identitätserwerbs: Diese ist stark abhängig einerseits von den individuellen intrapsychischen Ressourcen, andererseits von den unterschiedlichen Möglichkeitn, die für den Identitätserwerb notwendigen schwulen Sozialkontakte eingehen zu können.

Eine weitere Grenze ist nicht unbedingt real, sondern existiert eher assoziativ in den Köpfen vieler Menschen zwischen "homo" und "hetero" (obwohl diese imaginierte Grenze im Alltag viel anzurichten vermag): Die Grenze wird gebildet durch die scheinbar unterschiedliche Bedrohung durch HIV und AIDS.

Schwule Identität im Zeichen von AIDS

Versprachen uns die 70er Jahre noch eine gesellschaftliche Progression hin zu größerer Liberalität und Minderheitenfreundlichkeit, so ist es - zumindestens auf sexuellem Gebiet - mit der Bedrohung durch das HI-Virus seit den 80er Jahren zu einer stärkeren Moralisierung der Sexualität mit dem Wunsch nach staatlicher Reglementierung gekommen. Obzwar diese Entwicklung alle sexuellen Kontakte bedroht, sind schwule Kontakte mehr als andere quasi zum Synonym für die Bedrohung geworden. Nach dem gewohnten Schema, die Gesellschaft "rein" zu halten, wird diese Bedrohung mit Randgruppen, welche ein höheres Infektionsrisiko eint (Schwule und iv-DrogengebraucherInnen), in Verbindung gebracht. Durch die Koppelung von HIV-Infektion und sexuellen Kontakten auf der einen Seite und HIV-Infektion und Homosexualität auf der anderen wird die Homosexualität wieder vermehrt "sexuell aufgeladen". Das Virus scheint die sichtbare Bestätigung der Sexualitätszentriertheit schwuler Männer zu sein. Auch die Verführungsthese - als "psychische Infektion" mit Homosexualität - wird durch die physische Infektion mit dem eigentlich "schwulen HI-Virus" neu belebt. Die steigenden antihomosexuellen Gewalttaten dürften ein Ergebnis dieser Reaktivierung überkommen geglaubter Vorurteile sein[10]. Durch diese interne Koppelung von HIV und Homosexualität wird es für einen schwulen Mann zunehmend schwerer, zu seinem Schwulsein zu stehen, da er in den Augen der Außenstehenden als potentielles Infektionsrisiko gilt, und so mit den verstärkten Berührungsängsten (im übertragenen und im Wortsinn) konfrontiert wird. Anstatt das Infektionsrisiko durch eigene Verhaltensänderungen (safer sex) zu minimieren, versucht man Sichtbarkeit und Existenz der Homosexuellen - als der Infektionsursache - zu minimieren (dies z.B. durch Gewalttaten). Der Homosexuelle hat nun nicht nur die eigenen Infektionsängste zu bewältigen, es werden ihm auch Möglichkeiten verwehrt, mit seiner erwachenden Homosexualität umzugehen: Die Veröffentlichung anderen Personen gegenüber wird, wie erwähnt, erschwert, die Beteuerung, daß

---

[10] Zu dieser Problematik vgl. Edinger (1992)

Schwulsein mehr bedeutet, als daß ein Mann mit einem anderen Mann ins Bett geht, wird als Scheinargument dargestellt. Die oft gelebte Parallelität homo- und heterosexueller Sexualkontakte (als Darstellung "liberaler Heterosexualität", als genuine gefühlsmäßige Bisexualität oder als anonyme schwule Kontakte innerhalb einer heterosexuellen Beziehung) ist nun besonders bedroht, da diese Parallelität das gesellschaftsgefährdende Loch in der Mauer um die Homosexualität darstellt. Wie wir in Gesprächen mit schwulen Männern erfahren haben, ist auch die Aufrechterhaltung des Kontaktes mit der oder die Rückkehr in die vertraute Ursprungsfamilie aus Angst vor möglichen Infektionsrisiken gefährdet. Wie das Virus den Körper des Erkrankten zerstören kann, so zerstört es auch das Bild der Homosexualität als normale Alternative menschlichen Erlebens und Verhaltens.

In dieser Situation multipler Bedrohung des Homosexuellen ist der Kontakt zu anderen Schwulen besonders bedeutsam. Gerade in der Phase des Coming Out muß man erfahren können, daß es auch "nicht-tödliche" mann-männliche Sexualkontakte gibt. Die verstärkte Kontaktbarriere, die der erwachende Homosexuelle um sich errichtet und die der Ausprägung der sexuellen Identität entgegensteht, kann nur im vertrauensvollen Kontakt zu anderen eingerissen werden. Gerade in dieser Zeit der doppelten psychischen und physischen Bedrohung des homosexuell Fühlenden durch die Gesellschaft und durch das Virus ist Hilfe beim Aufbau einer positiven schwulen Identität geboten (u.a. in den Fällen, in denen Männer durch den Krankheitsausbruch aus ihrer bis dahin aufrechterhaltenen Anonymität und "Pseudo-Heterosexualität" gerissen werden). Sicherheit im sexuellen Kontakt, die soziale Fähigkeit und Legitimation, zu bestimmten Praktiken "nein" sagen zu können, ist nur durch intrapsychische Sicherheit und gefestigte Identität zu erreichen. Diese Sicherheit ist nur durch lebendige Auseinandersetzung mit dem Thema HIV/AIDS und durch Rollenvorbilder möglich. Die meisten Appelle, schwulen Sex "sicher" zu machen (insbesondes die Kampagnen der Deutschen AIDS-Hilfe), richten sich an schwule Männer, welche ihre Sexualität selbstbewußt leben können, und welche im sexuellen Kontakt Wahlmöglichkeiten gerade bei den Praktiken haben. Die Bedeutung von sozialer Kompetenz in der schwulen Szene und der Eingebundenheit in ihr für die AIDS-Prävention zeigt sich zum einen in der szeneneigenen Terminologie (ein Slogan z.B. lautet "Sex klappt sicher", mit der doppelten Kodierung "klappt" = Sex auf der Klappe / öffentlichen Toilette, und "sicher" = Safer Sex), zum anderen in den Bildsettings (schwule Treffpunkte in Parks, Bars etc.).

Eine tragfähige schwule Identität hat jedoch nicht nur positive Auswirkungen auf die Sicherheit des schwulen Mannes im Umgang mit dem Thema HIV/AIDS, sie stellt auch eine bedeutende Grundkonstellation bei der

Bewältigung einer HIV-Infektion dar. Studien zu den Themen "Quality of Life" und "Longterm Survival" ergeben, daß das Bewußtsein, einer Gemeinschaft von Schwulen anzugehören, dieses Zugehörigkeitsgefühl durch Teilhabe an der Gay Community auch auszuleben, sowie die Bereitschaft, den Status als "Positiver" (und damit den Status als "nichtsublimierender" Homosexueller) zu veröffentlichen, positiv mit größerem psychischem und physischem Wohlbefinden korreliert ist (z.B. Reisbeck, G., et al., 1992, Remien, R. et al., 1992). Beide Bewältigungsstrategien stehen jedoch nur demjenigen zur Verfügung, der "gay-identified" ist, also ein positives schwules Selbstbild hat.

Die Frage nach der schwulen Identität, die Frage, wie man in Zeiten der Bedrohung durch das HI-Virus noch selbstbestimmt als schwuler Mann leben kann, ist für die Gay Community von ungebrochener Bedeutung. Forschungsergebnisse unterstützen die Forderung nach einer weitergehenden schwulen Emanzipationsbewegung. Seit dem 3. Juni 1981, dem Tag, an dem in der Washington Post zum ersten Mal über eine mysteriöse Krankheit unter Homosexuellen berichtet wurde (welche zuerst GRID Gay Related Immunity Deficiency benannt wurde), sind schwule Männer und deren Community einer Bedrohung ausgesetzt, welche auf verschiedenartige Weise in das Leben der Betroffenen eingreift. Die Gefahr, die Bedrohung zu verdrängen, zu rationalisieren, oder mit ihr mit einem gewissen Lustgewinn zu spielen, ist nach wie vor gegeben; dies muß immer wieder zu Bewußtmachungsprozessen führen.

Resumée

Die Postmoderne schenkt den Metaerzählungen keinen Glauben mehr. Schwule hatten nie Grund, den Metaerzählungen Glauben zu schenken. Denn zumeist waren in ihnen Schwule nicht vorgesehen oder wurden diskriminiert und verfolgt. Sozialismus und Kommunismus erklärten die "schwule Frage" bestenfalls zum unbedeutenden "Nebenwiderspruch", nationalistische und fundamentalistische Konzepte sinnen zumeist auf Ausrottung der Schwulen und die Psychoanalyse erklärte Homosexualität in der Regel zur Perversion. Diese Liste ließe sich fortsetzen. Insofern sind Schwule Profiteure der Postmoderne, denn erst in einem geistigen und sozialen Umfeld, in dem die Lockerung kollektiver Zwänge auch die Sexualität betrifft, ist selbstbestimmtes schwules Leben möglich.

Literatur

Dannecker, M. (1989). Zur Konstitution des Homosexuellen. Zeitschrift für Sexualforschung, 2(4), 337-348.

Edinger, M. (1992). Schwule klatschen. Antihomosexuelle Gewalt aus der Sicht von Tätern, Opfern und Institutionen. München: o.V.

Epstein, S. (1991). Sexuality and identity: The contribution of object relations theory to a constructionist sociology. Theory and Society, 20 (6), 825-873.
Erdheim, M. (1992). Das Eigene und das Fremde. Psyche, 8, 730-744.
Foucault, M. (1977). Sexualität und Wahrheit. Bd. 1: Der Wille zum Wissen. Frankfurt a.M.: Suhrkamp.
Geiger, G. (1993). Postmoderner Feminismus: Über die blinden Flecke in Theoriebildung und Alltagshandeln. Materialien zur Frauenforschung, Heft 3 (in Druck)
Goffman, E. (1975). Stigma. Über Techniken der Bewältigung beschädigter Identität. Frankfurt a.M.: Suhrkamp.
Harding, S. (1990). Feministische Wissenschaftstheorie. Zum Verhältnis von Wissenschaft und sozialem Geschlecht. Hamburg: Argument.
Junker, M. (1988). Psychoanalyse, Homosexualität und die Frage der Pathologie am Beispiel des frühen Morgenthaler. Diplomarbeit, Universität München.
Keupp, H. (1987). Psychosoziale Praxis im gesellschaftlichen Umbruch. Bonn: Psychiatrie-Verlag.
Keupp, H. (1988). Riskante Chancen. Das Subjekt zwischen Psychokultur und Selbstorganisation. Sozialpsychologische Studien. Heidelberg: Asanger.
Keupp, H. (1989). Auf der Suche nach der verlorenen Identität. In H. Keupp & H. Bilden (Hg.), Verunsicherungen. Das Subjekt im gesellschaftlichen Wandel (S. 47-69). Göttingen usw: Hogrefe.
Keupp, H. (1992a). Die verlorene Einheit oder: Ohne Angst verschieden sein können. Universitas. Zeitschrift für interdisziplinäre Wissenschaft, 9/1992, 867-875.
Keupp, H. (1992b). Das Subjekt und die Psychologie in der Krise der Moderne: Die Chancen postmoderner Provokationen. Psychologie und Gesellschaftskritik, 16 (63/64), 17-41.
Keupp, H. (1992c). Subjekt und Psychologie in der Krise der Moderne - Perspektiven einer "Postmodernen Sozialpsychologie". In G. Benetka u.a. (Hg.), Gegenteile. Gemeinsamkeiten und Differenzen einer kritischen Psychologie (S. 99-117). München, Wien: Profil.
Keupp, H. (1993). Die Suche nach Netzen. Wege zu einer sozialen Individualität. In Süddeutsche Zeitung Nr. 66, S.17.
Knoll, C. (1993). Psychische Aspekte schwuler Gesundheit/Krankheit. In H. Jäger (Hg.): AIDS: Eine Krankheit wird behandelbar. Materialien zur HIV-Erkrankung im 2. Jahrzehnt (S. 243-246). Landsberg: Ecomed.
Pollack, M. (1984). Männliche Homosexualität - oder das Glück im Ghetto? In Ariès, Bejin, Foucault u.a.: Die Masken des Begehrens oder die Metamorphosen der Sinnlichkeit. Zur Geschichte der Sexualität im Abendland. Frankfurt a.M.: Fischer.
Reisbeck, G. et al. (1992). HIV-Infektion und soziale Unterstützung bei homosexuellen Männern. In Ermann, M; Waldvogel, B. (Hg.): HIV-Betroffene und ihr Umfeld. Berlin, Heidelberg
Remien, R.H. et al. (1992). Coping Strategies and Health Beliefs of AIDS Longterm Survivors. Psychology and Health, 6, 335-345

Die Identität des Laienhelfers[1]

Wolfgang Schmidbauer

Wer über die Identität des Laienhelfers nachdenken will, kommt an einer Reflexion über die Institution des beruflichen Helfers nicht vorbei. Allein schon der Zusatz "Laien"helfer drückt aus, daß wir uns mit einer Ausnahme beschäftigen, mit etwas, das ein spezielles Etikett braucht, während die kulturelle Norm der berufliche und bezahlte Helfer ist. Das war natürlich nicht immer so. Laie ist im ursprünglichen Wortgebrauch ein Angehöriger des Laos, des Volkes, das vor dem Heiligtum steht, in dessen Inneres nur der Priester Zugang hat. Ursprünglich waren Priester, Arzt, Lehrer und Künstler *eine* Gestalt, die sich im Schamanen der archaischen Kulturen erhalten hat.

Zum Gegensatz zwischen Laien und Priestern kann ich eine kleine Geschichte erzählen, deren Held, Joseph Thomé, ein katholischer Priester und Vorläufer gegenwärtiger Dissidenten wie Küng oder Drewermann ist. Thomé hatte in den zwanziger Jahren aus dem Erlebnis der Jugendbewegung heraus ein Buch geschrieben, "Der mündige Christ", das nach dem üblichen Hin und Her auf den *Index librorum prohibitorum* kam. Der Autor wurde gefragt, ob er dieses Verbot akzeptiere; andernfalls könne er nicht in seinem Amt bleiben. Thomé entgegnete, er sei einverstanden, wenn man ihm einen Zusatz erlaube: Er akzeptiere die Indizierung im Sinn der päpstlichen Bulle von - und er nannte einen Papst und eine Jahreszahl, die ich beide vergessen habe. Die Kurie war einverstanden, anscheinend hatte niemand nachgelesen, was in dem obskuren Dokument stand. Die Textstelle, auf die sich Thomé bezog, lautete: *Der Laie ist der natürliche Feind des Klerikers.*

Diese Äußerung hilft uns freilich noch nicht, die Identität des Laienhelfers zu erkennen. Sie gewährt nur einen Blick auf die Umgebung. Der oberste Hierarch der professionellen Helfer grenzt sich in radikaler Weise gegenüber Laien ab und gesteht offen zu, daß in dem wechselseitigen Verhältnis Rivalität und Aggression eine Rolle spielen. Diese Radikalität finde ich eindrucksvoll, denn in vielen gegenwärtigen Stellungnahmen, vor allem im kirchlichen Bereich, scheint mir diese Urfeindschaft überhaupt nicht mehr aufzufinden. Es sei denn, man hält sich an das ein wenig tückische psycho-

---

[1] Überarbeitete und erweiterte Fassung eines Vortrages anläßlich der Laienhelfertagung am 10. Oktober 1992 im Landeskrankenhaus Wiesloch.

analytische Konzept, das Freud in seinem kleinen Aufsatz "Die Verneinung" erläutert hat: Wenn etwas in auffälliger Weise und anscheinend ohne Anlaß immer wieder verneint wird, dann ist es im Unbewußten vorhanden. Die oberflächliche Verleugnung - etwa die wiederholte Beteuerung des ausgezeichneten Verhältnisses und der harmonischen Zusammenarbeit zwischen Laien und Fachleuten in einer Einrichtung - drückt nur die Reaktion des Bewußtseins auf diese Dynamik aus.

Ich will jetzt diese ersten Gedanken zum Laien unterbrechen, um den zweiten zentralen Begriff zu untersuchen: die Identität. Es ist nicht einfach, eine verbindliche Definition zu finden; die soziologischen und sozialpsychologischen Untersuchungen der letzten Zeit weisen auf die Widersprüche und Unklarheiten hin, die mit Identitätskonzepten verbunden sind. Es ist ein wenig so, als ob dieser Begriff - nicht anders als etwa Begriffe wie "Gemeinschaft" oder "Ökologie" - vor allem darauf hinweisen würde, daß etwas verlorengegangen ist, was lange Zeit so selbstverständlich war, daß es gar nicht nötig schien, es zu benennen, ähnlich wie wir uns normalerweise auch nicht der Tatsache bewußt sind, daß wir atmen, und erst die Störung dieser Selbstverständlichkeit uns dazu bringt, über sie nachzudenken. In der Umgangssprache verwenden wir den Identitätsbegriff nicht. Er ist eine wissenschaftliche Konstruktion, die zusammenfaßt, was eine Folge der Individualisierung in unseren modernen Gesellschaften ist. Mit Individualisierung sind jene Prozesse gemeint, die dazu führen, daß es keine über die Entwicklungsmöglichkeiten eines Individuums verbindlich bestimmenden Mächte mehr gibt, die mit den festen Strukturen der tradionell orientierten Gesellschaften verglichen werden können. Konkret gesagt: Der Sohn des Arbeiters kann heute durchaus Generaldirektor werden, während der Sohn eines mittelalterlichen Bauern oder eines zünftigen Handwerkers immer denselben Beruf wählte wie sein Vater.

Der Apfel durfte damals nicht weit vom Stamm fallen, während er heute mit einer Art Selbststeuerung versehen ist, die seinen Weg bestimmt. Die Identität ist ein Teil dieser Selbststeuerung. Der Heranwachsende sucht aus einem riesigen gesellschaftlichen Supermarkt das aus, was seiner Vorstellung von einem erfüllten, sinnvollen, guten Leben nahekommt. Die Identität als subjektiv erlebte Bewertung der eigenen Person - "das bin ich, dieses Bild meiner selbst gleicht mir" - wird in der Pubertät schrittweise bewußt, in der auch die ersten realitätorientierten Berufswünsche aufgebaut werden.

Patchwork-Identität

Das Bild der Selbststeuerung wird dabei der Wirklichkeit nur teilweise gerecht. In der modernen Identität ist auch sehr viel Fremdbestimmung, so viel, daß manche Sozialphilosophen einen "außengeleiteten" Menschen konstruieren. Im Einzelfall durchdringen sich innere und äußere Einflüsse auf die Identität so sehr, daß der amerikanische Soziologe Mead sie mit einem Wirbel in einer Strömung verglichen hat. Heiner Keupp hat den anschaulichen Begriff der Patchwork-Identität geprägt: In der Lebensgeschichte von Individuen in unserer Gegenwart ist eine einmal gewählte und durchgehaltene Identität selten geworden. Wie in einem Quilt - einem jener in den Vereinigten Staaten zu hoher Vollendung entwickelten Flikkenteppiche - gehört es zur Identität, daß sie vielschichtig geworden ist, daß sich einzelne Schichten überlappen, wobei harmonische oder dissonante Elemente zusammenkommen können. Eine Identität, die während der Adoleszenz schrittweise erworben und ein Leben lang durchgehalten wird, ist heute eher die Ausnahme als die Regel.

Ein sozusagen "harter", klar abgegrenzter Identitätsbegriff gehört in eine Phase der gesellschaftlichen Entwicklung, in der es sinnvoll ist, davon auszugehen, daß beispielsweise der erlernte Beruf ein Leben lang ausgeübt werden kann, daß der einmal gewählte Ehepartner ein Leben lang derselbe bleibt. Man könnte von unserer gegenwärtigen Situation sagen, daß sich das *Identitätsangebot* von seiten der Gesellschaft erheblich ausgeweitet hat, daß dies jedoch auf Kosten der *Stabilität* und *Verläßlichkeit* geschehen ist.

Diese Ausweitung betrifft beide Bereiche: Beruf und Freizeit. Beide hängen eng zusammen. Da in den modernen Industriegesellschaften mehr Menschen in Dienstleistungsberufen arbeiten als in der unmittelbaren Produktion, da die Arbeitszeit weniger als die Hälfte des Zeitbudgets bindet, ist die sogenannte "Freizeitindustrie" zu einem wichtigen Arbeitgeber geworden. Die Identitätsattribute und -steigerungen in der Konsumwelt sind vielfältig. Geschickte Werbeleute verkaufen schon seit langem nicht mehr Zigaretten, Rasierklingen oder Parfum, sondern Lebensgefühle, Anhängsel, die dazu dienen, unsichere Identitäten durch Identifizierungen mit überoptimalen Gestalten von Männlichkeit oder Weiblichkeit - dem Malboro-Cowboy oder dem Filmstar - zu beseitigen. Moderne Identitätsformen sind nicht stabil, sondern fluktuierend, nicht kontinuierlich, sondern von Unterbrechungen und Neuanfängen bestimmt.

Das hängt auch damit zusammen, daß mit zunehmender Industrialisierung in vielen Bereichen des Arbeitslebens die identitätsstiftenden Merkmale des Berufs abgeschwächt werden. Seit Karl Marx wird diese Situation mit dem Begriff der *Entfremdung* verbunden. Obwohl heute durch Automatisierungen viele der krassen Beispiele aus der Frühphase der Fabrikarbeit abgeschafft werden konnten - erinnern wir uns an Arbeiter, die tagaus, tagein, über Monate und Jahre hin nur einen oder zwei Handgriffe erledigen mußten - sind doch viele Arbeitsplätze so wenig anregend und gesellschaftlich angesehen, daß die Arbeitenden ihren Identitätsschwerpunkt außerhalb des Berufs suchen.

Interessante Tätigkeiten sind ein knappes Gut, das beweisen Überangebote an Akademikern, die sich gegenwärtig auf dem Arbeitsmarkt aufbauen, Lehrer-, Juristen- oder Ärzteschwemmen, um einige Beispiele zu nennen. In den helfenden Berufen, deren Identitätsprobleme uns beschäftigen müssen, ehe wir uns denen der Laienhelfer zuwenden können, bietet sich derzeit das Bild einer Identitätskrise. Ein Schlagwort, das sie charakterisiert, ist der *Pflegenotstand*.

Motivationsverluste

Unter unserem hier entwickelten Gesichtspunkt läßt sich die Problematik so zusammenfassen, daß die höheren helfenden Berufe, die ein großes Maß an Selbstbestimmung und eigener Gestaltung der Interaktion zulassen, von den Arbeitnehmern und von den Heranwachsenden, die sich eine Ausbildung suchen, in großer Zahl gewählt werden. Soll heute irgendwo eine Arzt- oder Psychologenstelle besetzt werden, kann der Arbeitgeber unter mindestens einem Dutzend, oft unter mehr als hundert Bewerbungen auswählen. Soll hingegen die Stelle einer Erzieherin, einer Krankenpflegerin oder einer Altenhelferin besetzt werden, tröpfeln die Bewerbungen nur noch. Viele Arbeitsplätze in diesen Bereichen sind gegenwärtig von ungelernten oder angelernten Arbeitskräften besetzt, viele überhaupt nicht.

Die Meinung, daß dies ausschließlich an der schlechten Bezahlung in der Pflege liegt, erfaßt nur einen kleinen Teil des Problems. Ausbildungen, die mehr Selbstständigkeit erlauben, wie Krankengymnastik oder Heilpraktiker, bleiben sehr begehrt, auch dann, wenn sie finanziell nicht einträglicher sind.

Die unglaublich raschen Motivationsverluste bei ausgebildeten Schwesternschülerinnen, von denen bereits nach drei Jahren oft nur noch die Hälfte in diesem Beruf tätig ist, hängen mit einer Identitätskrise zusammen, die an der Grenze zwischen der Professionalisierung menschlicher Hilfsbereitschaft und der Ausbeutung knapp gewordener Ressourcen weiblichen Dienen- und Helfenwollens "aus Liebe" oder "um Gottes Lohn" entstanden ist. Da die moderne Medizin die ärztliche Identität erheblich verändert hat - von einem Schwerpunkt in der *Begleitung* des Kranken zu einem in der wissenschaftlich und technisch fundierten *Behandlung* - sind die Pflegenden aus dem Zentrum des Geschehens in der Akutmedizin an den Rand gedrängt worden. Dank der medizinischen Möglichkeiten bleiben immer mehr multipel pflegebedürftige Menschen immer länger am Leben. Da gleichzeitig die Möglichkeiten der Pflege zuhause rapide abgenommen haben, die räumlichen und personellen Voraussetzungen immer seltener gegeben sind - sie setzten ebenfalls die Bereitschaft nicht berufstätiger Frauen voraus, alte und chronisch kranke Angehörige zu pflegen - sind die Krankenhäuser überlastet, zumal sich die Personalschlüssel in den letzten zwanzig Jahren kaum geändert haben.

Ein großer Teil der Probleme um den Pflegenotstand hängt mit der Emanzipation der Frauen von tradierten dienenden Lebensidealen zusammen. Im Zuge der Individualisierung gehört es zum Leben der Frauen, nicht anders als die Männer einen wesentlichen Teil ihres Selbstgefühls über ihre bezahlte Berufsarbeit zu definieren. Fremdbestimmung, verbunden mit schlechter Bezahlung und hoher - auch emotionaler - Arbeitsbelastung wird nicht mehr einfach akzeptiert. Die Wahlmöglichkeit, den Beruf, der frustriert, nicht zu dulden, sondern zu wechseln, wird mehr und mehr wahrgenommen und genützt. Männer, die dazu im Brustton der Überzeugung sagen, die Ursache des Pflegenotstands sei der moralische Verfall emanzipierter Frauen und das Schwinden weiblicher Opferbereitschaft, können auf kein gläubiges Publikum mehr rechnen (was sie freilich oft nicht hindert, derlei Unsinn von sich zu geben).

"Die Identität des Laienhelfers" verrät allerdings in der Formulierung ebenfalls eine patriarchalische Voreingenommenheit. Zahlenmäßig sind in allen Gruppen von Laienhelfern, die ich bisher Gelegenheit hatte kennenzulernen, Frauen weit stärker vertreten. Begründet das eine Argumentation zugunsten der naturwüchsig-weiblichen Hilfsbereitschaft? Ich bezweifle es; in jedem Fall ist eine solche Annahme als einziges Motiv höchst unglaubwürdig. Zunächst einmal ist zu bedenken, daß Frauen - anders als Männer - sehr häufig eine zweizeitige berufliche Laufbahn haben. Sie geben die erste Phase ihrer Karriere ganz oder teilweise auf, um für Kinder dazusein. In dieser Zwischenperiode haben sie Zeit und inneren Raum, um sich neu zu orientieren. Laienhilfe gehört in diesen Orientierungsprozeß. Nach dem aufreibenden, wenig Platz für andere Aufgaben lassenden Abschnitt, in dem sie kleine Kinder versorgten, betrachten viele Frauen ihr bisheriges Leben und ihre Berufstätigkeit mit einer Distanz, die man gelegentlich betriebsblinden Männern wünschen möchte. Sie fragen sich, ob das, was sie bisher getan haben, wirklich das war und ist, was sie - mitbedingt durch die emotionalen Auseinandersetzungs- und Reifungsprozesse, welche durch die Sorge für Kinder angestoßen werden - auch in Zukunft tun wollen, was sie ausfüllen kann. Sie wollen einerseits aus dem begrenzten und manchmal als eintönig erlebten Familienfeld heraus, sind aber - vor allem, wenn keine wirtschaftliche Not sie dazu treibt - noch nicht motiviert, wieder voll zu arbeiten; schließlich werden sie noch von den Kindern gebraucht. In dieser biographischen Situation ist Laienhilfe ein vorzügliches Mittel, sowohl die neuen Interessen zu verwirklichen, wie auch den engen Raum der Familie zunächst probeweise zu verlassen.

Ich halte es für wahrscheinlich, daß diese sozialen Einflüsse durch emotionale Prägungen ergänzt werden, die freilich nicht im Sinn eines weiblichen Mutter- oder Helferinstinktes zu verstehen sind. Insgesamt ist in solchen Situationen die Fragestellung des entweder - oder ohnehin unsinnig: Menschliches Verhalten ist nicht entweder angeboren oder erlernt, sondern sowohl angeboren wie erlernt. Soziale Forderung und biologisches Entgegenkommen haben sich schon immer ergänzt, seit der Steinzeitmann mit der Keule vor der Höhle stand, während drinnen seine Frau die Kinder versorgte; nie war aber ein biologischer Zwang vorhanden, der die Frau hindern würde, notfalls die Keule zu halten, oder den Mann hindern würde, für Kinder zu sorgen.

Eine wesentliche Prägung unbewußter Wünsche scheint darin zu liegen, daß Frauen - anders als Männer - mit einer Person aufwachsen, die ihnen körperlich *gleich* ist, während Männer als kleine Jungen mit einer Bezugsperson verbunden sind, die *anders* ist als sie. Ich halte es für durchaus sinnvoll, mit dieser frühen Situation die im Verhalten des Erwachsenen gut dokumentierte Tatsache zu verknüpfen, daß Frauen stärkere Beziehungs- und Gesprächsinteressen haben, während sich Männer eher für die Kontrolle über ihren Körper (Sport) und über ihre Umwelt (Basteln, Heimwerken, Bergsteigen usw.) interessieren.

Das kleine Mädchen lernt die Utopie einer engen emotionalen Bindung kennen. Selbst wenn es sich von der Mutter nicht so geliebt fühlt wie ihr Bruder, hat es doch eine stärkere *Beziehung* zu ihr. Der kleine Junge hingegen wendet sich der Außenwelt zu und erlebt seine Mutter oft nicht viel anders als diese - ein Naturphänomen, das manchmal freundlich, manchmal böse ist, dessen Gaben man annimmt, dessen Verlust man fürchtet. Als ironischen Beleg für diesen Geschlechtsunterschied mag eine Meldung dienen, die ich der Süddeutschen Zeitung entnommen habe (23.9.1992). Ein kalifornischer Forscher hat die Sterbeurkunden von 1,44 Millionen Menschen untersucht, die zwischen 1978 und 1990 eines natürlichen Todes gestorben waren. Er stellte fest, daß Frauen durch ihren bevorstehenden Geburtstag in einen Zustand versetzt werden, in dem sie signifikant seltener sterben als Männer. Diese Zahlen bestätigen die im Alltag beobachtbare Tatsache, daß Frauen den sozialen Beziehungen, die gerade während einer Geburtstagsfeier so wesentlich sind, mehr abgewinnen können als Männer, die hier eher eine lästige Anstrengung erleben und Mühe haben, mit der narzißtischen Kränkung des Älterwerdens fertigzuwerden.

Sinnhaftigkeit

Ich möchte nun die Frage stellen: Ist denn der Helfer, der seiner selbst sicher ist, der von sich absolut überzeugt ist, der immer Kraft hat - ist er menschlich? Ist er wünschenswert? Ist er zeitgemäß? Ich jedenfalls bin dieser Helfer nicht, und wenn es nötig gewesen wäre, dann hätte mich sicher die Einladung zu Vorträgen über den hilfreichen, den stets starken, den immer positiven und gut motivierten Helfer - oder die Helferin, ja zuerst die Helferin, aus den Gründen, die ich angeführt habe - über meine Hilflosigkeit belehrt, das zu geben, was gewünscht wird - absolute Sicherheiten, eindeutige Klarheit, wirksamer Trost. Aber gerade im Scheitern dieses Vorhabens liegt auch eine Chance. Die Forderungen nach dauerhafter Stärke enthalten die große Gefahr, daß der Helfer erstarrt. Das heißt, er kann zwar viel bewirken, er setzt sich mit allen Kräften ein, aber er kann nicht mehr elastisch nachgeben, er kann sich nicht einer Übermacht beugen und dann wieder aufstehen. Er hält stand, untadelig, bis er zerbricht.

Manche Menschen, die geläufig und kritisch über die hilflosen Helfer sprechen, unterstellen mir, ich hätte behauptet, daß Helfer auch nur aus egoistischen Motiven so gut sind, oder daß es sich bei menschlicher Hilfsbereitschaft um eine Art Neurose handelt. Ich weiß dann, daß es sich nicht um Leser, sondern um Personen handelt, die gerne einem wehrlosen Autor ihre eigenen Vorurteile unterschieben. Was ich mit dem Ausdruck vom "Helfersyndrom" meinte, war immer nur *ein* Motiv unter mehreren verschiedenen, freilich auch eines, das aufgrund seiner Verbindung mit Verdrängungen und unbewußten Abwehrmechanismen für emotionale Konflikte und psychohygienische Probleme im helfenden Beruf besonders wichtig werden kann. Aber menschliche Hilfsbereitschaft ist ein viel weiteres Feld; wir beobachten sie bereits bei kleinen Kindern, die gar keine neurotischen Konflikte haben können, welche denen des Erwachsenen vergleichbar sind.

Es ist eine wissenschaftlich unbeantwortbare Frage, ob das menschliche Leben einen Sinn hat. Andrerseits ist nicht zu leugnen, daß viele Menschen gerade mit dem Helfen starke Erlebnisse von Sinnhaftigkeit verbinden; in den Aussagen über den gewählten, helfenden Beruf findet sich sehr oft der Satz: "Ich will etwas Sinnvolles tun!" Die Problematik des Helfer-Syndroms, also des Helfens aus einer unbewußten Abwehr heraus, hängt nicht an dieser Sinnhaftigkeit, sondern daran, daß andere Erlebnisformen vermieden und die Welt zwanghaft auf das Helfen eingeengt ist, nicht selten auf Kosten der Einfühlung. Der gestörte Helfer gleicht einer überbeschützenden Mutter, die ein Kind, das längst essen kann, immer noch füttert. Wenn es sich weigert und selbst den Löffel führen möchte, versorgt sie lieber das arme hungrige Geschöpf mit einer Magensonde, als die eigene übermäßige Fürsorge in Frage zu stellen. Die Sprache hat ein feines Empfinden für diese Gefahr der Entgleisung unserer Hilfsbereitschaft - "ich werde dir schon helfen" ist kein freundliches Angebot, sondern eine Drohung, die Absichten ausdrückt, Macht auszuüben. Was es sehr erschwert, die innere Struktur helfender Motive bei Erwachsenen zu erkennen, - und was deshalb auch für die Schwierigkeiten verantwortlich ist, einen in allen Situationen gültigen Trost zu spenden - scheint die Durchdringung verschiedener Schichten von Motiven. Abwehr und Spontaneität lassen sich nicht säuberlich trennen wie Äpfel und Birnen, sondern treten gemeinsam auf, ergänzt durch die verschiedensten Einflüsse aus der persönlichen Lebensgeschichte und der sozialen Umwelt. Die Laienhilfe bietet mehr Möglichkeiten zur Spontaneität, weil es keinen wirtschaftlichen Zwang gibt, auch dann noch weiterzuarbeiten, wenn die emotional getragene, spontane Hilfsbereitschaft längst versiegt ist und die Schützlinge als lästige Störung erlebt werden. Freilich gibt es andere Zwänge, zum Beispiel den, daß die Helferinnen oder Helfer sich verpflichtet fühlen, eine begonne Aufgabe fortzuführen, weil niemand sonst da ist, sie zu leisten, so daß sie sich durchaus in einer ähnlichen Weise überfordert fühlen und ausbrennen, wie das bei professionellen Helfern der Fall sein kann.

Besonders gefährdet sind hier Laienhelferinnen und Laienhelfer, die an Stellen geraten sind, wo die professionellen Hilfen sehr zu wünschen übrig lassen. Der Einzelne kann gesellschaftlich bedingte Mißstände immer nur in einem begrenzten Ausmaß lindern. Er muß - wenn er nicht seelischen Schaden leiden will - die Grenzen seiner Einflußmöglichkeiten erkennen, um nicht von Schuld- und Versagensgefühlen gequält zu werden, daß er nicht ausrichten kann, was nötig wäre. Hier scheint es mir sehr wesentlich, daß unter Laienhelfern ein kritisches Bewußtsein über gesellschaftliche Notlösungen und Flickwerke entsteht, die durch naiven Einsatz scheinbar erträglich gemacht, letztlich aber verewigt werden. Zum Beispiel wird angesichts des Pflegenotstands in konservativen Parteien überlegt, doch ein soziales Pflichtjahr für Mädchen einzuführen und diese Rekrutinnen an die von den ausgebildeten Kranken- und Altenpflegerinnen frustriert verlassenen Arbeitsplätze zu kommandieren. Wohlgemerkt: Ich bin überzeugt, daß eine Tätigkeit in diesen Bereichen durchaus wesentliche Entwicklungsimpulse auf junge Menschen - auf Männer ebenso wie auf Frauen allerdings - ausüben kann. Aber als Dauerlösung und Ersatz für eine ernsthafte Beachtung der Probleme von Beschäftigten in diesem Arbeitsfeld ist eine solche Patentlösung untragbar.

Was wir bisher gehört haben, untermauert die Vermutung, daß die Identität des Laienhelfers weniger gefestigt ist als die des professionellen Helfers, der durch die Einbindung in das wirtschaftliche System der Gesellschaft starke, stabilisierende Einflüsse erfährt. Während wir hier zunächst einen Nachteil vermuten könnten, läßt sich bei genauerer Betrachtung durchaus auch eine positive Seite dieser Situation finden: Der Laie ist nicht so festgelegt, steckt nicht in dem Korsett der beruflichen und wirtschaftlichen Zwänge, hat viel mehr Chancen, seine spontane Hilfsbereitschaft zu erhalten und sie nicht dadurch zu überlasten und schließlich auszubrennen, daß er zuviel von ihr erwartet.

Viele Gruppen von Laienhelfern sind so strukturiert, daß um einen harten Kern, der über lange Zeit stabil bleibt, eine mehr oder weniger lockere Randschicht gelagert ist - Personen, die für kürzere oder längere Zeit aktiv sind, diese Aktivität jedoch auch wieder aufgeben, wenn sich ihre Lebenssituation ändert. Man wünscht sich gerade diese Möglichkeit auch für viele berufliche Helfer; wer von uns erinnert sich nicht an Lehrer, Schwestern, Ärzte oder Priester, die ihren beruflichen Auftrag nur noch aus Pflichtgefühl verdrossen erledigen. Wären sie Laien, sie täten längst etwas anderes. Denn für den Laienhelfer ist das Helfen eine Freizeitaktivität, es muß ihm etwas geben, er muß es so gestalten können, daß er im Durchschnitt der aufgewendeten Zeit befriedigt und nicht belastet wird. Für den Professionellen ist es Pflicht, und leider neigen in einer leistungsorientierten Gesellschaft wie der unsrigen die meisten Menschen dazu, die Möglichkeiten der Selbstdisziplin zu überschätzen.

Wer Holz hackt oder Steine schleppt, der muß seine Arbeit nicht engagiert - und das heißt: gerne - tun; das Holz und die Steine leiden nicht, wenn sie verdrossen und aus Pflichtgefühl traktiert werden. Aber leidenden, unsicheren, ängstlichen Menschen, Kindern vor allem, schaden Helfer, die ihren Dienst nur noch hinter sich bringen wollen, um sich wieder ihrer Freizeit zuzuwenden, in der ihr eigentliches Leben stattfindet. Gefühle und Spontaneität lassen sich nicht kommandieren, nur anregen. Gefördert werden sie durch Kreativität, nicht durch die Wiederholung längst bekannter Ermunterungen und Regeln. Kreativität im zwischenmenschlichen Bereich ist aber etwas sehr Subjektives, Situationsbezogenes, Einzigartiges und Einmaliges.

Der italienische Schriftsteller Pitigrilli hat einmal festgestellt. "Der erste, der sagte 'diese Frau ist schön wie eine Rose', war ein Genie. Der zweite, der es sagte, war ein Idiot." Ähnlich könnte man auch sagen: Der erste Mensch, der in einer ganz spezifischen Situation sagte: "Liebe Deinen Nächsten", war ein Genie. Ich würde nicht so hart sein, wie Pitigrilli, und allen, die danach diese Worte zitiert und wie eine Patentmedizin auf die verschiedensten sozialen Wunden geschüttet haben, Schwachsinn zuschreiben. Aber ein wenig mehr Bewußtsein für die großen Probleme, die dann entstehen, wenn jemand existenzielle Fragen durch vorgefertigte Gebote lösen und emotionale Bedingungen auf dem Weg über Pflicht- und Schuldgefühle herstellen will, das würde ich vielen unserer Normengeber und Sonntagsredner von Herzen wünschen.

Die Identität eines Menschen ist niemals unabhängig von seiner sozialen Umwelt, genauer gesagt, von der Gruppe ihm Nahestehender, deren Zuwendung und Bestätigung ihn ebenso stabilisiert, wie ihn Isolation und

Verachtung destabilisieren können. Das gilt besonders für Laienhelfer, die ohne den Rahmen einer Profession mit vorgeschriebener Ausbildung auskommen müssen. Ich bin der Meinung, daß im Grunde alle Beziehungshelfer eine solche Gruppe benötigen, um die unweigerlichen Krisen in ihrer Arbeit verarbeiten zu können. Nur der Kontakt zu vertrauten und verständnisvollen Menschen, mit denen Ängste und Schuldgefühle besprochen werden können, ohne moralischen Vorhaltungen oder persönlicher Abwertung zu begegnen, kann den Helfer - sei er nun Laie oder Professioneller - auf lange Sicht vor dem Ausbrennen seiner Spontaneität und Kreativität im zwischenmenschlichen Umgang bewahren.

Laien sind zwar aufgeschlossen, von den Professionellen zu lernen, doch ist diese Offenheit in der umgekehrten Richtung nicht in einem ähnlichen Maß vorhanden. Ich würde mir wünschen, daß auf den großen Tagungen der beruflichen Helfer - der Ärzte, Psychotherapeuten, Sozialarbeiter - auch Laienhelfer zu Wort kommen und ihre Sicht der Dinge vertreten können. Hier komme ich wieder auf die Anekdote vom Laien als dem natürlichen Feind des Klerikers zurück. Wir wissen, daß diese Feindschaft zwar nicht produktiv ist, aber daß es ebensowenig nützt, bestehende Aggressionen und Feindbilder einfach zu verdrängen.

Idealisierung

Ich will nun auf einen seelischen Vorgang hinweisen, der in diesem Zusammenhang wesentlich ist und dessen Kenntnis helfen kann, die gröbsten Störungen zu vermeiden: die *Idealisierung*. Zwei Formen lassen sich unterscheiden, einmal die Idealisierung des professionellen Helfers durch den Laien, zum zweiten die Selbstidealisierung des Helfers allgemein. Idealisierungen zwingen uns, an einem starren Bild von Vollkommenheit festzuhalten und Fehler nicht für selbstverständlich zu halten, sondern sie als Makel und Versagen zu erleben. Wenn ein Mensch unsicher ist und sich diese Unsicherheit nicht zugesteht, sucht er Halt. Diesen Halt bieten ihm Idealvorstellungen, die er als Kind aufgebaut hat und die sich ursprünglich an Elterngestalten richteten, die - anders als die wirklichen Eltern, deren Schwächen und Mängel jedem Kind irgendwann bewußt werden - vollkommen sind. Wenn unser Selbstgefühl überfordert ist und zusammenzubrechen droht, greifen wir buchstäblich nach jedem Strohhalm, zu oft ganz sinnlosen Aktivitäten, die uns helfen, unsere Ohnmacht vor uns selbst zu verbergen.

Das oben beschriebene Helfen als Abwehr entsteht ebenfalls in solchen Nöten - wenn beispielsweise ein Kind unter einem Mangel an einfühlendem Schutz vor Überforderung so sehr gelitten hat, daß es Zuflucht in der Phantasie und später in der (aus dann unbewußt gewordenen Motiven gespeisten) Lebenspraxis sucht, nun anderen den Halt und die Sicherheit zu gewähren, die ihm selbst fehlten.

In unserer Dienstleistungsgesellschaft gewinnt diese Situation durch die beruflichen Angebote, sozusagen für immer Schutz vor solchen Verletzungen zu gewinnen, eine besondere Qualität. In der Berufsarbeit können infantile Phantasien untergebracht werden und in modifizierter Weise fortbestehen, die in einer weniger durch berufliche Strukturen definierten Gesellschaftsform anders bewältigt werden müssten. Wenn beispielsweise ein überfordertes Kind Krankenschwester und später Heilpädagogin wird, stets für andere Kinder da ist, aber kein befriedigendes Privatleben und keine erotischen Beziehungen aufbauen kann, dann gehen Möglichkeiten verloren, das erlittene Trauma zu kompensieren. Diese wären möglicherweise in einer gesellschaftlichen Tradition, in der Eheschließung und Mutterschaft selbstverständlich sind, nicht verloren. So erschien es zumindest dieser 45jährigen Frau, die ihrem Therapeuten nach einer gynäkologischen Operation bitter sagt: "Die anderen kriegen Kinder, und wir kriegen Myome" - denn um diese Zeit mußten sich in ihrer Einrichtung mehrere kinderlose Helferinnen einer solchen Operation unterziehen.

Die Selbstidealisierung des beruflichen Helfers führt dazu, daß er in irrationaler Weise an Perfektionsvorstellungen gebunden ist und deshalb keine Kritik vertragen kann, weil er sie als Zerstörung seiner beruflichen Identität empfindet. Wenn wir uns diese Tendenz zur Empfindlichkeit bei den beruflichen Helfern vorstellen und ihr die Idealisierungsbereitschaft der Laien gegenüberstellen, kommen wir zu Konflikten, welche die päpstliche Bulle von der natürlichen Feindschaft bestätigen: Der Laie ist sich seiner eigenen Grenzen, Ängste und Schwierigkeiten wohl bewußt, bleibt aber an eine Idealvorstellung des Helfers gebunden, die nicht er selbst, sondern der bezahlte Professionelle verwirklichen soll. Dessen Grenzen kann er nicht ertragen. Angesichts der Schwächen, Egoismen und Eitelkeiten des beruflichen Helfers fühlt er sich um sein Idealbild betrogen, bricht den Dialog ab, zieht sich zurück oder reagiert vorwurfsvoll.

Ich erinnere mich noch gut an eine peinliche Situation in einer Selbsterfahrungsgruppe aus Laienhelfern und Professionellen in der Psychiatrie. Einer der Psychiater sprach dort offen über seine emotionalen Schwierigkeiten, fordernden und ständig unzufriedenen Patienten mit der Geduld und Freundlichkeit zu begegnen, die er für notwendig hielt. Er fühle sich oft urlaubsreif und fahre nach der Arbeit am liebsten mit dem Motorrad in die Berge, um seine Spannung loszuwerden. Die Laienhelfer reagierten darauf ganz und gar nicht einfühlend oder stützend, sondern aggressiv. Wenn *sie* sich schon keine Aggressionsäußerungen gegen die von ihnen betreuten Klienten erlaubten, dann dürfe *er* es erst recht nicht. Er werde doch dafür bezahlt, sich um Patienten zu kümmern, er habe das studiert, es ginge nicht an, daß er nun auf einmal überfordert sein wolle! Solche Situationen belegen, wie sehr Idealisierungen einen offenen Austausch erschweren können. Der Professionelle, der eine Schwäche zeigt, wird nicht akzeptiert, sondern abgelehnt und auf seine Idealisierung festgelegt.

Die Idealisierung ist mit einem heimlichen Größenwahn verknüpft, der eine wesentliche Rolle im Helfer-Unbewußten spielt und dessen unheimliche Kehrseite die Depression ist. In der Hilfe für einen Hilfsbedürftigen liegt eine Demonstration eigener Überlegenheit, Macht und Vitalität, die geeignet ist, das eigene Selbstbewußtsein aufzuwerten und die kindlichen Vorstellungen zu stützen, daß etwas Großartiges in mir steckt, das vielleicht bisher durch ungünstige Umstände und ungenügende Beachtung von Seiten der Umwelt sich so recht nicht hat entfalten können. Die Helfer-Welt ist voller kleiner Götter, die insgeheim niemanden neben sich gelten lassen können. Die Kehrseite solcher Illusionen ist ein großer Druck, immer alles richtig und es allen recht zu machen, und wenn das nicht gelingt, wenigstens den Schein zu wahren. Da aber kein Mensch immer leistungsfähig ist, und die Leistungsfähigkeit dessen sogar am stärksten bedroht ist, der sie sich als dauerhafte Qualität abverlangt, gerät der von einem solchen größenwahnsinnigen und unbewußten - das heißt nicht durch Reflexion und Kritik gemilderten - Ideal getriebene Helfer bald an Grenzen seiner Leistungsfähigkeit. Er fühlt sich zeitweise als völliger Versager. Wenn jemand von sich in einer solchen Depression sagt, er habe alles falsch gemacht, kann man noch den verborgenen Größenwahn erkennen, denn es ist schließlich genauso schwierig, *alles* falsch zu machen, wie alles richtig. Je elender die Erniedrigung des Selbstgefühls in der Depression, desto ausgeprägter auch das Bedürfnis nach narzißtischer Aufwertung und Aufblähung. Beide bedingen sich gegenseitig und sind die wesentlichste Gefahr für das stabile Selbstvertrauen und die Ausgeglichenheit des Helfers, der sich ständig der Tatsache bewußt bleiben sollte, daß er weder allmächtig noch ohnmächtig ist, sondern in immer wieder neuen Mischungen bald mehr das eine, bald mehr das andere.

Ein wesentlicher Unterschied in den Selbst-Idealisierungen von professionellen- und Laien-Helfern betrifft die Alternative von "gutem" und "schlechtem" Helfen (oder "echter" und "unechter" Hilfsbereitschaft) einerseits, die Frage nach "befriedigendem" oder "wirksamem" Helfen andererseits. Diese Differenzierungen gehen verloren, wenn z.B. die Tatsache, daß der Helfer selbst "nichts von seiner Hilfe hat", d.h. uneigennützig handelt, mit "guter" oder "wirkungsvoller" Hilfe identifiziert wird. Wie voreilig eine solche Ordnung ist, läßt sich an den Co-Alkoholikern erkennen. Viele Partner eines Alkoholkranken, die diesen aufopfernd unterstützen, sind lange Zeit überzeugt, eine solche "gute" Hilfe zu leisten. Sie sehen dann häufig entsetzt, wie der Süchtige nach der schließlich unter grossen Schuldgefühlen doch noch vollzogenen Trennung plötzlich aufhören kann zu trinken.

Manche Laienhelfer idealisieren sich als die "wahren" Helfer und grenzen sich gegen die "falschen" professionellen, bezahlten Helfer ab. Umgekehrt sind professionelle Helfer in der Gefahr, die narzißtischen Befriedigungen durch ihre Arbeit zu bagatellisieren - ein Beispiel wäre die defensive Formel: "ich tue nur meine Pflicht", oder "ich werde schließlich dafür bezahlt". Beide Formeln dienen dazu, die emotionalen Befriedigungen durch die Helferrolle aus der Interaktion zu verdrängen. Man kann dabei die Abwehrstruktur des Laienhelfers und die des professionellen Helfers einander gegenüberstellen: Der professionelle Helfer muß eher die *Ansprüche*, die er z.B. an die Gefühlsbeziehungen in seiner Tätigkeit richtet, sowie den narzißtischen *Gewinn* aus seinem Einsatz abwehren, der Laie eher seinen *Ärger* über mangelnde Anerkennung und Beachtung, auch seine *Enttäuschung* darüber, daß andere für eine Arbeit bezahlt werden, die er "um Gotteslohn" tut. Damit hängt zusammen, daß die soziale Struktur der Laienhilfe häufig von einem religiösen Rahmen bestimmt wird, während die professionelle Hilfe weltlich verfaßt ist und sich gerade in den Bereichen der Beratung und Therappie sehr schlecht in einen hierarchischen oder konfessionellen Rahmen fügt. Das führt auch dazu, daß es Laien und "Profis" häufig nicht leicht fällt, sich in ihren unterschiedlichen (Abwehr-)Strukturen ineinander einzufühlen und miteinander zu verständigen.

In allen Interaktionen von Beziehungshelfern kann immer wieder die Unterscheidung verloren gehen, daß der Helfer zwar für seine Zeit, nicht aber für seine emotionalen Qualitäten bezahlt werden kann. Diese müssen auf einem anderen Weg geregelt werden als durch Geld - getreu der Robert Mitchum zugeschriebenen Maxime: *If you want my presence, pay me. If you want my interest, interest me.* Dem wirkt entgegen, daß Zeitaufwand ein zentrales, häufig das einzig quantitaiv leicht zu erfassende Signal für emotionale Zuwendung ist; daher gerät der Laienhelfer in Gefahr, den professionellen Helfer der Prostitution zu verdächtigen. *Dieser* fordert Geld für etwas, was *er* nur aus freiem Herzen geben will und gibt.

Diese Qualität spielt nach wie vor in der weiblichen Sozialisierung eine große Rolle. "Die Professionelle" ist ein volkstümlicher Ausdruck für die Hure. Zu ihren Merkmalen gehört, daß sie für Dienstleistungen, die andere Frauen "aus Liebe" - also aus einem emotionalen Wert - heraus anbieten, Geld fordert. Wie groß die Rolle des Phantasmas der Hure in der Sozialisation von Frauen ist, läßt sich häufig in Psychoanalysen beobachten. Eine Frau läßt in diesem Fall ihre Sexualität nur unter der Bedingung zu, daß sie davon Nachteile zu erwarten hat. Nur so kann sie die Überzeugung gewinnen, *keine* Hure zu sein, die ihre sexuelle Potenz "ausnützt" und bereit ist, Tauschgeschäfte mit Männern zu machen.

Die gesellschaftliche Ausbeutung weiblicher Hilfs- und Mütterlichkeitsbereitschaft kann in der konfessionellen Laienhilfe nur eingeschränkt problematisiert werden, wenn die Institutionen mit theologischen Argumenten erzwingen, daß der professionelle Helfer ein *Mann* sein muß. In manchen Konfessionen werden gegenwärtig intensive Debatten darüber geführt, ob der Geschlechtsunterschied in der Eignung für das Priesteramt wirklich "gottgewollt" ist und Frauen keinen Zugang zu solchen Funktionen haben sollen. Auch hier werden unbewußte Feindschaften deutlicher und in ihnen der enge Zusammenhang zwischen der Identität der Laienhelferin und der Geschlechtsidentität in der modernen Gesellschaft.

Literatur

Baumeister,R.F.(1986). Identity. Cultural change and the struggle for self. Oxford: Oxford University Press

Beck,U.(1986). Risikogesellschaft. Auf dem Weg in eine andere Moderne. Frankfurt: Suhrkamp

Chodorov,N.(1985). Das Erbe der Mütter. München: Frauenoffensive

Erikson,E.H.(1973). Identität und Lebenszyklus. Frankfurt: Suhrkamp

Freud,S.(1923). Die Verneinung. Ges.Werke Bd. XIV, S.11 - 15. Frankfurt: Fischer 1948

Gilligan,C.(1982). Die andere Stimme. München: Piper

Goffman,E.(1967). Stigma. Über Techniken der Bewältigung beschädigter Identität. Frankfurt:Suhrkamp

Keupp,H.(1989). Auf der Suche nach der verlorenen Identität. in: Keupp,H., Bilden, H. (Hsg.): Verunsicherungen. Das Subjekt im gesellschaftlichen Wandel. Göttingen: Hogrefe

Mead,G.H.(1968). Geist, Identität, Gesellschaft. Frankfurt: Suhrkamp

Pühl,H.(Hsg.)(1990). Handbuch der Supervision. Berlin: Edition Marhold

Rerrich,M.(1988). Balanceakt Familie. Freiburg: Lambertus

Riesmann,G.(1956). Die einsame Masse. Neuwied: Luchterhand

Schmidbauer,W.(1977;1992). Die hilflosen Helfer. Über die seelische Problematik der helfenden Berufe. Reinbek: Rowohlt

Schmidbauer,W.(1983). Helfen als Beruf. Die Ware Nächstenliebe. Überarb.u.erw. Neuausgabe Reinbek: Rowohlt 1992

Schmidbauer,W.(Hsg.)(1992). Pflegenotstand. Das Ende der Menschlichkeit. Reinbek: Rowohlt 1992

Über die selbsterlaufene Identität des Langstreckenläufers
Der Marathonlauf als Identitätsattraktor

Heinrich Berger und Winfried Kaiphas

1. Aufwärmphase

"Da läuft Heiner!" - Die beiden Autoren sind an einem wunderschönen Frühlingstag im Januar in einem Wald im Münchner Norden unterwegs. Der gemächliche Trainingslauf dient auch der Einstimmung auf den Artikel, den wir anschließend zusammen schreiben wollen, und wir haben gerade den Plan verworfen, Heiner Keupp selbst für dieses Vorhaben zu interviewen, mangels Zeit und weil wir die Geheimhaltung dieses Geburtstags-Buchprojekts nicht gefährden wollen. Heiner Keupp hätte wohl dem Typus des "Lust- und Freizeitläufers" entsprochen, den wir ursprünglich dem Marathonläufer, den wir hier aufs theoretische Korn nehmen werden, idealtypisch gegenüberstellen wollten.

"Da läuft einer, der aussieht wie Heiner!" Unser erster Eindruck, daß es sich bei der 50 Meter vor uns laufenden Gestalt tatsächlich um Heiner Keupp handeln könne, erklärt sich auch damit, daß er ja in unseren Gedanken mitläuft: Wie läuft denn der Heiner? Wie anders läuft einer, dem der klassische Marathonlauf (über 42,195 km) nichts bedeutet, der die Freizeit "nur" nach Lust und Laune durchläuft und sich nie die extrem lange läuferische Auseinandersetzung angetan hat? Dem Kurrenten näherkommend werden rasch die Unterschiede deutlich: "Der sieht ja ganz anders aus, ist grauhaarig und sieht schon ziemlich alt aus!"

Das Gemenge aus Wahrnehmungen und Projektionen zu diesem Menschen führt unseren gedanklichen Austausch wieder zurück auf uns selbst, die wir uns Ideen zur Person, Lebenswelt und Gesellschaft des Langstreckenläufers zu erlaufen versuchen. Unser Grundgedanke ist, daß sich im Langstreckenlauf moderne Identitätsbildungsprozesse modellhaft darstellen lassen.

Ursprünglich wollten wir der Identitätsdiskussion nur einen wichtigen inhaltlichen Bereich hinzufügen, der in der Welt der Intellektuellen und KopfarbeiterInnen vernachlässigt wird, nämlich den aktiv betriebenen Sport, die Fußarbeit. Der Sport scheint für eine ordentliche wissenschaftliche Debatte nicht zu taugen, da er doch eher mangelnde Ernsthaftigkeit und fehlendes Problembewußtsein repräsentiert. Dem entspricht dann auch psychologische Forschung, wenn sie über die Untersuchung des (positiven) Zusammenhangs von Sporttreiben und Wohlbefinden nicht hinausgelangt. In der Vorarbeit zu diesem Beitrag hat sich dann mehr und mehr gezeigt, daß die *Identitätsarbeit*, die ein Läufer in seinem Alltag leisten muß, insgesamt ein gutes Beispiel für die "Bastelmentalität" (Gross 1985) des "postmodernen" Menschen ist. Und: Bei jedem einzelnen Lauf steckt man mitten drin in seinen persönlichen Identitätsfragen, besonders dann, wenn man nicht alleine unterwegs ist, sondern mit WeggenossInnen ins meditative Assoziieren und Reflektieren kommt und sich ein wohltuender Gleichklang von körperlichen, geistigen und sozialen Prozessen einstellt. Weil wir alle drei ins Auge gefaßten Themenbereiche für gleichermaßen interessant erachten, uns die Mühe der Entscheidung aber ersparen wollen, wählen wir eine vierte Möglichkeit als Einstieg: Beim Durchblättern einiger Laufmagazine sind uns die Ratschläge eines prominenten Marathonläufers aufgefallen, weil sie mit identitätsrelevanten Aussagen richtiggehend vollgepackt sind. Indem wir diese Tips vorstellen und auf ihren identitätsrelevanten Gehalt hin untersuchen, schlagen wir zwei Fliegen mit einer Klappe: Den Laien vermitteln wir einerseits einen gewissen Eindruck von einem Marathonlauf und vom unbekannten Wesen Langstreckenläufer. Andererseits erarbeiten wir uns damit das Material, das wir für unsere weitergehenden identitätstheoretischen Überlegungen benötigen.

2. Ein Trainingslauf: Marathon-Tips und Identitätsfragen

Manfred Steffny, Herausgeber und Chefredakteur des Laufmagazins SPIRIDON, der selbst etwa 50 Marathonläufe hinter sich gebracht hat und auch als Trainer und Marathonreisen-Organisator mit dem Thema befaßt ist, gibt Tips "aus erster Hand" über "das Abenteuer, ein Marathonläufer zu sein" (Spiridon 11/92, 2f.). Wir versuchen nun, diese vom Autor über viele Jahre aus eigener Erfahrung gewonnenen "25 Merksätze" identitätstheoretisch zu analysieren:

1.) In einer Zeit der Bewegungsarmut und Fehlernährung wird Marathon als Selbsterfahrung und ebenso die Vorbereitung darauf zu einem modernen Fitneßbeweis, zum Ausdauer-Sportabzeichen, das man jedem gesunden Erwachsenen wenigstens einmal im Leben empfehlen möchte.
Normalisierung:
Der Marathonlauf wird in den allgemeinen gesellschaftlichen Zusammenhang einer ungesunden Lebensweise gestellt und als normaler Bereich der sportlichen Leistung und der *Selbsterfahrung* - das zentrale Stichwort postmoderner Identitätsproblematik - deklariert. Das Selbst konstituiert und reflektiert sich selbst über seine erfahrenen und erlaufenen Erlebnisse.

Was NormalbürgerInnen als extrem oder gar als Spinnerei erscheint, verliert für die ProtagonistInnen an Exotik und an Schrecken. Ein Marathonlauf ist für alle gesunden Erwachsenen möglich und empfehlenswert. "Anything goes", wenn Du es nur willst! Zumindest einmal im Leben kannst Du ein Zeichen Deiner Ausdauer und Fitneß setzen, Dir und den anderen Deine mentale und physische Stärke beweisen!

2.) Marathon auf die Dynamik der Füße zu beschränken wäre kurzsichtig. Die hohe Kunst ist vielmehr, die Statik in der Bewegung zu erlernen, wenn Geist und Seele den Körper vorwärtsschieben, ihn erst nicht losstürmen lassen, später ihn konzentriert oder meditierend überlisten. So ist jeder Marathon auch ein Trip nach innen, immer wieder anders, manchmal ein legitimer Rausch, mitunter dominiert der Schmerz.

Lebens-Kunst - dynamische Integration von Körper und Geist:
Kann dieser "Merksatz" nicht geradezu als Quintessenz postmoderner Identitätsbildung gelten? Zu finden oder zu erkämpfen ist das richtige Verhältnis, der dynamische Wechsel von Stabilität und Wandel, von Struktur und Flexibilität. Es geht um die *Auseinandersetzung zwischen Körper und Geist*, um die in Ausnahmezuständen aufhebbare Descartes'sche Dichotomie (vgl. Simon 1990). Die Psyche, dieses postmoderne "goldene Kalb", um das sich alles dreht, tanzt und läuft, der "Trip nach innen" kann es schaffen, die bisherigen leiblichen Grenzen auszudehnen! Zur Anwendung kommen dabei die Mittel und Themen, die auch in anderen Erfahrungsbereichen zentral sind: Konzentration, Meditation, geistreiche List, Rausch, Schmerz.

3.) Die letzte Meile ist nicht die längste, eher die zwanzigste, oder sogar die erste, nicht nur wegen des Startstaus, sondern wegen des hohen Erwartungsdrucks und der Unsicherheit, das rechte Tempo zu treffen. Die letzte Meile ist oft die leichteste, weil man weiß, daß man ankommt.

Selbstverwirklichung und Identitätszwang:
Diese Feststellung trifft auch für andere Bereiche zu, in denen hochgesteckte Ziele erreicht werden sollen. Hindernisse liegen in den Randbedingungen (in der Massengesellschaft), aber noch mehr in der eigenen inneren Struktur, in dem hohen Identitätsdruck, der sich besonders auch von den gesellschaftlichen Auflösungs- und Umbruchstendenzen der Risikogesellschaft (Beck 1985) herleitet. Mit den "riskanten Chancen" (Keupp 1990) des "postmodernen" Menschen wird das Leben mehr als ein bloß gelebtes, vollzogenes, wird zum selbst konstruierten, verwirklichten Traum.

4.) Um Marathon laufen zu können, muß man jede Woche Marathon laufen, und zwar nicht an einem Stück, sondern insgesamt als Minimalforderung lieber 4 x 10,5 km oder 11 + 11 + 20 km.
Alltäglichkeit:
Marathon ist kein Freizeitvergnügen, ist harte Arbeit am eigenen Körper, an der Psyche und an der alltäglichen Lebensorganisation. Das Abenteuer infiltriert und dominiert den Alltag, und der Alltag wird zum Abenteuer - so die Hoffnung -, und das Unternehmen Marathon gewinnt allmählich einen immer größeren Stellenwert als *Identitätsbestandteil*. Das (fast) tägliche Training wird zur "Messe" für das eigene Ich.

5.) Wenn die Leute von schlechtem Wetter sprechen, ist gutes Marathonwetter. Wenn die Leute sagen: "Du siehst gut aus", hast du Übergewicht, wenn sie sagen, du sähest schlecht aus, dann bist du wahrscheinlich in Form.
Differenz:
Mit dieser individuellen Veralltäglichung geht gleichzeitig eine Entgegensetzung zur gesellschaftlichen Normalität einher, eine *Negation* und Individualisierung. "Die Leute" mit ihrem (un)gesunden Menschenverstand liegen falsch, MarathonläuferInnen erlauben sich eigene Standards. Dabei entwickeln sich die Innen- und Außenperspektive auch getrennt voneinander; wie in jeder Identitätsform zeigen sich die Unterschiede der sozialen und der ganz persönlichen Seiten von Identität (von "me" und "I" bei Mead, 1973).

6.) Iß lieber vom Bäcker als vom Metzger, es ist billiger und besser. Aber nicht vom Zuckerbäcker.
Nahrungsaufnahme:
Die Entscheidung zum Marathonlauf ist auch eine Entscheidung für eine bewußte, gesunde Ernährung, in der die Kohlenhydrate vor den bei uns üblicherweise so geschätzten tierischen Eiweißformen rangieren. Auch hier gilt es, gegen den Strom zu schwimmen und gleichzeitig Avantgarde einer allgemeinen Entwicklung zu sein. Was für den Leistungssportler gut ist, kann für den Normalverbraucher nur billig sein!

7.) Warum täglich laufen? Die Eiszeitmenschen blieben auch tagelang in der Höhle und malten Graffiti. Einmal ganz abgesehen vom lieben Gott, der am siebten Tage ruhte.
Das rechte Maß:
Marathonlauf und die notwendige monatelange Vorbereitung darauf sind nicht mit Selbstquälerei zu verwechseln. Wie in anderen Bereichen kommt es auf das richtige Maß, den Wechsel von Einsatz und Ruhe, von Anstren-

gung und Erholung an. Und: Laufen ist menschengemäß, so sind wir durch die Evolution gekommen - als Davon-, Hinterher- und Miteinander-Laufende. Der legendäre Emil Zatopek hat es knapp und markant gesagt: "Fisch schwimmt, Vogel fliegt, Mensch läuft." (zit. nach Ammenwerth 1990). Die schnelle Fortbewegungsart ist bei den Menschen der Moderne aber schon beinahe "ausgestorben" durch die entmündigende Einpassung in die Maschinenwelt. Fortschritt verkommt zur immer schnelleren Vor-Fahrt, zur Passivierung des Körperlichen.

8.) Richtgeschwindigkeit für Hardcore-Läufer: 14 km/h. Der Strafzettel kommt im Rennen.
Anerkennung von Grenzen:
Wichtig ist die Regelmäßigkeit, aber auch die Fähigkeit zur Mäßigung. Es gibt Grenzbereiche, die nicht oder nur selten überschritten werden sollten. Es gilt, diese individuellen Grenzen zu finden, und es gibt allgemeingültige, die in der menschlichen Natur liegen. Das Marathon-Abenteuer ist auch ein *Spiel mit diesen Grenzen* und ein Versuch, diese allmählich zu verrücken. Wer über seine Verhältnisse lebt, kommt darin um! Damit ist auch *das* Drama schlechthin bezeichnet, das gestörte Gleichgewichts- und Austauschverhältnis zwischen der Menschheit und ihrer Umwelt, die weltweite ökologische Katastrophe!

9.) Sex? Wem's kribbelt vom läuferischen Nichtstun, in den Füßen und anderswo, der möge seinen Aggressionsstau abladen, in der Nacht vorher zärtlich einschlafen oder am Morgen den Blutdruck hochtreiben. Kein Thema? Wenn's kein verdrängtes ist, auch gut.
"Let's talk about sex!"
Die zentrale, aber immer noch weitgehend tabuisierte Identitätsdimension Sexualität steht in keinem Gegensatz zur Leistungsethik beim Marathon. Postmoderne sexuelle Liberalität (W. Simon 1990) scheint den *Kampf zwischen Lust- und Realitätsprinzip* (Freud), den das bürgerliche Individuum so sehr beherrschte, überwunden zu haben. Auch hier gilt: "anything goes", mal zärtlich, mal aggressiv oder vielleicht gar nicht (mehr)! Ein ganzheitliches, auch sexuell-läuferisches Individuum tut sich leichter, die bevorstehende Kraftanstregung auszuloten. Selbst während des Laufs kann eine gewisse Portion imaginierter Sexualität oder ein positiver verbalerotischer Scherz über manchen Schmerz hinweghelfen. Ein Laufkollege prägte dafür den Begriff "Hintern-herlaufen".

10.) Besser gut geschlafen als gut gegessen. Besser schlecht als (zu) gut gegessen, denn der hungrige Wolf läuft am weitesten.

Zusammenspiel:
Der Erfolg beim Marathonlauf hängt keinesfalls von einem einzelnen Faktor ab, vielmehr geht es um das Zusammenwirken der elementaren Lebensprinzipien, die - in der normalen Alltagsroutine meist nur Hintergrundsbedingungen - hier bewußter und rationaler vollzogen werden (müssen). Langstreckenlauf bedeutet auch eine (Wieder-)Annäherung an unsere biologischen Funktionsmechanismen und -rhythmen.

11.) Mein bekanntester Spruch: Vorne laufen die Bleistifte, hinten die Radiergummis. Aber auch dies nicht vergessen: Bleistifte brechen ab, Radiergummis rollen weiter. Dies zu Warnung an die grazile Marathonia.
Ideale:
Gibt es Ideale in bezug auf körperliche Gestalt, biologische Merkmale etc.? Nein, denn der Antworten und Wahrheiten sind viele! Laufen können alle, Alte und Junge, Frauen und Männer, Dicke und Dünne, und vorneweg sind bei fast allen Stadt-Marathonläufen - die Rollstuhlfahrer! Es gibt keine Ausgrenzung, mitmachen kann ein(e) Jede(r)! Der Determinismus des Maschinenzeitalters hat ausgedient, die Monokausalität wird durch die komplexen Systemzusammenhänge überwunden.

12.) Die Psyche muß abgekühlt werden, auch darum wärmt man sich auf.
Ganzheitlichkeit:
Wichtig ist vor jedem Lauf das Lockern, "Stretching" und Erwärmen der Muskeln, und dies nicht nur, um die optimale körperliche Verfassung herzustellen, sondern auch um die richtige psychisch-mentale Situation zu erreichen. In diesem "Vorspiel" fühlt man sich allmählich hinein in seinen Körper und das bevorstehende Ereignis. Es geht beim Marathon um ein *ganzheitliches Zusammenwirken von Körper und Geist*. Die Vorbereitung wirkt auch auf die verständliche Ungeduld und die oft vorhandenen großen Erwartungen an sich selbst; das Aufwärmen hat zumeist einen rituellen Charakter zur Einstimmung der Gefühlswelt.
Der in der Descartes'schen Dichotomie abgetrennte Körper läßt sich nicht zwingen, nur die respektvolle Annäherung an ihn führt zum notwendigen Zusammenspiel und zur erfolgverheißenden Kooperation.

13.) Wer schnell anfängt, wird schnell überholt.
Rationalität:
Der momentane Krafteinsatz muß immer im Hinblick auf den gesamten Verlauf erfolgen. Gerade die ersten Kilometer müssen mit Bedacht angegangen werden, bis der richtige Rhythmus gefunden ist. Brachiale Urgewalten und Heißsporne laufen Gefahr, schnell zu scheitern. Im zirkulären Prozeß sind das geplante Ziel und die körperlich-seelische Befindlichkeit

zu vermitteln. Die Gefühlswelt, die im Marathonlauf in ihrer gesamten Bandbreite von manischer Euphorie bis depressiver Niedergeschlagenheit durchlaufen werden kann, ist in die Rückkopplungsschleifen eingebunden und reguliert mit den körperlichen Möglichkeiten das immer wieder neu zu findende richtige Tempo. Wichtiges Prinzip dabei: positiv denken! Bei aller kritischen Selbstbeobachtung versetzt das ungleiche Paar Rationalität und Manie am leichtesten die "Marathonberge".

14.) Wer eine Leiter besteigt, achtet immer nur auf die nächste Stufe - und kommt oben an. Marathon-Aufsteiger, die nur die letzte Sprosse im Kopf haben, stürzen vorher ab - Aussteiger.
Rhythmus:
Dieser Merksatz steht gar nicht im Widerspruch zum Vorangegangenen: Der ruhige Rhythmus, den Atmung und Kreislauf, Beine und Psyche finden, ist oft wie eine meditative Trance, in der sich eine *innere Ruhe* einstellt und die Beobachtung der momentanen Empfindungen dominiert. Wer sich selbst in dieser Konzentration stört, indem er zu sehr ein hohes Ziel, die Verbesserung der persönlichen Bestleistung zum Beispiel, vor Augen hat oder in zu großer Rivalität zu einem Mitläufer steht, der wird die wichtigen körperlichen und psychischen Signale nicht richtig wahrnehmen können. Die Leiter ist die klassische Metapher für die bürgerliche Karriere- und Fortschrittsorientierung. Das Ziel erreicht nur, wer mit Bedacht und mit den wohldosierten vielen kleinen Schritten nach oben, immer weiter strebt. Doch die vorwärtstreibende Kraft entspringt nicht so sehr dem zwischenmenschlichen Konkurrenzprinzip, sondern den inneren Auseinandersetzungen des Individuums: der Marathonlauf als hartes, aber bewährtes Mittel, am inneren Gleichgewicht zu arbeiten.

15.) Die höchste Steigung ist lächerlich und lächelnd zu bezwingen; man muß nur langsam genug laufen.
Verhältnis zur Umwelt:
Schwierige äußere Bedingungen können zur Herausforderung gemacht werden, der Wille erhebt sich über die Umwelt und versetzt oder besser: überläuft auch Berge.

16.) Bergab ruht sich die Lunge aus und ächzt das Knie. Umgekehrt ist es besser. Bergauf...
Auf- und Abstieg:
Wir haben bereits auf die Karriere-Metapher hingewiesen, die der ganzen Marathon-Ideologie zugrundeliegt. Allerdings gibt es nicht den einen richtigen Weg, wie es auch kein optimales Gelände gibt, sondern nur jeweils möglichst gute Lösungen mit Vor- wie Nachteilen und einem beständigen

Zwang, abzuwägen und zu entscheiden. Auch der Abstieg hat seine zwei Seiten - zwischen Angst und Entlastung.

17.) Manche verweigern am Getränkestand wie ein Pferd beim Springderby. Nur weiter: 50 m schnelles Gehen schonen Magen und Nerven.
"Mich dürstet!"
Daß es nicht die eine (Marathon-)Wahrheit gibt, zeigt sich auch an diesem Merksatz, denn er ist unterschiedlich verstehbar: Wer verweigert hier was, und was ist das richtige Vorgehen? Nach längerer Diskussion einigten wir uns auf die Lesart: Das Getränk nicht verweigern und auch nicht stehenbleiben, sondern im schnellen Gehen zu sich nehmen! Die Wirklichkeit ist also keine objektive und eindeutig bestimmbare, sondern subjektive, interpretierte und koordinierte Wirklichkeit.

18.) Wirst du älter, behalte eher die Trainingsdauer denn das Lauftempo bei.
Entwicklungen:
Die Leistungskurve bei LangstreckenläuferInnen verläuft keinesfalls linear immer schneller, immer weiter, sondern ist von einem Auf und Ab, von Plateaus und überraschenden Sprüngen gekennzeichnet. Das Thema Älterwerden wird nicht - wie sonst zumeist - verdrängt, im Gegenteil: Die permanente Auseinandersetzung mit dem Leistungsstand (durch die regelmäßigen Zeitmessungen) führt auch zur besseren Analyse begleitender Faktoren situativer Art (wie beruflicher Streß, partnerschaftliche Konflikte) und von Langzeitveränderungen. Die meisten schaffen es, jenseits ihres Leistungszeniths die oft mit dem Älterwerden verbundene Resignation und den daraus resultierenden Rückzug abzuwenden und sich einzurichten, sich neue Ziele zu stecken, indem beispielsweise bestimmte soziale Aspekte wie die Mitarbeit in einem Laufclub oder ähnliches betont werden. Altern geschieht beim Laufen auf besonders humane Weise. In nur wenigen Sportarten mindert sich die Leistung vergleichbar langsam. Und: Während des Marathonlaufs spielt das Alter eine nur geringe Rolle: Es gibt immer ältere und jüngere Läufer, die vor und die hinter einem liegen!

19.) Laß deine Rennkilometer nicht 10% deiner Trainingskilometer übersteigen.
"Ohne Fleiß kein Preis!"
Im Rennen ist nur erfolgreich, wer regelmäßig ausreichend trainiert hat. Vor den Erfolg haben die Marathon-Götter den Schweiß gesetzt!

20.) Mit über 35 wird der 35-km-Punkt immer harmloser. Mit über 42 wird man auf 42,195 km langsamer (Spätberufene ausgenommen).

Abhärtung:
Wie einen der Lebenskampf ob der wachsenden Erfahrung immer gelassener macht, so durchsteht ein er-wachsener 35er den absoluten Krisenpunkt bei Kilometer 35 mit zunehmender Bravour. Wer durch diese Tiefen ging, den kann nichts mehr erschüttern!

21.) Krampf bleibt Krampf, wenn man zu spät zum Elektrolytgetränk greift. Mancher wässert nur die Zunge statt die Muskeln zu lockern.
Mensch-Maschine:
Ohne entsprechende Mineralienzufuhr kommt der Energieumsatz ins Stocken, die Körper-Maschine läuft heiß, die Muskeln versäuern!

22.) Früher war einem das Herz in die Hose gerutscht. Heute gibt man bei Herzfrequenz-Anzeige 180 auf. Wissenschaftlich fundiert.
Selbstbeobachtung und Ambivalenz der Wissenschaft:
Die beiden letzten Merksätze verweisen auf die Gefahren, die einen ständig und mehr oder weniger bewußt begleiten: in der gefürchteten und schmerzhaften, aber harmlosen Form des Muskelkrampfes, der einen vielleicht zur Aufgabe zwingt; und das Risiko des Herz- und Kreislaufversagens, das durch Training und Besonnenheit minimiert, aber nie ganz ausgeschlossen werden kann - selbst wenn es niedriger ist als beim Nichtläufer. Und dieses Spiel mit der Angst braucht die gesteigerte Selbstbeobachtung, bei der die Wissenschaft und die von ihr bereitgestellten Hilfsmittel eine zunehmend wichtigere Rolle einnehmen. Neben den bekannten negativen Seiten der Infiltration der Wissenschaften in alle alltäglichen Bereiche und der Leistungssteigerung durch problematische Mittel (Stichwort: Doping) haben sie hier auch besondere *Entmystifizierungen* vollbringen können. Galt noch vor 25 Jahren für einen verwandten Dauerleistungssport, nämlich das Bergsteigen, als oberster Grundsatz: Währendessen bloß nicht trinken! Doch die Ambivalenz bleibt, die gesteigerte Beobachtung der Herztätigkeit und des Kreislaufs holt das tabuisierte Thema Tod wieder ins Leben zurück.

23.) Das beste Bier ist das bei km 40. Durst ist der beste Braumeister.
Siegen:
Wie sehr sträubt sich unser Innerstes, dieses Wort zu gebrauchen, zu viele negative Konnotationen schwirren durch den intellektuellen Raum: Sieg heil!, jemanden besiegen usw. Das Ziel ist aber schon nahe, und wir nehmen uns die Freiheit zu sagen, es ist gerade jetzt alles erlaubt und schmeckt im Gefühl des sicheren Sieges über sich selbst. Denn ich selbst mit meinen verschiedenen körperlichen und psychischen Seiten bin mein eigener und einziger Gegner. Und obendrein hat die Wissenschaft dieses

Getränk an dieser Stelle des Laufs zum Besten und Gesündesten erklärt. Wie schön, wenn (Alkohol-)Genuß so ohne Reue möglich ist!

24.) Manchem Marathon kann man mehr abgewinnen, indem man etwas langsamer läuft.
Perspektivität:
Nicht bei jedem Marathonlauf geht es um die körperliche Leistung und den Motivationsanreiz Laufzeit. Es kann auch eine soziale Komponente, der interessante fremde Ort mit seiner einmaligen Umgebung (New York, New York!), die innere Reise oder die weltgeschichtliche Bedeutung (beim ersten gesamtdeutschen Marathon durch das Brandenburger Tor dabei zu sein) im Vordergrund stehen. So werden der innere und äußere Streckenverlauf zu einem ganzheitlichen Erleben zusammengeflochten. Der Weg ist das Ziel!

25.) Die leichteste Last: die Medaille im Ziel.
Ideeller Lohn:
Der symbolische Lohn am Ende der Strapazen ist für einen selber wie für das Herzeigen in der eigenen sozialen Gruppe wichtig.
Wir hoffen nun sehr, daß wir - da wir durch das Marathontor in die sozialwissenschaftliche Arena einlaufen - einigermaßen originell und fundiert auch Lust gemacht haben, sich an der Vorstellung vom Abenteuer Marathon zu versuchen. Und wenn es einige mehr sind, die nun das Langstreckenlaufen für mehr als eine stumpfsinnig-masochistische Selbstquälerei halten, sind wir's auch zufrieden.

3. Identitätstheoretische Dehnübungen

In der folgenden Diskussion wollen wir nun einige zentrale Gedanken nochmals aufgreifen und zueinander in Beziehung setzen.
(1) Die soziale Komponente fehlt in den obigen Expertentips weitgehend, so daß wir sie sogleich ergänzen wollen. Sie drückt sich in der *Ambivalenz von Rivalität* und Konkurrenz einerseits und "sozialer Unterstützung", der *Erfahrung tiefer Verbundenheit* im gemeinsamen Leiden und Gewinnen andererseits aus. Bei eingespielten intimen Laufteams kann dies dazu führen, daß sich sogar Körperfunktionen wie Atemrhythmus und Schrittfrequenz parallelisieren. Das "Abenteuer Marathon" spiegelt die ganze Widersprüchlichkeit des "postmodernen" Lebenslaufs *zwischen Individualisierung und Standardisierung* wider. Die sprichwörtliche Einsamkeit des Langstreckenläufers, das Gefühl, ganz auf sich und sein eigenes psycho-biologisches Leistungsvermögen zurückgeworfen zu sein kontrastiert mit dem sozialen Ereignis eines organisierten Marathonlaufes mit

all dem Drumherum, dem "Bad in der Menge Gleichgesinnter" und der Kraft, die aus dem Mit- und auch Gegeneinander entsteht.

(2) Der Langstreckenlauf kann ein *positives "Maschinenmodell"* der körperlichen Funktionen vermitteln: Die Gleichförmigkeit der Bewegung, die gleichbleibende Richtung ("immer vorwärts") und die Rhythmik der Laufbewegung und der Körperfunktionen bewirken, daß man in die eigenen Bio-Rhythmen mehr und mehr eingebettet wird. Das "maschinelle" selbstvergessene Funktionieren des Körpers markiert - nicht immer erreichbare - außergewöhnliche Zustände, ob da nun Endorphine im Spiel sind oder nicht. In der beständigen Wiederholung, im immergleichen Rhythmus liegt auch eine *innere Ruhe*, in der der Geist auf Reisen gehen oder auch gut zum Stillstand kommen kann. So erleben wir einen gemäßigten Trainingslauf oft als beste Erholung nach einem anstrengenden Arbeitstag und als Mittel gegen die negativen Seiten der von Kenneth J. Gergen (1989) so benannten "sozialen Sättigung", als Besinnung auf das eigene innere Erleben. Diese Besinnung fördert das In-sich-Hineinhorchen und steigert die Sinnesempfindungen. Als - selbstverständlich in empirischen Untersuchungen bestätigte - Auswirkungen auf die psychischen Strukturen werden genannt: Die Stärkung des Willens, der Geduld, des Durchhaltevermögens, der Ausdauer u.a.m. (Weber 1990). Im Vergleich zu Nicht-MarathonläuferInnen schneiden die Marathon-LäuferInnen in den folgenden psychischen Dimensionen signifikant besser ab: Depression, Angst, psychosomatische Beschwerden, Wohlbefinden, Coping, Streß (Krüger 1990, 87ff.)

(3) Neben dieser besseren Integriertheit körperlicher und psychischer Funktionen kann eine weitere Integration stattfinden, die Spaltung zwischen dem Ich mit seinen bewußten Funktionen und den unbewußten Teilen des psychischen Apparates kann überbrückt werden. Es ist von tranceähnlichen Zuständen die Rede und von der Lockerung des Denkens zu primärprozeßhaften, *assoziativen Prozessen*. So trifft sich die entspannte Kraftanstrengung im Langstreckenlauf mit der Ruhelage auf der analytischen Couch. Längst gibt es Lauftherapien, die damit erfolgreich arbeiten. Nicht nur das spontan assoziative Denken, der ungesteuerte Fluß von Gedanken und Bildern wird gesteigert, auch dissoziatives Denken kann zu überraschenden Lösungen von Alltagsproblemen führen. Martin Krüger spricht von einer "reinigenden Wirkung des Laufens" (Krüger 1990). Wir können dies mit unseren eigenen Erfahrungen nur bestätigen und ergänzen, daß wir bei manchem Trainingslauf im regen Gedankenaustausch besonderen Erinnerungen und Zusammenhängen, vor allem auch tieferliegenden Schichten unseres Seelenlebens nähergekommen sind. Arbeitsstreß und Beziehungskisten, Sexualität und Lebensgeschichten, Gott und die Welt ziehen bildhaft herauf, Worte formulieren sich und Fragen finden vielleicht Antworten, die Probleme verlieren an Gewicht, wenn die Ent-

spannung dominiert. Und: Das gemeinsame Schnüren der Laufschuhe hat die freundschaftlichen Bande zwischen den beiden Autoren, aber auch mit manchen anderen, enger geknüpft als irgendein anderes Thema.

(4) Die Möglichkeit des geistigen Wegdriftens durch das rhythmische Gleiten über die Strecke, die meditative Versunkenheit, die sich mal früher, mal später einstellt, kann sich zu *euphorischen Gefühlen* steigern ("runner's high"). Ein derartiger Empfindungszustand wird auch mitunter mit dem Begriff "Laufrausch" bezeichnet. Csikszentmihalji nennt vier Elemente des rauschhaften Erlebens, die nach Martin Krüger (1990, 100) gut auf das Laufen übertragen werden können:

"1. das totale Aufgehen in der Aktivität
2. die Aufmerksamkeitseinengung
3. die Selbstvergessenheit
4. das Verschmelzen der Zeit."

Weil wir Rausch mit Suchtgefahr und Entzugserscheinungen assoziieren und für uns in diesen vier Elementen die positiven Möglichkeiten weit überwiegen, halten wir von derartigen Charakterisierungen wenig - was uns selbst betrifft, für andere mag es durchaus zutreffend sein.

(5) Die "Segnungen" unseres Maschinenzeitalters haben dazu geführt, daß uns Kraftanstrengungen erleichtert und Fortbewegungen abgenommen werden. Der Mensch - fatal verwöhnt - läßt sich bewegen. Die nun wenige Jahrzehnte zählende Medienepoche mit ihrer "Informationsexplosion" steigert diese Passivierung nochmals drastisch! Informationswellen fremder Welten rollen auf uns zu und über uns hinweg. Die tief empfundene Unsicherheit wird nochmals potenziert, wenn es sich nur mehr um eine Illusion von Raum und Bewegung handelt wie in den sich etablierenden virtuellen Computer-Wirklichkeiten ("cyberspace") der Unterhaltungsindustrie. Die Suche nach Nischen und nach *Gegen-Bewegungen* zu diesen unaufhaltbaren Entwicklungen wird immer verzweifelter. Wir halten die "Gegenwelt" des Laufens für eine der besten Möglichkeiten, Korrek- turen anzubringen und Alternativen zu erleben.

(6) In der Persönlichkeit des Marathonläufers findet sich eine hochambivalente Mischung aus Elementen des bürgerlichen Charakters (mit all der Leistungsideologie, dem Selbstzwang, dem Rivalitätsprinzip usw.) und aus "postmodernen" Ansätzen, diesen zu überwinden: zum Beispiel durch die Integration der auseinandergespaltenen Teile Körper und Geist in einem ganzheitlichen Erleben[1]. Der Körper ist nicht mehr nur Gehäuse der

---

[1] Brigitte Rauschenbach sieht in der Descartes'schen Abstrahierung vom Körperlich-Sinnlichen den "archimedischen Punkt" der neuzeitlichen Wissenschaft, und dies läßt sich unseres Erachtens auf das bürgerliche Individuum verallgemeinern:

"'Ich setze also voraus, meditiert er, (Descartes, d. Verf.) daß alles, was ich sehe, falsch ist; ich glaube, daß nichts jemals existiert hat, was das trügerische Gedächtnis mir darstellt: ich habe überhaupt keine Sinne; Körper, Gestalt, Ausdehnung, Bewegung und

erhabenen Ratio, sondern wird zum Schauplatz für *Grenzerlebnisse* in spannungsarmer Zeit oder besser gesagt: in Zeiten von einseitigen Spannungs- und Streßerlebnissen. Es bieten sich Möglichkeiten, die schale Normalität zu transzendieren, die eigenen Maßstäbe und Standards zu verrücken.

(7) Es gibt natürlich nicht *den einen Typus* des Marathonläufers, und es gibt nicht *die* "postmoderne Identität". Wenn wir hier diesen umstrittenen Topos der "Postmoderne" gebrauchen, so vor allem unter dem Aspekt der Transzendenz, indem Wege angesprochen werden, die Probleme und Beschränkungen der modernen bürgerlichen Identität zu überwinden. Und es gibt viele Möglichkeiten dazu - der Langstreckenlauf ist eine davon. Die Patchwork-Metapher erscheint uns in diesem Zusammenhang so treffend, weil sie als *Strukturmodell,* als individuell gestaltetes Muster biographisch erworbener Identitätsbestandteile diese Offenheit der "Auswege" impliziert. An die Stelle eines klar zentrierten, nach den primären und sekundären Sozialisationsphasen festgefügten Identitätskernes treten dezentrierte Identitätsformen "in Übergängen" (Welsch 1990) und mit fluiden Strukturen (Bilden 1989), die durch die gesellschaftlichen Mobilitäts- und Flexibilitätserfordernisse und die sehr unterschiedliche Kompetenzen verlangenden "multiplen Realitäten" erzwungen werden. Und doch gibt es immer wieder "Kristallisationskerne" in diesem biographischen Fließen, es entstehen relativ feste Strukturen mit Zentren und von unterschiedlicher Dauer.

In der Physik macht neuerdings die *Chaosforschung* (z.B. Gleick 1990) von sich reden, und es werden dabei gerade unregelmäßige, chaotisch erscheinende Strukturen und die oft überraschenden Übergänge zwischen relativ stabilen Zuständen untersucht. In diesem Ansatz scheint auch ein besonderes kreatives Potential in der Anwendung auf psychologische Fragestellungen (Höger 1992) und insbesondere auf die Identitätsforschung zu liegen. Das können wir hier leider nicht mehr ausführen, sondern lediglich einige Andeutungen machen und dabei begründen, warum wir im Untertitel den Marathonlauf als *"Identitätsattraktor"* bezeichnet haben.

Attraktoren im Sinne der Chaosforschung sind stabile Ordnungszustände, zum Beispiel die Ruhelage, auf die ein schwingendes Pendel durch perma-

---

Ort sind nichts als Chimären'. ...In Wirklichkeit ist die Schrumpffigur des sich seiner selbst versichernden Cogito Resultat einer Entscheidung zum Rückzug, den Descartes gedanklich simuliert. Descartes sieht vom eigenen Leib am eigenen Leib ab, er abstrahiert von der Umwelt inmitten der Umwelt ...Zur Wahrheit gelangt der Wissenschaftler der Neuzeit, indem er sich räumlich und gedanklich von seinen Lebenserfahrungen und seiner persönlichen Betroffenheit absetzt. Er grenzt sich damit zugleich von den Lebenserfahrungen anderer ab." (Rauschenbach 1991, 21f.)

nente Energieabgabe unweigerlich zustrebt. Auf die Identitätsdebatte übertragen bedeuten Attraktoren die sich herausbildenden Muster und Typen - klassische oder "crazy" Quilts im Sinne der Patchwork-Metapher (Keupp 1989) -, die entstehen, wenn an bestimmten Verzweigungs- und Optionsstellen vom Individuum in seinem autopoietischen Prozeß unter den spezifischen Rahmenbedingungen ganz bestimmte Entscheidungen getroffen werden. Als Attraktor läßt sich beispielsweise eine Lebensorganisation bezeichnen, die zur Selbstbeschreibung führt: "Ich bin ein Marathon-Läufer!"[2] Mit dieser Feststellung ist eine Strukturierung und Einschränkung der unendlich vielfältigen Möglichkeiten (Chaos) im Lebenslauf verbunden. Wie wir bei unserem theoretischen Marathonlauf gezeigt haben, ist die Entscheidung für den Langstreckenlauf mit einer ganzen Reihe von Folgen verbunden - für die Alltagsorganisation, die Partnerschaft und das soziale Netzwerk, die Ernährungsweise usw., und die Identitätsentwicklung im Sinne einer Autopoiesis (Schimank 1988) wird in bestimmte Bahnen gelenkt.

Mit der Chaosforschung präsentiert sich eine Physik, die in ihren Grundgedanken viel Ähnlichkeit mit der von uns vertretenen historisch-dynamischen *reflexiven Sozialpsychologie* hat (vgl. Keupp u.a., in Vorb.). Ein abschließendes Zitat mag die Berechtigung unserer Hoffnung auf ein nichtreduktionistisches Verhältnis zwischen Natur- und Sozialwissenschaften belegen. Damit würde auf der Ebene der Wissenschaften vollzo-

---

[2] Die äußere Form dieser "Identitätsattraktion" durch den Marathonlauf zeigt sich in einem weiten Feld von Möglichkeiten einer bewußten *Identitätsinszenierung*, für das wir nur einige wenige Beispiele noch geben wollen:

Ein ehrenwerter Münchner Architekt schlüpft in die Rolle des Marathon-"Tarzans", läuft die Strecke mit gebräuntem nacktem Oberkörper und in Tigerhose und meist in Begleitung einer attraktiven, entsprechend kostümierten "Jane". Andere lassen ihrem sozialen Engagement freien Lauf und sammeln mit einem antiken Kinderwagen Geld für ein oberbayerisches Kinderhilfswerk während der Rahmenveranstaltungen und während des Marathonlaufs. Da ist ein vierzigjähriger Hausmeister eines Männerwohnheimes trotz schmalem Verdienst in aller Welt unterwegs, im bayrischen Rautenmuster-Outfit, eine - mit zunehmender Kilometerzahl schwerer werdende - blauweiße Bayernfahne schwenkend und für Bayern-Klischees, aber mehr noch für sich selbst werbend: "Hätte ich mir nicht diese neue Identität erlaufen, wäre ich längst in der Nichtseßhaftigkeit alkoholisch ertrunken!" Ein anderer macht eher den Eindruck eines "Meta-Läufers", eines "Kopffüßlers", der stets alle Zeiten und relevanten Daten miteinander korreliert und danach seinen Lauf gestaltet; ein rational funktionierender Purist, der das "Zen des Laufens" beherrscht und sich mit seiner Sportkleidung wenig um Modeströmungen kümmert. Gleich neben ihm läuft der für's neueste Outfit anfällige "Polypragmatiker", mit modischer Fahrrad-Sonnenbrille gegen Wind und Sonne gewappnet, an den Beinen glattrasiert, "body-up-gestyled" und diesen Lauf lediglich als Training für "Höheres", den nächsten "Ultra-Triathlon", nutzend. Und man hat in den hinteren Reihen der MarathonläuferInnen schon Nikoläuse, Lederhosen-Sepp'n und Transvestiten gesehen, und es gibt noch viel mehr und anderes auf einem Marathontrip auch für die ZuschauerInnen zu entdecken!

gen, was wir an dem Abenteuer Marathon als individuelle Erfahrungsmöglichkeit so sehr schätzen gelernt haben: *die Integration biologisch-naturwissenschaftlicher Prozesse und psychosozial-mentaler Phänomene.* "Die von der Physik bevorzugten stabilen und periodischen Gegenstände haben ausgedient als beispielhafte Modellvorstellungen, von denen ausgehend wir die Welt, in der wir leben, umfassend verstehen können; sie gelten vielmehr als außergewöhnliche Objekte in einer Welt, die grundsätzlich instabil und im Werden begriffen ist. Die Denkweise, die sich auf diese Gegenstände gestützt und bezogen hatte, berücksichtigte nicht die irreversible, offene Zeit, die den Hintergrund unserer Erfahrung und unserer empirischen Erkenntnis bildet. Heute können wir die entsprechenden physikalischen Theorien als singuläre Grenzfälle einer erweiterten physikalischen Theorie begreifen, für die eine Welt im Werden und eine Welt, in der die Irreversibilität und das Zufällige eine wesentliche Rolle spielen, etwas Sinnvolles ist. Wir gelangen allmählich zu einer Weltauffassung, die ihrem Wesen nach pluralistisch ist." (Prigogine & Stengers 1990, S. I)

4. Auslauf

Das letzte Treffen für diesen Artikel wurde wiederum mit einem Trainingslauf eingeläutet, diesmal auf der "Ostpark-Runde", und war mehr von negativen körperlichen Sensationen begleitet, so daß statt unserer geplanten geistigen Höhenflüge eher Erdenschwere an uns zerrte. Dem einen hatte sich "Achilles", der Freund vieler LangstreckenläuferInnen, an die Fersen geheftet und raspelte an seiner Sehne. Den anderen hatte die Laufmuse "Menis" geküßt, und zudem verursachte der am Vorabend zu reichlich genossene Rotwein ein unangenehmes dumpfes Brummen im Vorderhirn und ein Rumoren in den Eingeweiden. Doch allmählich tauchte sich der Abendhimmel hinter den Hochhäusern der Trabantenstadt in ein nie gesehenes Rot, und die körperlichen Beschwerden blieben zurück auf dem Asphalt. Während unsere beiden Läufer in das verblassende Naturschauspiel entschwebten, leuchteten noch einige Cirruswolken weiter. Und die roten Zeichen ließen sich entziffern: *Happy birthday, lieber Heiner!* Etwas später stand da noch: Ende - und langsam schloß sich der nächtliche Vorhang.

Literatur

Ammenwerth, R. (1990). Vom Nutzen und Schaden des langsamen Dauerlaufes für den Bewegungsapparat. In A. Weber (Hg.), Bewegung braucht der Mensch. Langsamer Dauerlauf als Vehikel für gesünderes Leben? Erkrath: Spiridon-Verlag.

Bammé, A., Feuerstein, G., Genth, R., Holling, E., Kahle, R. Kempin, P. (1983). Maschinen-Menschen, Mensch-Maschinen. Grundrisse einer sozialen Beziehung. Reinbek bei Hamburg: Rowohlt.

Beck, U. (1986). Risikogesellschaft. Auf dem Weg in eine andere Moderne. Frankfurt: Suhrkamp.

Bilden, H. (1989). Geschlechterverhältnis und Individualität im gesellschaftlichen Umbruch. In: H. Keupp & H. Bilden (Hg.) Verunsicherungen. Das Subjekt im gesellschaftlichen Wandel. Göttingen u.a.: Hogrefe

Gergen, K.J. (1990). Die Konstruktion des Selbst im Zeitalter der Postmoderne. Psychologische Rundschau, 41, 191-199.

Gleick, J. (1990). Chaos - die Ordung des Universums. München: Knaur.

Gross, P. (1985). Bastelmentalität: ein 'postmoderner' Schwebezustand. In T. Schmid (Hg.), Das pfeifende Schwein. Berlin: Wagenbach.

Höger, R. (1992). Chaos-Forschung und ihre Perspektiven für die Psychologie. Psychologische Rundschau, 43, 223-231.

Keupp, H. (1989). Auf der Suche nach der verlorenen Identität. In: H. Keupp & H. Bilden (Hg.) Verunsicherungen. Das Subjekt im gesellschaftlichen Wandel. Göttingen u.a.: Hogrefe.

Keupp, H. (1990). Riskante Chancen. Das Subjekt im gesellschaftlichen Wandel. Universitas, 9, 838-851.

Keupp, H. (in Vorb.) Zugänge zum Subjekt: Ansätze zu einer reflexiven Sozialpsychologie. Frankfurt: Suhrkamp.

Krüger, M. (1990). Laufen und seelisches Befinden - eine empirische Untersuchung an Marathonläufern. In A. Weber (Hg.), Bewegung braucht der Mensch. Langsamer Dauerlauf als Vehikel für gesünderes Leben? Erkrath: Spiridon-Verlag.

Mead, G.H. (1973). Geist, Identität und Gesellschaft. Frankfurt: Suhrkamp.

Prigogine, I. & Stengers, I. (1990). Dialog mit der Natur. Neue Wege naturwissenschaftlichen Denkens. München: Piper, 6. Auflage.

Rauschenbach, B. (1991). Nicht ohne mich. Vom Eigensinn des Subjekts im Erkenntnisprozeß. Frankfurt: Campus.

Schimank, U. (1988). Biographie als Autopoiesis. Eine systemtheoretische Rekonstruktion von Individualität. In: H.G. Bose & B. Hildenbrand (Hrsg.) Vom Ende des Individuums zur Individualität ohne Ende. Oplanden: Leske & Budrich.

Simon, F. (1990). Meine Psychose, mein Fahrrad und ich. Zur Selbstorganisation der Verrücktheit. Heidelberg: Auer.

Simon, W. (1990). Die Postmodernisierung der Sexualität. Zeitschrift für Sexualforschung, 3, 99-114.

Steffny, M. (1992). Aus erster Hand: Das Abenteuer ein Marathonläufer zu sein. Laufmagazin SPIRIDON, 18 (11), 2-3.

Weber, A. (1990). Wieviel Laufen ist gesund? In ders. (Hg.), Bewegung braucht der Mensch. Langsamer Dauerlauf als Vehikel für gesünderes Leben? Erkrath: Spiridon-Verlag.

Welsch, W. (1990). Ästhetisches Denken. Stuttgart: Reclam.

Halbe Chancen - Doppelte Risiken
Eine diskurstheoretische Fallanalyse

Rita Seitz, Wolfgang Kraus, Wolfgang Buchholz, Wolfgang Gmür, Renate Höfer und Florian Straus

1. Das Individuum und die Individualisierung

In den letzten Jahrzehnten wird die gesellschaftliche Wirklichkeit der westlichen Länder zunehmend von einem gesellschaftlichen Umbruch geprägt, der in der Regel mit dem Schlagwort der Individualisierung und Pluralisierung der Lebensformen versehen wird.

Gemeint ist damit eine Herauslösung der Menschen aus vormodernen Lebensformen, aus ständischen und lokalen Traditionen, Gemeinschaften und Bindungen. Beschrieben wird dabei ein Verlust des soziokulturellen Hintergrundes traditioneller Lebensmilieus und damit verbunden ein Anwachsen möglicher und notwendiger Selbstorientierungen. Dies bedeutet, daß heute Menschen zunehmend ihre eigenen Lebenspläne entwerfen können und daß diese Lebenspläne immer weniger durch traditionale Vorgaben der Familie, der Kirche oder auch durch Klassen- und Schichtzugehörigkeit kontrolliert oder vorbestimmt zu sein scheinen. (Vgl. Beck 1986) Mit diesem Freisetzungsprozeß ist jedoch nicht zwangsläufig verbunden, daß Individuen in ihren Lebensmöglichkeiten auch real neue Freiheiten erwerben und leben können. Hier sind zumindest zwei gesellschaftliche Phänomene zu benennen, die dem entgegenstehen.

Da ist zunächst der Prozeß der Standardisierung. Gemeint ist damit, daß auf allen Ebenen, wo Freiräume und Entscheidungsoptionen entstehen, wir zugleich wieder, etwa durch die Medien, mit "marktförmig zugeschnittenen Lebensstilpaketen" versorgt werden. Der zweite Prozeß betrifft gesellschaftliche Institutionalisierungsformen. Der Loslösung aus bindenden Traditionen steht die Konfrontation mit den neuen Zwängen wenig beeinflußbarer gesellschaftlicher Institutionen gegenüber: Zu nennen sind hier vor allem der Arbeitsmarkt, das Geschlechterverhältnis und das Bildungssystem, sicher jedoch auch Institutionen wie das psychosoziale Versorgungssystem. Das Charakteristische und Gemeinsame dieser Systeme ist, daß sie den individuellen Lebenslauf institutionell kanalisieren. Für das psychosoziale Versorgungssystem gilt, daß es sich hier um einen traditionell in hohem Maße machtbetonten Diskurs handelt. Die Bezugnahme darauf ist durchaus unterschiedlich. Einerseits bietet dieser Diskurs eine Metaphorik, die manchen Gesellschaftsanalytikern geeignet erscheint, die gesellschaftliche Entwicklung damit zu charakterisieren: Angefangen von Laschs "Culture of Narcissism" über Deleuze und Guattaris Zelebration der Schizophrenie bis hin zur Charakterisierung unserer Gesellschaft als einer dissoziierten. Andererseits verweist der Psychiatriediskurs auf die wichtige Frage gesellschaftlicher Macht und ihrer Inszenierung zur Sicherung sozialer Normen. Die Frage wäre in diesem Zusammenhang, ob die Machtförmigkeit dieses Kontextes unverändert erhalten ist oder ob sich auch hier im Zuge einer institutionellen Differenzierung eine Erhöhung von Freiheitsgraden bzw. Selbstgestaltungszwängen ergeben hat. Die Frage, der wir hier nachgehen wollen, ist, wie sich diese gegenläufigen Prozesse in einer individuellen Biographie festmachen lassen, zudem einer, die geprägt ist von hohen psychischen Belastungen und entsprechenden institutionellen Kontakten. Scheint auch in einer solchen biographischen Konstellation etwas auf von dem, was sich als Chancen und Risiken des Individualisierungsprozesses beschreiben ließe? Oder haben wir es beim Individualisierungsprozeß mit einem elitären Nischenphänomen zu tun, das kaum gesellschaftlichen Rückhalt hat?

Wir betrachten dazu eine Fallgeschichte: In Anlehnung an die lyotardsche Absage an eine synthetisierende Metaerzählung soll versucht werden, verschiedene subjektive lebensweltliche Diskurse und entsprechende diskursive Ankopplungsversuche aufzuzeigen. Die Zusammenführung der Diskurse stellt eher einen "Vermittlungsversuch" dar, als daß sie den Anspruch hätte, die lebensweltliche Differenzierung final synthetisieren zu können. So entsteht ein "Kippbild": eine Darstellungsform, die Gegensätzliches in einer Figur zusammenbindet, ohne es artifiziell "in eins" zu setzen. Es geht also nicht darum, eine Fallgeschichte zu sezieren und dann anschließend besser, klarer, eindeutiger zusammenzubauen. Vielmehr sollen die biographischen Stränge als Text verstanden werden, dessen Diskursivierung wiederum Verbindungen zu anderen Diskursen eröffnet.(Vgl. Parker 1992)

Wir haben Frau B. im Rahmen eines Forschungsprojektes interviewt. Ausgewählt haben wir ihren Fall, weil er uns zu kontroversen Diskussionen animiert hat. Während die einen für Frau B., trotz ihrer schwierigen persönlichen Situation, Chancen durch die Bedingungen einer individualisierten Gesellschaft sahen, entdeckten andere die bekannten Diskriminierungen weiblicher Biographie und psychischer Krankheitskarriere. Schon in dieser Diskussion offenbart sich etwas von der Ambivalenz der gesellschaftlichen Entwicklung. Diese Pointierung hat geholfen, die hochnormativen Subtexte der vorliegenden Diskussion transparenter zu machen.

2. Frau B.

Frau B. ist zum Zeitpunkt des Interviews 28 Jahre alt. Sie ist stark übergewichtig, wirkt starr und wird beim ersten Eindruck als Mann identifiziert.

Kindheit: Frau B. wird 1963 in München geboren. Zu diesem Zeitpunkt ist ihr Bruder 12 und ihre Schwester 8 Jahre alt. Ihre Eltern lassen sich scheiden als sie 4 Jahre alt ist. Die Kinder bleiben bei der Mutter. Die Mutter geht eine neue Beziehung ein. Diesen Lebenspartner bezeichnet Frau B. als "Stiefvater". Aus dieser Beziehung stammt ihre 1975 geborene Halbschwester. Frau B. besucht die Hauptschule, obwohl sie gerne auf das Gymnasium gegangen wäre. Damit war ihre Mutter nicht einverstanden, weil "es nichts für ein Mädchen ist".

Jugend: Nach dem Qualifizierenden Hauptschulabschluß möchte sie gerne eine Ausbildung als KFZ-Mechanikerin machen. Diesen Wunsch kann sie nicht verwirklichen. Stattdessen beginnt sie eine Ausbildung als Bürokauffrau. Trotz dreier Versuche schafft sie die Abschlußprüfung nicht.

Die familiären Beziehungen sind in jenen Jahren schwierig. Frau B. leidet darunter, daß ihre Mutter die ältere Schwester bevorzugt und sich kaum um Frau B. bemüht. 1975 stirbt der "Stiefvater" von Frau B.. Zwar hatte er sie im Alter von acht Jahren sexuell mißbraucht, dennoch vermißt sie ihn nach seinem Tode. Danach hat die Mutter diverse andere Freunde, was Frau B. mißbilligt. Die emotionale Beziehung zu ihrer Mutter ist vor allem dadurch gekennzeichnet, daß Frau B. sich Anerkennung erhofft, aber immer nur Kritik und Abwertung erfährt.

Junge Erwachsene: Von 1983 bis 1988 arbeitet sie in einem Schreibbüro der Bundeswehr, wohin sie durch die Vermittlung der Mutter gekommen ist. Diese Bürotätigkeit macht ihr keinen Spaß und es zeichnen sich mehr und mehr Konflikte mit den Kolleginnen ab. Da Frau B. die Schreibarbeiten extrem langweilig findet, beginnt sie Geschwindigkeitsrekorde aufzustellen. Durch ihr Arbeitstempo setzt sie eine hohe Leistungsnorm, was das Arbeitsklima mit den Kolleginnen verdirbt. In ihrer Freizeit entspannt sich Frau B. nach dem Erwerb des Führerscheins dadurch, daß sie nachts stundenlang mit dem Auto spazierenfährt - durchschnittlich 1000 km pro Woche. Ein wichtiger Grund für diese Ausfahrten ist das Bedürfnis, der Mutter zu entkommen. Um das optimale Fahrgefühl genießen zu können, macht sie den LKW-Führerschein. Die Lust am Autofahren ist jedoch sehr kostspielig und die Schulden von Frau B. nehmen immer mehr zu. Die Kombination beruflicher und familiärer Spannungen führt dazu, daß Frau B. 1985 erstmals in das Bezirkskrankenhaus in Haar eingeliefert wurde. Zu dem Zeitpunkt ist sie suizidal, leidet unter Bulimie, trinkt zuviel Alkohol und ist depressiv. In der Zeit danach versucht sie mit ihren Problemen zurecht zu kommen, indem sie sich immer wieder in Kliniken einweisen läßt.

Heute, Ende 20: Mittlerweile war Frau B. 13 mal in stationärer psychiatrischer oder psychotherapeutischer Behandlung. Erst die intensive Betreuung im sozialpsychiatrischen Versorgungsnetz konnte sie soweit stabilisieren, daß sie heute keinen klinischen Rahmen mehr braucht. Um mit ihren Problemen zurecht zu kommen, geht sie derzeit dreimal wöchentlich zu einer Therapeutin des Sozialpsychiatrischen Dienstes, zweimal wöchentlich zu ihrer Nervenärztin und arbeitet regelmäßig mit einer Beschäftigungstherapeutin. In ihrer Wohngemeinschaft hat sie eine feste Bezugsperson gefunden. Zudem hat sie einige Freundinnen. Sie ist eingeschränkt erwerbstätig, erhält eine Arbeitsunfähigkeitsrente und verdient zusätzlich 480 DM durch das Ausfahren von Zeitungen. Offensichtlich gelingt es ihr, ihre Schulden abzubezahlen und das Alltagsleben in der Wohngemeinschaft mitzutragen. Die Beziehung zu ihrer Mutter ist nach wie vor problematisch. Zu ihrer Halbschwester hat sie engen Kontakt. Ihren Vater trifft Frau B. nur etwa einmal im Jahr. Frau B. ist unverheiratet, kinderlos und hat keinen Partner/Partnerin. In ihren Phantasien gestaltet sie sich eine Umgebung und Atmosphäre, die durch Harmonie, Freiheit und Sich-Wohlfühlen geprägt ist. Sie träumt von einem zuverlässigen, ernsthaften Mann und Kindern. Sie hegt den Wunsch, den Busführerschein zu machen. Dies scheitert bislang an ihrer Medikation, die Personenbeförderung ausschließt. Ihre Phantasien setzt sie teilweise auch um, beispielsweise indem sie mit ihrem Auto herumfährt, romantische Musik hört und für Eros Ramazotti schwärmt.

3. Der psychiatrische Diskurs
Diagnose: Borderline- Syndrom

Frau B. verfügt über vielfache Erfahrungen mit der klassischen Psychiatrie. Im Laufe ihrer Psychiatriekarriere konkretisierte sich ihre Diagnose zunehmend. Im Interview spricht sie davon, daß sie ein Borderline-Syndrom mit depressiven Zügen und chronischer Suizidalität hätte. Sie schildert starke Eßstörungen (Bulimie) und gelegentliche Probleme mit Alkohol. Die ursprünglichen Probleme von Frau B. bleiben für uns teilweise im Dunkeln. Deutlich wird an ihrer Patientenkarriere jedoch, daß eine zunehmende und möglicherweise auch prozeßhafte Differenzierung der psychiatrischen Diagnosen stattgefunden hat. Die "depressiven Züge" und die "chronische Suizidalität" lassen sich anhand der Handlungsweisen von Frau B. gut nachvollziehen. Betrachten wir die Diagnose "Borderline-Syndrom" genauer: Wird eine allgemeine Definition des Borderline-Syndroms zugrunde gelegt, so ergeben sich zunächst zahlreiche Anknüpfungspunkte zur Situation von Frau B.. Nach Kernberg (1991) ist die Symptomatik des

Borderline-Syndroms eng mit dem Abwehrmechanismus der Spaltung verbunden, der sich von anderen Abwehrmechanismen deutlich unterscheidet: "Er dient ebenfalls dem Schutz des Ich vor Konflikten, aber auf andere Weise, nämlich durch Dissoziation, durch aktives Auseinanderhalten von miteinander im Konflikt stehenden - nämlich einerseits libidinös determinierten und andererseits aggressiv determinierten - Introjektionen und Identifizierungen, ohne daß dadurch deren Zugang zum Bewußtsein betroffen würde. Vielmehr ist der betreffende Triebabkömmling in diesem Falle sowohl als Emotion wie auch als Vorstellung und als Handlungsintention voll bewußtseinsfähig, erscheint aber völlig abgetrennt von anderen Segmenten bewußten Erlebens" (Kernberg 1991, S.45f).

3.1. Spaltung als individuelle Strategie der Konfliktbewältigung

Eine Polarisierung zeigt sich bei Frau B., wenn es um das Spannungsverhältnis von Starrheit und Bewegung geht. In ihrem äußeren Erscheinungsbild, sowie in ihrer Mimik und Gestik, wirkt sie sehr gefaßt und starr. Ihre Problembewältigungsstrategien orientieren sich an Stabilität, um nicht zu sagen an Stagnation. Charakteristisch ist hier etwa die Drehtür-Nutzung der Psychiatrie. Zu den Lebensentwürfen von Frau B. gehören andererseits aber auch Bewegung und Dynamik, wenn auch mit einem repetitiven, monotonen Moment: In der Berufsarbeit etwa holte sie sich Bestätigung aus der extrem schnellen Erledigung von Schreibarbeiten. In ihrer Freizeit genießt sie schnelle nächtliche Autofahrten durch das Voralpenland. Auch das Spannungsfeld von Verunsicherung und Sicherheit bewältigt Frau B., indem sie sich entweder auf risikoreiche Situationen einläßt oder sich einen sehr klaren Sicherheitsbereich schafft. Beispielsweise verschuldet sie sich durch hohe Benzinkosten, weil sie kaum finanzielle Ressourcen hat. Auch der triebhafte Umgang mit Essen bringt sie in die Situation, daß sie zu viel Geld ausgibt; wegen ihres extremen Übergewichtes sind ihr Selbstwertgefühl und ihre Chancen, einen Partner zu finden, sehr stark eingeschränkt. Ganz im Gegensatz zu ihrem unsicheren Umgang mit Essen oder Geld gestaltet Frau B. andere Situationen geradezu zwanghaft korrekt. In Krisen schafft sie sich Sicherheit, indem sie in die Klinik zurückkehrt. Ihre Tagesstruktur ist durch zahlreiche Besuche bei verschiedenen Therapeutinnen festgelegt. Diese polaren Orientierungen haben nach unserer Einschätzung deutliche Entsprechungen zum oben skizzierten psychiatrischen Borderline-Syndrom. Aufgrund ihrer psychiatrischen Karriere ist es naheliegend, die Gestaltungselemente der Biographie von Frau B. in den Zusammenhang einer Borderline-Erkrankung einzuordnen.

3.2. Die Borderline-Gesellschaft?

In der neueren Diskussion gesellschaftlicher Entwicklungen und daraus resultierender Anforderungen an das Subjekt lassen sich die Orientierungen von Frau B. jedoch auch aus anderen Perspektiven beleuchten bzw. kontextuieren. Mit Welsch (1990) etwa kann die Pluralität als ein wesentliches Charakteristikum der gegenwärtigen gesellschaftlichen Realität begriffen werden. Diese Vielfalt der Bezugspunkte und Orientierungsmöglichkeiten erfordert eine multiple Ausrichtung von (Teil-) Lebensentwürfen, die nicht kongruent und mitunter auch nicht kompatibel sind. Vergleichbare Erkenntnisse veranlassen auch J.E. Marcia (1989), einen der zentralen Vertreter der Erikson'schen Schule, das Konzept der Identitätsdiffusion neu zu fassen. Angesichts gegenwärtiger gesellschaftlicher Anforderungen und Konstellationen hält Marcia es inzwischen für eine normale und funktionale Anpassungsleistung, wenn junge Erwachsene eine "cultural adaptive" Identität einnehmen, die durch kontextbezogene Unterscheidungen und Spezifika charakterisiert ist und auf eine einheitliche Konstruktion verzichtet. Die Planbarkeit und auch Reversibilität von Lebensentwürfen stellt dabei hohe Anforderungen an die Kompetenz, Entscheidungen zu treffen und deren Umsetzung zu realisieren. Mit einer Metapher kann die gesellschaftliche Entwicklung im postmodernen Diskussionszusammenhang bebildert werden: Das Surfen auf den Möglichkeitswogen der Moderne erlaubt eine Bewegung in jede Richtung. Diese Freiheit wird allerdings begrenzt durch Wind und Wellen, falls man nicht in der Lage ist, ihnen durch Geschicklichkeit und Kraft zu trotzen. Übertragen auf die Situation von Frau B. bedeutet das, daß alle von ihr entworfenen Lebenspläne grundsätzlich legitim sind und auch gesellschaftlich toleriert würden, wenn sie in der Lage wäre, sie zu realisieren. Entscheidend ist letztlich, ob es ihr gelingt, diese verschiedenen Teile so zusammenzupuzzeln, daß sie mit dem Patchwork, das dabei entsteht, selbst zufrieden ist. Damit wird sie allerdings auf ihre eigene Leistungsfähigkeit zurückgeworfen. Wenn es ihr nämlich nicht gelingt, sich ihre eigenen Lebensentwürfe zurechtzulegen und zu realisieren, dann erweisen sich die gesellschaftlichen Freisetzungen und Optionen als "Mogelpackung". Die gesellschaftliche Pluralisierung und die damit legitime Abweichung von einer nicht mehr als gültig proklamierten Normalität werden dann schnell suspendiert. Die helfenden Beziehungen im Rahmen eines psychiatrischen Diskurses setzen die normative Macht der "Norm"-alität unversehens wieder in Kraft und fordern deren Einhaltung ein.

3.3. Die Dekonstruktion der Patientenbiographie
Der vorliegende psychiatrische Diskurs ist wesentlich geprägt von den Aspekten Sicherheit/Autorität einerseits und Optionalität/Utopie andererseits.

Sicherheit/Autorität: Frau B. akzeptiert ihre Selbstdefinition in psychiatrischen Kategorien fraglos. Offensichtlich ist sie ohne größeren Widerstände bereit, konsequent diverse Psychopharmaka zu nehmen. Das Element der Gefügigkeit in diesem Verhalten zeigt sich, wenn die Sprache auf die Wirkung ihrer Medikation kommt: Sie beschreibt weder positive, noch negative Auswirkungen dieser Medikamente. Sie übt keine Kritik an den verschiedenen therapeutischen Maßnahmen und findet das alles offensichtlich selbstverständlich. Die Klinik und die verschiedenen professionellen HelferInnen übernehmen, in ihrer subjektiven Weltsicht, die Funktion einer Mutter, von der sie sich nicht lösen muß, es aber auch nicht kann. Ihre vielen Klinikaufenthalte führten dazu, daß sie mittlerweile Spezialistin für die unterschiedlichen Einrichtungen ist. Sie hat verschiedene Stationen im Bezirkskrankenhaus, sowie einige psychosomatische und psychotherapeutische Einrichtungen kennengelernt und beschreibt deren Besonderheiten. Diese Sicherheit bietende Rollenübernahme der Patientin geht einher mit der Anerkennung der damit verbundenen Autorität der Schulpsychiatrie. Die Autorität der Psychiatrie ist allerdings im Versorgungssystem nicht mehr ungebrochen. Im Lauf der letzten Jahrzehnte haben sich auch hier die Diskurse aufgefächert. Die Machtposition des medizinischen Modells ist erschüttert. Insbesondere im Bereich der ambulanten Versorgung, bzw. der nachsorgenden Einrichtungen, werden konkurrierende Diskurse geführt. Für Frau B. bedeutet dies, daß ihr ganz unterschiedliche Sichtweisen auf ihre Person, die Kausalitäten in ihrer Biographie und ihre Entwicklungschancen geboten werden. Sie scheint diese unterschiedlichen, sich überlappenden oder auch konträren Diskurse durchaus zu suchen, denn sie nimmt therapeutische Angebote sehr aktiv wahr.

Optionalität: Frau B. verwendet die Orientierung an der psychiatrischen Schulmedizin gleichsam als bekannte und damit auch verläßliche Basis für die Ausformung und Realisierung ihrer Ziele. Damit geht sie mit den vorhandenen und vorgegebenen Möglichkeiten in ihrem Sinne um und benutzt sie als verfügbares Handlungsrepertoire. Die psychiatrische Macht ist kapillarisiert in den Kanälen des verzweigten Systems der Versorgung, dessen Elemente oft in Konkurrenz zueinander stehen. Deshalb findet die Bearbeitung ihrer persönlichen Probleme und der Umgang mit Widerstand, im therapeutischen Sinne, nicht in machtfreien Situationen statt, wohl aber in einem Raum, in dem Macht stark verteilt ist und in dem die in Kokurrenz zueinander stehenden Strukturen und Diskurse den hoch ambivalenten Aspekt der "Freiheit in Sicherheit" betonen. Verteilte Macht fördert Koexistenz und reduziert den Veränderungsdruck. Und genau dies nützt Frau B.: Sie koexistiert im Rahmen dieser Strukturen. Frau B. gewinnt ihre Freiheitsgrade dadurch, daß ihrer, wenn auch reduzierten personalen Kohärenz, eine dissoziierte Einrichtungsvielfalt gegenübersteht. Durch den möglichen Rückgriff auf bekannte Lösungs- bzw. Aushaltestrategien ist sie nicht gezwungen, reale Veränderungen durchzuführen. Der Preis, den sie zahlt, ist allerdings die fraglose Anerkennung ihres Patientenstatus. Die Dekonstruktion der Patientenbiographie von Frau B. legt es nahe, folgende Frage zu stellen: Wie chancenhaft sind Chancen? Spielräume und Realisierungsmöglichkeiten ihrer Lebensentwürfe ergeben sich für Frau B. über die sozialen Einbindungen in ihrem Helfernetzwerk, durch das Leben in der therapeutischen Wohngemeinschaft und die Lektüre populärpsychologischer Bücher. Wir beobachten ihre "kleinen Fluchten", wie etwa die nächtlichen Autofahrten. Ihre Beziehungsphantasien rühren an und zeigen aber auch, wie fern von jeder Verwirklichung sie sind. Das Schwanken zwischen der bescheidenen Nutzung von Optionen und dem Phantasieren grenzenlosen Glückes verweist darauf, wie wenig sie in ihrem Leben als Endzwanzigerin in einen Normalitätsdiskurs eingebunden ist, wie sehr ihre Wunschwelt eingefärbt ist von den regressiven Elementen ihrer aktuellen, institutionell geprägten Lebenswelt. So erschöpfen sich denn ihre Möglichkeiten zur Gestaltung ihres Lebens eher in kleinen Fluchten, als daß sie reale Optionen engagiert wahrnehmen würde. Wenn es Frau B. gelingen würde, ihre Lebensentwürfe schrittweise zu realisieren und die verschiedenen polaren Rollenerwartungen zusammenzuführen, ist es durchaus vorstellbar, daß sie sich immer mehr von psychiatrischen Klassifikationen lösen könnte. Vielleicht wird es ihr ja gelingen, sich nicht mehr als "Borderlinesyndrom mit neurotischer Depression" darzustellen, sondern als besondere Frau, zu deren Eigenschaften ein schöner runder Körper, technisches Interesse und Lust am Autofahren und ein bißchen Angst vor und Neugier auf eine zukünftige Liebesbeziehung mit einem lieben Menschen gehören.

4. Postmoderne Familienbilder?

"Die Entwicklung ist also doppeldeutig. Die viel diskutierte Frage, ob Ehe und Familie einer ausklingenden Epoche angehören, läßt sich mit einem klaren Jein beantworten "(Beck 1986, S.165). Vom sozialwissenschaftlichen Standpunkt ist die Fallgeschichte der Frau B. insofern ein Glücksfall als ihre Herkunftsfamilie so ziemlich all das aufweist, was zu einem "postmodernen" Familiendiskurs gehört. Ob die Familiengeschichte für das Leben von Frau B. selbst einen solchen Glücksfall darstellt, ist zu diskutieren.

4.1. Plurale Familienformen, hohe Mobilität

Die postmoderne Pluralität im Sinne eines allgemeinen Prozesses der "Deinstitutionalisierung der Kleinfamilie" zeigt sich in aller Deutlichkeit in der Biographie von Frau B: Kernfamilie, Scheidungsfamilie (ihre leiblichen Eltern ließen sich scheiden als sie vier Jahre alt war), Ein-Elternfamilie und zusammengesetzte Familie (Stieffamilie) sind ihre familialen Sozialisationsumwelten. Diese Pluralität verschiedener Familienformen, die Frau B. in ihrer Herkunftsfamilie gelebt hat, wird insofern noch gesteigert als jedes der insgesamt vier Geschwister einen anderen leiblichen Vater hat.

4.2. Mutterzentrierte Familienform

Auffallend in dieser "bewegten" Fallgeschichte ist die zentrale Rolle der Mutter von Frau B.. Sie ist die Person, die für alle Kinder nicht nur die leibliche und soziale Mutter ist, sondern die einzige Person, die sowohl die Vergangenheit, d.h. den Zugang zur ehemaligen Familientriade (Vater-Mutter-Kind), als auch die zukünftige Entwicklung, weg von der Kernfamilie hin zu einer mutterzentrierten Familienform, verkörpert. Diese Aufwertung der Rolle der leiblichen Mutter für das Familienleben entspricht einer zentralen These in der Familiensoziologie: "Fürstenberg (spricht) von den 'matrilinearen Tendenzen' des neuen Verwandtschaftssystems, Roussel schließt angesichts seiner empirischen Daten auf eine zunehmende 'Verweiblichung des Haushaltsvorstandes'" (Honneth 1993, S.63).

4.3. Stabile Beziehungen - schwankendes Terrain

Stabilitätskerne sind, außer der Mutter, der verstorbene Stiefvater und die jüngste Schwester. Zwar sind für sie, wie sie sagt, weitere Familienmitglieder nicht wichtig ("Mit denen hab ich nichts am Hut!"), aber dennoch hat sie regelmäßige Kontakte zu ihrem Bruder und der Familie ihrer älteren Schwester. Ihr leiblicher Vater ist für sie nicht von Interesse. Frau B. mag ihre Mutter, obwohl sie manches an deren Lebensführung auszusetzen hat. Allerdings erhält sie von ihr nicht das, was sie von ihr erwartet: "Meine Mutter interessierte sich gar nicht für einen ... sie zeigt halt ihre Gefühle überhaupt nicht". Die Mutter hat sich während ihrer Psychiatrie-Aufenthalte zwar um Frau B. gekümmert, aber auch dieses Verhalten hat Frau B. als Doppelbotschaft erlebt. Ihre Mutter habe ihr stets deutlich gemacht, daß ihre Erkrankung eine lästige und zeitlich aufwendige Angelegenheit für sie sei. So bleibt denn lediglich ihre jüngere Schwester Lisa (16), die sie fast täglich sieht und die wie eine Freundin für sie ist. Aber auch hier ist die Intimität der Beziehung erheblich eingeschränkt. Wegen der Erwerbstätigkeit der Mutter hatte Frau B. Lisa großgezogen und die Erfüllung dieser Schutzfunktion bringt es wohl mit sich, daß Frau B. persönliche Themen - wie ihre Probleme mit der Mutter oder ihre Erkrankung - in den Gesprächen mit Lisa ausklammert. Problematisch für Frau B. ist, daß ihr die Stabilitätskerne nur teilweise das bieten und sind, was sie erwartet. Besonders schwierig war die Beziehung zu ihrem Stiefvater. Der ambivalenten Erfahrung mit ihrem Stiefvater, der schönen gemeinsamen Zeit, aber auch dem sexuellen Mißbrauch, "verdankt" Frau B. ihr Verhältnis zu Männern. Sie hat nie einen Freund gehabt und leidet darunter: "Weil ich halt um alle Männer einen großen Bogen mache....ich denke, das liegt daran, daß ich mit meinem Stiefvater zusammen bin. Ich habe schon ziemlich Angst vor Männer!" (Interview, S. 51/52)

4.4. Frau B.'s Träume: Kernfamilie, Stabilität

Es läßt sich nur erahnen, welche Bedeutung für die Entwicklung und die Produktion von Risikopotentialen diese höchst verschiedenen familialen Umwelten und die Bruchstellen im jeweiligen Übergang im konkreten Fall haben. Die Sozialisationsforschung hat sich bisher dieser Fragen angenommen, da sie sich im wesentlichen an der Kernfamilie und ihren Lebensumständen als Sozialisationsinstanz orientiert hat. Trennung, Tod, häufige Umbrüche in der sozialen Umwelt von Frau B. sind zentrale familiale Erfahrungen. Prägend für Frau B. ist vermutlich auch, daß sie lernen mußte, mit multiplen Vätern und Verwandtschaftsverhältnissen emotional umzugehen und ihre Prioritäten zu setzen. Für sie selbst sind jedenfalls ihre Herkunftsfamilie und die Lebensgestaltung ihrer Mutter keine wünschenswerten Modelle und die Buntheit und Vielgestaltigkeit einer familialen Pluralität, wie sie häufig in der Literatur beschworen wird, kann Frau B. nicht entdecken: "Meine Mutter hat dauernd einen Freund gehabt und von uns vier Kindern hat jeder einen anderen Vater; das möchte ich nicht!" (Interview, S.39) Frau B. wünscht sich Verläßlichkeit und Kontinuität. Mit ihrem Wunsch nach Mann und Kindern entspricht sie durchaus dem, was immer wieder in empirischen Untersuchungen (z. B. Seidenspinner/Burger 1982) von jungen Frauen zum Thema Familie geäußert wird: Trotz vergleichsweise hohem Bildungsstand und trotz Erwerbstätigkeit sind Kinder ein Teil der zukünftigen Lebensplanung. Diese emotionale Ablehnung der Struktur ihrer Herkunftsfamilie und ihr Traum von der traditionellen Kernfamilie kann auch Axel Honneths Erklärungsversuch des familialen Strukturwandels belegen: "Die kulturelle Öffnung und Liberalisierung der Privatmoral würde dann mit der allmählichen Auflösung der Kleinfamilie gerade die lebensweltliche Institution zerstören, an der die Subjekte mit ihrem Herzen und aus wirtschaftlichen Gründen nach wie vor hängen. Der affektive Bodensatz einer so begriffenen Emanzipation wäre, wie noch in allen Fällen der Befreiung von traditionalen Lebensformen, Wut, Verzweiflung und Trauer" (Honneth 1993, S. 64).

4.5. Die Dekonstruktion der Familie
Frau B. hat in ihrer Familie in vielfältiger Weise die Instabilität der klassischen Form von Familie erlebt; genaugenommen hat sie diese Form von Familie überhaupt nicht gelebt, denn ihre Geschwister stammen jeweils von anderen Vätern. Die vielen Trennungen, durch Scheidung und Tod, und die Kritik an der Lebensführung ihrer Mutter korrespondieren mit einer Idealisierung von Partner- und Elternschaft, die durchaus dazu beitragen können, Frau B. von der Realität gelebter Partnerschaft fernzuhalten. Auffallend ist weiter, daß die Familie von Frau B. mit der "Erkrankung" von Frau B. und ihren Folgen wenig angemessen umzugehen scheint. Tabuisierung und ärgerliches Zur-Kenntnisnehmen scheinen die vorherrschenden Handlungsmuster zu sein. Zumindest ist von Sorge, anteilnehmendem Interesse oder Angst um Frau B. im Text wenig zu lesen und das, obwohl doch suizidales Handeln eine wichtige kommunikative und appellative Funktion hat. Und ob letzteres vielleicht gar ein Hinweis auf die Zukunft postmodernen Familienlebens ist, nämlich die langsame Auflösung von persönlichen Haltungen, wie das "Dasein für Andere", also Fürsorglichkeit und persönliche Verpflichtung, vermag ich nicht zu entscheiden.

5. Frau B.'s beruflicher Werdegang: Vier Etappen der Benachteiligung
In unserer durch zahlreiche Individualisierungsprozesse gekennzeichneten Gesellschaft hat sich der Entscheidungsspielraum auch im beruflichen Bereich deutlich vergrößert. Gehörten noch vor 200 Jahren 80% der Bevölkerung qua Geburt einem bestimmten Stand an, so gibt es heute eine Wahlmöglichkeit zwischen über 400 Ausbildungsberufen und ca. 25.000 Tätigkeitsfeldern (vgl. Nunner-Winkler 1985). Diese Vielfalt der Möglichkeiten verlangt von den Individuen permanente Entscheidungen. Aus der Wahlmöglichkeit wird die Wahlnotwendigkeit, aus der Entscheidungsfreiheit der Entscheidungszwang. Dieser Prozeß wird von zahlreichen Faktoren beeinflußt. Diese haben bei den berufsbezogenen Entscheidungen oft ein in ihrer Tragweite kaum einzuschätzendes Risiko. Frau B.'s beruflicher Werdegang dauert zum Zeitpunkt der Analyse nur 15 Jahre und scheint dennoch bereits zu Ende. Ein Ende, das, wie die folgende Analyse zeigt, sich vor allem aus einer Reihe von Benachteiligungen ergeben hat, die sie im Laufe dieser Jahre erfahren hat und die ihre Entscheidungen im beruflichen Werdegang maßgeblich bestimmt haben. Wenn wir hier den Begriff der Benachteiligungen in den Vordergrund stellen, dann deshalb, weil wir glauben, daß er am deutlichsten einen Prozeß charakterisiert, für den subjektive Faktoren eine wesentliche Rolle spielen; diese sind jedoch mit objektiven Faktoren, d.h. institutionell geprägten Risikolagen gekoppelt.

Letztere haben Frau B. an vier entscheidenden Gabelungen des beruflichen Weges jeweils zur Verliererin gemacht.

5.1. Die Erfahrung tradionaler Benachteiligungen

Frau B. war eine gute Grundschülerin. Wäre es nach ihren Leistungen gegangen, hätte Frau B., in einem städtischen Kontext im Jahr 1993, mit großer Wahrscheinlichkeit zu jenen mehr als 70% der Mädchen gehört, die das Gymnasium oder die Realschule besuchen. Am Anfang der siebziger Jahre war dies noch anders. Damals machten in städtischen Gebieten 62,6% der Mädchen einen Hauptschulabschluß (vgl. Sachverständigenkommission 8.Jugendbericht 1990, S.62). Frau B.'s Berufseinstieg fiel in eine Zeit, in der vor allem auch die elterlichen Vorstellungen häufig noch von traditionalen geschlechtsspezifischen Mustern geprägt waren. So vertrat Frau B.'s Mutter die für ländliche Regionen keineswegs seltene Meinung, daß "das Gymnasium oder die Realschule nichts für Mädchen ist, weil die ja später eh Hausfrau und Mutter werden". Also blieb auch Frau B. bis zum Ende ihrer schulischen Laufbahn in der Hauptschule. Immerhin beendete sie diese mit einem sehr guten Qualifizierenden Hauptschulabschluß.

5.2. Das Schicksal eines geburtenstarken Jahrgangs
Benachteiligungen einer Kohorte

Eine zweite Beschränkung erfährt Frau B. nach Ende ihrer Schulzeit. Ihr Wunsch ist es, eine Lehre als KFZ-Mechanikerin zu machen. Auch wenn dieser Wunsch für ein Mädchen ungewöhnlich ist, war er, von ihren Bildungsvoraussetzungen her besehen, durchaus realistisch. Würden wir wiederum vom Jahr 1993 ausgehen, hätte Frau B. gute Chancen, diesen Berufswunsch in eine Lehrstelle bei einem KFZ-Betrieb umsetzen zu können. Bei dem gegenwärtigen Überhang an Lehrstellen sind Innungen und Betriebe, nicht zuletzt um ihre Lehrplätze überhaupt besetzen zu können, in zunehmendem Maße bereit, auch Mädchen in typisch männlich geprägten Beschäftigungsfeldern auszubilden. Frau B. hat allerdings "das Pech", daß sie vor 15 Jahren noch genau zu jener Alterskohorte gehörte, deren Übergang in Ausbildung und Beruf unter ganz anderen Vorzeichen stattfand. Zunehmende Jugendarbeitslosigkeit und ein zunehmender Mangel an Lehrstellen kennzeichneten damals den Arbeits- und Ausbildungsmarkt. Damals hat sie mit ihrem für ein Mädchen exotischen Wunsch keinerlei Chancen. Immerhin aber eröffnen ihr die guten Abschlußnoten wenigstens die Möglichkeit, überhaupt eine Ausbildungsstelle zu erhalten. Frau B. wird im Unterschied zu vielen anderen Jugendlichen nicht arbeitslos, sondern findet eine Lehrstelle als Bürokauffrau. Doch die Lehre erweist sich für Frau B. schnell als Sackgasse. Von den Inhalten wie von der kommunikativen Umgebung her ihrem ursprünglichen Berufswunsch diametral entgegengesetzt, macht ihr die Ausbildung überhaupt keinen Spaß. Auch an dieser Stelle lohnt der Blick nach vorne. Wäre Frau B. heute in der gleichen Situation, würde sie zu jenem Viertel der Jugendlichen gehören, die eine begonnene Lehre wieder abbrechen. Vermutlich würde sie, wie die meisten der Abbrecher (57%), dies im ersten Lehrjahr tun und sich eine neue Lehrstelle in einem anderen, ihren Erwartungen besser entsprechenden Ausbildungsgang suchen (Berufsbildungsbericht 1992, S.36f.). Zu Beginn der achtziger Jahre war der Orientierungspunkt für die meisten der Jugendlichen mit niedrigeren Bildungsabschlüssen jedoch, überhaupt eine Lehrstelle zu bekommen bzw. diese zu behalten. Und so hält auch Frau B. die Ausbildung bis zur Prüfung durch. Doch dann ist ihre Anpassungsfähigkeit zu Ende. Vermutlich als Folge einer Art innerer Verweigerung, gelingt ihr trotz dreimaligem Anlauf kein erfolgreicher Abschluß.

5.3. Weibliche Ambivalenzen in einer männlich dominierten Arbeitswelt

Für viele Jugendliche mit einer ähnlichen Karriere hätte bereits diese Erfahrung zu einem zumindest vorläufigen Scheitern der Erwerbsperspektive geführt. Nicht jedoch bei Frau B., denn sie findet noch im Jahr 1983 eine Bürostelle bei der Bundeswehr. Der Vorteil, als Jugendliche ohne abgeschlossene Ausbildung überhaupt eine Arbeitsstelle gefunden zu haben, wird jedoch durch zwei gravierende Nachteile aufgewogen: Die Stelle verdankt sie ihrer Mutter, zu der sich ein ambivalentes Verhältnis entwickelt hat und die Tätigkeit gehört zu dem von ihr ungeliebten Bürobereich. Dieses Tätigkeitsfeld soll im folgenden etwas näher analysiert werden, da Frau B. hier eine weitere, nun eher geschlechtsspezifische Form der Benachteiligung erfährt. Frau B. entspricht den gängigen Schönheitsidealen nicht. Spielen solcherlei ästhetische Kriterien für Männerberufe eine eher untergeordnete Rolle, haben sie für Frauen einen erheblichen Stellenwert. Sowohl in der Beurteilung durch Männer, wie auch in der kommunikativen Beziehung der Frauen in diesem Bereich spielen Fragen des "Sich-hübsch-Herrichtens", des weiblichen Charmes und auch der Stellung der Frau als Sexualobjekt eine dominante Rolle. Frau B. tritt auf dieser Ebene nicht in den Wettbewerb ein. Um dennoch Aufmerksamkeit und Anerkennung im Arbeitsbereich zu erhalten, wählt sie eine andere Strategie: Sie leistet mehr. Sie steigert ständig ihre Tippleistungen und übertrifft ihre KollegInnen bei weitem. Der gewünschte Effekt bleibt aber aus, bzw. verkehrt sich ins Gegenteil. Die Bundeswehr als Institution mit eher bürokratischen Beamtenstrukturen erwartet und honoriert ihre Leistungen nur unzureichend. Die Kolleginnen bewerten Frau B's Verhalten als Konkurrenzkampf und bestrafen sie mit dem Entzug kollegialer Solidarität. So gerät Frau B. mehr und mehr in die Rolle der Außenseiterin. Damit wird auch aus ihrem Arbeitsbereich heraus verstehbar, warum Frau B. nach 1985 zunehmend unter Depressionen leidet und durch Alkohol ihre Situation zu bewältigen versucht. Frau B. gelingt es immer schlechter, den beruflichen Alltag aufrechtzuerhalten. Klinikaufenthalte wechseln mit immer kürzer werdenden Beschäftigungsphasen bis sie schließlich zur Frührentnerin erklärt wird und damit zumindest vorläufig aus dem Arbeitsleben ausscheidet. Wir wollen an dieser Stelle nicht so weit gehen und dieses berufliche Scheitern als Grund ihrer Krankheitsgeschichte interpretieren. Eine befriedigende berufliche Karriere hätte aber möglicherweise ein Gegengewicht gegen die problematischen biographischen Erfahrungen von Frau B. darstellen können.

5.4. Professionelle Einäugigkeit
Von den Defiziten der Psychiatrie im Prozeß beruflicher Wiedereingliederung
Die vierte und letzte hier analysierte Form der beruflichen Benachteiligungen betrifft die Institution Psychiatrie. Weder ihre bisherige berufliche Biographie, noch das Krankheitsbild rechtfertigen die Berentung von Frau B.. Spätestens nachdem sie wieder in der Lage war, ihren Alltag weitgehend normal zu gestalten, hätten entsprechende Wiedereingliederungsbemühungen erfolgen müssen. Daß hier aber offensichtlich fast nichts geschah, hängt vor allem damit zusammen, daß die Psychiatrie dem Beschäftigungsbereich in ihren Resozialisierungsangeboten stets zu wenig Aufmerksamkeit widmet. Dies beginnt bereits im stationären Bereich, wo Beschäftigung entweder auf der Ebene der Beschäftigungstherapie verbleibt oder sich, vor allem bei Frauen, in völlig anspruchslosen Tätigkeitsangeboten, wie Reinigungs- oder Küchenarbeiten, erschöpft. Die gleiche Kritik gilt aber auch für den ambulanten Bereich, in dem regional viel zu wenig Beschäftigungsprojekte existieren. Das Bild prägen noch immer überwiegend "beschützende Werkstätten", nicht jedoch auf die Integration in den ersten Arbeitsmarkt ausgerichtete Beschäftigungsprojekte. Der Grund für die Nichtinanspruchnahme liegt vermutlich in der fehlenden Kenntnis und Kooperation der Psychiatrieeinrichtungen. Auch hier lohnt der Blick in ein anderes Feld. Wäre Frau B. beispielsweise straffällig geworden, wäre sie mit einer gewissen Wahrscheinlichkeit in einem Projekt der Berufsbezogenen Jugendhilfe (BBJH) oder einer anderen sozialen Beschäftigungsinitiative gelandet. In diesen Projekten gelingt es fast 70% der TeilnehmerInnen, wieder Anschluß an den ersten Arbeitsmarkt zu finden, fast 20% beenden sogar erfolgreich eine Ausbildung. Frau B. wäre dort wohl kaum mit 29 Jahren berentet worden, ein Urteil, das sich keineswegs so einfach wieder rückgängig machen lassen wird. Für Frau B. bedeutet dies, daß

sich ihre Psychiatriekarriere unter der Perspektive der beruflichen Wiedereingliederung als endgültige Sackgasse erweisen könnte.

6. Alte Jungfer in der Postmoderne? Geschlechterdiskurs und gesellschaftliche Individualisierung

Mit ihrem Weiblichkeitsentwurf präsentiert sich Frau B. in einem Spannungsfeld zwischen traditioneller Weiblichkeit, (noch) nicht gelungener Geschlechtsidentität und dem unbewußten Widerstand gegen patriarchale Setzungen von Weiblichkeit. Gerade im Zusammenhang mit individualisierten Lebensentwürfen wird die Rolle der Frauen als Verliererinnen oder Gewinnerinnen einer enttraditionalisierten Moderne diskutiert. Verbesserte Bildungschancen und flexible Lebensformen scheinen das Geschlechterverhältnis zu bewegen und Frauen neue Chancen zu bieten. Strukturell besehen könnten die Veränderungen der Individualisierung positive Aspekte für die Biographie von Frau B. bedeuten. Obwohl sie mit dreißig Jahren noch kinderlos und unverheiratet ist, wird sie nicht als "alte Jungfer" ausgemustert, sondern könnte sich als Single definieren, als unabhängige Frau, die keine Lust darauf hat, das Opfer patriarchaler Gier und Unterdrückung zu sein. Diese Selbstdefinition ist aber offensichtlich sehr unpassend für die Identitätsarbeit von Frau B., die sich nicht als Vertreterin postmoderner Weiblichkeit darstellt und sich aus den Verunsicherungen durch die Enttraditionalisierung auch nicht "heraus-patchworkt". Frau B. irritiert uns damit, daß sie weder bereit, noch bemüht ist, sich den individualisierten Weiblichkeitssetzungen unterzuordnen: Sie ist keine Superwoman, kein Supersingle, keine erwerbstätige Supermutter und auch keine Superfeministin. Auch den klassischen bürgerlichen Rollentraditionen entspricht sie nicht, denn sie ist kein hübsches Weibchen, keine mütterliche Matrone, keine radikale Lesbe und auch kein leichtes Mädchen.

6.1. Geschlechterrollen schaffen Ordnung

Eine Besonderheit an der Geschichte von Frau B. ist die Tatsache, daß ihre weibliche Identität schillernd ist und nicht eindeutig einem bestimmten Weiblichkeitsdiskurs zuzuordnen ist. Ihr äußeres Erscheinungsbild entspricht nicht den gesellschaftlichen Anforderungen an eine junge Frau, denn sie ist stark übergewichtig und scheint keinen Wert auf ihre Garderobe, Frisur oder Kosmetik zu legen. Ihre Aufmachung läßt sich auch keinem bestimmten Stil zuordnen, also kann sie weder als androgyn, unmodern oder männlich gestylt beschrieben werden. Sie wirkt auch nicht verwahrlost oder unpassend bekleidet; was an ihr auffällt, ist vielleicht gerade das, daß sie nicht schön ist und sich offenbar auch nicht nach bestimmten, erkennbaren Kriterien gestaltet. Damit verwirrt und verwundert uns Frau B., denn es ist für Frauen nicht üblich, sich dem gesellschaftlichen Diktat der Übernahme einer klar erkennbaren Geschlechtsrolle zu widersetzen oder diese Rollenanforderung nicht wahrzunehmen. Frau B. würde uns sicher weniger irritieren, wenn sie Männerkleider tragen würde oder modische Kleider für Übergewichtige. Auch die Gestaltung der beruflichen Biographie von Frau B. entspricht nicht der geschlechtsspezifischen Ordnung. Ihre Berufswünsche wie KFZ-Mechanikerin, Busfahrerin oder LKW-Fahrerin sind üblicherweise eher Männern reserviert. Trotzdem ist es nicht mehr unüblich, daß Frauen solchen Erwerbstätigkeiten nachgehen. Es gibt beispielsweise relativ viele Taxifahrerinnen und mittlerweile auch Werbeaktionen für "Frauen in Männerberufen". Mit ihrem Wissen über Autos und ihren Reparaturerfahrungen könnte Frau B. durchaus in der Autobranche arbeiten. Was die etablierte Ordnung durchbricht, ist die Tatsache, daß Frau B. sich nicht nur für technische Arbeiten interessiert, sondern daß sie auch im Bürobereich qualifiziert war. Sie berichtet davon, daß ihr die Ausbildung als Kauffrau zwar nicht gefallen hat, daß sie aber enorm schnell Maschinenschreiben konnte. Dadurch sprengt Frau B. die Klischees von "männlicher" und "weiblicher" Orientierung auf dem Arbeitsmarkt, denn sie ist im technischen und im kauffraulichen Arbeitsfeld qualifiziert, ist jedoch in keinem der beiden Bereiche erwerbstätig, sondern lebt von ihrer Rente. Ein dritter Bereich, der unserem Ordnungsbedürfnis widerspricht, sind ihre sexuellen Erfahrungen und Phantasien. Ein prägendes Erlebnis könnte der sexuelle Mißbrauch durch den Stiefvater sein. Im Alter von 8 Jahren wurde sie vom damaligen Lebenspartner ihrer Mutter mißbraucht. Auffällig ist, daß Frau B. diesen Mann sehr stark idealisiert und die Zeit mit dem Stiefvater als eine "tolle" Phase ihres Familienlebens beschreibt. Ihre jüngere Halbschwester, ein Kind des Stiefvaters und ihrer Mutter, ist die Lieblingsschwester von Frau B., an deren Erziehung sie stark beteiligt war. Eine mögliche Erklärung für die Beziehung von Frau B. zu ihrem Stiefvater ist, daß Frau B. die patriarchalen Zuschreibungen über die Sexualität von Mädchen so weit internalisiert hat, daß sie, als lockende Frau, diesen Mann verführt hat und der Mißbrauch die "normale" Reaktion eines Mannes darauf war. Eine andere Erklärung könnte sein, daß die wahre Liebe zwischen Frau B. und ihrem Stiefvater in diesem Zusammenhang, den sexuellen Mißbrauch legitimiert. Denn Frau B. beschreibt die Beziehung zu ihrem Stiefvater als sehr liebevoll und erinnert sich an die schöne gemeinsame Zeit. Damit bringt sie das häufig gebrauchte Klischee "widerlicher Kinderschänder" in Unordnung.

6.2. "Prisoners of Gender" oder "Prisoners of Discourse"?
Es stellt sich die Frage, welche Auswirkungen es für Frau B. hat, daß sie weder in traditionelle, noch in enttraditionalisierte Setzungen von Weiblichkeit paßt. Ein wesentlicher Bestandteil ihrer Identitätsarbeit ist der

Mechanismus, den gängigen Geschlechtsrollenzuweisungen nicht zu entsprechen. Knapp spricht von der "weiblichen Nicht-Identität", die, in Abgrenzung zum theoretischen Begriff "Identitätslosigkeit", ein widerständiges Potential gegen die Konstruktion einer weiblichen Identität im Sinne der patriarchalen Ordnung darstellt. "Nur wenn ich im gesellschaftlich Funktionalen nicht aufgehe, wenn ich mehr bin als die plastische Personifikation einer sozialen Rolle, kann ich erfahren, was soziale Zwänge und Zumutungen sind. Nur so kann ich auch Gründe und Fähigkeiten zum Widerstand aufdecken" (Becker-Schmidt/Knapp 1987, S. 150). Dies könnte ein Mechanismus sein, der Frau B. von den Zuweisungen patriarchaler Rollenmuster befreit und sie nicht zum "prisoner of gender" macht. Sie setzt sich durch ihren unattraktiven Körper nicht der Lüsternheit von Männern aus, sie verschwendet ihre Energien nicht, um ein besonders begehrenswertes Sexualobjekt zu sein und vermeidet Auseinandersetzungen mit einem möglichen Lebenspartner, indem sie den toten Stiefvater idealisiert und für den fernen Eros Ramazotti schwärmt. Lust erlebt sie bei ihren romantischen Nachtfahrten und überwindet durch Geschwindigkeit die Grenzen von Körperlichkeit. Landweer bezeichnet solche Überlegungen als "Strategie der subversiven Identität". "Gemeint ist hiermit ein Bild weiblicher Identität, das in allen historischen und aktuellen Formen von Weiblichkeit das Widerständige aufspürt und selbst noch schweren Formen psychischen und physischen Leidens von Frauen als 'Listen der Ohnmacht' eine subversive und damit politische Funktion unterstellt." (Landweer 1987, S. 95) Die Identitätsarbeit von Frau B. könnte eventuell als Strategie des Geschlechterkampfes interpretiert werden, aber keinesfalls als ein Ausweg aus der Geschlechterhierarchie. Denn gerade eine problematisch scheinende Identitätsarbeit ist eine Angriffsfläche für die Installierung eines Kräfteverhältnisses von Macht und Ohnmacht. Die Unberechenbarkeit von Frau B. ist vielleicht ein Mechanismus, sich vor direkten Zugriffen männlicher Gewalt zu schützen, aber auch der Anker für diverse machttransportierende Diskurse. Somit könnte Frau B. zum "prisoner of discourse" werden. Bei der Betrachtung des Lebens von Frau B. wird klar, daß ihre mehrdeutigen Selbstdefinitionen vor allem Material für die Ausgestaltung ihrer psychiatrischen Diagnose liefern. Die Macht des klassischen Psychiatriediskurses dient einer begründeten Isolation von Frau B. aus der Gesellschaft und ihre Persönlichkeit wird reduziert auf die einer häßlichen, dicken Frührentnerin mit vielen Krankheitsmerkmalen.

7. Über die Lust an der synthetisierenden Metaerzählung

Unsere Ausgangsposition war es, eine Fallgeschichte diskurstheoretisch zu bearbeiten. Es war die Intention dieses Vorgehens, bewußt auf die Ganzheit einer Erzählung zu verzichten, diese vielmehr durch eine "Zerlegung" in einzelne Diskurse zu ersetzen. Wie Parker (1992) dies fordert, hatten verschiedene AutorInnen versucht, unterschiedliche lebensweltliche Aspekte einer Person zu beschreiben. Nun stellt sich die Frage, was diese Vorgehensweise von einer kommentierten Fallgeschichte unterscheidet und welche Impulse die Arbeit mit Diskursen in die sozialwissenschaftliche Methodendiskussion einbringt. Eine wichtige Erfahrung in der Auseinandersetzung mit der Fallgeschichte war, daß wir immer wieder, durch die "Lust an der synthetisierenden Metaerzählung", versucht waren die einzelnen Diskurse zusammenzusetzen und unsere Vorschläge zur Optimierung dieser Metaerzählung unterzubringen. Es wurde heftig diskutiert, welche sozialen Netzwerke Frau B. förderlich wären: Vorschläge wie Projekte des Zweiten Arbeitsmarktes oder bestimmte frauenorientierte Netzwerke sollten eine positive Perspektive für Frau B. darstellen. Die Metaerzählung wurde so weit ausgestaltet, daß Begründungen und Widersprüche für die Integration oder Isolation von Frau B. innerhalb bestimmter sozialer Netzwerke zusammengetragen wurden. Eine andere interessante Beobachtung ist, daß bei der Auswahl der lebensweltlichen Aspekte von Frau B. genau diejenigen Teilbereiche gewählt wurden, welche die stärksten Repräsentanten gesellschaftlicher Macht darstellen, nämlich beispielsweise der familiäre Bezugsrahmen oder die Arbeit. Die Auswahl der verschiedenen lebensweltlichen Sektoren erfolgte eher spontan und erst bei der Zusammenführung der Diskurse wurde ersichtlich, daß unsere Auswahl das gesellschaftliche Kräfteverhältnis auf der Ebene der Arbeit mit Texten abbildet. Ganz selbstverständlich wurde der Psychiatriediskurs untersucht, während beispielsweise kein Beitrag die Kinderlosigkeit von Frau B. als Ausdruck einer radikalfeministischen Perspektive beleuchtete. An der vorgenommenen Auswahl kann bereits abgelesen werden, welche Diskurse sehr viel Macht in der Gesellschaft überhaupt oder in einer bestimmten Auswertungsgruppe haben und welche machtvollen Diskurse vorherrschen. Eine weitere Erfahrung in der Arbeit mit Diskursen ist es, daß es relativ schwierig ist, einen Diskurs darzustellen und inhaltlich zu vertreten, der in der Auswertungsgruppe eher weniger anerkannt ist. Damit findet innerhalb der Auswertung eine subjektive Selektion statt und es wird erforderlich, subjektive oder institutionelle Einstellungen zu dokumentieren und zu diskutieren. Es war beispielsweise die Tendenz zu beobachten, daß bei der Darstellung des psychiatrischen Diskurses das Bestreben vorherrschte, den Entwicklungsprozess von Frau B. von der schulmedizinischen Psychiatrie hin zur Sozialpsychiatrie als positiv zu sehen. Diese Tendenz zeigt, wie schwierig es ist, die Erfahrungen mit bestimmten Diskursen aufzuzeigen und Inhalte zu analysieren, da sich immer wieder die "Lust an einer synthetisierenden Metaerzählung" in den Vordergrund drängt. Niemand wollte den psychiatrischen Diskurs "in Reinkultur" darstellen, sondern das zentrale Anliegen war es, eine Differenzierung zwischen der Schulmedizin und der Sozialpsychiatrie vorzunehmen, die beiden psychiatrischen Subdiskurse zu werten und eigene sozialpolitische Einstellungen und Standpunkte zu transportieren. Ein Bestimmungsmerkmal der diskurstheoretischen Vorgehensweise ist es, daß die AuswerterInnen ganz bewußt eine subjektive Erkenntnisfolie über eine Erzählung legen. Dabei ist es aber wichtig, die Identifizierung der AuswerterIn mit dieser Folie zu berücksichtigen, um nachvollziehen zu können, was subjektive Wertung der AuswerterIn und was Aussagen des bearbeiteten Textes sind. Es zeigt sich, daß es durchaus möglich ist, die Identität eines Menschen, zwar nur innerhalb eines bestimmten Diskurses, aber dennoch facettenreich und umfassend, darzustellen. Möglicherweise in der Variante, daß ein Diskurs durch eine interne Metaerzählung "aufgepeppt" wird. Der Effekt könnte beispielsweise sein, daß Frau B. als Vertreterin einer radikalfeministischen Nische gezeigt wird, weil die Auswerterin Frau B. gerne in einem solchen sozialen Netzwerk wissen würde, obwohl Frau B. selbst keinerlei Bezug zu dieser Szene hat. Aus diesen Erfahrungen und Überlegungen wird deutlich, wie stark die Darstellung und Untersuchung von Identität sozial konstruiert ist. In der Auseinandersetzung mit verschiedenen Diskursen stellte sich auch heraus, daß nicht nur Objekte unterschiedlich über Diskurse definiert sind, sondern sich Diskurse auch unterschiedlich auf die Selbstdefinition von Subjekten auswirken. Hier stand die Distanzierung der AuswerterInnen von einem bestimmten Diskurs einer starken Identifizierung von Frau B. mit demselben Diskurs gegenüber. Während wir als sozialpsychiatrie-freundliche ForscherInnen die Integration von Frau B. in ein ambulantes Netzwerk psychosozialer Einrichtungen im Stadtteil begrüßten, definierte sich Frau B. vornehmlich über ihre schulpsychiatrischen Diagnosen und Erfahrungen. Diese unterschiedlichen Wertungen und Einschätzungen von inhaltlichen Zusammenhängen können die Auswertung der Fallgeschichte durchaus mitbestimmen und Zusammenhänge transparent machen. Letztlich läßt sich feststellen, daß es eine aufregende Erfahrung war, eine diskurstheoretische Auswertung eines Falles zu versuchen. Sicherlich steht diesmal am Ende der Auswertung kein harmonisierendes Resumee und es konnte auch nicht geklärt werden, ob Frau B. nun tatsächlich eine "Gewinnerin oder Verliererin" einer enttraditionalisierten Gesellschaft ist. Was jedoch deutlich wurde, ist, wie stark die sozialwissenschaftliche Auseinandersetzung mit Identitätsarbeit in soziale Konstruktionen eingebunden ist. Unsere sozialwissenschaftliche Forschungsarbeit ist massiv von der Lust an der synthetisierenden Metaerzählung geprägt und wir haben festgestellt, daß die Arbeit mit Diskursen, als kritisches Instrument, unser "Methodenköfferchen" erweitern und bereichern kann: Eine diskurstheoretisch akzentuierte Auswertung qualitativer Daten zeigt auf, wie in unterschiedlichen Diskursen Objekte definiert werden. Mit dieser Form der Auswertung ist es möglich, die Überlappungen, Bezugsebenen und Wechselwirkungen der Einzeldiskurse herauszuarbeiten. Weiterhin kann herausgefiltert werden, welche Institutionen durch die Verwendung eines bestimmten Diskurses gestärkt oder geschwächt werden. Ein letzter wichtiger Aspekt ist es, daß ein diskurstheoretisches Vorgehen offenlegen kann, ob und wie Diskurse Machtbeziehungen reproduzieren.

Literatur

Beck, U. (1986). Risikogesellschaft. Auf dem Weg in eine andere Moderne. Frankfurt/M.: Suhrkamp.

Becker-Schmidt, R.,& Knapp, A. (1989). Geschlechtertrennung-Geschlechterdifferenz. Suchbewegungen sozialen Lebens. Bonn: Verlag Dietz.

Bundesministerium für Bildung und Wissenschaft (Hg.) (1992). Berufsbildungsbericht 1992. Schriftenreihe Grundlagen und Perspektiven für Bildung und Wissenschaft. Bad Honnef: C. H. Beck.

Burgart, R. (1988). Wie Frauen verrückt gemacht werden. Berlin: Orlanda.

Deleuze, G.,& Guattari, F. (1974). Anti-Ödipus. Kapitalismus und Gesellschaft. Frankfurt/M.: Suhrkamp.

Engelmann, P. (1990). Postmoderne und Dekonstruktion. Texte französischer Philosophen der Gegenwart. Stuttgart: Reclam.

Kemper, P. (1988b). "Postmoderne" oder der Kampf um die Zukunft. Frankfurt/M.: Fischer.

Kernberg, O. (1991). Borderline-Störungen und pathologischer Narzißmus, Frankfurt/M.: Suhrkamp.

Landweer, H. (1987). "Weibliche Identität": Selbstaffirmation als Geschlecht. In: Psychologie & Gesellschaftskritik, (41).

Marcia, J. E. (1989). Identity diffusion differentiated. In M. A. Luszcz, & T. Nettelbeck (Hrsg.), Psychological development across the life-span (S. 289-295). North-Holland: Elsevier.

Nunner-Winkler, G. (1985a). Adoleszenzkrisenverlauf und Wertorientierungen. In: D. Baacke & W. Heitmeyer (Hrsg.), Neue Widersprüche: Jugendliche in den achtziger Jahren. München: Juventa

Nunner-Winkler, G. (1985b). Identität und Individualität. Soziale Welt, 4, 466-482.

Parker, I. (1992). Discourse dynamics. Critical analysis for social and individual psychology. London: Routledge.

Sachverständigenkommission 8. Jugendbericht (Ed.). (1990). Zur Situation von Familien, Kindern und Jugendlichen in der BRD. Materialien zum 8. Jugendbericht (Bd. 4). München: DJI-Verlag.

Seidenspinner, G.,& Burger, A. (1982). "Mädchen 82". Brigitte-Studie. Hamburg.

Welsch, W. (1990). Ästhetisches Denken. Stuttgart: Reclam.

Sehnsucht nach Heimat
Selbstverortung und Identität

Beate Mitzscherlich

*H*eimat - ist das überhaupt noch ein Thema in der grenzenlosen und hochmobilen Gesellschaft der Geschäftsreisenden und freifahrenden Bürger? Ist das ein Thema in einer Zeit, in der neue Völkerwanderungen anstehen und schon begonnen haben, in der Tausende von Menschen ihre Heimat verlassen, fliehen oder vertrieben werden?
Ist das ein Thema für eine wie mich, die sich weder in der alten Heimat DDR noch in der neuen Heimat Bundesrepublik so recht zu Hause fühlt? Für mich ist es ein Thema geworden, seitdem ich frei reisen kann - was ich jahrelang ersehnt und zwei Jahre lang bis an meine physischen Grenzen genossen habe, ist mir schnell übergeworden - ich mag keine fremden Städte, fremden Sprachen, fremden Leute mehr kennenlernen. Ich will wieder nach Mecklenburg oder nach Polen, wo mir Land und Leute vertraut sind, am liebsten aber zu Hause bleiben und jeden Abend denselben Weg über die Wiesen gehen, an dem sich nichts ändert als zum Herbst hin die Farbe der Blätter. Als persönliches Problem wäre das nicht weiter von Interesse und unter Verzicht auf berufliches - da haben wir es wieder - Vorwärtskommen durchaus zu machen. Aber auch um mich herum breitet sich etwas wie eine Infektion aus, das ich nicht anders beschreiben kann als Sehnsucht nach Heimat: Da ist die komische Nostalgie, mit dem wir im Osten einem Land hinterhertrauern, in dem sich viele eingesperrt gefühlt haben und einige es real waren. Auch die Begeisterung, mit der die alte Musik gehört und die alten Geschichten erzählt, sozialistische Reliquien gesammelt und aufbewahrt, ja verschämt auch hier und da mal wieder ein FDJ-Lied angestimmt wird, ist weniger verwunderlich als ansteckend. Dazu gehören die stillen Ressentiments gegen die "Besatzer" aus dem Westen und die offeneren Vorbehalte gegen ärmere Zugereiste aus Osteuropa.
Die immer deutscheren Sprüche und Parolen verbreiten sich wie im Westen, da allerdings schon länger. Hinzugekommen ist auch dort eine seltsame Sentimentalität, die den trotz (und vielleicht auch wegen) der schützenden Ignoranz erschütterten Selbstverständlichkeiten eines "Früher" ohne Ossis und Osten, aber auch ohne Europa und überhaupt ohne Fremde und Fremdheit im eigenen Land hinterhertrauert. Diese Sehnsucht nach

Heimat und Verwurzelung äußert sich im Heimat-Tourismus, im Boom von Heimatfilmen und Heimatliteratur, aber auch in der Begeisterung, mit der ganz gewöhnliche Menschen ihre Ahnenreihen erforschen und ihre Biographien schreiben. Sie verschont auch linke Intellektuelle nicht, die ihre eigene Art von Nostalgie pflegen und in der Großstadtwüste - wie alle anderen auch - ihre Oasen suchen, wo sie unter sich sind und bleiben wollen, in Ruhe die alten Geschichten erzählen können und wo jeder Fremde auffällt. Wenn das nur in Deutschland so wäre, reichte die Kulturdiagnose; aber inzwischen wird überall in der Welt über Heimat, Identität und Verwurzelung gestritten und auch schon gekämpft. Es wird neu bestimmt und verteilt, was Heimat sein soll und wer sie so nennen darf.
Aber was ist Heimat? Worum wird da eigentlich gekämpft und worum getrauert, wonach wird sich gesehnt? Ist es etwas, was zu erobern und zu verteidigen ist, ist es etwas außer oder in uns? Gehört es zur psychologischen "Natur" von Menschen, eine Heimat zu haben oder zumindestens zu brauchen?

Heimat - eine psychologische Notwendigkeit?

Solche globalen Fragen mag sich die akademische Psychologie weder stellen noch beantworten, sie sind eher ein Metier für Theologen, Philosophen und Kulturwissenschaftler. Soziologen haben zwar eine Fülle statistischer Daten zum Wandern und Wohnen von Menschen gesammelt, aber weniger dessen "Innenseite" reflektiert. Infolgedessen kann ich in diesem Text auch zunächst nur mögliche psychologische Dimensionen des Begriffs von Heimat aus dem Alltagsverständnis zu rekonstruieren versuchen und psychologische Einzelbefunde heranziehen, wo sie mir verfügbar sind.
Wenn ich andere frage, was für sie Heimat ist, bekomme ich zumeist ein geografisches Angebot: Ein Land, eine Landschaft, eine Region - wo diese Leute geboren und aufgewachsen sind oder wo sie heute wohnen und arbeiten. Interessanterweise unterscheiden sich Menschen eben darin, wie groß und "wieviel" ihre Heimat ist: Ob ich ein Dorf oder einen Stadtteil, eine Region oder ein Land als Heimat betrachte oder mich gar als Weltenbürger fühle, hängt nicht zuletzt davon ab, wieviel "Land" - und das bedeutet nicht nur Geografie sondern auch Kultur, Sprache und soziale Beziehungen - ich mir aneignen konnte. "Aneignen" meint eben mehr, als mal durchgefahren oder dagewesen zu sein, es meint eine bestimmte Relation, in der ich mich selbst in Beziehung zu diesem Land entwickelt habe. Auch hinziehen und lange dort wohnen scheint in vielen Fällen nicht zu reichen dafür - denn auffällig viele Menschen unterscheiden zwischen der eigentlichen "Heimat" als dem Ort, "aus dem sie stammen" und dem Ort, an dem sie jetzt "gelandet" sind und sich im besten Fall mit der Zeit heimisch fühlen. Im Alltagsbegriff von Heimat findet sich so eine Verbindung

von biologischer Abstammung als Glied einer Sippe und weitverzweigten Verwandtschaft, geografischer Vertrautheit mit dem eigenen Revier und sozialer Einbindung unter vertrauten Menschen mit ihren vertrauten Gewohnheiten, ihrem Dialekt und ihrer Alltagskultur. Verwandtschaftszugehörigkeiten, Unterscheidung von Eigenen und Fremden und Revierabgrenzung gibt es bereits im Tierreich. Interessanter scheint mir, wo die spezifisch menschliche und eben psychologische Anbindung an ein Territorium, eine Gruppe, eine Kultur anfängt. Dazu erscheint mir ein entwicklungspsychologischer Exkurs unumgänglich.

Die erste "Heimat" des menschlichen Embryos ist der Körper der Mutter; bereits diese erste Heimat und Umwelt kann mehr oder weniger gesund oder vergiftet, mehr oder weniger nährstoffarm oder -reich und mehr oder weniger freundlich oder feindlich gesinnt sein. Freilich liegt dieser Zustand nicht allein in der Verantwortung der Mütter, sondern in einem viel komplexeren Netz fehlender oder vorhandener sozialer Unterstützung. Die medizinischen Zusammenhänge dieser Entwicklungsphase sind recht gut erforscht, über die psychologischen Konsequenzen einer gestörten Verbindung gibt es erste Hypothesen, die gerade auch die Erfahrung von Verwurzelung, existentieller Geborgenheit und Schutz hier ansetzen. Vom Zeitpunkt der Geburt an lernt das Kind die Unterscheidung zwischen sich und der Umwelt, die zunächst in der Person der Mutter relevant bleibt. Die neue Heimat ist zunächst der eigene Körper, der erfahren, erforscht und erprobt wird. Jede weitere Erfahrung wird von diesem Körper aus und in Bezug auf diesen Körper organisiert; nicht nur soziale Realitäten wie Zuwendung Ablehnung, Befriedigung oder Vernachlässigung, sondern auch die einfachsten physikalischen Relationen wie groß, klein, hart, weich, kalt und heiß werden "am eigenen Leib" erfahren. Das Bewußtsein organisiert sich dynamisch und selbstbezogen, bezogen auf den eigenen Körper und dessen schmerz- oder lustvollen Erfahrungen (Rosenfield 1992). Zwischen dem sechsten und dem achten Monat beginnen Kinder vertraute und fremde Personen zu unterscheiden, offensichtlich schon früher reagieren sie auf die Fremdheit und Vertrautheit ihrer physikalischen Umgebung. Mit den Fähigkeiten zur Fortbewegung entwickelt sich die Fähigkeit der Kinder sich neue Räume anzueignen - die Grenzen dieses Erkundungsdranges setzen zumeist die Eltern. Dabei ist es eben offensichtlich auch von psychologischer Bedeutung, in welcher mehr oder weniger natürlichen Umgebung erste eigene Erfahrungen gesammelt werden, ob der Boden, auf dem ich die ersten Schritte mache, Wiese oder Beton ist, ob ich zuerst nach Holz oder nach Plastik greife, ob erste erkannte Geräusche von Vögeln oder Autos stammen. Auch die Umgebungen der ersten Erkundungen scheinen sich tiefer einzuprägen als alle späteren, noch nach Jahrzehnten können Gegenstände und Einrichtungen des Zuhauses der frühen Kindheit erinnert werden, innere "Landschaften" spiegeln die erfahrenen äußeren. "Zu Hause" gehört zu den ersten Begriffen, die Kinder passiv und aktiv beherrschen - sie bezeichnen damit die heimatliche Wohnung und die Personen, die sie kennen und laden diesen Begriff zunehmend emotional auf. Das "Zuhause" bekommt eine psychologische Qualität, weil es neben Versorgung auch Zuwendung, Anregung, Spiel- und Freiräume zur Verfügung stellt oder verweigert. Interessanterweise entwickeln aber auch die Kinder, deren "Zuhause" kaum so zu nennen ist, eine Utopie von "Zuhause" und oft brechen gerade die am meisten vernachlässigten und mißhandelten Kinder aus jeder Art von Heimen aus, um "zuhause" das zu suchen, was es dort noch nie gab.

Mit der Entwicklung der Sprache lernen Kinder auch sich selbst in ihrer Zugehörigkeit zu Gruppen wahrzunehmen, Bewertungen auf solche Gruppenzugehörigkeiten zu beziehen und sich entsprechend zu verhalten. Diese Bewertungen beziehen sich nicht nur darauf, wer "wir" und wer "die anderen" sind, sondern auch wohin "wir" gehören und wovon "wir" uns fernzuhalten haben. In dem Maß, wie die Kinder abhängig sind von ihren Eltern, müssen sie sich mit deren Bewertungen arrangieren, auch wenn diese der eigenen Erfahrung widersprechen, oder eben oft auch eigene Erfahrung unmöglich machen. Die Bewertungen der Eltern definieren freilich nicht nur das Verhältnis zu anderen, sondern eben auch zu sich selbst, und gerade die Psychoanalyse zeichnet nach, wie die an einem selbst ausgegrenzten und abgespaltenenen Anteile dann am Anderen, Fremden umso unerbitterlicher verfolgt werden (Schäffter 1992). Das ist sicher nicht die einzige, vielleicht auch nicht die wichtigste Erklärung für Rassismus und Fremdenfeindlichkeit, aber eine nicht übergehbare. Andererseits scheint die Orientierung und Begleitung der Eltern unumgänglich, um die eigenen Grenzen und damit die Grenzen der eigenen Heimat definieren und auch aufbrechen zu können. Die Auseinandersetzung mit den eigenen Erfahrungen und den erfahrenen Bewertungen wird zum Hauptthema der Jugendphase und klassisch wird hier das Entstehen von Identität angesetzt (Erikson 1973), quasi als Antwort auf die Frage: Wer bin ich eigentlich? Hier tauchen alle Dimensionen der Reflexion über Heimat wieder auf: Wer bin ich? bedeutet auch: Woher komme ich? Inwieweit bin ich das (biologische und psychologische) Kind meiner Eltern, worin bin ich ihnen ähnlich und worin unterscheide ich mich von ihnen? Zu welchen Leuten/Gruppen gehöre ich und was habe ich mit denen gemeinsam? Und - mit welchen will ich nichts zu tun haben? Wer sind meine Freunde und wer meine Feinde? Was ist mein Revier, meine Heimat, mein Ort, wo ich mich auskenne, gerne aufhalte, immer wohnen will? Oder von wo will ich weg?

Das Ganze wird nicht nur und schon gar nicht in erster Linie ausgedacht und beredet, sondern ausprobiert - und die Antworten auf diese Fragen können sich von heute auf morgen ändern. Zum Ausprobieren gehört auch die territoriale Beweglichkeit, "Lehr-und Wanderjahre" waren nicht nur das Privileg sondern teilweise sogar die Pflicht der Jungen - die Auseinandersetzung und Aneignung einer weiteren als der heimischen Welt. Im Ergebnis hoffte man - zumindestens im klassischen Sinne und viele Eltern tun das weiterhin - auf eine relativ stabile Einordnung, Zuordnung und Verortung: Ein Ankommen bei sich, in einem eigenen, autonomen und sozial und regional verorteten Leben mit festem Wohnsitz und Partner/in, existenzssicherndem Beruf und festem "Standpunkt". Der Beweis für das Scheitern, die Nicht-Bewältigung dieser "Entwicklungsaufgabe" war nicht nur die "Identitätsdiffusion" des einzelnen, soziale Mißbilligung und Nichtintegriertheit, sondern auch das Unbehaustsein, Verwahrlosen, Trampen, eben "auf der Strecke bleiben". Mit dem klassischen Identitätsbegriff haben wir uns freilich auch seine Kritik aufgeladen - die moderne Identitätsforschung sagt: Das funktioniert nicht mehr. Man wird nicht mehr fertig. Man kommt nicht mehr an. Und hier beginnt auch die Debatte um die verlorene Heimat.

Heimatlosigkeit - der Preis der Moderne
Das Identitätsmodell als Modell des Abschlusses hat sich überlebt. Die Entwicklungsaufgaben sind nicht mehr so sicher definierbar, schon gar nicht ihre Lösungen. Die Moderne hat die Gewißheiten und Festgelegtheiten der klassischen Biographie aufgelöst, übriggeblieben ist eine Vielfalt von Optionen in jeder aktuellen Entscheidung und über das gesamte Leben hinweg. Wo ich in fünf Jahren leben werde, ist genauso ungewiß, wie mit wem. Ob ich jemals an den Ort zurückkomme, wo ich geboren bin, kann man nicht wissen und ob ich meine Verwandten dann noch kennen werde, auch nicht. Die Konsequenz daraus ist, die Intensität von Beziehungen fein zu dosieren, da ich ihre Dauer nicht vorhersagen kann. Es ist nicht sinnvoll zu tief zu wurzeln, falls mich morgen ein anderer Wind an ein anderen Ort zu anderen Menschen trägt. Und falls ich doch zurückkomme, wer sagt, daß ich die Landschaft noch wiedererkenne, daß nicht Autobahnen sind, wo vorher Wiesen waren, Gewerbeparks statt Gehöften, zerstörte Natur statt der heilen Welt der Erinnerung? Zur Moderne gehört das Risiko und längst riskieren wir nicht nur das eigene Leben, sondern die Lebensgrundlage kommender Generationen. Heimat gibt es folglich nur noch in der Retrospektive, als Ort der Geborgenheit, aus dcm wir längst vertrieben sind. Übrig bleiben individuelle Arrangements - meinen roten Faden und Lebenssinn muß ich mir selbst zusammenbasteln - und das "Identitätsarbeit" zu nennen ist mehr als legitim. Oder ich lasse es

sein und mich "ablenken" und "zerstreuen", von allem, was mir über den Weg läuft.
Freilich sind wir in der Perspektive der Moderne nicht nur Heimatvertriebene, sondern auch Flüchtige. Die gemütliche Geborgenheit war oft unerträglich eng. Die Fremde nicht nur gefährlich sondern lockend, weil frei von den bekannten Zwängen. Auch frei von den Zwängen eigener Bekanntheit - in der Fremde habe ich mehr Spielraum, mich zu "produzieren", mir selbst fremd zu werden und Dinge zu tun, die ich zu Hause nie gewagt hätte. In der Fremde kennt mich keiner, wie ich war und das gibt mir die Chance, anders zu werden. Die Gefahr der Fortbewegung ist freilich, sich selbst verloren zu gehen: "Entfremdung" in einer anderen als der ökonomischen Bedeutung, Entfremdung von der eigenen Natur und Geschichte, von den für mich bedeutsamen anderen. Und was mir fremd ist und bleibt, wird nicht nur weniger pfleglich behandelt, sondern ohne Bedenken zerstört: Die fremde Natur, der fremde eigene Körper, die fremden, für mich gesichtslosen Personen und ihre fremde Kultur. Diese Beziehungslosigkeit halte ich für bedrohlicher als die in Gefühlen von Bedrohtheit wurzelnde Gewalt, die immerhin Beziehung noch nicht völlig aufkündigt.
Insofern kann ich meine Skepsis, was den Freiheitsgewinn der Moderne und der westlichen Lebensweise angeht, nicht ganz verhehlen. Nicht nur weil ihr Preis zu hoch und vielleicht unbezahlbar ist. Auch weil der Zwang zu wählen längst die Freiheit zu wählen erdrückt hat. Weil die unbegrenzte Wahl im Supermarkt der persönlichen Optionen nach wie vor durch die vorhandenen Ressourcen und oft ziemlich schnöde durch das verfügbare Kapital begrenzt ist. Und nicht zuletzt auch deswegen, weil es offensichtlich in der menschlichen Natur liegt, sich Arbeit - auch an der eigenen Identität - zu ersparen und Menschen dadurch anfällig werden für alle Arten von leicht konsumierbaren Fertigteilen auch für Identität: von den bemerkenswerten Billigangeboten vieler Medien, über jede Art religiöser und politischer Rattenfängerei, bis hin zu gefährlichen und gewalttätigen Visionen, in denen das eigene Selbst unhinterfragt in der machtvollen Volks-Masse aufgeht. Dann wird auch Heimat ein Köder für Rattenfänger und stinkt nach Blut und Boden und Volk ohne Raum. Die Trauer um verlorene und zerstörte Heimat kippt um in Gewalt gegen Fremde. Die Sehnsucht wird zum Zündstoff in Molotow-Cocktails, an denen andere Heimatlose verbrennen.
Das Gefährliche am neuen Heimatdiskurs ist, daß eben nicht mehr gesucht wird, was Heimat ist, was sie mir, uns und anderen bedeutet - welche Bedürfnisse dahinter stehen, sondern daß Heimat ein Kampfbegriff geworden ist. Daß es nicht um den Bedarf nach sondern um den Besitz von Heimat geht. "Wem gehört die Heimat?" ist die aktuelle Frage und diese zieht mit

inzwischen für manche tödlicher Konsequenz die Frage nach sich: Wem gehört sie nicht? Wer muß raus, darf nicht rein, gehört vertrieben und, wenn er sich dagegen wehrt, umgebracht? Die Illusion, etwas vor Verlust zu schützen, indem man es besitzt ist so alt wie die Moderne und inzwischen verhängnisvoll für jegliche menschliche Beziehung. Dieses Besitzdenken geht auch in Bezug auf Heimat mit gewaltsamer und erzwungener Ab- und Ausgrenzung einher. Heimat wird auf Erhalten, Bewahren, Verteidigen, letzlich Einmauern reduziert. Verloren geht dabei genau die kulturkritische und utopische Potenz des Begriffes, die Tatsache, daß wir eine Heimat suchen, wie wir sie real nie gehabt, aber immer gebraucht haben - eine Heimat, wie wir sie uns wünschen. So gesehen könnte ein Satz wie: Ich bin stolz darauf, ein Deutscher zu sein! zu einer Absage an Leistungsdruck, Naturzerstörung und Beziehungslosigkeit werden. Er könnte bedeuten, Deutsch sein ist etwas - vielleicht noch das einzige - was ich mir nicht erkämpfen und verdienen muß, es steht mir zu, einfach weil ich hier als Kind meiner Eltern geboren bin. Ich fühle mich verbunden mit dem Land, in dem ich lebe und mit den Leuten, die da wohnen, ich fühle mich verantwortlich für die Pflege von Natur und menschlichen Beziehungen. Darauf bin ich stolz, und dieser Stolz verbindet mich mit denen, die in Frankreich, Polen oder Indien zuhause sind. Stattdessen klingt der Satz im gängigen Gebrauch nach: Ich muß mich behaupten. Deutsch sein ist das einzige, was mir noch bleibt. Ich bin was Besseres als die anderen und nehme mir das Recht, sie anzugreifen und zu vertreiben. Was an realer Benachteiligung, Isolation und Verunsicherung dahintersteht läßt sich im Einzelfall durchaus erklären. Aber was hilft das Verständnis schon zu verhindern? Und was können wir dagegen tun?

Einrichten auf Wanderschaft

Das Back to the roots! ist eine Illusion; sowenig sich Geschichte und kulturelle Entwicklung zurückdrehen lassen, so wenig läßt sich die alte Heimat wiederfinden oder wiederherstellen. Und wie gesagt, es ist ja auch gar nicht die alte Heimat, die wir suchen. So bleibt uns erstmal nichts anderes übrig, als uns in dem Zustand von Flüchtigkeit, den wir jetzt haben, einzurichten und ihn, wenn schon nicht heimisch, dann wenigstens wohnlich zu gestalten. Uns damit abzufinden, daß es erstmal kein festes Haus, keinen festen Ort und keine unumstößliche Gewißheit für uns gibt. Uns einstellen auf Wanderschaft und lernen von denen, die seit Jahrhunderten wandern und gelernt haben, Heimat mitzunehmen und bei sich zu tragen und selbst in Verfolgung, Vertreibung und physischer Vernichtung nicht zu verlieren. Das waren Juden, Sinti und Roma, Ketzer, Propheten, Missionare, Händler, Handwerker auf dem Weg zur Meisterschaft, Forscher, Exilanten und Asylanten und viele, die nie angekommen sind.

Die erste Erfahrung des Wandernden ist die Notwendigkeit der Anpassung an die ihn umgebende Natur, die Nutzung ihrer Ressourcen für Schutz und Nahrung, die Respektierung ihrer Gesetze, die Wahrnehmung ihrer Eigenarten und Unterschiede. Eine stärkere Ausgeliefertheit korrespondiert mit größerer Verletzlichkeit aber eben auch Aufmerksamkeit gegenüber den Signalen der äußeren und inneren Natur. Denn auch die Grenzen der eigenen Kraft werden zur Beschränkung der Reise, Erschöpfung ist ein Hinweis auf den zurückgelegten Weg und zu berücksichtigen. Wichtig wird, was man mit sich herumträgt, viel darf es nicht sein, kein Besitz, der belastet, aber oft sind es Gegenstände von hohem persönlichen oder materiellen Wert. Auch fremden Menschen und ihrer Kultur sind die Wandernden stärker ausgeliefert, sie beherrschen deren Sprache so wenig wie die Gebräuche, lernen aber, sie zu tolerieren und sogar zu teilen, wo sie das Leben einfacher machen. Die ständige Erfahrung des auf andere Zugehens ohne ihnen zu nahe zu treten, entwickelt eine Kultur des Umgangs mit Nähe und Distanz, in der auch die eigene Fremdheit und Unterschiedenheit ständig bewußt bleibt. Und es entwickelt sich aus der Perspektive des Wanderns eine Über- und Draufsicht, die die engeren Weltsichten der Seßhaften miteinander vermitteln kann. Die Wandernden werden nicht nur zu Kulturträgern, sondern transportieren Kultur, vermitteln sie, bringen Austausch und Bewegung. Zu ihrer Erfahrung gehört auch, daß weite Wege nicht allein zu überwinden sind - der Weggefährte oder die mitwandernde Gruppe werden zur wichtigsten Vorraussetzung des physischen und emotionalen Überlebens. Gerade weil sie die Erinnerung an die verlorene oder verlassene Heimat, die Erfahrung des Weges und die Erfahrung der Fremdheit teilen können, geben sie Geborgenheit und Schutz, der den fester Behausungen möglicherweise überschreitet. Der Pflege solcher Beziehungen bis hinein in Ritualisierungen von Begegnung und Abschied wird sehr viel Aufmerksamkeit gewidmet und sehr viel Zeit. Zu den wichtigsten Fähigkeiten der Wandernden gehört die, anzuhalten und zu rasten. Die ständig unterwegs sind, wissen um den Wert eines guten Lagers. Statt kurzatmig von einem Ort zum anderen zu hasten, nehmen sich die gelernten Wanderer Zeit zum Rasten, zum Atemholen, zum Betrachten der Veränderungen in der Landschaft und zum Besinnen auf sich und den eigenen Weg. Im Gegensatz zu den Seßhaften können sie ihre Geschichte nicht in Stein hauen, sondern tragen sie mit sich herum, erzählen sie wieder und wieder und verändern sie im Wandern und Erzählen. Auf diese Weise wird Wandern nicht nur erträglich, sondern lebenswert und aus unser Perspektive vielleicht sogar heilsam. Denn auch: In den Mythologien der Wandernden ist die Wanderschaft oft eine Buße für begangenes Unrecht, Selbstüberschätzung und Unglauben - und eine Heimkehr gibt es erst, wenn Versöhnung stattgefunden hat.

Jenseits der Metapher

Wenn die Diagnose stimmt, daß die Moderne nicht nur mit dem Verlust, sondern der aktiven Zerstörung der Beziehungen von Menschen untereinander sowie zur inneren und äußeren Natur einhergeht, wäre "Versöhnung" freilich mehr als notwendig. Verunsicherung und größere Ausgeliefertheit an Natur und Menschen mag uns auch wieder aufmerksamer und fähiger für die Gestaltung neuer Beziehungen machen. Schwirig zu lösen ist das Problem des geteilten Wanderns - denn nach wie vor führt unser kultureller Weg in größere Isolation und weniger sozial geteilte Zeit. Sicher ist aber auch, daß diese Zeit genommen werden muß, um der Zerstörung zu begegnen und auch um die Utopie einer neuen Heimat zu entwickeln, uns unser "verheißenes Land" auszumalen: zu benennen wie diese Heimat aussehen, klingen, riechen, schmecken und sich anfühlen soll. Was uns daran wichtig ist und worauf wir verzichten können, wie wir miteinander und mit Fremden umgehen wollen. Freilich bleibt die Frage offen, ob diese Utopie jemals Realität wird. Ob wir am Ende der Wanderung in einer neuen Heimat ankommen, ob wir das Gehäuse der Moderne nur zerbrochen haben um uns ein besseres, passenderes Leben aufzubauen, ob die Verunsicherung nur Ausdruck eines Überganges ist oder Ausdruck eines Abganges? Darauf gibt es keine Antwort.

Literatur

Beck, U.(1986). Risikogesellschaft. Auf dem Weg in eine andere Moderne. Frankfurt Suhrkamp

Beck, U./Beck-Gernsheim, E.(1990). Das ganz normale Chaos der Liebe. Frankfurt. Suhrkamp

Erikson, E.H.(1973). Identität und Lebenszyklus. Frankfurt.Suhrkamp

Grawert-May, E.(1992). Die Sucht mit sich identisch zu sein. Berlin.Rotbuch

Keupp, H.(1988). Riskante Chancen.Das Subjekt zwischen Psychokultur und Selbstorganisation. Heidelberg:Asanger

Keupp, H./Bilden, H.(1989). Verunsicherungen. Das Subjekt im gesellschaftlichen Wandel. Göttingen:Hogrefe

Keupp, H.(1993). Die Unerträglichkeit der Ambivalenz. Die Fremdenfeindlichkeit und die Moderne

Rosenfield, I.(1992). Das Fremde, das Vertraute und das Vergessene. Anatomie des Bewußtseins. Frankfurt:Fischer

Schäffter, O.(Hrsg.)(1991). Das Fremde. Erfahrungsmöglichkeiten zwischen Faszination und Bedrohung. Opladen:Westdeutscher Verlag

Zur Gestaltbarkeit von Lebenswelten
Diskursanalyse in Technik, Stadtentwicklung und Gesundheitsförderung

Heiner Legewie

1. Gesundheitsförderliche Lebenswelten

Der Verein Deutscher Ingenieure (VDI) definiert als Ziel technischen Handelns "die menschlichen Lebensmöglichkeiten durch Entwicklung und sinnvolle Anwendung technischer Mittel zu sichern und zu verbessern" (VDI-Richtlinie 3780 "Technikbewertung - Begriffe und Grundlagen").. Der Rückbezug allen technischen Handelns auf das Ziel einer "Sicherung und Verbesserung der menschlichen Lebensmöglichkeiten" erfordert eine die Ingenieurwissenschaften überschreitende Perspektive der Technikgestaltung, wie sie paradigmatisch in den Gesundheitswissenschaften (Public Health) eingenommen wird.

Die Ottawa-Charta der Weltgesundheitsorganisation zur Gesundheitsförderung umreißt diese Perspektive unter dem Stichwort "Gesundheitsförderliche Lebenswelten schaffen":

"Unsere Gesellschaften sind durch Komplexität und enge Verknüpfung geprägt; Gesundheit kann nicht von anderen Zielsetzungen getrennt werden. Die enge Bindung zwischen Mensch und Umwelt bildet die Grundlage für einen sozialökologischen Weg zur Gesundheit. Oberstes Leitprinzip für die Welt, die Länder, die Regionen und Gemeinschaften ist das Bedürfnis, die gegenseitige Unterstützung zu fördern - sich um den anderen, um unsere Gemeinschaften und unsere natürlichere Umwelt zu sorgen. Besondere Aufmerksamkeit verdient die Erhaltung der natürlichen Ressourcen als globale Aufgabe.

Die sich verändernden Lebens-, Arbeits- und Freizeitbedingungen haben entscheidenden Einfluß auf die Gesundheit. Die Art und Weise, wie eine Gesellschaft die Arbeit, die Arbeitsbedingungen und die Freizeit organisiert, sollte eine Quelle der Gesundheit und nicht der Krankheit sein. Gesundheitsförderung schafft sichere, anregende, befriedigende und angenehme Arbeits- und Lebensbedingungen. Eine systematische Erfassung der gesundheitlichen Folgen unserer sich rasch wandelnden Umwelt - insbesondere in den Bereichen Technologie, Arbeitswelt, Energieproduktion und Stadtentwicklung - ist von essentieller Bedeutung und erfordert aktives Handeln zugunsten der Sicherstellung eines positiven Einflusses auf die Gesundheit der Öffentlichkeit. Jede Strategie zur Gesundheitsförderung hat den Schutz der natürlichen und der sozialen Umwelt sowie die Erhaltung der vorhandenen natürlichen Ressourcen mit zu ihrem Thema zu machen" (Hildebrandt und Trojan 1987).

In welchem Ausmaß und mit welchen Mitteln sind gesundheitsförderliche, sozial- und umweltverträgliche Lebenswelten heute planbar bzw. gestaltbar? Der 18. deutsche Politologenkongreß konstatiert hier - unter anderem im Hinblick auf die drängenden Umweltprobleme - ein weitgehendes Staatsversagen und verweist auf die den Problemlagen unangemessenen politischen Steuerungsmittel (Böhret 1991). Der Medienkritiker Neal Postman macht in seinem neuen Buch "Wir informieren uns zu Tode" (1992) die Auswirkungen der Informationsüberflutung für die allgemeine Orientierungslosigkeit und den Verlust der Gestaltbarkeit verantwortlich. Als Heilmittel empfiehlt er die Rückkehr zu "großen Erzählungen", die uns wieder ein einfaches Ordnungsschema für unsere Weltsicht liefern könnten. Doch eben diese verlockende Sehnsucht nach Einfachheit in einer überkomplexen Welt führt den allenthalben ins Kraut schießenden Fundamentalisten unterschiedlichster Spielart ihre beängstigend wachsende Gefolgschaft zu. Die These eines grundsätzlichen Verlusts der Gestaltbarkeit von Gesellschaft - sei es aufgrund von "Sachzwängen" oder Überkomplexität - ist in allgemeiner Form unüberprüfbar und gleichzeitig demoralisierend (s. dazu Evers und Nowotny 1987).

Ich möchte im folgenden einige denk- und kommunikationspsychologische Überlegungen zum Umgang mit Komplexität in der Gestaltung von Lebenswelten anstellen, die, wie ich hoffe, weder beim Informationsmüll noch bei "großen Vereinfachungen" enden. Ihr Ziel ist es, sozialwissenschaftliche Wissensbestände für Praxisfelder wie Technikentwicklung, Technikfolgenabschätzung (TA), Stadt- und Regionalentwicklung, Gesundheitsförderung - allgemein für die Planung und Umsetzung von Innovationen - nutzbar zu machen.

2. Die Lehren aus Tanaland und Lohhausen

Der Bamberger Denkpsychologe Dietrich Dörner hat mit seiner Arbeitsgruppe die Bedingungen und Fallstricke planvollen Handelns angesichts hochkomplexer Gestaltungsaufgaben experimentell untersucht (Dörner u.a. 1983, Dörner 1989). Eins der untersuchten Szenarios war "Tanaland", eine ärmliche Wald- und Steppenregion in Ostafrika, von Ackerbauern und Hirtennomaden besiedelt. Das zweite Experiment bezog sich auf "Lohhausen", eine Kleinstadt im deutschen Mittelgebirge, deren Bewohner überwiegend in einer städtischen Uhrenfabrik beschäftigt waren. Dörners Versuchspersonen hatten entweder als "Entwicklungshelfer" oder als "Bürgermeister von Lohhausen" die Aufgabe, für das "Wohler- gehen (der jeweiligen Region und seiner Bewohner) in der näheren und ferneren Zukunft" zu sorgen. Die Szenarios wurden jeweils anhand eines Computermodells simuliert und die Versuchspersonen konnten in einer fiktiven Amtszeit von 10 Jahren alle ihnen relevant erscheinenden Informationen über ihre "simulierte Wirklichkeit" erfragen und danach frei schalten, d.h. ihnen sinnvoll erscheinende Maßnahmen anordnen, deren Auswirkungen sie auf Nachfrage erfuhren. Die Ergebnisse der beforschten Planer waren wenig ermutigend. Tanaland, das seinen Bewohnern ein karges Leben erlaubte, wurde von fast allen Planern nach kurzem Aufschwung aufgrund unbeachteter Nebenfolgen und Fernwirkungen der "Entwicklungshilfe" (Bevölkerungsexplosion, Überweidung, Erschöpfung der Wasservorräte) in die Katastrophe geführt. In Lohhausen traten ähnliche Planungsfehler auf, immerhin gab es hier auch erfolgreiche Planer.

In unserem Zusammenhang interessieren vor allem die von Dörner herausgearbeiteten allgemeinen *Systemeigenschaften* komplexer Gestaltungsaufgaben. Diese Systemeigenschaften erscheinen zum Teil trivial, dennoch führt ihre Nichtbeachtung - nicht nur im Labor - immer wieder zu Planungskatastrophen.

o Komplexität und Vernetztheit

Der jeweils bedeutsame Ausschnitt der Wirklichkeit ist durch eine größere Zahl bedeutsamer Einflußgrößen bzw. Merkmale gekennzeichnet. Die Einflußgrößen sind voneinander abhängig, d.h. vernetzt. Dadurch bleibt die Beeinflussung eines Merkmals nicht isoliert, sondern sie führt zu meist übersehenen Neben- und Fernwirkungen.

o Dynamik

Die Merkmale und ihre Zusammenhänge sind dynamische, d.h. in Entwicklung befindliche Gebilde. Im Gegensatz etwa zu strategischen Spielen (Schach) ändert sich die Situation ohne Zutun des Planers und seine Einwirkungen stehen in Wechselwirkung mit der Eigendynamik des Systems. So entstehen Unsicherheit und Zeitdruck.

o Intransparenz

Der Planer besitzt weder erschöpfende Kenntnis über die Struktur des Systems, noch über den jeweils aktuellen Zustand der ihm bekannten Einflußgrößen. Hier liegt eine zusätzliche Quelle von Unsicherheit.

o Unbestimmtheit der Ziele

Die Ziele der Gestaltung sind oft unklar, global oder widersprüchlich ("Sorge für das Wohlergehen" oder "Gesundheitsförderung" sind typische Beispiele für Globalziele). Zur Maßnahmenplanung ist es erforderlich, globale Ziele zu konkretisieren. Dabei ergeben sich gewöhnlich mehrere Einzel- und Teilziele, die aufgrund begrenzter Ressourcen nicht gleichzeitig angestrebt werden können oder die sich widersprechen (z.B. "Schaffung von Arbeitsplätzen" und "Umweltschutz" als Konkretisierung der "Sorge für das Wohlergehen"). In der Planung sind Zielkonkretisierungen, Balancierung und Prioritätensetzung erforderlich.

o Indeterminiertheit

Der jeweils abgegrenzte Wirklichkeitsbereich ist kein geschlossenes System. Deshalb können jederzeit unvorhersehbare Veränderungen eintreten, welche die Planungsunsicherheit zusätzlich erhöhen.

3. System und Lebenswelt

Gegen Dörners Experimente läßt sich einwenden, daß sie die soziale Komponente des Planungsprozesses strukturell ausklammern. Das macht sich ebenso an den "fast diktatorischen Vollmachten" (Dörner) seiner Versuchspersonen fest, wie an dem computersimulierten Realitätsmodell, das als "System vernetzter Variablen" mit mathematisch beschreibbaren Abhängigkeiten konzipiert ist. Reale Bürgermeister bitten ihre Ressortchefs und den "Mann auf der Straße" nicht nur zum Rapport, sondern sie sind gezwungen, mit ihnen zu verhandeln und sie gegebenenfalls zu überzeugen. Nicht einmal in einer perfekten Planwirtschaft werden reale soziotechnische Systeme durch eine planende Instanz *außerhalb des Systems* gestaltet - auch wenn das dem Wunschbild mancher Politiker und Wissenschaftler entsprechen mag.

Die von Dörner herausgearbeiteten Systemeigenschaften sind deshalb nicht unzutreffend, aber sie müssen um die soziale bzw. diskursive Perspektive erweitert werden. Einen theoretischen Rahmen für diese Erweiterung liefert die "Theorie des kommunikativen Handelns" (Habermas 1981), wonach sich die soziale Wirklichkeit aus der Beobachterperspektive als System und aus der Teilnehmer- oder Akteursperspektive als Lebenswelt darstellt. Der zur Erschließung der Lebenswelt erforderliche Erfahrungsmodus ist das Verstehen von Sinnzusammenhängen durch Teilnahme an lebensweltlichen Diskursen. Die Erschließung der Systemeigenschaften erfordert dagegen Kausalanalysen. Bei Gestaltungsaufgaben der hier interessierenden Art sind System und Lebenswelt *strukturell verschränkt*, so daß eine einseitige Analyse (System *oder* Lebenswelt) zu strukturell verzerrten Ergebnissen führen muß. (Hier liegt, nebenbei bemerkt, einer der Gründe, weshalb die Trennung von Natur- und Geisteswissenschaften angesichts moderner Problemlagen und Gestaltungsaufgaben überholt erscheint, s. dazu Legewie und Ehlers 1992, S. 15 f.).

Für die Gestaltung von Lebenswelten bedeutet der Perspektivenwechsel von den System- zu den Diskurseigenschaften, Problemlagen nicht (nur) als Produkt technischer und ökonomischer "Sachzwänge" zu analysieren, sondern (auch) als Ergebnis der Handlungen und Unterlassungen menschlicher *Akteure*, d.h. Personen, Gruppen, Institutionen, Völker. Sozial- und umweltverträgliche Gestaltung - sei es in der Technikentwicklung und -nutzung, im Wohn- oder Arbeitsbereich, in der Stadt und Region bis hin zur internationalen Entwicklungspolitik - wird sowohl "naturwüchsig" durch menschliches Handeln bestimmt, als auch durch vielfältige und teilweise widersprüchliche Planungs- und Steuerungseinflüsse lokaler, regionaler und überregionaler Agenturen von Wirtschaft, Politik, Kultur, Medien und Wissenschaft. Methodisch und inhaltlich faßbar - und tendenziell auch veränderbar - werden die genannten Gestaltungseinflüsse durch den *gesellschaftlichen Diskurs*, in dem die Wertvorstellungen, Interessen und Bedürfnisse der Akteure mehr oder weniger explizit ausgehandelt werden. Der gesellschaftliche Diskurs wird hier in einem sehr weiten Sinn als "virtuelle Größe", d.h. als die Gesamtheit tatsächlich stattfindender aber auch potentiell möglicher und denkbarer Diskurse verstanden ("alles, was man sagen kann"). Wichtige Diskurs-Arenen sind die Medienöffentlichkeit und die verschiedenen Fachöffentlichkeiten, in denen sich u.a. die jeweils aktuellen Themen des Diskurses artikulieren. Für die im folgenden vorgeschlagene *Diskursanalyse* lassen sich die im Alltag, in den Medien, in Wirtschaft, Verwaltung, Politik und Wissenschaft produzierten und dokumentierten "Zeichen" (Texte, Bilder, Symbole, Werkzeuge, s. Eco 1977) ebenso heranziehen, wie eigens zur Klärung oder Veränderung "des Diskurses" inszenierte Einzeldiskurse (Interviews, Gruppendiskussionen ecc.). In diesem weiten Verständnis ist auch die wissenschaftliche Diskursanalyse ein Teil des allgemeinen gesellschaftlichen Diskurses (Rekursivität der Diskursanalyse als Teil des Diskurses).

Die Ermittlung gestaltungsrelevanter Diskurseigenschaften erfordert einen anderen methodischen Zugang als die experimentelle Analyse von Systemeigenschaften. Hier sind phänomenologische und hermeneutische Auswertungsmethoden und Felduntersuchungen in natürlichen Settings erforderlich. Im folgenden will ich zunächst *allgemeine Diskurseigenschaften* untersuchen, die als heuristische Leitgesichtspunkte bzw. sensibilisierende Konzepte (s.u.) für konkrete Diskursanalysen bedeutsam sind. Im nächsten Abschnitt werden daraus methodologische, methodische und arbeitstechnische Überlegungen zur Durchführung von Diskursanalysen abgeleitet. Bei der Zusammenstellung der allgemeinen Diskurseigenschaften habe ich mich u.a. orientiert an soziologischen Untersuchungen über Verhandlungsdiskurse ("negotiations") (Strauss 1978), an phänomenologischen Untersuchungen zur Entwicklung menschlichen Expertentums (Dreyfus und Dreyfus 1987), Überlegungen zur Theorie sozialen Handelns (Breuer 1991), dem Empowerment-Konzept (Rappaport 1985, 1987) und an eigenen Erfahrungen im Interdisziplinären Forschungsprojekt ATLAS (s.u.). Die Liste von 10 allgemeinen Diskurseigenschaften ist weder vollständig noch sind die Abgrenzungen frei von Willkür und Überschneidungen - die *Brauchbarkeit* einer solchen Zusammenstellung *als Heuristik* muß sich in konkreten Diskursanalysen bewähren.

o Intentionalität

Der auf phänomenologische Analysen (Brentano und Husserl) zurückgehende Begriff der Intentionalität (Gegenstandsbezogenheit, Zielgerichtetheit) ist eine konstitutive Eigenschaft des menschlichen Bewußtseins und Handelns, die auch als grundlegend für den Sprachgebrauch angesehen wird (Lewandowski 1985). Das Zustandekommen von Kommunikation läßt sich sowohl über die Intention des Sprechers wie über die Interpretation des Hörers bestimmen - wobei beide durchaus differieren können. Graumann (1988, S. 539) leitet aus der Intentionalität der Person-Umwelt-Beziehung ab, "daß Personen (Individuen oder Gruppen) immer auf ihre Umwelten bezogen, daß Umwelten immer (im Wortsinne) um bzw. für Personen oder Gruppen existierend analysiert werden müssen". Aus der Intentionalität von Diskursen ergibt sich die Notwendigkeit einer konsequent handlungstheoretischen Perspektive für die Diskursanalyse. Das heißt aber auch, daß der "Gegenstand" des Diskurses und die Diskursteilnehmer *gemeinsam* betrachtet werden müssen (Person-Umwelt-Beziehung). Konkret: An einem Umweltverträglichkeitsgutachten interessiert nicht nur dessen (naturwissenschaftlich begründeter) Inhalt, sondern auch die Person oder Institution des Gutachters und seine Auftraggeber und Adressaten.

o Geschichtlichkeit

Jeder Gestaltungsdiskurs hat im doppelten Wortsinn seine eigene Geschichte, (1) als historisch einmaliges *Geschehen* (Frage nach der historischen Wahrheit) und (2) als *Geschichte* in den Köpfen und in Dokumenten der beteiligten Akteure (Frage nach der perspektivischen Konstruktion erzählter Geschichten). Die historische Wahrheit ist in der Diskursanalyse immer nur aus unterschiedlichen *Perspektiven* (einschließlich der des Forschers/Planers) rekonstruierbar. Wegen der Historizität sind die Gestaltungserfahrungen aus einem Diskurskontext nicht gesetzmäßig übertragbar, sondern nur als "Beispielfälle", deren Geltungsbereiche im neuen historischen Kontext geprüft werden müssen.

o Kontextgebundenheit

Jeder Diskurs besitzt mit seiner historischen zugleich eine lokale und soziale Kontextgebundenheit. Strauss (1978) spricht bei der Analyse von Verhandlungen von unterschiedlichen *sozialen Welten* (und Subwelten). In unserem Zusammenhang erscheint es sinnvoll, von unterschiedlichen *Diskurswelten* zu sprechen. Strauss unterscheidet zwischen der Einbettung von Verhandlungen in den *strukturellen Kontext* der beteiligten sozialen Welten mit ihren soziokulturellen Regeln und dem *Verhandlungskontext* im engeren Sinn. Kontextgebundenheit ist ein Grundprinzip jeden Verstehens von Sinnzusammenhängen. Breuer (1991, S. 9) weist hierbei auf die selbstverständliche und nicht weiter problematisierte Kontextabhängigkeit unserer Wahrnehmungen und Interpretationen hin. Erst durch Diskrepanzerlebnisse oder "Zusammenbrüche" wird die implizite Kontextgebundenheit erfahrbar, was z.B. in der ethnologischen Feldforschung zur Erforschung fremder Lebenswelten aufgrund von Kontrasterfahrungen genutzt wird. Kontrasterfahrungen lassen sich auch im "Gedankenexperiment" durch Variation von Kontexteigenschaften für die Textinterpretation nutzen.

o Sprach- und Symbolhaftigkeit

Die Sprach- bzw. Symbolabhängigkeit von Diskursen ist eine ihrer konstituierenden Struktureigenschaften. Es geht in der Diskursanalyse nicht nur um den semantischen Gehalt (Inhaltsaspekt) sondern auch um den zwischen den Diskursakteuren gestifteten Handlungszusammenhang. Durch die Diskursakte werden nicht nur Informationen zwischen den Akteuren ausgetauscht, sondern auch Werte ausgehandelt und Verpflichtungen eingegangen (pragmatische Perspektive der Sprechakttheorie). Wichtig für die Diskursanalyse ist die spezifische Art und Weise, *wie* Begriffe, Metaphern und Symbole eingesetzt werden, um damit soziale Wirklichkeit zu schaffen bzw. "Politik zu machen". Als Beispiele sei auf Ergebnisse der Metaphernanalyse (Lakoff & Johnson 1980) und eine Untersuchung zur Bedeutung von Symbolen in der Umweltpolitik verwiesen (Prittwitz 1992).

o Akteursbezogenheit

Diskurse entstehen als gemeinsames soziales Handeln verschiedener gesellschaftlicher Akteure. In unserem Zusammenhang sind das - in Abhängigkeit vom jeweils relevanten Ausschnitt der sozialen Wirklichkeit - nicht nur natürliche Personen, sondern ebenso Gruppen, Initiativen, Organisationen, Parteien, Städte, Länder, "die Betroffenen", Mehrheiten oder Minderheiten, "der Bürger", "das Volk", "der Staat", "die Menschheit". Die Ausweitung des Akteurskonzepts auf soziale Systeme jenseits der Ebene handelnder Einzelpersonen erfährt ihre Berechtigung aufgrund der Fähigkeit dieser Systeme, Ziele zu definieren und absichtsvoll zu handeln. Die Unterscheidung verschiedener Typen von Akteuren (natürliche Personen und Aggregate von Personen mit neuen "übersummativen" Eigenschaften) stellt insofern ein besonderes methodisches Problem dar, als die am Diskurs beteiligten Akteure nicht eindeutig definiert sind, sondern als wichtiger Aspekt der Diskursanalyse und als eigenständige Interpretationsaufgabe zunächst erst bestimmt werden müssen. Die Analyse gesellschaftlicher Diskurse unterscheidet sich an dieser Stelle im Komplexitätsgrad von der Gesprächs- oder Diskursanalyse von Face-to-Face-Kommunikation. Methodisch wichtig ist in diesem Zusammenhang die Unterscheidung von Akteuren auf der Mikro-, Meso- und Makroebene und die Untersuchung der Wechselwirkungen zwischen den Ebenen.

Die Akteursbezogenheit von Diskursen bringt es mit sich, daß nicht nur die Inhaltsaspekte wichtige Diskurseigenschaften sind sondern auch die Handlungskompetenzen der Akteure, ihre Wertsysteme, Interessen und Motive, die sich daraus ergebenden Konflikte und schließlich ihre wechselseitigen Beziehungsaspekten wie Machtgefälle, Zuneigungen, Loyalitäten und Aversionen, gegenseitige Glaubwürdigkeit, Vertrauen oder Mißtrauen. Theoretische und methodische Ansätze zur Erfassung der Akteursperspektiven finden sich u.a. bei Strauss (1978) und in sozialen Konflikttheorien (Deutsch 1976, Wagner 1978). Erste Beispiele von Diskursanalysen unter konflikttheoretischer Perspektive wurden für die Entwicklung von Großtechnologien von Jungermann u.a. (1991) vorgelegt. Wiedemann u.a. (1990) untersuchten an konkreten Fallbeispielen Konflikte um den Standort von Mülldeponien und Verbrennungsanlagen. Eigene Untersuchungen beziehen sich auf Konflikte in der gesundheitsorientierten Stadtentwicklung Berlins (Legewie 1991, Legewie und Dechert-Knarse 1991).

o Perspektivische Konstruktion

Die verschiedenen Akteure konstruieren im Diskurs ihre je eigene soziale Wirklichkeit, wobei die perspektivische Konstruktion der Wirklichkeit in hohem Maße handlungsleitend ist. Es ist Aufgabe der Diskursanalyse, die unterschiedlichen Akteursperspektiven zu rekonstruieren. Der Forscher oder die Forscherin befindet sich dabei nicht auf einem neutralen Standort außerhalb des Diskurses, sondern trägt seine bzw. ihre Perspektive ebenfalls in die Diskursanalyse hinein. Daraus erwächst die methodische Forderung nach Reflexion und Explizitmachen der jeweiligen Analyseperspektive.

o Wert- und Gefühlsorientierung

Wissenschaftlich-technische ebenso wie von Experten geführte Planungsdiskurse tendieren zu einer systematischen Vernachlässigung der handlungsleitenden Wert- und Gefühlsorientierungen, obwohl diese nicht zuletzt bei den von Planungen betroffenen Bürgern oft handlungsentscheidend sind (s. dazu Evers und Nowotny 1978). Ethnopsychoanalytische und philosophiegeschichtliche Untersuchungen machen deutlich, daß es sich hierbei um Prozesse einer kollektiven Verdrängung handelt (Erdheim 1984, Böhme 1980). Die jüngste Geschichte bietet eine Fülle von Beispielen für die "durchschlagende" Wucht kollektiver Wert- und Gefühlsorientierungen. Ihre Nichtberücksichtigung in der Diskursanalyse führt zu einer rationalistisch vereinseitigten Sicht auf die soziale Wirklichkeit.

o Informiertheits- und Bewußtheitsgrad

In den Analysen von Strauss (1978) hat sich der "Bewußtheitskontext" der an Verhandlungen beteiligten Akteure (Was weiß der andere? Weiß der andere, daß ich weiß ...?) als eine entscheidende Dimension herausgestellt. In modernen Gesellschaften spielen Wissensproduktion ebenso wie Unwissenheitsproduktion vor allem durch den Einfluß der Massenmedien eine den öffentlichen Diskurs bestimmende Rolle (als Beispiele sei auf die Informationspolitik im Golfkrieg und die Medienwirkung im Zusammenhang mit Gewalt und Mordanschlägen gegen Ausländer hingewiesen). Es geht hierbei aber nicht nur um Informiertheit oder Nichtwissen, sondern ebenso um Vorgänge des kollektiven Bewußtwerdens bzw. Verdrängens von Diskursthemen. Hier sind theoretische und methodische Ansätze für die Diskursanalyse heranzuziehen, wie sie in der Tradition der Ethnopsychoanalyse (z.B. Devereux 1973, Parin und Parin-Matthèy 1986, Erdheim 1988) und der psychoanalytisch inspirierten Sozialpsychologie (Leithäuser und Volmerg 1988) entwickelt wurden.

o Konventionalität

Soziale Welten beruhen auf einem Geflecht mehr oder weniger bewußter Regeln, Rituale und Konventionen bis hin zu den verschiedenen Formen von Verrechtlichung. Die "soziale Ordnung" und ihre allfälligen Änderungen sind das Ergebnis von Aushandlungsprozessen (Strauss 1978). Konventionalität und Beharrungstendenz bilden die Grundlagen von Kultur und Identitäten und lassen sich durch die "Beschleunigungsgesetze" der gesellschaftlichen Wandlungsmaschine nur um den Preis sozialer Katastrophen überspringen. Auf der anderen Seite erweisen sich auch dysfunktionale soziale Institutionen - von den festgefahrenen Strukturen in einer Familie bis hin zum Gesundheits- oder Bildungssystem - in ihrer Beharrungstendenz gegenüber wünschenswerten Änderungen oder Reformen oft "härter als Beton" (s. Fengler und Fengler 1980). Im Zusammenhang mit Gestaltungsaufgaben muß die Diskursanalyse den jeweiligen Beharrungs- ebenso wie den Änderungstendenzen besondere Aufmerksamkeit schenken. Ansätze hierzu finden sich u.a. in der systemisch orientierten Institutionsberatung (z.B. Selvini-Palazzoli u.a. 1984).

o Paradoxie

Lebenswelten sind nicht nur "nach außen" offene Systeme, sie produzieren auch "von innen" ständig unerwartete und unplanbare neue Phänomene. Als Beispiel sei die Idee einer Lichterkette gegen Ausländerfeindlichkeit genannt, mit der Ende 1992 in München vier junge Leute 400.000 Demonstrationsteilnehmer aktiviert haben und damit zum Umschwung des öffentlichen Diskurses gegen Rassismus beigetragen haben. Der Gemeindepsychologe Rappaport (1985, 1987) sieht in der Paradoxie, d.h. dem Auftreten unvereinbarer Widersprüche und kreativer Lösungen durch die Handelnden "vor Ort" ein Grundprinzip menschlicher sozialer Systeme. Diese Paradoxien hängen zusammen mit der menschlichen Fähigkeit des *Empowerment* von Einzelnen und lokalen Gruppen (Selbstbemächtigung, Entdeckung der eigenen schöpferischen Kräfte). Empowerment in der Gestaltung von Lebenswelten bedeutet eine Absage an die perfekte zentralistische und zweckrationale Planung, ein Vertrauen auf Selbstorganisation und auf die Kreativität lokaler Akteure und ein Plädoyer für das Querdenken. Es geht nicht um einen Verzicht auf den rationalen Diskurs in der Gestaltung von Lebenswelten, sondern eine Gewichtung zugunsten von mehr lokale Bürgerbeteiligung und eine Besinnung auf die Grenzen der Planbarkeit.

4. Diskurs-Praxis und Diskurs-Forschung

Was folgt aus der System- und Diskursabhängigkeit komplexer Gestaltungsaufgaben? Und welche Rolle können sozialwissenschaftliche Methoden bei ihrer Bewältigung spielen? Zunächst ist festzustellen, daß die naturwissenschaftliche Systemanalyse bei Planungsvorhaben in der Technikentwicklung, TA, Stadt- und Regionalentwicklung und bei der Erforschung globaler ökologischer Bedrohungen (z.B. Ozonloch, Erwärmung der Erdatmosphäre) inzwischen mehr oder weniger zum methodischen Standard gehört. In letzter Zeit findet aber auch die Diskursabhängigkeit gesellschaftlich-technischer Entwicklungen insgesamt und im Zusammenhang mit speziellen Planungsvorhaben zunehmend Beachtung. So führte das "Forum soziale Technikgestaltung" (1992) bei TA-Experten eine Umfrage zur Notwendigkeit eines "geordneten Diskurses Wissenschaft-Technik-Gesellschaft" durch. Die unterschiedlich orientierten Fachleute sprachen sich übereinstimmend für die Notwendigkeit transparenter und geordneter Diskurse zur Technikentwicklung aus, wobei die Glaub- und Vertrauenswürdigkeit der Diskursorganisation und -moderation als entscheidend für den Erfolg angesehen wurde. Gleichzeitig wurde von den Experten angeregt, daß eine verbesserte "Diskurs-Praxis durch eine entsprechende Diskurs-Forschung begleitet und fundiert werden sollte" (Forum soziale Technikgestaltung 1992, S. 14).

Beispiele für neue Wege der *Diskurs-Praxis* sind der Einsatz von Konfliktmediation bei der Planung von technischen Großprojekten (Zilleßen und Barbian 1992, Fietkau und Weidner 1992), die Einrichtung regionaler Entwicklungsforen wie die geplante "Akademie für Technikgestaltung" in Baden Württemberg oder das "Stadtforum Berlin". Besonders wichtig aus meiner Sicht ist bei solchen Foren der systematische Einbau von Möglichkeiten der Bürgerbeteiligung am Diskurs. Hier sei besonders auf Diskursmethoden wie die Zukunftswerkstatt (Jungk und Müllert 1981) und die Planungszelle (Dienel 1990) hingewiesen.

Diskurs-Forschung ist angesichts der Aktualität der anstehenden gesellschaftlichen Aufgaben in vielfältigen Bereichen erforderlich. Ich will mich im folgenden mit einem zentralen, bisher vernachlässigten Aspekt von großer praktischer Bedeutung beschäftigen: Wie lassen sich hochkomplexe Diskurse entsprechend den genannten Beispielen mit *Methoden der Diskursanalyse* transparent machen? Hier handelt es sich um Probleme des Wissensmanagements und der *Konstruktion von Modellen* der sozialen Wirklichkeit via Diskursanalyse.

Dörner (1989) liefert ein allgemeines Ablaufschema des Planens und Handelns angesichts komplexer Gestaltungsaufgaben (Abb. 1).

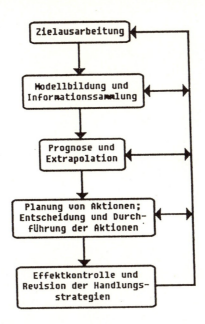

Abb. 1: Stationen der Handlungsorganisation (nach Dörner 1989)
Praktisches Verstehen und Handeln im Alltag erfolgt gewöhnlich kontextgebunden und intuitiv (Dreyfus und Dreyfus 1987, s.a. Legewie und Ehlers 1992). Erst wenn "Zusammenbrüche" auftreten bzw. erwartet werden, lassen sich die hier idealtypisch angenommenen Stadien der Handlungsorganisation unterscheiden. Bei arbeitsteilig organisierten Planungen sind die Stadien gewöhnlich auf unterschiedliche gesellschaftliche Instanzen bzw. Experten verteilt (z.B. "Entscheidungsträger" für die Zielausarbeitung und Entscheidung von Aktionen, Wissenschaftler für die Modellbildung und Prognose).

Im Gegensatz zur sozialwissenschaftlichen Grundlagenforschung ist in diesem Ablaufschema die Modellbildung eng mit der Ausarbeitung von konkreten Planungszielen verknüpft. Zielbestimmung, Modellbildung, Prognose, Planung und Durchführung von Maßnahmen und Effektkontrolle werden als Stationen des Gestaltungsprozesses aufgefaßt, die mehrfach durchlaufen werden. Nach der hier vertretenen "pragmatischen Wissenschaftsauffassung" sind sozialwissenschaftliche Theorien oder auch planungsrelevante Wirklichkeitsmodelle (ich benutze die Begriffe Modell und Theorie synonym) nicht einfach "wahre" oder "zweckfreie" Abbildungen der Realität. Vielmehr werden bei der *Modellkonstruktion* unter einem wie auch immer gearteten Anwendungsaspekt (Zielausarbeitung in Abb. 1) Informationen über die Realität gesammelt (Analyse), um daraus das jeweilige Modell zu konstruieren (Synthese) (s. Abb. 2).

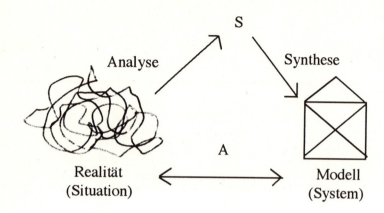

Abb. 2: Modellkonstruktion (modifiziert nach Siefkes 1993)
Das Modell-Subjekt S (Planer, Wissenschaftler) abstrahiert entsprechend seiner Fragestellung bzw. Zielsetzung selektiv einzelne Wirklichkeitseigenschaften (Analyse), um aus ihnen ein Modell der Wirklichkeit zu konstruieren (Synthese). Die Ähnlichkeitsrelation A zwischen Modell und Wirklichkeit als Kriterium für die Brauchbarkeit des Modells ist nur unter Berücksichtigung des Verwendungszwecks beurteilbar. In der Praxis erfolgt die Modellbildung in einem Approximationsprozeß mit mehrfachem Wechsel von Analyse- und Syntheseleistungen (s. Abschnitt 5).

So werden beispielsweise sehr unterschiedliche Stadtpläne (Modelle) von ein und derselben Stadt (Wirklichkeit) konstruiert, je nachdem sie für Autofahrer, Immobilienmakler oder U-Bahn-Benutzer gedacht sind. Bei der *Modellbenutzung* werden umgekehrt dem Modell Informationen entnommen, um damit "plan-voll" auf die Wirklichkeit einwirken zu können. Ein Sonderfall der Modellbenutzung ist die Szenario-Methode zur Entscheidung über mehr oder weniger erwünschte Gestaltungspfade. Die Modellbenutzung dient hier nicht unmittelbar der Einwirkung auf die Wirklichkeit, sondern es werden unterschiedliche "Szenarios", d.h. Zukunftsmodelle bezüglich ihrer Erwünschtheit ecc. verglichen.
 Bei Managementaufgaben ("Bürgermeister von Lohhausen") und ebenso in der Aktionsforschung sind Modellkonstruktion und -benutzung in einer Hand, in der Forschung werden dagegen Modelle "auf Vorrat" geschaffen, die von den "Entscheidungsträgern" bei Bedarf zur Handlungsanleitung benutzt werden können. Entscheidungsträger sind nach dem dis-

kursiven Planungsmodell allerdings nicht nur Experten oder Politiker, sondern in erster und letzter Instanz die von der Planung betroffenen Bürger. In Abhängigkeit vom Handlungsspielraum der Akteure (Forschung oder Planung) und der Reichweite der Modellbildung (singulärer Wirklichkeitsausschnitt oder Verallgemeinerung auf andere Wirklichkeitsausschnitte) lassen sich 4 Typen von Diskursanalyse unterscheiden (Tab. 1).

Tab. 1: Typen von Diskursanalyse

Verwertungs-zusammenhang \ Gegenstandsbereich	Singulärer Wirklichkeitsausschnitt	Verallgemeinerung auf mehrere Wirklichkeitsausschnitte
Planung	Diskursanalyse für singuläre Planungsaufgabe oder Szenarios (Projektmanagment, Aktionsforschung)	Diskursanalyse für problembezogene Planungsaufgaben oder Szenarios
Forschung	Diskursanalyse zur singulären Modellbildung (Projektbezogene Auftragsforschung)	Diskursanalyse zur problembezogenen Modellbildung (sozialwissenschaftliche Theoriebildung)

Weitere Gesichtspunkte der Einteilung von Diskursanalysen beziehen sich auf die Thematik (enge versus umfassende Thematik, z.B. Verkehrsentwicklung versus Stadtentwicklung) und auf die sozialräumliche Erstreckkung der Untersuchungseinheit (einzelne Betriebe, Institutionen, Nachbarschaften, Wohnviertel, Kommunen, Länder, globale Entwick- ung).

5. Grounded Theory:
Vom Diskurs zum Wirklichkeitsmodell
Angesichts komplexer Gestaltungsaufgaben stellt sich die Frage, welche sozialwissenschaftlichen Methoden den jeweiligen Diskurs so zu analysieren erlauben, daß ein den Erfordernissen der Handlungsplanung (s. Abb. 1) angemessenes Modell der sozialen Wirklichkeit erreicht wird. Eine dieser Anforderung gerecht werdende Konzeption sozialwissenschaftlicher Forschung stellt die Grounded Theory dar (Glaser und Strauss 1967, Glaser 1978, Strauss 1991, Strauss und Corbin 1990). Die folgende Übersicht orientiert sich an einem im Projekt ATLAS entwickelten Einführungskurs zur Grounded Theory (Böhm et al. 1992). Der Prozeß der Modellbildung

wird als strukturierter Dialog zwischen dem Forscher- bzw. Planer(team) und der untersuchten sozialen Wirklichkeit verstanden. Die in dieser Wirklichkeit vorfindbaren Diskurse werden als sprachliche Texte oder sonstige Dokumente analysiert, die *nicht für sich stehen*, sondern auf Handlungszusammenhänge der untersuchten Lebenswelt verweisen. Durch Textinterpretation wird ein "Modell" bzw. eine "Theorie" (s. Abb. 2) des untersuchten Handlungsfeldes entwickelt, wobei sowohl die Dörnerschen Systemeigenschaften als auch die Diskurseigenschaften zu berücksichtigen sind. Gleichzeitig werden gezielte Annahmen über zusätzlich erforderliche Informationen zur Vervollständigung des sich entwickelnden Modells formuliert. Die Grounded Theory ist gleichermaßen für die Modellbildung in der sozialwissenschaftlichen Forschung und in Planung und Management von komplexen Projekten bzw. in der Aktionsforschung einsetzbar.

Hier die wichtigsten Charakteristika des Vorgehens in der Übersicht:

o Sensibilisierende Konzepte:
Der Forscher oder Planer beginnt nicht mit theoretisch abgeleiteten Hypothesen über seinen Gegenstand, sondern er expliziert und nutzt seine Annahmen und Vorkenntnisse in Form sensibilisierender Konzepte, die ihm helfen sollen, seine Wahrnehmung zu strukturieren *(Was ist wichtig?)*. Diese Konzepte beziehen sich sowohl auf die Fragestellung und Zielausarbeitung als auch auf Eigenschaften des angestrebten Wirklichkeitsmodells. Die diskutierten System- und Diskurseigenschaft (s.o.) können als Ausgangspunkt für sensibilisierende Konzepte in der Diskursanalyse herangezogen werden.

o Prozeßcharakter:
Durch den "Einstieg ins Feld" und die sukzessive Datenerhebung im Verlauf des Prozesses werden die vorläufigen sensibilisierenden Konzepte schrittweise präzisiert. Das erfordert in allen Stadien ein Pendeln zwischen Phasen der Datenerhebung und Dateninterpretation, bis schließlich ein "gegenstandsverankertes Modell" vorliegt.

o Vielfalt der Erhebungsmethoden:
Im Forschungsprozeß wird auch entschieden, welche Erhebungsmethoden der jeweiligen Fragestellung angemessen sind: Alltags- und Fachwissen der Forscher, schon vorliegende Dokumente, Beobachtungsprotokolle, Interviews, Gruppendiskussionen, Bildmaterial, Feldexperimente und quantitative Ergebnisse gehen gleichermaßen in die Datenerhebung ein.

o Mikro-, Meso- und Makroebene:
Die Grounded Theory kann sich je nach Fragestellung schwerpunktmäßig auf unterschiedliche Ebenen des gesellschaftlichen Diskurses beziehen. Wechselwirkungen mit anderen Ebenen sind in jedem Fall zu berücksichtigen. So wird eine Diskursanalyse auf der Mikroebene (z.B. bei lokaler

Problemstellung) Einflüsse der höheren Ebenen als "Randbedingungen" analysieren. Das Gleiche gilt entsprechend für Analysen mit Schwerpunkt auf der Meso- bzw. Makroebene (s. Strauss 1991).

o *Hypothesengeleitete Erhebung (Theoretical Sampling):*
Aus dem sich entwickelnden Modell ergeben sich oft neue Gesichtspunkte für die Erhebung weiterer Daten. Die bei quantitativ orientierten Methoden üblichen repräsentativen Zufallsstichproben werden hierbei ersetzt durch die gezielte Erfassung möglichst gegensätzlicher Phänomene im Rahmen der Fragestellung. Es ist wichtig, auch Extrem- und Minderheitenpositionen in die Diskursanalyse einzubeziehen. Dadurch wird sichergestellt, daß die untersuchten Phänomene in ihrer ganzen Vielschichtigkeit und Breite erfaßt werden können.

o *Sättigungsprinzip*:
Die Datenerhebung (und auch die Interpretationsarbeit) wird so lange fortgesetzt, bis sich keine neuen Gesichtspunkte mehr ergeben. Durch das Theoretical Sampling und das Sättigungsprinzip wird der Geltungsbereich der Interpretation abgesichert.

o *Theoretisches Kodieren:*
Das Kernstück der Methode bildet das theoretische Kodieren. Es handelt sich um eine zugleich systematische und kreative Methode der Textinterpretation. Textstellen werden als Indikatoren für zugrundeliegende Phänomene des interessierenden Wirklichkeitsbereichs aufgefaßt. Durch das Kodieren werden einer Textstelle ein oder mehrere Kodes (Begriffe, Stichwörter, Konzepte) zugeordnet. Jeder Kode verweist über die ihm zugeordneten Textstellen auf Phänomene des untersuchten Bereichs (Phänomen - Textstelle - Kode - Konzept).

Die Diskursanalyse ist also nicht Selbstzweck, sondern sie verweist auf den jeweiligen Handlungszusammenhang, dem der Diskurs entstammt. Während des Kodierens hält der Interpret seine Einfälle und Überlegungen zu den Kodes und zur sich entwickelnden Theorie fortlaufenden in *Kommentaren* (Memos) fest. Bei der Interpretationsarbeit sichtet er die Texte - anfangs oft Zeile für Zeile, später unter Heranziehen möglichst unterschiedlicher Texte - und schreibt seine Kommentare. Dabei ist es wichtig, nicht nur den Inhalt der Textstelle zu kodieren. Der Interpret bleibt nicht auf einer beschreibenden Ebene stehen. Vielmehr soll der vordergründige Inhalt durch texterschließende Fragen zu den interessierenden Phänomenen "aufgebrochen" werden. Die Arbeit beginnt mit offenem Kodieren. Dabei werden für die Fragestellung "irgendwie" bedeutsame Textstellen bearbeitet. Später wird das Kodieren zunehmend gezielter (axiales und selektives Kodieren), d.h. es geht um Interpretationen, die sich auf zentrale Kategorien des entstehenden Modells beziehen.

o *Wirklichkeitsmodell als Begriffsnetz:*

Beim Fortschreiten der Modellentwicklung werden nicht nur Textstellen mit Kodes versehen, sondern die Kodes werden ihrerseits miteinander verknüpft und zu übergeordneten Kategorien zusammengefaßt. So schälen sich allmählich die zentralen Kategorien heraus und es entsteht das komplexe Begriffsnetz des Modells bzw. der Theorie. Die Begriffe des Modells sind in einer überprüfbaren Folge von Interpretationsschritten aus den Textstellen ("Protokollsätzen") abgeleitet und damit in den Phänomenen verankert (Prinzip der Gegenstandsverankerung). Je nach Zielsetzung ist es möglich, das theoretische Kodieren auf Einzeltexte oder eine größere Zahl von Texten und Dokumenten anzuwenden, die in der Diskurs-Praxis anfallen oder gezielt zu einer Fragestellung erhoben werden.

Zur Veranschaulichung sei hier die gegenwärtig erfolgende Konstruktion eines *Konfliktmodells* für die Gestaltung eines Sanierungsgebietes in Berlin Mitte, die "Spandauer Vorstadt", angeführt (Legewie und Dechert-Knarse 1991). Das Viertel ist durch die denkmalgeschützte und stark heruntergekommene älteste Bausubstanz Berlins, die angestammte Kiezbevölkerung und Kleingewerbe ebenso gekennzeichnet wie durch eine nach der Wende blühende alternative Kulturszene, unklare Besitzverhältnisse der meisten Häuser, die Nähe des geplanten Regierungsviertels und die Interessen finanzstarker Investoren. Zur Konstruktion eines Konfliktmodells werden Medienveröffentlichungen, Sanierungsgutachten, Bürgerbefragungen, Experten- und Rundtischgespräche mit Mitgliedern verschiedener Bürgerinitiativen, Vertretern der zuständigen Wohnungsbaugesellschaft, des Bezirksamts, des Senats und mit Planern und Gutachtern herangezogen. Tab. 2 enthält die wichtigsten Interpretationsgesichtspunkte bei der Sichtung der vielfältigen Texte. Durch die Interpretationsarbeit entsteht ein fortschreitend detaillierteres Konfliktmodell bezüglich der quartiersbezogenen Gestaltungskonzepte, das von uns unter Aspekten der gesundheitsorientierten Stadtentwicklung bewertet und mit den Akteuren vor Ort immer wieder diskutiert werden soll (s. dazu auch Abb. 4).

Tab. 2: Interpretationsgesichtspunkte bei der Konstruktion gegenstandsverankerter Konfliktmodelle

- Abgrenzung relevanter *Konfliktthemen* (evtl. je Themenkomplex getrennte Analyse)
- Relevante *Akteure* (beteiligte Personen, Gruppen, Institutionen)
- Ansätze, Spielräume und Hemmnisse für *Bürgerbeteiligung* (Bereitschaft, Gruppierungen, Ressourcen; wer ist nicht repräsentiert?)
- *Geschichte* des Konflikts aus der Sicht der Akteure (einschließlich Zukunftssicht)
- *Interessen, Motive, Emotionen* der Akteure (geäußert/hypothetisch)
- *Sachzwänge* aus der Sicht der Akteure
- *Bewußtheitsgrad* des Konflikts für die einzelnen Akteure
- *Selbst-* und *Fremdwahrnehmung* der Akteure (einschließlich Wahrnehmung ihrer Machtverhältnisse)
- *Kommunikation* und *Kommunikationsstile* zwischen den Akteuren
- *Konfliktdimensionen* (z.B. Streit um: materielle/ideelle Vorteile, Verfahrensweisen, Werte ...)
- *Positionen* der Akteure zum jeweiligen Konfliktthema
- *Argumente* zur Begründung der Positionen
- Hinweise auf *Verhandlungsspielräume* der verschiedenen Akteure
- *Wertung* der Positionen, Argumente und Interessen unter sozialökologischer Perspektive

Die Entwicklung gegenstandsverankerter Modelle bzw. Theorien hat sich in einer Vielzahl soziologischer und psychologischer Studien bewährt, besonders in der Public-Health-Forschung in den USA (Strauss 1991). Neuerdings wird die Methode auch in der Informatik zur Wissenselizitierung und Modellbildung genutzt (Engelmeier 1992, Böhm et al. 1993). In laufenden Forschungsprojekten sammeln wir erste Erfahrungen beim Einsatz der Grounded Theory zu Projektplanung und -management.

6. Ein Archiv für Technik, Lebenswelt, Alltagssprache

Das Beispiel "Stadtforum Berlin" mit seinen inzwischen 27 je 8-stündigen Sitzungen (Stand Januar 1993), begleitenden Positionspapieren, Gutachten und dem umfangreichen Medienecho offenbart ein strukturelles Problem aller größeren Planungsdiskurse: Bewältigung der Menge und Komplexität der anfallenden Informationen und ihre Nutzung zur Konstruktion von planungs- und handlungsrelevanten Modellen der sozialen Wirklichkeit.

Traditionelle Ansätze zur Dokumentation und Archivierung komplexer Diskurse entsprechen dem Vorbild wissenschaftlicher Bibliotheken, in denen jedes einzelne Dokument (Gutachten, Medienbeiträge, Diskussionsprotokolle etc.) entweder nach Autoren oder nach einem Schlagwortkatalog aufgefunden werden kann. Bei elektronischer Dokumentation der Texte und Dokumente steht evtl. zusätzlich die Möglichkeit der aufwendigen "Freitext-Suche" von im Text auftretenden Begriffen zur Verfügung. Eine *Diskursanalyse* durch Textinterpretation läßt sich mit Hilfe eines solchen Archivs bei komplexen Zusammenhängen nur sehr mühsam vom Benutzer erarbeiten und stößt auf enge Grenzen der kognitiven Verarbeitungskapazität.

Das methodische Problem der Diskursanalyse, umfangreiche alltagssprachliche Texte zu sichten und entsprechend der Grounded Theory zu interpretieren, führte uns zu der Idee eines computerunterstützten Textarchivs, das nicht nur Recherchen erlaubt, sondern auch Hilfen für Textinterpretation, Informationsmanagement und Modellkonstruktion zur Verfügung stellt. In einem Interdisziplinären Forschungsprojekt der Technischen Universität Berlin ("Methodenentwicklung für ein 'Archiv für Technik, Lebenswelt, Alltags-Sprache' ATLAS") wurde von Informatikern, Linguisten und Psychologen ein Werkzeug entwickelt, das die Archivierung, Verwaltung und Interpretation größerer Textmengen mittels PC unterstützt (Böhm u.a. 1993).

Das Gesamtsystem ATLAS (Archiv für Technik, Lebenswelt, Alltags-Sprache) besteht aus einer Textbank und dem Interpretationsunterstützungssystem ATLAS/ti (ti für Textinterpretation). ATLAS/ti (Muhr, 1991) orientiert sich am Modell der Grounded Theory und beinhaltet Methoden zum "Erschließen" von Texten (textuelle Ebene) und zum Aufbau *gegenstandsverankerter Theorien* (konzeptionelle Ebene). Als "Denkwerkzeug" zwar ursprünglich für die sozialwissenschaftliche qualitative Forschung entwickelt, ist es offen für alle Anwendungsbereiche, für die ein kreativer Umgang mit Texten charakteristisch ist. Dabei geht es nicht um die Automatisierung kreativer intellektueller Tätigkeiten, sondern um eine weitgehende Unterstützung von Routinearbeiten (Textsegmentierung, Suchen, Kodierung) und von explorativen Verfahren bei der Theoriekonstruktion.

Aus einem Archiv von Texten (Interviews, Diskussionen, Zeitungsberichte) und künftig auch Bildern kann das für eine bestimmte Fragestellung interessante Material abgerufen werden. Diese "Primärtexte" bilden zusammen mit den im Verlauf der Interpretation entstehenden Kommentaren, Kodierungen und Theorienetzwerken eine "hermeneutische Einheit" für die Diskursanalyse. Der jeweils bearbeitete Text erscheint auf dem Bildschirm. Der Interpret markiert und kategorisiert einzelne Textstellen, indem er sie mit Kodes versieht, und schreibt dazu seine Kommentare (Memos). Ausgehend von den schon vergebenen Kodes beginnt nun der Aufbau von Begriffsnetzen mit Hilfe eines graphischen Netzwerk-Editors (s. Abb. 3).

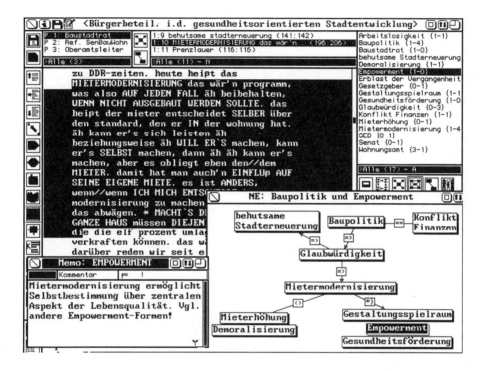

Abb. 3: Computerunterstützte Diskursanalyse mit ATLAS/ti
Der Bildschirmausdruck zeigt einen Arbeitsschritt aus der Analyse eines Interviews mit dem Baustadtrat eines ostberliner Innenstadtbezirks. Die Analyseeinheiten sind in unterschiedlichen "Fenstern" sichtbar. Links der zu interpretierende Interviewtext, die hier kodierte Passage ist grau unterlegt. Oben rechts befindet sich eine Kodeliste als Ergebnis der bisherigen Interpretationsarbeit. Der grau unterlegte Kode (Empowerment) wurde der Textpassage zugeordnet, ein erläuternder Kommentar (Memo) findet sich links unten. Rechts unten ist ausschnittsweise ein erster Entwurf des sich entwickelnden Modells (Begriffsnetz) sichtbar.

Als Resultat einer qualitativen Analyse entsteht schließlich durch Integration der einzelnen Interpretationstexte und Graphiken ein neuer, zusammenhängender Text, der die gegenstandsverankerte Theorie beschreibt (Ergebnis der Diskursanalyse). Ein Vorteil gegenüber herkömmlichen Methoden besteht darin, daß sich kodierte Textstellen und Kommentare zu Vergleichszwecken leicht wiederfinden ("Zettels Traum") und die sich dynamisch entwickelnden, komplexen Wissensstrukturen gut handhaben lassen. ATLAS wurde bisher nicht für universelle "Bibliotheken", sondern für thematisch begrenzte Textsammlungen erprobt. Der Aufbau "überschaubarer" Archive, die sich jeweils auf einen begrenzten Themenbereich beziehen, wird durch Überlegungen über die optimale Größe von Kommunikationssystemen nahegelegt (Siefkes 1993). Aus Gründen der Überschaubarkeit empfiehlt sich bei umfangreichen Analyseaufgaben die Aufteilung in mehrere thematisch begrenzte Einzelarchive.

Das System ATLAS soll zunächst in zwei Projekten zur Anwendung kommen:

1.) Das an der TU Berlin in Gründung befindliche "Zentrum Technik und Gesellschaft" hat zur Aufgabe, die gesellschaftlichen und soziokulturellen Bedingungen in der Gestaltung soziotechnischer Systeme zu erforschen. Das System ATLAS und das im Aufbau befindliche Archiv sollen hierbei für ausgewählte Themenbereiche den gesellschaftlichen Technikdiskurs dokumentieren und nach Gesichtspunkten der Sozial- und Umweltverträglichkeit analysieren (Böhm und Muhr 1991). Das Archiv und die geplanten Diskursanalysen stellen gleichzeitig einen eigenen Forschungsbeitrag dar und übernehmen eine allgemeine Servicefunktion für das Zentrum. In einem Pilotprojekt soll zunächst anhand einer eingegrenzten Thematik die Arbeitsweise des Archivs erprobt werden.

2.) Im Berliner Forschungsverbund Public Health wird ab Januar 1993 das Projekt "Bürgerbeteiligung in der gesundheitsorientierten Stadtentwicklung" gefördert (Legewie 1991). Zur Archiverstellung werden auf gesamtstädtischer Ebene und auf Bezirksebene thematisch relevante Veröffentlichungen in den Medien und der Fachöffentlichkeit dokumentiert. Zusätz-

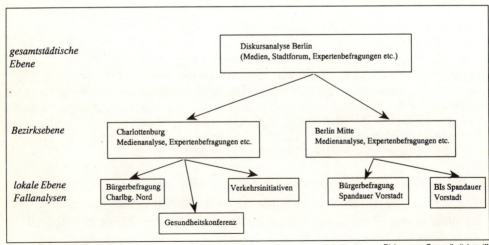

Abb. 4: Drei Ebenen der Diskursanalyse
Projekt "Bürgerbeteiligung in der gesundheitsorientierten Stadtentwicklung" (Berliner Forschungsverbund Public Health.

lich werden die Protokolle von Diskussionsforen wie dem "Stadtforum Berlin" und bezirkliche Bürgerforen dokumentiert und Befragungen mit Experten und Bürgern durchgeführt. Die gesamtstädtische und bezirkliche Ebene sind Gegenstand von Diskursanalysen zu übergeordneten Fragen der Gesundheitsförderung und Stadtentwicklung und den damit verbundenen Chancen und Hindernissen von Bürgerbeteiligung. Zur weiteren Konkretisierung werden "vor Ort" Fallanalysen von Bürgerbeteiligungsprozessen untersucht (z.B. Bürgerinitiativen zum Straßenverkehr im Bezirk Charlottenburg)(s. Abb.4). Nach dem Akteursmodell werden die gesammelten Texte und sonstigen Dokumente als Teil des in Frage stehenden Handlungszusammenhangs entsprechend der Grounded Theory interpretiert (Wer vertritt welche Positionen mit welchen Begründungen und welchen dahinterstehenden Interessen?). So ergibt sich ein Bild der Problem- und Konfliktfelder aus der Sicht der unterschiedlichen Akteure: Die Konfliktparteien, ihre unterschiedliche Problemsicht, ihre geäußerten (und möglicherweise verdeckten) Interessen, ihre Wissens- und Machtressourcen, aber auch ihre Ambivalenzen, ihre Kompromiß- und potentielle Unterstützungsbereitschaft und ihr Engagement für Innovationen in der gesundheitsorientierten Stadtentwicklung werden greifbar (s. Tab.2).

Durch die Arbeit entsteht ein Archiv, dessen Ergebnisse allgemeinverständlich aufbereitet einen neuen Typus von bürgernaher Gesundheitsberichterstattung eröffnen und damit auch den öffentlichen Diskurs um die gesundheitsförderliche Stadt bereichern können. Gleichzeitig soll das Archiv für öffentliche Planungen von Gesundheitsförderung, aber auch zur Beratung von Bürgerinitiativen mit gesundheitsorientierten Zielen zur Verfügung stehen.

7. Für eine partizipative Planungskultur

In meinen Überlegungen habe ich angesichts von Gestaltungsaufgaben in Technik, Stadtentwicklung und Gesundheitsförderung für die Ergänzung der Systemperspektive um die Diskursperspektive plädiert. Die Diskursperspektive beinhaltet in ihrer Berücksichtigung der am Planungsprozeß beteiligten Akteure eine Abkehr von der expertenorientierten "Abwurfplanung" zugunsten partizipativer Planungsmodelle, wie sie sich auch aus dem Demokratieverständnis gesellschaftlicher Entscheidungsfindung ableiten läßt. Zugleich werden mit der Diskursperspektive der "Verplanbarkeit" von Lebenswelten im Sinne einer ausschließlich systemtheoretischen Sichtweise Grenzen gesetzt ("berechenbare" Unberechenbarkeit von Planungsprozessen!).

Die vorgeschlagene Methodik der Diskursanalyse stellt eine "neue Technik" dar, deren Einsatz in ihren angestrebten Auswirkungen und unbeabsichtigten Neben- und Fernwirkungen ebenso wie andere neue Informationstechnologien einem TA-Diskurs ausgesetzt werden muß. Im Rahmen des Projekts ATLAS haben wir begonnen zu untersuchen, wieweit sich die Nutzung elektronischer "Denkwerkzeuge" positiv oder negativ auf die Kreativität beim Interpretieren von Texten auswirkt. Hier stellt sich mit Postman (1992) auch die Frage, wieweit das technisch erreichbare Mehr an Interpretationsmöglichkeiten zu einem besseren Verständnis der anstehenden Probleme führt oder eher zu einer Zunahme des "Informationsmülls". Die Modellbildung nach der Grounded Theory zielt jedenfalls auf eine sinnvolle *Bündelung handlungsrelevanter Informationen* ab.

Weiterreichende Überlegungen müssen sich mit den Konsequenzen eines systematischen Einsatzes sozialwissenschaftlicher Analysemethoden für den mit diesen Methoden untersuchten öffentlichen Diskurs auseinandersetzen. Hier stellt sich eine Reihe von Fragen, die vom Datenschutz über die "Offenheit" der Methoden, die gesellschaftliche Kontrolle und Verwertung der Ergebnisse bis zum Status der Forscher bzw. Planer als neuartige Akteure im Diskurs reichen. Akteursbezogene Daten und Analysen sind hochsensibel und mißbrauchsanfällig. Aus Gründen des Datenschutzes werden alltagssprachliche Texte nur archiviert, wenn sie entweder öffentlich zugänglich sind oder mit dem Einverständnis der Sprecher erhoben wurden (Grundsatz der "informierten Zustimmung").

Wie bei anderen Informationstechnologien stellt sich auch hier die Frage der Verantwortbarkeit angesichts von Mißbrauchsgefahren und möglichen unerwünschten Nebenwirkungen. Öffentliche Diskurse sind ihrem Wesen nach akteursbezogen. Ein Verzicht auf die Möglichkeiten, diese Diskurse auch mit sozialwissenschaftlichen Methoden transparent zu machen, würde auf eine Absage an die wissenschaftliche Aufklärung im Bezug auf die Gestaltung unserer Lebensgrundlagen - einschließlich der diese Gestaltung bestimmenden Interessen, Werte und Konflikte -hinauslaufen. Zur Verhinderung des Mißbrauchs sollte deshalb die sozialwissenschaftliche Diskursanalyse in einem institutionellen Kontext zur Anwendung kommen, der gesellschaftliche Kontrolle, Beteiligung, öffentliche Zugänglichkeit und bürgernahe Aufbereitung der Ergebnisse gewährleistet. Unter diesen Voraussetzungen, wie sie allgemein für demokratische Gestaltungsprozesse gefordert werden, könnte die Diskursanalyse nach meiner Auffassung zur Förderung einer partizipativen gesellschaftlichen Planungskultur beitragen.

Literatur

Böhm, A. u.a. (1993). "Methodenentwicklung für ein 'Archiv für Technik, Lebenswelt, Alltags-Sprache (ATLAS)'" - Abschlußbericht. ATLAS-Forschungsbericht Nr. 93-1. TU Berlin.

Böhm, A., Legewie, H. & Muhr, Th. (1992). Kursus Textinterpretation: Grounded Theory. Unveröffentlichtes Manuskript, TU Berlin.

Böhm, A. & Muhr, Th. (1991). ATLAS - Dokumentation und Interpretation von Technikdiskursen. Forschung aktuell, TU Berlin, 36-38, 104-106.

Böhme, G. (1980). Alternativen der Wissenschaft. Frankfurt/M.: Suhrkamp.

Böhret, C. (1991). Die Handlungsfähigkeit des Staates am Ende des 20. Jahrhunderts. Plenumsvortrag auf dem 18. Kongreß der Deutschen Vereinigung für Politikwissenschaft. (Zit. nach Fietkau und Weidner 1992)

Breuer, F. (1991). Analyse beraterisch-therapeutischer Arbeit. Münster: Aschendorff.

Deutsch, M. (1976). Konfliktregelung. Konstruktive und destruktive Prozesse. München: Reinhardt.

Devereux, G. (1973). Angst und Methode in den Verhaltenswissenschaften. Frankfurt/M.: Ullstein.

Dienel, P.C. (1990). Alte und neue Arenen politischen Streitens. In: U. Sarcinelli (Hrsg.): Demokratische Streitkultur. Bonn: Bundeszentrale für politische Bildung.

Dörner, D. (1989). Die Logik des Mißlingens - Strategisches Denken in komplexen Situationen. Reinbek: Rowohlt.

Dörner, D. u.a. (Hrsg.) (1983). Lohhausen. Vom Umgang mit Unbestimmtheit und Komplexität. Bern: Huber.

Dreyfus, H.L. & Dreyfus, S.E. (1987). Künstliche Intelligenz - Von den Grenzen der Denkmaschine und dem Wert der Intuition. Reinbek: Rowohlt.

Eco, U. (1977) Zeichen. Einführung in einen Begriff und seine Geschichte. Frankfurt/M.: Suhrkamp.

Engelmeier, G. (1992). Grounded Theory als Methode der Softwareentwicklung. ATLAS-Forschungsbericht 92-1, TU Berlin.

Erdheim, M. (1988). Die Psychoanalyse und das Unbewußte in der Kultur. Aufsätze 1980 - 1987. Frankfurt/M.: Suhrkamp.

Evers, A. & Nowotny, H. (1987). Über den Umgang mit Unsicherheit - Die Entdeckung der Gestaltbarkeit von Gesellschaft. Frankfurt/M.: Suhrkamp.

Fengler, C. & Fengler, T. (1980). Alltag in der Anstalt. Bonn: Psychiatrie-Verlag.

Fietkau, H.J. & Weidner, H. (1992). Mediationsverfahren in der Umweltpolitik. Erfahrungen in der Bundesrepublik Deutschland: Aus: Politik und Zeitgeschichte (Beilage Das Parlament), Heft 39/40.

Forum soziale Technikgestaltung (1992). Memorandum Regionaler Forschungsbedarf und soziale Technikgestaltung. DGB Landesbezirk Baden-Württemberg, Stuttgart.

Glaser, B.G. (1978). Theoretical sensitivity. Mill Valley: Sociology Press.

Glaser, B. G.& Strauss, A. (1967). The discovery of grounded theory: Strategies for qualitative research. Chicago: Aldine.

Graumann, C.F. (1988). Phänomenologische Psychologie. In R. Asanger & G. Wenninger (Hrsg.): Handwörterbuch der Psychologie. München: Psychologie Verlags Union.

Habermas, J. (1981). Theorie des kommunikativen Handelns. 2 Bde. Frankfurt/M.: Suhrkamp.

Hildebrandt, H. & Trojan, A. (1987). Gesündere Städte - kommunale Gesundheitsförderung. Institut für Medizinsoziologie, Hamburg.

Jungermann, H., Rohrmann, B. & Wiedemann, P.M. (Hrsg.) (1991). Risiko - Kontroversen. Konzepte, Konflikte, Kommunikation. Berlin: Springer.

Jungk, R. & Müllert, N.R. (1981). Zukunftswerkstätten. Mit Phantasie gegen Routine und Resignation. München: Heyne.

Lakoff, G. & Johnson, M. (1980). Metaphors we live by. Chicago: University of Chicago Press.

Legewie, H. (1991). Bürgerbeteiligung in der Gesundheitsorientierten Stadtentwicklung - Projektantrag. Berliner Forschungsverbund Public Health, TU Berlin.

Legewie, H. & Dechert-Knarse, E. (1991). Konfliktfelder in der gesundheitsorientierten Stadtentwicklung Berlins. Studienprojekt, Institut für Psychologie der TU Berlin.

Legewie, H. & Ehlers, W. (1992). Knaurs moderne Psychologie. München: Droemer Knaur.

Lewandowski, Th. (1985). Linguistisches Wörterbuch, Band 2. Heidelberg: Quelle & Meier.

Muhr, Th. (1991). ATLAS/ti - A prototype for the support of text interpretation. Qualitative Sociology, 14, 4, 349-371

Parin, P. & Parin-Matthey, G. (1986). Subjekt im Widerspruch. Aufsätze 1978 - 1985. Frankfurt/M.: Syndikat.

Postman, N. (1992). Wir informieren uns zu Tode. Die Zeit Nr. 41, 2. Oktober.

Prittwitz, V. von (1992). Symbolische Umweltpolitik. Eine Sachstands- und Literaturstudie unter besonderer Berücksichtigung des Klimaschutzes, der Kernenergie und Abfallpolitik. Arbeiten zur Risiko-Kommunikation, Nr. 34, KFA Jülich.

Rappaport, J. (1985). Ein Plädoyer für die Widersprüchlichkeit. Ein sozialpolitisches Konzept des "empowerment" anstelle präventiver Ansätze. Verhaltenstherapie und psychosoziale Praxis, 2, 257-278.

Rappaport, J. (1987). Terms of empowerment / exemplars of prevention: Toward a theory for community psychology. American Journal of Community Psychology, 15, 121-148.

Selvini-Palazzoli, M.u.a. (1984). Hinter den Kulissen der Organisation. Stuttgart: Klett.

Siefkes, D. (1993). Formale Methoden und kleine Systeme. Lernen, leben und arbeiten in formalen Umgebungen. Braunschweig: Vieweg.

Strauss, A. (1978). Negotiations: Varieties, contexts, processes and social order. San Francisco: Jossey Bass.

Strauss, A. (1991). Grundlagen qualitativer Sozialforschung. Datenanalyse und Theoriebildung in der empirischen soziologischen Forschung. München: Wilhelm Fink.

Strauss, A. & Corbin, J. (1990). Basics of qualitative research. Newsbury Park: Sage.

Wagner, B. (1978). Konflikte zwischen sozialen Systemen. Konzeption für ein bedürfnisorientiertes Konfliktmanagement. Berlin: Duncker & Humboldt.

Wiedemann, P.M., Femers, S. & Heunen, L. (1990). Bürgerbeteiligung bei entsorgungswirtschaftlichen Vorhaben. Analyse und Bewertung von Konflikten und Lösungsstrategien. Arbeiten zur Risiko-Kommunikation, 18, KFA Jülich.

Zilleßen, H. & Bartsian, Th. (1992). Neue Formen der Konfliktregelung in der Umweltpolitik. Aus: Politik und Zeitgeschichte (Beilage Das Parlament), Heft 39/40, S. 14-23.

Zum Zusammenhang von sozialer Kompetenz und sozialer Unterstützung
Eine Meta-Analyse

Bernd Röhrle und Gert Sommer

*H*einer Keupp (1987) fühlt sich - wie viele andere auch - vom Konzept des sozialen Netzwerks angezogen. In der Analyse sozialer Netzwerke sieht er eine Möglichkeit, Lebensfelder zu begreifen, die jenseits mikrosozialer Einheiten und diesseits von makrosozialen Strukturen liegen. In diesen sozialen Zwischenbereichen liegen seiner Ansicht nach Chancen und Risiken für das Individuum und es bieten sich damit Ansatzpunkte für psychosoziales Handeln an. Außerdem sind soziale Netzwerke für Keupp (1989) eine Welt, in der sich globale Prozesse kulturellen und sozialen Wandels spiegeln. Doch läge man völlig falsch, wenn man dieses Verständnis von sozialen Netzwerken als Ausdruck eines einseitig objektivistischen Interesses an intermediären sozialen Strukturen interpretieren würde. Vielmehr geht es Keupp (1989) bei der Analyse sozialer Netzwerke immer darum, "*subjektive* und objektive Handlungsmöglichkeiten eines Menschen zu ermitteln" (S. 146; Herv. d. V.). Zugleich hofft er, mit Hilfe dieses Konzepts zu einem tieferen Verständnis dessen zu gelangen, was von Sarason (1976) im Sinne einer komplexen subjektiven Aneignung von sozialer, politischer und ökonomischer Umwelt als "psychological sense of community" bezeichnet wurde.

Wenn Keupp (1989) bei der Rekonstruktion sozialer Netzwerke den subjektiven Faktor betont, für ihn also informelle soziale Gefüge immer auch aus der Perspektive des Individuums erschließbar, verständlich und beeinflußbar sind, so unterscheidet er sich von Positionen, die das Individuum wie einen Spielball sozialer Kräfte behandeln und die sich vor Psychologismen fürchten, wenn sie eine subjektive Perspektive wählen (vgl. Berkowitz, 1988). Im Gefolge von Beck (1983) oder des "Constraint Choice Ansatzs" (Fischer, 1982), geht es Keupp (1989) vielmehr darum, den Umgang mit sozialen Netzwerken als teilweise gewählt und als einen aktiv gestaltenden Prozess der Pflege von sozialen Gefügen und Ressourcen darzustellen. Für ihn sind gerade die Anforderungen von besonderer Bedeutung, welche sich dem Einzelnen im Rahmen der Modernisierung der Gesellschaft stellen. Sie äußern sich im Verlust einengender, aber vertrauter Bande, und werden da deutlich, wo der Umgang mit losen Bindungsformen zu mehr Aufwand führt (Keupp, 1988, 1989).

Um mit diesen Anforderungen zurechtzukommen, bedarf es Ressourcen verschiedener Art. Dazu gehören die materiellen und kommunikativen Potentiale der Gesellschaft, die als Handlungsmittel nicht allen Menschen in gleicher Weise zur Verfügung zu stehen. Sie sind aber zugleich notwendig oder zumindest hilfreich, um Kontakte aufbauen und pflegen zu können. Andere Ressourcen stellen sich als individuelle Voraussetzungen sozialen Handelns, als intrapsychische Anteile einer Art von sozialem Vermögen dar. Diese Potentiale sind sowohl Produkt der Enkulturation, die u.a. auch in sozialen Netzwerken erfolgt, als auch individuell gebundene Bedingungen, die zur Gestaltung informeller sozialer Gefüge beitragen (Burns & Farina, 1984; Cochran, Larner, Riley, Gunnarson & Henderson, 1990; Salzinger, 1990). Im weitesten Sinne handelt es sich hierbei um Persönlichkeitsmerkmale, die den Umgang mit sozialen Netzwerken prägen. Sie berühren die Bereitschaft, sich auf diese komplexe Gefüge einzulassen, und sie umfassen die Fähigkeit, bestimmte Merkmale sozialer Netzwerke beeinflussen zu können. Zu der Vielzahl der in diesem Sinne untersuchten Dispositionen gehören u.a. Kontrollüberzeugungen, erlebte Tüchtigkeit, "Hardiness", Netzwerkorientierungen, Toleranz, Selbstwert und nicht zuletzt auch soziale Kompetenzen (Leppin, 1985; Röhrle, 1992; Vaux, 1988).

Untersucht man soziale Kompetenzen als Voraussetzung im Umgang mit sozialen Netzwerken oder wenigstens als bedeutsames Korrelat, so verbindet sich damit die Hoffnung, damit eine Disposition ausgewählt zu haben, die man auch stärken kann. Einige grundsätzliche Fragen stellen sich jedoch, bevor man diese Hoffnung weiter hegen möchte:

(1) Gibt es überhaupt relevante Zusammenhänge zwischen Merkmalen sozialer Netzwerke und sozialen Kompetenzen?

(2) Können soziale Kompetenzen Merkmale sozialer Netzwerke beeinflussen?

(3) Welche sozialen Kompetenzen sind für den Umgang mit sozialen Netzwerken auch in Hinsicht auf besondere Merkmale besonders wichtig?

Wir wollen im folgenden versuchen, diese Fragen nur einmal für den *Zusammenhang zwischen sozialen Kompetenzen* und dem *Merkmal der sozialen Unterstützung* zu beantworten. Die Auswahl dieses Netzwerkmerkmals ist dabei wohl begründet. Zum einen handelt es sich um eine funktionale Eigenschaft sozialer Netzwerke, die besonders gut erforscht ist und die insgesamt für den Erhalt psychischer Gesundheit als bedeutsamer gelten kann als strukturelle Merkmale, wie z.B. Größe oder Dichte sozialer Netzwerke[1]. Zum zweiten wird damit die Frage verbindbar, ob

---

[1] Diese Tatsache dürfte nicht wenige Forscher dazu veranlaßt haben, sich ausschließ-

die Salutogenität informeller Hilfen auch auf die Beteiligung sozialer Kompetenzen zurückzuführen ist.

Soziale Kompetenz und soziale Unterstützung

"Soziale Kompetenz" und "soziale Unterstützung" entstammen völlig verschiedenen begrifflichen und theoretischen Welten. Sie wurden jeweils auf höchst unterschiedliche Weise und bis vor kurzem mit geringem gegenseitigen Bezug definiert. In den begrifflichen Bestimmungen von *sozialer Unterstützung* finden sich zunächst keine dispositionellen Erklärungsanteile. Dies gilt zumindest solange, wie man in informellen Hilfen nur Ressourcen sozialer Netzwerke sieht. Wenn soziale Unterstützung in diesem Sinne als Meta-Konstrukt behandelt wird, so umfaßt es wenigstens folgende Bestandteile: (1) Es meint das Vorhandensein bestimmter sozialer Beziehungen, (2) die Gestalt und Struktur sozialer Beziehungsmuster als Voraussetzungen für (3) soziale Interaktionen, die (4) informelle Hilfe im engeren Sinne darstellen können (Barrera, 1986; Leatham & Duck, 1990; Vaux, 1988). Betrachtet man jedoch die Art und Weise, wie soziale Unterstützung im engeren Sinne definiert wird, so werden genau diese Erklärungsanteile überdeutlich. So wird soziale Untzerstützung nicht nur als aktives Angebot von informeller Hilfe oder als konsumtive soziale Handlung begriffen, sondern als von einem Individuum mehr oder weniger erreichbar wahrgenommen, als gewollt oder ungewollt und als in jeweils bestimmter Weise bewertet (Dunkel-Schetter & Bennett, 1990; Sommer & Fydrich, 1989). Außerdem werden unterschiedliche Komponenten sozialer Unterstützung unterschieden und insbesondere zwischen emotionalen, motivationalen, kognitiven bzw. instrumentellen Hilfen und sozialer Integration differenziert (z.B. House & Kahn, 1985; Sommer & Fydrich, 1989).

Die Tatsache, daß die Definition sozialer Unterstützung nicht ohne die Berücksichtigung von dispositionellen Erklärungen auskommt, hat einige Autoren dazu bewogen, in sozialer Unterstützung ein Persönlichkeitsmerkmal zu sehen und seinen Bedeutungsgehalt mit umfassenderen Begriffen wie "Sense of Support" (Gottlieb, 1985) oder "Sense of Acceptance" (Sarason, Pierce & Sarason, 1990) in Verbindung zu bringen. Damit sind bei genauer Betrachtung Dispositionen gemeint, die in die konzeptuelle Nähe einer Kompetenz rücken, die den Umgang mit sozialen Netz- werken möglich macht. Das Gefühl, von anderen akzeptiert zu werden, hängt zumindest nach Ansicht von Sarason et al. (1990) auch sehr von interpersonellen Fertigkeiten ab. Trotz solcher Auffassungen bleibt

---

lich mit dem Merkmal der sozialen Unterstützung zu befassen.

bei den definitorischen Bestimmungen von sozialer Unterstützung das Moment der sozialen Kompetenz bislang unberücksichtigt.

Bei den Definitionen von *sozialer Kompetenz* verhält es sich gerade umgekehrt: Man findet kaum sozio-strukturelle Bedeutungsanteile, dafür überwiegen dispositionelle Erklärungsbestände. Im wesentlichen sind folgende begriffliche Komponenten erkennbar: Es wird zwischen sozialen Fertigkeiten, Selbstakzeptanz bzw. Selbstwert und emotionalen Anteilen (Fehlen von sozialer Angst) unterschieden (z.B. Ullrich & Ullrich de Muynck, 1978). Auch zwischen expressiven oder sensitiven Anteilen der sozialen Kompetenz wird differenziert (Riggio, 1986). Komplexe Fähigkeiten, wie soziale Problemlöse- und soziale Handlungsregulationskompetenz, werden von konkreten verbalen und non-verbalen Fertigkeiten unterschieden (z.B. Döpfner, 1989; Trower, Bryant & Argyle, 1978).

Bei diesen Differenzierungen von sozialer Kompetenz bleibt der soziale Bezug noch vage auf die optimale Gestaltung sozialer Situationen in dyadischen Beziehungsformen beschränkt (Hinsch & Pfingsten, 1983). Erst in neuerer Zeit werden unterschiedliche Beziehungsaspekte interpersoneller Kompetenz betont (Spitzberg & Cupach, 1989). Von "relationaler Kompetenz" (Hansson, Jones & Carpenter, 1984) oder gar "sozialer Unterstützungskompetenz" (Röhrle & Sommer, im Druck) ist die Rede. Gemeint sind damit Fähigkeiten, welche Bezug auf Eigenschaften der Interaktionspartner nehmen, welche die Pflege unterschiedlicher sozialer Beziehungsformen, aber auch anderer Merkmale sozialer Netzwerke möglich machen und die als Voraussetzung für das Angebot und den Erhalt informeller Hilfen angesehen werden können (Antonucci & Jackson, 1990; Hansson et al., 1984; Riggio & Zimmerman, 1991; Röhrle & Sommer, im Druck; Vaux, 1988). Die Vielfalt der Überlegungen zur Frage, welche Teilfertigkeiten zu diesen Kompetenzen zu zählen sind, ermutigen zur Hoffnung, daß diese Arten von sozialer Kompetenz bald auch differenziert diagnostisch zu erheben sein werden (vgl. Hogg & Heller, 1990).

Wir stellen also insgesamt eine große Annäherung zweier unterschiedlicher Begriffswelten fest, die zunächst durch das gemeinsame Moment der subjektiven Erhebung von Umwelt- und Personmerkmalen bedingt erscheint. Darüberhinaus aber deutet sich eine Überschneidung von Bedeutungsfeldern an, die soziale Kompetenzen relational und strukturell verknüpfen, sowie umgekehrt soziale Unterstützungen als Ressourcen auftauchen, die als solche erst im Kontext bestimmter sozialer Kompetenzen realisierbar sind. Es stellt sich aber die Frage, ob zwischen diesen beiden Konzepten nicht nur eine begriffliche Nähe besteht, sondern ob auch von engen empirischen Bezügen ausgegangen werden kann.

Zum Zusammenhang von sozialer Unterstützung und sozialer Kompetenz

Antworten auf die Frage nach den empirischen Bezügen zwischen sozialer Unterstützung und sozialer Kompetenz werden in der Regel im Rahmen deskriptiver Überblicksarbeiten geboten (vgl. Cohen, Sherrod & Clark, 1986; Fischer, Sollie & Morrow, 1986; Hansson et al. 1984; Riggio & Zimmerman, 1991). Solche Darstellungen geben wohl einen guten Eindruck von der bislang noch vergleichsweise geringen Forschungstätigkeit auf diesem Gebiet, bergen aber die Gefahr einer selektiven Rezeption und tendenziösen Interpretation von Forschungstrends in sich. Aus diesem Grunde haben wir den Versuch unternommen, die Darstellung einzelner Befunde soweit wie möglich in den Rahmen von Meta-Analysen zu stellen. Diese Analysen sollten Auskunft darübergeben, wie reliabel und bedeutsam die berichteten Zusammenhänge sind; darüberhinaus können sie Antworten auf die Frage geben, ob sich homogene und voneinander unterscheidbare Datensätze finden lassen. Durch deskriptive Darstellungen von Untersuchungsergebnissen werden diese Meta-Analysen an den Stellen ergänzt, wo keine andere Möglichkeit besteht, die gestellten Fragen zum Zusammenhang von sozialer Kompetenz und sozialer Unterstützung zu beantworten.

Meta-Analysen sind bislang auf dem Gebiet der sozialen Unterstützungsforschung und benachbarten Forschungsfeldern äußerst rar (vgl. Bond & Titus, 1983; Leppin & Schwarzer, 1990; Mehrkens Steblay, 1987; Schwarzer & Leppin, 1989 a,b; Röhrle, i.Dr.). Methoden der Meta-Analyse, wie die von Hunter, Schmidt und Jackson (1982), erlauben u.a. Aussagen über die mittlere Effektstärke "r_w" (Populationseffektstärke) eines Zusammenhangs; zudem beantworten sie die Frage, ob diese Populationseffektstärken auf homogenen, d.h. zuverlässigen Datensätzen beruhen, als signifikant - gegebenfalls auch signifikant unterschiedlich - gelten können. Unter Berücksichtigung der jeweils untersuchten Stichprobengröße, der Zahl der Studien und der beobachteten und geschätzten Fehlervarianz der Verteilung der Effektwerte lassen sich entsprechend gewichtete Angaben machen. Dabei gilt, daß eine gewichtete Populationseffektgröße dann auf homogenen Datensätzen beruht, wenn folgende Kriterien erfüllt sind:
1) Die Varianz der Effektwerte sollte wenigstens mit 75% durch den Stichprobenfehler erklärt werden können. 2) Die Verteilung der Werte darf sich im Rahmen eines Chi^2-Tests als nicht signifikant erweisen. 3) Die residuale Standardabweichung (Quadrat der Restvarianz) sollte weniger als 25% der Populationseffekte betragen. Von einer signifikanten Populationseffektstärke wird gesprochen, wenn sie wenigstens doppelt so groß wie die residuale Standardabweichung ist. Populationseffektgrößen ver-

schiedener Teildatensätze unterschieden sich signifikant, wenn sie nicht in das Vertrauensintervall des jeweils anderen fallen (vgl. Schwarzer, 1989).
Eine Literaturrecherche mit den Stichworten "Social Support Network", "Social Competence" und "Social Skill" in den Datenbänken von PSYCLIT und MEDLINE erbrachte für den Zeitraum von 1983 bis 1991 nur 14 Studien mit insgesamt 16 unabhängigen Stichproben, welche den Voraussetzungen einer Meta-Analyse entsprachen[2]. Die Zahl der verwertbaren Studien ist u.a. auch deshalb so klein, weil einige Autoren soziale Kompetenzen als Teilbestandteile von anderen Fähigkeiten abgehandelt oder aber keine verrechenbaren Statistiken berichtet haben (z.B. Barth, 1988; Fondacaro & Heller, 1983; Ford & Carr, 1990; Kennedy, 1989; Ostrow, Paul, Dark & Behrman, 1986).
Die verbleibenden Studien lassen nur Aussagen zum Zusammenhang zwischen sozialer Unterstützung und sozialer Kompetenz zu, und zwar
1) ohne Spezifizierung beider Ressourcen, 2) mit Differenzierungen der Art der informellen Hilfe aber ohne Unterscheidungen der sozialen Kompetenz und 3) mit Berücksichtigung von Gefühls- oder Fertigkeitsanteilen sozialer Kompetenz, wobei nicht zwischen verschiedenen Komponenten der sozialen Unterstützung differenziert wird. Diese Beschränkung ist darauf zurückzuführen, daß soziale Unterstützung insgesamt sehr heterogen und dabei oft nur relativ grob erfaßt wurde. Entsprechend wurden kaum Komponenten sozialer Unterstützung unterschieden oder emotionale Anteile sozialer Kompetenz von Fertigkeiten abgehoben. Bei keiner Studie werden solche sozialen Kompetenzen erhoben, die für den Erhalt sozialer Unterstützung als spezifisch gelten könnten.
Meta-analytische Betrachtungen der Zusammenhänge zwischen verschiedenen Arten der sozialen Unterstützung und unterschiedlichen Anteilen sozialer Kompetenz sind bislang nicht möglich, da nur wenige Autoren beide Ressourcen zugleich in sich differenziert haben. Deshalb können nur deskriptive Ergebnisdarstellungen einen Eindruck davon vermitteln, mit welchen spezifischen Zusammenhängen man rechnen kann. Das gleiche gilt für die Beantwortung der Frage, ob soziale Kompetenz sich eignet, um soziale Unterstützung vorherzusagen, da insgesamt nur zwei verwertbare Längschnittsstudien vorliegen (Cohen et al., 1986; Fischer et al., 1986). Eine weitere Längsschnittsanalyse berichtet leider über keine meta-analytisch verwertbaren Effektgrößen (Lamb, Hwang, Bookstein, Broberg, Hult & Frodi, 1988).

---

[2] Vgl. Benson, Reiss, Smith & Laman (1985), Cauce (1986), Cohen, Sherrod & Clark (1986), Elliott & Gramling (1990), Elliott, Herrick, Patti, Witty, Godshall & Spruell (1991), Fischer, Sollie & Morrow (1986), Laman & Reiss (1987), Mitchell (1982), Procidano & Heller (1983), Riggio (1986), Riggio & Zimmerman (1991), Sarason, Sarason, Hacker & Basham (1985), Vondra & Garbarino (1988).

Ein Grundproblem der vergleichenden Analyse bei den vorliegenden Studien besteht darin, daß fast jede Untersuchung spezifische, zum Teil selbstentwickelte Meßinstrumente zur Diagnostik von sozialen Komeptenzen als auch zur Diagnostik von sozialer Unterstützung eingesetzt hat. Dennoch boten sich zwei Möglichkeiten an, um der Frage nach der Bedeutung von Typen der *Operationalisierung* für den Zusammenhang von sozialer Unterstützung und sozialer Kompetenz nachzugehen. Vier Studien haben bei der Beurteilung von sozialen Kompetenzen auf *Fremdratings* zurückgegriffen, der überwiegende Teil hat sich auf Selbsteinschätzungen verlassen. Außerdem lassen sich bei den vorgefundenen Untersuchungen solche hervorheben, die nach der *Quelle sozialer Unterstützung* gefragt haben. Da nur wenige Studien sich auf Patienten beziehen, lassen sich auch nur ansatzweise Teilanalysen in Hinsicht auf spezifische *Populationen* durchführen.

Die Ergebnisse machen deutlich, daß die Frage nach einem *generellen Zusammenhang* zwischen sozialer Kompetenz nicht klar zu beantworten ist (vgl. Tabelle 1; 1.). Es werden zwar Korrelationen bis zu .67 berichtet, jedoch variieren die Zusammenhänge beträchtlich und selbst negative Korrelationen zwischen sozialer Kompetenz und sozialer Unterstützung sind nicht ausgeblieben (Elliott & Gramling, 1990; Elliott et al., 1991). Die Meta-Analyse kommt deshalb auch zum Resultat, daß die Datenbasis als nicht zuverlässig einzuschätzen und die mittlere Effektgröße von $r_w = .22$ nicht interpretierbar ist.

Auch die Analyse der Effektgrößen, die auf der Erhebung von *Fertigkeiten* beruht, basiert auf heterogenen Datensätzen und führt damit zu keinen reliablen Resultaten. Zuverlässige Ergebnisse ließen sich dagegen bei Stichproben nachweisen, die *emotionale Anteile sozialer Kompetenz*, wie z.B. soziale Angst oder emotionale Kontrolle, erhoben haben (vgl. Tabelle 1; 3.). Ein signifikanter mittlerer Effekt von $r_w = .32$ taucht auf. Da aber dieses Ergebnis auf einem sehr kleinen Datensatz gründet (vier unabhängige Stichproben), kann es nur im Sinne einer Tendenz interpretiert werden. So mag wahrgenommene soziale Unterstützung den Umgang mit den emotionalen Anteilen sozialer Kompetenz erleichtert, sowie umgekehrt diese Anteile den Zugang zu sozialen Ressourcen mehr oder weniger günstig gestaltet haben.

Sämtliche Analysen, die sich auf Studien beziehen, die zwischen verschiedenen *Formen der sozialen Unterstützung* unterschieden, d.h. zwischen emotionalen Hilfen, praktischer Unterstützung bzw. kognitive Hilfen und sozialer Integration differenziert haben, führen bezüglich des Zusammenhangs mit sozialen Kompetenzen zu unzuverlässigen Ergebnissen (Tabelle 1; 4.-6.). Dagegen führt die Analyse von Studien, die explizit nach den

Quellen der sozialen Unterstützung gefragt haben, zu einem reliablen und signifikanten mittleren Effekt von r_w= .37 (Tabelle 1; 9.).

Tabelle 1. Meta-Analysen zum Zusammenhang von sozialer Kompetenz und sozialer Unterstützung

Variablen	K	N	r_w	95%[a]		%[b]	Chi²[c]	$s_p^{2[d]}$
1. SU-SK	16	1492	0.22	-0.16	0.60	20.50	78.06***	0.19
2. SU-SFERT	10	789	0.23	0.04	0.42	55.24	18.10*	0.10
3. SU-GEF	4	488	0.32	0.22	0.41	75.49	5.30 ns	0.05±
4. EU-SK	6	944	0.15	-0.23	0.53	13.88	43.23***	0.19
5. PU-SK	5	827	0.13	-0.19	0.44	18.85	26.52***	0.16
6. SI-SK	4	726	-0.02	-0.59	0.56	6.04	66.18***	0.29
7. SU-SK Klienten	4	281	0.02	-0.63	0.66	11.57	34.57***	0.33
8. SU-SK Normale	12	1211	0.27	0.07	0.45	46.86	25.06**	0.10
9. SU-SK mit Quellen- angabe	7	290	0.37	0.37	0.37	100.00	2.59 ns	0.00±
10. SU-SK ohne Quellen- angabe	9	1202	0.19	-0.22	0.59	13.90	64.77***	0.20
11. SU-SK Fremdrating	5	391	0.28	0.04	0.51	43.13	11.59*	0.12
12. SU-SK Eigenein- schätzung	12	1269	0.20	-0.18	0.58	18.60	64.52***	0.20

Anmerkungen. a= Vertrauensinterval, b= Prozentsatz der durch den Stichprobenfehler aufgeklärten Varianz (Homogenität bei _ 75%), c= Test der Verteilungshomogenität (homogen, wenn nicht signifikant; * p< 0.05; ** p< 0.001; *** p< 0.0001), d= Residuale Standardabweichung (homogen, wenn ¾ 25% der mittleren Effektstärke [+]); K= Zahl der unabhängigen Stichproben; N= Gesamtstichprobengröße, r_w= Gewichtete mittlere Effektstärke;
SK= Soziale Kompetenz; SU= Soziale Unterstützung; GEF= Gefühlsanteile sozialer Kompetenz; SFERT= Soziale Fertigkeiten; EU= Emotionale Unterstützung und Rückhalt; PU= Praktische Unterstützung und kognitive Hilfen; SI= Soziale Integration.

Dieses Ergebnis spricht dafür, daß der Zusammenhang zwischen sozialer Kompetenz und sozialer Unterstützung dann eindeutiger wird, wenn informelle Hilfen in Hinsicht auf ihre Ursprünge bewertet werden können, d.h. in Abhängigkeit davon beurteilt werden, ob sie z.B. vom Partner, von Freunden oder von ArbeitskollegInnen stammen. Die Bedeutung relationaler Merkmale sozialer Netzwerke für den Zusammenhang zu sozialen Kompetenzen wird auch durch Einzelbefunde hervorgehoben, die z.B. nachweisen konnten, daß reziproke freundschaftliche Beziehungen ein besonderes Gewicht haben (Cauce, 1986). Insgesamt aber ist auch auf Grund widersprüchlicher Einzelbefunde nicht entscheidbar, welche Quellen der sozialen Unterstützung oder welche Arten von sozialen Beziehungen (z.B. mehr oder weniger intime Formen) in besonderem Maße mit sozialen Kompetenzen zusammenhängen (vgl. Mitchell, 1982; Procidano & Heller, 1983).

Auch die Analyse von Studien, die soziale Kompetenz mit Hilfe von *Selbsteinschätzungen* oder *Fremdratings* erfaßt haben, zeugt von heterogenen Datensätzen. Das gleiche gilt für die Analyse der Daten, die sich nur auf *Klienten* (psychiatrische Patienten, Rückenmarksverletzte, Retardierte) oder auf *normale Personen* (überwiegend Studenten, Schüler) beziehen.

Nur drei Studien haben den Zusammenhang zwischen *verschiedenen Formen der sozialen Unterstützung* und *unterschiedlichen Anteilen sozialer Kompetenz* untersucht. Cohen et al. (1986) fanden bedeutsame Korrelationen zwischen drei Formen der sozialen Unterstützung (Wertschätzung, Zugehörigkeit und praktische Unterstützung) und sozialen Fertigkeiten ($r= .35$ bis $.48$), Selbstöffnung ($r= .19$ bis $.35$) und sozialer Angst ($r= -.15$ bis $-.37$).

In der Studie von Sarason, Sarason, Hacker und Basham (1985) wurden die sozialen Fertigkeiten durch Rollenspielpartner und unabhängige Rater eingeschätzt. Außerdem hatten die Untersuchungsteilnehmer ihre Gefühle in verschiedenen sozialen Situationen zu bewerten, ihre soziale Problemlösefähigkeit wurde erhoben, die Zahl sozial unterstützender Quellen war anzugeben, und die Zufriedenheit mit den angebotenen Hilfen war zu beurteilen. Untersuchungsteilnehmer mit sehr vielen oder sehr wenigen Quellen der sozialen Unterstützung unterschieden sich signifikant in einigen Anteilen sozialer Kompetenz.

Riggio and Zimmerman (1991) unterschieden zwischen sechs Komponenten sozialer Fähigkeit (Emotionale bzw. Soziale Expressivität, Sensitivität und Kontrolle). Die Korrelationen zwischen diesen Arten der sozialen Kompctenz und cmotionalen bzw. instrumentellen Formen der sozialen Unterstützung variieren zwischen $r= -.11$ und $.31$. Der signifikante, wenn auch nur mäßig hohe Zusammenhang zwischen gefühlsbetonten Formen sozialer Unterstützung und emotionaler Sensitivität (r= .31) deutet an, daß diese Arten der sozialen Unterstützung emotional empfindsam machen oder soziale Sensitivitäten emotionale Hilfen erst abruf- und wahrnehmbar machen können. Zusammengefaßt weisen diese Studien darauf hin, daß Personen dann ein höheres Ausmaß an emotionaler Unterstützung wahrnehmen, wenn sie soziale Fertigkeiten und Sensitivitäten besitzen, um Unterstützung in ihrem Netzwerk anzufordern und/oder zu akzeptieren und wenn sie dabei nicht durch ihre sozialen Ängste behindert werden.

Selbst auf der Ebene rein deskriptiver Ergebnisdarstellungen ist die Frage nach dem *Einfluß* sozialer Kompetenz auf soziale Unterstützung nur wenig zufriedenstellend zu beantworten. Neben der Tatsache, daß entsprechende Ergebnisse, die auf *Längsschnittstudien* beruhen, im engeren Sinne keine kausal-analytischen Aussagen zulassen, sind sie darüberhinaus inkonsistent (Cohen et al., 1986; Fischer et al., 1986; Lamb et al., 1988). Cohen et al. (1986) stellten für einen Untersuchungszeitraum von zweieinhalb Monaten fest, daß soziale Kompetenz bestimmte Arten der sozialen Unterstützung bis zu einem gewissen Grad vorhersagen konnte. Dabei erwies sich die Selbstöffnung als bester Prädiktor, um das Ausmaß an emotionaler sozialer Unterstützung mit einer Varianzaufklärung von knapp sieben Prozent vorherzusagen. Die übrigen Werte aufgeklärter Varianz lagen erheblich darunter.

Fischer et al. (1986) prognostizierten mit Hilfe von sozialen Fertigkeiten bei Jugendlichen über einen Zeitraum von sechs Monaten die Qualität von Freundschaftsbeziehungen. Bei männlichen Jugendlichen sagten soziale Kompetenzen die spätere positive Qualität von Freundschaftsbeziehungen mit einer Varianzaufklärung von 15 Prozent voraus. Bei weiblichen Jugendlichen konnte nur die negative Qualität der freundschaftlichen Bande mit einer Varianzaufklärung von sieben Prozent vorhergesagt werden.

Lamb et al. (1988) gelang es, bei Kindern über einen Zeitraum von einem Jahr die sozialen Fertigkeiten im Umgang mit Gleichaltrigen mit Hilfe der sozialen Unterstützung durch Großeltern, Freunde und Nachbarn vorherzusagen (Pfadkoeffizient r= .15). Nach diesem Ergebnis trägt die wahrgenommene soziale Unterstützung dazu bei, soziale Kompetenzen von Kindern zu entfalten. Die Ausgangswerte der sozialen Kompetenzen erwiesen sich allerdings als bedeutsamer: mit ihnen konnten - wie nicht anders zu erwarten - die sozialen Fertigkeiten der untersuchten Kinder ein Jahr später erheblich besser vorhergesagt werden (r= .24).

Diskussion und Ausblick

Insgesamt konnten nur wenige zuverlässige Antworten auf die Frage nach Ausmaß und Art der Zusammenhänge zwischen sozialer Kompetenz und sozialer Unterstützung gegeben werden. So ist der Zusammenhang zwischen sozialer Unterstützung und sozialer Kompetenz beachtlich, wenn jeweils die Quellen der informellen Hilfe angegeben waren. Ein Wert von $r_w = .37$ ist deutlich höher als Werte, wie sie für Zusammenhänge zwischen physischer Gesundheit und sozialer Unterstützung ($r_w = -.06$) und zwischen Depressivität und informeller Hilfe ($r_w = -.22$ bzw. -.28) berichtet werden (Röhrle, 1992; Schwarzer & Leppin, 1989a,b). Wir haben dies als Hinweis darauf gewertet, daß nicht nur insgesamt mit relativ deutlichen Zusammenhängen zwischen sozialer Kompetenz und sozialer Unterstützung zu rechnen ist, sondern daß möglichst differenzierte und zugleich strukturell bedeutsame Merkmale bei entsprechenden Untersuchungen erhoben werden sollten. Leider sind keine zuverlässigen Antworten auf die Frage möglich gewesen, welche Komponenten sozialer Unterstützung bzw. welcher Anteil sozialer Kompetenzen in besonderer Weise aufeinander beziehbar sind. Zu vielfältig sind hier die Kombinationsmöglichkeiten und zu selten die empirischen Daten in der indizierten Literatur. Welche Art der Differenzierung für die Frage des interessierenden Zusammenhangs wichtig ist, kann also bislang nicht entschieden werden (vgl. Barth, 1988). Um zu eindeutigeren Aussagen gelangen zu können, bieten sich im wesentlichen zwei Wege an. Zum ersten scheint es notwendig, Datensätze in Hinsicht auf ähnliche oder möglichst gleiche Operationalisierungen zusammenzustellen. Zum zweiten sollten im Rahmen neuer Operationalisierungen die konzeptionellen Bezüge von sozialer Kompetenz und sozialer Unterstützung bzw. Merkmalen sozialer Netzwerke deutlicher werden. Den ersten Weg haben wir an anderer Stelle (Röhrle & Sommer, i. Dr.) mit den eigenen in unserer Arbeitsgruppe erhobenen Datensätzen (Sommer & Fydrich, 1989, 1991) beschritten. Die dabei erzielten wesentlichen Ergebnisse auf der Basis von acht Stichproben und 425 Probanden können folgendermaßen zusammengefaßt werden: Zwischen wahrgenommener sozialer Unterstützung und sozialen Kompetenzen besteht ein bedeutsamer reliabler Zusammenhang ($r = .45$). Dabei sind bezüglich verschiedener Komponenten sozialer Unterstützung die Zusammenhänge bei sozialer Integration und emotionaler Unterstützung enger als bei praktischer Unterstützung. Auf seiten sozialer Kompetenzen erwies sich die Komponente "soziale Fertigkeiten" erheblich bedeutsamer als "Durchsetzungsfähigkeit" und "Angst vor negativer Bewertung". Inhaltlich lassen diese Ergebnisse u.a. die folgenden Interpretationen zu: Soziale Fertigkeiten und geringe soziale Ängste erleichtern es, informelle Hilfen im sozialen Netzwerk anzufordern und in Anspruch zu nehmen; andererseits trägt wahrgenommene soziale Unterstützung - insbesondere mit den Komponenten, sich als Teil eines Netzwerkes sozial integriert und emotional aufgehoben zu fühlen - dazu bei, daß eine Person soziale Kompetenzen entwickelt bzw. daß die vorhandenen sozialen Kompetenzen auch in gegebenen Situationen realisiert werden können (vgl. Sommer, 1977).

Wenn in Zukunft der zweite Weg beschritten werden sollte, um soziale Kompetenzen und soziale Unterstützungen stärker aufeinander zu beziehen, so wäre es vorteilhaft, beide Ressourcen in komplexer Weise als wechselseitig abhängig und nicht nur einfach als Zusammenhang zu betrachten (Heller & Swindle, 1983; Röhrle, i. Dr.; Vaux, 1988). Diese Wechselseitigkeit mag im Sinne von Bandura (1978) als "reziproker Determinismus" bezeichnet werden oder sich im Sinne von Mischel (1977) in der aktiven Auswahl individuell "passender" sozial unterstützender Umwelten ausdrücken (vgl. Duck & Silver, 1990; Sarason, Sarason & Pierce, 1990). Dabei muß auch die Frage nach der Bedeutung spezifischer Merkmale sozialer Netzwerke und Quellen sowie Komponenten sozialer Unterstützung für den Aufbau sozialer Kompetenzen, die sich wieder auf diese sozialen Gefüge beziehen, neu formuliert werden. Möglicherweise geht es dann z.B. mehr um die Frage, wieviele Personen im sozialen Netzwerk Modelle dafür sind, wie man sich in unterschiedlichen Sektoren sozialer Netzwerke und vielfältigen Beziehungsformen flexibel verhalten kann, dies auch in Hinsicht auf unterschiedliche Intimitätsgrade oder Grade der sozialen Distanz (z.B. Coyne, Wortman & Lehman, 1988). Damit verbunden werden soziale Kompetenzen auch mehr in Hinsicht auf Phasen der Entstehung und Intensivierung sozialer Beziehungen, auf verschiedene Anlässe der Aktivierung sozialer Netzwerke und auf die dabei beteiligten Phasen der Handlungsregulation zu operationalisieren sein (Hansson et al., 1984; Riggio & Zimmermann, 1991; Röhrle & Sommer, i. Dr.). Dies ist notwendig, da z.B. in verschiedenen Arten und Stufen der Entwicklung sozialer Beziehungen mit unterschiedlichen Qualitäten von sozialer Unterstützung zu rechnen ist (Berg & Clark, 1986; Cutrona, Suhr & MacFarlane, 1990). Die detaillierte Analyse von sozialem Geschehen in sozialen Netzwerken kann dabei helfen, Handlungsformen zu erkennen, die man als notwendige Bestandteile netzwerkorientierter sozialer Kompetenzen bezeichnet werden können. Besonders bedeutsam dürften dabei Analysen von sozialen Handlungen sein, die Hilfen in sozialen Netzwerken aktivieren, ohne daß z.B. der Selbstwert der beteiligten Personen negativ betroffen ist oder ihre Empfindsamkeiten und Fertigkeiten überstrapaziert werden (Barbee, 1990; Cutrona et al., 1990; Goldsmith & Parks, 1990; Gottlieb, 1988; Hogg & Heller, 1990; Winstead & Derlega, 1991). Aber auch die Rekonstruktion des sozialen Wissens von Personen über effektive Strategien der Pflege sozialer Netzwerke mag zu neuen Operationalisierungen sozialer Kompetenzen führen (Leatham & Duck, 1990; Röhrle, i. Dr.). Aufbauend auf solchen konzeptionellen und meßtechnischen Fortschritten bei der Erhebung von netzwerkbezogenen sozialen Kompetenzen und kompetenzbezogenen Merkmalen sozialer Netzwerke können dann die Fragen nach der Wirkrichtung und dem Zusammenspiel beider Ressourcen in Hinsicht auf weitere Variablen, etwa bei der Verarbeitung von Stressoren und in Hinsicht auf die psychische Gesundheit, beantwortet werden. Bezüglich der Bedeutung beider Ressourcen für die Streßverarbeitung und für die psychische Gesundheit ist bislang die Befundlage uneindeutig. Es sind wenige sowohl unabhängige als auch interaktive Effekte von sozialer Kompetenz und sozialer Unterstützung bei der Wirkung von Stressoren nachgewiesen, wenngleich in nicht konsistenter Weise (Elliott & Gramling, 1990; Elliott, Herrick, Patti, Witty, Godshall & Spruell, 1991; dagegen Cohen, Sherrod & Clark, 1986). Sequentielle Zusammenhänge, nach denen soziale Unterstützung soziale Kompetenzen stärkt, die dann wiederum die psychische Befindlichkeit bessert, haben Vondra und Garbarino (1988) im Rahmen eines pfadanalytischen Modells aufgezeigt. In einer Untersuchung vermochte die Interaktion von sozialer Kompetenz und sozialer Unterstützung mehr Varianz aufzuklären als nur informelle Hilfen allein (Elliott, Herrick, Patti, Witty, Godshall & Spruell, 1991).

Schließen wir die Betrachtungen zu den Zusammenhängen zwischen sozialer Kompetenz und Merkmalen sozialer Netzwerke, indem wir an den Ausgangspunkt zurückkehren und zugleich behaupten: Wäre der subjektive Faktor in der sozialen Netzwerkforschung ernster genommen worden, so hätte die vorliegende Studie vielleicht über eindeutigere Beziehungen zwischen beiden Ressourcen berichten können. Obgleich Keupp (1989) diesen subjektiven Faktor betont und er auch schon lange im Kontext von Fragen zur Validität von Angaben zu Merkmalen sozialer Netzwerke sich bemerkbar gemacht hat, verzeichnen wir ein gewisses Ungleichgewicht zwischen subjektiv und objektiv orientierter Netzwerkforschung. Aber erst ein Zugang, der beide Seiten der Realität ausgewogen berücksichtigt, umgeht die Gefahr einseitiger Psychologismen oder Soziologismen. Die Vorteile, die sich gerade bei der Untersuchung von netzwerkbezogenen sozialen Kompetenzen in diesem Zusammenhang ergeben, sind offensichtlich. Das Individuum bleibt zwar auch in gewisser Weise "Opfer" seiner sozialen Umwelt (z.B. als mehr oder weniger durch das soziale Netzwerk befähigte Person), es behält aber die Freiheit des sozialen Handelns. Wenn man nicht nur den Autor, sondern auch die Person Keupp genauer kennt, dann darf man annehmen, daß er noch mehr als diese Freiheit meint, wenn er den subjektiven Faktor in der Netzwerkforschung hervorhebt. Möglicherweise ist auch eine Art von sozialer Verantwortung angesprochen, die das Individuum besitzt, wenn es sich jeweils in seinen sozialen Netzwerken bewegt und von dem Jonas (1984, S. 184) auch spricht, wenn er sagt: "Das Urbild aller Verantwortung ist die von Menschen für Menschen".

Literatur

Antonucci, T. C. & Jackson, J. S. (1990). The role of reciprocity in social support. In B. R. Sarason, I. G. Sarason & G. R. Pierce (Eds.), Social support: An interactional view (pp. 173-198). New York: Wiley.

Bandura, A. (1978). The self system in reciprocal determinism. American Psychologist, 33, 344-358.

Barbee, A. P. (1990). Interactive coping: The cheering-up process in close relationships. In S. Duck & R. C. Silver (Eds.), Personal relationships and social support (pp. 46-65). Newbury Park: Sage.

Barrera, M. (1986). Distinction between social support concepts, measures, and models. American Journal of Community Psychology, 14, 413-445.

Barth, R. P. (1988). Social skill and social support among young mothers. Journal of Community Psychology, 16, 132-143.

Beck, U. (1983). Jenseits von Stand und Klasse? Soziale Ungleichheiten, gesellschaftliche Individualisierungsprozesse und die Entstehung sozialer Formationen und Identitäten. In R. Kreckel (Hg.), Soziale Ungleichheit (S. 35-74). Göttingen: Schwartz.

Benson, B. A., Reiss, S., Smith, D. C. & Laman, D. S. (1985). Psychosocial correlates of depression in mentally retarded aldults: II. Poor social skills. American Journal of Mental Deficiency, 89, 657-659.

Berg, J. H. & Clark, M. S. (1986). Differences in social exchange between intimate and other relationships: Gradually evolving or quickly apparent ? In V. J. Derlega & B. A. Winstead (Eds.), Friendship and social interaction (pp. 101-128). New York: Springer.

Berkowitz, S. D. (1988). Afterword: Toward a formal structural sociology. In Wellman, B. & Berkowitz, S. D. (Eds.), Social structures: A network approach (pp. 477-497). Cambridge: Cambridge University Press.

Bond, C. F. & Titus, L. J. (1983). Social facilitation: A meta-analysis of 241 studies. Psychological Bulletin, 94, 265-292.

Burns, G. L. & Farina, A. (1984). Social competence and adjustment. Journal of Social and Personal Relationships, 1, 99-113.

Cauce, A. M. (1986). Social networks and social competence: Exploring the effects of early adolescent friendship. American Journal of Community Psychology, 14, 607-627.

Cochran, M., Larner, M., Riley, D., Gunnarson, L. & Henderson, C. (1990). Extending families: The social networks of parents and their children. New York: Cambridge University Press.

Cohen, S., Sherrod, D. R. & Clark, M. S. (1986). Social skills and the stress-protective role of social support. Journal of Personality and Social Psychology, 50, 963-973.

Coyne, J. C., Wortman, C.B. & Lehman, D. R. (1988). The other side of support: Emotional overinvolvement and miscarried helping. In B. H. Gottlieb, (Ed.), Marshaling social support (pp. 305-330). Newbury Park: Sage.

Cutrona, C. E., Suhr, J. A. & MacFarlane, R. (1990). Interpersonal transactions and the psychological sense of support. In S. Duck & R. C. Silver (Eds.), Personal relationships and social support (pp. 30-45). Newbury Park: Sage.

Döpfner, M. (1989). Soziale Informationsverarbeitung - ein Beitrag zur Differenzierung sozialer Inkompetenzen. Zeitschrift für Pädagogische Psychologie, 3, 1-8.

Duck, S. & Silver, R. C. (Eds.) (1990). Personal relationships and social support. London: Sage.

Dunkel-Schetter C. & Bennett, T. L. (1990). Differentiating the cognitive and behavioral aspects of social support. In B. R. Sarason, I. G. Sarason & G. R. Pierce (Eds.), Social support: An interactional view (pp. 267-296). New York: Wiley.

Elliott, T. R. & Gramling, S. E. (1990). Personal assertiveness and the effects of social support among college students. Journal of Counseling Psychology, 37, 427-436.

Elliott, T. R., Herrick, S. M., Patti, A. M., Witty, Godshall, F. J. & Spruell, M. (1991). Assertiveness, social support, and psychological adjustment following spinal cord injury. Behavior Research and Therapy, 29, 485-493.

Fischer, C. S. (1982). To dwell among friends. Personal networks in town and city. Chicago: The University of Chicago Press.

Fischer, J. L., Sollie, D. L. & Morrow, K. B. (1986). Social networks in male and female adolescents. Journal of Adolescent Research, 6, 1-14.

Fondacaro, M. R. & Heller, K. (1983). Social support factors and drinking among student males. Journal of Youth and Adolescence, 12, 285-299.

Ford, D. S. & Carr, P. G. (1990). Psychosocial correlates of alcohol consumption among Black college students. Journal of Alcohol and Drug Education, 36, 45-51.

Goldsmith, D. & Parks, M. R. (1990). Communicative strategies for managing the risks of seeking social support. In S. Duck & R. C. Silver (Eds.), Personal relationships and social support (pp. 104-121). Newbury Park: Sage.

Gottlieb, B. H. (1985). Social support and the study of personal relationships. Journal of Social and Personal Relationships, 2, 351-375.

Gottlieb, B. H. (1988). Marshaling social support: The state of the art in research and practice. In B. H. Gottlieb (Ed.), Marshaling social support. Formats, processes, and effects (pp. 11-51). Newbury Park: Sage.

Hansson, R. O., Jones, W. H. & Carpenter, B. N. (1984). Relational competence and social support. Review of Personality and Social Psychology, 5, 265-284.

Heller, K. & Swindle, R. W. (1983). Social networks, perceived social support, and coping with stress. In R. O. Felner, L. A. Jason, J. N. Moritsugu & S. S. Farber (Eds.), Preventive psychology. Theory, research and practice (pp. 87-103). New York: Pergamon Press.

Hinsch, R. & Pfingsten, U. (1983). Gruppentraining Sozialer Kompetenzen. München: Urban & Schwarzenberg.

Hogg, J. R. & Heller, K. (1990). A measure of relational competence for community-dwelling elderly. Psychology and Aging, 5, 580-588.

House, J. S. & Kahn, R. L. (1985). Measures and concepts of social support. In S. Cohen & S. L. Syme (Eds.), Social support and health (pp. 83-108). New York: Academic Press.

Hunter, J. E., Schmidt, F. L., & Jackson, G. B. (1982). Meta-analysis. Cumulating research across studies. Beverly Hills: Sage.

Jonas, H. (1984). Das Prinzip Verantwortung. Versuch einer Ethik für die technologische Zivilisation. Frankfurt/a.M.: Suhrkamp.

Kennedy, C. (1989). Community integration and well-being: Toward the goals of community care. Journal of Social Issues, 45, 65-77.

Keupp, H. (1987). Soziale Netzwerke - Eine Metapher des gesellschaftlichen Umbruchs? In H. Keupp & B. Röhrle (Hrsg.), Soziale Netzwerke (S. 11-53). Frankfurt: Campus.

Keupp, H. (1988). Die Last der großen Hoffnungen. Gemeindepsychologische und sozialpolitische Potentiale sozialer Netzwerke. Blätter der Wohlfahrtspflege, 135, 257-259.

Keupp, H. (1989). Psychosoziale Praxis im gesellschaftlichen Umbruch. Sieben Essays. Bonn: Psychiatrie-Verlag.

Laman, D. S. & Reiss, S. (1987). Social skill deficiencies associated with depressed mood of mentally retarded adults. American Journal of Mental Deficiency, 92, 224-229.

Lamb, M. E., Hwang, C-P., Bookstein, F. L., Broberg, A., Hult, A. & Frodi, M. (1988). Determinants of social competence in Swedish preschoolers. Developmental Psychology, 24, 58-70.

Leatham, G. & Duck, S. (1990). Conversations with friends and the dynamics of social support. In S. Duck & R. C. Silver (Eds.), Personal relationships and social support (pp. 1-29). Newbury Park: Sage.

Leppin, A. (1985). Social support: A literature review and research integration. In R. Schwarzer (Ed.), Stress and social support. Research Report 4. Department of Psychology. Educational Psychology (pp. 83-210). Berlin: Freie Universität.

Leppin, A. & Schwarzer, R. (1990). Social support and physical health: An updated meta-analysis. In L. R. Schmidt, P. Schwenkmezger, J. Weinman & S. Maes (Eds.), Health psychology: Theoretical and applied aspects. London: Harwood.

Mehrkens Steblay, N. (1987). Helping behavior in rural and urban environments: A meta-analysis. Psychological Bulletin, 102, 346-356.

Mischel, W. (1977). On the future of personality assessment. American Psychologist, 32, 246-254.

Mitchell, R. E. (1982). Social networks and psychiatric clients: The personal and environmental context. American Journal of Community Psychology, 10, 387-401.

Ostrow, E., Paul, S. C., Dark, V. J. & Behrman, J. A. (1986). Adjustment of woman on campus: Effects of stressful life events, social support, and personal competencies. In S. E. Hobfoll (Ed.), Stress, social support, and woman (pp. 29-46). New York: Hemisphere Publications.

Procidano, M. E. & Heller, K. (1983). Measures of perceived social support from friends and from family: Three validation studies. American Journal of Community Psychology, 11, 1-24.

Riggio, R. E. (1986). Assessment of basic social skills. Journal of Personality and Social Psychology, 51, 649-660.

Riggio, R. E. Zimmerman, J. (1991). Social skills and interpersonal relationships: Influences on social support and support seeking. In W. H. Jones & D. Perlman (Eds.), Advances in Personal Relationships (Vol. 2, pp. 133-155). London: Kingsley.

Röhrle, B. (i. Dr.). Soziale Netzwerke und soziale Unterstützung. Psychologische Bedeutungsvarianten und Perspektiven. Habilitationsschrift Fakultät für Sozial- und Verhaltenswissenschaften Universität Heidelberg. München: Psychologie Verlags-Union

Röhrle, B. & Sommer, G. (in press). Social support and social competences: Some theoretical and empirical contributions to their relationship. In F. Nestmann & K. Hurrelmann (Eds.), Social networks and social support in childhood and adolescence. New York, Berlin: Walter de Gruyter.

Salzinger, S. (1990). Social networks in child rearing and child development. Annals of the New York Academy of Sciences, 602, 171-188.

Sarason, B. R., Pierce, G. R. & Sarason, I. G. (1990). Social support: The sense of acceptance and the role of relationships. In B. R. Sarason, I. G. Sarason & G. R.

Pierce (Eds.), Social support: An interactional view (pp. 97-128). New York: Wiley.

Sarason, B. R., Sarason, J. G., Hacker, T. A. & Basham, R. B. (1985). Concomitants of social support: Social skills, physical attractiveness, and gender. Journal of Personality and Social Psychology, 49, 469-480.

Sarason, I. G., Pierce, G. R. & Sarason, B. R. (1990). Social support and interactional processes: A triadic hypothesis. Special Issue: Predicting, activating and facilitating social support. Journal of Social and Personal Relationships, 7, 495-506.

Sarason, I. G., Sarason, B. R. & Pierce, G. R. (1990). Social support: The search for theory. Special Issue: Social support in social and clinical psychology. Journal of Social and Clinical Psychology, 9, 133-147.

Sarason, S. B. (1976). Community psychology, networks and Mr. Everyman. American Psychologist, 31, 317-328.

Schwarzer, R. (1989). Meta-Analysis programs. Institut für Psychologie, Freie Universität Berlin.

Schwarzer, R. & Leppin, A. (1989a). Social support and health: A meta-analysis. Psychology and Health: An International Journal, 3, 1-15.

Schwarzer, R. & Leppin, A. (1989b). Sozialer Rückhalt und Gesundheit. Eine Meta-Analyse. Göttingen: Hogrefe.

Sommer, G. (1977). Kompetenzerwerb in der Schule als Primäre Prävention. In G. Sommer, & H. Ernst, (Hrsg.), Gemeindepsychologie (S. 70-98). München: Urban & Schwarzenberg.

Sommer, G. & Fydrich, T. (1989). Soziale Unterstützung - Diagnostik, Konzepte, F-SOZU. Materialie Nr. 22. Tübingen: DGVT.

Spitzberg, B. H. & Cupach, W. R. (1989). Handbook of interpersonal competence research. New York: Springer.

Trower, P., Bryant, B. & Argyle, M. (1978). Social skills and mental health. London: Methuen.

Ullrich, R. & Ullrich de Muynck, R. (Hrsg.) (1978). Soziale Kompetenz (Vol. 1). München: Pfeiffer.

Vaux, A. (1988). Social support. Theory, research, and intervention. New York: Praeger.

Vondra, J. & Garbarino, J. (1988). Social influences on adolescents behavior problems. In S. Salzinger, J. Antrobus & M. Hammer (Eds.), Social networks of children, adolescents, and college students (pp. 195-224). Hillsdale, NJ.: Lawrence Erlbaum.

Winstead, B. A. & Derlega, V. J. (1991). Social skills and interpersonal relationships: Influences on social support and support seeking. In W. H. Jones & D. Perlman, (Eds.), Advances in personal relationships. London: Kingsley.

Subjektive und soziale Konstruktion von Gesundheit

Toni Faltermaier

1. Einleitung

"Gesundheit" ist heute in aller Munde; der Begriff hat anscheinend Konjunktur. "Gesundheit" ist ein schillernder und damit vielseitig verwendbarer Positivbegriff, der sich als Projektionsfläche für alle möglichen optimistischen Erwartungen eignet und sich heute in der Alltagssprache, Werbung und in der Gesundheitspolitik großer Beliebtheit erfreut: Gesundheit dient etwa als "Outfit" der Erfolgreichen und Siegertypen, als Ausdruck eines jugendlich inszenierten Körpers, als Hinweis auf ein unbedenkliches Produkt, als Mittel gegen alle möglichen Gefährdungen des modernen Lebens oder als neuer Mythos in einer esoterischen Philosophie ebenso wie als Signal für eine neue Gesundheitspolitik, die sich von der traditionellen Medizin abgrenzen will. Mit Gesundheit wird zunächst ein scheinbar privates, intimes und alltägliches Phänomen markiert, das uns meist erst bewußt wird, wenn es beeinträchtigt ist. Bei genauerem Hinsehen drückt sich in der Einstellung zur eigenen Gesundheit auch die Selbstsicht eines Individuums aus; zudem spiegelt sich im Umgang mit Gesundheit der gesellschaftliche Umgang mit Formen subjektiver Befindlichkeit. Gesundheit ist somit zugleich eine subjektive und eine soziale Erscheinung.
Entgegen den Annahmen des medizinischen Modells läßt sich die Gesundheit eines Menschen nicht auf den organischen Zustand des Körpers und auf das physiologische Funktionieren reduzieren. Die Gesundheit und ihr Gegenbegriff "Krankheit" ist somit auch nicht so objektiv und eindeutig zu bestimmen, wie uns die Medizin suggeriert. Jedes Individuum hat eigene Erfahrungen mit seiner Gesundheit gemacht und hat entsprechend eigene Vorstellungen davon entwickelt, was es bedeutet, gesund oder nicht gesund zu sein. Das Bewußtsein von der eigenen Gesundheit impliziert ein reflexives Verhältnis zur eigenen Person: Das Subjekt setzt sich zu sich in ein Verhältnis, entwickelt eine Sicht von seiner Körperlichkeit und Psyche, unter Aspekten wie etwa der Unversehrtheit, des Wohlbefindens oder der Leistungsfähigkeit. Wie gesund eine Person dann wirklich ist, hängt entscheidend mit dem Leben zusammen, das sie führt oder geführt hat; die Gesundheit ist zumindest teilweise ein Produkt ihrer Lebensgeschichte und Lebenssituation. Gesundheit kann somit in zweifachem Sinne als sub-

jektive Konstruktion verstanden werden: Zum einen als subjektive Vorstellung von Gesundheit, zum anderen als Ergebnis der Lebensweise eines Subjekts. Gleichzeitig ist Gesundheit aber notwendigerweise eine soziale Konstruktion, weil sie immer in einem sozialen Kontext hergestellt und vorgestellt wird. Die Lebensverhältnisse in einer Gesellschaft produzieren auch die Bedingungen mit, die die Gesundheit ihrer Mitglieder erhalten oder gefährden. Im Umgang mit der Gesundheit werden soziale Beziehungen und Arbeitsteilungen erkennbar und es entstehen gesellschaftliche Institutionen und politische Machtverhältnisse. Die Lebensqualität und die Lebensverhältnisse der Bevölkerung in einer bestimmten Gesellschaft lassen sich auch an ihrem Gesundheitszustand ablesen. Wie bedeutsam die Gesundheit als Wert in einer Gesellschaft gesehen wird, welchen Begriff sich eine Gesellschaft oder soziale Gruppe von Gesundheit macht und wie sie dementsprechend mit der Gesundheit ihrer Mitglieder umgeht, ist einer sozialen Regelung und einem historischen Wandel unterworfen. Erst auf dem Hintergrund einer bestimmten Gesundheits- und Körperkultur entwickelt ein Subjekt in Einklang oder in Abweichung dazu seine eigenen Vorstellungen von Gesundheit. In diesem doppelten Sinne ist also Gesundheit auch sozial konstruiert.

Gesundheit ist wegen ihrer vielen Facetten kein einfacher Gegenstand für eine wissenschaftliche Bearbeitung, aber, wie mir scheint, ein notwendiger. Die Sicherung und Wiederherstellung von Gesundheit gilt nicht nur als klassische Aufgabe der Medizin, sondern ist - gerade in letzter Zeit - auch ein wichtiges Thema von Psychologie und Sozialwissenschaften geworden. Die aktuelle sozialwissenschaftliche Hinwendung zum Gegenstand Gesundheit transzendiert die bisherige Beschränkung auf einen medizinisch definierten Gegenstand Krankheit, der ergänzend in seinen psychischen und sozialen Dimensionen untersucht wurde. Diese Umorientierung ist an sich schon erklärungsbedürftig. Sicher ist sie teilweise auch ein modisches Phänomen, das den optimistischen Zeitgeist und manche Eigendynamik des Wissenschaftsbetrieb widerspiegelt. Aber die eigentlichen Gründe dafür liegen wohl tiefer. Die zunehmende Thematisierung von Gesundheit als Forschungsgegenstand ist zum einen in den immer deutlicher werdenden Problemen begründet, die ein ausschließlich medizinischer Blick auf Krankheit und eine überwiegend kurative Versorgung aufweisen. In der Verschiebung von Schwerpunkten in der wissenschaftlichen Rekonstruktion eines Phänomenbereichs wie Gesundheit deuten sich auch verändernde Kräfteverhältnisse an, die den gesellschaftlichen Umgang mit gesundheitlichen Fragen und die Auseinandersetzungen um die Gestaltung des professionellen Gesundheitssystems prägen. Zum anderen ist das zunehmende Interesse von Laien an Gesundheitsfragen und der aktuelle gesellschaftliche Diskurs über Gesundheit eine soziale Realität geworden, an der sozialwissenschaftliche Analysen nicht vorbeigehen können. Wenn Gesundheit auch als Metapher für ein sich veränderndendes Verhältnis des Subjekts zur Gesellschaft verstanden werden kann, dann stellt sich die Frage, was der aktuelle Gesundheitsdiskurs in Hinblick auf die postulierte postmoderne Entwicklung der Gesellschaft ausdrückt. Ein wissenschaftshistorischer Rückblick auf die Veränderungen im Gegenstandsverständnis könnte somit nicht nur einen sich anbahnenden Wandel im Gesundheitssystem verständlich machen, sondern auch Erkenntnisse über einen gesellschaftlichen Prozeß erbringen, der den Umgang des Subjekts mit sich selbst tangiert.

Ich möchte mich in diesem Beitrag dem Thema in drei Schritten nähern. Zunächst werde ich mich mit der Frage auseinandersetzen, wie Gesundheit in den Sozialwissenschaften konzipiert und untersucht wurde, also wie die Konstruktion von Gesundheit wissenschaftlich rekonstruiert wurde. Ich werde dann in einem zweiten Schritt versuchen verallgemeinernd aufzuzeigen, welche Formen einer sozialen Konstruktion von Gesundheit die sozialwissenschaftlichen Forschungen bis heute erkennen lassen. Schließlich soll in einem dritten Schritt die subjektive Konstruktion von Gesundheit als relativ neues Forschungsgebiet einbezogen werden und ihre Erkenntnisse und Möglichkeiten aufgezeigt werden.

2. Die wissenschaftliche Rekonstruktion von Gesundheit

In der sozialwissenschaftlichen Thematisierung von Gesundheit lassen sich in einem historischen Rückblick bis in die 60er Jahren einige Entwicklungslinien nachzeichnen. Die Forschungen berühren eine Reihe von Disziplinen, insbesondere waren Psychiatrie, Sozialpsychiatrie, Sozialmedizin, Klinische Psychologie, Gemeindepsychologie, Gesundheitspsychologie, Medizinsoziologie involviert; die lange und intensive Forschungstätigkeit führte zu einer Ausdifferenzierung in verschiedene Richtungen, etwa in die Sozialepidemiologie, Streßforschung, Lebensereignisforschung, Belastungs- und Bewältigungsforschung und Netzwerkforschung. In den genannten Gebieten lassen sich unschwer wichtige Arbeitsschwerpunkte von Heiner Keupp erkennen; ich werde im folgenden seine bedeutsamen Beiträge zu diesem weiten Feld hervorheben, indem ich auf seine Arbeiten verweise.

Im wesentlichen sind es drei Dimensionen, in denen sich die Veränderungen der Themen und Konzepte ordnen und verdeutlichen lassen:
1. Wie wird das untersuchte Phänomen (Krankheit, Gesundheit) bestimmt?
2. Wie wird die Frage nach seiner Ätiologie angegangen?
3. Welche Konsequenzen werden für die Versorgungspraxis gezogen und wie wird die Rolle der Experten gesehen?

Ich werde die Veränderungen einer sozialwissenschaftlichen Konstruktion von Gesundheit hauptsächlich über die letzten drei Dekaden diskutieren, indem ich ihre Entwicklung auf jeder dieser drei Dimensionen in groben Zügen skizziere.

2.1. Von der psychischen Krankheit zu einem ganzheitlichen Verständnis von Gesundheit

Der zentrale Ausgangspunkt für eine sozialwissenschaftliche Gesundheitsforschung war das medizinische Verständnis von psychischer Krankheit und die theoretische und empirische Kritik daran. Die kritische Auseinandersetzung mit dem "medizinischen Modell" führte zwar zu diversen Ergänzungen und Erweiterungen in der Konzeption von Gesundheit und Krankheit; die Auswirkungen für die Praxis und Gesundheitspolitik waren bisher aber nicht grundlegender Natur. In den frühen sozialwissenschaftlichen Arbeiten der 60er und 70er Jahre stand das Phänomen einer zunächst psychiatrisch definierten Krankheit im Mittelpunkt. Die Kritik am vorherrschenden medizinischen Modell setzte zunächst an dessen Verständnis von psychischen Störungen als Krankheit an. In verschiedenen Forschungsrichtungen wurde versucht, durch den empirischen Nachweis von sozialen Einflüssen die Begrenztheit einer psychiatrischen Konstruktion von psychischen Störungen zu belegen. Indem Untersuchungen etwa eine soziale Verteilung psychischer Erkrankungen in der Bevölkerung, diverse psychosoziale Faktoren in ihrer Entstehung, eine selektive Behandlung im Versorgungssystem und psychosoziale Einflüsse im Krankheitsverlauf zeigen konnten, stellten sie die vorherrschende psychiatrische Versorgungspraxis in Frage (vgl. Keupp, 1974). Die frühen sozialwissenschaftlichen Arbeiten zielten somit auf eine Reform dieser Praxis und erkannten die Psychiatrie als eine Institution sozialer Kontrolle. Insbesondere in der Labeling-Perspektive (vgl. Keupp, 1976, 1979) wurden die sozialen Reaktionen auf psychische Abweichungen in ihrer Bedeutung für die Krankheitskarriere hervorgehoben. Die unterstellte Normalität einer psychischen Gesundheit, gegenüber der Abweichungen als Krankheit definiert und etikettiert werden, wird so als soziale Konstruktion sichtbar; sie ist eben keine objektive und wertneutrale Feststellung durch Experten, sondern das Ergebnis eines sozialen Aushandlungsprozesses, in dem natürlich auch Machtverhältnisse eine Rolle spielen.

Die körperlichen Aspekte von Krankheit und Gesundheit wurden in der sozialwissenschaftlichen Forschung lange Zeit ignoriert oder unterschätzt. Erst in den 80er Jahren häufen sich Studien, die bei körperlichen Krankheiten nach ähnlichen psychosozialen Einflüssen suchen wie bei psychischen (vgl. von Münnich, 1987, Rodin & Salovey, 1989). Es werden vor allem die sogenannten Zivilisationskrankheiten untersucht; zunächst stehen Herz- und Kreislauf- sowie Krebserkrankungen im Vordergrund, später kommen andere chronisch-degenerativ verlaufende Krankheiten, etwa die rheumatischen Erkrankungen und AIDS hinzu. Es fällt jedoch auf, daß dabei die Grundlage eines biomedizinischen Verständnisses von Krankheit kaum verlassen wird: In der ätiologischen Forschung spielen psychosoziale Faktoren eine gegenüber den dominierenden somatischen Risikofaktoren eher ergänzende Rolle; im Vordergrund der gesundheitspsychologischen und medizinsoziologischen Forschung steht die individuelle Bewältigung von Krankheiten; sie zielt auf die psychosozialen Einflüsse und Interventionsmöglichkeiten in der rehabilitativen Phase.

Möglichkeiten zu einem ganzheitlichen Verständnis von Gesundheit und Krankheit, in dem psychische und körperliche Aspekte berücksichtigt werden und die organmedizinischen Beschränkungen überwunden werden, deuten sich zwar gelegentlich an, etwa in der bekannten WHO-Definition von Gesundheit oder in Engels (1979) "biopsychosozialen" Modell von Krankheit; aber sie kommen nicht über programmatische Erklärungen hinaus und zeigen wenig Auswirkungen auf die Forschungspraxis. Ein wesentlicher Fortschritt konnte dagegen durch das Modell der Salutogenese erreicht werden, das der israelische Soziologe Antonovsky (1981, 1987) formuliert hat. In diesem Modell wird erstmals eine psychosoziale Theorie der Gesundheit formuliert, die sich nicht am Krankheitsmodell orientiert und dennoch wesentliche Ergebnisse der sozialwissenschaftlichen Krankheitsforschung integriert. Im Gegensatz zur üblichen Dichotomie von Gesundheit und Krankheit nimmt Antonovsky ein multidimensionales Kontinuum von Gesundheit an, zwischen dessen Polen "health ease" und "health dis-ease" alle Menschen variieren. In diesem Modell gilt es, die Bewegung auf dem Kontinuum in Richtung "gesund" zu erklären und nicht mehr die Entstehung von spezifischen Krankheiten, also von Zuständen, die eine "Alles-oder-nichts"-Entscheidung implizieren. In dieser Perspektive werden die Frageschwerpunkte deutlich verschoben: Der Erhaltung und Förderung von Gesundheit wird mehr Aufmerksamkeit gewidmet, die Ressourcen in der Gesunderhaltung erhalten einen größeren Stellenwert und auch Krankheitsprozesse können ganzheitlicher im sozialen und biographischen Kontext einer Person verstanden werden.

2.2. Von der sozialen Lage zur Lebenswelt

Die Frage nach der Entstehung von Krankheiten nahm in der sozialwissenschaftlichen Forschung einen breiten Raum ein. Sie untersuchte soziale Bedingungen anfangs in Form grober sozialer Indikatoren, die allmählich immer spezifischer gefaßt wurden. Es läßt sich eine Entwicklung zur wachsenden Differenzierung der sozialen Einflüsse auf die Gesundheit feststellen, die von aggregierten gesellschaftlichen Merkmalen zu individuumnäheren sozialen und personalen Faktoren verlief: Von der sozialen Lage zur Lebenswelt. Insgesamt erbrachte diese Forschungstätigkeit beträchtlichen Erkenntnisse, die jedoch erstaunlich wenig Auswirkungen auf die Versorgungspraxis hatten. Vor allem die Disziplin der Sozialepidemiologie widmete sich seit den 50er und 60er Jahren in teilweise groß angelegten empirischen Untersuchungen der Frage nach der Verteilung von Krankheiten in der Bevölkerung, um daraus Hinweise auf ätiologische Faktoren zu gewinnen (vgl. Keupp, 1974, Dohrenwend et al., 1980). In der frühen Phase stand die Verteilung psychischer Krankheiten in den sozialen Schichten im Mittelpunkt, in späteren Phasen wurde vor allem die Verteilung von Störungen über die Geschlechter (vgl. Dohrenwend et al., 1980, Keupp, 1983) und über Altersphasen (vgl. Mirowsky & Ross, 1992) thematisiert. Aus der Häufung verschiedener psychischer Störungen in den unteren sozialen Schichten entstand etwa eine lange Kontroverse über die Interpretation dieses Befundes, die Keupp (1974) ausführlich dokumentiert hat: Sind die widrigen Lebensbedingungen der unteren Schichten und die sozialen Benachteiligungen dieser Menschen die Ursache für ihre häufigeren psychischen Krankheiten oder "driften" diese erst aufgrund ihrer Störung in der sozialen Hierarchie "nach unten"? Diese Streitfrage, in der sich auch zentrale politische Kontroversen der 70er Jahre widerspiegeln, war allein auf der Grundlage vorliegender sozialepidemiologischer Befunde nicht zu entscheiden; auch war später eine der zentralen Frage der 80er Jahre nach der Ursache für die Häufung von Depressionen bei Frauen durch epidemiologische Zusammenhangsanalysen allein nicht zu klären.

Die Entwicklung ging daher weiter in Richtung auf die Spezifizierung möglicher ätiologischer Faktoren. Die Lebensereignisforschung wurde in den 70er Jahren zu einer dominierenden Forschungsrichtung (Dohrenwend & Dohrenwend, 1974, 1981). Sie fragte nach dem ätiologischen Einfluß von belastenden Ereignissen, indem sie ihre Häufung vor dem Ausbruch einer (psychischen) Krankheit untersuchte. Lebensereignisstudien sind mit einer Vielzahl von konzeptionellen und methodischen Problemen konfrontiert, die oft nur unzureichend gelöst wurden. Ein Großteil der Untersuchungen muß daher in ihren Ergebnissen sehr kritisch betrachtet werden. Legt man jedoch methodisch anspruchsvollere Untersuchungen zugrunde, die auch eine subjektive Bedeutung berücksichtigen, so erweist sich der ätiologische Einfluß von Ereignissen zwar als geringer als zunächst angenommen, aber doch bei einer Reihe psychischer Störungen und auch bei körperlichen Erkrankungen als sehr bedeutsam (vgl. Faltermaier, 1987). Deutlich zeigen sich die Zusammenhänge zwischen Lebensereignissen, andauernden Belastungen und einer (sozial und biographisch bedingten) Verwundbarkeit im Falle der Depression, für die ausgezeichnete Studien vorliegen, wie z.B. die von Brown und Harris (1978) an Londoner Frauen. Diese "Londoner Schule" der Lebensereignisforschung dürfte mit ihrem elaborierten methodischen Verfahren und ihren ausgearbeiteten Konzepten am ehesten Gewähr für die Gültigkeit von Ergebnissen bieten. Ihre jüngste Bestandsaufnahme über eine inzwischen lange und umfangreiche Forschungstätigkeit (Brown & Harris, 1989) bestätigt die zentrale, aber je nach Störung unterschiedliche Bedeutung von Ereignissen bei der Entstehung der wichtigsten psychischen Störungen (Depression, Angst, Schizophrenie) und auch bei einer Reihe körperlicher Störungen (z.B. Magen-/Darmstörungen, Multiple Sklerose, Herzinfarkt). Mit zunehmender Forschungstätigkeit wurde jedoch immer deutlicher, daß die Entstehung einer Erkrankung nicht durch einzelne soziale Faktoren zu erklären ist. Faßt man die Einflüsse zusammen, die in der heutigen Forschung als bedeutsam angesehen werden, so müssen folgende Ebenen berücksichtigt werden (vgl. etwa Keupp, 1991, Brüderl, 1988, Faltermaier, 1987, Pearlin et al, 1981):

a. ein Geflecht von Belastungen im Leben, das aus diskreten Lebensereignissen, langdauernde Belastungen in zentralen Lebensbereichen (Arbeit, Partnerschaft, Familie, etc.) und kleineren Alltagsbelastungen besteht;
b. ein breites Repertoire an Bewältigungshandlungen und Copingstilen, die vom betroffenen Subjekt im Umgang mit den Belastungen gezeigt werden,
c. ein Potential an personalen, materiellen und sozialen Ressourcen, auf die ein Subjekt im Bewältigungsprozeß zurückgreifen kann,
d. einen Streßprozeß, in dem Belastungen und Aktivitäten zu ihrer Bewältigung in komplexen Interaktionen stehen und daher im biographischen Kontext analysiert werden müssen;
e. den gesellschaftlichen und sozialen Kontext, in dem Belastungen entstehen, ihre spezifische Bedeutung erlangen, unterschiedliche Ressourcen und Bewältigungsmöglichkeiten zur Verfügung stellen und im Falle von persönlichen Krisen und Beeinträchtigungen Hilfsmöglichkeiten bereitstellen.

Tendenziell werden somit in neuerer Zeit eher jene Bedingungen einbezogen, die in der unmittelbaren Lebenswelt eines Individuums liegen. Die vorherrschende, an quantitativen Messungen und der statistischen Prüfung von Modellen orientierte Methodologie verhindert jedoch in der Regel, daß die subjektive Bedeutung und das Zusammenwirken verschiedener lebensweltlicher Bedingungen analysiert wird. Die Relevanz dieser Forschung für die psychosoziale Praxis ist auch aus diesem Grund immer noch gering. Es deuten sich jedoch Umorientierungen insofern an, als die beschriebenen Fragestellungen der sozialwissenschaftlichen Gesundheitsforschung heute zunehmend auch mit qualitativen Forschungsmethoden angegangen werden. Am weitesten scheint dieser Prozeß in der Medizinsoziologie fortgeschritten (vgl. Mechanic, 1989, Pearlin, 1992); dort werden gegenwärtig zwei etwa gleich starke, aber voneinander getrennte Orientierungen ausgemacht: Eine lange dominierende Richtung der Gesundheitsforschung macht sich primär auf die Suche nach sozialen Strukturen (durch Surveys mit große Fallzahlen und quantitative Analysen), eine andere ist mehr auf der Suche nach Bedeutungen (durch intensive Interviews und qualitative Analysen). Die eigentlich wünschenswerte Verbindung dieser unterschiedlichen Forschungsstrategien wird zum Problem. Oder, um es auf die bisherige Argumentation zu beziehen: Die stärkere Einbeziehung lebensweltlicher Bedingungen und deren subjektive Bedeutung macht eher qualitative Forschungsansätze notwendig; diese können jedoch nur begrenzte Realitätsausschnitte einbeziehen und geraten damit in die Gefahr, die in sozialen Strukturen und in unterschiedlichen Lebenslagen liegenden Einflüsse auf die Gesundheit zu übersehen.

2.3. Von einer Reform des psychiatrischen System zu einer Empowerment-Perspektive der Gesundheitsförderung

War bisher die Rede von den Gegenständen und Fragestellungen der Gesundheitsforschung, so soll jetzt angesprochen werden, wie sich die Praxisperspektive in der sozialwissenschaftlichen Forschung über den untersuchten Zeitraum entwickelt hat. In den frühen Phasen der 60er und 70er Jahre stand, wie schon erwähnt, die psychische Krankheit und ihre Entstehung im Mittelpunkt der meisten sozialwissenschaftlichen Untersuchungen. Implizit stand dahinter oft die Frage, ob der Umgang mit psychischen Störungen, wie er im psychiatrischen System institutionalisiert war, eine angemessene und humane Praxis ist. Die zunächst überwiegend verwahrende und später medikamentös behandelnde psychiatrische Praxis beruhte auf der Vorstellung, daß eine psychische Krankheit primär biologisch begründet ist und sich als physiologische Störung manifestiert. Der empirische Nachweis sozialer oder psychischer Einflüsse auf Genese und Verlauf von psychischen Krankheiten stellte nun diese Vorstellung in Frage und ergab wichtige Argumente für eine Reform der Versorgungspraxis. Die Forschungsergebnisse legen verstärkte präventive Bemühungen, psychotherapeutische und soziale Interventionen sowie eine baldige Reintegration des Patienten in seine soziale Umgebung nahe. Derartige Reformvorstellungen wurden in dieser Phase etwa innerhalb einer gemeindepsychologischen Perspektive vertreten und zum Teil auch realisiert (vgl. Keupp & Zaumseil, 1978, Keupp & Rerrich, 1982). Ein Umbau des psychiatrischen Systems und die Einrichtung einer umfassenden und stark präventiv arbeitenden gemeindenahen und psychosozialen Versorgungsstruktur, für die sich in den 70er Jahren auch viele Sozial- wissenschaftler/innen engagiert hatten, gelang jedoch bekannterweise nur in Ansätzen. Das Forschungsinteresse richtete sich in der Folge zum einen mehr auf einzelne Institutionen, auf Initiativgruppen und neue Selbsthilfeansätze im bestehenden Versorgungssystem sowie auf psychosoziale Praxisansätze, die diese fördern und verbessern können. Zum anderen wurden in den 80er Jahren zunehmend die psychosozialen Folgen von gesellschaftlichen Krisen und Veränderungsprozessen thematisiert (Keupp, 1987, 1988), z.B. der Prozeß einer gesellschaftlichen Individualisierung, die Veränderungen im Geschlechterverhältnis, ökologische Bedrohungen und gesellschaftliche Ereignisse wie die Arbeitslosigkeit. Vor allem die Untersuchung sozialer Netzwerke, ihrer gesellschaftlichen Veränderung und deren psychische Folgen sowie die praktischen Möglichkeiten zum Aufbau oder zur Förderung von Netzwerken wurden zu einem umfangreichen Forschungsgebiet (vgl. Keupp & Röhrle, 1987). Mit der zunehmenden Verbreitung von Selbsthilfegruppen nahm auch die Selbsthilfeforschung einen großen Aufschwung (vgl. Trojan, 1986); sie stand unter der praktischen Perspektive, daß die Förderung von Selbsthilfegruppen sowohl eine wichtige Ergänzung zu den professionellen Hilfen im psychosozialen Versorgungssystem darstellen als auch ein Gegenbewegung zur Auflösung sozialer Bezüge ermöglichen könnte.

Die gesundheitliche Versorgung außerhalb des psychiatrischen und psychosozialen Systems spielte in der sozialwissenschaftlichen Forschung lange Zeit eine erstaunlich geringe Rolle, obwohl es bei einigen körperlichen Erkrankungen bereits eine längere Tradition an epidemiologischen Untersuchungen gibt. In der Medizinsoziologie (vgl. Mechanic, 1983) wurden zwar vereinzelt zentrale Institutionen wie das Krankenhaus oder der Arztberuf untersucht; im Mittelpunkt standen aber jene Aspekte des Verhaltens von kranken Menschen, die das Hilfesuchen und die Inanspruchnahme des professionellen Systems sowie das Befolgen von medizinischen Anweisungen ("compliance") betreffen. Mit dem Aufschwung von Verhaltensmedizin und Gesundheitspsychologie in den USA zu Beginn der 80er Jahre (vgl. Gentry, 1984, Stone et al., 1979, Stone, 1987) nahm zwar der Umfang an Arbeiten zur körperlichen Gesundheit enorm zu, die bearbeiteten Themen waren aber nicht unbedingt innovativ in bezug auf die bestehende Versorgungspraxis. Die Studien konzentrierten sich etwa auf einzelne Risikoverhaltensweisen und deren Veränderung, auf den Einfluß diverser Streßbedingungen auf die Krankheitsgenese, auf die Bewältigung von chronischen Krankheiten oder auf das Compliance-Verhalten. Darin drückt sich eine Perspektive aus, die die bestehende kurative medizinische Versorgungspraxis um einige psychologische und soziale Aspekte erweitern und damit effizienter machen will. Präventiv orientierte Ansätze spielten in der Forschung eine relativ geringe Rolle oder beschränkten sich auf Versuche einer Verhaltensmodifikation bei medizinisch anerkannten Risikofaktoren. Das Gesundheits- verhalten von gesunden und kranken Laien wurde so immer aus der Sicht des medizinischen Experten wahrgenommen und beurteilt.

Gegen Ende der 80er Jahre tauchen aber unter dem Konzept der Gesundheitsförderung vermehrt Ansätze auf, die Prävention als eine auf die Lebenswelt bezogene Praxis verstehen und sie unter Partizipation der Betroffenen betreiben wollen (vgl. Stark, 1989). Damit wird eine expertenorientierte Vorstellung von Prävention, die zunehmend in die Kritik geraten ist, abgelöst durch eine Vorstellung von Gesundheitsförderung, die auf die Partizipation und die Selbsthilfekompetenzen der betroffenen Menschen setzt. "Empowerment" ist in dieser Perspektive der Schlüsselbegriff (vgl. Rappaport, 1985, Keupp, 1992). Die "Ermächtigung" der Betroffenen impliziert eine wesentlich veränderte Rolle von Experten, die das Ziel ihrer Arbeit in der Stärkung der Handlungskompetenzen und -möglichkeiten von Laien sehen und nicht mehr in der Durchsetzung ihres Expertenwissens. In den Arbeiten der 60er und 70er Jahre war demgegenüber der Glauben an das segensreiche Wirken des kompetenten und wohlinformierten Professionellen noch ungebrochen; der Streit ging allenfalls darum, welche professionelle Ideologie das Beste für die Betroffenen und Patienten wäre. Der Experte im Gesundheitsbereich scheint heute seine "Unschuld" verloren zu haben und das auch allmählich selbst zu erkennen. Ein Wandel deutet sich an in dem zunehmenden Forschungsinteresse am Laiensystem, das lange Zeit völlig außer acht gelassen wurde, und an einer zunehmenden Skepsis gegenüber allen Praxismodellen, die ohne Berücksichtigung der Sicht von Laien und ohne ihre Mitwirkung geplant werden. Die stärkere Orientierung der Gesundheitsforschung am Laien, an der Selbsthilfe, an der Förderung von sozialen Netzwerken und am Ziel des "Empowerment" drückt eine Veränderung in der Sicht des Professionellen aus; die Vorstellung einer fraglosen Dominanz von Experten bewegt sich allmählich in Richtung einer Perspektive, in der die Unterstützung und Förderung von sinnvollen und selbstbestimmten Aktivitäten von Laien im Vordergrund steht.

3. Die soziale Konstruktion von Gesundheit

Der notwendigerweise sehr grobe Durchgang durch drei Jahrzehnte sozialwissenschaftlicher Gesundheitsforschung soll nun in den nächsten beiden Abschnitten unter folgenden Gesichtspunkten aufgegriffen werden: Welche Erkenntnisse können und müssen wir aus dieser Forschungstradition festhalten? Wie lassen sich die aktuellen Themen der Forschung mit den vorhandenen Erkenntnissen verbinden, um ein umfassendes Bild von

der subjektiven und sozialen Konstruktion von Gesundheit zu gewinnen? Die soziale Konstruktion von Gesundheit wurde in der bisherigen Forschung überwiegend als soziale Bedingungen eines "objektiven" Gesundheitszustands untersucht, als "Herstellung" von Gesundheit in einem sozialen Rahmen. Die empirischen Ergebnisse lassen sich soweit zusammenfassen, daß Gesundheit offenbar ein sozial stark geprägtes und sehr ungleich verteiltes individuelles Gut darstellt: Es lassen sich nicht nur große Unterschiede im Gesundheitszustand zwischen verschiedenen Gesellschaften und Kulturen feststellen, sondern Gesundheit kann zwischen den sozialen Gruppen einer Gesellschaft beträchtlich variieren. Die durch Merkmale wie Einkommen, Beruf, Geschlecht, Alter, Wohnort oder Ethnie beschreibbare soziale Lage eines Menschen bestimmt wesentlich die Chancen mit, seine gesundheitliche Integrität zu erhalten. Der soziale Einfluß auf die Gesundheit wird offenbar über eine Reihe von konkreten Bedingungen in der Lebenswelt vermittelt, die folgende Ebenen umfassen:
- aus sozialen Rollen und den im sozialen Kontext entstehenden Lebensereignisse können gesundheitliche Belastungen entstehen,
- die ökologische Umwelt und die Arbeitsumgebung können gesundheitliche Risiken mit sich bringen,
- soziale Beziehungen und Lebensverhältnisse bestimmen soziale und materielle Ressourcen für den Umgang mit Belastungen und Risiken,
- die Sozialisation bestimmt mit, welche Ressourcen einer Person in Form ihres spezifischen Stils der Bewältigung, ihrer Persönlichkeitszüge, Wissens-, Orientierungs- und Verhaltensmuster zur Verfügung stehen.

Die sozialen Quellen von Belastungen und Risiken werden in der neueren Gesundheitsforschung oft vernachlässigt. Bei Einbeziehung der sozialepidemiologischen Tradition der Belastungsforschung sind sie jedoch offensichtlich.

Die gesundheitlichen Auswirkungen von Belastungen werden heute differenzierter gesehen: Stressoren gelten nicht mehr als externe Noxen, denen das Individuum passiv zum Opfer fällt; Belastungen müssen vielmehr in ein Verhältnis zu den Ressourcen und Bewältigungsmöglichkeiten des Subjekts gesetzt werden. In einem Modell der Salutogenese, wie es etwa Antonovsky (1987) konzipiert hat, spielen die Widerstandsressourcen des Subjekts und seiner sozialen Umwelt eine zentrale Rolle für die Erhaltung der Gesundheit (vgl. auch Hobfoll, 1989). Der Einfluß der sozialen Lage auf die Gesundheit könnte sich somit nicht nur über das Ausmaß und die Qualität von lebensweltlichen Risiken und Belastungen auswirken, sondern auch über die unterschiedliche Ausstattung mit Ressourcen.

Weiterhin werden heute den präventiven Verhaltensweisen, die Menschen in ihrem Alltag zeigen, eine stärkere Aufmerksamkeit gewidmet. Es existieren möglicherweise unterschiedliche Kulturen im Umgang mit der

Gesundheit, die auch zu den sozialen Unterschieden im Gesundheitszustand beitragen könnten. Was Laien zum Erhalt oder zur Gefährdung ihrer Gesundheit unternehmen, wie das Gesundheitshandeln im Alltag sozial organisiert ist, wer z.B. in der Familie wen und wie gut gesundheitlich versorgt, wie überhaupt die informelle Gesundheitsselbsthilfe im Alltag (Grunow et al., 1983) oder das "verdeckte Gesundheitssystem" (Levin & Idler, 1981) funktioniert, diese Fragen werden erst in neuerer Zeit zum Gegenstand einer sozialwissenschaftlichen Gesundheitsforschung (vgl. Olesen, 1989). Das neue Interesse am Laien und an der informellen Gesundheitsversorgung korrespondiert mit dem neuen Interesse an der Gesundheit und ihrer Erhaltung bzw. Förderung. Mit einer Öffnung für neue Forschungsschwerpunkte (und methodische Ansätze) über die lange fast ausschließliche Konzentration auf Krankheit und das professionelle Gesundheitssystem hinaus könnten auch neue Perpektiven für die Praxis erwachsen.

Als wichtige Erkenntnis der sozialwissenschaftlichen Forschungstradition muß festgehalten werden, daß jede Krankheit, auch eine körperliche, als soziale Abweichung verstanden werden muß. Gesundheit und Krankheit sind keine natürlichen Phänomene, die sich nur objektiv und mit naturwissenschaftlichen Methoden feststellen lassen; sie unterliegen immer einer sozialen Normierung und werden in einem sozialen Kontext und unter Einbezug sozialer Kriterien definiert, z.B. in Hinblick auf die Leistungsfähigkeit eines Menschen. Das betrifft aber weit mehr als die Diagnose einer Krankheit durch medizinische Experten. Die soziale Konstruktion von Gesundheit läßt sich in diesem Sinne auch als die Wirkung und soziale Tradierung von Vorstellungen über Gesundheit und Krankheit beschreiben. Laien spielen in der Verbreitung und Durchsetzung gesundheitlicher Normen eine gewichtige Rolle; sie übernehmen jedoch nicht einfach die Normen des professionellen System, sondern entwickeln durchaus eigenständige Vorstellungen, die jedoch in ihren Auswirkungen bisher noch wenig transparent geworden sind. Die abnehmende Akzeptanz des medizinischen Umgangs mit Gesundheitsproblemen und der medizinischen Profession in der Bevölkerung kann als wichtiger historischer Trend in der sozialen Konstruktion von Gesundheit gesehen werden. Dadurch wird die Bedeutung des Laiensystems im Umgang mit Gesundheit und Krankheit wachsen; vermutlich werden sich dadurch die im Alltag ablaufenden Prozesse einer sozialen Normierung von Gesundheit verstärken.

Im öffentlichen Diskurs über Gesundheit, der heute geführt wird, werden eine Vielzahl von Gefährdungen der Gesundheit angesprochen (von den ökologischen Risiken bis zum eigenen Verhalten) und eine Fülle von Gegenmitteln und für die Gesundheit förderlicher Aktivitäten propagiert (von der körperlichen Fitness, der gesunden Ernährung bis zu psychologischen

Kursen und esoterischen Zirkeln). Bedrohungen durch Krankheiten (wie Krebs, AIDS, Herzinfarkt) erhalten darin einen besonderen Stellenwert, weil ihre öffentliche Diskussion auch eine Kritik an der modernen Lebensweise enthält. Am Diskurs über eine neuen Krankheit wie AIDS läßt sich beispielsweise gut beobachten, wie über die öffentliche Kommunikation die Krankheit auch sozial konstruiert wird und dabei in die sozialen Beziehungen hineinwirkt und diese polarisiert (vgl. Herzlich & Pierret, 1989). Nach einer langen Phase der Vernachlässigung des Körpers wird heute die "Wiederkehr des Körpers" (Kamper & Wulf, 1982) konstatiert. Generell läßt sich ein positiveres Verhältnis zum Körper erkennen, aber auch Anzeichen einer Stilisierung und Überhöhung des Körpers zu einem neuen Kult- und Konsumgegenstand (Hörmann, 1989) - und damit neue Normen und Zwänge. Das Streben nach körperlicher Fitness hat teilweise eine Qualität erreicht, in der Fitness als ein Schutz gegen alle möglichen Übel des modernen Lebens erscheint und ein Mittel zur Inszenierung des Selbst wird (vgl. Glassner, 1989). Die starke mediale Kommunikation und Aufklärung der letzten Jahrzehnte über gesundheitliche Gefahren hat zwar die Bürger und Bürgerinnen in gesundheitlichen Fragen sehr viel informierter gemacht, aber möglicherweise auch ein neues Gefühl der individuellen Verwundbarkeit und Hilflosigkeit erzeugt (Crawford, 1987). Zusammen mit einer oft damit verknüpften Botschaft, die primär das Individuum für seine Gesundheit verantwortlich macht, wird so leicht eine Ideologie erzeugt, in der dem betroffenen Individuum die Schuld zubeschrieben wird, obwohl viele Risiken von ihm nicht kontrollierbar sind (ebd.). Die im medizinischen System praktizierte Entbindung des Kranken von seiner Verantwortung, die oft bis zu seiner Entmündigung reichte, verkehrt sich so in ihr Gegenteil.

Der neue Gesundheitsdiskurs zeigt somit ambivalente Tendenzen. Er kann ebenso wie bereits frühere Diskurse (zum Gesundheitsdiskurs in der bürgerlich-aufklärerischen Epoche, vgl. Göckenjan, 1985) als Ausdruck des Verhältnisses von Subjekt und Gesellschaft verstanden werden. Die öffentliche Thematisierung von Gesundheit steht damit auch im Zusammenhang mit tiefgreifenden gesellschaftlichen Veränderungen und enthält wie diese für das Individuum "riskante Chancen" (Keupp, 1988). Mit einer Befreiung von der gesundheitlichen Bevormundung durch ein Expertensystem entstehen neue Verantwortlichkeiten für das Individuum und neue soziale Zwänge. In der postmodernen Gesellschaft wird über die Gesundheit offenbar eine neue normative Kraft etabliert, deren Mechanismen und Folgen wir noch lange nicht verstanden haben.

4. Die subjektive Konstruktion von Gesundheit

Wenn das Individuum auch nicht allein für seine Gesundheit verantwortlich gemacht werden kann, so hat es doch eine Reihe von Möglichkeiten, sie zu beeinflussen. Gesundheit wird sicher auch durch das Subjekt mit hergestellt. Zudem hat jeder Mensch mehr oder weniger explizite Vorstellungen davon, was für ihn oder sie Gesundheit bedeutet. Gesundheit ist somit auch eine subjektive Konstruktion. Die sozialwissenschaftliche Gesundheitsforschung hat sich von einer früher sehr mechanistischen Konzeption der Beziehung von Gesellschaft und Gesundheit gelöst und das Subjekt zunehmend einbezogen. Über das individuelle Bewältigungsverhalten von Belastungen oder über verschiedene Persönlichkeitszüge (wie das Typ-A-Muster, Kontrollüberzeugungen oder "hardiness" als Widerstandskraft) werden personale Einflüsse auf Gesundheit und Krankheit in die Modelle eingebaut und empirisch belegt. Das Konzept der allgemeinen Widerstandsressourcen für die Erhaltung der Gesundheit (Antonovsky 1987) eröffnet die Möglichkeit, diese individuellen Merkmale als personalen Ressourcen zu sehen und sie damit in einen Zusammenhang mit Ressourcen im sozialen und materiellen Bereich zu stellen. In einem Ressourcenansatz läßt sich eine personologische Konzeption subjektiver Einflüsse vermeiden. Eine Analyse der subjektiven Bedingungen von Gesundheit muß Person und Lebenswelt integrieren; nach heutigem Kenntnisstand sollte sie dabei die folgenden Einflüsse eines Menschen auf seine Gesundheit berücksichtigen: seine spezifischen Risiken und Belastungen, seine Ressourcen und Bewältigungsstile, spezifische Merkmale seiner Persönlichkeit, seine gesundheitsbezogenen Gewohnheiten und Vorstellungen von Gesundheit.

Mit der größeren Aufmerksamkeit der Gesundheitsforschung für den Laien und die Erhaltung der Gesundheit werden nicht nur vermehrt die Verhaltensweisen und Lebensweisen fokussiert, die gesundheitlich riskant sein können, sondern auch diejenigen Aktivitäten, die Menschen im Alltag bewußt für ihre Gesundheit unternehmen. Lange Zeit wurde das Gesundheitsverhalten ausschließlich aus einer professionellen Perspektive gesehen, d.h. es wurden nur die Verhaltensweisen untersucht, die medizinische Experten als riskant oder notwendig für eine Vorsorge definierten. Wie das Gesundheithandeln aus der Sicht der Laien selbst aussieht, ist erstaunlicherweise erst in jüngster Zeit Gegenstand der Forschung geworden (vgl. zum Überblick: Faltermaier, 1992). Um die präventiven Aktivitäten von Laien verstehen zu können, müssen sie aber nicht nur in ihrem sozialen Kontext sondern auch in ihrer subjektiven Logik erkannt werden. Es wäre auch für die praktischen Möglichkeiten einer Gesundheitsförderung von großem Interesse, mehr Einblick in die Vorstellungen und das Alltagswissen zu gewinnen, die Laien über Gesundheit und Krankheit haben

(Faltermaier, 1991). Ich will im folgenden noch kurz auf dieses relativ neue Feld der Gesundheitsforschung eingehen und unter Berücksichtigung vorliegender Untersuchungen (z.B. Herzlich, 1973, Williams, 1983, Blaxter, 1990, Faltermaier, 1992) einige wesentliche Erkenntnisse über die subjektiven Konzepte und Theorien von Gesundheit berichten.

Laien haben reichhaltige Vorstellungen von Ge- sundheit und Krankheit, die interindividuell und nach soziodemographischen Merkmalen wie Geschlecht, Schicht, Beruf und Alter stark variieren. Das subjektive Konzept von Gesundheit ist bei den meisten Menschen sehr differenziert und umfaßt mehrere Dimensionen; Gesundheit ist weit mehr als die Abwesenheit von Krankheit. Die folgenden Dimensionen eines subjektiven Begriffs von Gesundheit konnten in verschiedenen Populationen und mit unterschiedlichen Methoden (Fragebogen und Interviews) nachgewiesen werden (hier in etwa in der Reihenfolge ihrer quantitativen Bedeutung):

Gesundheit bedeutet
- psychisches Wohlbefinden, Ausgeglichenheit und Zufriedenheit,
- körperliche Energie und Stärke, ein Potential,
- Leistungsfähigkeit oder grundlegende Handlungsfähigkeit,
- körperliches Wohlbefinden,
- Abwesenheit von Krankheit oder von Beschwerden (Schmerzen).

Laien haben zudem vielfältige Vorstellungen davon, was ihre Gesundheit positiv oder negativ beeinflussen kann. Ihre subjektiven "Theorien" folgen zwar nicht unbedingt dem formalen Muster wissenschaftlicher Theorien; sie leuchten aber in ihren Inhalten das ganze Spektrum von auch in den Wissenschaften vertretenen Theorien aus, von biologischen bis zu psychosomatischen, wobei letztere zu dominieren scheinen. Laien machen ihre Theorien aber oft an ganz persönlichen Erfahrungen fest. Die folgenden positiven bzw. negativen Bedingungen von Gesundheit standen in einer (nicht repräsentiven) Studie von überwiegend jüngeren Erwachsenen im Vordergrund (Faltermaier, 1992):
- psychische Ausgeglichenheit versus psychische Probleme;
- Zeit zur Ruhe und Entspannung versus Überbelastung und wenig Ruhe;
- positive versus schlechte soziale Beziehungen.

Neben diesen eher psychosomatischen Vorstellungen scheinen noch folgende Typen von subjektiven Theorien bedeutsam: Gesundheit ist primär die Folge von angemessener Bewegung, von gesunder (kontrollierter) Ernährung, von gesunden oder schädlichen Umwelteinflüssen, von der Vermeidung von Risikofaktoren, von Belastungen (Verschleiß) durch die Arbeit und von einer angemessenen Regeneration.

Die Bandbreite an subjektiven Vorstellungen von Gesundheit ist somit groß; welche Theorie eine Person entwickelt scheint davon abhängig, in welcher Lebenssituation sie sich befindet und welche Erfahrungen sie im

Lebenslauf gemacht hat. Als bedeutsame moderierende Variablen erwiesen sich vor allem Geschlecht, Beruf, soziale Schicht und Altersphase.

Um der Komplexität der subjektiven Vorstellungen von Laien gerecht zu werden, müssen jedoch noch weitere Aspekte berücksichtigt werden. Ich habe an anderer Stelle (Faltermaier, 1992) ein Konstrukt des Gesundheitsbewußtseins vorgeschlagen, das folgende Komponenten enthält:

a. die subjektive Bedeutung von Gesundheit auf der Grundlage von biographischen Erfahrungen,
b. das subjektive Konzept und die Theorie von Gesundheit;
c. das Körperbewußtsein als Wahrnehmung von körperlichen Empfindungen und Beschwerden sowie als Sicht vom Körper als Ganzes (Körper--Selbst);
d. die Wahrnehmung gesundheitlicher Risiken und Belastungen in der Lebensumwelt und im eigenen Verhalten;
e. die Wahrnehmung gesundheitlicher Ressourcen in der Lebensumwelt und in der eigenen Person;
f. das subjektive Konzept und die Theorien von Krankheit als eigenständiges Vorstellungssystem, das nicht spiegelbildlich zum Gesundheitsbegriff sein muß;
g. die sozialen Vergleiche und Abstimmungen, die obige Komponenten aufrechterhalten.

5. Schlußbemerkung

Um die subjektive Konstruktion von Gesundheit auf der skizzierten Komplexitätsebene zu verstehen und die Verbindungen zur sozialen Konstruktion herzustellen, ist noch ein gutes Stück an theoretischer und empirischer Entwicklungsarbeit notwendig. Die sozialwissenschaftliche Gesundheitsforschung, wie sie sich heute präsentiert, birgt sicher auch Risiken, die hoffentlich in meiner Skizze sichtbar geworden sind. Sie kann diese Fallen aber meiner Überzeugung nach dann umgehen, wenn sie sich zum einen ihrer eigenen Geschichte erinnert und sie als Ganzes integriert und wenn sie sich zum anderen reflexiv gegenüber ihrer eigenen Verstrickung in den Gesundheitdiskurs verhält, d.h. sich als Teil einer sozialen Konstruktion von Gesundheit versteht. Natürlich würde das für den einzelnen Forscher oder die Forscherin analoges bedeuten, nämlich sich reflexiv gegenüber der eigenen subjektiven Konstruktion von Gesundheit zu verhalten: Mein Bewußtsein von Gesundheit und meine Versuche, mir die Gesundheit zu erhalten, sind nicht aus dem Forschungsprozeß auszugrenzen, schon gar nicht, wenn ich sie zum Gegenstand mache. Aber die Gesundheit ist ein so zentraler Teil unserer Identität und diese wiederum ist in solchem Maße in Bewegung geraten und konstruierbar geworden, daß ein bewußter und nicht abwehrender Umgang damit nicht nur eine Notwendigkeit für den oder die Wissenschaftler/in wird. In diesem Sinne sehe ich insgesamt doch mehr Chancen im Gesundheitsdiskurs und in einer Gesundheitsforschung, die sich mutig und kritisch zugleich dem neuen Gestaltungsspielraum des Subjekts stellt.

Zum Schluß doch noch eine Warnung, die ich bei einem so rationalistischen Herangehen an dieses Thema auch mir selbst geben muß: Der Glaube an eine umfassende Kontrollierbarkeit von Gesundheit ist eigentlich eine Illusion; er wirkt sich gerade bei der Gesundheit fatal aus. Denn zur Gesundheit gehört nun mal auch und des öfteren das Gegenteil von Kontrolle: Entspannen und Loslassen-Können. Also: "release"!

Literatur

Antonovsky, A. (1981). Health, stress, and coping. London: Jossey Bass.
Antonovsky, A. (1987). Unraveling the mystery of health. London: Jossey Bass.
Blaxter, M. (1990). Health and lifestyles. London: Routledge.
Brown, G.W. & Harris, T.O. (1978). Social origins of depression. A study of psychiatric disorder in women. London: Tavistock.
Brown, G.W. & Harris, T.O. (Eds.) (1989). Life events and illness. London: Unwin Hyman.
Brüderl, L. (Hrsg.)(1988). Theorien und Methoden der Bewältigungsforschung. Weinheim: Juventa.
Crawford, R. (1987). Cultural influences on prevention and the emergence of a new health consciousness. In N.D. Weinstein (ed.), Taking Care (95-113). Cambridge: Cambridge University Press.
Dohrenwend, B.S. & Dohrenwend, B.P. (Eds.) (1974). Stressful life events: their nature and effects. New York: Wiley.
Dohrenwend, B.S. & Dohrenwend, B.P. (Eds.) (1981). Stressful life events and their context. New York: Prodist.
Dohrenwend, B.P., Dohrenwend, B.S., Gould, M.S., Link, B., Neugebauer, R, Wünsch-Hitzig, R. (1980). Mental illness in the United States: epidemiological estimates. New York: Praeger.
Engel, G.L. (1979). Die Notwendigkeit eines neuen medizinischen Modells: Eine Herausforderung der Biomedizin. In H. Keupp (Hrsg.), Normalität und Abweichung (S. 63-85). München: Urban & Schwarzenberg.
Faltermaier, T. (1987). Lebensereignisse und Alltag. Konzeption einer lebensweltlichen Forschungsperspektive und eine qualitative Studie über Belastungen und Bewältigungsstile junger Krankenschwestern. München: Profil.
Faltermaier, T. (1991). Subjektive Theorien von Gesundheit: Stand der Forschung und Bedeutung für die Praxis. In U. Flick (Hrsg.). Alltagswissen über Gesundheit und Krankheit (S. 45-58). Heidelberg: Asanger.
Faltermaier, T. (1992). Gesundheitsbewußtsein und Gesundheitshandeln: Wie wir im Alltag mit unserer Gesundheit umgehen. Ein gesundheitspsychologischer Entwurf und eine explorative Studie. Augsburg: Universität Augsburg, unveröffentlichte Habilitationsschrift.
Gentry, W.D. (Ed.).(1984). Handbook of behavioral medicine. New York: Guilford.
Glassner, B. (1989). Fitness and the postmodern self. Journal of Health and Social Behavior, 30, 180-191.

Göckenjan, G. (1985). Kurieren und Staat machen. Gesundheit und Medizin in der bürgerlichen Welt. Frankfurt/M.: Suhrkamp.

Grunow, D., Breitkopf, H., Dahme, H.-J., Engfer, R., Grunow-Lutter, V. & Paulus, W. (1983). Gesundheitsselbsthilfe im Alltag. Stuttgart: Enke.

Herzlich, C. (1973). Health and illness: a social psychological analysis. London: Academic Press.

Herzlich, C. & Pierret, J. (1989). The construction of a social phenomenon: AIDS in the French press. Social Science and Medicine 29 (11), 1235-1242.

Hobfoll, S.E. (1989). Conservation of resources. A new attempt at conceptualizing stress. American Psychologist, 44 (3), 513-524.

Hörmann, G. (1989). Gesundheit und Körper: Kultur oder Kult? Widersprüche, 30, 7-16.

Kamper, D. & Wulff, C. (1982). Die Wiederkehr des Körpers. Frankfurt: Suhrkamp.

Keupp, H. (Hrsg.)(1974). Verhaltensstörungen und Sozialstruktur. Epidemiologie: Empirie, Theorie, Praxis. München: Urban & Schwarzenberg.

Keupp, H. (1976). Abweichung und Alltagsroutine. Die Labeling-Perspektive in Theorie und Praxis. Hamburg: Hoffmann & Campe.

Keupp, H. (Hrsg.)(1979). Normalität und Abweichung. Fortsetzung einer notwendigen Kontroverse. München. Urban & Schwarzenberg.

Keupp, H. (1983). Depression bei Frauen - im Kontext der sozialepidemiologischen Forschung. Argument - Sonderband 107, S. 131-141.

Keupp, H. (1987). Psychosoziale Praxis im gesellschaftlichen Umbruch.Bonn: Psychiatrie Verlag.

Keupp, H. (1988). Riskante Chancen. Das Subjekt zwischen Psychokultur und Selbstorganisation. Heidelberg: Asanger.

Keupp, H. (1991). Sozialisation durch psychosoziale Praxis. In K. Hurrelmann & D. Ulich (Hrsg.), Handbuch der Sozialisationsforschung (S. 467-491). Weinheim: Beltz.

Keupp, H. (1992). Gesundheitsförderung und psychische Gesundheit: Lebenssouveränität und Empowerment. Psychomed 4, 244-250.

Keupp, H. & Rerrich, D. (Hrsg.)(1982). Psychosoziale Praxis. München: Urban & Schwarzenberg.

Keupp, H. & Röhrle, B. (Hrsg.)(1987). Soziale Netzwerke. Frankfurt: Campus.

Keupp, H. & Zaumseil, M. (Hrsg.)(1978). Die gesellschaftliche Organisierung psychischen Leidens. Frankfurt: Suhrkamp.

Levin, L.S. & Idler, E.L. (1981). The hidden health care system: mediating structures and medicine. Cambridge, Mass.: Ballinger.

Mechanic, D. (1983). Handbook of health, health care, and the health professions. New York/London: Free Press.

Mechanic, D. (1989). Medical sociology: Some tensions among theory, method, and substance. Journal of Health and Social Behavior, 30, 147-160.

Mirowsky, J. & Ross, C.E. (1992). Age and depression. Journal of Health and Social Behavior, 33, 187-205.

Münnich, B.C. von (1987). Subjekt, Körper und Gesellschaft. Sozialwissenschaftliche Modelle zur Beschreibung der psychosozialen Bedingtheit von körperlicher Krankheit und Gesundheit. München: Profil Verlag.

Olesen, V.L. (1989). Caregiving, ethical and informal: emergent challenges in the sociology of health and illness. Journal of Health and Social Behavior, 30(1), 1-10.

Pearlin, L.J., Lieberman, M.A. Menaghan, E.G. & Mullan, J.T. (1981). The stress process. Journal of Health and Social Behavior, 22, 337-356.

Pearlin, L.I. (1992). Structure and meaning in medical sociology. Journal of Health and Social Behavior, 33, 1-9.

Rappaport, J. (1985). Ein Plädoyer für die Widersprüchlichkeit: Ein sozialpolitisches Konzept des "empowerment" anstelle präventiver Ansätze. Verhaltenstherapie & psychosoziale Praxis, 2, 257-278.

Rodin, J. & Salovey, P. (1989). Health psychology. Annual Review of Psychology, 40, 533-579.

Stark, W. (1989). Lebensweltbezogene Prävention und Gesundheitsförderung. Konzepte und Strategien für die psychosoziale Praxis. Freiburg: Lambertus.

Stone, G.C. (1987). Health psychology. A disciplin and a profession. Chicago: University of Chicago Press.

Stone, G.C., Cohen, F. & Adler, N.E. (1979). Health psychology - A handbook. San Francisco: Jossey-Bass.

Trojan, A. (Hrsg.)(1986). Wissen ist Macht. Eigenständig durch Selbsthilfe in Gruppen. Frankfurt/M.: Fischer.

Williams, R. (1983). Concepts of health: an analysis of lay logic. Sociology, 17(2), 185-205.

HIV-Infektion bei iv Drogenabhängigen
Bewältigungsanforderungen, lebensweltliche Hintergründe, Coping- und Betreuungsverläufe. Ein Werkstattbericht aus der psychosozialen Praxisforschung

Irmtraud Beerlage und Dieter Kleiber

1. Einleitung

Seit Beginn der 80-er Jahre sind die Sozialwissenschaften mit einer neuen Herausforderung konfrontiert: AIDS. Solange kein Impfstoff vor einer HIV-Infektion schützt und kein Medikament nach erfolgter Infektion den Ausbruch der Immunschwäche-Krankheit sicher verhindert oder AIDS-Erkrankungen kausal zu behandeln vermag, solange bleibt die primäre *Prävention*, d.h. die Verhütung von Neuinfektionen, das einzig wirkungsvolle Instrument zur Eindämmung der Ausbreitung von HIV in der Bevölkerung. Hierzu einen Beitrag zu leisten, sind auch die Psychologie und die Sozialwissenschaften gefordert, um Bausteine für eine erfolgreiche gesellschaftlichen Antwort auf AIDS zu entwickeln; benötigt werden

a) sozialepidemiologisches Wissen bzgl. übertragungsrelevantem Verhalten und dessen Bedingungen in Teilgruppen der Bevölkerung

b) Strategien zielgruppenspezifischer und -übergreifender Primärprävention (Verhinderung von Neuinfektionen)

c) Strategien der Sekundärprävention (Verlängerung der Latenzzeit, d.h. Verlängerung des Zeitraumes bis zur Ausbildung des Vollbildes AIDS; Erhaltung von Lebensqualität und Wohlbefinden)

d) Versorgungsplanung zur kompetenten Behandlung und Unterstützung von HIV-Infizierten und AIDS-Erkrankten

e) Abbau von Vorurteilen und Ausgrenzung von HIV-Infizierten, AIDS-Erkrankten und gesellschaftlichen Teilgruppen, in denen HIV/AIDS bislang vermehrt aufgetreten ist

f) Reflexion und Verbesserung der Situation der Betroffenenselbsthilfe sowie der Arbeitssituation von professionellen und ehrenamtlichen Helfer(inne)n im AIDS-Bereich

AIDS läßt sich unter mehreren Aspekten mit anderen chronischen Krankheiten vergleichen, die ebenfalls das Leben all derer plötzlich verändern, die eine entsprechende Diagnose erhalten haben. Ähnlich wie bei der Multiplen Sklerose oder bei einigen Krebserkrankungen ist für die Betroffenen der Verlauf nur schwer vorhersagbar. Trotz dieser Gemeinsamkeiten mit anderen chronischen Krankheiten weckt "AIDS" Konnotationen, die die HIV-Infektion und AIDS-Erkrankung zu einem "Sonderfall" im öffentlichen Bewußtsein werden lassen und Folgen für die Betroffenen haben (Klauer, Ferring & Filipp, 1989; Beerlage & Kleiber, 1992; vgl. Beutel & Muthney, 1988). Wesentliche Unterschiede bestehen in

a) der Übertragbarkeit des HI-Virus
b) der Nähe zu tabuierten Themen wie etwa Sexualität und Tod in jungem Alter
c) der Verbindung der HIV-Infektion mit Lebensweisen, die als sozial anstößig gelten; Homosexualität, Drogenabhängigkeit, Prostitution, (vermeintliche) Promiskuität, Sex-Tourismus.

Im Falle einer Infektion mit HIV gilt analoges; zu groß sind die Unterschiede in den Zeiträumen, die zwischen (vermutetem) Zeitpunkt der Infektion und Ausbruch des Vollbildes beobachtet werden, zu ungenau ist das Wisssen über immunstabilisierende und immunsupressive psychosoziale Einflußfaktoren. Gewiß scheint lediglich, daß eine Infektion bislang noch bedeutet, mit 50%iger Wahrscheinlichkeit nach 10-12 Jahren das Vollbild AIDS entwickelt zu haben und dann nach durchschnittlich weiteren 1-2 Jahren als zumeist noch junger Mensch an Krankheiten zu sterben, die der immungeschwächte Körper nicht abwehren konnte. Da eine Infektiösität von HIV und damit eine Übertragbarkeit des Virus für die gesamte Phase der Latenz und verstärkt nach Ausbruch des Vollbildes AIDS gegeben ist, sind drastische Verhaltensänderungen im Sozial- und Sexualbereich auch bei symptomlos HIV-infizierten notwendig, die einer ständige Erinnerung an den HIV-Status gleichkommen.

In den letzten Jahren haben sozialwissenschaftlich fundierte Aufklärungskampagnen zur Verbreitung präventionsrelevanter Botschaften und zum Abbau von Ausgrenzungen beitragen können. Vor allem die "Gay Community" - das Netz informeller Begegnungsräume und Organisationen der Schwulenbewegung - hat es früh vermocht, in ihren eigenen Netzwerken zielgruppenspezifische Prävention zu betreiben und bestehende Netzwerke zu stärken. Über die Schaffung der AIDS-Hilfen wurden sowohl die anwaltschaftliche Unterstützung von Selbsthilfe übernommen als auch vorhandene Selbsthilfe-Ressourcen im Sinne eines Empowerment-Prozesses gefördert und ausgebaut. Drogenabhängige dagegen konnten - obwohl sie die zweitgrößte Betroffenengruppe bilden - keinen vergleichbaren Organisationsgrad und entsprechend auch keine ebenso effiziente Lobby entwickeln. Hier setzt das Selbstverständnis der Studie "Betreuungs- und Bewältigungsverläufe von HIV-infizierten iv Drogenabhängigen" an. Gefragt wird nach sinnvollen Strategien der professionellen Unterstützung von HIV-infizierten Drogenabhängigen beim Leben mit HIV/AIDS, um bestehende Angebote im AIDS-Hilfe- wie im Drogen-Hilfe-System sinnvoll modifizieren oder neue anregen zu können[1].

2. Epidemiologische Ausgangssituation

Ausgangspunkt unserer Studie ist die Tatsache, daß intravenös Drogenabhängige (IVDA) in Europa und Nordamerika neben homo- und bisexuellen Männern zu den am stärksten von AIDS betroffenen Personengruppen zählen, daß zugleich aber Forschung und Praxis bislang zu wenig die Bedürfnisse dieser Betroffenengruppe thematisiert haben. In der Bundesrepublik Deutschland leben nach offiziellen Schätzungen zwischen 70.000 und 100.000 intravenös applizierende Drogenkonsumenten (Stark & Kleiber, 1991). In Berlin wird aktuell von 7000 bis 8000 IVDA ausgegangen. Durchschnittlich ist jeder sechste bzw. siebte IVDA in der Bundesrepublik Deutschland HIV-positiv; 15,1% sind es in Berlin (Kleiber & Pant, 1992). Vergleicht man die HIV-Prävalenzraten von 1988/1989 mit denen von 1990/1991 in verschiedenen Teilstichproben der am Sozialpädagogischen Institut Berlin (spi) durchgeführten multizentrischen Needle-Sharing-Sex-Studie[2], so zeigt sich - trotz insgesamt erfreulicherweise sinkender Prävalenzraten - eine Polarisierung der epidemiologischen Dynamiken in den Teilpopulationen der Ex-User in Therapieeinrichtungen und der Fixer auf der offenen Szene (vgl. Abb. 1): Der Anteil der HIV-Infizierten in den Berliner Therapieeinrichtungen sank zwischen 1988/ 1989 (N=382) und 1991 (N=371) von 17% auf 9%, während auf der offenen Szene die Prävalenz von 36% nur auf 22% sank (Kleiber & Pant, 1992).

---

[1] Die Studie "Bewältigungs- und Betreuungsverläufe HIV-infizierter Drogenabhängiger" (Leitung. Prof. Dr. Dieter Kleiber) wird am Sozialpädagogischen Institut Berlin durchgeführt und gefördert vom Bundesministerium für Forschung und Technologie, Förderkennzeichen V-020-90 (wissenschaftliche Mitarbeiter: Dr. Irmtraud Beelrage, Dipl.-Psych. Herbert Beckmann, Soz.arb. Gabriele Bouchoucha).
[2] Studie "HIV-Needle-Sharing-Sex"; wird seit 1988 gefördert mit Mitteln des Bundesministerium für Gesundheit (BMG) und ist seit 1990 auch Teil zweier mulitzentrischer Studien der Commission der Europäischen Gemeinschaft und der Weltgesundheitsorganisiation (WHO). (Projektleiter: Prof. Dr. Dieter Kleiber, wissenschaftlicher Mitarbeiter: Dipl.-Psych. Anand Pant)

Abbildung 1 Entwicklung der HIV-1 Prävalenz in Berlin nach Zugangsgruppe (incl. Darstellung der 95%-Konfidenzintervalle). (aus: Kleiber u. Pant, 1992).

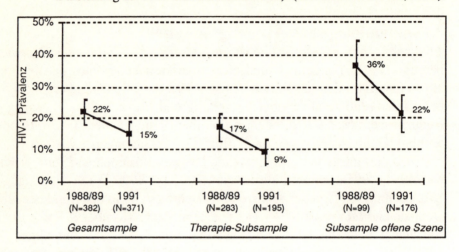

Ein überproportionale HIV-Prävalenz weisen IVDA auf
* mit Prostitutionserfahrungen (weibliche 30,9% und männliche 28,3%)
* mit langjährigem Drogenkonsum (1-2 Jahre: 6%, mehr als 10 Jahre (28,3%)
* Hafterfahrung (ja 25,7%, nein 10,2%)
* mit einer Fülle von täglichen Ärgernissen (daily hassles) (viele 24,9%, wenige 14,1%)
* mit geringer Unterstützung im sozialen Umfeld (hohe soziale Unterstützung: 18,5%; niedrige soziale Unterstützung: 23,5%)

Solche Ergebnisse erzwingen Fragen nach den Gründen, *warum* HIV-infizierte IVDA in den Einrichtungen des Drogenhilfssystems offenbar stark unterrepräsentiert sind. Mögliche Gründe dafür können zum einen in veränderten Therapiemotivationen durch die HIV-Infektion gesucht werden. Die Gründe können aber auch in einer möglicherweise nicht ausreichenden - nach vorhandenen und durch HIV modifizierten Bedürfnissen differenzierten - Angebotsstruktur der drogentherapeutischen Einrichtungen gesehen werden. Einiges deutet darauf hin, daß unter dem Eindruck einer HIV-Infektion spezifische, z.T. jedoch bisher nicht abdeckbare, Betreuungs- bzw. Unterstützungsbedarfe entstehen.

3. Nutzungsmuster, Versorgungspfade und Betreuungsverläufe - Hilfen im Leben mit dem HI-Virus

Um Anhaltspunkte dafür zu gewinnen, ob sich im Hinblick auf die Nutzung von medizinischen und psychosozialen Hilfen homogene Gruppen differenzieren lassen, die jeweils spezifische Versorgungsbedürfnisse artikulieren, wurden im Rahmen der 'Needle-Sharing-Sex'-Studie (Kleiber, 1990) Daten zur Nutzungsfrequenz medizinischer und psychosozialer Hilfen durch IVDA einer Clusteranalyse unterzogen (Kleiber, Pant, Beerlage, 1992; Beerlage, u.a., 1991). Dabei ließen sich drei verschiedene Nutzergruppen identifizieren (s.u.). Empirische Vergleiche der Gruppen aus dem Therapie bzw. dem Nicht-Therapiebereich sowie HIV-positiver und -negativer IVDA ergaben überdies, daß Nutzungsfrequenz und Wahrnehmung der Angebote zwischen allen Teilgruppen deutlich variieren.

Cluster 1 - *'Nutzer(innen) von nichtabstinenzorientierten Angeboten'*: Für knapp 10% der analysierten Stichprobe steht die Orientierung an und Nutzung von 'nichtabstinenz-orientierten Angeboten' im Vordergrund (über 80% hatten Kontakt zu AIDS-Hilfen oder Streetworkern). Die Angehörigen dieser Teilgruppe von Drogenabhängigen, die mit einer 43%igen HIV-Prävalenz, durchschnittlich 10jährigem iv Drogenkonsum, sowie einem Anteil von 78% hafterfahrenen FixerInnen eine besondere Belastungskumulation aufweisen, haben auf die HIV-Problematik überwiegend mit einer Orientierung an Zielen der "Schadensminimierung (harm reduction)" geantwortet.

Cluster 2 - *'Abstinenz-orientierte Drogensystem-Nutzer(innen)'*: Ein Großteil dieser etwa 25% der Gesamtstichprobe bildenden Teilgruppe zeichnet sich durch eine hohe Abstinenzmotivation (79%) aus. Mitglieder dieser Nutzergruppe präferieren v.a. ein spezifisches Segment des Drogenhilfssystems, nämlich Einrichtungen der Langzeittherapie und Ärzte. Von den Angehörigen dieser Teilgruppe hatten innerhalb der letzten 12 Monate nur 20% Kontakte zu AIDS-Hilfen oder Streetworkern. Im Vergleich zum Gesamtsample war diese Gruppe durchschnittlich von HIV (19%) betroffen.

Cluster 3 - *'Gering-Nutzer(innen)'*: Dieser Nutzertyp umfaßt zwei Drittel unserer Stichprobe. Drogenabhängige aus dieser Gruppe waren dadurch gekennzeichnet, daß sie das Drogen- und AIDS-Hilfesystem insgesamt und unabhängig vom Einrichtungstyp *weniger* nutzen, als die beiden anderen Gruppen. Gebildet wird diese Gruppe in erster Linie von IVDA, die vergleichsweise erst kürzere Zeit Drogen intravenös konsumieren, die noch unterdurchschnittlich von HIV betroffen sind und wohl auch (noch) weniger durch Alltagsprobleme ('daily hassles') belastet sind.

Die hierher dargestellten Ergebnisse der "HIV-Needle-Sharing-Sex"-Studie (Kleiber & Pant, 1991) verweisen zwar empirisch darauf, daß es in

Abhängigkeit von HIV-Status und Abstinenzorientierung distinkte Nutzungsmuster von Teilsegmenten des Drogen- und AIDS-Hilfesystems gibt. Eine solch 'horizontale' Perspektive', wie sie auf der Grundlage epidemiologischer Querschnittsdaten eingenommen wird, läßt jedoch notwendigerweise außer acht, welche *subjektiven* Einschätzungen und Wertungen den aufgewiesenen *Nutzungsentscheidungen* zu Grunde liegen und welche Entwicklungen über die Zeit bei einzelnen Individuen zu registrieren sind.

Veränderungen des Nutzungsverhaltens von IVDA dürften aber von den zeitabhängig variierenden *Selbstdefinitionen* abhängig sein, wobei jeweils wahrgenommene, aktuell dominante Problemlagen (HIV-positiv *oder* drogenabhängig, obdachlos etc. sein) den jeweiligen *subjektiven Masterstatus* (sich vorrangig als HIV-Infizierter oder vorrangig als Drogenabhängiger zu erleben) bedingen werden (vgl. Dür, 1992). Dabei mag sich letzterer an institutionell definierten Zuständigkeiten für spezifische Problemlagen (=objektiver *Masterstatus*) brechen. Der *HIV-Status* einerseits und spezifische *Lebensumstände* andererseits können dabei sowohl die Betreuungsbedürfnisse als auch die Muster im Nutzungsverhalten zur Folge haben, denen die in Anspruch genommenen Hilfsangebote gerecht werden müssen.

Diese können sich aus der Sicht der Nutzer in der *Erreichbarkeit* und *Akzeptanz* unterscheiden. Subjektiv erlebte Erreichbarkeit und Akzeptanz bedingen zum anderen die individuelle Verläufe der Nutzung von Angeboten im Laufe der Zeit (individuelle *Betreuungsverläufe*). Betreuungsverläufe beinhalten auch die parallele und voneinander unabhängige Nutzung von Angeboten (*Nutzungsmuster*).

Ausgangshypothesen der Bewältigungs- und Betreuungsverläufe-Studie waren daher,

a) daß das Aufsuchen von Hilfsangeboten im Drogen- oder AIDS-Hilfe-System selbst ein Element des Bewältigungsprozesses ist und zugleich als Ergebnis von Bewältigungsversuchen verstanden werden kann, den die Betroffenen als Subjekte selber steuern, und

b) daß sich die Vielfalt von Betreuungsverläufen aus dem Zusammentreffen von objektiver Verfügbarkeit verschiedener Angebote und subjektiver Wahrnehmung der Erreichbarkeit und subjektiver Akzeptanz ergibt (vgl. Beerlage u.a., 1991).

4. HIV-infizierte Drogenabhängige: Eine vernachlässigte Betroffenengruppe in der Coping-Forschung

Wurde einleitend darauf verwiesen, daß HIV-Infektionen gegenüber anderen infausten Diagnosen und chronischen Erkrankungen Besonderheiten aufweisen, die sich als zusätzliche Bewältigungsanforderungen an die von

HIV Betroffenen herausstellen, so sei an dieser Stelle ergänzt, daß die lebensweltlichen Hintergründe von Drogenkonsumenten ein Leben mit der HIV-Infektion zusätzlich erschweren. Der Alltag von Drogenkonsumenten, vor allem der von aktuell drogengebrauchenden Abhängigen auf der offenen Szene, ist oftmals durch destabilisierende Merkmale charakterisiert:
* ein labiles soziales Netzwerk,
* Beschaffungsdruck, Prostitution, Delinquenz
* viele "daily hassles"
* schlechter Ernährungszustand und ein schlechter körperlicher Allgemeinzustand
* Arbeitslosigkeit, finanzielle Nöte, Wohnungslosigkeit
* erhöhte Barrieren beim Aufsuchen von sozialen, medizinischen und psychosozialen Hilfen.

Bis heute liegen leider nur wenige Daten liegen darüber vor, wie HIV-infizierte IVDA ihr Leben mit der HIV-Infektion gestalten, wie sie den Prozeß der Hilfesuche erleben und steuern (Kindermann, u.a., 1989; Hedrich & Lind-Krämer, 1990; Sickinger u.a., 1992). Bislang interessierten HIV-infizierte IVDA in empirischen Studien offenbar eher als *Empfänger* präventiver Botschaften mit dem Blick auf Verhaltensänderungen im Sexualverhalten und Drogenkonsum als *Gegenstand* professioneller Beeinflussung (im Hinblick auf Verhaltensänderungen) oder als *Objekte* repressiver Maßnahmen (Beerlage & Kleiber, 1992). Eine Perspektive, dernach sie als aktiv-bewältigende, zu (selbst-)verantwortlichem Handeln fähige *Subjekte* wahrgenommen werden, wird zumeist nicht eingenommen. Eher wird Drogenabhängigen eine geringe Steuerbarkeit des eigenen Verhaltens unterstellt und drogenkonsumbedingt erscheinen sie auch als emotionsgedämpft, wobei ihnen bei der Auseinandersetzung mit der Mitteilung einer HIV-Infektion eine grundsätzlich andere, nämlich deutlich geringer erlebte Belastung nach der Testmitteilung zugeschrieben wird (vgl. Seidl & Goebel, 1987). Hintergrund einer solch eingeschränkten Forschungsperspektive scheint zu sein, daß Drogenabhängigen lange Zeit unterstellt wurde, daß sie für AIDS-präventive Botschaften schwerer empfänglich seien als beispielsweise Homosexuelle.

* In den seltenen Fällen, wo das *Bewältigungsverh*alten von IVDA überhaupt näher betrachtet wurde, geschah dies zumeist in *Querschnittstudien*. In den meisten Studien zum Copingverhalten HIV-Infizierter bilden Drogenabhängige zudem neben den HIV-infizierten Homosexuellen nur eine kleine Teilstichprobe (z. B. Seidl & Goebel, 1987; Franke, 1990; Olbrich u.a., 1990; Leiberich & Olbrich, 1990 a,b; Stoll, u.a., 1991, Kochanowski-Wilmink & Belschner, 1988). Überdies untersuchen auch neuere Studien nur in Ausnahmefällen die *Betreuungsbedürfnisse* iv Drogenab-

hängiger *im Zeitverlauf (Längsschnitt)* (Selwyn u.a., 1991; Driessen u.a., 1991).

* Und wenn ihr Bewältigungsverhalten wirklich einmal im *Längsschnitt* beschrieben wird, dann dominiert aus nachvollziehbaren, aber keineswegs unproblematischen forschungspragmatischen Gründen eine Untersuchung von Bewältigungsverläufen *im institutionellen, therapeutischen Setting* von Langzeittherapieeinrichtungen (Zimmer-Höfler u.a., 1991; Dobler-Mikola u.a., 1992). Auf der Basis einer durch diese Vorgabe hoch selegierten Population dürften kaum Erkenntnisse über den alltäglichen (typischen) Umgang mit einer HIV-Infektion durch Drogenabhängige zu gewinnen sein. Eine wirklich erfreuliche Ausnahme macht hier die Arbeitsgruppe um Walter Kindermann im Frankfurter AMSEL-Projekt. Hier wurden seit 1985 insgesamt 325 drogenabhängige Frauen und Männer über vier Jahre begleitet, um ihre Entwicklung differenziert nachzeichnen zu können. Leider stand hier die Analyse längsschnittlicher Muster von Drogenkonsum und Ausstiegsverhalten im Zentrum der Fragestellung, so daß über den Umgang mit einer HIV-Infektion nur vergleichsweise wenig zu erfahren ist.

Die größte Gruppe der HIV-positiven IVDA, die Drogenabhängigen auf der offenen Szene, ist im Rahmen HIV/AIDS-bezogener *Coping*-Fragestellungen *wissenschaftlich* weitgehend *vernachlässigt* worden, obwohl es eine ausreichende Zahl von Hinweisen darauf gibt, daß HIV-infizierte IVDA eine multipel und extrem belastete Gruppe darstellen, die mehr alltäglichen und gesundheitlichen Stress zu bewältigen haben und dabei zugleich weniger materielle und soziale Ressourcen zur Verfügung haben als Betroffenen in anderen Lebenssituationen (Franke, 1990; Leiberich & Olbrich, 1990a; Raschke & Ritter, 1991; Kindermann u.a., 1989; Kleiber, Pant, Beerlage, 1992).

Erst in jüngster Zeit ist in (vorwiegend angloamerikanischen) Forschungsarbeiten eine zunehmende und begrüßenswerte wissenschaftliche Auseinandersetzung mit Fragen der *Versorgungsplanung* für HIV-infizierte Drogenabhängige sowie Fragen der Evaluation bestehender Hilfen für HIV-positive IVDA zu beobachten (vgl. Kleiber, Beckmann, Beerlage, Bouchoucha, 1992; Kleiber, Pant, Beerlage, 1992). Die Forschungsarbeiten, deren Hauptanliegen die Erfassung von *Betreuungsbedürfnissen* darstellt, offenbaren dabei nicht nur Bedürfnisse nach erwei- terten *professionellen* Handlungsstrategien, sondern vielmehr die Schaffung von Möglichkeiten für alltagsnahe Interaktionsformen und *Selbsthilfe*, die einen Ausgleich für ein zu schwaches oder zu wenig tragfähiges soziales Netzwerk bilden sollen (Driessen, u.a., 1991; Thomson u.a., 1991; El-Bassel u.a., 1991).

Nach wie vor beschreiben aber auch unter den neueren Studien nur wenige Arbeiten Schwankungen in den Betreuungsbedürfnissen im Längsschnitt (Selwyn u.a., 1991; Driessen u.a., 1991), so daß die Verschränkung von Immunstatus, Bewältigungs- und Betreuungsverläufen einerseits, jeweiligen Lebenshintergründen andererseits trotz zunehmender Forderungen nach entsprechenden Forschungsvorhaben (Taylor u.a., 1991; Crystal & Schiller, 1991) weiterhin wenig aufgeklärt ist.

Das hier vorzustellende Be&Be-Projekt möchte einen Beitrag zur Schliessung der aufgezeigten Lücke liefern, indem "*Be*wältigungs-und *Be*treuungsverläufe von HIV-infizierten Drogenabhängigen" im Zeitverlauf qualitativ längsschnittlich untersucht werden.

5. Das Be & Be-Projekt: eine qualitative Längsschnittstudie zu Bewältigungs- und Betreuungsverläufen von HIV-infizierten Drogenabhängigen

5.1. Ziele

Die Studie zu Bewältigungs- und Betreuungs*verläufen* HIV-infizierter Drogenabhängiger verbindet Fragestellungen und Arbeitsansätze der Coping- und Versorgungsforschung, mit dem Ziel Hinweise zu erhalten, die eine bedürfnisorientierte Modifikation bestehender Angebote bzw. die Initiierung neuer Hilfen ermöglichen. Hauptziel ist dabei, den Prozeß der notwendigen Adaptation an das Leben mit der HIV-Infektion zu erleichtern.

Die Ziele der Be&Be-Projekts sind im einzelnen:

1. Analyse von Bewältigungsverläufen bei HIV-infizierten Drogenabhängigen.
2. Erfassung subjektiver Sichtweisen von personalen, sozialen, professionellen und materielen Ressourcen und Barrieren im Bewältigungsprozeß.
3. Erhebung von Bewältigungs- und Betreuungsverläufen in unterschiedlichen Teilgruppen HIV-infizierter Drogenabhängiger.
4. Erhebung von Bedürfnissen nach professionellen medizinischen und psychosozialen Hilfen.
5. Die Ermittlung von Lücken im Versorgungsnetz.
6. Erarbeitung von Kriterien zur Anregung und Schaffung von bedürfnisorientierten psychosozialen Hilfen v.a. für die aktuell Drogen konsumierenden Betroffenen auf der offenen Szene.

5.2. Theoretischer Bezugsrahmen und methodische Umsetzung
5.2.1. Bewältigung als adaptiver, transaktionaler Prozeß

Die "Bewältigung" der HIV-Infektion kann nicht analog einem Problemlösemodell als einmaliger, erfolgreich abschließbarer Vorgang modelliert werden. Ob der bisher weitgehenden Unkontrollierbarkeit des gesamten Infektions- und Krankheitsverlaufes und ob des Mangels an kausal wirkenden Therapiemöglichkeiten stellt die HIV-Infektion nämlich eine - in Umfang und Stärke sicherlich subjektiv unterschiedlich wahrgenommene und ausgeprägte - Dauerbelastung dar, die nicht "bewältigt" werden kann, sondern eine "Adaptation an das Unabänderliche" und einen verantwortlichen Umgang mit der HIV-Infektion erfordert (vgl. Koch & Heim, 1988; Muthny, 1990; Beutel, 1989; Coelho u.a., 1974; Clement, 1992).

In Anlehnung an Lazarus und Folkmann (1984) wird Coping als transaktionaler, fortlaufender und unabgeschlossener Prozeß konzipiert, der durch die wechselseitige Abhängigkeit von umweltseitigen, sozialen, physischen und psychischen Faktoren konstituiert wird. Darüber hinaus wird in Anlehnung an Heim (1988) eine Perspektive eingenommen, die artifizielle Polarisierungen zwischen Abwehr- und Coping-Vorgängen zugunsten eines integrativen Modells überwindet: "Krankheitsbewältigung (Coping) kann als das Bemühen bezeichnet werden, bereits bestehende oder zu erwartende Belastungen durch die Krankheit innerpsychisch (emotional/ kognitiv) oder durch zielgerichtetes Handeln zu reduzieren, auszugleichen oder zu verarbeiten." (S.9) (vgl. auch Florin, 1985; Steffens & Kächele, 1988; Johne-Manthey & Thurke, 1990).

Der in Meta-Analysen häufig wiederkehrende Befund, demnach aktivzupackendes Verhalten gepaart mit einer optimistischen Grundhaltung sich als "geeignetes Coping" erwiesen hat (vgl. Heim, 1988), wird allerdings nicht zur Grundlage eines normativen Maßes gemacht. Als Coping-Effekte und Maße der Adaptivität werden objektive Maße der Lebensqualität (Wohnsituation, Verfügbarkeit materieller Ressourcen) sowie Verhaltensmaße und Verhaltensänderungen (Drogenkonsum/safe-use, Gesundheitsverhalten, AIDS-präventives Verhalten/safe-sex, Nutzungsmuster) aber auch subjektive Maße der Adaptivität wie Zufriedenheit mit den verfügbaren Ressourcen und subjektives Wohlbefinden erhoben. Der Tatsache, daß die Bewältigung der HIV-Infektion nicht nur vor dem Hintergrund eines von Drogen(konsum bzw. -abstinenz) bestimmten Alltags stattfindet, sondern sich möglicherweise auch in unterschiedlichen Bereichen der Alltagsbewältigung manifestiert, wird dadurch Rechnung getragen, daß sowohl die Bewältigung des (veränderten) Alltages als auch HIV-bezogene Bewältigungsanstrengungen erhoben werden (vgl. Broda, 1990). Entsprechend dieser sozialwissenschaftlich begründeten Sichtweise des Coping-Prozesses werden zur Analyse des Copinggeschehens lebensweisen- und HIV-spezifische Bewältigungs*anforderungen*, personale, soziale, professionelle und materielle *Ressourcen* und Coping-*Effekte* genauer analysiert, sowie deren *Wahrnehmung* und Bewertung durch die Betroffenen (vgl. Faltermaier, 1987).

Abbildung 2: Coping-Modell

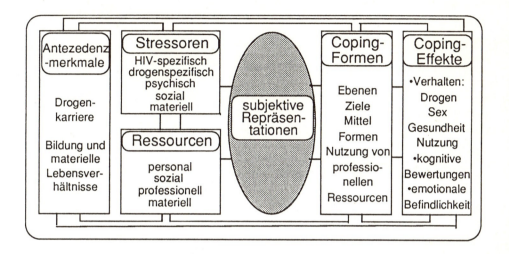

5.2.2. Methodisches Vorgehen

Die Bewältigungs- und Betreuungsverläufe der Drogenabhängigen werden *prospektiv* über einen Zeitraum von zwei Jahren mit fünf Interviews im Abstand von jeweils 4 Monaten erfaßt. Die Kernstichprobe umfaßt 25 Personen, die zum Zeitpunkt des Erstinterviews (t_1) erst kurz Kenntnis von ihrem positiven HIV-AK-Befund haben. In Interviews mit weiteren ca. 75 Personen, die ihr Testergebnis bereits länger kennen oder mit denen keine fünf Erhebungen realisiert werden können, werden auch retrospektive bzw. nur z.T. prospektive Bewältigungs- und Betreuungsverläufe erhoben. Die so realisierte Kombination von Quer- und Längs- schnitt-Design erlaubt dabei prinzipiell, auf ein größeres Zeitfenster bezogene Aussagen zu machen, als es in der auf zwei Jahre begrenzten rein prospektiven Studie möglich wäre, und erlaubt ferner, auch die Auswirkungen unterschiedlicher Bedingungen des gesellschaftlichen Umgangs mit AIDS auf den je individuellen Umgang mit der HIV-Infektion (= säkulare Effekte) zu beschreiben.

Abbildung 3: Längsschnittliche Datenerhebung im Be & Be-Projekt

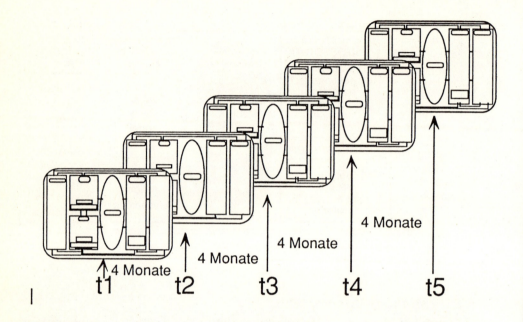

Forschungspraktisch wird ein *aufsuchender lebensweltorientierter ethnographischer Feldzugang* angestrebt (vgl. Mulleady, Hart & Aggleton, 1989; Sorensen, 1990; Shedlin, 1990; Gerlach & Schneider, 1990; Petzold & Hentschel, 1990; Gusy et al., 1992). Der Erstkontakt zu den iv Drogenabhängigen wird dabei sowohl in Einrichtungen der Drogenhilfe, als auch in Haftanstalten, Krankenhäusern, in der AIDS-Hilfe und auf der offenen Szene gesucht, um ein möglichst breites Spektrum von Ausgangssituationen berücksichtigen zu können.

Die Einbeziehung der Betroffenen als Experten ihres Alltags und damit als Forschungssubjekte erfordert Erhebungsmethoden, die ihnen gestatten, subjektive Bedeutungen und Alltagstheorien zum Ausdruck zu bringen, die ihr Bewältigungsverhalten moderieren. Die subjektorientierte Befragung der Betroffenen wird in Form semistrukturierter, problemzentrierter *Interviews* realisiert (Witzel, 1985) Ergänzend kommen für Maße der *subjektiven* Befindlichkeit *Visualisierungstechniken* ("Befindlichkeitsbarometer", vgl. Fischer, 1986) und für objektivierbare Verhaltensmaße und soziodemographische Daten ein *standardisiertes Erhebungsinstrument* zum Einsatz.

Abbildung 4: Datenquellen

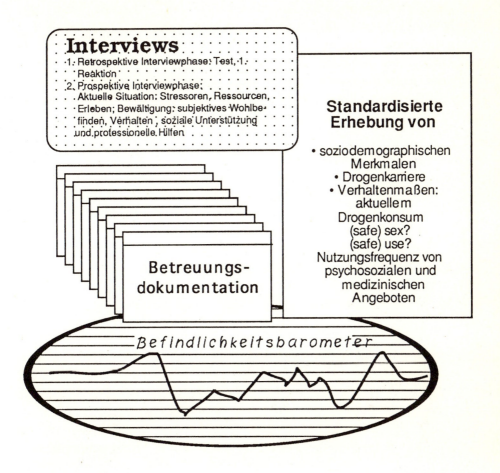

Jedes Gespräch (Interview) mit den Drogenabhängigen verfolgt gleichwohl nicht nur das Ziel, Informationen *über* subjektive Perspektiven und *über* das Bewältigungsverhalten zu sammeln, sondern will auch Selbstexploration und Selbstdeutungen anregen und (neue) Sinnstiftungen auslösen (vgl. auch Sommer, 1987; Schumacher, 1989).

5.2.3. Praxisforschungs-Ansatz

Um überhaupt Kontakt zu IVDA auf der offenen Szene herstellen zu können und um die für eine Längsschnittstudie notwendige Vertrauensbasis und Haltekraft zu schaffen (bzw. um die Chance dazu zu bekommen), arbeiten wir mit einem Handlungsforschungsansatz, der es erlaubt, im Forschungskontext sichtbar werdende Bedürfnisse nach sozialer Unterstützung und professioneller Hilfe aufzugreifen und Hilfen anzubieten (Lewin, 1953; Chein, Cook & Harding, 1948; v. Kardorff, 1988; Heiner, 1988; Beerlage & Fehre, 1989; Kleiber, 1985, 1989). Zu diesem Zweck wurde ein szenenaher und mit öffentlichen Verkehrsmitteln gut erreichbarer Kontaktladen eingerichtet. Das Problem, daß hohe Betreuungsintensitäten den zu beschreibenden Betreuungs- und Bewältigungsverlauf selbst beeinflussen können, wurde bei der Projektplanung aus ethischen Gründen zugunsten der Betroffenen bewußt in Kauf genommen. Umfangreiche Betreuungsdokumentationen sollen jedoch derartige Einflüsse zumindest transparent und somit vielleicht auch kontrollierbar machen.

6. Stichprobenzusammensetzung

Bisher konnten 100 HIV-infizierte IVDA (75 Männer und 25 Frauen) in die Studie einbezogen werden. 22 von ihnen wissen erst seit relativ kurzer Zeit (Ergebnismitteilung 1991 oder 1992) von Ihrem positiven HIV-Status; nur ein Interviewpartner konnte jedoch am Tag der Testmitteilung befragt werden. Die Hälfte der von uns erreichten IVDA wurde bereits vor 1987 getestet. Im Durchschnitt lebten die Interviewpartner zu t_1 bereits seit 4 Jahren und 3 Monaten mit der HIV-Infektion (Median 5 Jahre, 2 Monate).

Abbildung 5: Dauer des Wissens um die HIV-Infektion zum Erstinterview

N=100	Testmitteilung			
Erhebungs-zeitraum	vor 1990	1990	1991	1992
1. Quartal 1991	3	Vorlaufphase		
2. Quartal 1991	(Einrichtung des Kontaktladens)			
3. Quartal 1991	7	1	1	
4. Quartal 1991	27	3		
1. Quartal 1992	11		2	1
2. Quartal 1992	12	5	6	8
3. Quartal 1992	7	2	2	2

Wenn wir die Betroffenen alle vier Monate interviewen, sind sie zunächst weder in der Zeitdauer, in der sie mit dem HIV-positiven Testergebnis leben, noch in ihren Bewältigungsphasen vergleichbar. Vergleichbar sind jedoch diejenigen, die auf gleichlange Zeiten des Lebens mit HIV zurückblicken bzw. diejenigen, die ihr Testergebnis in vergleichbaren Zeiten des gesellschaftlichen Umgangs mit HIV und AIDS erfahren haben.

So berichten etwa diejenigen, die 1985/86 getestet wurden, daß die damals geringen Kenntnisse über Infektionswege und Schutzmöglichkeiten zu massiven Ausgrenzungserfahrungen und enormen emotionalen Belastungen geführt haben. Diejenigen dagegen, die erst in letzter Zeit ihr Ergebnis erfahren haben, hatten aufgrund der Kenntnis der Übertragungswege gehäuft bereits die Erwartung, positiv zu sein. Einen Teil der emotionalen Belastungen konnten sie bereits antizipierend bewältigen. Auch erhalten sie heute genauere Hilfestellungen für sekundärpräventives und gesundheitsförderndes Verhalten.

Durch die fortlaufende Stichprobenrekrutierung und das entsprechend verschobene Wiederaufsuchen konnten bis heute 61 Zweitinterviews, 48 Drittinterviews und 28 Viertinterviews durchgeführt werden. Die fünfte Erhebungswelle findet aktuell mit den relativ früh im Forschungsprozeß erreichten Interviewpartner(inne)n statt, während parallel noch Zweit-, Dritt- und Viertinterviews durchgeführt werden.

Die Interviewpartner(innen) waren beim Erstgespräch im Mittel 32 Jahre alt. Das durchschnittliche Heroin-Einstiegsalter lag bei 18 Jahren. 95% (78 von 82) der Befragten IVDA waren hafterfahren und blicken auf eine durchschnittlich 5jährige (Median 57 Monate) Haftzeit zurück. 68 von 86 befragten IVDA (79%) haben Erfahrungen mit Drogentherapie, 16 mit ambulanter, 65 mit stationärer; doch nur 7 Personen haben mindestens eine ambulante Therapie und 21 mindestens eine stationäre Therapie abgeschlossen. Diese Daten unterstreichen, daß HIV-infizierte IVDA sich aus einer Gruppe besonders belasteter und oftmals marginalisierter iv Drogenabhängiger rekrutieren. Folglich verwundert es nicht, daß 37 Personen ihr Testergebnis in einer Haftanstalt erfahren haben. 23 erfuhren ihr positives Testergebnis im Krankenhaus oder in der Psychiatrie (vorwiegend im Rahmen eines körperlichen Entzugs), 7 beim Eintritt in eine Langzeitdrogentherapie. Vergleichsweise wenige (23 Personen) haben ihren Test beim niedergelassenen Arzt, in szenenahen Einrichtungen oder Testeinrichtungen durchführen lassen. Festgehalten werden kann deshalb, daß bis heute die Mehrheit der HIV-infizierten IVDA das Testergebnis aufgrund institutioneller Testverpflichtungen (Haftantritt, Therapiebeginn) im Rahmen (zumindest subjektiv) eingeschränkter Autonomie erfahren hat.

Eine Betrachtung der Lebenslage und Lebenssituation (Wohnsituation) sowie der Drogenkonsummuster zum Zeitpunkt t_1 ergab folgendes Bild: Im Durchschnitt standen den IVDA monatlich 611.-DM zur Verfügung (n=76), die überwiegend aus staatlicher Unterstützung oder Unterstützung durch Angehörige stammen. Die Hälfte der Drogenabhängigen (hierbei insbesondere Haftinsassen) verfügt offiziell über weniger als monatlich 450.-DM. Dem geringen Einkommen stehen durchschnittlich 16.849.-DM Schulden gegenüber (Median 5000.-DM) (n=71). So wird es nicht verwundern, daß viele sich und ihren Drogenkonsum aus illegalen Quellen (Drogenkleinhandel, Beschaffungskriminalität) finanzieren. 48 (von 85) lebten zu t_1 ohne feste Partnerschaft; von den 14 Verheirateten leben nur drei mit ihrem Ehepartner, von 23 Personen mit (selbst 'fester' genannten) Beziehung leben auch nur 6 mit ihren Partnern zusammen. 21 Interviewpartner(innen) haben Kinder, doch nur zwei von ihnen leben mit ihren Kindern zusammen. Tab. 1 beschreibt die Stichprobe nach Drogengebrauchsmustern und Lebenssituation. Die zu t_1 *aktuell* intravenös iv drogengebrauchenden HIV-Infizierten machen 57% der Stichprobe aus, wobei bei 18% der Stichprobe der intravenöse Drogengebrauch zusätzlich zur Methadon-Substitution erfolgt. 14% erhalten die Ersatzdroge Methadon und haben keinen iv Beigebrauch. Immerhin 28% der HIV-Infizierten leben abstinent, konnten aber durch die Studie, die sich an iv Drogen*abhängige* richtet, erreicht werden.

Tabelle 1: Drogenstatus und Lebenssituation zum ersten Interviewzeitpunkt (N=100)

Drogenstatus	Wohnsituation				
	selbständig	im Hilfesystem	instabil	in Haft	insgesamt zu t_1
ohne aktuellen i.v. Drogenkonsum	3	13	3	9	28
substituiert ohne i.v. Beigebrauch	9	2	3	–	14
substituiert mit i.v. Beigebrauch	9	–	3	6	18
aktueller iv Drogenkonsum	7	2	12	18	39
missing	–	–	–	1	1
	28	17	21	34	N = 100

Ein Drittel der Stichprobe erreichten wir erstmalig in Haftanstalten; von den 34 Inhaftierten spritzen (wenn auch mit zumeist geringerer Frequenz) 24 in Haft weiter Heroin; alle inhaftierten Substituierte weisen zusätzlich auch intravenösen Drogenkonsum auf, so daß weniger als ein Viertel der

Inhaftierten beim Erstgespräch drogenfrei war. Beim Erstinterview lebten 21 in instabilen Wohnverhältnissen. Die Mehrzahl von ihnen lebte im vollen Drogenalltag "auf der Szene", obdachlos oder verdeckt obdachlos in Pensionen oder bei Freunden. Aber sogar hinter der selbständigen Wohnform bei 28 Drogenabhängigen (eigene Wohnung, in der Wohnung der Partnerin oder bei Eltern) verbergen sich häufig Formen des Lebens auf der Szene: nur 3% lebten abstinent. Immerhin die Hälfte der Substituierten mit einer eigenen Wohnung lebt nach eigenen Angaben aber aktuell ohne intravenösen Beigebrauch. 17% der Stichprobe wurde im Hilfesystem (Drogentherapieeinrichtungen, Krankenhäuser, Psychiatrie) erreicht. Erwartungsgemäß lebten dort fast alle abstinent bzw. werden substituiert. Die dargestellten Aspekte der Wohn- und Einkommenssituation der Befragten führt nur einige Aspekte des Lebens mit der Droge bzw. infolge der Drogenabhängigkeit vor Augen, die bereits unabhängig von HIV eine massive Belastung darstellen können. Aufgrund der Interviews wissen wir heute, daß für viele der Erreichten der zentrale Motor für die Teilnahme an unserer Studie die Möglichkeit war, mit der Beteiligung an der Längsschnittstudie auch ein Kontakt- und Beratungangebot zu erhalten. Die Zusammensetzung der Stichprobe wird deshalb hinsichtlich teilgruppenspezifischer Problem- und Bedürfnislagen 'verzerrt' sein. Es ließen sich vor allem dort Interviewpartner(innen) rekrutieren, wo das Bedürfnis nach psychosozialer Unterstützung besonders ausgeprägt war, weil das vorhandene psychosoziale professionelle Netz als zu weitmaschig und wenig bedürfnisgerecht wahrgenommen wurde. Auch die Gewinnung von Interviewpartner(inne)n durch Praktiker anderer Einrichtungen orientierte sich zumeist an der Aussicht, uns als zusätzliche - potentiell bedürfnisorientierte - Betreuungsressource erschlossen zu haben.

7. Erste Ergebnisse
7.1. Die erste Reaktion auf die Mitteilung des HIV-Testergebnisses bei IVDA

Betrachtet man die *wissenschaftliche* Literatur über Erstreaktionen auf die Testmitteilung, so gewinnt man leicht den Eindruck, daß Drogenabhängige die Testmitteilung oft grundsätzlich anders als homosexuelle Patienten, nämlich mit subjektiv deutlich geringer Belastung erleben. Dilley (1987) faßt seine Beobachtungen wie folgt zusammen: "Der Fixer neigt dazu, in AIDS einen Betriebsunfall und ein bekanntes Risiko zu sehen" (zit. n. Deissler, 1988).

Von *Drogenfachleuten* dagegen werden intensive Schockerlebnisse bzw. oszillierende Phasen von emotionalem Schock und Lähmung, Verdrängung und Auseinandersetzung berichtet (Kindermann, 1987, S. 256.)

45 Erstinterviews wurden zufällig ausgewählt, um im Rahmen einer ersten qualitativen Inhaltsanalyse (Mayring, 1983; v. Dijk, 1980) zu sinnvollen Kategorien zu gelangen, die in einem zweiten Schritt auf die Gesamtzahl der Interviews angewandt werden.

Es ließen sich zwei dominante kontrastierende Reaktionsformen nach Mitteilung eines HIV-positiven Testergebnisses bei IVDA erkennen: "Schock" oder eine (nach außen kontrolliert erscheinende) "kognitiv relativierte emotionale Reaktion".

1. *Schockreaktion (n=30):*

Als häufigste Reaktion auf die Mitteilung eines positiven Testergebnisses wurde eine intensive emotionale Irritation berichtet, die als Ausdruck eines "traumatisches Erlebens" der Information bzw. ihrer Konsequenzen oder eines "Testschocks" verstanden werden kann (vgl. Rosenbrock, 1988; Clement, 1992). In den ausgewerteten Interviews wurden zwei verschiedene Formen der intensiven emotionalen Reaktion erkennbar:

Einphasiges Geschehen: Die quantitativ eindeutig dominierende Reaktionsform auf das HIV-positive Testergebnis bei iv Drogenabhängigen unserer Studie war eine spontane Schockreaktion (n=24). In den Interviews finden sich dafür zahlreiche Umschreibungen, die von *Schlag, Hammer vor den Kopf* über Bilder wie *fix und fertig mit den Nerven, wußte nicht mehr ein noch aus, totaler Nervenzusammenbruch, Schwindelgefühle, Welt zusammengebrochen* bis hin zur Äußerung von konkreten Todesängsten reichten Zum Teil benutzten die Befragten selbst bereits den Begriff *Schock*, um den Zustand, in dem sie sich befanden, zu schildern. Häufig trat noch in der Mitteilungssituation im Erleben der Befragten eine heftige emotionale bzw. psychophysische Übererregung ein, die z.T. nicht mehr kontrollierbar war bzw. mit reaktivem Drogenkonsum "bekämpft" wurde. Kognitiv wurde das HIV-positive Testergebnis zunächst gleichgesetzt mit dem völligen Verlust der Lebensorientierung, cleaner Zukunftsplanung oder wurde generell als Sinnverlust erlebt.

Zweiphasiges Geschehen: In der ersten Reaktion auf die Testmitteilung setzte bei manchen (n=6) der beschriebene Zustand des emotionalen Zusammenbruchs erst nach einer vorausgehenden 1. Phase ein, während der es ihnen zunächst unmöglich war, überhaupt Zugang zu ihren eigenen Gefühlen zu bekommen. Typische Umschreibungen für dieses Gefühl der Betäubung, der Paralyse waren etwa: *Es ist nichts mehr an mich herangekommen, die ersten 3 Tage danach habe ich nichts richtig gemerkt, wie in Trance.* Eine solche "larvierte Reaktion" kann sehr kurz andauern oder aber über Tage hinweg anhalten, ihr folgt, im Erleben der Betroffenen später ein Zustand starker emotionaler oder psychophysischer Übererregung als 2. Phase.

2. Kognitiv relativierte emotionale Reaktion (n=15):
Bei nur einem Drittel der Befragten ließ sich eine nach außen kontrolliert erscheinende, kognitiv relativierte emotionale Reaktion finden. Typisch hierfür waren folgende Umschreibungen: *überhaupt nicht groß aus der Bahn geworfen, ziemlich locker weggesteckt, nicht ernst genommen.*
Eine spontane Relativierung der Bedeutung des HIV-positiven Testergebnisses war hier der dominierende Reaktionsmodus. Voraussetzung dafür waren entweder kognitive Bewältigungsmuster oder im subjektiven Belastungserleben vordergründige Lebensweisen/-umstände, durch die das Testergebnis in seiner Bedeutung relativiert wurde. Mit den kognitiven Bewältigungsmustern sind fast ausschließlich Erwartungen der Befragten gemeint, mit deren Hilfe sie ein optimistisches bzw. verleugnendes Krankheitsverlaufskonzept schon in der Mitteilungssituation aktivieren konnten. Solche Erwartungen bezogen sich auf ein persönlich zu realisierendes Gesundheitsverhalten, auf einen zukünftig zu reduzierenden Drogenkonsum oder auf die Hoffnung, daß ein Heilmittel noch rechtzeitig entwickelt werde oder auf die lange Latenzzeit von AIDS angesichts einer subjektiv guten eigenen körperlichen Verfassung.
Situativ wurde der Befund auf dem Hintergrund einer ohnehin schon als belastend erlebten Lebenssituation (durch den Drogenalltag oder die Haftsituation) relativiert. Die Testmitteilung fügt sich dabei in drogenkonsumbedingte Lebensumstände, die das Erleben derart dominieren und die Aufmerksamkeit der Betroffen in einer Weise in Anspruch nehmen, daß die HIV-positive Testmitteilung nur noch als ein Ereignis wahrgenommen wird, das die allgemeinen Lebensumstände komplettiert, das aber offenbar nicht mehr zusätzlich als Schock erlebt wird. Dieser Reaktionstyp entspricht den - dort allerdings als typisch dargestellen - Schilderungen von Seidl & Goebel (1987) und Dilley (1987, zit. n. Deissler, 1988) bzw. der Reaktionsform des Nicht-wahr-haben-Wollens bei Mc Keganey (1990).
Im Vergleich zur sichtbaren Traumatisierung bei der Schockreaktion befinden sich die IVDA, die die emotionale Bedeutung des Testergebnisses relativieren können, in einer (oberflächlich betrachtet) stabileren psychischen Verfassung, die subjektiv oder gegenüber Dritten durchaus auch als unbeeinträchtigtes Wohlbefinden erscheinen mag. Die Reaktionsform, mit der durch ein solch "optimistisches Krankheitsverlaufskonzept" die emotionalen Irritationen reguliert werden, verweist auf die angstreduzierende Funktion von Hoffnungen, in denen auf die Wirksamkeit gesundheitsförderlichen Verhaltens (einschließlich reduzierten Drogenkonsums) und die oft lange Latenzzeit gesetzt wird. Solche Strategien zur kognitiven Relativierung können offenbar durchaus dazu beitragen, daß eine (nur scheinbare?) psychische Stabilität aufgebaut wird; doch es kann vermutet werden, daß eine kognitive Vermeidung aller Anforderungen, die mit der HIV-

Infektion verbunden sind, spätestens beim Auftreten HIV-asssoziierter Erkrankungen sich als wenig tragfähig erweisen wird. Zudem ist zu vermuten, daß eine solchen Coping-Strategie Verhaltensänderungen erschwert, die eine weitere Übertragung von HIV ausschließen.

Ein vorläufiger Vergleich beider Haupt-Reaktionsmuster hinsichtlich ihrer Verteilung auf spezifische Teilgruppen der befragten iv Drogenabhängigen muß in Anbetracht des geringen Stichprobenumfangs zunächst sehr vorsichtig ausfallen. In bezug auf die vorliegenden Daten lassen sich allenfalls gewisse, (zukünftig zu prüfende) Besonderheiten erkennen:

Geschlechtsspezifik: Alle Frauen reagierten mit heftigen emotionalen Irritationen infolge der Konfrontation mit der emotionalen Bedeutung der HIV-Infektion (=Reaktionstypus 1) .

Drogenstatus: Von den 17 zum Testzeitpunkt Heroin-cleanen Befragten reagierten 14 mit Schock. Wer aber einem vollen Drogenalltag ausgesetzt war, reagierte mit höherer Wahrscheinlichkeit "relativierend". Aktiver Drogenkonsum, so könnte man vermuten, läßt eine "natürliche", emotionale Reaktion auf das "kritische Lebensereignis Test = HIV-positiv" nur eingeschränkt zu. Umgekehrt läßt sich vermuten, daß beim (persönlich gewollten bzw. institutionell unvermeidlichen) Eintreten in eine drogenfreie Phase die Konfrontation mit der emotionalen Bedeutung der HIV-Infektion zunimmt und die durch die kognitive Relativierung bewirkte, durch die Ausblendung realer Bedrohungen aber nur scheinbare Stabilität ins Wanken gerät.

Lebenssituation: Kognitiv relativierende und vermeidende Reaktionen fanden sich auch häufiger, wenn das Ergebnis in Haftanstalten mitgeteilt wurde, während Schockreaktionen eher bei niedergelassenen Ärzten oder in Therapieeinrichtungen sichtbar wurden. Diese Tatsache könnte als Hinweis darauf verstanden werden, daß Vetrauensverhältnisse oder stützende Rahmenbedingungen eine emotionale Konfrontation fördern, während die kognitiv relativierende Reaktion möglicherweise das Ergebnis der situationsabhängigen reduzierten Veröffentlichungsbereitschaft ist.

7.2. Längsschnittliche Adaptationsmaße
7.2.1. Objektives Adaptationsmaß: Veränderung der äußeren Lebenssituation zwischen Testmitteilung und Erstinterview

Vergleicht man Lebenssituation und Drogenstatus zum Zeitpunkt der Testdurchführung (t_0) und zum Zeitpunkt des Erstinterviews (t_1) als *objektive Maße der Veränderung von Lebensumständen* und damit als Maße für eine mehr oder minder ausgeprägte *Lebensqualität* (vgl. Siegrist & Junge; Kerekjarto u.a., 1989; Dahme, 1990) seit der Testmitteilung, dann verfügt man zunächst über ein Datum zur Lebensveränderung in einem durchschnittlichen Zeitraum von gut 4 Jahren.

Beim Vergleich der Wohnsituation zum Test- und Erstinterviewzeitpunkt (Tab. 2) erweisen sich die Anteile von selbständig bzw. in Haft Lebenden an der Gesamtstichprobe als nahezu gleichbleibend. Der Anteil derjenigen im Hilfesystem (überwiegend Langzeitdrogentherapien) wurde geringer, während im selben Zeitraum die Anzahl derjenigen, die in instabilen Wohnverhältnissen leben von 9 auf 20 Personen - und somit drastisch - anstieg. Hier spiegeln sich die oben dargestellten epidemiologischen Trends bereits in einer vergleichsweise kleineren Stichprobe wider. Die Ergebnisse belegen insgesamt, daß für HIV-infizierte Drogenabhängige die Gefahr einer beschleunigten sozialen Desintegration, die Gefahr einer Ausgliederung aus dem Versorgungssystem nicht von der Hand zu weisen ist.

Tabelle 2: Veränderungen der Wohnsituation iv Drogenabhängiger zwischen t_0 und t_1

	t_0: Testmitteilung	t_1: Erstinterview
selbständig	26	28
im Hilfesystem	26	17
instabil	9	21
in Haft	36	34
missing	3	–

Ein Vergleich der *Drogengebrauchsmuster* zu t_0 und t_1 (vgl. Tab. 3) verdeutlicht eine Änderung der Drogenpolitik im untersuchten Zeitraum. Während zu to lediglich 3 IVDA substituiert wurden, waren es zu t1, also beim Erstinterview bereits 32 von 100 HIV-infizierten Drogenabhängigen (vgl. auch Schuller & Stöver, 1992). Von den substituierten IVDA gaben allerdings mehr als die Hälfte (56%) an, zusätzlich auch zeitweilig Heroin oder andere Drogen intravenös zu applizieren (Beigebrauch). Bei globaler Betrachtung kann festgehalten werden, daß der Anteil drogenfrei lebender IVDA nach der notwendig werdenden Auseinandersetzung mit der HIV-Infektion etwas sank (von n=34 auf n=28, daß aber insbesondere der Anteil der aktiven Drogenkonsumenten zugunsten des größer werdenden Anteils Substituierter drastisch absank. Addiert man allerdings - entsprechend einem harten Kriterium - die substituierten IVDA mit Beigebrauch den aktiven iv Drogenkonsument(inn)en hinzu, so wäre dennoch festzuhalten, daß die Zahl der Drogenkonsumenten in etwa konstant geblieben ist, während die der drogenfrei Lebenden zugunsten der Substituierten ohne Beigebrauch etwas gesunken ist.

Tabelle 3: Veränderung des Drogenstatus von Teilgruppen von t_0 nach t_1

t_0: Test-mitteilung	t_1: Erstinterview				t_0 ⇓
	ohne i.v. Drogen-konsum	substituiert ohne i.v. Beigebrauch	substituiert mit i.v. Beigebrauch	i.v. Drogenkonsum	
ohne i.v. Drogengebrauch	14	7	2	11	34
substituiert	–	1	1	1	3
i.v. Drogenkonsum	14	6	15	24	59
t_1 ⇒	28	14	18	36	**96**

Die hier dokumentierten Befunde - mögen sie auch Anregungen zur Hypothesengenerierung über Stabilität und Variabilität von Lebensweisen bei HIV-infizierten IVDA geben - sagen aber noch nichts über Wanderungsbewegungen von *Individuen* aus. Zudem sind in den oben dargestellten Tabellen 2 und 3 individuell höchst *unterschiedliche* Zeiträume des Lebens mit der HIV-Infektion zusammengefaßt, da ja die einzelnen Personen sehr unterschiedlich lang von ihrer HIV-Infektion wissen und somit der Zeitraum zwischen t_0 und t_1 zwischen den Individuen beträchtlich variiert. Erst eine Mehrfachbefragung in regelmäßigen Abständen (bei uns waren es jeweils vier Monate) kann tatsächliche Stabilität und Veränderung bei einzelnen bzw. Teilgruppen abbilden und somit zur Identifizierung von typischen Verläufen der Lebensgestaltung beitragen.

Der Logik zunächst weiter folgend, *objektive* Maße der Veränderung von Lebensumständen in vergleichbaren Zeitfenstern zu beschreiben, wurden bei 38 InterviewpartnerInnen, von denen bis zum gegenwärtigen Zeitpunkt mindestens 3 vollständige Erhebungszeitpunkte vorliegen, *Veränderungen in Drogenkonsum und Wohnsituation* erfaßt. Die Bewegungsrichtungen von Testzeitpunkt zum Erstinterview beziehen sich wie oben in Tab. 2/3 auf *unterschiedlich lange* Zeiträume und können mithin nicht als geradlinige Veränderungen begriffen werden. Veränderungen der Drogengebrauchsmuster und Wohnformen zwischen dem Erst-, Zweit- und Drittinterview erlauben jedoch eine Abschätzung von Veränderungen pro Zeiteinheit und dokumentieren tatsächliche Aufwärts- und Abwärtsbewegungen in der Lebensqualität der befragten Individuen, sofern man den jeweils aktuellen Drogenstatus und die Wohnform als Indikatoren für die Lebensqualität akzeptiert (vgl. Abb. 6). Identische Zahlen von t_1 nach t_2 bzw. t_3 sind jedoch nicht auf identische Personen zu beziehen. Als Beispiel für die Auswertung von Wanderungsbewegungen bei Teilgruppen seien hier die zum Testzeitpunkt Drogen konsumierenden Interviewpartner ausgewählt.

Abbildung 6: Wanderungsbewegungen der IVDA, die zum Testzeitpunkt i.v. Drogen konsumierten

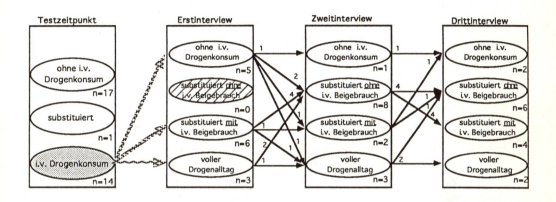

Zusammenfassend zeigt die Auswertung von Veränderungen in objektiven Parametern wie Stabilität der Wohnform und Drogenstatus eine nur geringe Stabilität allein in den 8 Monaten zwischen t_1 und t_3.
- Die in Abb. 6 dokumentierten Wanderungsbewegungen des Drogenkonsumstatus der IVDA zwischen t_0 und t_3 (=Drittinterview) unterstreichen die hohe Variabilität der Drogenkonsummuster. Von 14 bei Testmitteilung aktiven Drogenkonsumenten lebten zu t1 nur noch drei im vollen Drogenalltag. 5 Personen waren zu t_1 clean und sechs wurden substituiert, konsumierten allerdings nebenbei weiter Drogen. Ergänzend durchgeführte, *personbezogene* Analysen zeigen, daß *keine einzige* Person über den gesamten Untersuchungszeitraum hinweg ein konstantes Drogenkonsummuster aufwies. Fast alle theoretisch möglichen Konsummusterpfade kamen auch empirisch vor. Betrachtet man nur die vergleichbaren Zeitfenster zwischen t_1 und t_3, dann erscheint anhand der abgebildeten Wanderungstabelle ein direkter Übergang vom vollen Drogenalltag zum cleanen Leben eher unwahrscheinlich zu sein (der umgekehrte Weg dagegen kam vor). Und ferner scheint eine Substitutionsphase, in der keine weiteren

Drogen konsumiert werden, entweder stabil fortgesetzt zu werden oder einem Abwärtstrend (zusätzlicher Beigebrauch) zu folgen. Ein direkter Pfad von der Substitution ohne Beigebrauch zum drogenfreien Leben war dagegen zumindest hier nicht nachzuzeichnen.
- Von den Personen, die zum Testzeitpunkt keine Drogen intravenös applizierten (n=17; ohne Abb.), blieben vier zu allen drei Erhebungszeitpunkten clean. Jedoch sind auch von ihnen *zwischen* den Erhebungszeitpunkten Rückfälle berichtet worden.
- Nur bei drei von 21 Personen, die zum Testzeitpunkt selbständig oder im Hilfesystem lebten, blieb die Lebenssituation zwischen t_0 und t_3 stabil.

7. 2. 2. Subjektives Adaptationsmaß: Subjektive Befindlichkeit zwischen Testmitteilung und Erstinterview

Zur retrospektiven Visualisierung der subjektiv erlebten Phasen von (Alltags-)Bewältigung und der Schwankungen in ihrer Gesamtbefindlichkeit in den unterschiedlich langen Zeiträumen zwischen Testmitteilung und Erstinterview (durchschnittlich über 4 Jahre) wurden die Interviewpartner(innen) gebeten, in einem sogenannten *"Befindlichkeitsbarometer"* mit den Polen "es ging/geht mir sehr gut" "es ging/geht mir sehr schlecht" Schwankungen und die sie bestimmenden Anlässe sichtbar zu machen. Die Visualisierung verdeutlicht neben dem Einschnitt in der Befindlichkeit durch die Testmitteilung auch die relative Bedeutsamkeit dieses Ereignisses vor dem Hintergrund darauf folgender Krisen und Alltagsbelastungen. Eine explorative Auswertung von bis dahin 79 vorliegenden retrospektiven Befindlichkeitsbarometern zwischen t_0 (Testmitteilung) und t_1 (Erstinterview) konnte Prozesse des "emotionalen Achterbahnfahrens" ("emotional roller coasting", Temoshok, et al., 1987) vor dem Hintergrund von objektiven Lebensumständen und subjektiven Wichtigkeitsbeurteilungen und damit subjektiv erlebter Lebensqualität *("Wohlbefinden")* verdeutlichen (vgl. etwa Najman & Levine, 1981). Legt man eine Skalierung von -5 ("es ging mir sehr schlecht") bis +5 ("es ging mir sehr gut") an das Befindlichkeitsbarometer an, so lag die subjektiv erlebte Befindlichkeit *vor* dem Test bei durchschnittlich -0,7, zu t_1 bei -0,14; die Testmitteilung wurde jedoch als einschneidende Befindlichkeitbeeinträchtigung mit einem durchschnittlichen Wert von -3,7 beschrieben. Dabei bezeichnet der HIV-Test einen psychischen Tiefpunkt oder einen Ausgangspunkt für eine seelische Talfahrt. Bei denjenigen, denen es im Anschluß an die Testmitteilung schließlich - ihrer Darstellung und Beschriftung folgend - besser ging, konnte es nicht mehr schlechter gehen, da sie bei Testmitteilung an ihrem subjektiven Tiefstand angelangt waren. Für einige bedeutet das positive Testergebnis die Aufhebung ängstigender Unsicherheit.

Die in der Folgezeit dargestellten und (beschrifteten) Höhen und Tiefen wurden im Rahmen einer ersten explorativen Sichtung ausgezählt und den sie bestimmenden Themen zugeordnet. Bei den Begründungen für dargestellte *Tiefpunkte* der Befindlichkeit dominieren weniger HIV-bezogene Themen (19) oder Hafterfahrungen (19) sondern eher drogenkonsumbedingte Alltagsbelastungen (39) sowie (drogenkonsumbedingte) materielle und soziale Probleme (38). Es hat also den Anschein, als seien drogenbezogene Probleme zumindest für Stimmungstiefpunkte verantwortlich. Der Masterstatus "drogenabhängig" dürfte somit auch für HIV-infizierte Drogenabhängige die Selbstdefinition prägen, - zumindest solange, bis sich die Verschlechterung des Gesundheitszustandes in den Vordergrund des Erlebens drängt.

7.3. Bedürfnisse nach Unterstützung in Teilgruppen und Praxiserfordernisse

Die Hälfte der Interviewpartner nahm allein zwischen Erst- und Zweitinterview 1-5 Betreuungskontakte in Anspruch. Jeweils die Hälfte aller nach Wohnsituation und Drogenstatus differenzierbaren Teilgruppen nutzt das Betreuungsangebot unseres Projektes. Die vorgetragenen Bedürfnisse variieren jedoch stark in Abhängigkeit von der aktuellen Lebenssituation. Der Kontaktladen und die aufsuchende psychologische und sozialpädagogische Hilfe wurden vor allem von drei Teilgruppen HIV-infizierter iv Drogenabhängiger begrüßt und rege in Anspruch genommen, die zugleich auch die größten Gruppen unter den Interviewpartnern ausmachen.

1. In der Gruppe der Drogenkonsumenten in *Haftanstalten* wurde das größte Interesse an Gesprächen an uns herangetragen. Als "externe" Besucher und Gesprächspartner wurde den Projektmitarbeitern ein hohes Maß an Vertrauen und Akzeptanz entgegengebracht. Angst vor Stigmatisierung und Ausgrenzung von HIV-Positiven, Tabuierung von Drogenkonsum in der Haft, Angst vor Erkrankung in der Haft und (Un-) Möglichkeiten von stabilisierendem Gesundheitsverhalten waren die dort dominanten Gesprächsthemen. Die Möglichkeit, über Drogenkonsum in der Haft offen sprechen zu können, hatte einen wichtigen Entlastungscharakter und war für uns Anlaß, zur Aufklärung (z.B. über safe-use-Praktiken) beizutragen sowie Korrekturen an bestehenden irrtümlichen Annahmen über safe bzw. unsafe Praktiken vorzunehmen.

Im Laufe des Projektes hat die Initiierung und Begleitung von zunächst zwei *Selbsthilfegruppen* (Substituierte, clean Lebende) (vgl. Kleiber, u.a. 1992) mehr und mehr an Bedeutung gewonnen; dies hat mehr personelle Kapazitäten gebunden als zunächst erwartet. Eine dritte Gruppe (HIV-infizierte substituierte Frauen) hat sich mit Beginn des Jahres konstituiert[3].

2. Infolge der Ausweitung der Substitutionspraxis in Berlin, die verbindlich eine psychosoziale Betreuung vorschreibt, ist eine Versorgungslücke entstanden: Es fehlen psychosoziale Betreuungsplätze zur Substitutionsbegleitung. Vor diesem Hintergrund hat sich die Selbsthilfegruppe der *substituierten* HIV-Positiven gegründet. Sie ist zwischenzeitlich die größte und aktivste in unserem Kontaktladen tagende Gruppe. Die Gruppe diente zunächst als Anlaufstelle für Betroffene ohne eine solche psychosoziale Betreuung, die einen Austausch über Probleme mit substituierenden Ärzten suchte, sowie über den erlebten Sonderstatus in Einrichtungen des Drogen-Hilfssystems sprechen wollte. Mittlerweile sind andere Motive zur Teilnahme an der Gruppe deutlich geworden: Mit der Substitution verlieren die Betreffenden ihren bislang gewohnten Drogen-Alltags-Rhythmus. Den Alltag mit neuen Inhalten füllen zu lernen, ihn überhaupt zu strukturieren, stellt sich jetzt, da der Beschaffungsdruck entfällt (oder weitgehend entfällt), als ungewohntes, neues und keineswegs einfach zu lösendes Problem heraus. Deutlich wird nun häufiger auch die bisherige Fixierung der Sozialkontakte auf die Szene. Das Bedürfnis nach Strukturierung des Alltags sowie nach sozialen Kontakten und auch nach der Bestätigung einer neuen Identität als substituierte HIV-Positive waren nun nicht selten ausschlaggebende Motive für die Teilnahme an der Gruppe.

3. Eine weitere Gruppe *cleaner Ex-User* wurde von Betroffenen aus Drogentherapieeinrichtungen und Nachsorgeeinrichtungen gegründet, die sich mit ihrer HIV-Infektion z.T. zu sehr vereinzelt und vernachlässigt fühlten. Sie suchten den Kontakt zu anderen HIV-positiven Ex-Usern für einen HIV-bezogenen Austausch über in den Einrichtungen häufig tabuierte Themen, wie Rückfallgedanken angesichts der begrenzten Lebensperspektive oder (Un-)Safe Sex mit Nicht-Infizierten aber auch, um Unterstützung beim Aufbau sozialer Ressourcen, v. a. drogenfreier Kontakte für die Zeit nach Therapieende (Rückfallgefahr) zu erhalten.

8. Diskussion
8.1. Erstreaktion und Bewältigungsverläufe
Die Analyse der Erstreaktionen auf die Mitteilung des positiven Testergebnisses erweist sich unter mehreren Gesichtspunkten als praxisrelevant:

1. Bedeutsam erscheint zunächst die Tatsache, daß Schockreaktionen sehr viel häufiger beobachtet wurden, als bisherige Studien erwarten ließen

---

[3] Die Selbsthilfegruppen wurden durch eine Sachkostenzuwendung des Berliner Senators für Jugend und Familie finanziell unterstützt. Aus diesen Mitteln konnten die Gruppen regelmäßige Sitzungen, gemeinsame Frühstücke und Freizeitaktivitäten gestalten.

(vgl. etwa Seidl & Goebel, 1987), so daß Annahmen über die subjektive Relevanz der HIV-Infektion für IVDA vor dem Hintergrund ihres Lebensstils noch einmal einer Prüfung unterzogen werden müßten. Wichtig ist dieses Ergebnis auch unter AIDS-präventiven Gesichtspunkten. Die Mitteilung der HIV-Infektion hat so auch für IVDA i.d.R. die Qualität eines "Kritischen Lebensereignisses", das kognitiv und emotional repräsentiert ist. Dies kann als Voraussetzung für Verhaltensänderungen angenommen werden, denn empirische Daten belegen, daß mit dem Wissen um den HIV-Status signifikante Verhaltensänderungen (Safe Sex, Spritzbesteck-Hygiene) die Folge sind (Pant & Kleiber, 1993).

2. Darüber hinaus gibt die Tatsache, daß u. U. tagelang verzögerte psycho-physische Zusammenbrüche im Anschluß an die Testmitteilung vorkommen, einen Hinweis darauf, daß die subjektive Bedeutsamkeit der HIV-Infektion vor dem Hintergrund eines durch Drogen bestimmten Alltages unterschätzt werden kann. Eine Person kann in der Testmitteilungssituation äußerlich noch völlig gefaßt wirken, sich in Wahrheit aber in einer Phase befinden, die durch eine momentane Gefühlsabspaltung analog einer 'Notfallreaktion' gekennzeichnet ist (vgl. Clement, 1992). Um den Betroffenen die Möglichkeit zu geben, auch noch zu einem späteren Zeitpunkt Unterstützung in einer emotionalen Krise zu erhalten, sollten in Fällen von beobachteter geringer emotionaler Resonanz auf die Testmitteilung Folgetermine verbindlich vereinbart werden. Mit der Annahme einer relativen Unberührbarkeit der Drogenkonsumenten durch die Testmitteilung wie sie eine "larvierte", verzögerte Schockreaktion fälschlicherweise nahelegt, ist auf seiten der AIDS-Berater die Gefahr verbunden, die eigentliche Mitteilungssituation zwischen Beratern und Betroffenen suboptimal zu gestalten: Die Annahme eines Beraters, der Betroffene iv Drogenabhängige interessiere sich möglicherweise gar nicht für das Ergebnis könnte - gepaart mit Unsicherheiten gegenüber IVDA, die als schwierige Klientel erlebt werden - dazu führen, daß stützende Angebote unterbleiben.

3. Umgekehrt tragen auch formelle Rahmenbedingungen in bestimmten institutionellen Kontexten, die zu einer Testdurchführung verpflichten, zu suboptimalen Bedingungen der Mitteilungssituation bei: Wer einen Test freiwillig durchführt, hat sich in der Regel stärker antizipierend mit dem positiven Befund auseinandergesetzt. Die in Haftanstalten eher beobachtete kognitiv relativierte, emotionale Reaktion kann so weniger als suchtspezifisches denn als institutionell determiniertes Verhalten verstanden werden. Um Hilfen zur langfristigen Adaptation an den HIV-Status auch und besonders im Hinblick auf AIDS-präventives Verhalten anbieten zu können, ist es auf seiten der testenden Institutionen und Berater ratsam,

die Testverpflichtung ebenso kritisch zu reflektieren wie die Bedingungen der Testmitteilung (vgl. Pant & Kleiber, 1993).

4. Die kognitiv relativierte Reaktion auf die Mitteilung des positiven HIV-Testergebnisses wirft eine Reihe von Fragen auf, die bei einer längsschnittlichen Betrachtung des Coping-Verhaltens von Bedeutung sind. Handelt es sich bei dem subjektiv berichteten Optimismus um "funktionalen Optimismus" (Weinstein, 1988; Schwarzer, 1993), also um die *langfristig wirksame Voraussetzung* für subjektiv gelingende Adaptation und Verhaltensänderungen? Oder handelt es sich um einen durch soziale Vergleichsprozesse mit bereits Erkrankten zustande gekommenen motivational bedingten Fehlschluß im Sinne eines *"unrealistischen Optimus"* (Weinstein, 1980) bzw. *"defensiven Optimismus"* (Taylor, 1989), der zwar langfristig die Bewältigung realer Bedrohungen durch die Krankheit nicht vorbereitet, kurzfristig aber für die "Alltagsbewältigung durchaus funktional sein kann, indem wir nicht immer über mögliche Gefahren grübeln, sondern tatkräftig und unbeirrt unsere Geschäften nachgehen. Der optimistische Fehlschluß nützt uns vielleicht bei der kurzfristigen Erledigung der anfallenden Routinetätigkeiten, kann aber auf Dauer beträchtliche Kosten und Schmerzen hervorrufen, nämlich dann, wenn Lebenskrisen eintreffen, die wir hätten verhüten können." (Schwarzer, 1993, S. 10)? Oder handelt es sich hier um eine insgesamt eher *maladaptive Bewältigungsstrategie*, mit der auch im bisherigen Suchtalltag soziale oder innerpsychische Konflikte durch Verleugnung oder selbstwertstützende Umdeutungen zu vermeiden gesucht wurden?

5. Auch die Beantwortung der Frage nach phasenspezifischen Bewältigungsverläufen, d.h. Zusammenhängen zwischen dem Fortschreiten der HIV-Infektion/AIDS-Erkrankung und Bewältigungsprozessen wird in der längsschnittlichen Beschreibung beantwortet werden müssen. Wie stabil bleibt z. B. das durch kognitive Relativierung, also auch durch Ausblendung der realen Lebensbedrohungen erzielte Wohlbefinden beim Übergang von der symptomlosen Phase ins ARC-Stadium? Wie empfänglich sind die relativiert reagierenden HIV-positiven IVDA für AIDS-präventive Aufrufe zu Verhaltens*änderungen*, wenn sich scheinbar in ihrem Leben doch *nichts verändert* hat? Welche Unterschiede in der mittel- und langfristigen Gesamtbefindlichkeit bestehen zwischen den eher mit emotionaler Irritation/Schock Reagierenden und denjenigen, die die Bedeutung der Nachricht relativieren? Zum gegenwärtigen Aus- wertungsstand läßt sich zunächst einmal eine nur geringe Stabilität der objektiven Lebenssituation und des Drogenkonsumverhaltens zwischen den Viermonatsabständen der Befragungungen konstatieren. Die Einbeziehung retrospektiver Daten über Ereignisse und Bewältigungsverläufe zwischen den Befragungszeitpunkten in den Interviews offenbart noch raschere Wechsel

der Lebenssituation. Die Schwankungen in der subjektiven Befindlichkeit entsprechen durchaus dem auch von Temoshok et al. (1987) beschriebenen "emotional roller coasting". In der Gruppe der von uns befragten IVDA gibt es jedoch Hinweise darauf, daß suchtspezifische bzw. suchtabhängige Themen solange im Vordergrund stehen (und auch das Nachsuchen von Hilfen dominieren), wie die Betroffenen symptomfrei sind, so daß der subjektive Masterstatus "drogenabhängig" zunächst auch nach der Testmitteilung aufrechterhalten bleibt. Erst ein (gehäuftes) Auftreten unübersehbarer HIV-assoziierter Erkrankungen erzwingt eine größere Abhängigkeit der subjektiven Befindlichkeit von Immunstatus und Krankheitsverlauf. Erst dann scheint bei Drogenabhängigen ein Wechsel der Selbstwahrnehmung vom Masterstatus "drogenabhängig" zum Masterstatus "HIV-infiziert" bzw. "AIDS-krank" vorgenommen zu werden. In welchem Maße auch suchtfreie Phasen bzw. Phasen von aktivem Drogenkonsum die jeweils subjektive Bedeutsamkeit der HIV-Thematik moderieren, ist den bisher ausgewerteten eher an äußeren Ereignissen orientierten Darstellungen im Befindlichkeitsbarometer nicht zu entnehmen. Der Aufklärung dieser Fragen ist die nächste Auswertungsphase am Gesamtmaterial gewidmet.

8.2. Praktischer Gewinn aus dem Praxis-Forschungs-Ansatz

Unverzichtbar für das Erreichen der IVDA aus unterschiedlichen Szenen war die Etablierung des niedrigschwelligen Zugangs und das Angebot sozialpädagogischer und psychologischer Unterstützung in Form von aufsuchender Arbeit, Streetwork sowie die Unterstützung der Selbsthilfeaktivitäten im Kontaktladen. Die Ankündigung, die Betroffenen wieder aufsuchen zu wollen, und die Betreuungsangebote wurden sehr positiv aufgenommen und markieren einen Bedarf, den HIV-infizierte Drogenabhängige in Berlin erleben.

Hinsichtlich der sichtbar gewordenen Betreuungsbedürfnisse und Betreuungsleistungen zeigte sich, daß ein Praxisforschungs-Projekt, dessen Ziel es ist, zum Aus- und Aufbau bedürfnisorientierter Hilfen für spezifische Teilgruppen HIV-infizierter iv Drogenabhängiger beizutragen, die größte Lücke im Versorgungsangebot in dem Moment identifizierte, als es HIV-infizierte Drogenabhängige als spezifische Klientengruppe in den Mittelpunkt des Interesses rückte. In der Zuständigkeitserklärung für eine komplexe Mehrfachproblematik lag aus der Sicht der Betroffenen der größte Gewinn, da sie bislang nur überwiegend partialisierte psychosoziale Hilfen in den unterschiedlichen Hilfsangeboten erwarten durften. Unter Versorgungsgesichtspunkten war es für unser Praxisforschungs- projekt in der alltäglichen Arbeit entscheidend wichtig, flexibel und jenseits "idealtypischer" aber oftmals nur "virtueller" Versorgungspfade der drogenpo-

litischen Polarisierungen zwischen Abstinenzparadigma und Suchtbegleitungsparadigma auf evident werdende Bedürfnisse reagieren zu können (Kleiber, Pant, Beerlage, 1992).
Forschungsmethodisch blieb der multimethodale, subjekt-orientierte Ansatz sowie die Verbindung von Forschungs- und Praxis-Kontakten zu den Betroffenen aber nicht ohne Probleme:
1) Die Beziehungsgestaltung zwischen den Interviews sollte i. d. R. so verlaufen, daß Folgeinterviews möglich sind. Dies erforderte ein nachgehendes - und mit mancherlei "Zumutungen" sehr tolerant umgehendes - Bemühen um die Person. Die fortlaufende Betreuungsdokumentation und das systematische Wiederaufsuchen der Interviewpartner im 4-monatigen Abstand zwingt darüber hinaus auch in der praktischen Arbeit zu einem kontrollierteren Handeln, als dies vielfach in der psychosozialen Arbeit möglich ist. In der Reflexion dieser Erfahrungen liegt ein zusätzlicher Gewinn des Praxis-Forschungs-Ansatzes, der unter Supervision gleichwohl noch gründlicher auszuwerten wäre.
2) Die Kontakt- und somit auch die Beobachtungsdichte variiert von Fall zu Fall. In die Auswertungen zum Bewältigungsverhalten fließen somit unterschiedlich vertiefte Hintergrundinformationen ein (vgl. Beerlage, 1992).
Vieles spricht dafür, daß mit dem Praxisteil des Projektes ein Bedarf erhoben und zugleich ein Angebot geschaffen wurde, das bedürfnisorientiert auf die von HIV/AIDS betroffenen IVDA zurechtgeschnitten ist. Die personellen Kapazitäten reichen bereits jetzt kaum aus, den Bedürfnissen neben den Forschungsaufgaben im gewünschten Umfang nachzuzukommen. Mit dem Auslaufen des Forschungsprojekt wäre dieses Angebot gefährdet. Aus unserer Sicht sollte das im Forschungskontext entstandene Praxisangebot solange nicht reduziert werden, wie andere Einrichtungen die festgestellten Lücken nicht zu schließen vermögen. Mittelfristig wird daher angestrebt, eine Regelfinanzierung innerhalb des Drogenhilfssystems für dieses Angebot niedrigschwelliger Drogenhilfe zu erreichen.

Literatur

Beerlage, I. & Fehre, E.-M. (1989) (Hrsg.): Praxisforschung zwischen Intuition und Institution. Tübingen: DGVT.

Beerlage, I. & Kleiber, D. (1992). Die Bewältigung der HIV-Infektion bei i.v. Drogenabhängigen. Bedürfnisse der Betroffenen, psychosoziale Hilfen und Forschungsbedarf. In M. Ermann & B. Waldvogel (Hrsg.), HIV-Betroffene und ihr Umfeld (81-92). Berlin u.a.: Springer.

Beerlage, I., Pant, A., Beckmann, H. & Kleiber, D. (1991). HIV-Infected IV Drug users and the human services - Patterns of attendance and the course of care and coping. From epidemiological data to action research. Vortrag gehalten auf der "Second Conference on Drug Use and Drug Policy", Lyon 26th-28th of September 1991.

Beutel, M. & Muthny, F.A. (1988). Konzeptualisierung und klinische Erfassung von Krankheitsverarbeitung. Hintergrundtheorien, Methodenprobleme und künftige Möglichkeiten. Psychotherapie, Psychosomatik, Medizinische Psychologie., 38 (1), 19-27.

Beutel, M. (1989). Was schützt Gesundheit? Zum Forschungsstand und der Bedeutung von personalen Ressourcen in der Bewältigung von Alltagsbelastungen und Lebensereignissen. Psychotherapie, Psychosomatik, Medizinische Psychologie, 39 , 452-462.

Broda, M. (1990). Was ist Krankheitsbewältigung in der Psychosomatik? Zur Effektivität und protektiven Wirkung von coping skills.Vortrag gehalten auf dem DGVT-Kongress für Klinische Psychologie und Psychotherapie vom 18. - 23.2.1990 in Berlin.

Chein, I., Cook, S. & Harding, J. (1948). The field of action research. American Psychologist, 3, 43-50.

Clement, U. (1992): HIV-positiv. Stuttgart: Enke.

Coelho , G. V., Hamburg, D. A. & Adams, J. E. (1974): Coping and adaptation. New York: Basic Books.

Dahme, B. (1990). Wissenschaftliche Bewertung von Genesung - Kriterien in Evaluationsstudien: Eine kritische Bewertung und Ausblick. Vortrag gehalten auf dem DGVT-Kongress für Klinische Psychologie und Psychotherapie vom 18. - 23.2.1990 in Berlin.

Deissler, K. J. (1988): Reaktionen von Homophilen und Fixern auf positive AIDS-Tests. Suchtreport, 1, 49-50.

Dobler-Mikola, A. Zimmer-Höfler, D., Uchtenhagen, A., Korbel, R. & Schüpbach-Wiedemann, E. (1992): Psychosoziale Aspekte der HIV-Infektion und AIDS-Erkrankung bei Heroinabhängigen, 2. Wissenschaftlicher Zwischenbericht. Forschungsinformationen aus dem Sozialpsychiatrischen Dienst Zürich, Nr. 46.

Driessen, A., Velden van de, L., Van den Boom, F., Derks, J. (1991): Evaluation of a Support Project For HIV Infected Drug Users in Amsterdam. VII. International Conference on AIDS, Florenz, 16.-21. Juni 1991, Abstract-Nr. W.D.111

Dür, W. (1992). Vernetzte HIVAIDS-Versorgung zwischen medizinischem Masterstatus und Autonomiebedürfnissen der PatientInnen. Ergebnisse der Wiener Untersuchung. Vortrag gehalten auf dem DGVT-Kongreß 16.-21.2.1992 in Berlin.

Faltermaier, T. (1987). Lebensereignisse und Alltag. München: Profil.

Fischer, P. (1986): Diagnostik als Anleitung zur Selbstreflexion. Möglichkeiten einer subjektzentrierten therapeutischen Diagnostik. Landau: EWH.

Florin, I. (1985): Bewältigungsverhalten und Krankheit. In H. D. Basler & I. Florin (Hrsg.). Klinische Psychologie und körperliche Krankheit. (126-145). Stuttgart, Berlin: Verlag W. Kohlhammer GmbH.

Franke, G. (1990): Die psychosoziale Situation von HIV-Positiven. Berlin: edition sigma.

Gerlach, R. & Schneider, W. (1990): Akzeptanz und Abstinenz? Das deutsche Abstinenzparadigma, niedrigschwellige Drogenarbeit und Methadon. Problematisierung eines Zusammenhanges. Wiener Zeitschrift für Suchtforschung, 13. Jg. (3/4), 3-10.

Gusy, B., Krauß, G., Schrott-Ben Redjeb, G. & Heckmann, W. (1992): Das "Streetworker"-Modell, AIDS-Forschung: Arbeitsberichte Nr. 17, Band 1, Berlin: spi.

Hedrich, D. & Lind-Krämer, R. (1990): Bewältigungsstrategien HIV-infizierter Drogenabhängiger. Verhaltenstherapie und psychosoziale Praxis, 22. Jg., 59-78.

Heim, E. (1988): Coping und Adaptivität. Psychotherapie, Psychosomatik, Medizinische Psychologie. 38 (1), 8-18.

Heiner, M. (1988) (Hrsg.): Praxisforschung in der sozialen Arbeit. München: Lambertus.

Johne-Manthey, B. & Thurke, M. (1990). Bewältigungsstrategien bei Brustkrebs. Heidelberg: Asanger.

Kerekjarto, M.v. u.a. (1989) Grundlegende Aspekte zur Erfassung der Lebensqualität bei Krebs - ein Überblick. In R. Verres & M. Hasenbring (Hrsg.), Psychosoziale Onkologie., (18-29). Berlin-Heidelberg-New York u.a.: Springer.

Kindermann, W. (1987): Individuelle Bewältigungsformen der AIDS-Bedrohung bei Drogenabhängigen. Frankfurt: unveröffentlichtes Mansukript.

Kindermann, W., Sickinger, R., Hedrich, D. & Kindermann, S. (1989). Drogenabhängig. Freiburg: Lambertus

Klauer, Th., Ferring, D. & Filipp, S.-H. (1989): Zur Spezifität der Bewältigung schwerer körperlicher Erkrankungen: Eine vergleichende Analyse dreier diagnostischer Gruppen. Zeitschrift für Klinische Psychologie, 18, (2), 144-158.

Kleiber, D. (1985). Durch praktische Forschung zur forschen(den) Praxis? Zeitschrift für personzentrierte Psychologie und Psychotherapie. 3. S. 297-311.

Kleiber, D. (1989): Forschungsstrategien für die psychosoziale Praxis - Strategien praxisdienlicher Forschung. In I. Beerlage & E.-M. Fehre (Hrsg.) Praxisforschung zwischen Intuition und Institution (193-203). Tübingen DGVT.

Kleiber, D. (1990). HIV-positiv und drogenabhängig. Wiener Zeitschrift für Suchtforschung. 13, 1, 1990, 19-26.

Kleiber, D. & Pant, A. (1991). HIV-Prävalenz, Risikoverhalten und Verhaltensänderungen bei i.v. Drogenkonsumenten. Berlin: spi.

Kleiber, D. & Pant, A. (1992): HIV - Needle-Sharing - Sex, Zweiter Zwischenbericht. AIDS-Forschung: Arbeitsberichte Nr. 25. Berlin: spi.

Kleiber, D., Pant, A. & Beerlage I. (1992): Probleme der medizinisch-psychosozialen Versorgung (HIV-positiver) i.v. Drogenabhängiger in der Bundesrepublik Deutschland. In Schaeffer, D., M. Moers & Rosenbrock, R. (1992). AIDS-Krankenversorgung (44-61). Berlin: edition sigma.

Kleiber, D., Beckmann, H., Beerlage, I., Bouchoucha, G. (1993): Bewältigungs- und Betreuungsverläufe von HIV-infizierten Drogenabhängigen. 2. Zwischenbericht, Februar 1992. Berlin: spi

Koch, U. & Heim, E. (1988): Editorial: Bewältigungsprozesse bei chronischen Krankheiten . Psychotherapie, Psychosomatik, Medizinische Psychologie, 38 (1), 1-2.

Kochanowski-Wilmink, J. und Belschner, W. (1988): Lebensperspektiven Drogenabhängiger nach einer HIV-Infektion. In V. Sigusch & S. Fliegel (Hrsg.). AIDS. (37 -49) Tübingen: DGVT.

Lazarus, R. S. & Folkman (1984): Stress, appraisal, and coping. New York: Springer.

Leiberich, P. & Olbrich, E. (1990a): Bewältigungsverhalten bei HIV-infizierten Menschen in Beziehung zum Immunstatus. In Deutsche Stiftung Positiv Leben (Hrsg.). AIDS & Psyche, (331-344). Berlin: edition sigma.

Leiberich, P. & Olbrich, E. (1990b): Soziale Unterstützung. Definition, Methoden der Erfassung, meßmethodische Probleme und gegenwärtiger Forschungsstand. In Deutsche Stiftung Positiv Leben (Hrsg.). AIDS & Psyche, (521-583). Berlin: edition sigma.

Lewin, K. (1953): Die Lösung sozialer Konflikte. Bad Nauheim: Christian.

Mayring, P. (1983): Qualitative Inhaltsanalyse. Grundlagen und Techniken. Weinheim:Beltz.

McKeganey, N. (1990): Being positiv: drug injector's experiences of HIV infection. British Journal of Addiction, 85, 1113-1124.

Mulleady, G., Hart, G. & Aggleton, P. (1989): Injecting Drug Use and HIV-Infection - Intervention strategies for Harm Minimization. In P. Aggleton, G. Hart & P. Davies (Eds.) AIDS - Social representations ans social practices (199-210). Barcombe: Falmer Press.

Muthny, F. A. (1990). Einschätzung der Krankheitsverarbeitung durch Patienten, Ärzte und Personal - Gemeinsamkeiten, Diskrepanzen und ihre mögliche Bedeutung. Zeitschrift für Klinische Psychologie, 18 (4), 319-333.

Najman, J. M. & Levine, S. (1981): Evaluation of the impact of medical care and technology on the quality of life: A review and critique. Soc Sci Med., 15, 107-115.

O'Hare, P.A., Newcombe, R., Matthews, A., Buning, E. C. & Drucker, E. (1992). The reduction of drug-related harm. London, New York: Routledge.

Olbrich, E., Leiberich, P. Kalden, J. R. & Harrer, T. (1990). Geglücktes Coping als eigenständiger Beitrag zur sekundären Prävention bei HIV-Positiven. Vortrag gehalten auf dem Kongreß für Klinische Psychologie und Psychotherapie, Berlin 18.-23.2.1990.

Pant, A. & Kleiber, D. (1993). Heterosexuelles Risikoverhalten und HIV-1 Prävalenz bei intravenös applizierenden Drogenkonsumenten. Zeitschrift für Gesundheitspsychologie, 1 (1), 49-64.

Petzold, H G. & Hentschel, U. (1990): Niedrigschwellige und karrierebegleitende Drogenarbeit als Elemente einer Gesamtstrategie der Drogenhilfe. Wiener Zeitschrift für Suchtforschung, 13 (3/4), 11-19.

Raschke, P. & Ritter, C. (1991): Eine Großstadt lebt mit AIDS. Berlin: edition sigma.

Rosenbrock, R. (1988): Medizinische und gesundheitspolitische Probleme des HIV-Antikörpertests. Argument Sonderband AS 178, 123-141. Hamburg: Argument-Verlag.

Schumacher, A. (1989): Sinnfindung bei brustkrebskranken Frauen. In R. Verres & M. Hasenbring (Hrsg.), Psychosoziale Onkologie (128-135). Berlin-: Springer.

Schwarzer, R. (1993). Defensiver und funktionaler Optimismus als Bedingungen gur Gesundheitsverhalten. Zeitschrift für Gesundheitspsychologie, 1 (1), 7-31.

Seidl, O. & Goebel, F.-D. (1987): Psychosomatische Reaktionen von Homosexuellen und Drogenabhängigen auf die Mitteilung eines positiven HIV-Testergebnisses. AIDS-Forschung, 4, 181 - 187.

Selwyn, P. A., Budner, N., & Wassermann, W. (1991): Prospective Study of Primary Medical Care Utilization by HIV+ and HIV- Intravenous Drug Users in an Methadone Treatment Program. VII. International Conference on AIDS, Florenz, 16.-21. Juni 1991, Abstract-Nr. M.C. 51.

Shedlin, M. G. (1990): An Ethnographic Approach to Understanding HIV High-Risk Behavior. In NIDA (Ed.). AIDS and Intravenous Drug Use: Future Directions for Community-Based Prevention Research (134-149). Monograph Series No. 93. US Government Printing Office.

Sickinger, R., Kindermann, W., Kindermann, S., Lind-Krämer, R & Timper-Nittel, A. (1992): Wege aus der Drogenabhängigkeit - Gelungene und gescheitertee Ausstiegsversuche. Freiburg: Lambertus

Siegrist, J. & Junge, A. (1990). Measuring the Social Dimensions of Subjective Health in Chronic Illness. Psychother. Psychosom, 54, 90-98.

Sommer, J. (1987): Dialogische Forschungsmethoden. München, Weinheim: PVU.

Sorensen, J. L. (1990): Preventing AIDS: Prospects for Change in White Male Intravenous Drug Users. In NIDA (Ed.). AIDS and Intravenous Drug Use: Future Directions for Community-Based Prevention Research (83-107). Monograph Series No. 93. US Government Printing Office.

Stark, K. & Kleiber, D. (1991): AIDS und HIV-Infektion bei intravrenös drogenabhängigen in der Bundesrepublik Deutschland. Deutsche Medizinische Wochenschrift, 116, 863-869.

Steffens, W. & Kächele, H. (1988): Abwehr & Coping - Vorschläge zu einer integrativen Sichtweise. Psychotherapie, Psychosomatik, Medizinische Psychologie, 38 (1), 3-7.

Stoll, P., Leiberich, P., Porsch, U., Engster, M., Olbrich, E., Harrer, T., Kalden, J.R. (1991): Social Supports As Assistance for Effective Coping In HIV-Positives. VII. International Conference On AIDS, Florenz 16.-21. Juni 1991, Abstract-Nr. W.B. 2385

Taylor, S. E. (1989). Positive illusions: Creative self-deception and the healthy mind. New York: Basic Books.

Temoshok, L., Solomon, D.Sweet, D. M., Moulton, J.M., & Zich, J. M. (1987): A longitudinal study of distress and coping in men with AIDS and AIDS related complex. Paper presented at The III International Conference on AIDS, Washington, Juni, 1987.

von Kardorff, E. (1988): Praxisforschung als Forschung der Praxis. In M. Heiner (Hrsg.) Praxisforschung in der sozialen Arbeit. (73-100). Freiburg: Lambertus.

van Dijk, T. A. (1980): Textwissenschaft..München: DTV.

Weinstein, N.D. (1980). Unrealistic optimism about future life events. Journal of Personality and Social Psychology, 39, 806-820.

Weinstein, N. D. (1988). The precaution adoption process. Health Psychology, 7, 355-386.

Witzel, A. (1985): Das problemzentrierte Interview. In In G. Jüttemann (Hrsg.) Qualitative Forschung in der Psychologie. Grundfragen, Verfahrensweisen, Anwendungsfelder. (227-255). Weinheim: Beltz.

Zimmer-Höfler, D., Dobler-Mikola, A., Uchtenhagen, A., Schüpbach-Wiedemann & Korbel, R. (1991): Psychosoziale Aspekte der HIV-Infektion und AIDS-Erkrankung bei Heroinabhängigen. 1. Bericht. Forschungsinformationen aus dem Sozialpsychiatrischen Dienst Zürich, Nr. 39/40.

Wenn Frauen Hilfe brauchen
Identitätskrisen bei HIV-positiven Frauen im Spiegel der Beratung

Elisabeth Guggenberger und Michael Ermann

*I*n unserem Beitrag beziehen wir uns auf Erfahrungen und Erkenntnisse aus der Beratungsarbeit mit HIV-positiven Frauen in dem Modellprojekt "Frauenberatung" der Universität München. Das Projekt, das 1988 von der Abteilung für Psychotherapie und Psychosomatik der Psychiatrischen Universitätsklinik konzipiert wurde, nahm 1989 seine Tätigkeit auf und endete im Oktober 1991. Unter dem Motto "Frauen helfen Frauen" war es ein Ziel, den Bedarf einer HIV-spezifischen Beratung für Frauen zu ermitteln und zu analysieren, welche Probleme sich speziell für Frauen im Zusammenhang mit der HIV-Infektion ergeben. An der Schnittstelle von klinischen Institutionen und psychosozialem Feld arbeiteten wir durch Aufklärung und Informationsweitergabe sowohl präventiv, als auch - bei HIV-positiven Frauen und deren Angehörigen - beratend und betreuend. In den 2 1/2 Jahren psychosozialer Beratungstätigkeit sammelten wir einen reichen Schatz an Erfahrungen über die seelischen Folgen der HIV-Infektion.

Unser Team setzte sich aus zwei Diplom-Psychologinnen, einer Ärztin, einer Sozialarbeiterin und einer Sekretärin zusammen; letztere beteiligte sich als erste Ansprechpartnerin am Telefon an den telefonischen Beratungen. Michael Ermann gab als Projektleiter in Teambesprechungen und Kasuistiken wesentliche Denkanstöße zum Verständnis und zur Reflexion der interaktionellen Prozesse zwischen Beraterin und Klientin.

Wenn wir von Beratungen sprechen, so meinen wir allgemeine Informationsvermittlung, präventive Beratung, lebenspraktische Hilfe, Problemeingrenzung und Konfliktklärung; wir meinen vor allem aber auch den emotionalen Prozeß zwischen Klientin und Beraterin, der die Basis jedes längerfristigen Beratungsprozesses bildet und die vielleicht wichtigste Hilfe dabei ist, die betroffenen Frauen bei der seelischen Auseinandersetzung mit der HIV-Infektion zu unterstützen - um nicht zu sagen: bei der Bewältigung ihres schweren Schicksals.

Wir möchten nochmals kurz auf unseren Erfahrungshintergrund eingehen: In der Zeit von März 1989 bis August 1991 fanden insgesamt 2025 Beratungskontakte statt. Der größere Teil dieser Gespräche entfiel auf anonyme, durchaus auch wiederholte Telephonberatungen. Die hier geschilderten Erfahrungen beziehen sich auf den zweiten Schwerpunkt der Arbeit, auf die persönlichen Beratungen von HIV-positiven Frauen in den Räumen unserer Beratungsstelle oder in den Institutionen, in denen wir Patientinnen betreuten. Neben den Universitätskliniken waren das vor allem ein städtisches Krankenhaus mit einer Ambulanz für Immunsystemerkrankungen und eine internistische HIV-Schwerpunkt-Praxis. Unser Beratungsangebot umfaßte Telephonberatungen, persönliche Einzelberatungen, Paar- und Gruppengespräche. Die bei uns hilfesuchenden Frauen kamen mit äußerst unterschiedlichen Voraussetzungen - rund die Hälfte der Klientinnen hatten Probleme mit Abhängigkeit. Dadurch wird die Beratungsaufgabe und der Verlauf des Beratungsprozesses nachhaltig modifiziert; die Grenzen zwischen HIV-Beratung und Drogenberatung verschwimmen. Auf die Drogenabhängigkeit infizierter Frauen und ihre Auswirkungen auf die Beratungsarbeit möchten wir im folgenden nicht eingehen. Es geht uns vielmehr um den Versuch, das Gemeinsame von längerfristigen Beratungsprozessen bei HIV-positiven Frauen zu erfassen und eine idealtypische Verlaufsfigur anhand der Erlebnissituationen, der seelischen Prozesse und der Beratungsaufgaben, vor denen wir stehen, darzustellen. Mit Hilfe von Fallbeispielen wollen wir diesen idealtypischen Verlauf der Auseinandersetzung mit dem persönlichen Schicksal im Spiegel der Beratung illustrieren.

Ein idealtypischer Verlauf von Beratung

Ähnlichkeiten und Gemeinsamkeiten des Beratungsverlaufes lassen sich in *drei idealtypische Phasen* gliedern:

1. Die *Phase der traumatischen Reaktion* auf die Konfrontation mit dem positiven HIV-Antikörpertest. Damit ist eine mehr oder weniger ausgeprägte psychische Dekompensation gemeint, eine innere Erstarrung, verbunden mit starker Angst und Gefühlen extremer Hilflosigkeit und Verzweiflung.

2. Die *restitutive Phase*, in der die Klientin Schritt für Schritt beginnt, sich mit ihrem Schicksal, ihrer Situation als HIV-Infizierte und mit ihren veränderten Lebensperspektiven auseinanderzusetzen. Diese Phase ist der Schwerpunkt der psychologischen Beratungsarbeit, wenn man Beratung über ihre supportive Funktion hinaus versteht, und in der auch die früheren Probleme, z. B. Schwierigkeiten in der Partnerschaft oder Drogenkonsum, wieder zum Tragen kommen.

3. Mit zunehmender Stabilisierung pendelt sich ein labiles Gleichgewicht ein, in dem sich die Betroffene mehr oder minder dauerhaft als HIV-Infizierte erlebt und ihr Schicksal annehmen kann. Wir sprechen von einer *Phase des wiedergewonnenen Selbstverständisses*. Es handelt sich dabei allerdings nicht um einen einmal erreichten und dann stabilen Zustand von

Identität. Es ist vielmehr typisch, daß es immer wieder zu Krisen und Einbrüchen kommt mit Verlust des Selbstgefühls, Erschütterungen der Persönlichkeit und erneuter Dekompensation. Vor allem Veränderungen im körperlichen Krankheitsverlauf sind dabei auslösende Schwellensituationen. Hier ergeben sich weitere - neue - Beratungsaufgaben.

Wir möchten nun diese "ideale" Verlaufsgestalt von Beratungen anhand von klinischen Beispielen deutlicher machen und dabei jeweils *vier Bezugspunkte* hervorheben, die uns in der praktischen Arbeit die Orientierung erleichtern: zunächst einmal das *Erleben und Empfinden der Klientin* und der von ihr deutlich oder weniger deutlich formulierte *Beratungsauftrag*, dann das *Beziehungserleben in der Beratungssituation* - die Frage also, wie die Klientinnen uns als Beraterinnen gebrauchen - und schließlich die *Beratungsaufgabe*, die sich für uns aus dieser Situation ergibt.

Die Phase der traumatischen Reaktion

Wir beginnen mit der *Phase der traumatischen Reaktion* und mit einem Fallbeispiel:

Frau X. hatte 2 Wochen vor dem Gespräch mit mir (E.G.) bei ihrem Hausarzt erfahren, daß ihr HIV-Antikörper-Test positiv war. Sie hatte sich wegen Atembeschwerden bei ihm vorgestellt. Ihr Arzt hatte ihr zum HIV-Test geraten, weil sie Anfang der 80er Jahre eine Bluttransfusion bekommen hatte. Frau X. ist verheiratet und hat Kinder. Mann und Kinder sind seronegativ. Ihr Hausarzt riet ihr, sich an die Frauenberatung zu wenden. Telefonisch vereinbart sie bei uns einen Termin.

Frau X. sitzt mir stumm mit hängendem Kopf und nach vorne gefallenen Schultern gegenüber. Sie starrt auf den Fußboden und scheint mich überhaupt nicht wahrzunehmen. Sie wirkt in sich versunken, fast wie erstarrt. Schließlich beginne ich das Gespräch: "Möchten Sie darüber sprechen, was jetzt in Ihnen vorgeht?" Sie hebt den Kopf und sagt: "Ich weiß nicht, was ich denken soll." Nach einer langen Pause fährt sie fort und Verzweiflung liegt in ihrer Stimme: "Das kann doch nicht sein! Wie ist denn das passiert?"

In diesem Gespräch gibt es kein anderes Thema als die HIV-Infektion und den Schock, den Frau X. erlebt. Sie kann, seit ihr Arzt ihr das Testergebnis mitgeteilt hat, an nichts anderes mehr denken als daran, daß sie infiziert ist. Alles dreht sich darum. Sie hat Alpträume, in denen ihr Leben bedroht ist. Dann schreckt sie aus dem Schlaf, liegt lange wach, fühlt sich wie gelähmt, empfindet eine große Leere in sich. Erschöpft fällt sie nach Stunden in einen Tiefschlaf, der sie für kurze Zeit von diesem Zustand erlöst. Ihr erster Gedanke am Morgen ist ihre HIV-Infektion. Unendliche Schwere befällt sie wieder. Sie vergleicht sich mit einem toten Gegenstand: "Ich funktioniere wie ein Automat." Gleichzeitig empfindet sie die

Alltagsroutine als Hilfe, überhaupt noch handlungsfähig zu sein. Eine andere Klientin meint in dem Zusammenhang: "Ich bin so froh um meinen Beruf; dort finde ich wenigstens ein bißchen Ablenkung."
Häufig beschreiben Frauen ihren Zustand auch als *Spaltung zwischen ihrer Innenwelt und der Außenwelt* mit ihren realen Anforderungen: während ihre Innenwelt, ihre Gedanken und Gefühle, ausschließlich mit der Infektion beschäftigt sind, funktionieren sie nach außen, bemühen sich, ihren Aufgaben uneingeschränkt gerecht zu werden. Die Aufrechterhaltung dieser Spaltung erleben sie als einen enormen Kraftakt: "Das Schlimmste ist, daß ich mit niemanden darüber sprechen kann, niemand weiß, was in mir vorgeht ...", sagt eine Klientin. Sie formuliert damit einen *ersten Beratungsauftrag:* Frauen den Rahmen und den Kontakt anzubieten, damit sie über ihre innere Lage - über ihre Innenwelt - sprechen können.
Wie erlebe ich (E.G.) als Beraterin den traumatischen Zustand der Frau? Es fällt zunächst schwer, wie oben in dem Beratungsgespräch deutlich wurde, in Kontakt mit der Klientin zu kommen. Die Sprachlosigkeit angesichts des Schicksals der Frau überfällt auch mich. Ich suche nach Problemlösungen für die Klientin, bemerke aber gleichzeitig eine große Hilf- und Ideenlosigkeit. Der Druck, schnell und gut zu helfen, ist übergroß. Auch körperlich erlebe ich die Belastung: die Wahrnehmung, daß die Hände kalt werden, der Schweiß ausbricht, die Tränen in mir hochsteigen, der Atem stockt, ist Ausdruck meiner "hautnahen" Teilnahme an der traumatischen Situation der Frau. Es kann aber auch sein, daß ich mich innerlich distanziere, heraushalte, manchmal sogar ungeduldig werde und mich mit vielen Fragen allzusehr bemühe, einen konkret greifbaren Beratungsauftrag von der Klientin zu erhalten. Ich sehe darin meine Bemühungen, mich nicht von der traumatischen Erstarrung anstecken zu lassen. Diese überzogene Abgrenzung kann - genauso wie das totale Überwältigtwerden von dem Schicksal der Frau - zum Kontaktabbruch führen.
Die Beratungsaufgabe in der Phase der Dekompensation liegt also - diesen Überlegungen entsprechend - in der Bereitschaft und Fähigkeit der Beraterin, sich in die Lage der Frau zu versetzen, ihre Empfindungen mit- und nachzuvollziehen ohne sich dabei selbst aufzugeben, sich einbeziehen zu lassen, ohne infizieren zu lassen. Mit dieser Haltung verfolgen wir das Ziel, den Bezug zur Außenwelt zu jedem Zeitpunkt wiederherstellen zu können, um neue Aspekte in das Blickfeld zu rücken. In diesem Doppelaspekt der *Identifikation und Distanz* liegt der Kern der stützenden Beratung in der Phase der traumatischen Reaktion, der Phase der inneren Erstarrung, der extremen Angst, der Verzweiflung und Hilflosigkeit. Der Doppelaspekt des Stützens - nämlich sich einlassen *und* sich heraushalten - setzt voraus, daß die Beraterin sich nicht gegenüber den Gefühlen versperren muß, die die Klientin in ihr erweckt, daß sie krisenhafte Ver-

zweiflung kennt und in sich aufsteigen läßt, aber auch die Erfahrung gemacht hat, daß solche Gefühle, so überwältigend sie auch sein mögen, doch nicht endgültig zerstören. So repräsentiert die Beraterin auch die Hoffnung, im Gefühlssturm zu überleben und den Aufgaben begegnen zu können, die das verbleibende Leben - auch unter der Bedrohung von HIV - beläßt.

Die restitutive Phase

Ganz anders ist die Betreuungsaufgabe, wenn die Patientin sich gefaßt hat und die Kontrolle über ihre Gefühle wiedergewonnen hat. Wo bisher Panik, Lähmung, gefühlsmäßiges Chaos, Einengung des Denkens und der Wahrnehmung auf immer das eine, die Infektion, war, wo sie bisher wie reflexhaft-automatisch auf Situationen und Aufgaben reagierte, da vollzieht sich jetzt in einem Prozeß der Neustrukturierung eine Veränderung: Denken, Fühlen und Handeln beginnen, sich auf die veränderte Situation einzustellen und mit ihr - in einer subjektiv erträglichen Weise - zurechtzukommen.

Frau X. erzählt in der Beratung von der Überwindung, die es sie kostet, einen Termin beim Arzt zu vereinbaren, von der Anspannung, die sie schon am Tag vor dem Gang zum Arzt erlebt und ihrem großen Unbehagen, wenn sie im Wartezimmer sitzt. Sie beschreibt, wie sie verstohlen andere Patienten beobachtet, Phantasien entwickelt über deren Erkrankungen, sich mit ihnen vergleicht. Dann berichtet sie von "ihren Werten" und fügt erleichtert hinzu: "Ich habe mich sogar getraut, dem Arzt meine Fragen zu stellen!" Frau X. hat diese Fragen an ihren Arzt in einem vorausgegangenen Beratungsgespräch vorbereitet. Fragen zu medizinischen und alternativen Behandlungsmöglichkeiten und Einrichtungen, zu wissenschaftlichen Erkenntnissen und zum Stand der Forschung, zu statistischen Daten und Prognosen nehmen einen breiten Raum in der *restitutiven Phase* ein und sind für uns als Beraterinnen nicht nur ein Indikator für die Angst um die Gesundheit, sondern ebenso für neue Hoffnungen und für die wiedergewonnene Kraft, das eigene Schicksal in die Hand zu nehmen, aktiv zu werden, die Ohnmachtsgefühle zu überwinden. In dieser Phase wollen Frauen häufig auch eine genauere Aufklärung über Ansteckungswege und Vorsichtsmaßnahmen: "Wie gehe ich mit dem Menstruationsblut um?" "Wie verhalte ich mich bei einer offenen Wunde?" "Kann ich meine Kinder wirklich noch in den Arm nehmen? Sie küssen?" "Gestern habe ich das neugeborene Kind meiner Freundin gesehen. Ich habe es nicht gewagt, das Kind zu berühren." "Ich kann mit meinem Mann nicht mehr schlafen; ständig denke ich an die Infektion, habe Angst, ihn anzustecken. Ich kann mich nicht mehr entspannen, nicht mehr fallen lassen".

Jetzt bekommt die Angst vor dem drohenden Verlust der Gesundheit, vor Beeinträchtigungen des körperlichen Aussehens, die Angst, andere anzustecken, jetzt bekommt die Perspektive der veränderten Lebenserwartung eine neue Bedeutung: Sie erscheinen jetzt als Aufgaben, die bewältigt werden müssen. Die Panik weicht der Sorge um sich selbst und um Angehörige und setzt mehr oder weniger zielgerichtete Aktionen in Gang, die uns die empirischen Forscher als *"Coping-Mechanismen"* beschrieben haben. Manches an Gefahr und Bedrohung muß verleugnet werden, viele Ängste finden in Fragen in der Beratung ihren Ausdruck, die Sorgen werden als Probleme in die Beratung gebracht. Frau X. vergleicht sich in dieser Phase oft mit früher, mit der Zeit vor dem Testergebnis. *Vorher-Nachher-Auseinandersetzungen* nahmen bei ihr eine wichtige Funktion in der Selbstwahrnehmung und der Neufindung des Selbstverständnisses ein: "Früher habe ich nicht einmal ein Aspirin genommen, jetzt schlucke ich AZT." Sie erlebt diese Veränderung als eine "180-Grad-Wendung". Gleichzeitig erkennt sie auch, daß es Bereiche in ihrem Leben gibt, die durch die Diagnose keine totale Umkrempelung von bisher gültigen Werten und Verhaltensmaßstäben erfahren (z.B. ihre Rolle als Mutter). Die Differenzierungsleistungen sind Ausdruck ihrer wiedergewonnenen psychischen Kraft, der traumatischen Einengung der Selbstwahrnehmung auf die HIV-Infektion entgegenzuwirken. Um diese psychische Leistung - die wir für sehr zentral in der restitutiven Phase halten - nochmals zu veranschaulichen, ein weiteres Fallbeispiel:

Eine junge Frau erfuhr von ihrer HIV-Infektion während eines Klinikaufenthalts. Sie hatte gerade eine Lehre abgeschlossen und wollte eine weiterführende Schule besuchen. Nachdem sie von ihrer Infektion erfuhr, verwarf sie ihre beruflichen Zukunftsvorstellungen mit dem Gefühl, es habe keinen Sinn mehr. In den Beratungen kam sie immer wieder auf ihre ursprünglichen Berufsvorstellungen zu sprechen. Es wurde dabei deutlich, daß sie mit der Aufgabe ihrer Berufsperspektive zutiefst unzufrieden war. Die Einsicht, daß sie ihren Berufswunsch aufgrund des Positiv-Seins nicht über Bord werfen muß und daß sie ihre Entscheidung rückgängig machen kann, wirkte enorm entlastend und stabilisierte die gesamte Persönlichkeit. Es gelang ihr - mit und trotz der HIV-Infektion - an einem "alten" Selbstbild, nämlich an ihren Berufsvorstellungen, anzuknüpfen.

In dieser Phase der beginnenden Neuorientierung benutzen die Frauen uns als Beraterinnen im allerengsten Sinne des Wortes: sie suchen Rat als Anleitung zur Selbsthilfe. Ich (E.G) erlebe mich als Beraterin dann zunehmend sicherer, ruhiger, weniger angespannt, habe Vertrauen auf meine Ideen und Einfälle. Auch bei den Klientinnen nehme ich eine größere Sicherheit im Kontakt mit mir wahr. Aber immer wieder kommt es zu Rückschlägen und Einbrüchen, Verschlechterungen des Gesundheitszustandes sind oft die Auslöser. Erneut treten existentielle Ängste, Trauer, Aussichtslosigkeit und Gefühle der Ohnmacht zu Tage. Ich fühle mich - gleichsam als Spiegel - im meiner Rolle überfordert, erlebe die Probleme als unlösbar und unbewältigbar.

Frau X. konfrontierte mich einmal in einer sehr verzweifelten Situation mit den Worten: "Sie wissen ja nicht, wie es ist, wenn man infiziert ist!" Und nach einer Pause fuhr sie fort: "Sie können mir auch nicht helfen." Ich gewann den Eindruck, daß Frau X. die unbewußte Hoffnung hatte, ich würde über lebensrettende Kräfte verfügen und über die Macht, sie aus ihrer Lebensbedrohung zu befreien. In dem Kontakt zu Frau X. war es möglich, die Hoffnung anzusprechen und die Desillusionierung und Enttäuschung darüber durchzustehen. Dieser Prozeß führte zu einer Verfestigung unserer Beziehung und zu einem weiteren Entwicklungsschritt im Erkennen und Erleben *ihrer* Identität als HIV-Infizierte.

Versuchen wir, die Funktion der Beratung in der restitutiven Phase zu beschreiben, so bietet sich dazu das Konzept des *"Hilfs-Ichs"* an: Schützen, solange die Frau sich und ihre Angehörigen selbst noch nicht wieder schützen kann und schutzlos erlebt, Trösten, wo Trost fehlt, Raten, wo das Problem zwar erkannt wird, die Kreativität jedoch noch brach liegt - also überall dort für die Klientin unser eigenes Fühlen, Denken, unsere Wahrnehmung und Aufmerksamkeit, unser Interesse und unsere Fürsorge einsetzen, wo sie selbst unter dem Eindruck der Gefahr noch gelähmt ist. Konkret heißt das: Fragen stellen, auf Gefühle hinweisen, Probleme klären, Zusammenhänge zwischen verschiedenen Anteilen des Erlebens herstellen, Ambivalenzen und Widersprüche aufgreifen und alles in allem gemeinsam mit der Klientin nach Lösungsmöglichkeiten suchen. Dabei steht als ausgesprochene oder unausgesprochene Frage immer im Hintergrund: Kann ich dieses Schicksal in meine Persönlichkeit integrieren? Gelingt es mir, mein Selbstverständnis - auch als HIV-Infizierte - wiederherzustellen?

Das wiedergewonnene Selbstverständnis

Glückt die Restitution, so erreicht die Klientin eine neue Einstellung zu sich selbst, in der sie sich als HIV-Infizierte sehen und erleben kann und in der sie ihre Lebensentscheidungen im Bewußtsein ihres persönlichen Schicksals treffen kann. Stabilisierung bedeutet dabei, daß sich innerseelisch und verhaltensmäßig Funktionen und Abläufe eingespielt haben, die es den Frauen erlauben, mit ihrer HIV-Infektion zu leben. Jede findet dabei ihr individuelles Gleichgewicht zwischen Verleugnung und Konfrontation mit den Ängsten, die die HIV-Infektion auch in Zukunft immer wieder in ihr auslösen wird.

Frau X. brachte zunehmend Themen und Probleme in die Gespräche ein, bei denen ihre HIV-Infektion in den Hintergrund rückte. Ich (E.G.) nahm sie in ihrer Rolle als Frau, als Mutter, als Partnerin ihres Mannes jetzt viel deutlicher wahr und erlebte sie in ihrer Ganzheit. Auch als Infizierte konnte sie sich nun selbstsicher und selbstbewußt zeigen. So z.B. war es nicht mehr notwendig, die anfänglich für sie so strapaziösen Arztbesuche im Gespräch vorzubereiten. Es bedeutete für sie keine Kraftanstrengung mehr, Fragen zu stellen, Kritik zu äußern - auch an mir. Ich erlebte eine zunehmende Autonomie. Auch ich fühlte mich in dieser Phase in meinem Selbstverständnis als Beraterin sicher. Es gelang mir besser, die Beratungen mit dem Gesprächsende abzuschließen, die Probleme nicht mit mir herumzutragen. In den Gesprächen mit Frau X. bemerkte ich eine Integration meiner inneren Bilder von ihr als einer Frau mit einer ihr eigenen Biographie und Lebenssituation. Ich begriff ihre Infektion als eine Bedingung unter anderen zentralen Bedingungen, die ihr individuelles Handeln und Erleben bewirken. Mir wurde deutlich, daß sich Verleugnung und Konfrontation in meiner Einstellung ihr gegenüber verbunden hatten und es mir möglich war, eine Haltung zu entwickeln, die beide Perspektiven umfaßte.

Damit erübrigte sich für uns die Entscheidung der oft erörterten Frage, ob man Verleugnung gewähren lassen oder ob man konfrontieren soll. Entscheidend scheint uns vielmehr, daß wir als Beraterinnen zu einer inneren Einstellung gelangen, die es uns erlaubt, die persönliche Lösung der Patientin zu akzeptieren und sie damit, ohne daß dies unbedingt besprochen werden muß, in *ihrem* Selbstverständnis zu bestätigen. Die akzeptierende, tragende und immer wieder stützende Haltung ist in der Phase der neugewonnenen Identität als HIV-Infizierte *eine* wesentliche Aufgabe der Beraterin.

Angesichts des Verlaufs der HIV-Infektion kann dieser Zustand einer relativ spannungsfreien Identität natürlich kein sehr dauerhafter sein; jede Veränderung des körperlichen Befindens provoziert erneut Ängste, Gefühle existentieller Bedrohung und die Gefahr eines psychischen Zusammenbruchs. In der Beratung kann es nicht darum gehen, diese Gefahr beständig zu benennen und die Klientin damit zu ängstigen. Die Beratungsaufgabe liegt vielmehr darin, die möglichen Bedrohungen im Auge zu behalten, sie im wahrsten Sinne des Wortes zu handhaben. Und das bedeutet für uns eine Art innerer Dauerbereitschaft, um die Klientin zu stützen, wenn Krisen sie erschüttern. Das Wissen um die beständig vorhandene Bedrohung - neben der Hoffnung und Zuversicht - ist die zweite maßgebliche Aufgabe der Beraterin in dieser Phase.

Die Frage stellt sich, welchen Wert das Modell eines idealtypischen Beratungsprozesses beinhaltet und ob es der Realität der Beratung gerecht wird, wenn Frauen - wegen HIV und AIDS - Hilfe brauchen. Uns hilft es, in den schwierigen Gefühlssituationen die Orientierung - den roten Faden - nicht zu verlieren und die wechselnden Aufgaben zu begreifen, die in der Beratung auf uns zukommen. Dieses Modell stützt und schützt uns als Beraterinnen und hilft uns, das Stück an Distanz und Reflexion zu wahren, das wir brauchen, um unsere Beratungsfunktion aufrechtzuerhalten. Insofern repräsentiert es auch das *Prinzip Hoffnung*.

Die Autorinnen und Autoren

Sigrun Anselm, Privatdozentin für Soziologie, Veröffentlichungen zu Psychoanalyse und Gesellschaftstheorie.

Ulrich Beck, Professor für Soziologie am Soziologischen Institut der Universität München. Seit 1982 geschäftsführender Herausgeber der "Soziale Welt".

Elisabeth Beck-Gernsheim, Professorin für Soziologie an der Universität Hamburg, Forschungsschwerpunkte: Familie; Frauen und Geschlechterverhältnisse; Arbeit und Beruf; Technik und Technikfolgen.

Irmtraud Beerlage, Dr. phil., wissenschaftliche Mitarbeiterin am Sozialpädagogischen Institut Berlin. Arbeitsschwerpunkte: Institutionsanalyse in der psychosozialen Versorgung, berufliche Sozialisation in helfenden Berufen, Gemeindepsychologie, sozialwissenschaftliche AIDS-Forschung.

Heinrich Berger, Dr. phil., wissenschaftlicher Mitarbeiter am Institut für Psychologie, Institutsbereich Sozialpsychologie der Universität München. Aufbau verschiedener sozialpsychiatrischer Projekte, Mitarbeit in einer Therapeutischen Wohngemeinschaft und an einem Sozialpsychiatrischen Dienst.

Wolfgang Bonß, Dr. sc. pol., wissenschaftlicher Angestellter am Hamburger Institut für Sozialforschung. Arbeitsschwerpunkte: Wissenschaftsforschung, Methodologie, Soziologie der Arbeit und Arbeitslosigkeit, Risikoforschung.

Wolfgang Buchholz, Professor an der Fachhochschule Regensburg, Abteilung Sozialwesen. Forschungsschwerpunkte: Familie, Beratung, Jugendhilfe, Praxisforschung.

Gudrun Brockhaus, Dipl.-Psych. / Dipl.-Soz., Psychoanalytikerin, wissenschaftliche Mitarbeiterin am Institut für Psychologie, Institutsbereich Sozialpsychologie der Universität München. Forschungsschwerpunkte: Sozialpsychologie der helfenden Berufe, Faschismusforschung, Textanalyse.

Manfred Cramer, Professor für Psychologe an der Fachhochschule München, Forschungsschwerpunkt: Fragen der psychosozialen Konstitution der Umweltkrise.

Helmut Dubiel, Direktor am Institut für Sozialforschung Frankfurt und Professor für Soziologie an der Justus-Liebig-Universität Giessen, Veröffentlichungen über (kritische) Gesellschaftstheorie und politische Soziologie.

Michael Ermann, Professor und Leiter der Abteilung für Psychotherapie und Psychosomatik der Psychiatrischen Universitätsklinik München, Psychoanalytiker.

Toni Faltermaier, Dr.phil., Oberassistent am Lehrstuhl für Psychologie der Universität Augsburg. Arbeitsschwerpunkte: Gesundheitspsychologie, Gemeindepsychologie, Lebensereignis- und Belastungsforschung, Entwicklungspsychologie des Erwachsenenalters.

Wolfgang Gmür, Dipl.-Psych., Mitarbeiter am Institut für Praxisforschung und Projektberatung (IPP) München und am Institut für Psychologie, Institutsbereich Sozialpsychologie der Universität München. Arbeitsschwerpunkte: Sozialräumliche Faktoren der Identitätsentwicklung, Praxisforschung und -beratung, Supervision.

Elisabeth Guggenberger, Dr. phil., z.Z. in Ausbildung zur Psychoanalytikerin, bis 1991 Mitarbeiterin der Frauenberatung der Universität München, Abt. für Psychotherapie und Psychosomatik.

Renate Höfer, Dipl.-Psych., Mitrarbeiterin am Institut für Praxisforschung und Projektberatung (IPP) München und am Institut für Psychologie, Institutsbereich Sozialpsychologie der Universität München. Forschungsschwerpunkte: Frauen- und Jugendforschung, Coping, Sozialplanung und Identitätsforschung.

Joachim Hohl, Dr. phil., wissenschaftlicher Angestellter am Institut für Psychologie, Institutsbereich Sozialpsychologie der Universität München, Psychoanalytiker. Arbeitsschwerpunkt: Sozialgeschichtliche Konstitution des Individuums.

Winfried Kaiphas, Dipl.-Psych., Studentenberater in der Psychosozialen und Psychotherapeutischen Beratung des Studentenwerks München.

Dieter Kleiber, Professor für Psychologie an der FU Berlin; leitender Wissenschaftler im Bereich AIDS-Forschung am Sozialpädagogischen Institut Berlin. Arbeitsschwerpunkte: Sozialepidemiologie, Gemeinde- und Gesundheitspsychologie, Klinische Psychologie u. Psychotherapie, sozialwissenschaftliche AIDS-Forschung.

Christopher Knoll, Dipl.-Psych., wissenschaftlicher Mitarbeiter im Projekt "Soziale Netzwerke schwuler Männer im Zeichen von AIDS" am Institut für Psychologie, Institutsbereich Sozialpsychologie der Universität München. Mitarbeiter des Schwulen Kommunikations- und Kulturzentrums München.

Elmar J. Koenen, Dr. phil., wissenschaftlicher Mitarbeiter am Insitut für Soziologie der Universität München, Redakteur der Zeitschrift "Soziale Welt".

Wolfgang Kraus, Dipl.-Psych., Mitarbeiter am Institut für Praxisforschung und Projektberatung (IPP) München und am Institut für Psychologie, Institutsbereich Sozialpsychologie der Universität München.

Heiner Legewie, Professor für Klinische Psychologie und Persönlichkeitspsychologie an der Technischen Universität Berlin. Arbeitsschwerpunkte: Gemeindepsychologie, Gesundheitsförderung, Konfliktforschung, Ökologie und Stadtentwicklung.

Wolfgang Mertens, Professor für Klinische Psychologie an der Universität München mit Schwerpunkt Psychoanalyse, Psychoanalytiker (DGPT).

Beate Mitzscherlich, Dipl.-Psych., wissenschaftliche Mitarbeiterin im DFG-Forschungsprojekt: Erwerbsverläufe, Identitätsentwicklung und soziale Netzwerke junger Erwachsener, Universität Leipzig.

Anke Ochel, Dr.phil., Psychotherapeutin, Supervisorin, Forschungsschwerpunkte: Weibliche Sozialisation, psychische Störungen bei Frauen, Lebenssituation von Hausfrauen.

Günter Reisbeck, Dr.phil., Psychotherapeut, Verleger und wissenschaftlicher Mitarbeiter im Projekt "Soziale Netzwerke schwuler Männer im Zeichen von AIDS" am Institut für Psychologie, Institutsbereich Sozialpsychologie der Universität München.

Bernd Röhrle, Dr. rer. soc., Gesprächspsychotherapeut, Verhaltenstherapeut, Lehrbeauftragter der Universität Marburg. Arbeitsschwerpunkte: Gemeindepsychologie, klinisch-psychologische Diagnostik.

Christel Schachtner, Privatdozentin am Institut für Psychologie, Institutsbereich Sozialpsychologie der Universität München. Arbeitsschwerpunkte: Altern, neue Technologien, Fragen menschlichen Denkens und Wahrnehmens.

Wolfgang Schmidbauer, Dr.phil., Schriftsteller und Psychotherapeut, Lehranalytiker und Supervisor.

Rita Seitz, Dr. phil., Mitarbeiterin am Institut für Praxisforschung und Projektberatung (IPP) München und am Institut für Psychologie, Institutsbereich Sozialpsychologie der Universität München. Forschungschwerpunkte: Körper, Sexualität und Fruchtbarkeit, Gerontologie, Wissenschaftstheire.

Gert Sommer, Professor für Psychologie in Marburg. Arbeitsschwerpunkte: Soziale Unterstützung, Gemeindepsychologie, kognitive Verhaltensmodifikation, Friedenspsychologie.

Florian Straus, Dipl.-Soz., Mitarbeiter am Institut für Praxisforschung und Projektberatung (IPP) München und am Institut für Psychologie, Institutsbereich Sozialpsychologie der Universität München. Forschungsschwerpunkte: Praxisforschung in der Jugendhilfe, soziale Netzwerke, Gemeindepsychologie, Identitätsentwicklung.

Stefan Wolff, Professor am Insitut für Sozialpädagogik der Universität Hildesheim. Arbeitsgebiete: Ethnomethodologie, Rechtssoziologie, Sozialpsychiatrie, Organisationsforschung und Organisationsentwicklung, Kulturanthropologie.